Handbuch
des
Rechtshilfeverfahrens
im
Deutschen Reiche
sowie
im und gegenüber dem Auslande
in bürgerlichen Rechtsstreitigkeiten, in Konkurssachen, in Angelegenheiten der freiwilligen Gerichtsbarkeit und in Verwaltungssachen.

Von
Dr. jur. Hans Delius,
Kammergerichtsrat.

Auf der Grundlage des von
† Ferdinand Böhm,
Rat am Obersten Landesgerichte München
verfaßten
„Handbuchs des Rechtshilfeverfahrens in bürgerlichen Rechtsstreitigkeiten und Konkurssachen"
herausgegeben.

Vierte wesentlich vermehrte und vollständig umgearbeitete Auflage.

München, Berlin und Leipzig.
J. Schweitzer Verlag (Arthur Sellier).
1911.

Druck von U. E. Sebald, Kgl. Bayer. Hofbuchdruckerei, Nürnberg.

Vorwort zur zweiten Auflage.

Der Aufforderung des Herrn Verlegers, eine Neuauflage des bekannten Böhm'schen Handbuches über das Rechtshilfeverfahren herauszugeben, bin ich gern nachgekommen, da ich mich mit den einschlägigen Materien schon wiederholt beschäftigt habe. Das Buch bedurfte jedoch, um es für die Bedürfnisse der Praxis brauchbar zu machen, einer vollständigen Umwandlung. Man wird dasselbe kaum wiedererkennen. Der Rechtshilfeverkehr mit dem Auslande ist durch die Verfügung des preußischen Justizministers vom 20. Mai 1887 (JMBl. S. 139) nebst Nachträgen — diejenigen der übrigen Bundesstaaten sind im wesentlichen gleichlautend — vollkommen neu geregelt. Außerdem mußte der Rechtshilfeverkehr in Sachen der freiwilligen Gerichtsbarkeit zur Darstellung gelangen. Endlich erschien es angezeigt, auch die Rechtshilfe in Angelegenheiten des öffentlichen Rechtes (Verwaltungssachen) mit aufzunehmen, damit die Benützung des Buches nicht bloß auf die Gerichte beschränkt bleibt.

Es ist äußerst schwierig, über ausländisches Recht zweifelsfreie Auskunft zu erlangen. Dabei muß stets mit der Möglichkeit gerechnet werden, daß ein neues Gesetz Abänderungen bringt. Ich muß deshalb wegen etwaiger Unrichtigkeiten oder Unvollständigkeiten um gütige Nachsicht bitten. Selbst während der Drucklegung haben noch Änderungen im Text vorgenommen werden müssen.

Verbindlichsten Dank auch an dieser Stelle sage ich für die überaus liebenswürdige Überlassung amtlichen Materiales JJ. Exzellenzen den Herren Justizministern von Bayern, Württemberg, Sachsen, Baden und Hessen.

Berlin, im April 1905.

Dr. Delius.

Vorwort zur vierten Auflage.

Das neue Haager Abkommen über den Zivilprozeß von 1905 sowie die auf Grund desselben geschlossenen verschiedenen Vereinbarungen, endlich die Verfügungen der Justizminister mehrerer deutscher Bundesstaaten betr. die Ersuchen nach dem Auslande aus den Jahren 1910 und 1911 haben eine Neuauflage erforderlich gemacht. Um Raum zu schaffen, habe ich minder wichtige Dinge entfernt. Besondere Sorgfalt ist der Rechtshilfe der Verwaltungsbehörden (Verwaltungsgerichte) unter sich und mit den ordentlichen Gerichten zugewandt.

Der Übersichtlichkeit halber ist alles, was auf den betreffenden fremden Staat Bezug hat, im § 11 zusammengestellt. Ich hoffe dadurch die Orientierung erheblich zu erleichtern.

Verbindlichsten Dank spreche ich allen denen aus, welche mich bei der schwierigen Beschaffung des erforderlichen umfangreichen Materials unterstützt haben, insbesondere JJ. Exzellenzen den Herren Justizministern von Bayern, Württemberg, Sachsen, Baden und Hessen.

Berlin, im September 1911.

Dr. Delius.

Abkürzungen.

AG. = Ausführungsgesetz.
A. M. = Anderer Meinung.
Annalen = Annalen des Reichsgerichts von Blum.
Asser (Cohn) = Asser, Leitfaden des internationalen Privatrechtes, deutsch von Cohn.
v. Bar, Intern. PrR. = v. B., Internationales Privat- und Strafrecht 1862 bezw. Lehrbuch des internationalen Privat- und Strafrechts 1892.
v. Bar bei v. Holtzendorff = v. B., Abhandlung über internationales Privatrecht in Holtzendorffs Enzyklopädie der Rechtswissenschaft, systematische Bearbeitung, 4. Auflage.
Begr. = Begründung.
Bloch und Frank, Normen der internationalen Rechtsbeziehungen. Wien 1910.
Böhm's Zeitschr. = Zeitschrift für internationales Recht. Herausgegeben von Niemeyer.
Constant = Constant, De l'exécution des jugements étrangers dans les divers pays (Paris 1883).
ZPO. = Deutsche Reichszivilprozeßordnung.
E. = Entscheidungen in Zivilsachen.
E. i. Straff. — Entscheidungen in Strafsachen.
EG. = Einführungsgesetz.
Engelmann = Engelmann, Die Zwangsvollstreckung auswärtiger richterlicher Urteile in Rußland (Leipzig 1884).
Entsch. = Entscheidungen des Reichsgerichts in Zivilsachen.
FGG. = Reichsgesetz über die Angelegenheiten der freiwilligen Gerichtsbarkeit in der Fassung vom 20. Mai 1898 (RGBl. S. 771).
Fleischmann, Völkerrechtsquellen. Halle 1905.
Fölix, = Fölix Traité du droit intern. privé.
Francke = Francke, Entscheidungen ausländischer Gerichte über bürgerliche Rechtsstreitigkeiten in ihrer Wirksamkeit nach deutschem Reichsrecht, in der Zeitschrift für deutschen Zivilprozeß von Busch Bd. 8, 1885, S. 1—127; auch Separatabdruck.
GVG. = Deutsches Gerichtsverfassungsgesetz.
GS. = Preuß. Gesetzsammlung.

Hellmann, Lehrb. = Hellmann, Lehrbuch des deutschen Zivilprozesses.
v. Holtzendorff, Enzykl. = v. Holtzendorff, Enzyklopädie der Rechtswissenschaft in systematischer Bearbeitung, 4. Auflage.
JMBl. = Preuß. Justizministerialblatt.
Journal du dr. int. pr. = Journal du droit international privé et de la jurisprudence comparée par Clunet (Paris).
KGG. = Gesetz über die Konsulargerichtsbarkeit.
KG. = Kammergericht.
KommBer. = Kommissionsbericht.
Koppers = Koppers Zusammenstellung der in ausländischen Staaten geltenden Bestimmungen über Prozeßführung von Ausländern, 1891.
König, v., Handbuch des deutschen Konsularwesens. 7. Auflage. 1909.
KPr. = Protokolle der Reichstagsjustizkommission.
Leske = Leske und Löwenfeld, Die Rechtsverfolgung im internationalen Verkehr. I = Band I 1895; II = Band II 1897.
MBl. = Preuß. Ministerialbl. f. d. Verwaltung des Innern.
Meili = Meili, Das internationale Zivilprozeßrecht, Zürich 1906.
Menger = Menger, System des österreichischen Zivilprozeßrechts in rechtsvergleichender Darstellung.
Meves = Meves, Die Zivilprozeßordnung (system. Bearbeitung).
Müller = Preuß. Justizverwaltung von Müller, 6. Aufl. Berlin 1910.
OLG. = Oberlandesgericht.
Piggott = Piggott, Foreign Judgments (London 1884) mit Nachtrag (London 1886).
Prot. d. JK. = Protokolle der Reichstagsjustizkommission.
Rass.-Küntz. = Beiträge zur Erläuterung des deutschen Rechtes von Rassow und Küntzel (früher Gruchot).
Revue de droit intern. = R. de droit international et de législation comparée p. Westlake etc.
RGBl. = Deutsches Reichsgesetzblatt.
RG. = Deutsches Reichsgericht.
RGE. = Entscheidung (Urteil, Beschluß) des Reichsgerichtes.
RKPr. = Protokolle der Reichstagsjustizkommission.
RZBl., RZentrBl. = Zentralblatt des Deutschen Reiches.
Schlatter = Schlatter, Rechtskalender der Schweizerischen Eidgenossenschaft, 2. Auflage 1883.
Starr = Starr, Die Rechtshilfe in Österreich gegenüber dem Auslande, 1878.
Staudinger = Staudinger, Staatsverträge des Deutschen Reiches, mit Ergänzungsbändchen (1884).
StGB. = Deutsches Reichsstrafgesetzbuch.
Sten. Ber. = Stenographische Berichte.
Stobbe, = Stobbe, Deutsches Privatrecht, 2. Auflage.
Vesque v. Püttlingen = Vesque v. Püttlingen, Handbuch des in Österreich-Ungarn geltenden intern. Privatrechts, 2. Auflage.

Wach = Wach, Handbuch des deutschen Zivilprozeßrechts, 1885.
Westlake = Westlake, Internationales Privatrecht, deutsch von v. Holtzendorff.
Windscheid = Windscheid, Lehrbuch des Pandektenrechts, 5. Aufl.
Yvernès = Yvernès, L'administration de la justice civile et commerciale en Europe.
Zorn, Staatsrecht = Zorn, Staatsrecht des Deutschen Reiches.

Die Kommentare zum Gerichtsverfassungsgesetze, zur Zivilprozeßordnung und zur Konkursordnung sind nur mit dem Namen der Verfasser bezeichnet. Wo bei Verfügungen usw. nichts Abweichendes bemerkt ist, sind stets preußische gemeint.

Inhalt.

Abschnitt II.

Rechtshilfe im und gegenüber dem Auslande.

Einleitung.

Unter Rechtshilfe (subsidium juris) versteht man diejenige Beihilfe, welche eine richterliche Behörde auf Ersuchen einer anderen richterlichen Behörde zum Zwecke der Vornahme gewisser richterlicher Handlungen leistet. Während der Begriff der Rechtshilfe grundsätzlich voraussetzt, daß die Amtshandlung an sich auch von der ersuchenden Behörde vorgenommen werden könnte, trägt die Beistandsleistung vorwiegend den Fällen Rechnung, in denen verschiedene Behörden mit den ihnen eigentümlichen Machtmitteln zur Erreichung des vom Gesetz gewollten Zwecks zusammenwirken sollen. Zur Rechtshilfe im weiteren Sinne rechnet man die Erledigung von Ersuchen um Vornahme richterlicher Akte, welche nicht von richterlichen Behörden, sondern von Verwaltungsbehörden ausgehen, sowie von Ersuchen, welche die Vornahme nicht richterlicher Akte, z. B. Auskunftserteilung, Gestattung von Akteneinsicht, Anzeigen, Mitteilungen usw. zum Gegenstande haben, gleichgültig ob sie von richterlichen oder Verwaltungsbehörden gestellt werden. Ferner gehört hierher die Rechtshilfe zwischen Verwaltungsgerichten und Verwaltungsbehörden.

Das Ersuchen um Rechtshilfe kann seinen Grund haben in dem Mangel der Gerichtsbarkeit für eine vorzunehmende Amtshandlung, in welchem Falle die Hilfe der Gerichte eines fremden Staates in Anspruch zu nehmen ist. Aber auch unter den Gerichten eines und desselben Staates ist die Leistung der Rechtshilfe erforderlich, weil jedem Gerichte eine örtlich begrenzte, die eines anderen Gerichtes ausschließende Zuständigkeit innewohnt.

In den meisten Staaten sind für das Ersuchen des einen inländischen Richters an den anderen bestimmte gesetzliche Regeln festgestellt.

Im Deutschen Reiche ist die Gewährung der Rechtshilfe verschieden geregelt, je nachdem solche auf Angelegenheiten der ordentlichen streitigen Gerichtsbarkeit (in bürgerlichen Rechtsstreitigkeiten einschließlich des Konkursverfahrens und Strafsachen) sich bezieht oder Rechtssachen, die nicht zum Gebiete der ordentlichen streitigen Gerichtsbarkeit gehören, betrifft.

Für die ordentliche streitige Gerichtsbarkeit sind die gesetzlichen Bestimmungen über Rechtshilfe in dem 13. Titel des deutschen Gerichtsverfassungsgesetzes vom 27. Januar 1877 §§ 157—169 enthalten. Dieses Gesetz normiert also die Vorschriften über Gewährung der Rechtshilfe lediglich in Sachen der ordentlichen streitigen Gerichtsbarkeit und zwar seitens eines deutschen Gerichtes gegenüber dem anderen. Der Begriff der Rechtshilfe ist im Gesetze auf die Gewährung derselben von Gericht zu Gericht beschränkt, zum Unterschied von Ersuchen anderer Behörden untereinander oder von Gerichten an nicht gerichtliche Behörden und umgekehrt.

Bei Angelegenheiten der freiwilligen Gerichtsbarkeit ist zu unterscheiden, ob dieselben durch Reichsgesetz den Gerichten bezw. bestimmten anderen Behörden (vgl. § 194 FGG.) übertragen sind oder nicht. Nur im ersteren Falle sind nach § 2 des Reichsgesetzes über die Angelegenheiten der freiwilligen Gerichtsbarkeit vom 20. Mai 1898 (RGBl. S. 771) die §§ 158 bis 169 GVG. anwendbar. Hier müßte der Unterschied beseitigt werden.

Für die Rechtshilfe, die von anderen als den ordentlichen Gerichten (vgl. die besonderen Gerichte GVG. § 14, § 16 usw.) gefordert wird oder zu leisten ist, ist noch das Gesetz des nordd. Bundes vom 21. Juni 1869, die Gewährung der Rechtshilfe betreffend[1]), maßgebend. Daß dieses Gesetz auch für Angelegenheiten der freiwilligen Gerichtsbarkeit gelte, ist unzutreffend. In Ermangelung reichsgesetzlicher Vorschriften kommen im Rechtsverkehr zwischen den einzelnen Bundesstaaten die bestehenden Staatsverträge, soweit solche nicht mit Rücksicht auf die Bestimmungen der deutschen Gerichtsverfassung und der Prozeßordnungen ihre praktische Bedeutung verloren haben, und innerhalb der einzelnen Bundesstaaten die landesrechtlichen Vorschriften in Betracht. Die Rechtshilfe bezw. Beistandsleistung in öffentlich-rechtlichen Verwaltungssachen ist unzureichend geregelt. Es empfiehlt sich hier ebenfalls ein Eingriff des Gesetzgebers.

Wie erwähnt, beziehen sich die Bestimmungen der deutschen Gerichtsverfassung über Leistung der Rechtshilfe lediglich auf

1) Nordd. Bund.-Ges.-Bl. S. 305. Dieses Gesetz wurde eingeführt in Bayern durch § 6 des Ges. vom 22. April 1871, in Württemberg nach Art. 2 Nr. 6 des Vertrages vom 25. November 1870, in Baden und Südhessen durch Art. 80 der Reichsverfassung vom 15. November 1870 und in Elsaß-Lothringen durch Ges. vom 11. Dezember 1871. S. hierzu Endemann, Die Rechtshilfe im Nordd. Bunde (Separatabdruck aus der Zeitschrift für Gesetzgebung und Rechtspflege in Preußen Bd. 3 S. 398).

den Verkehr unter den deutschen Gerichten, und zwar ohne Unterschied, ob solche demselben Bundesstaate angehören oder nicht.

Darüber, inwieweit die Rechtshilfe den ausländischen (nicht deutschen) Gerichten zu gewähren ist, und wie anderseits von deutschen Gerichten die Beihilfe ausländischer Behörden in Anspruch genommen werden kann, enthält das deutsche Gerichtsverfassungsgesetz keine Bestimmungen. Dies bemißt sich im allgemeinen nach den bestehenden internationalen Staatsverträgen (vgl. insbesondere das Abkommen über den Zivilprozeß vom 17. Juli 1905; RGBl. 1909 S. 409) und in Ermangelung solcher nach den Grundsätzen des Völkerrechtes, bezw. den Lehren des sog. internationalen Privatrechts. Einzelne Materien jedoch sind durch die deutsche Zivilprozeßordnung und sonstige gesetzliche Bestimmungen geregelt.

Nach Meili S. 45 liegt nach der modernen Auffassung nicht mehr bloß ein Akt der Höflichkeit vor, wenn ein Staat dem andern Rechtshilfe leistet. Vielmehr handelt es sich um eine juristische Obligation, die sich auf das universelle Bedürfnis, Gerechtigkeit zu pflegen, stützt.

Im Zivilprozeßrecht haben die Ersuchen um Rechtshilfe zumeist Beziehung auf die Erledigung der Prozesse und die Vollstreckung von Urteilen. In dieser Hinsicht sind durch die deutsche Zivilprozeßordnung eine Reihe von Vorschriften gegeben, welche die Ausführung der Rechtshilfe im Inlande, d. h. in und unter den deutschen Bundesstaaten, betreffen und das hierbei einzuschlagende Verfahren regeln, wie z. B. Ersuchen um Zeugenvernehmung, Abnahme von Eiden u. dergl. Außerdem enthält die Zivilprozeßordnung und auch die Konkursordnung für das Deutsche Reich noch Bestimmungen, welche teils die Rechtsverhältnisse der Ausländer, insbesondere deren Stellung im Prozesse gegenüber den Inländern normieren, teils die Rechtsbeziehungen zum Auslande überhaupt und insbesondere auch den Rechtsverkehr mit demselben zum Gegenstande haben.

Wenn nun in vorliegendem Handbuch versucht wird, abgesehen von der Rechtshilfe in Verwaltungssachen, die geltenden Grundsätze und Bestimmungen über das Rechtshilfeverfahren in bürgerlichen Rechtsstreitigkeiten und in Konkurssachen, sowie in Angelegenheiten der freiwilligen Gerichtsbarkeit, wie solche unter deutschen Gerichten und gegenüber dem Auslande zur

Anwendung zu kommen haben, in einer Gesamtdarstellung zu vereinigen, so kann man sich hierbei nicht auf die über Rechtshilfe im eigentlichen Sinne und bei Ausführung derselben bezüglich der einzelnen Prozeßmaterien, z. B. der Beweisaufnahme, Vollstreckung ausländischer Urteile und dergleichen, geltenden Bestimmungen beschränken. Es sind vielmehr auch alle diejenigen Rechtsvorschriften einzubeziehen, welche hinsichtlich der Verfolgung und Verteidigung der Rechte in den bezeichneten Rechtssachen für die prozeßrechtliche Stellung der Ausländer und den Rechtsverkehr mit dem Auslande überhaupt Geltung haben, in welcher Hinsicht insbesondere die Bestimmungen über örtliche Gerichtszuständigkeit, Prozeßfähigkeit, Vertretung und Verbeistandung vor Gericht, Sicherheitsleistung, Armenrecht u. a. in den Vordergrund treten. Auch die wesentlichsten Bestimmungen über die justiziellen Funktionen der Konsuln in bezug auf den Rechtshilfeverkehr und über die deutsche Konsulargerichtsbarkeit gehören hierher. Die Rechtsstellung der sog. Exterritorialen und fremden Konsuln ist besonders erörtert. Die Gliederung des Stoffes ist aus dem Inhaltsverzeichnis ersichtlich.

Abteilung I.

Allgemeine Grundsätze und Bestimmungen über Gewährung der Rechtshilfe.

Allgemeine Vorbemerkung[1]).

Bei der Rechtshilfe usw. sind zwei große Gruppen zu unterscheiden. Die Akte der ersten Gruppe bestehen in Auskunftserteilung, Gestattung der Akteneinsicht, Anzeigen, Mitteilungen und dergleichen. Hier handelt es sich lediglich um Unterstützungen im Geschäftsgange. Die zweite Gruppe umfaßt Vornahme richterlicher Akte, z. B. eidliche oder uneidliche Vernehmung von Zeugen und Sachverständigen, Abnahme von Parteieiden oder eidesstattlicher Versicherungen von Parteien oder anderen Personen usw. Die Grenze zwischen beiden Gruppen wird manchmal schwer zu ziehen sein. Bei der zweiten Gruppe werden die ordentlichen Gerichte meistens die ersuchten Behörden sein.

A. Ersuchen an ordentliche Gerichte.

Gruppe I.

In Deutschland ist regelmäßig das Amtsgericht diejenige Behörde, welche Ersuchen an die ordentlichen Gerichte um Rechtshilfe zu erledigen hat. Weigert sich dasselbe[2]), so kommen verschiedene Beschwerdeinstanzen in Betracht.

a) Findet auf das inländische oder ausländische Rechtshilfe- oder Beistandsersuchen das GVG. (§§ 157 ff.), § 2 FGG. oder § 87 Preuß. AGzGVG. direkt oder analog Anwendung, so geht die Beschwerde nicht an das Landgericht, sondern direkt an das Oberlandesgericht, unter Umständen weiter an das Reichsgericht, so weit dieses durch Reichsgesetz berufen ist.

b) Nach dem Rechtshilfegesetze vom 21. Juni 1869 (s. unten § 3) ist der Instanzenzug der gewöhnliche (Landgericht, Oberlandesgericht). Vgl. aber Anmerkung zu § 38 des Gesetzes von 1869. Das Reichsgericht ist nicht berufen.

---

1) Es empfiehlt sich jedoch zunächst an der Stelle, wo die Rechtshilfe gegenüber der betr. Behörde geregelt ist, nachzulesen.

2) Beruht die Weigerung auf geschäftlichen Gründen (z. B. weil der Amtsrichter keine Zeit zur Bearbeitung habe), so ist die Aufsichtsbehörde Beschwerdeinstanz.

c) Fehlt eine gesetzliche Bestimmung, welche zur Rechtshilfe oder Beistandsleistung, insbesondere ausländischen Behörden gegenüber, verpflichtet, so ist die Beschwerde im Dienstaufsichtswege gegeben. Handelt es sich um ein Ersuchen aus dem Auslande, so entscheidet darüber, ob Rechtshilfe gewährt werden soll, die Landesjustizverwaltung (Justizminister), sofern nicht diese Befugnis ein für allemal auf die Amtsgerichte delegiert ist.

d) Weigert sich ein Zeuge oder Sachverständiger auszusagen oder seine Aussage zu beschwören, so entscheidet, sofern ein Prozeßgericht i. S. des § 576 ZPO. oder eine dementsprechende Behörde nicht vorhanden ist, das Amtsgericht darüber, ob der Weigerungsgrund begründet ist oder nicht. Die Beschwerde geht dann an das Landgericht bezw. Oberlandesgericht. Maßgebend sind die Vorschriften über die Beschwerde nach der ZPO. (§§ 567 ff.) Sind die Entscheidungen des Amtsgerichts und Landgerichts gleichlautend, so ist die Beschwerde an das Oberlandesgericht nur statthaft, wenn ein neuer selbständiger Beschwerdegrund gegeben ist (§ 568 Abs. 2 ZPO.). Beschwerde an das Reichsgericht gibt es nicht. Nur in Strafsachen und Disziplinarsachen ist die Strafprozeßordnung anzuwenden, nach welcher der Beschwerdebescheid des Landgerichts nicht mehr anfechtbar ist (§ 452 StPO.).

Gruppe II.

Hier kommen nicht ausschließlich die Amtsgerichte als ersuchte Behörden in Betracht, sondern auch die höheren Gerichte. Bei Weigerung entscheidet die zunächst vorgesetzte Aufsichtsbehörde (Landgerichts-, Oberlandesgerichtspräsident, Justizminister) und zwar auch dann, wenn die Ablehnung des Ersuchens aus Rechtsgründen erfolgt[1]). Der Instanzenzug ist der regelmäßige.

B. Ersuchen an Verwaltungsbehörden und -gerichte. Bei Ablehnung ist stets die zunächst vorgesetzte Behörde im Beschwerdewege anzurufen. Das gilt für beide Gruppen von Rechtshilfeersuchen. Fehlt es an einer gesetzlichen Vorschrift über Leistung von Rechtshilfe, so entscheidet die vorgesetzte Zentralinstanz, in Preußen also der Regel nach der Minister des Innern.

1) And. Ansicht OLG. Naumburg (nach Warneyer, Rechtspr. 1908 S. 628), nach welcher der Richter, der eine ihm angesonnene Handlung aus Rechtsgründen ablehnt, durch dienstaufsichtliche Weisung nicht verpflichtet werden könne, die Handlung vorzunehmen, die nach seiner Überzeugung gesetzwidrig ist.

Abschnitt I.

Rechtshilfe unter deutschen Gerichten und Behörden.

§ 1.

Rechtshilfe zwischen den ordentlichen Gerichten, den Konsular- und Schutzgebietsgerichten in Sachen der streitigen Gerichtsbarkeit sowie in Konkurssachen.

Ordentliche Gerichte sind die Amts-, Land-, Ober-Landesgerichte und das Reichsgericht. Das deutsche Gerichtsverfassungsgesetz behandelt die Rechtshilfe im 13. Titel in den §§ 157 bis 169. Der 13. Titel betrifft das Verhältnis der deutschen Gerichte, sowohl des einzelnen Bundesstaates, als auch verschiedener Bundesstaaten untereinander. Jeder Bundesstaat hat an sich die Justizhoheit für seine Gerichte behalten. Die Zuständigkeit und Wirksamkeit der einzelnen Gerichte beruht nach den deutschen Justizgesetzen auf dem Prinzip der Territorialität. Jedes Gericht hat nur in seinem geographischen Bezirke und für denselben tätig zu sein. Durch den über diese Bezirksgrenzen hinausgreifenden Verkehr wird die Rechtshilfe der Gerichte untereinander zum Bedürfnisse.

Das Gerichtsverfassungsgesetz und die Reichsprozeßordnungen[1]) beruhen auf dem Grundgedanken, daß die Gerichtsgewalt eines jeden deutschen Gerichtes sich auf alle im deutschen Reiche sich aufhaltenden Personen erstreckt (Begründung zu § 157 GVG. S. 189). Die Entscheidung jedes deutschen Gerichtes ist im ganzen Deutschen Reich vollstreckbar. Die Wirkungen der Rechtshängigkeit und der rechtskräftigen Entscheidung mit Rücksicht auf den vor einem deutschen Gerichte verhandelten Rechtsstreit können vor jedem anderen deutschen Gerichte geltend gemacht werden. Der Gerichtsstand ist für das ganze Reich gleichmäßig bindend geregelt, und Gebote und Ladungen sind von allen Deutschen zu befolgen, ohne daß es einer besonderen darauf gerichteten Anweisung des für den Einzelnen zuständigen Gerichtes bedarf.

Die einschlägigen Bestimmungen lauten:

A. Rechtsquellen.

a) Rechtshilfe zwischen den ordentlichen deutschen Gerichten im Inlande.

1) Ebenso das Reichsgesetz über die Angelegenheiten der freiwilligen Gerichtsbarkeit vom 17. Mai 1898 (RGBl. S. 771).

Gerichtsverfassungsgesetz in der Fassung vom 20. Mai 1898 (RGBl. S. 371)[1]):

§ 157. Die Gerichte haben sich in bürgerlichen Rechtsstreitigkeiten und in Strafsachen[2]) Rechtshilfe zu leisten.

§ 158. Das Ersuchen um Rechtshilfe[2a]) ist[3]) an das Amtsgericht[4]) zu richten, in dessen Bezirke die Amtshandlung vorgenommen werden soll[5]).

§ 159. Das Ersuchen darf nicht abgelehnt werden.

Das Ersuchen eines nicht im Instanzenzuge vorgesetzten Gerichtes[6]) ist jedoch abzulehnen, wenn dem ersuchten Gerichte die örtliche Zuständigkeit mangelt oder die vorzunehmende Handlung nach dem Rechte des ersuchten Gerichtes verboten ist.

§ 160. Wird das Ersuchen abgelehnt, oder wird der Vorschrift des § 159 Abs. 2 zuwider dem Ersuchen stattgegeben, so entscheidet das Oberlandesgericht, zu dessen Bezirke das ersuchte Gericht gehört. Eine Anfechtung dieser Entscheidung findet nur statt, wenn dieselbe die Rechtshilfe für unzulässig erklärt, und das ersuchende und das ersuchte Gericht den

---

1) Die §§ 157 ff. GVG. finden auf Konkurssachen entsprechende Anwendung; dagegen nicht auf Gesuche der Parteien und des von einer Partei beauftragten Gerichtsvollziehers. Beschwerden über die Ablehnung der Gesuche gehören nicht vor das Oberlandesgericht, sondern vor das im Instanzenzuge zunächst höhere Gericht (OLG. Köln im RheinArch. 88 I S. 173).

2) Jetzt auch in Sachen der freiwilligen Gerichtsbarkeit nach Maßgabe der §§ 2 und 194 des Reichsgesetzes vom 17. Mai 1898 (RGBl. S. 771); siehe unter § 2.

2a) Die Hauptfälle der Rechtshilfe sind Übertragung von Beweisaufnahmen (§§ 355, 372, 375, 382, 402, 409), Sühneversuchen (§ 296) und Parteivernehmungen (§§ 619, 640 ff., 654, 671 ZPO., nicht die Belehrung der Parteien nach § 502 ZPO.; anderer Ansicht OLG. Augsburg, R. d. OLG. 3, 314) auf das „ersuchte" Gericht. Die mündliche Verhandlung einschl. der Entgegennahme der in ihr abzugebenden Parteierklärungen, ist schon wegen § 309 ZPO. nicht übertragbar (RG. 20. November 1908, SeuffArch. 64 Nr. 115; anderer Ansicht OLG. Zweibrücken, R. d. OLG. 3, 315) und selbstverständlich nicht die Entscheidung selbst. Die Überweisung der Verhandlung und Entscheidung über die Entmündigung und deren Wiederaufhebung nach §§ 650, 676 ZPO. ist kein Fall der Rechtshilfe, sondern ein Wechsel des Gerichtes. Dasselbe gilt von dem Eingreifen des Gerichtes der belegenen Sache nach §§ 848, 855, 857 ZPO., da dieses Gericht als Vollstreckungsgericht tätig wird. Vgl. auch Gaupp-Stein S. 18.

3) Auch von nicht gerichtlichen Behörden in Angelegenheiten der freiwilligen Gerichtsbarkeit, vgl. § 194 Abs. 4 FGG.

4) Ausschließlich, nicht auch an das Landgericht.

5) Um die Vernehmung mehrerer Zeugen, die in den Bezirken verschiedener Amtsgerichte Berlins und der Umgegend wohnen, ist nur ein Amtsgericht zu ersuchen und dabei hervorzuheben, daß es auch die nicht in seinem Bezirk wohnenden Zeugen vernehmen solle (JMBl. 1907 S. 543).

6) Sowie einer nicht gerichtlichen Behörde in Angelegenheiten der freiwilligen Gerichtsbarkeit, vgl. § 194 Abs. 4 FGG.

Bezirken verschiedener Oberlandesgerichte angehören. Über die Beschwerde entscheidet das Reichsgericht[1]).

Die Entscheidungen erfolgen auf Antrag der Beteiligten oder des ersuchenden Gerichtes ohne vorgängige mündliche Verhandlung[2]).

§ 161. Die Herbeiführung der zum Zwecke von Vollstreckungen, Ladungen und Zustellungen[2a]) erforderlichen Handlungen erfolgt nach Vorschrift der Prozeßordnungen[3]) ohne Rücksicht darauf, ob die Handlungen in dem Bundesstaate, welchem das Prozeßgericht[4]) angehört, oder in einem anderen Bundesstaate vorzunehmen sind.

§ 162. Gerichte, Staatsanwaltschaften und Gerichtsschreiber können wegen Erteilung eines Auftrags an einen Gerichtsvollzieher die Mitwirkung des Gerichtsschreibers des Amtsgerichts in Anspruch nehmen, in dessen Bezirke der Auftrag ausgeführt werden soll. Der von dem Gerichtsschreiber beauftragte Gerichtsvollzieher gilt als unmittelbar beauftragt[5]).

§ 163. Eine Freiheitsstrafe[6]), welche die Dauer von sechs Wochen nicht übersteigt, ist in demjenigen Bundesstaate zu vollstrecken, in welchem der Verurteilte sich befindet.

---

1) Dieser Instanzenzug gilt auch für die Sachen der freiwilligen Gerichtsbarkeit. Das örtlich zuständige Oberlandesgericht entscheidet auch dann, wenn es sonst nicht Beschwerdeinstanz ist (§ 199 FGG.). Unrichtig meint Kayser, Reichsjustizgesetze (7. Aufl.) S. 23, daß die Beschwerde durch die jüngste Novelle zur ZPO. (Gesetz vom 22. Mai 1910) beseitigt sei. Nur Beschwerden in Zivilprozeßsachen gehen nicht mehr an das Reichsgericht. Das GVG. ist unberührt geblieben. Ebenso Gaupp-Stein S. 19 Anm. 183. Auf die Beschwerde finden die Vorschriften der §§ 567 ff. ZPO. keine Anwendung (RG. JW. 1906 S. 716).

2) Mündliche Verhandlung ist hier unbedingt ausgeschlossen. Abweichung von § 573 Abs. 1 ZPO.

2a) Bei Vollstreckungen, Ladungen und Zustellungen bedarf es also keines Ersuchens um Rechtshilfe, auch nicht insoweit die Zwangsvollstreckung dem Gerichte zugewiesen ist. Sie können ohne ein solches unmittelbar durch den Gerichtsvollzieher bezw. die Post erfolgen. Der Gerichtsvollzieher ist deshalb direkt anzugehen (RGZ. 25, 364 und RGSt. 26, 338). Dagegen gehört der Gerichtsdiener (§ 211 ZPO). mit Rücksicht auf seine besonders geartete dienstliche Stellung nicht hierher. In Sachen der freiwilligen Gerichtsbarkeit ist der Paragraph nur auf Ladungen und Zustellungen anwendbar, da für die Vollstreckung keine reichsrechtlichen Grundsätze gelten. Sofern nicht die Vollstreckung durch das Landesrecht dem § 801 ZPO. unterworfen wird, muß um die Vollstreckung, wenn sie in einem anderen Bundesstaate erfolgen soll, im Wege der Rechtshilfe ersucht werden. Vgl. auch § 753 Abs. 2 ZPO.

3) Bei der freiwilligen Gerichtsbarkeit nach dem Gesetz über die Angelegenheiten der freiwilligen Gerichtsbarkeit § 16 Abs. 2.

4) Bei der freiwilligen Gerichtsbarkeit das mit der Angelegenheit befaßte Gericht.

5) Auf Parteien bezieht sich § 162 nicht. Auch im Falle des § 162 bedarf es keiner eigentlichen Rechtshilfe (OLG. Hamburg in SeuffArch. Bd. 45 Nr. 43). Der § 162 GVG. ist entsprechend anzuwenden, wenn nach § 211 ZPO. eine Zustellung von Amts wegen durch den Gerichtsdiener erfolgt.

6) Z. B. wegen Zeugnisverweigerung (ZPO. §§ 380, 390) und wegen ungebührlichen Benehmens vor Gericht (GVG. §§ 178 ff.).

§ 164. Soll eine Freiheitsstrafe in dem Bezirke eines anderen Gerichtes vollstreckt oder ein in dem Bezirke eines anderen Gerichtes befindlicher Verurteilter zum Zwecke der Strafverbüßung ergriffen und abgeliefert werden, so ist die Staatsanwaltschaft bei dem Landgerichte des Bezirkes um die Ausführung zu ersuchen.

§ 165. [1])Im Falle der Rechtshilfe unter den Behörden verschiedener Bundesstaaten sind die baren Auslagen, welche durch eine Ablieferung oder Strafvollstreckung entstehen, der ersuchten Behörde von der ersuchenden zu erstatten.

Im übrigen werden Kosten der Rechtshilfe von der ersuchenden Behörde nicht erstattet [2]).

Ist eine zahlungspflichtige Partei vorhanden, so sind die Kosten von derselben durch die ersuchende Behörde einzuziehen und der eingezogene Betrag der ersuchten Behörde zu übersenden.

Stempel-, Einregistrierungsgebühren oder andere öffentliche Abgaben, welchen die von der ersuchenden Behörde übersendeten Schriftstücke (Urkunden, Protokolle) nach dem Rechte der ersuchten Behörde unterliegen, bleiben außer Ansatz.

§ 166. Für die Höhe der den geladenen Zeugen und Sachverständigen gebührenden Beträge sind die Bestimmungen maßgebend, welche bei dem Gerichte gelten, vor welches die Ladung erfolgt [2a]).

Sind die Beträge nach dem Rechte des Aufenthaltsortes der geladenen Personen höher, so können die höheren Beträge gefordert werden.

Bei weiterer Entfernung des Aufenthaltsortes der geladenen Personen ist denselben auf Antrag ein Vorschuß zu bewilligen [3]).

§ 167. Ein Gericht darf Amtshandlungen außerhalb seines Bezirkes ohne Zustimmung des Amtsgerichts des Ortes

1) Zur Entscheidung darüber, ob die Kosten der Rechtshilfe von dem ersuchenden Gericht zu erstatten sind, ist das Oberlandesgericht zuständig, zu dessen Bezirk das um Rechtshilfe ersuchte Gericht gehört (Stuttgart, 24. Novemb. 1908, R. d. OLG. 18,386). — Ordnet das um Auswahl und Vernehmung eines Sachverständigen ersuchte Gericht schriftliche Begutachtung an, so sind die entstandenen Kosten vom ersuchenden Gericht nicht zu erstatten (Stuttgart, 24. Novemb. 1908, R. d. OLG. 18, 386). Die Einziehung der Kosten von der zahlungspflichtigen Partei setzt voraus, daß die Kosten von der Partei nach den gesetzlichen Bestimmungen geschuldet werden (OLG. Rostock 6. Oktober 1903, R. d. OLG. Bd. 8 S. 3).

2) Auch nicht Gebühren der Zeugen und Sachverständigen.

2a) Vgl. ZPO. § 401 Anm. 1.

3) Zur Gewährung des Vorschusses ist nur das Prozeßgericht, nicht das Gericht des Wohnortes des Zeugen zuständig (Verord. des sächs. Justizministers vom 16. Januar 1904).

nur vornehmen, wenn Gefahr im Verzuge obwaltet. In diesem Falle ist dem Amtsgerichte des Ortes Anzeige zu machen.

§ 168. Die Sicherheitsbeamten eines Bundesstaates sind ermächtigt, die Verfolgung eines Flüchtigen auf das Gebiet eines anderen Bundesstaates fortzusetzen und den Flüchtigen daselbst zu ergreifen.

Der Ergriffene ist unverzüglich an das nächste Gericht oder die nächste Polizeibehörde des Bundesstaates, in welchem er ergriffen wurde, abzuführen.

§ 169. Die in einem Bundesstaate bestehenden Vorschriften über die Mitteilung von Akten einer öffentlichen Behörde an ein Gericht dieses Bundesstaates kommen auch dann zur Anwendung, wenn das ersuchende Gericht[1]) einem anderen Bundesstaate angehört.

b) Rechtshilfe seitens der Konsulargerichte und gegenüber denselben.

Der § 18 des Gesetzes über die Konsulargerichtsbarkeit[2]) vom 7. April 1900 (RGBl. S. 213) lautet:

„Die Vorschriften der §§ 157—159 GVG.[3]) und des § 2 des Reichsgesetzes über die Angelegenheiten der freiwilligen Gerichtsbarkeit[4]) finden auf die Leistung der Rechtshilfe unter den bei der Ausübung der Konsulargerichtsbarkeit mitwirkenden Behörden sowie unter diesen Behörden und den Behörden im Reichsgebiete oder in den deutschen Schutzgebieten mit der Maßgabe entsprechende Anwendung, daß für die im § 160 Abs. 1 GVG. vorgesehene Entscheidung, sofern die Rechtshilfe von dem Konsul versagt oder gewährt wird, das Reichsgericht in erster und letzter Instanz zuständig ist."

Ordentliche Gerichte haben also den Konsulargerichten und umgekehrt diese den ersteren Rechtshilfe zu leisten, ebenso die Konsulargerichte untereinander. Auch zwischen den Konsulargerichten und den Gerichten der Schutzgebiete besteht Rechtshilfepflicht. Vgl. unten c.

---

1) Oder die ersuchende nicht gerichtliche Behörde; FGG. § 194 Abs. 4. Bei Einziehung der Kosten vom Zahlungspflichtigen hat die ersuchende Behörde die Kostenansätze nicht von Amts wegen zu prüfen (OLG. Hamburg 23. Februar 1904, SeuffArch. Bd. 59 S. 372).

2) Diese wird ausgeübt durch den Konsul, das Konsulargericht und das Reichsgericht (§§ 5, 6, 8 ff., 14 a. a. O.).

3) Siehe oben S. 4 ff. Wegen der Form des Rechtshilfeersuchens vgl. § 10 III.

4) Der § 2 spricht nur von Angelegenheiten der freiwilligen Gerichtsbarkeit, welche durch Reichsgesetz den Gerichten übertragen sind. Eine Rechtshilfepflicht in solchen Angelegenheiten der freiwilligen Gerichtsbarkeit, welche nur durch Landesgesetz den Gerichten übertragen sind, vgl. § 2 unten, ist also gesetzlich nicht konstituiert. Hier liegt offenbar eine Lücke im Gesetz vor.

Wegen der Zuständigkeit der Konsuln usw. vgl. unten Abt. IV §§ 40 und 41, wegen der Ersuchungsschreiben s. § 10 III und wegen der Kosten § 13.

Die Zustellung der Konsuln gemäß § 199 ZPO. ist kein Akt der Rechtshilfe (RGZ. Plenum 44, 409), überhaupt bezieht sich § 18 nicht auf reine Konsulargeschäfte.

c) Rechtshilfe seitens der Gerichte in den Schutzgebieten und gegenüber denselben.

Deutsche Schutzgebiete sind zur Zeit folgende: Kamerun, Togo, Deutsch-Südwest-Afrika, Deutsch-Ost-Afrika, Neu-Guinea, die Marschallinseln, Kiautschau (RGBl. 1898 S. 171), das Inselgebiet der Karolinen, Palau und Marianen (RGBl. 1899 S. 541), sowie die Samoainseln (RGBl. 1900 S. 135).

Die Zuständigkeit der Gerichtsbehörden in den Schutzgebieten ergibt sich aus dem Schutzgebietsgesetze vom 25. Juli 1900 (RGBl. S. 813) und der Verordnung betr. die Rechtsverhältnisse in den deutschen Schutzgebieten vom 9. November 1900 (RGBl. S. 1005), der Verordnung betr. die anderweite Regelung der Verwaltung usw., im Schutzgebiete der Marschall-Brown- und Providence-Inseln vom 18. Januar 1906 (RGBl. S. 138), sowie der Verordnung betr. das Gericht II. Instanz für das Schutzgebiet Kiautschau vom 28. September 1907 (RGBl. S. 735).

Es bestehen folgende Kaiserliche Bezirksgerichte in Deutsch-Ostafrika: Daressalam, Tanga, Muansa, in Deutsch-Südwestafrika: Windhuk, Lüderitzbucht, Keetmanshop, Omaruru, Swakopmund, in Kamerun: Duala, Kribi, Lome (Kamerun), in Togo: Lome (Togo), in Neuguinea: Rabaul, Friedrich-Wilhelmshafen, Ponape, Jap, in Samoa: Apia.[1])

Die Gerichtsbehörde I. Instanz in Tsingtau heißt: „Kaiserl. Gericht von Kiautschau" (vgl. Dienstanweisung vom 23. Oktober 1907).

Die zur Ausübung der Gerichtsbarkeit I. Instanz ermächtigten Beamten in den Schutzgebieten Afrikas und der Südsee führen die Bezeichnung: „Kaiserlicher Bezirksrichter", in Kiautschau die Bezeichnung: „Kaiserlicher Richter"[2]).

1) Die Bezirke der einzelnen Gerichte sind im PreußJMBl. 1911 S. 222 angegeben.

2) Die Allg. Verf. vom 16. Juni 1910 (JMBl. S. 189) sagt zu § 12 irrtümlich: Oberrichter. Vgl. Dienstanweisung vom 23. Oktober 1907 (RZBl. S. 546).

Der § 2 des Schutzgebietsgesetzes vom 13. September 1900 (RGBl. S. 813) lautet:

„Auf die Gerichtsverfassung in den Schutzgebieten finden die Vorschriften der §§ 5, 7—15, 17, 18 des Gesetzes über die Konsulargerichtsbarkeit vom 7. April 1900 mit der Maßgabe entsprechende Anwendung, daß an die Stelle des Konsuls der von dem Reichskanzler zur Ausübung der Gerichtsbarkeit ermächtigte Beamte und an die Stelle des Konsulargerichtes das in Gemäßheit der Vorschriften über das letztere zusammengesetzte Gericht des Schutzgebietes tritt."

Die Zuständigkeit des Reichsgerichtes als Beschwerdegericht im Sinne des § 160 GVG. ist beseitigt. Nach § 8 der Kaiserlichen Verordnung vom 9. November 1900 (RGBl. S. 1005) ist die durch das Konsulargerichtsbarkeitsgesetz vom 7. April 1900 (RGBl. S. 213) begründete Zuständigkeit des Reichsgerichts für das Schutzgebiet von Togo der Gerichtsbehörde II. Instanz im Schutzgebiete von Kamerun; für das Inselgebiet der Karolinen, Palau und Marianen der Gerichtsbehörde II. Instanz im Schutzgebiete von Deutsch-Neuguinea; für die übrigen Schutzgebiete der in einem jeden derselben errichteten Gerichtsbehörde II. Instanz mit der Maßgabe übertragen, daß das Gericht aus dem zur Ausübung der Gerichtsbarkeit zweiter Instanz ermächtigten[1]) Beamten und vier Beisitzern besteht.

Es bestehen folgende Obergerichte: in Daressalam für Ostafrika, in Windhuk für Südwestafrika, in Buea für Kamerun und Togo, in Apia für Samoa, in Rabaul für Neuguinea. In Tsingtau ist Beschwerdegericht das „Kaiserliche Obergericht von Kiautschau" (vgl. Kaiserliche Verordnung vom 28. September 1907, RGBl. S. 735 und Dienstanweisung vom 23. Oktober 1907, RZBl. S. 546): Der Richter führt den Titel „Kaiserlicher Oberrichter". Vgl. §§ 11—13 Allg. Verf. vom 16. Juni 1910 (JMBl. S. 186) und vom 16. Juni 1911 (JMBl. S. 247):

Ersuchen an die Gerichtsbehörden in den deutschen Schutzgebieten[2]):

„Ersuchungsschreiben[3]), welche in den Schutzgebieten erledigt werden sollen, sind unmittelbar an die zustän-

1) Bezeichnung: „Kaiserliches Obergericht".

2) Den Gerichten in den Schutzgebieten und den Marinekriegsgerichten im Auslande ist der direkte Verkehr mit den deutschen Gerichten gestattet (Schreiben des preuß. Justizministers vom 23. Mai 1899 I 3258). Vgl. Bek. des bad. Justizministers vom 13. August 1900 in Böhms Zeitschr. Bd. 10 S. 495 und Bek. des bayer. Justizministers vom 8 Juni 1900 (JMBl. S. 963).

3) Vgl. die Formulare in § 10 am Ende.

dige Gerichtsbehörde in den Schutzgebieten zu richten und unter der äußeren Adresse des betreffenden Gouvernements, ohne Anschreiben an dieses, abzusenden. Ist nicht sicher bekannt, welche Gerichtsbehörde zuständig ist, so ist der inneren Adresse in dem Ersuchungsschreiben hinzuzufügen: „oder die sonst zuständige Behörde". Ergeben sich wegen des Inhalts oder der Form der Ersuchungsschreiben Bedenken, so sind die Schreiben dem Justizminister zur Weiterbeförderung einzureichen" (§ 10 Allg. Verf. vom 16. Juni 1910, JMBl. S. 189)[1]).

Zeugniszwang ist gegenüber allen im Schutzgebiete sich aufhaltenden Personen zulässig.

Ersuchen um Zustellungen an Personen, welche sich in einem Schutzgebiete befinden, sind an den zuständigen Richter des betr. Schutzgebiets zu richten (§ 8 Allg. Verf. vom 16. Juni 1910).

Die Art und Weise der Zustellung, sowie die Auswahl der sie bewirkenden Person und die Form des Nachweises darüber ist in das Ermessen der Bezirksrichter gestellt (RMilG. 13, 242).

Ersuchen an die Gerichtsbehörden der Schutzgebiete um Bewirkung von Zwangsvollstreckungen sind von dem Prozeßgericht zu erlassen. Dem Ersuchungsschreiben ist eine vollstreckbare Ausfertigung der Entscheidung, welche vollstreckt werden soll, beizufügen (§ 12 Allg. Verf. vom 16. Juni 1910).

Wegen des Inhalts des Ersuchungsschreibens s. unten in § 10 die Ziff. 8 ff. der Allg. Verf. vom 16. Juni 1910.

Bezüglich der Kosten siehe § 13 und des Gerichtskostenvorschusses usw.: §§ 23 und 24.

Wichtig ist ferner die Verordnung betr. Zwangs- und Strafbefugnisse der Verwaltungsbehörden in den Schutzgebieten Afrikas und der Südsee vom 14. Juli 1905 (RGBl. S. 717). Dort wird in den §§ 30 und 31 die Rechtshilfe der Gerichte der Schutzgebiete gegenüber den Verwaltungsbehörden der Schutzgebiete und denjenigen des Mutterlandes geregelt.

d) Wegen der von den Kriegsgerichtsräten usw. im Felde zu leistenden Rechtshilfe vgl. unten unter II.

---

1) Die Einlegung der Beschwerde gemäß § 160 GVG. wird in derselben Weise erfolgen müssen.

B. Erläuterungen.

I. Die Bestimmungen des GVG. beziehen sich gleich den übrigen Vorschriften nur auf die von den ordentlichen Gerichten[1]) geforderte und von denselben zu gewährende Rechtshilfe[2]). Ihre Anwendung ist aber zugleich, von den Bestimmungen über Aufträge an Gerichtsvollzieher und über Ersuchen um Vollstreckung von Freiheitsstrafen (s. unten Nr. VI und VII) abgesehen, auf das Ersuchen um Vornahme richterlicher Handlungen beschränkt. Auf Ersuchen von Staatsanwaltschaft zu Staatsanwaltschaft sind die Vorschriften des Tit. 13 nicht ausgedehnt. Wegen der Normen über das Verhältnis der Gerichte zur Militärbehörde vgl. § 4. Unter der Rechtshilfe im Sinne des Tit. 13 des Gerichtsverfassungsgesetzes ist nur die Vornahme von Amtshandlungen im Bezirke des ersuchten Gerichts (Beweisaufnahme, Sühneversuch, Zustellungen, Vollstreckungen u. dgl.) verstanden. Außerhalb des Bereiches der eigentlichen Rechtshilfe liegen Ersuchen der Gerichte um Übersendung von Akten, Erteilung amtlicher Auskunft und dergleichen. Derartige Ersuchen berühren das Prozeßverfahren selbst nicht; ob solchen stattzugeben ist, bemißt sich nach der im Aufsichtswege zu treffenden Regelung[3α]).

---

1) und den Gerichten, auf welche das GVG. für anwendbar erklärt ist, z. B. Konsulargerichte usw. Es ist unerheblich, ob die ordentlichen Gerichte als Verwaltungsbehörden, z. B. Vormundschaftsgerichte, fungieren. Die Vollstreckung der nach § 1837 BGB. verhängten Ordnungsstrafen ist aber nicht reichsgesetzlich, sondern in Preußen landesgesetzlich (vgl. Art. 16 Abs. 2 preuß. FGG.) geregelt; Rechtshilfe seitens außerpreußischer Gerichte also wenigstens nach § 2 FGG. nicht zu leisten. Vgl. unten § 2. Das KG. (Beschl. vom 20. August 1906, DJZ. 1907 S. 540) meint, daß auch im Verkehr preußischer Gerichte untereinander Rechtshilfe gemäß § 87 AGzGVG. bei Vollstreckung der Ordnungsstrafen aus § 1837 BGB. nicht zu leisten sei, ersuchtes und ersuchendes Gericht sich vielmehr als Verwaltungsbehörden gegenüberständen und deshalb die Rechtshilfe nach den für Verwaltungsbehörden gegebenen Vorschriften sich regele. Das ist nicht richtig, die Tätigkeit der Gerichte kann nicht in zwei Teile zerlegt werden. Das GVG. und FGG. spricht die Verpflichtung der Gerichte zur Rechtshilfe für den gesamten Geschäftsumfang der ordentlichen Gerichte aus. Gerichtskassen sind dagegen reine Verwaltungsbehörden, für sie ist ja auch das Verwaltungszwangsverfahren gemäß der Verord. vom 15. November 1899 in Preußen maßgebend. Daß die Justizverwaltungsbehörden (Aufsichtsrichter, Landgerichtspräsident usw.) ebenfalls nur Verwaltungsbehörden sind, ist selbstverständlich.

2) Ist von einem auf Grund eines Gesellschaftsvertrages zusammengetretenen Schiedsgericht (§§ 1025 ff. ZPO.) die Vernehmung von Zeugen beschlossen und deshalb bei der nach dem gleichen Vertrage zuständigen Kammer für Handelssachen beantragt worden, die Vernehmung der Zeugen durch Ersuchen des zuständigen Amtsgerichts anzuordnen, so hat, wenn dies geschehen, das angegangene Amtsgericht einem diesbezüglichen Ersuchen zu entsprechen (Jena I, 8. Juli 1910, Recht 14. Nr. 3827).

3a) Motive z. GVG. S. 120, vgl. auch OLG. Kolmar, 25. März 1902, Recht 1903 S. 161.

II. Nach GVG. § 157 haben sich die Gerichte in bürgerlichen Rechtsstreitigkeiten[1]) Rechtshilfe zu leisten[2]). Hierbei macht es keinen Unterschied, ob das Ersuchen von einem Gerichte oder von einem einzelnen Richter (beauftragten oder ersuchten[3]) ausgeht).

Die Leistung der Rechtshilfe gehört ausschließlich zum Geschäftskreise der Amtsgerichte. Das Ersuchen ist an dasjenige Amtsgericht zu richten, in dessen Bezirk die Amtshandlung vorgenommen werden soll (GVG. § 158)[4]).

Das gilt auch dann, wenn die zu vernehmende oder sonst betroffene Person dem Militärstande angehört[5]). Es bestimmt jedoch das Reichsgesetz betr. die freiwillige Gerichtsbarkeit und andere Rechtsangelegenheiten in Heer und Marine vom 28. Mai 1901 (RGBl. S. 185) im

§ 1. „Im Felde (Einführungsgesetz zur Militärstrafgerichtsordnung § 5)[6])[7]) sind beim Heere[8]) hinsichtlich der im § 1 Nr. 1, 6, 7, 8 der Militärstrafgerichtsordnung vom 1. De-

---

1) Hierzu gehören nicht nur die den Gerichten besonders zur Pflicht gemachten Geschäfte, sondern im weiteren Sinne auch alle Maßnahmen, die zur Vorbereitung und Erledigung jener Geschäfte zweckmäßig und geboten erscheinen (OLG. Naumburg 18. April 1907, Thür. Bl. 07, 62). Nicht bloß eigentliche Prozesse, sondern auch die Zwangsversteigerung, insbesondere in Immobilien-, das Entmündigungs- und das Aufgebotsverfahren fallen unter §§ 157 ff.

2) Dies gilt auch für das Verfahren in Konkurssachen.

3) Ein mit der Vernehmung von Zeugen beauftragter Richter des Prozeßgerichtes hatte ein Amtsgericht um Vernehmung von zwei Zeugen ersucht. Das Amtsgericht lehnte die Rechtshilfe mit dem Bemerken ab, daß die Erledigung nur erfolgen könne, wenn das Ersuchungsschreiben gemäß § 362 ZPO. vom Vorsitzenden ausgehe, da der Fall des § 365 ZPO. nicht vorliege. Auf Beschwerde hat das OLG. Rostock (Beschl. vom 20. September 1899, Mecklenburg. Zeitschr. für Rechtspflege Bd. 18 S. 214) das Amtsgericht zur Leistung der Rechtshilfe für verpflichtet erklärt, weil das ersuchte Gericht nicht prüfen dürfe, ob in Wirklichkeit der Fall des § 365 ZPO. gegeben ist, sondern das Ersuchen nur ablehnen dürfe, wenn ein Fall des § 159 Abs. 2 GVG. vorliege. Auch der Vorsitzende kann ein anderes als das vom Gericht bestimmte Amtsgericht um Erledigung des Beweisbeschlusses ersuchen (OLG. Köln vom 20. Februar 1885, Böhm, Zeitschr., Bd. 5 S. 120). Vgl. § 362 ZPO.

4) Wegen der Konsulargerichte und der Gerichte in den Schutzgebieten vgl. oben S. 7 und 9.

5) Wegen der Exterritorialen vgl. § 16 a. Im übrigen ist es gleichgültig, ob der Rechtshilfeakt einen Inländer oder Ausländer betrifft.

6) Die Vorschrift lautet: „§ 5. Die in der Militärstrafgerichtsordnung für das „Feld" gegebenen Vorschriften gelten: 1. für die Dauer des mobilen Zustandes des Heeres, der Marine oder einzelner Teile des Heeres oder der Marine; 2. für die Besatzung eines festen Platzes, so lange derselbe vom Feinde bedroht ist. Der Eintritt, sowie die Beendigung dieses Zustandes ist vom Gouverneur oder Kommandanten dienstlich bekannt zu machen". Wegen der Marine s. aber Anm. 8.

7) „Im Felde", auch wenn die Truppenteile ihre Garnison nicht verlassen haben (Abweichung vom bisherigen Recht).

8) „Beim Heere". Auf die Marine findet § 1 keine Anwendung. Hier gilt § 5 des Gesetzes (dort ist aber eine Rechtshilfepflicht seitens der Kriegsgerichtsräte usw. der Marine nicht konstituiert) und FGG. § 184.

zember 1898 bezeichneten Personen[1]) auch die Kriegsgerichtsräte und die Oberkriegsgerichtsräte[2]) zuständig:

1. und 2. . . .

3. für die Erledigung von Ersuchen um Rechtshilfe, jedoch unbeschadet der Vorschriften des § 13 des Einführungsgesetzes zur Militärstrafgerichtsordnung[3]).

Es kann nicht angenommen werden, daß die Kriegsgerichtsräte und die Oberkriegsgerichtsräte nur für Sachen der nichtstreitigen Gerichtsbarkeit[4]) zuständig sein sollen. Ihre Zuständigkeit erstreckt sich vielmehr auf alle bürgerlichen Rechtssachen, also auch auf die streitige Gerichtsbarkeit und Konkurssachen. Es liegt dies auf der Hand, da z. B. für Vernehmung von mobilen Militärpersonen im Felde als Zeugen usw. andere Behörden, als die Militärjustizbeamten der Regel nach kaum vorhanden sein werden.

Ob die Zuständigkeit der Kriegs- und Oberkriegsgerichtsräte auch dann besteht, wenn an dem Orte, an welchem sich der Truppenteil befindet, landesgesetzlich die Zuständigkeit der Amtsgerichte ausgeschlossen ist (vgl. FGG. § 167 und § 191 Abs. 2), ist zweifelhaft. Nach der Absicht des Gesetzes dürfte die Frage zu bejahen sein.

Zur Erledigung der Rechtshilfe gehört selbstverständlich auch die Vereidigung der betr. Personen.

Beschwerden bezüglich der Rechtshilfe werden nach § 4 des Gesetzes vom 28. Mai 1901 im Aufsichtswege von den vorgesetzten Militärbefehlshabern (Divisionskommandeur, kommandierender General) erledigt.

IIa. Das Ersuchungsschreiben ist von dem Vorsitzenden (Amtsrichter usw.) zu erlassen, d. h. zu unterschreiben (§ 362 ZPO.)[5]). Das ersuchte Gericht ist jedoch nicht berechtigt, das Ersuchen abzulehnen, weil nicht der Vorsitzende, sondern ein anderes Mitglied, z. B. der Referent oder beauftragte Richter,

---

1) Nur hinsichtlich dieser Personen, also z. B. nicht bezüglich Angehöriger der Marine.

2) Jeder Kriegsgerichtsrat und jeder Oberkriegsgerichtsrat ist für alle unter § 1 fallende Personen zuständig. Geschäftsverteilungen haben nur die Bedeutung von Verwaltungsvorschriften. Die Zuständigkeit der Amtsgerichte und sonstigen Amtsstellen bleibt daneben bestehen.

3) Dieser § 13 betrifft lediglich die Rechtshilfe in Strafsachen.

4) Und zwar auch für diejenigen, welche nicht durch Reichsgesetz, sondern durch Landesgesetz dem Gerichte übertragen sind (vgl. unten § 2).

5) In Preußen können Referendare, welche seit mindestens 2 Jahre im Vorbereitungsdienste beschäftigt sind, durch den Amtsrichter zur Erledigung einzelner richterlicher Geschäfte ermächtigt werden, also auch zum Erlaß des Ersuchungsschreibens (§ 2 AGzGVG.). Die Ermächtigung ist aber aktenkundig zu machen.

unterschrieben hat. Übrigens ist gemäß § 365 ZPO. (vgl. unten § 27 unter I) der ersuchte oder beauftragte Richter ermächtigt, falls sich später Gründe ergeben, welche die Beweisaufnahme durch ein anderes Gericht sachgemäß erscheinen lassen, dieses Gericht um die Beweisaufnahme zu ersuchen.

Wegen der Zustellungen vgl. § 25 unten. Für die Form des Ersuchens gibt das GVG. sonst keine Vorschriften, hierfür sind die landesrechtlichen Vorschriften maßgebend.

Für Preußen enthält die Ministerialverfügung vom 8. Juli 1880 I 3032 die Bestimmung: „dem in Preußen bestehenden Geschäftsgebrauche entspricht es, daß das Ersuchen um Rechtshilfe, wenn es von einem Gerichte höherer Ordnung an ein zu seinem Bezirk gehöriges Gericht nachstehender Ordnung erlassen wird, in der Form des Reskripts erfolgt, während anderseits das im Instanzenzuge untergeordnete Gericht nach Erledigung des Ersuchens die Akten in der Form eines Berichtes dem höheren Gericht wieder einzureichen hat.“ Es ist zweifelhaft, ob dieser Erlaß noch in vollem Umfang gilt. Einmal erfolgt die Rücksendung der Akten gemäß § 362 Abs. 2 ZPO. an die Gerichtsschreiberei des ersuchenden Gerichtes. Sodann bestimmt die Ministerialverfügung vom 19. Januar 1881 I 4961[1]), daß nur, wo die Präsidenten der Landgerichte als Aufsichtsinstanz auftreten, den Amtsgerichten im sog. Reskriptenstile zu schreiben ist bezw. letztere sich des Berichtsstiles den Präsidenten gegenüber zu bedienen haben, daß dagegen in allen anderen Geschäftsbeziehungen die Landgerichte wie die Amtsgerichte in dem hergebrachten Stil koordinierter Behörden miteinander korrespondieren sollen[1]). Endlich ist in den Grundzügen über den Geschäftsverkehr der preußischen Staats- und Kommunalbehörden (vgl. MBl. f. d. i. V. 1897 S. 144) unter Nr. 10 bestimmt, daß, soweit angängig, für Schreiben und Erlasse die urschriftliche Form zu wählen ist, wobei die Niederschrift je nach Lage des Falles entweder auf das veranlassende Schriftstück selbst oder auf einem darum zu legenden Bogen gesetzt wird[2]).

1) Keinesfalls berechtigt die unrichtig gewählte Form das nachgeordnete Gericht zur Ablehnung des Ersuchens.

2) Jedes Requisitions- und Antwortschreiben muß die vollständige Bezeichnung der betreffenden Rechtssache und der Akten enthalten, damit den Registraturbeamten jede unnötige Mühe und nähere Nachforschung erspart wird (Allg. Verf. vom 14. November 1839, JMBl. S. 391).

Von der urschriftlichen Form bei Ersuchen Deutscher Gerichte untereinander Gebrauch zu machen, dürfte ebenfalls erlaubt sein.

Die Übersendung der Akten ist gleichfalls üblich.

Wegen der Ersuchungsschreiben an die deutschen Konsuln s. unten §10 und an die Gerichte der Schutzgebiete s. S. 9 oben.

IIb. Für die Behandlung der portopflichtigen Korrespondenz zwischen den Behörden verschiedener Bundesstaaten ist maßgebend Ziff. VII der Allg. Verf. vom 4. März 1894 (JMBl. S. 58), welche lautet:

a) Portopflichtige Sendungen sind stets von der absendenden Behörde zu frankieren;

b) bei Korrespondenz zwischen Behörden in Parteisachen entrichtet die absendende Stelle das Porto auch in solchen Fällen, in welchen die Pflicht zur Portozahlung einer im Gebiete der empfangenden Stelle befindlichen Partei obliegt.

c) Die empfangende Stelle ist zwar befugt, den Portobetrag von der Partei einzuziehen, jedoch soll von seiner Erstattung an die absendende Behörde bis auf weiteres Abstand genommen werden.

Bekanntmachung vom 29. August 1870, BGBl. S. 514, vom 17. April 1872 (RGBl. S. 208) und vom 8. Juli 1783 (RGBl. S. 232).

III. Das Ersuchen darf nicht abgelehnt werden[1]), ausgenommen, wenn

a) bei dem Ersuchen eines nicht im Instanzenzuge vorgesetzten[2]) Gerichtes dem ersuchten Gerichte die örtliche Zuständigkeit mangelt, oder

---

1) Vgl. unten § 27. Bei Ausführung der Rechtshilfe ist im allgemeinen daran festzuhalten, daß das requirierte Gericht zunächst von den Anweisungen des ersuchenden abhängig ist, daß also das ersuchte Gericht so zu verfahren hat, wie das Ersuchen besagt. Hierbei ist jedoch unter besonderen Umständen nicht ausgeschlossen und kann um des höheren Zweckes der Rechtspflege willen zur Pflicht des ersuchten Gerichtes werden, nach bester Einsicht anders zu verfahren, als die Requisition buchstäblich lautet, oder dieserhalb mit dem ersuchenden Teil in Verhandlung zu treten.

2) Ein im Instanzenzuge vorgesetztes Gericht ist außer dem Reichsgerichte dasjenige Oberlandesgericht und Landgericht, zu dessen Bezirk das ersuchte Amtsgericht gehört, nicht etwa jedes deutsche Oberlandesgericht oder Landgericht an sich. Vgl. Struckmann und Koch, Note 3 zu § 159 GVG.; ferner v. Wilmowski und Levy § 159 Anm. 1; anderer Ansicht v. Schwarze, StPO. S. 90.

b) die vorzunehmende Handlung nach dem Rechte des ersuchten Gerichtes verboten ist[1])[2]).

In diesen Fällen muß das Ersuchen abgelehnt werden (GVG. § 159); die Unterlassung der Ablehnung begründet eine Gesetzesverletzung. Vgl. JW. 96, 365[60]. Ist örtliche Unzuständigkeit der Grund, so ist Abgabe an das zuständige Gericht empfehlenswert. Vgl. unten IIIb. Abgesehen von den genannten beiden Ausnahmsfällen steht jedoch dem ersuchten Gerichte eine Kognition über die Gesetzmäßigkeit des Ersuchens bezw. der vorzunehmenden Handlung (Kolmar vom 29. Oktober 1903, Recht S. 556 und R. d. OLG. 7, 337) seine zivilprozessuale Richtigkeit (R. d. OLG. 3, 35, Königsberg), über die Statthaftigkeit der Übertragung der Prozeßhandlung (Darmstadt vom 31. August 1900, DJZ. 1901 S. 392) oder über die Zweckmäßigkeit[3]) oder Notwendigkeit des Ersuchens (Hamburg vom 30. Mai 1900, DJZ. 1901 S. 440, Köln vom 6. April 1896, Böhm, Zeitschr. Bd. 7 S. 52, Rostock vom 18. Januar 1904, MecklZ. 22, 243) nicht zu, auch nicht hinsichtlich der Zuständigkeit des ersuchenden Gerichtes[4]) (R. d. OLG.

---

1) Ein dritter Ablehnungsgrund ist der, daß die Erledigung überhaupt nicht zum Geschäftskreis des ersuchten Gerichtes gehört (Mangel der sachlichen Zuständigkeit). Dies war in § 37 des Rechtshilfegesetzes vom 21. Juni 1869 ausdrücklich bestimmt, der Ablehnungsgrund ist nur wegen seiner Selbstverständlichkeit nicht in den § 159 GVG. mit hinübergenommen. Auf dem Gebiete der streitigen Gerichtsbarkeit dürfte der Fall kaum praktisch werden, von Bedeutung ist er dagegen noch für die freiwillige Gerichtsbarkeit (vgl. § 2 unten). Vgl. auch RG. 71, 303 und unten S. 57 ff.

2) Verbot der vorzunehmenden Handlung. Diese Voraussetzung, für welche die bisherige Verschiedenheit des materiellen Rechtes Anlaß bot, kann auch noch unter der Herrschaft des BGB. eintreten, z. B. bei Verschiedenartigkeit der Auffassung zwischen ersuchtem und ersuchendem Gerichte, über die Verbotswidrigkeit einer Handlung (RG. in der JW. 1886 S. 113). In vollem Umfange trifft sie noch in landesgesetzlich geregelten Materien zu.

3) Vgl. RG. 28. Dezember 1905, Gruchot 50, 1046. Das ersuchte Gericht darf auch nicht ablehnen, weil das Prozeßgericht von der Befugnis zur Übertragung der Zeugenbeweisaufnahme einen unsachgemäßen Gebrauch gemacht hat (Kolmar 5. April 1905, ElsLothZ. 30, 552). Gegen Mißbrauch ist im Aufsichtswege das Erforderliche zu veranlassen.

4) Vgl. Struckmann und Koch, § 159 GVG. Anm. 2 und OLG. Köln im RheinArch. Bd. 88 I, 127. Es darf auch nicht Zweckmäßigkeitsgründe vorschützen, um die Rechtshilfe abzulehnen, insbesondere nicht prüfen, ob das ersuchende Gericht die Voraussetzungen der §§ 375 und 479 ZPO. mit Recht für gegeben erachtet, z. B. ob das Erscheinen vor dem Prozeßgericht erheblich erschwert oder die Entfernung von demselben eine große ist (vgl. § 376 Ziff. 2 und 4, auch § 479 Abs. 1 a. a. O.). Vgl. Köln vom 13. Dezember 1895, Böhm, Zeitschr. Bd. 7 S. 271, Stuttgart vom 21. Dezember 1889, Böhm, Zeitschr. Bd. 1 S. 65 u., OLG. München vom 22. Februar 1896, Entsch. dess. in Strafsachen Bd. 9 S. 85, Böhm, Zeitschr. Bd. 7 S. 347, Frankfurt 19. Januar 1907, Frankf. Rundsch. 41, 47). Auch wenn der Zeuge zwar im Bezirke des ersuchten Gerichtes, aber näher dem Amtssitz des Prozeßgerichtes, als dem des ersuchten, wohnt, muß Rechtshilfe geleistet werden. Hier ist nur die Dienstaufsichtsbeschwerde gegeben (OLG. Köln vom 13. Dezember 1895 a. a. O.).

6, 495, Stuttgart) oder der Zulässigkeit des Rechtsweges (R. d. OLG. 8, 1, Hamburg). Der ersuchte Richter darf auch nicht nachprüfen, ob im einzelnen Fall die gesetzlichen Voraussetzungen für die Beeidigung eines Zeugen vorliegen. Darüber hat lediglich und ausschließlich das ersuchende Gericht zu entscheiden (OLG. Posen vom 15. Mai 1909, PosMSchr. 1909, 131).

Anderseits darf das Ersuchen (Auftrag) eines im Instanzenzuge vorgesetzten Gerichtes niemals abgelehnt werden, gleichviel ob in diesem Falle das ersuchende Gericht als Oberinstanzgericht oder als Gericht erster Instanz das Ersuchen stellt[1]). Es muß also jedes Amtsgericht dem Ersuchen des Landgerichtes seines Bezirkes, des Oberlandesgerichtes seines Bezirkes, des obersten Landesgerichtes seines Bundesstaates und des Reichsgerichtes unbedingt stattgeben[2]). Nicht aber ist solches der Fall gegenüber irgend einem höherinstanzlichen Gericht.

Zu den obengenannten beiden Ausnahmefällen ist noch zu bemerken:

Die örtliche Zuständigkeit richtet sich nicht nach der Fassung des Ersuchens, sondern nach dem sachlichen Inhalt des auszuführenden Beschlusses. Zuständig ist also das Amtsgericht, in dessen Bezirk sich die zu vernehmende Person oder das Objekt der Amtshandlung befindet. Vgl. OLG. Darmstadt, Goltd. Arch. 44, 422 und R. d. OLG. 17, 42. Ist die Gegenüberstellung mehrerer in verschiedenen Bezirken wohnender Personen angeordnet, so ist für diese unteilbare Amtshandlung mit mehrfacher Ortsbezeichnung jedes der beteiligten Amtsgerichte örtlich zuständig. Vgl. Recht 1903, 574. Unter

---

Auch berechtigt der Umstand, daß der Beschluß unzulässigerweise in den Gerichtsferien ergangen ist, nicht zur Ablehnung (R. d. OLG. 9, 439, Kolmar). Vgl. auch unter III d. Die Vereidigung darf auch nicht abgelehnt werden, weil sie für die Sache zwecklos erscheint (Dresden 7. Dezember 1906, SächsArch. 07, 67). Ob ein Justizanwärter zur Wahrnehmung des Gerichtsschreiberdienstes gehörig bestellt war, hat das ersuchende Gericht nicht zu prüfen; ein erneutes Rechtshilfeersuchen dieserhalb ist abzulehnen (OLG. Kolmar 25. Oktober 1905, ElsLothZ. 31, 244).

1) Ungehörig ist es, wenn das Landgericht oder Oberlandesgericht das Amtsgericht am Orte seines Sitzes mit der Beweisaufnahme beauftragt, in Widerspruch mit den Bestimmungen des § 375 ZPO. Dasselbe gilt, wenn dieses Amtsgericht die Zeugen auf einem Gerichtstage vernehmen soll (Allg. Verfügung des Justizministers vom 16. Oktober 1883, Busch, Zeitschr. Bd. 18 S. 297). Gleichwohl darf das Ersuchen nicht abgelehnt werden. Vorstehendes trifft auch für die freiwillige Gerichtsbarkeit zu, da die ZPO. entsprechende Anwendung findet.

2) Mot. 191, 192. Für das Ersuchen eines im Instanzenzuge vorgesetzten Gerichtes gilt insbesondere der Ablehnungsgrund wegen Verbots der vorzunehmenden Handlung nicht. Es ist angenommen, daß dies Gericht in der Regel wisse, was nach dem Rechte des ersuchten Gerichtes verboten ist. Vorstellig zu werden, ist dem letzteren unverwehrt.

diesen Amtsgerichten hat das ersuchende Gericht die Wahl. Hat das ersuchende Gericht die Vernehmung einer Person an dem in einem anderen Bezirk liegenden Tatort beschlossen, so ist nach § 167 GVG. das Gericht des Tatortes zuständig (Schlegelberger, GVG. zu § 159 Anm. 2).

Die örtliche Zuständigkeit fehlt, wenn die Handlung nicht im Bezirk des ersuchten Gerichtes vorgenommen werden soll (OLG. Kolmar in Busch, Zeitschr. Bd. 7 S. 92). Ob die örtliche Zuständigkeit des ersuchten Gerichtes schon dann mangelt, wenn die zu vernehmenden Personen (Zeugen, Sachverständige) nicht innerhalb des Bezirkes des ersuchten Gerichtes sich aufhalten, ist nicht unbestritten. Struckmann und Koch, Note 4 zu § 159, verneinen solches, wobei hervorgehoben wird, daß das ersuchende Gericht gute Gründe haben kann, ein anderes Amtsgericht, als dasjenige, in dessen Bezirk die betreffenden Personen sich aufhalten, um die Vernehmung zu ersuchen, z. B. wegen größerer Nähe, zur Vermeidung der Kosten doppelter Termine, zur Konfrontation, bei Augenscheinseinnahme, zur Verbindung mit anderen Vernehmungen oder Handlungen[1]) usw.; desgleichen v. Wilmowski und Levy zu § 159 GVG. Anm. 2, welche als wesentlich für die ordentliche Zuständigkeit bezeichnen, ob die ersuchte Handlung im Bezirke des ersuchten Gerichtes vorgenommen werden soll. Anderer Meinung Herzog in der Zeitschrift für deutschen Zivilprozeß, v. Busch II S. 365, ferner Wach, Handbuch des deutschen Zivilprozeßrechts 1. Bd. (1885), S. 515 Note 10. Der zuerst mitgeteilten Auffassung ist der Vorzug zu geben[2]). Sachliche Gründe können das ersuchende Gericht zur Vereinigung des

---

1) Vgl. OLG. Kolmar bei Busch, Zeitschr. f. Zivilprozeß Bd. 7 S. 92. Um die zeitraubende Vernehmung durch ein ausländisches Gericht zu vermeiden, erbieten sich manchmal die Parteien, im Auslande wohnende Zeugen vor ein deutsches Gericht an der Grenze zu gestellen. Ferner sind ausländische Parteien bereit, vor einem deutschen Grenzgericht Parteieide zu leisten, Bücher vorzulegen usw. Auch hier muß das betreffende Amtsgericht Rechtshilfe leisten (OLG. Kolmar bei Böhm, Zeitschr. Bd. 3 S. 636). Der deutsche Amtsrichter beraumt hier nur Termin an und ladet die Parteien bezw. deren Vertreter. Die Herbeischaffung der Beweismittel ist Sache der Parteien. Erscheinen die Zeugen nicht, so ist das Rechtshilfeersuchen unerledigt zurückzugeben.

2) Befindet sich der von einem Sachverständigen zu besichtigende und zu untersuchende Gegenstand im Bezirke des ersuchten Gerichtes, so darf die Rechtshilfe nicht geweigert werden, wenn der Sachverständige außerhalb des Gerichtsbezirkes wohnt (Bamberg 23. März 1906, BayerZ. 1, 326). Die Haupttätigkeit des Sachverständigen zur Herstellung der Beweisaufnahme hat im Bezirk des ersuchten Gerichtes stattzufinden. Seine Beeidigung und die Erhebung seines Gutachtens, sei es durch Vernehmung des Sachverständigen, sei es durch einfache Entgegennahme der schriftlichen Begutachtung von seiten des Gerichtes, bilden lediglich einen ergänzenden Teil der Beweisaufnahme (OLG. Kolmar vom 7. Dezember 1896, Jur. Zeitschr. f. Elsaß-Lothringen Bd. 22 S. 225 und Böhm, Zeitschr. f. Rechtshilfe Bd. 7 S. 517).

gesamten Zeugenbeweisverfahrens in der Hand eines ersuchten Richters bestimmen (Kolmar, 30. April 1901, GoltdArch. 51, 201; 21. Januar 1903, Recht S. 108). Es empfiehlt sich, in dem Ersuchungsschreiben kurz die Gründe, aus welchen gerade das ersuchte Gericht gewählt ist, mitzuteilen, damit der Amtsrichter orientiert ist. Hiervon abgesehen ist es dem unzuständigen Richter unbenommen, das Ersuchen an den ihm bekannten örtlich zuständigen abzugeben, und wenn das Ersuchen von einem im Instanzenzuge vorgesetzten Gerichte ausging, wegen der örtlichen Unzuständigkeit bei diesem vorstellig zu werden. Wegen der Ersuchen um Zeugenvernehmung in Berlin und Umgegend siehe oben S. 4 Anm. 5.

Der Fall, daß das ersuchte Gericht sachlich nicht zuständig ist, bezw. die Vornahme der betr. Handlung nicht zu dem Geschäftskreise des ersuchten Gerichtes gehört, ist im Gesetz absichtlich nicht behandelt[1]). Er gewinnt aber jetzt nach § 2 FGG. Bedeutung für das Gebiet der freiwilligen Gerichtsbarkeit. Fehlt die sachliche Zuständigkeit, so kann von Rechtshilfe keine Rede sein (RG. 71, 303). Es läßt sich auch die Ansicht vertreten, daß in diesem Falle die vorzunehmende Handlung verboten ist.

Verboten ist, was entweder ausdrücklich untersagt, oder doch schlechthin (in abstracto) gesetzlich (nach Reichs- oder Landesrecht) unzulässig (nicht etwa bloß nach Lage der Sache — in concreto — unbegründet) ist (Struckmann und Koch zu § 159 Anm. 5)[2]). Das Verbot der Vornahme einer Rechtshilfehandlung, auf welches nach § 159 GVG. die Ablehnung des Ersuchens gestützt werden will, muß sich auf die vorzunehmende Handlung[3]) selbst beziehen; dem ersuchten Richter steht nicht zu, die Unterlage der vorzunehmenden Handlung zu prüfen, z. B. wenn das Gesetz des ersuchten Gerichtes die Erforschung der Vaterschaft verbietet, kann letzteres ein ihm hierüber von einem Gerichte, dessen Gesetze diese Bestimmung nicht enthalten, angesonnene Zeugenver-

---

1) Das örtlich zuständige Amtsgericht ist durch das Gesetz (§§ 158, 159 GVG.) für alle diejenigen richterlichen Handlungen sachlich zuständig erklärt, hinsichtlich welcher ein ordentliches Gericht um Rechtshilfe ersucht werden kann. Wenn eine Handlung verlangt wird, für welche überhaupt ein ordentliches Gericht nicht zuständig ist, so liegt der Fall eines im Sinne der §§ 157—159 GVG. gestellten Ersuchens nicht vor. Es kann dann dem ersuchenden Gerichte dies entgegengesetzt werden; durch eine desfallsige Weigerung wird nicht ein den §§ 157, 158 entsprechendes Ersuchen abgelehnt. Vgl. auch RG. 71, 303.

2) Vgl. auch Dalcke in GoltdArch. Bd. 45 S. 407.

3) Es kann eine Handlung des Gerichtes, einer Partei oder eines Dritten in Frage kommen.

nehmung nicht ablehnen (Keller, GVG. § 159). Die Frage ist indes bestritten. Eine verbotene Handlung liegt nicht schon dann vor, wenn im einzelnen Falle die Voraussetzungen einer nach dem Gesetze zulässigen Handlung nicht beobachtet sind, sondern nur dann, wenn die Vornahme einer an sich gesetzlich unzulässigen Handlung in Frage steht (OLG. Posen 23. Oktober 1899, Recht 1900 S. 401). Vorausgesetzt ist nicht gerade ein ausdrückliches Verbot, eine Handlung ist auch verboten, wenn sie unstatthaft (rechtlich unzulässig) ist oder klaren Rechtsgrundsätzen zuwiderläuft[1]) (RG. 1. März 1886, JW. S. 113, Kolmar 12. Juni 1901, DJZ. 1902 S. 560, Augsburg R. d. OLG. 9, 147). Es genügt indes nicht, daß der Grund der an sich zulässigen Handlung ein rechtlich unzulässiger ist. Abzulehnen ist ein Ersuchen um Rechtshilfe, welches darauf gerichtet ist, daß ein zur Verweigerung seiner Aussage berechtigter naher Verwandter zur Beeidigung der von ihm abgegebenen Aussage angehalten werde, denn die Erledigung des Ersuchens wäre eine verbotene Handlung (OLG. Kolmar vom 12. Juni 1901, Recht 1901 S. 362).

Das Verbot muß sich aus einer Rechtsnorm ergeben. Verbot durch ein aus Zweckmäßigkeitsgründen getroffene Verwaltungsanordnung genügt nicht.

Die preußischen Verfügungen über die Vernehmung auswärtiger Sachverständiger (s. § 28 III) enthalten kein Verbot im Sinne des § 159 (RG. 69, 373, JW. 1909, 22).

Als Beispiele von verbotenen Handlungen im Sinne des § 159 sind noch zu nennen: eine am Vollstreckungsorte unstatthafte Vollstreckungsart im Gebiete der Immobiliarexekution (Preuß. Obertrib. vom 2. Mai 1878, SeuffArch. N. F. Bd. 4 Nr. 170), die Zuziehung eines Geistlichen bei der Eidesabnahme (§ 480 ZPO.)[2]), die Vernehmung eines gesetzlichen Vertreters als Zeuge (RG. in JW. 1886 S. 113), eine am Vollstreckungsort unzulässige Haft zur Erzwingung des ehelichen Lebens usw., nicht aber eine dem Gebote zuvoriger Vereidigung eines Sachverständigen zuwiderlaufende Handlung, da hier nur

---

1) Z. B. die Zulassung einer Stellvertretung bei der Eidesleistung (§ 478 ZPO.), oder die Beeidigung eidesunfähiger Zeugen (§ 393 Ziff. 1, 2 ZPO.), die Vernehmung einer Partei als Zeugen (anders bei Ersuchen ausländischer Gerichte, vgl. Österreich in § 11), die Anwendung des Zeugniszwanges vor rechtskräftiger Entscheidung über die Rechtmäßigkeit der Weigerung (R. d. OLG. 18, 380, Braunschweig).

2) Struckmann und Koch zu § 159 GVG.; and. Ans. v. Kräwel in Busch, Zeitschr. Bd. 4 S. 270.

eine unwesentliche Formvorschrift in Frage steht (RG. im Reichsanzeiger 1844 Nr. 5 S. 390). Vgl. auch OLG. Köln im Rhein. Arch. 93 I S. 917. Unerheblich ist, ob das verbietende Gesetz auch für das ersuchende Gericht gilt[1]).

Um „verboten" zu sein, genügt es auch nicht, wenn die Handlung dem ersuchten Gericht nach dem für dieses maßgebenden bürgerlichen Recht als erkennenden verboten wäre oder wenn ihre Voraussetzungen im konkreten Falle nicht vorliegen. Vgl. Gaupp-Stein S. 18, zum Teil abweichend OLG. Kolmar Els. Zeit. 26, 397).

IIIa. Rechtshilfe ist die Übernahme einer Amtshandlung durch das örtlich zuständige Gericht. Das Ersuchen um Rechtshilfe ist die Übertragung der Amtshandlung. Der Fall der Rechtshilfe ist gegeben, wenn es sich um eine Tätigkeit handelt, welche an sich zum Geschäftskreis der ersuchenden Behörde gehört und von dieser nur deshalb nicht ausgeführt werden kann, weil die fragliche Tätigkeit außerhalb des eigenen Bezirkes vorgenommen werden muß (OLG. Rostock vom 28. Januar 1901, DJZ. 1901 S. 512 und OLG. Königsberg vom 15. Mai 1903, R. d. OLG. Bd. 8 S. 1). Die Anwendbarkeit der Vorschrift des § 159 Abs. 1 GVG. hat, abgesehen von den im Abs. 2 vorgesehenen Ausnahmen, zu selbstverständlicher Voraussetzung, daß in der Tat ein Rechtshilfefall vorliege, denn nicht jedes von einem Gericht an ein anderes Gericht um Vornahme einer Amtshandlung gerichtete Gesuch bezielt notwendigerweise begrifflich die Betätigung der Rechtshilfe. So muß begrifflich der Fall der Rechtshilfe dann als ausgeschlossen gelten, wenn die Handlung, um deren Vornahme ersucht wird, sich als eine solche darstellt, die das ersuchende Gericht nach gesetzlicher Bestimmung selbst vorzunehmen berufen und in der Lage ist[2]), z. B. die Auswahl eines Pflegers[3]), Vollstreckungen, Ladungen, Zustellungen, die Bekanntmachung von Entscheidungen und Verfügungen, welche auf Antrag der Parteien erlassen werden,[4]), oder von Rechtsbelehrungen, welche sich als Gründe eines Bescheides charakterisieren. Es ist prozeßordnungsmäßiger Grund-

---

1) Struckmann und Koch, Note 5 zu § 159 und Loewe zu §159 Anm. 3a.

2) Vgl. RGZ. 25, 364; 67, 419 und RGSt. 26, 338, R. d. OLG. 3, 186 (Kolmar) und SeuffArch. 52 Nr. 189 (Jena).

3) Vgl. R. d. OLG. 8, 1; 5, 263. Die Auswahl eines Sachverständigen kann dagegen gemäß § 405 ZPO. dem ersuchten Richter übertragen werden.

4) Dieser Grundsatz gilt auch auf dem Gebiete der freiwilligen Gerichtsbarkeit (zit. OLG. Rostock).

satz[1]), daß die rechtsuchenden Parteien in Deutschland durch das von ihnen angegangene zuständige deutsche Gericht direkt zu bescheiden sind (OLG. Rostock vom 28. Mai 1903, R. d. OLG. Bd. 6 S. 497). So hat das OLG. Jena in seinem Beschlusse vom 19. Oktober 1896 (SeuffArch. Bd. 22 S. 342) die Ablehnung der Rechtshilfe in dem Falle gebilligt, wo das Amtsgericht ersucht war, seine Gerichtsschreiberei zu veranlassen, einen Einwohner des betreffenden Gerichtsbezirkes zu eröffnen, daß er zwei Abschriften von der Klage, die er bei dem ersuchenden Amtsgericht erhoben habe, einreichen solle. Es wird ausgeführt, daß das ersuchende Amtsgericht der Partei direkt die Einreichung der Abschriften habe aufgeben müssen. Auch für die Zustellung dieses Beschlusses bedarf es gemäß §§ 161 und 162 GVG. keines Ersuchens um Rechtshilfe. Vgl. auch OLG. Hamburg in SeuffArch. Bd. 45 Nr. 43; RG. IV. Zivilsenat vom 19. Dezember 1889, Entsch. Bd. 25 Nr. 82; RGSt. Bd. 26 S. 338.

Unzulässig ist auch die Rechtshilfe, für sämtliche Handlungen, welche *im eigenen Bezirk* des ersuchenden Gerichtes zu bewirken sind (RG. JW. 1909, 21[17]).

Die *richterliche* Mitwirkung gehört nicht zum Begriffe der Rechtshilfe; vgl. auch RG. 44, 411. Es kann also ein Gericht auch ersucht werden, Gesuchsteller durch den Gerichtsschreiber, ein Organ des Gerichts, vernehmen oder bescheiden zu lassen[2]). Dieses Verfahren ist unter Umständen recht zweckmäßig. Gegen Mißbräuche kann im Aufsichtswege das Erforderliche veranlaßt werden. Auf dem entgegengesetzten Standpunkt steht das OLG. Celle (Beschl. vom 28. März 1908), Recht 1911 Nr. 1628), welches die Vornahme einer dem Richter obliegenden oder wenigstens zukommenden Handlung verlangt. Ebenso R. d. OLG. 6, 497, 11, 336. Unzulässig soll sein das Ersuchen um Aufnahme einer Klage (R. d. OLG. 11, 336), oder

---

1) Zieht das Gericht aus Zweckmäßigkeitsrücksichten die mündliche Bekanntmachung einer Verfügung (z. B. in Sachen der freiwilligen Gerichtsbarkeit) der schriftlichen vor, so soll Rechtshilfe statthaft sein (Recht 1910 Nr. 1429, OLG. Jena). Die Übermittelung eines Antrages der Beteiligten kann im Wege der Rechtshilfe nicht verlangt werden (OLG. Dresden 30. September 1902, R. d. OLG. Bd. 6 S. 498). — Ein nicht formgerechter Antrag (Einspruch) ist auf Ersuchen des angegangenen Gerichtes im Wege der Rechtshilfe richtig zu stellen und formgerecht aufzunehmen (OLG. Augsburg 16. Oktober 1901, R. d. OLG. Bd. 3 S. 314 und OLG. Karlsruhe vom 12. Mai 1902, *Puchelts* Zeitschrift Bd. 34 S. 676).

2) Der Gerichtsschreiber hat den Anweisungen des ersuchten Richters Folge zu leisten, soweit ihm nicht eine selbständige Entschließung zusteht. Bei Weigerung im letzteren Falle hat die ersuchende Behörde ein Beschwerderecht im gewöhnlichen Instanzenzuge.

eines Antrages (R. d. OLG. 18, 378 Celle); dagegen statthaft das Ersuchen um Vernehmung von Zeugen behufs Vorprüfung eines Armenrechtsgesuches (R. d. OLG. 2, 237; Recht 1906, 255) oder einer Partei über die Echtheit einer Unterschrift (R. d. OLG. 3, 315), sowie um Vornahme von Zwangsmaßregeln gegen eine Partei im Falle des § 619 ZPO. (R. d. OLG. 2, 237), Rechtshilfe soll ferner nicht statthaft sein zur Erzwingung des Offenbarungseides (Ausführung des erlassenen Haftbefehls) (R. d. OLG. 15, 295, Posen) oder zur Beitreibung von Ordnungsstrafen (R. d. OLG. 13, 306).

Der Gegenstand, in bezug auf welchen die Rechtshilfe geleistet werden soll, muß mit genügender Deutlichkeit und Bestimmtheit bezeichnet sein.

Es darf für das ersuchte Gericht kein Zweifel darüber bestehen, was es vornehmen soll (Kassel 21. März 1904, R. d. OLG. 9, 145).

Voraussetzung der Rechtshilfe bildet ein prozeßordnungsmäßiges Ersuchen (RG. in SeuffArch. Bd. 55 Nr. 101)[1]). Das ersuchende Gericht muß den ihm obliegenden Verpflichtungen insoweit genügt haben, daß eine Beweiserhebung auf Grund des Beweisbeschlusses selbst erfolgen kann. Insbesondere muß, soweit um die Vernehmung von Zeugen ersucht wird, dieser Beschluß die im § 359 Ziff. 1 ZPO. vorgeschriebene Bezeichnung der streitigen Tatsachen, über welche Beweis zu erheben ist, enthalten (vgl. OLG. Braunschweig[2]) vom 20. Oktober 1890, SeuffArch. Bd. 47 S. 223 und RG. JW. 99, 876, Gruchot 44, 1187). Jedoch darf wegen unwesentlicher Formmängel die Rechtshilfe nicht abgelehnt werden. (R. d. OLG. 1, 175). Struckmann und Koch zu § 359 ZPO. Anm. 3 meinen, daß eine nur durch Verweisung auf die Klageschrift oder auf das Sitzungsprotokoll erfolgte Bezeichnung der Tatsache zwar nicht formgerecht sei, trotzdem aber, sofern nur der Beweisbeschluß dadurch nicht mißverständlich werde, in der Regel ein um Beweisaufnahme ersuchtes Amtsgericht die Beweisaufnahme nicht ablehnen dürfe. Allein man wird hier der strengeren Ansicht beitreten müssen. Das Reichsgericht (Beschluß vom 21. November 1899, Rheinisches Archiv für Zivil- und Kriminalrecht 96. Bd. II. Abt. S. 5 und Böhm,

1) Der Beweisbeschluß muß ordnungsmäßig unterschrieben sein (Darmstadt 9. Februar 1906, HessRechtspr. 7, 34).

2) In dem betr. Falle ist die Erledigung eines Beweisbeschlusses abgelehnt, welcher dahin ging, Beweis zu erheben über die im Protokoll festgestellten Einwendungen sowie über die Klagebehauptungen.

Zeitschr. Bd. 10 S. 227) hat die Weigerung der Rechtshilfe gebilligt in dem Falle, wo „die Parteien nur zu den von ihnen angebotenen Beweisen zugelassen wurden". „Es sei — so führt es aus — einmal der Gerichtsschreiber mit Rücksicht auf den gegebenen Sachverhalt nicht in der Lage, die Ladung der Zeugen in der vorgeschriebenen Weise zu veranlassen; es sei aber auch nicht Sache des ersuchten Richters, alle Beweiserbieten, die in dem immerhin fünf Seiten umfassenden Sitzungsprotokolle enthalten sind, und die zudem mehrfach ineinander greifen und sich ergänzen, vorerst sorgfältig zu prüfen und daraus dasjenige Beweismaterial auszuscheiden, welches für die von ihm zu vernehmenden Zeugen in Betracht komme."

Die Bezugnahme auf Schriftsätze oder Protokolle im Beweisbeschluß genügt dann, wenn ohne Mühe und Nachsuchen und unter Ausschluß jeden Mißverständnisses die Tatsache, über die der Beweis zu erheben ist, übersehen werden kann (Frankfurt 8. Januar 1907, Frankf. Rundschau 41, 44). Das Ersuchen muß eine Klarstellung der für beweiserheblich erachteten Tatsachen enthalten; eine Klarstellung fehlt aber nicht schon dann, wenn der Beweisbeschluß die Ausdrücke „vereinbart" und „verzichtet" gebraucht (Düsseldorf, 24. April und 14. März 1910, Rhein. A. R. V. 28, 45 und 46).

Zutreffend betont Schlegelberger zu § 159 Anm. 5: Bei der Frage, ob der Gegenstand des Ersuchens genügend bestimmt ist, kommt es auf den einzelnen Fall an. Es kann einerseits dem ersuchten Gerichte nicht zugemutet werden, die Beweisfragen aus umfangreichen Akten des ersuchenden Gerichtes zusammenzustellen, anderseits rechtfertigt nicht jeder Verstoß gegen eine gesetzliche Vorschrift über die Fassung von Beweisbeschlüssen. Vgl. aus der Praxis: R. d. OLG. 1, 175; 11, 179, 12, 186, 13, 1, 305; Gruchot 44, 118; SeuffArch. 47, 149; 55, 101.

Das Ersuchen, einen Zeugen, welcher bereits sein Zeugnis verweigert hat, nochmals zu vernehmen und entsprechend zu belehren, daß er zur Verweigerung kein Recht habe, ist abzulehnen, dagegen ist nicht ablehnbar, diesen Zeugen nochmals und zwar eidlich zu hören (OLG. Hamburg vom 2. Juli 1909, R. d. OLG. 20, 93). Vgl. auch OLG. Braunschweig vom 1. Februar 1909, R. d. OLG. 18, 380.

Das Ersuchen, eine der unter Ziffer 3 und 4 in § 393 ZPO. bezeichnete Person zu vernehmen, kann nicht deshalb abgelehnt werden, weil das Prozeßgericht gemäß § 393 Abs. 2 ZPO. erst nach der Vernehmung über die Beeidigung beschließen dürfe (OLG. Dresden vom 2. April 1908, SächsOLG. 29, 256).

Nicht gerechtfertigt ist die Ablehnung eines Ersuchens um eingehendere Vernehmung eines Zeugen, weil nach Ansicht des ersuchten Gerichtes durch die Vernehmung des Zeugen dem Beweisbeschlusse vollständig Genüge geschehen sei und es für den Fall einer neuen Beweisaufnahme eines neuen Beweisbeschlusses bedürfe, wogegen die einfache Verweisung auf einen Schriftsatz nicht genüge. Über die Frage, ob die Wiederholung einer Zeugenvernehmung anzordnen sei, hat lediglich das ersuchende Prozeßgericht zu befinden, ohne daß dem ersuchten Gericht eine Prüfung nach dieser Richtung oder die Befugnis zusteht, je nach dem Ergebnis dieser letzteren das Ersuchen abzulehnen (§ 159 Abs. 1 GVG. und § 398 ZPO.). Ebensowenig ist dem letzteren das Recht eingeräumt, das Verfahren vorzuschreiben, welches das ersuchende Gericht bei einem Ersuchen um Rechtshilfe zu beobachten habe (Kolmar 7. Dezember 1895, Jur. Zeitschrift für Elsaß-Lothringen 21. Jahrgang S. 255 und Böhm, Zeitschrift Bd. 7 S. 134).

Ob die Vernehmung einer Person an Gerichtsstelle oder an einem anderen Orte, z. B. in deren Wohnung erfolgt, darüber bestimmt der Regel nach das ersuchte Gericht. Ergibt sich aber die Unmöglichkeit der Vernehmung an Gerichtsstelle, so ist dem Ersuchen um Vernehmung in der Wohnung stattzugeben, denn darüber, ob eine Vernehmung wegen Todesgefahr sofort zu erfolgen hat oder ob sie aufgeschoben werden könne, hat nicht das ersuchte, sondern das ersuchende Gericht zu entscheiden (OLG. Königsberg vom 3. Mai 1901, R. d. OLG. Bd. 3 S. 35).

Der Umstand, daß bei der Abnahme des Eides prozeßordnungswidrig nicht der dem Prozeßgegner mitgeteilte Zeitpunkt abgewartet ist, berechtigt das Prozeßgericht nicht, eine nochmalige Eidesleistung anzuordnen. Das darauf gerichtete Ersuchen ist abzulehnen (OLG. Kiel vom 23. September 1909, Schleswig-Holst. Anz. S. 367).

Das Ersuchen, den nicht mit Namen, sondern lediglich als den technischen Leiter einer bestimmten Fabrik Bezeichneten als Sachverständigen zu vernehmen, ist ablehnbar (OLG. Kassel vom 29. Januar 1906, R. d. OLG. 13, 305).

Durch die Anordnung der Justizverwaltung, daß bei Einforderung des Gutachtens von Sachverständigen, welche in einem anderen Bundesstaate wohnen, Ersuchen an die auswärtigen

Gerichte zu vermeiden seien, vielmehr schriftliche Begutachtungen anzuordnen (vgl. Allg. Verf. vom 10. Juli 1894, JMBl. S. 161), wird eine gleichwohl vorzunehmende Vernehmung nicht zu einer verbotenen Handlung im Sinne des § 159 GVG. Ein derartiges Ersuchen darf also nicht abgelehnt werden (RG. II. Zivilsenat 20. November 1908, JW. 1909 S. 22; III. Zivilsenat 27. Oktober 1908, Entsch. 69, 371).

Ersuchen, den zu vernehmenden Sachverständigen[1]) erst auszuwählen oder die nähere Adresse eines zu vernehmenden Zeugen zu ermitteln, dürfen nicht abgelehnt werden.

Ersuchen um Vernehmung einer Partei über einen Vergleichsvorschlag sind abzulehnen, weil nach § 296 ZPO. das Prozeßgericht nur befugt ist, beide Parteien vorladen zu lassen, es aber dem Grundsatze der Mündlichkeit nicht entspricht, die eine Partei in Abwesenheit der anderen über einen Vergleichsvorschlag vernehmen zu lassen (OLG. Köln vom 28. Februar 1894, Böhm, Zeitschrift Bd. 5 S. 191).

Das Ersuchen, den Beklagten unter Vorlegung des Bestellscheins über die Echtheit der Namensunterschrift zu hören, ist nicht ablehnbar (OLG. Frankfurt vom 5. Oktober 1905, Frankfurter Rundschau 41, 40).

Ein Ersuchen in einer anhängigen Streitsache um Bewirkung der Vorlage der Bücher einer Partei und Entgegennahme deren Erklärung darf im Hinblick auf §§ 434 und 142 ZPO. nicht abgelehnt werden (OLG. Frankfurt vom 13. April 1892, Böhm, Zeitschrift Bd. 3 S. 81).

Das Prozeßgericht kann nicht das persönliche Erscheinen einer Partei zur Aufklärung des Sachverhältnisses (§ 141 ZPO.) vor den ersuchten Richter anordnen (RG. III. Zivilsenat 20. November 1908, Gruchot 53, 1098a und JW. 1909 S. 21)[2]).

Das Ersuchen um Vernehmung des Entmündigten im Bezirke eines Gerichts, in welchem der Entmündigte weder Wohnsitz noch Aufenthalt hat, kann nicht damit gerechtfertigt werden, daß der zuzuziehende Sachverständige hier seinen Wohnsitz hat (OLG. München vom 7. Juli 1908, R. d. OLG. 17, 42).

---

1) In Entmündigungssachen kann auch die Auswahl von Personen, welche näheren Verkehr mit dem zu Entmündigenden gehabt haben, als zu vernehmende Zeugen dem ersuchten Gericht überlassen werden (OLG. Hamm vom 20. September 1892, Böhm, Zeitschr. Bd. 2 S. 602).

2) Die Befragung der einen Partei über die Echtheit einer Urkunde oder über die Aufrechterhaltung ihrer Behauptungen in der Klagebeantwortung kann im Wege der Rechtshilfe erfolgen (OLG. Zweibrücken 2. Oktober 1900, R. d. OLG. Bd. 3 S. 315); dagegen ist die vom Prozeßgericht beantragte formlose Vernehmung einer Partei abzulehnen (OLG. Dresden 21. Juli 1903, Annalen desselben Bd. 25 S. 373).

IIIb. Stellt sich heraus, daß die zu vernehmende Person nicht im Bezirk des ersuchten Gerichtes sich aufhält, so ist das Ersuchen unter Benachrichtigung des requirierenden Gerichtes an das zuständige Amtsgericht weiter zu geben[1]). Der § 45 des Rechtshilfegesetzes vom 21. Juni 1869 enthält eine ausdrückliche Vorschrift; der § 365 ZPO., nach welchem der ersuchte oder beauftragte Richter ermächtigt ist, falls sich später Gründe ergeben, welche die Beweisaufnahme durch ein anderes Gericht sachgemäß erscheinen lassen, dieses Gericht[2]) um die Aufnahme zu ersuchen, paßt nicht genau. Zu einer Weitergabe an außerdeutsche Gerichte bezw. an Konsulargerichte und Gerichte in den Schutzgebieten ist indes das ersuchte Gericht nicht verpflichtet.

Kommt die Ladung der Person als unbestellbar zurück, so empfiehlt es sich für den ersuchten Richter zunächst bei der Polizeibehörde (Einwohnermeldeamt) wegen der Adresse anzufragen. Die Sitte mancher Gerichte, die Akten einfach zurückzusenden, ist nicht zu billigen.

IIIc. Der ersuchte Richter kann seine Tätigkeit nicht von der Einzahlung eines Kostenvorschusses abhängig machen (OLG. Dresden vom 26. November 1884, Böhm, Zeitschrift Bd. 5 S. 292).

Die Festsetzung und Anweisung der Gebühren eines durch den ersuchten Richter vernommenen Zeugen oder Sachverständigen bildet einen Teil des Rechtshilfeersuchens (RG. 3. Mai 1909, Recht 14 Nr. 376 und DJZ. 15, 84).

IIId. Die Rechtshilfe ist auch während der Gerichtsferien zu leisten, sofern es sich um eine Feriensache handelt, oder die Sache zu einer solchen erklärt ist (§§ 202 ff. GVG.). Die bloße Erklärung der Parteien, sie seien mit der Erhebung des Beweises während der Ferien einverstanden, macht eine Sache noch nicht zur Feriensache.

Vgl. auch S. 57 und im übrigen die Ausführungen in §§ 27 ff. unten.

---

1) Ist der Zeuge nach der Beweisanordnung in den Bezirk eines anderen Amtsgerichtes verzogen, so darf das Ersuchen wegen mangelnder örtlicher Zuständigkeit nicht abgelehnt werden (Jena 19. Dezember 1905, Recht 1906, 190).

2) Das gemäß § 365 ZPO. „nach"ersuchte Gericht darf die Rechtshilfe nur gemäß § 159 GVG. ablehnen (OLG. Kolmar in Busch Zeitschr. Bd. 7 S. 92; Jahrb. der Württemb. Rechtspfl. Bd. 2 S. 41), and. Ans. Sarwey, ZPO. zu § 365, I S. 488.

IV. Wird das Ersuchen abgelehnt[1]), oder wird in Fällen, wo nach obigem abgelehnt werden muß, dem Ersuchen stattgegeben, so entscheidet das Oberlandesgericht[2]), zu dessen Bezirk das ersuchte Gericht gehört[3]) und zwar ein Zivilsenat desselben, nur in Straf- und Disziplinarsachen ist ein Strafsenat zuständig. Eine Anfechtung der Entscheidung des Oberlandesgerichtes findet nur statt, wenn dieselbe die Rechtshilfe für unzulässig (nicht für unbegründet; RG., JW. 1897, S. 528) erklärt und das ersuchende wie das ersuchte Gericht den Bezirken verschiedener Oberlandesgerichte angehören[4]). Über die Beschwerde entscheidet das Reichsgericht (GVG. § 160 Abs. 1)[5])[6]). Die Entscheidungen erfolgen auf Antrag

1) Wozu auch der Fall zu rechnen ist, wenn über die Ausführung (sei es auch nur wegen der Kosten; Hamburg, R. d. OLG. 8, 2) Streit entsteht; vgl. Motive (S. 193), woselbst hervorgehoben ist, daß jede dem Ersuchen nicht völlig entsprechende Ausführung eine Ablehnung enthält. Auch die Weigerung der kostenfreien Erledigung des Ersuchens (§ 165 GVG.) gehört hierher (RG. im Reichsanzeiger 1893 bes. Beilage 2 S. 220, u. s. Straf. Bd. 24, S. 1; OLG. Dresden bei Böhm, Zeitschr. Bd. 5 S. 222), ferner die Abhängigmachung der Erledigung von Voraussetzungen, die nach der Ansicht des ersuchenden Gerichtes der Begründung entbehren (OLG. Braunschweig vom 20. Oktober 1890, SeuffArch. Bd. 47 S. 223). Zur Abstellung von Unregelmäßigkeiten und Verzögerungen ist, da hier nicht die Gewährung oder Versagung der Rechtshilfe in Frage kommt, die dem ersuchten Amtsgerichte vorgesetzte Aufsichtsbehörde zuständig; vgl. Motive a. a. O. Die Rückfrage des ersuchten Gerichtes, ob nicht aus Zweckmäßigkeitsgründen das Ersuchen unmittelbar an das zuständige Militärgericht gerichtet werden soll, ist noch nicht eine Ablehnung des Ersuchens (OLG. Kolmar 9. März 1907, Els.-LothrZ. 33, 380).

2) Um nicht mehr als zwei Instanzen zuzulassen und doch die Kompetenz des Reichsgerichtes in letzter Instanz zu behalten, ist aus Zweckmäßigkeitsrücksichten das Oberlandesgericht und nicht das Landgericht als Beschwerdegericht bestellt (Motive S. 192) — Der zweite Fall einer zulässigen Beschwerde, wenn dem Ersuchen gegen § 159 Abs. 2 stattgegeben ist, ist von der Reichstagskommission hinzugefügt weil das ersuchte Gericht nach § 159 Abs. 2 selbständig die örtliche Zuständigkeit und das Verbot einer Handlung nach dem Rechte des ersuchten Gerichtes zu prüfen und darüber zu etnscheiden hat, und weil für eine Beschwerde hierüber das Oberlandesgericht des ersuchten Gerichtes geeigneter und mit dem nötigen tatsächlichen Material besser bekannt ist, als das ersuchende Gericht und als bei einer Beschwerde über dasselbe dessen Oberlandesgericht (Prot. 2—5).

3) Selbstverständlich ist nicht ausgeschlossen, zunächst im Wege der Gegenvorstellung das ersuchte Gericht um Rückgängigmachung seiner Entschließung anzugehen. — Nach einer Entscheidung des KG. (Strafsenats) vom 9. März 1880 (J. I, 173) soll § 160 GVG. nur Anwendung finden, wenn es sich um Ersuchen eines nicht vorgesetzten Gerichtes handelt, während bei Ersuchen vorgesetzter Gerichte eventuell die Aufsichtsbehörde einschreiten soll. Dies durfte nicht richtig sein. Neben der Beschwerde aus § 160 ist natürlich die Aufsichtsbeschwerde gegeben.

4) Diese beiden Voraussetzungen sind kumulativ vorgeschrieben. Die weitere Beschwerde ist auch ausgeschlossen, wenn das Oberlandesgericht unter Abänderung des erstinstanzlichen Beschlusses dem Ersuchen stattgibt (RG. JW. 94, 510).

5) Auch dann, wenn die beiden Oberlandesgerichte demselben Bundesstaate angehören. In Bayern steht jedoch nach § 8 EGzGVG. die Entscheidung dem Obersten Landesgericht dann zu, wenn die beiden Gerichte bayerische sind und es sich um bürgerliche Rechtsstreitigkeiten handelt, welche nach § 8 l. c. zur Zuständigkeit des Obersten Landesgerichtes gehören. Vgl. Hauck, S. 198; v. Wilmowski und Levy, S. 1344. Anderer Meinung Endemann Bd. I S. 154.

6) Bezüglich der Beschwerdeinstanzen bei den Konsulargerichten, den Gerichten der Schutzgebiete und bei Ersuchen um Rechtshilfe bei Kriegsgerichtsräten s. oben S. 7, 9 und 13.

der Beteiligten oder des ersuchenden Gerichtes ohne vorgängige mündliche Verhandlung (GVG. § 160 Abs. 2). „Beteiligte" sind hier nicht bloß Parteien, sondern jeder Dritte, welcher von der Maßregel berührt wird, z. B. Zeugen, Sachverständige.

Die nach Vorstehendem gegebenen Rechtsmittel bezeichnen die Motive des Gesetzes als Beschwerden im weitesten Sinne. Diese Beschwerden haben jedoch mit der Beschwerde und der weiteren Beschwerde im Sinne der Prozeßordnung sachlich nichts gemein und ihre Voraussetzung und Begründung richtet sich in keiner Weise nach den Vorschriften der Prozeßordnung. Die mündliche Verhandlung ist hierbei unbedingt ausgeschlossen, nicht bloß fakultativ, jedoch bleibt die (schriftliche) Anhörung des Gegners oder anderer Personen dem Gerichte unbenommen. Die Beschwerde ist formlos und kann sowohl beim iudex a quo als auch beim Beschwerdegericht eingelegt werden. Außer der Beschwerde gemäß § 160 GVG. steht den Beteiligten das selbständige Rechtsmittel der Beschwerde nach den näheren Bestimmungen der ZPO. (§§ 567 ff.), der KO. oder des FGG. zu.

Die Beschwerde über ein unzulässiges Stattgeben des Ersuchens hat sachgemäß in vielen Fällen nur dann eine praktische Bedeutung, wenn stattzugeben beschlossen, aber die ersuchte Handlung noch nicht vorgenommen ist. Ist sie bereits vorgenommen bezw. kann sie nach der Sachlage nicht durch Aufhebung oder Kraftloserklärung der Anordnung in ihren Rechtswirkungen für die Beteiligten ungeschehen gemacht werden, so ist über die Rechtswirkung der Beteiligten unter diesen im Prozeßwege vom Prozeßrichter zu entscheiden. Vgl. Endemann I, 151 und 152.

Wegen Zustellung der ergehenden Entscheidung vgl. § 329 Abs. 3 der ZPO.

V. Nach Umständen kann die sachliche Behandlung eines Falles die Vornahme einer Amtshandlung, insbesondere eine Beweiserhebung außerhalb des Bezirkes des Prozeßgerichtes durch den Prozeßrichter selbst oder ein beauftragtes Mitglied des Prozeßgerichtes erforderlich machen, z. B. die Einnahme eines Augenscheines, Vernehmung eines erkrankten besonders wichtigen Zeugen. Für dergleichen Fälle ist nach § 167 GVG. die Zustimmung des Amtsgerichtes des Ortes notwendig. Ohne solche darf ein Gericht Amtshandlungen außerhalb seines Bezirkes nur bei Gefahr im Verzuge vornehmen, in welchem Falle jedoch jedenfalls dem Amtsgerichte des Ortes Anzeige zu machen ist. In der Regel wird sich Gelegenheit für die Anwendung des § 167 hauptsächlich im Verhältnis unmittelbar aneinander grenzender Gerichte ergeben. Doch ist der nicht selten mögliche Fall nicht ausgeschlossen, daß auch mit Überspringung zwischenliegender Bezirke in einen fremden Gerichtsbezirk eingegriffen wird[1]). Es ist selbst gleichgültig, ob die betreffenden Gerichtsbezirke demselben Bundesstaate oder verschiedenen Bundesstaaten angehören[2]).

Die Frage, ob im Falle der Verweigerung der Zustimmung des Amtsgerichtes auf dem Wege der Beschwerde die Entscheidung des vorgesetzten Gerichtes angerufen werden könne, wird von Endemann I S. 162, Keller, GVG. für das Deutsche Reich Note 3 zu § 167 und OLG. Jena (Beschl. vom 8. Mai 1899; Blätter für Rechtspflege in Thüringen Bd. 47 S. 346) verneint, da diese Gesetzesstelle nur eine Entscheidung des Amtsrichters kenne, ein Eingreifen eines höheren Gerichtes nur im Falle des § 160 GVG. (Ablehnung eines Ersuchens um Rechtshilfe) gestattet sei, auch ein besonderes Bedürfnis für ein Eingreifen der zweiten Instanz nicht vorliege, da bei Gefahr im Verzuge eine Zustimmung des Amtsrichters nicht notwendig sei, in den übrigen Fällen bei Verweigerung der Zustimmung der gewöhnliche Weg des Ersuchens um Leistung der Rechtshilfe offen bleibe und Übergriffe in die im Interesse einer geordneten Rechtspflege getroffene Abteilung der Bezirke der Gerichte nur die Ausnahme bilden dürften. v. Wilmowski zu § 167 GVG. Anm. 1, Struckmann zu § 167 Anm. 4, OLG. Kiel 7. Juli 1902 (R. d. OLG. Bd. 5 S. 263) und OLG. Köln (R. d. OLG. 17, 43) lassen dagegen den Weg der Beschwerde nach Maßgabe des § 160 GVG. zu. Eine diskretionäre Befugnis, die Zustimmung nach seinem Belieben zu geben oder zu versagen, ist dem Amtsgericht nicht eingeräumt. Gründe, aus welchen der Amtsrichter die Genehmigung erteilen oder versagen soll, sind im Gesetze nicht aufgestellt. Entscheidend ist vernünftiges Ermessen. Aus der Zweckmäßigkeit muß nach der konkreten Sachlage ermittelt werden, ob die Vornahme der Handlung durch den anderen Richter und bezw. die Gestattung solcher Vornahme durch den Amtsrichter des Ortes sachgemäß ist.

---

1) Endemann I S. 162.

2) Endemann I S. 161, Löwe, Note 2 zu § 167 GVG., Hauck, Anm. zu § 167. Nichtdeutschen Staaten gegenüber hat selbstverständlich obige Bestimmung des GVG. keine Geltung, soweit nicht ebenfalls Verträge bestehen. Ohne solche Vereinbarung darf eine gerichtliche Amtshandlung im Gebiete eines fremden Staates als in dessen Hoheitsrechte übergreifend, nur mit Genehmigung der Staatsgewalt des fremden Territoriums vorgenommen werden. Vgl. hierüber auch Annalen des Reichsgerichtes Bd. 8 S. 204 und 207.

Richtiger Ansicht nach ist die Aufsichtsbeschwerde gegeben, da der Antrag auf Erteilung der Zustimmung kein Ersuchen um Rechtshilfe ist (KG. 11. Januar 1906, R. d. OLG. 12 187 und Jena, Busch's Zeitschrift 28, 169).

VI. Gerichte, Staatsanwaltschaften und Gerichtsschreiber können wegen Erteilung eines Auftrages an einen Gerichtsvollzieher die Mitwirkung des Gerichtsschreibers des Amtsgerichtes in Anspruch nehmen, in dessen Bezirke der Auftrag ausgeführt werden soll. Der von dem Gerichtsschreiber beauftragte Gerichtsvollzieher gilt alsdann als unmittelbar beauftragt (GVG. § 162)[1]).

Wie dieser Schlußsatz ergibt, beschränkt sich die Rechtshilfe auf die Übermittelung des Auftrages an den Gerichtsvollzieher; die Tätigkeit des letzteren, Zustellungen, Zwangsvollstreckungen sind keine Akte der Rechtshilfe und findet darauf § 165 Abs. 2 keine Anwendung (Verfügung des bayerischen Justizministers vom 21. August 1889, Zeitschrift für Gerichtsvollzieher S. 190). Vgl. auch OLG. Hamburg in SeuffArch. Bd. 45 S. 90. Lehnt ein Gerichtsvollzieher eine Handlung ab, welche ihm nach § 162 GVG. obliegt, so ist nur die Dienstaufsichtsbeschwerde gegeben (OLG. Hamburg vom 13. November 1890, Böhm, Zeitschrift Bd. 2 S. 598).

VII. Eine Freiheitsstrafe, welche die Dauer von sechs Wochen nicht übersteigt, ist in demjenigen Bundesstaate zu vollstrecken, in welchem der Verurteilte sich befindet (GVG. § 163) ohne Rücksicht auf Staatsangehörigkeit und Wohnsitz, da wo der Verurteilte betroffen wird. Diese Bestimmung bezieht sich auch auf die in Freiheitsentziehung bestehenden Strafen, welche im Zivilverfahren aus Handhabung der Sitzungspolizei (§§ 178—184 GVG.) oder wegen Ungehorsams gegen Zeugen nach der ZPO. (§§ 380 Abs. 1 und 390 Abs. 1) oder wegen Zuwiderhandlung gegen eine Unterlassungspflicht (§ 890 ZPO.) erkannt werden, nicht aber auch auf die Anordnung der Haft als Zwangsmittel nach §§ 380 Abs. 2 und 390 Abs. 2, ferner 888, 889 und 901 ZPO.[2]).

---

1) Parteien erhalten durch § 162 kein Recht, die Mitwirkung des Gerichtsschreibers in anderen Fällen in Anspruch zu nehmen, als durch die Prozeßordnung (f. ZPO. §§ 166 Abs. 2, 753 Abs. 2) gestattet ist; v. Wilmowski und Levy S. 1345.

2) Endemann I S. 156; v. Wilmowski und Levy a. a. O. Für die Vollstreckung von Geldstrafen ist eine besondere Bestimmung nicht getroffen, weil sie durch direkten Auftrag an den Gerichtsvollzieher erfolgt, ohne daß es eines Ersuchens an das Gericht bedarf (ZPO. § 753).

Soll eine Freiheitsstrafe in dem Bezirke eines anderen Gerichtes vollstreckt oder ein in dem Bezirke eines anderen Gerichtes befindlicher Verurteilter zum Zwecke der Strafverbüßung ergriffen und abgeliefert werden, so ist die Staatsanwaltschaft bei dem Landgerichte des Bezirkes um die Ausführung zu ersuchen (§ 164 GVG.).

VIII. Wegen der Kosten der Rechtshilfe siehe § 13.

IX. Wegen der geschäftlichen Behandlung von Ersuchungsschreiben um Rechtshilfe und Beistandsleistung in Preußen vgl. § 11 der Geschäftsordnung für die Gerichtsschreibereien der Amtsgerichte vom 11. Oktober 1906 und 29. Januar 1910 (JMBl. 1906 S. 304, 1910 S. 20).

Bei dem ersuchenden Gericht wird vom Gerichtsschreiber ein „Versendungsbeleg" (Retentum) angefertigt, um den Verbleib der versandten Akten zu kontrollieren. Nach Erledigung des Ersuchens schickt das ersuchte Gericht die Akten nebst den aufgenommenen Verhandlungen an die Gerichtsschreiberei des ersuchenden Gerichts zurück (§ 362 ZPO.).

§ 2.

Rechtshilfe zwischen den ordentlichen Gerichten, den Konsular- und Schutzgebietsgerichten bezw. gewissen anderen Behörden in Sachen der freiwilligen Gerichtsbarkeit.

Die maßgebende reichsgesetzliche Vorschrift enthalten die §§ 1, 2 und 194 des Reichsgesetzes über die Angelegenheiten der freiwilligen Gerichtsbarkeit vom 20. Mai 1898 (RGBl. S. 771).

§ 1. „Für diejenigen Angelegenheiten der freiwilligen Gerichtsbarkeit, welche durch Reichsgesetz den Gerichten übertragen sind[1]), gelten, soweit nicht ein anderes bestimmt ist, die nachstehenden allgemeinen Vorschriften."

§ 2[2]). „Die Gerichte[3]) haben sich Rechtshilfe zu leisten. Die §§ 158 bis 169 des Gerichtsverfassungsgesetzes[4]) finden Anwendung[5])".

1) Siehe Entwurf § 2, Reichstagsverhandl. § 2, Denkschrift S. 32, Kommissionsbericht S. 2 und 4.

2) Über die Rechtshilfepflicht gegenüber der ordentlichen Gerichte, insoweit sie als Verwaltungsbehörden fungieren, s. § 1 B. I S. 11 Anm. 1. Wegen der Konsulargerichte und der Gerichte in den Schutzgebieten sowie der Rechtshilfe seitens der Kriegsgerichtsräte usw. s. oben S. 7, 9 und 13.

3) Siehe oben S. 4.

4) Es entscheidet ein Zivilsenat des Oberlandesgerichtes bezw. des Reichsgerichts. Bei letztem findet auch § 137 GVG. entsprechende Anwendung.

5) Siehe Entwurf § 183, Reichstagsverh. § 190 Denkschr. S. 93. Vgl. auch RGZ. 69, 271 unter C. „Allgemeines".

§ 194[1]). „Sind für die im § 1 bezeichneten Angelegenheiten nach Landesgesetz andere als gerichtliche Behörden zuständig, so gelten die in dem ersten Abschnitte für die Gerichte gegebenen Vorschriften auch für die anderen Behörden" (Abs. 1).

„Durch die Vorschrift des Abs. 1 wird die Verpflichtung der gerichtlichen Behörden, gemäß § 2 Rechtshilfe zu leisten, nicht berührt" (Abs. 4).

Von alters her sind in Deutschland den Gerichten gewisse Gegenstände zugewiesen worden, welche zwar keine Prozesse aber doch auch keine reinen Verwaltungs-Angelegenheiten darstellen und welche demgemäß von den Gerichten nicht als Organen der Verwaltung, sondern als solchen der Rechtspflege und in den Formen geordneter Justizübung erledigt werden. Gemeinrechtlich faßte man diese — in sich sehr verschieden gearteten — Sachen unter dem Begriff der Extrajudizialien zusammen. Das oben erwähnte Gesetz nennt sie „Angelegenheiten der freiwilligen Gerichtsbarkeit", ein Ausdruck, der insofern die Sache nicht trifft, als zahlreiche Prozeduren hierher gehören, welche durchaus nicht den Charakter der Freiwilligkeit in sich tragen, wie z. B. das ganze Vormundschaftswesen.

Organe der Staatsgewalt, welche in Angelegenheiten der freiwilligen Gerichtsbarkeit eine Tätigkeit auszuüben haben, sind nicht bloß die Gerichte und die in § 194 FGG. bezeichneten Behörden, sondern auch andere Behörden. Dies ist z. B. der Fall bei den Personenstandsangelegenheiten (Standesämter), für das Patentwesen, Gebrauchsmusterschutz, Markenschutz (Patentamt), für Grundbuchsachen (Grundbuchämter, welche nach § 1 der Reichsgrundbuchordnung nicht Gerichtsbehörden zu sein brauchen); ferner kommen für gewisse Angelegenheiten auch die Notare, landesrechtlich auch noch weitere Behörden (z. B. Gemeindebehörden) in Betracht. Die Verpflichtung zur Rechtshilfe diesen Behörden gegenüber wird durch § 2 FGG. nicht berührt. Soweit die Reichsgesetze auf diesem Gebiete nicht besondere Normen aufgestellt haben (wie z. B. im Patentgesetz; vgl. § 6), verbleibt es bei den landesgesetzlichen Bestimmungen. Vgl. unten § 8.

---

1) Nach Ansicht des hessischen Justizministers (vgl. Schreiben vom 15. Juni 1911 J. Nr. 8056) ist aus der im § 13 mitgeteilten Vereinbarung vom 7. März 1907 (JMBl. S. 55) zu entnehmen, daß auch in den nur durch Landesgesetz den Gerichten übertragenen Angelegenheiten Rechtshilfe geleistet werden müsse. Dem ist beizutreten.

Anspruch auf Rechtshilfe gemäß § 2 FGG. hat dasjenige Gericht, welchem die Erledigung der Angelegenheit der freiwilligen Gerichtsbarkeit obliegt. Den Gerichten stehen aber diejenigen „anderen Behörden" gleich, welche an Stelle der Gerichte durch Landesgesetze auf Grund der reichsgesetzlichen Vorbehalte für die im § 1 FGG. bezeichneten Angelegenheiten für zuständig erklärt sind (§ 194 Abs. FGG.).

Die Rechtshilfepflicht der Gerichte und der im § 194 FGG. bezeichneten Behörden ist eine wechselseitige. Auch die im § 194 a. a. O. genannten Behörden haben sich gegenseitig Rechtshilfe zu leisten.

Notaren gegenüber besteht, soweit sie nicht als Behörden gemäß § 194 a. a. O. anzusehen sind, keine Rechtshilfepflicht; es bestimmt sich nach ihrer Notariatsordnung, ob sie um ihre Dienste angegangen sich weigern dürfen. Das Gericht kann keinenfalls durch Ersuchen, sondern nur durch begründeten Antrag des Notars in Bewegung gesetzt werden[1]).

Die Landesgesetzgebung kann einzelne Angelegenheiten der freiwilligen Gerichtsbarkeit anderen als gerichtlichen Behörden übertragen, es sind dies 1. die Vormundschafts- und 2. Nachlaßsachen (Art. 147 EGzBGB.) einschließlich der Vermittelung der Auseinandersetzung in Ansehung gütergemeinschaftlichen Gesamtgutes (§§ 99 und 193 FGG.), 3. die Geschäfte des Schiffsregisters (Flaggengesetz vom 22. Juni 1899 § 27; Binnenschiffahrtsgesetz § 120 Abs. 2), 4. die Bescheinigung gemäß § 11 Abs. 3 des Reichsschuldbuchgesetzes, und 5. die Beurkundung von Verträgen über Grundstücksveräußerungen, der Einigung über die Übertragung des Eigentums an einem Grundstück, der Belastung eines Grundstücks mit einem Recht, sowie der Übertragung oder Belastung eines solchen Rechtes, ferner Beurkundung der Auflassung (Art. 142 und 143 EGzBGB.).

Es fungieren in den einzelnen Bundesstaaten:

Zu 1. als Vormundschaftsgerichte:

In Württemberg regelmäßig der Bezirksnotar nebst 4 Waisenrichtern (AGzBGB. Art. 42), doch sind den Amtsgerichten eine Reihe vormundschaftlicher Funktionen vorbehalten (Art. 52), auch bilden die Amtsgerichte die Vormundschafts-

---

1) Die Gerichte sind verpflichtet, dem Notar, welchen die Vermittelung der Erbauseinandersetzung übertragen ist, Rechtshilfe zu leisten (OLG. Kiel 10. August 1904, RheinNotZ. 50, 42).

gerichte für die Mitglieder der standesherrlichen und ritterschaftlichen Familien[1]).

In Mecklenburg-Schwerin eine Reihe von verschiedenen Behörden (Magistrate, Waisengerichte und sonstige Deputationen, Klosteramtsgerichte, Gutsherren[2]), Amtsgerichte usw.). Das Nähere siehe in der Verordnung zur Ausf. des Reichs-FGG. vom 9. April 1899, RegBl. S. 277, §§ 22—44.

In Mecklenburg-Strelitz ebenfalls eine Reihe verschiedener Behörden (Magistrate und städtische Waisengerichte, Gutsherren, Hofmarschallamt, Amtsgerichte). Vgl. das Nähere in der Verordnung vom 9. April 1899 (Offiz. Anzeiger S. 293) §§ 22—44.

In Hamburg die Vormundschaftsbehörde, bestehend teils aus rechtsgelehrten Mitgliedern, teils aus Personen, welche die Wählbarkeit zur Bürgerschaft besitzen (Ges. betr. die Ausf. des BGB. vom 14. Juli 1899 § 70 und Gesetz betr. die Vormundschaftsbehörde von demselben Tage), in Ritzebüttel dagegen das Amtsgericht (AGzBGB. § 71).

Zu 2. als Nachlaßgerichte:

In Württemberg regelmäßig der Bezirksnotar mit 4 Waisenrichtern (AGzBGB. Art. 72) unter Vorbehalt einer Reihe von Verrichtungen für die Amtsgerichte (Art. 75, 77); vgl. auch Minist.-Verf. vom 14. September 1899 betr. das Nachlaßverf. (Amtsblatt des Justiz-Ministeriums S. 210).

In Baden regelmäßig die Notare (Reichspolizeigesetz vom 17. Juni 1899, GS. S. 249, § 45 Ziffer 1), jedoch unter Vorbehalt einzelner Verrichtungen des Nachlaßgerichtes für die Amtsgerichte (§ 45 Ziffer 2 a. a. O.).

In Mecklenburg-Schwerin und -Strelitz ebenso, wie oben unter 1 angegeben ist.

Auch da, wo die Amtsgerichte generell zuständig sind, ist landesgesetzlich mehrfach anderen Behörden oder Beamten eine gewisse Mitwirkung in Nachlaßsachen eingeräumt, insbesondere Gemeindebeamten, Dorfgerichten, Notaren.

In Bayern ist die Nachlaßauseinandersetzung den Notaren überwiesen (AGzBGB. Art. 104). Für Preußen sind

---

1) Vgl. auch Ministerial-Verf. vom 14. September 1899 (Amtsbl. des Justizministeriums S. 169).

2) Weißler in DJZ. 1899 S. 378 bestreitet, daß der Gutsherr eine Behörde sei, und hält die Berufung desselben für reichsrechtswidrig. Vgl. dagegen Schultze-Görlitz S. 373 Anm.

die Dorfgerichte (FGG. Art. 104; Allg. Verf. vom 20. Dezember 1899) und Ortgerichte (FGG. Art. 122; vgl. Verordnung vom 20. Dezember 1899 und Allg. Verf. vom 28. Dezember 1899) bestellt. In Preußen sind die Notare, sofern sie bei Auseinandersetzungen in Nachlaßsachen gemäß Art. 21 ff. FGG. tätig werden, als Behörden anzusehn.

Zu 3. als Schiffsregisterbehörden:

In Mecklenburg-Schwerin: (Verordnung vom 9. April 1899 zur Ausf. des FGG. § 61) in Ansehung der Schiffe, die ihren Heimatshafen in Rostock oder Wismar haben, die Magistrate von Rostock bezw. Wismar.

In Hamburg: die Deputation für Handel und Schiffsfahrt.

Zu 5. In Preußen sind durch Art. 12 §§ 2 und 3, sowie Art. 26 und 27, ferner durch Art. 31 und 32 PrFGG. verschiedene Geschäfte den Notaren übertragen. Letztere sind insoweit als Behörden anzusehen.

Die örtliche Zuständigkeit der nichtgerichtlichen Behörden bestimmt sich (abgesehen von der im Abs. 2 enthaltenen Ausnahme) nach den §§ 3 bis 5 FGG. und den bezüglichen Spezialvorschriften. Der territoriale Bezirk der Behörde richtet sich nach der landesgesetzlich festgesetzten Abgrenzung.

Nach § 190 Abs. 1 FGG. in Verbindung mit dem § 2 des Entwurfes würde, falls nach Landesgesetz andere als gerichtliche Behörden zuständig sind, das Ersuchen um Rechtshilfe nicht an die Gerichte, sondern ausschließlich an die anderen Behörden zu richten und von diesen zu erledigen sein. Da jedoch die Behördenorganisation in den anderen Bundesstaaten nicht allgemein bekannt sein wird und nicht selten auch sachliche Gründe dafür sprechen werden, daß die Rechtshilfe von den Gerichten geleistet wird, so ist diese Verpflichtung im § 194 Abs. 4 FGG. ausdrücklich ausgesprochen (Denkschrift S. 93). Vgl. RGZ. 69, 271.

Das ersuchende Gericht bezw. die Behörde (§ 124) hat demnach ein Wahlrecht, ob es sich an das „Gericht" oder an die „andere Behörde" wenden will[1]). Letzteres ist aber, abgesehen von der örtlichen Zuständigkeit, nur möglich, wenn die Behörde auch sachlich zuständig ist, d. h. wenn die vorzunehmende Handlung der freiwilligen Gerichtsbarkeit auch in dasjenige Rechtsgebiet

1) Unzutreffend ist die Ansicht Schneiders, KommentzFGG. zu § 194, Anm. 9, daß durch § 194 die Rechtshilfepflicht der nicht gerichtlichen Behörde ausgeschlossen sei und neben derjenigen der Gerichte nicht bestehe.

fällt, dessen Erledigung der anderen Behörde übertragen ist. Es kann also z. B. ein in Nachlaßsachen erforderliches Ersuchen nur an die mit Nachlaßsachen betraute Behörde gerichtet werden, nicht aber etwa an eine Behörde, der nur die Bearbeitung von Vormundschaftssachen obliegt. Vgl. RGZ. 71, 303.

Befinden sich Amtsgericht und die andere Behörde an demselben Ort, so sind die Voraussetzungen der gegenseitigen Rechtshilfe nicht gegeben[1]).

Die Grundbuchämter sind nicht Gerichte im Sinne des § 2 FGG. Sie haben also nach § 2 FGG. Rechtshilfe nicht zu leisten[2]). Vgl. aber oben § 2 S. 33 Anm. In Württemberg verwaltet der sog. Bezirksnotar das Grundbuchamt. In Bayern, Baden[3]) und Elsaß-Lothringen ist neben dem Grundbuchamt auch der Notar zur Auflassung zuständig; in Preußen nur in Ansehung der Grundstücke in der Rheinprovinz (AGzBGB. Art. 26).

In verschiedenen Bundesstaaten z. B. in Bayern, Baden, Württemberg, Bremen, Hamburg, Elsaß-Lothringen ist gemäß Art. 141 EGzBGB. die Beurkundung von Rechtsgeschäften[4]) ausschließlich den Notaren übertragen. Ersuchen um Rechtshilfe in dieser Materie haben deshalb die Amtsgerichte dieser Staaten abzulehnen[5]). Überhaupt wird als Grundsatz gelten müssen, daß die Gerichte nur in denjenigen Angelegenheiten der freiwilligen Gerichtsbarkeit Rechtshilfe zu leisten haben, welche ihnen überwiesen bezw. zu deren Vornahme sie zuständig sind.

---

1) And. M. Schultze-Görlitz, KommentzFGG. zu § 2 S. 12.

2) Vgl. RGZ. 55, 275; 57, 396. Der Richter kann jedoch, soweit er nach besonderen Gesetzesvorschriften dazu berechtigt ist, Auskunft vom Grundbuchamt oder Erteilung von Abschriften aus dem Grundbuch oder den Grundakten verlangen. Vgl. § 34 FGG. Hier liegt aber kein Ersuchen um Rechtshilfe vor.

3) Die Amtsgerichte in Baden sind nicht verpflichtet, dem Ersuchen außerbadischer Gerichte in Grundbuchsachen Rechtshilfe zu leisten (Karlsruhe 27. April 1904, BadNotZ. 05, 98), dagegen wohl die Gerichte im Fürstentum Reuß j. L. aber auf Grund von Landesrecht (Jena 18. Januar 1905, ThürBl. 52, 238).

4) Auch die Aufnahme vollstreckbarer Urkunden.

5) Vgl. OLG. Kolmar 8. Mai 1901, Rechtspr. d. OLG. Bd. 2 S. 393 und OLG. Karlsruhe vom 5. Dezember 1901 Rechtspr. d. OLG. Bd. 4 S. 219. Der Beschluß des OLG. Kolmar ist vom Reichsgericht durch Beschluß vom 8. Juni 1901 (vgl. Böhm, Zeitschr. Bd. 11 S. 303) aus denselben Gründen bestätigt. In dem betr. Falle war ersucht, 1. eine Person wegen Anerkennung der Vaterschaft zu einem unehelichen Kinde zu vernehmen, 2. eventuell eine Urkunde aufzunehmen, in welche sich der uneheliche Vater hinsichtlich der Unterhaltsverpflichtung der sofortigen Zwangsvollstreckung unterwirft. Während dem Ersuchen zu 1 stattgegeben ist, wurde das Ersuchen zu 2 mit Recht abgelehnt, aus dem oben mitgeteilten Grunde. Es besteht auch kein allgemeiner Rechtsatz dahin, daß ein Gericht ohne weiteres zur Vornahme solcher — an sich seinem Geschäftskreise fremder — Amtshandlungen zuständig bleibt, die sich als Zubehör oder als Folgerung aus einer von ihm zuständigermaßen bewirkten Amtshandlung qualifizieren lassen (zit. OLG. Kolmar).

Vgl. oben § 1 III S. 16. Da indes Vormundschafts- und Nachlaßsachen reichsgesetzlich dem Gerichte übertragen sind, so wird dadurch, daß landesgesetzlich gemäß § 199 FGG. und § 30 des elsaß-lothring. AGzFGG. die Notare für die Vermittelung von Erbauseinandersetzungen an Stelle der Gerichte für zuständig erklärt sind, die Verpflichtung der elsaß-lothring. Gerichte zu Gewährung der Rechtshilfe bei Ersuchen um Beurkundung der Beitrittserklärung eines in Elsaß-Lothringen wohnenden Miterbens zu der unter den übrigen Erben vor dem Nachlaßgericht getroffenen Vereinbarung über die vorbereitenden Maßregeln der Teilung (§ 91 FGG.) nicht berührt (OLG. Kolmar vom 23. März 1904 im „Recht" 1904 S. 226 und R. d. OLG. Bd. 8 S. 368).

Bezüglich der Rechtshilfe in Sachen der freiwilligen Gerichtsbarkeit ist zu unterscheiden, ob die betreffende Angelegenheit durch Reichsgesetz, sei es das oben erwähnte vom 20. Mai 1898 oder ein anderes, dem Gerichte oder der anderen Behörde (§ 194 FGG.) übertragen ist oder nicht. Nur im ersteren Falle finden die oben mitgeteilten Bestimmungen des § 2 FGG. Anwendung[1]).

A. Durch Reichsgesetz[2]) sind übertragen: Vormundschaftssachen[3]); die Annahme an Kindes Statt; Personenstand; Nachlaß- und Teilungssachen; Schiffspfandrecht; Handelssachen; Vereinssachen; Güterrechtsregister; Offenbarungseid; Untersuchung und Verwahrung von Sachen; Pfandverkauf, gerichtliche und notarielle Urkunden (Abschnitt II—X FGG.).

Ob die Beurkundung von Rechtsgeschäften dem Gerichte durch Reichsgesetz übertragen ist oder nicht, ist übrigens streitig. Hanfft in der „DJZ." 1903 S. 29 verneint die Frage und meint, daß nur einzelne Beurkundungen von Rechtsgeschäften z. B. die in dem Geschäftskreis des Vormundschafts- und Nachlaßgerichtes fallenden Verrichtungen und die Beurkundung der Vaterschaftsanerkennung (§§ 1892, 2356, 1718 ff. BGB. in den Rahmen des § 1 FGG. fallen und nur insoweit die Rechtshilfepflicht aus § 2 Anwendung finde.

---

1) Vgl. RG. 28. April 1904, JW. 33, 385; Entsch. 57, 396. Die Kriegsgerichtsräte und Oberkriegsgerichtsräte haben im Felde in allen Angelegenheiten der freiwilligen Gerichtsbarkeit Rechtshilfe zu leisten. Siehe oben S. 12.

2) Die Rechtshilfepflicht gemäß § 2 FGG. bezieht sich nur auf die reichsrechtlichen, nicht auf die gemäß § 200 a. a. O. erlassenen ergänzenden landesrechtlichen Vorschriften.

3) Vgl. die Zusammenstellung der Verrichtungen des Vormundschaftsgerichts bei Jastrow, Freiwillige Gerichtsbarkeit 1902 S. 17.

Richtiger Ansicht nach ist die Streitfrage zu bejahen (vgl. Jastrow in Busch, Zeitschrift Bd. 25 S. 253 und Josef, Lehrbuch der freiwilligen Gerichtsbarkeit S. 25 und 26). Für die Beantwortung der Frage nach der Rechtshilfepflicht ist aber zu unterscheiden zwischen selbständigen Beurkundungen und Beurkundungen im anhängigen Verfahren[1]).

Selbständige Beurkundung von Rechtsgeschäften: z. B. Beurkundung eines Kaufvertrages, einer Generalvollmacht. Sollte hier ein Ersuchen um Rechtshilfe vorkommen, so fällt es unter § 2 FGG.

Beurkundungen rechtsgeschäftlicher oder auch nicht rechtsgeschäftlicher Erklärungen im anhängigen Verfahren: z. B. das Vormundschafts- oder das Nachlaßgericht ersucht ein anderes Gericht, den Vormund zu verpflichten oder den früheren Mündel mit der Entlastungserklärung (§ 1892 BGB.) oder den im Verhandlungstermin ausgebliebenen Erben mit dem Beitritt zur Auseinandersetzung (§ 91 Abs. 2 FGG.) zu vernehmen oder ihm den Nachlaßoffenbarungseid abzunehmen. Hier ist es für die Rechtshilfepflicht gleichgültig, ob die zu beurkundende Erklärung rechtsgeschäftlicher Natur ist oder nicht; maßgebend ist allein, daß das Ersuchen erfolgt in den den Gerichten durch Reichsgesetz übertragenen Angelegenheiten des Vormundschafts- und Nachlaßwesens, daher findet auf solche Ersuchen der § 2 a. a. O. auf jeden Fall Anwendung. Und umgekehrt findet, da Grundbuchsachen nicht durch Reichsgesetz, sondern durch Landesgesetz den Gerichten übertragen sind, hier eine Rechtshilfepflicht auf Grund des § 2 selbst dann nicht statt, wenn die zu beurkundende Grundbucherklärung an sich ein Rechtsgeschäft (z. B. den Beitritt zu einer Eintragungsbewilligung) zum Gegenstande hat[2]).

Das Reichsgericht (IV. Zivilsenat Beschluß vom 28. April 1904, Entschl. 57, 396) hatte angenommen, daß die Beurkundung von Vereinbarungen über Ansprüche, welche sich auf §§ 1708, 1714, 1715, BGB. (Alimente unehelicher Kinder usw.) gründen, durch Reichsgesetz den Gerichten nicht übertragen sei. Es wird weiter ausgeführt: „Es kann dahingestellt bleiben, ob die Beurkundung von Rechtsgeschäften, die nach der Vorschrift des Reichsgesetzes, insbesondere des BGB., gerichtlicher oder notarieller Beurkundung bedürfen, hierdurch im Sinne des § 1 FGG. den Gerichten übertragen ist, denn für Vereinbarungen nach

1) Vgl. Josef im „Recht" 1904 S. 57 und in der DJZ. 1903 S. 150.
2) Vgl. Frese im ZBlFG. Bd. 2 S. 700 und Bd. 3 S. 478.

§§ 1708, 1714 und 1718 BGB. ist gerichtliche oder notarielle Beurkundung nicht vorgeschrieben. Die Übertragung der Beurkundung von Vereinbarungen nach §§ 1708, 1714, 1715, BGB. ist auch nicht etwa durch die Bestimmung des § 167 Abs. 1 FGG. erfolgt, denn diese Vorschrift regelt nur die sachliche Zuständigkeit „soweit nach den Vorschriften anderer Gesetze zur Beurkundung eines Rechtsgeschäftes sowie zur Beglaubigung eines Handzeichens die Gerichte berufen sind" (Denkschrift zu § 163 des Entwurfes). Daß durch die Bestimmung in §§ 126, 128 BGB. keine Übertragung auf die Gerichte erfolgt ist, kann nicht zweifelhaft sein. Ausgeschlossen ist endlich auch die Annahme, daß das ersuchende Amtsgericht als Vormundschaftsgericht sein Ersuchen gestellt habe, denn die Aufnahme vollstreckbarer Urkunde (§ 794 Nr. 5 ZPO.) über Ansprüche des Mündels oder der Mündelmutter gehört nicht zu dem Geschäftskreise der Vormundschaftsgerichte. Hiernach ist § 160 GVG. nicht anwendbar. Es handelte sich um die Beschwerde eines bayerischen Amtsgerichtes über ein elsaß-lothringisches Amtsgericht.

Die vorstehende Ansicht ist indes vom Reichsgericht (Beschl. vom 27. Februar 1908, Entsch. 67, 416) aufgegeben. Vgl. unten unter C „Vormundschaftsrecht".

Außer den in den Abschnitten II—X FGG. erwähnten sind noch folgende Angelegenheiten den Gerichten durch Reichsgesetz übertragen:

1. die Führung des Musterregisters (für Geschmacksmuster) nach dem Gesetz vom 11. Januar 1876 (RGBl. S. 184) und die hierauf bezüglichen Geschäfte;

2. die Führung des Schiffsregisters und die hierauf bezüglichen Geschäfte. Flaggengesetz vom 22. Juni 1899 §§ 4 ff. Binnenschiffahrtsgesetz (Fassung vom 20. Mai 1898 RGBl. S. 868) §§ 120 ff.;

3. (die gerichtlichen Geschäfte in Ansehung des Börsenregisters). Aufgehoben durch das neue Börsengesetz;

4. die einstweilige Bestellung von Vorstandsmitgliedern und Liquidatoren für Vereine in dringenden Fällen (BGB. §§ 29, 48, 86, 88);

5. die Entziehung der Rechtsfähigkeit gegen einen eingetragenen Verein beim Herabsinken der Mitgliederzahl unter drei (BGB. § 73);

6. die Bewilligung der öffentlichen Zustellung einer Willenserklärung bei Unbekanntheit der Person oder des Aufenthaltes des Adressaten (BGB. § 132);

7. die Bewilligung für die öffentliche Bekanntmachung der Kraftloserklärung einer Vollmacht (BGB. § 176);

8. die Bestellung eines Vertreters für den Grundstückseigentümer zur Empfangnahme einer Kündigung in den Fällen der §§ 1141 Abs. 2 und 1192 BGB.;

9. die Abnahme der eidesstattlichen Versicherung behufs Erlangung des Erbscheines (BGB. § 2356);

10. die Aufnahme der Wechselproteste (Wechselordnung Art. 87);

11. die Mitwirkung bei der Sukzessivgründung der Aktiengesellschaft und der Kommanditgesellschaft auf Aktien (HGB. §§ 196, 320 Abs. 3) sowie die Beurkundung der sonstigen Generalversammlungsbeschlüsse bei diesen Gesellschaften (HGB. §§ 259, 320 Abs. 3); vgl. hierzu § 168 Anm. 2;

12. die Ermächtigung zur Berufung einer Versammlung der Besitzer von Schuldverschreibungen sowie die Beurkundung der Beschlüsse einer solchen Versammlung (Gesetz vom 4. Dezember 1899 §§ 4 und 9);

13. die Herstellung von Teilhypothekenbriefen, Teilgrundschuldbriefen und Teilrentenschuldbriefe (§§ 61 und 70 der Reichsgrundbuchordnung);

14. die Erteilung einer Urkunde über die Verfügungsbefugnis der Verwalter von einzelnen Vermögensmassen (Stiftungen, Anstalten, Fideikommisse) in Sachen des Reichsschuldbuches (Gesetz vom 31. Mai 1891 § 4 Nr. 4; § 7 Nr. 1);

15. die Erteilung einer Bescheinigung, daß ein Rechtsnachfolger von Todes wegen berechtigt ist, über eine im Reichsschuldbuch eingetragene Forderung zu verfügen (Gesetz vom 31. Mai 1891 § 11 Abs. 2; vgl. auch § 188 FGG.);

16. falls für die Erteilung der zu Nr. 15 bemerkten Bescheinigung nach Landesrecht andere Behörden zuständig sind, die Bescheinigung der Zuständigkeit der ausstellenden Behörde (Gesetz vom 31. Mai 1891; § 11 Abs. 3);

17. die Grundbuchsachen in zweiter und dritter, aber nicht in erster Instanz; für die erste Instanz bestimmen sich vielmehr die zuständigen Behörden rein nach dem Landesrecht[1]) GBO. §§ 1, 72, 79.

---

1) Vgl. RG. IV 6. August 1903, Entsch. in Zivils. Bd. 55 S. 275, JW. S. 375 und Recht 1903 S. 556. §§ 158 ff. GVG. finden also auf Grundbuchsachen keine Anwendung. Ein Landesgesetz kann die Anwendung von § 160 Abs. 1 Satz 2 GVG. nicht anordnen. Im Verfahren der Grundbuchanlegung haben sich die preußischen und hessischen Gerichte gegenseitig Rechtshilfe zu leisten (Allg. Verf. vom 19. November 1901, JMBl. S. 266).

Auch Angelegenheiten, welche etwa zukünftig durch Reichsgesetz den Gerichten überwiesen werden sollten, gehören hierher.

Die Rechtshilfepflicht gemäß § 2 FGG. bezieht sich nur auf die reichsgesetzlich, nicht auch auf die gemäß § 200 FGG. erlassenen ergänzenden Vorschriften der Landesgesetze. Man wird indes mit Schultze-Görlitz, Kommentar z. FGG. zu § 2 Anm. 3 die Frage bejahen müssen, ob ein Rechtshilfeersuchen, welches sich nicht allein auf Reichsgesetz, sondern zugleich auf die zur Ergänzung und Ausführung des Reichsgesetzes erlassenen landesgesetzlichen Bestimmungen (§ 200 a. a. O.) stützt, zu erledigen ist. Es wird dort ausgeführt: „Das FGG. bedarf, um praktisch von Erfolg sein zu können, notwendigerweise der Ergänzung und geeigneter Ausführungsbestimmungen. So fehlt es z. B. im Gesetz an Vorschriften zur Vollziehung der richterlichen Entscheidung bei Streitigkeiten von Eheleuten in ihren persönlichen oder güterrechtlichen Beziehungen zueinander (§ 45) oder über Durchführung von Maßregeln, welche das Vormundschaftsgericht nach geschiedener Ehe bezüglich der Kinder angeordnet hat (§§ 1635 und 1636 BGB.) usw. Die Verpflichtung zur Rechtshilfe erstreckt sich auf die durch Reichsgesetz den Gerichten übertragenen Angelegenheiten. Daß letztere aber bis ins einzelne reichsrechtlich geregelt sein müßten, fordert das Gesetz nicht, es gewährt vielmehr der Landesgesetzgebung ausdrücklich einen Spielraum zur Ausfüllung der Lücken des Gesetzes, nicht nur, um die Gesetzesmaterie den Bedürfnissen der Bevölkerung der verschiedenen Staaten anzupassen, sondern namentlich auch, um dessen Durchführbarkeit zu ermöglichen und zu sichern. Da die suppletorischen Bestimmungen nicht contra legem gehen können und sachlich notwendig sind, so ergibt sich, daß der Gesetzgeber nicht angenommen haben kann, daß durch diese Bestimmungen, ohne welche das Gesetz keine Lebenskraft haben kann, der im § 1 des Gesetzes enthaltene Charakter der „Angelegenheit" geändert werde."

B. Die Vorschriften des § 2 FGG. greifen nicht Platz, wo die Angelegenheiten der freiwilligen Gerichtsbarkeit nicht durch Reichsgesetz, sondern durch Landesgesetz den Gerichten oder anderen Behörden übertragen sind[1]).

1) Vgl. § 2 oben S. 32. Es ist zu bedauern, daß der Gesetzgeber hier von dee reichsrechtlichen Regelung Abstand genommen hat. Die Bestimmungen über di diesbezügliche Rechtshilfe sind in allen möglichen Gesetzen und Verträgen enthalten. Eine Verpflichtung zur Rechtshilfe in diesen Materien besteht übrigens nicht einmal zwischen allen Bundesstaaten. Überdies gibt die Frage, ob eine Materie unter § 2 FGG. fällt oder nicht, steten Anlaß zu Beschwerden. Vgl. auch S. 33 Anm. 1.

Es kommen hier, abgesehen von dem Vorbehalt der Art. 57 und 58 EGzBGB. betreffend die Hausverfassungen der Familien der Landesherren und der in den angeführten Artikeln bezeichneten fürstlichen Personen, namentlich in Betracht: Fideikommisse, Lehen, Stammgüter (Art. 59 EGzBGB.), Rentengüter (Art. 62), Anerbenrecht (Art. 64), Wasserrecht, Register der Wassergenossenschaften (Art. 65); die religiöse Erziehung sowie die Zwangserziehung von Kindern (Art. 134 und 135), Stiftungssachen, Grundbuchsachen[1]).

Hierbei ist zu beachten, daß zu den landesrechtlichen Angelegenheiten nicht nur volle Materien gehören, wie z. B. die Beurkundung von anderen Handlungen als von Rechtsgeschäften, sondern daß jede einzelne Verrichtung, deren gerichtliche Vornahme nur auf Landesgesetz beruht, eine landesgesetzliche Angelegenheit darstellt, und zwar auch dann, wenn die Verrichtung in einer Sache stattfindet, welche an sich kraft Reichsrechts vor die Gerichte gewiesen ist. Dahin gehören z. B. die Entscheidungen in Kosten- und Vollstreckungssachen, auch wenn sie in Vormundschafts- oder Nachlaßsachen erfolgen[2]).

Nach der Vereinbarung vom 7. März 1907 (PrJMBl. S. 55) ist anzunehmen, daß auch in nur landesgesetzlich den Gerichten übertragenen Angelegenheiten Rechtshilfe geleistet werden muß. Vgl. § 2 Anm. Will man dies nicht annehmen, so ergibt sich folgender Rechtszustand:

Bezüglich der Rechtshilfe in Angelegenheiten der freiwilligen Gerichtsbarkeit, welche den Gerichten nur durch L a n d e s g e s e t z übertragen sind[3]), kommt für den Verkehr der Gerichte eines Bundesstaates das Landesrecht[4]) zur Anwendung, für den Verkehr der Gerichte verschiedener Bundesstaaten sind maßgebend die Staatsverträge der deutschen Bundesstaaten[5]) und in Ermangelung solcher das Völkerrecht bezw. das Herkommen[6]).

---

1) Vgl. die Zusammenstellung für Preußen bei J a s t r o w S. 25 ff.

2) Vgl. auch § 7 unten.

3) Wegen der Kosten der diesbezüglichen Rechtshilfe vgl. § 13 sowie die bei den einzelnen Bundesstaaten angegebenen Bestimmungen.

4) Das Reichsgericht ist also als Beschwerdegericht nicht zuständig (RG. vom 6. August 1903, Entsch. in Zivils. Bd. 55 S. 275).

5) Irrig ist die Annahme von W i l m o w s k i und L e v y zu T. 13 GVG., das Rechtshilfegesetz vom 21. Juni 1869 findet auch auf Angelegenheiten der freiwilligen Gerichtsbarkeit Anwendung.

6) Man darf behaupten, daß in Deutschland der Brauch besteht, daß in s ä m t l i c h e n Angelegenheiten der freiwilligen Gerichtsbarkeit die Gerichte direkt um Rechtshilfe ersuchen können, die Inanspruchnahme des diplomatischen Weges also nicht nötig ist. Ganz abwegig ist die Bemerkung von H a r t m a n n (PreußVerwBl. 31, 76), daß dieser Brauch wenig gesichert sei, weil das Reichsgericht (55, 275) das Ersuchen eines sachsen-meiningenschen Amtsgerichtes um Rechtshilfe in Grundbuchsachen an

Auch können Landesgesetze, wie dies z. B. in Sachsen-Meiningen geschehen ist, eine Pflicht der Gerichte, in allen Rechtsangelegenheiten deutschen Gerichten Rechtshilfe zu leisten, konstituieren.

Die nachstehend mitgeteilten gesetzlichen Bestimmungen der einzelnen Bundesstaaten beziehen sich natürlich nur auf die Rechtshilfe zwischen den Gerichten des betreffenden Bundesstaates. Vgl. aber „Meiningen" und die Staatsverträge der Bundesstaaten miteinander. Es ist selbstverständlich, daß wenn auch nur über die Kosten der Rechtshilfe in Sachen der freiwilligen Gerichtsbarkeit in den Verträgen etwas bestimmt ist, die Gerichte der beiderseitigen Staaten zur Leistung der Rechtshilfe überhaupt gegenseitig verpflichtet sind. Falls in den Landesgesetzen bezw. den Verträgen über Beschwerden bei Verweigerung der Rechtshilfe nichts bestimmt ist, bleibt nur die Vermittelung auf diplomatischem Wege übrig.

a) Für Preußen bestimmt § 87 AGzGVG.

„Die Gerichte haben sich in den Angelegenheiten, welche zu der ordentlichen streitigen Gerichtsbarkeit nicht gehören, Rechtshilfe zu leisten. Die Leistung der Rechtshilfe erfolgt unter entsprechender Anwendung der Vorschriften der §§ 158 bis 160, 162, 164, 167 GVG. Eine Anfechtung der Entscheidung des Oberlandesgerichtes findet in keinem Fall statt.

Über Beschwerden anderer als gerichtlicher Behörden wegen einer vom Gerichte verweigerten Beistandsleistung entscheiden die Oberlandesgerichte; eine Anfechtung dieser Entscheidungen findet nicht statt[1]).

Preußen hat folgende Verträge[2]) mit anderen Bundesstaaten betreffend Leistung der Rechtshilfe[3]) geschlossen.

---

das Amtsgericht Breslau mangels einer Pflicht abgelehnt habe. Wo gesetzliche Vorschriften fehlen, da ist natürlich nicht die gerichtliche Beschwerde, sondern die Dienstaufsichtsbeschwerde gegeben.

1) Abs. 2 ist Zusatz des PreußFGG. Art. 130. Die Beschwerde gemäß § 160 GVG. steht sämtlichen Beteiligten zu, also nicht bloß der ersuchenden nichtrichterlichen Behörde. Vgl. Liedtke in JW. 1909 S. 407.

2) Vgl. Delius, Rechtshilfeverfahren in Sachen der freiwilligen Gerichtsbarkeit im Arch. f. bürgerl. Recht Bd. 2 S. 81. Die Verträge, welche seitens der 1866 zu Preußen übergetretenen Staaten wegen der Rechtshilfe geschlossen sind, haben ihre Bedeutung verloren (Allg. Verf. vom 18. Oktober 1870 Zus. II, JMBl. S. 304).

3) Die Verträge mit Anhalt-Bernburg (Art. 48), Braunschweig (Art. 49), Reuß ältere Linie (Art. 48), Reuß jüngere Linie (Art. 47), Sachsen (Art. 48), Sachsen-Altenburg (Art. 45), Sachsen-Koburg-Gotha (Art. 48) und mit beiden Schwarzburgs (Art. 48) gelten nicht in der preuß. Rheinprovinz. — Die Verträge mit Anhalt-Dessau, Sachsen-Meiningen, Sachsen-Weimar und Waldeck gelten nicht im Bezirk des ehemaligen Appellationsgerichtshofes zu Köln.

1. Anhalt. Anhalt-Bernburg: Ministerial-Erklärung vom 9. und 27. September 1840 (GS. S. 250); Kosten der Rechtshilfe: Art. 45 ff. — Anhalt-Dessau: Vertrag von 12. Mai 1853 (GS. S. 455); Kosten: Art. 44 ff., Beschwerden: Art. 48. Vgl. auch GS. 1857 S. 285.
2. Braunschweig. Ministerial-Erklärung vom 4. und 9. Dezember 1841[1]) (GS. 1842 S. 1); Kosten s. Art. 46 ff.
3. Lippe-Detmold. Vertrag vom 18. März 1857[2]) (GS. S. 289); Kosten s. Art. 44 ff. Beschwerden s. Art. 48. Vgl. auch Erklärung vom 28. Oktober und 4. November 1868 (GS. S. 1018).
4. Reuß ältere Linie. Ministerial-Erklärung vom 25. November und 10. Dezember 1845[3]) (GS. S. 819); Kosten s. Art. 45 ff. Vgl. auch GS. 1857 (S. 287), sowie ferner Reuß ältere Linie unten unter q S. 51 (§ 58).
5. Reuß jüngere Linie. Ministerial-Erklärung vom 5. Juli 1834[4]) (GS. S. 124). Vgl. auch GS. 1857 (S. 114).
6. Sachsen. Ministerial-Erklärung vom 14. Oktober und 30. November 1839[5]) (GS. S. 353); Kosten s. Art. 45 ff.
7. Sachsen-Altenburg. Übereinkunft vom 18. Februar 1832[6]) (GS. S. 105).
8. Sachsen-Koburg-Gotha. Vertrag vom 11. Juni 1858[7]) (GS. S. 341); Kosten s. Art. 45 ff. Beschwerden s. Art. 49.
9. Sachsen-Meiningen. Vertrag vom 2. Mai 1859[8]) (GS. S. 201); Kosten s. Art. 44 ff. Beschwerden Art. 48[9]). Vgl. auch unter „Meiningen" unter t S. 53.

---

1) Siehe Anm. 3. Wegen der später erworbenen preußischen Landesteile s. Bek. vom 25. Juni 1868 (GS. S. 633).

2) Wegen Geltung des Vertrages im Bezirke vom Köln und wegen Ausdehnung desselben auf die neuen Landesteile s. Vertrag Art. 47 und Ministerial-Erklärung vom 28. Oktober 1868 (GS. S. 1018).

3) Siehe Anm. 3 vor. Seite.

4) Siehe Anm. 3 vor. Seite.

5) Siehe Anm. 3 vor. Seite und 1 folg. Seite. Wegen Ausdehnung auf die neuen Landesteile s. Ministerial-Erklärung vom 23. November 1868 (GS. S. 1026).

6) Siehe Anm. 3 vor. Seite und 1 folg. Seite.

7) Siehe Anm. 3 vor. Seite. Wegen Geltung in den neuen Landesteilen s. Bek. vom 18. Oktober 1867 (GS. S. 1795).

8) Siehe Anm. 3 vor. Seite. Wegen Geltung in den neuen Landesteilen s. Bek. vom 18. April 1868 (GS. S. 363).

9) Unter „Zivilrechtssachen" im Sinne des Art. 44 sind auch die Angelegenheiten der freiwilligen Gerichtsbarkeit zu verstehen (LG. Meiningen vom 7. Oktober 1887 in den Blättern für Rechtspflege in Thüringen Bd. 41 S. 47).

10. Sachsen-Weimar. Ministerial-Erklärung vom 23. und 29. März 1852[1]) (GS. S. 125); Kosten s. Art. 44 ff. Vgl. auch GS. 1855 S. 60 und 1857 S. 46.
11. Schwarzburg-Rudolstadt. Ministerial-Erklärung vom 12. August und 8. Oktober 1840[2]) (GS. S. 239); Kosten s. Art. 45 ff.
12. Schwarzburg-Sondershausen. Ministerial-Erklärung vom 18. November und 5. Dezember 1843[3]) (GS. 1844 S. 1); Kosten s. Art. 45 ff.
13. Waldeck. Vertrag vom 11. Oktober 1861[4]) (GS. S. 833); Kosten s. Art. 44 ff. Beschwerden Art. 48.

In allen diesen Verträgen ist im Art. 1 der allgemeine Grundsatz ausgesprochen, daß die Gerichte beider Staaten sich diejenige Rechtshilfe zu gewähren haben, welche sie den Gerichten des eigenen Staates schuldig sind. Dieser Satz bezieht sich, wie aus den Art. 33 ff. bez. 32 ff. oder 34 ff. der betreffenden Verträge hervorgeht, auch auf nicht streitige Rechtssachen und gilt deshalb fort[5]).

Von Abmachungen anderer Art (welche die materielle Rechtshilfepflicht nicht regeln) sind zu erwähnen:

14. Baden. Übereinkunft vom 27. Oktober 1819 (v. Kamptz Jahrb. 14 S. 202 und BadRegBl. 1820 S. 13), wonach (Nr. 4) für Zustellungen und den zugehörigen Schriftwechsel keine Kosten und kein Porto berechnet, sondern jedem Staate überlassen bleiben soll, welche Kosten er dafür von seinen Untertanen einziehen will. Vgl. auch Allg. Verf. vom 2. Juli 1870 (JMBl. S. 211) und BadVerf. vom 27. Juli 1870). (G. und VOBl. S. 635). Befreiung von Stempel- und Erbschaftssteuer (PrJMBl. 1902 S. 296).
15. Bayern. Übereinkunft vom 4. Oktober 1819 (v. Kamptz Jahrb. 14 S. 200) und Ministerial-Erklärung vom 17. Mai 1834 (GS. S. 71) mit eingehenden Bestimmungen in Art. 2 ff. der letzteren über die Kosten der Rechtshilfe.

---

1) Siehe Anm. 3 Seite 44. Wegen Geltung in den neuen Landesteilen s. Bek. vom 25. Juli 1868 (GS. S. 719)

2) Siehe Anm. 3 Seite 44.

3) Siehe Anm. 3 Seite 44.

4) Siehe Anm. 3 Seite 44. Wegen Geltung in den neuen Landesteilen s. Bek. vom 27. Februar 1868 (GS. S. 198).

5) Vgl. aber wegen Sachsen und Sachsen-Altenburg die Allg. Verf. vom 18. Oktober 1870 (JMBl. S. 304) bezw. vom 27. Oktober 1873 (JMBl. S. 301), welche in Bezug auf die Fortgeltung des Vertrages eine engere Auffassung vertreten.

16. Hessen. Übereinkunft vom 24. Juni 1819 (v. Kamptz Jahrb. 14 S. 198) Nr. 3 mit einer gleichen Bestimmung wie betreffs Badens. Vgl. auch Allg. Verf. vom 3. August 1872 (JMBl. S. 168). Vgl. ferner Allg. Verfügung vom 19. November 1901 (JMBl. S. 266) betr. Rechtshilfe im Verfahren der Grundbuchanlegung (oben S. 41). Befreiung von Erbschafts- und Stempelsteuer (JMBl. 1902 S. 295).
17. Mecklenburg-Schwerin. Erklärung vom 10. Februar 1830 (v. Kamptz Jahrb. 35 S. 131). Gegenseitige kostenfreie Erledigung gerichtlicher Requisitionen in Armensachen.
18. Mecklenburg-Strelitz. Vereinbarung vom 18. Mai 1830 (a. a. O. S. 277) s. Meckl.-Schwerin.
19. Oldenburg. Übereinkunft vom 20. April 1820, wonach die Requisitionen um Vornahme von Zustellungen kostenfrei zu erledigen sind. Vgl. Allg. Verf. vom 21. September 1874 (JMBl. S. 261).
20. Württemberg. Erklärung vom 1. August 1826 (v. Kamptz Jahrb. 28 S. 115), wonach für die Besorgung der Insinuationen und desfallsigen Requisitionen keine Kosten und baren Auslagen, jedoch ausschließlich des Postportos berechnet werden, sondern jedem Staate überlassen bleiben soll: „ob und welche Kosten er von seinen Untertanen dafür einziehen will", und JMR. vom 23. November 1838 (a. a. O. 52 S. 480), daß Requisitionen, welche aus Irrtum an ein inkompetentes Gericht gelangt sind, nicht zurückgesandt, sondern an das kompetente Gericht befördert werden sollen. JMR. vom 23. November 1838 (v. Kamptz Jahrb. 52 S. 480). Vgl. auch unten unter x „Württemberg".

In den Verträgen mit Baden, Bayern und Hessen sind noch außerdem Abmachungen über die Regelung des unmittelbaren Geschäftsverkehrs enthalten. Die Übereinkunft mit Bayern vom 17. Mai 1834 bestimmt im Art. 1, daß mit Ausnahme der Rheinprovinz bei jeder Korrespondenz eine gegenseitige unmittelbare Kommunikation der beiderseitigen Gerichtsbehörden zulässig ist. Im übrigen sind die Abmachungen über die Verkehrsformen antiquiert, da die Organisationen, auf welche sie berechnet sind, nicht mehr existieren. Gegenwärtig besteht mit allen deutschen Staaten (auch betreffs der Rheinprovinz) die Übung des direkten Verkehrs von Gericht zu Gericht. Vgl. Allg. Verf. vom 16. September 1844 (JMBl. S. 207) zu II, wegen Baden s. auch die Allg. Verf. vom 2. Juli 1870 (JMBl. S. 211).

Über den Inhalt der Ersuchungsschreiben mit Bezug auf die Kostenerstattung vgl. auch die Allg. Verf. vom 17. September 1875 (JMBl. S. 210).

Bremen. Verkehr mit dem Konsul in Bremen wegen Nachlaßregulierungen (Allg. Verf. vom 25. Juni 1853, JMBl. S. 231).

b) Anhalt. AGzGVG. vom 10. Mai 1879 (GS. S. 427):

§ 65. „Die Gerichte haben sich in den Angelegenheiten, welche zu der ordentlichen streitigen Gerichtsbarkeit nicht gehören, Rechtshilfe zu leisten. Die Leistung der Rechtshilfe erfolgt unter entsprechender Anwendung der Vorschriften der §§ 158—160, 162, 164, 167 GVG. Eine Anfechtung der Entscheidung des Oberlandesgerichts findet in keinem Falle statt."

c) Baden. Gesetz die freiw. Gerichtsbarkeit usw. betreffend vom 17. Juni 1899 (GVBl. S. 249):

§ 33. „Die Vorschriften des Reichsgesetzes über die Angelegenheiten der freiwilligen Gerichtsbarkeit gelten, soweit nicht etwas anderes bestimmt ist, auch für diejenigen Angelegenheiten der freiwilligen Gerichtsbarkeit, welche durch Landesgesetz den Gerichten übertragen sind."

Wegen der Rechtshilfe im Verkehr mit bayerischen Gerichten und Notaren s. unten S. 49 die Bek. vom 15. Mai 1903, bayer. JMBl. S. 291. Siehe auch Württemberg und Hessen.

d) Braunschweig: AGzG. über die Angelegenheiten der freiw. Gerichtsbarkeit vom 12. Juni 1899 (GVBl. S. 389):

§ 2. „Die allgemeinen Vorschriften der §§ 2—34 des Gesetzes über die Angelegenheiten der freiwilligen Gerichtsbarkeit finden, vorbehaltlich abweichender Bestimmungen, auch auf diejenigen Angelegenheiten der freiwilligen Gerichtsbarkeit Anwendung, welche den Gerichten nicht durch Reichsgesetz übertragen sind".[2])

e) Bayern[1]): Art. 77 AGzGVG. (in der Fassung des Art. 167 AGzBGB.);

---

1) Der früher die Rechtshilfe regelnde § 70 des AGzGVG. vom 1. April 1879 (GS. S. 131) ist durch § 2 AGzFGG. aufgehoben.
2) Vgl. auch Art. 129 BayerAGzBGB.

„Die Gerichte haben sich in den Angelegenheiten, für welche die Vorschriften der Landesgesetze maßgebend sind, Rechtshilfe zu leisten.

Die Bestimmungen der §§ 158—160, 162, 164, 167 GVG. finden hierbei entsprechende Anwendung.

Zivil- und Militärgerichte haben sich gegenseitig Rechtshilfe zu leisten, wobei gleichfalls die in Abs. 2 bezeichneten Vorschriften entsprechende Anwendung finden.

Über die Beschwerde gegen die Entscheidung des Oberlandesgerichts im Falle des § 160 Abs. 1 GVG. entscheidet das oberste Landesgericht.“

Im Verkehr zwischen Bayern und Baden können auch Notare in Angelegenheiten der freiw. Gerichtsbarkeit Ersuchen um Rechtshilfe erlassen. Sie sollen jedoch dasselbe an das Amtsgericht richten. Sollte ein Notar um Rechtshilfe angegangen werden, so hat er das Ersuchen an das zuständige Amtsgericht zu geben. Dieses hat es zu erledigen (Bek. vom 15. Mai 1903; BayerJMBl. S. 291).

Der unmittelbare Verkehr in Angelegenheiten der freiw. Gerichtsbarkeit zwischen Bayern und Elsaß-Lothringen beschränkt sich jedoch auf die Gerichte (MB. vom 25. Mai 1903, BayerJMBl. S. 294).

S. auch Württemberg und Hessen.

f) Bremen. Ges. betr. die Ausf. des Reichsges. über die Angelegenheiten der freiw. Gerichtsbarkeit vom 18. Juli 1899 (GBl. S. 137):

§ 1. **Die Vorschriften im ersten Abschnitt des Reichsgesetzes über die Angelegenheiten der freiwilligen Gerichtsbarkeit vom 17. Mai 1898 . . . finden auch auf diejenigen Angelegenheiten der freiwilligen Gerichtsbarkeit Anwendung, welche durch Landesgesetz den ordentlichen Gerichten übertragen sind.**

Als Angelegenheiten der freiwilligen Gerichtsbarkeit sind auch anzusehen:

1. Das Verfahren in Ablösungssachen.

2. Das Enteignungsverfahren, soweit das Verfahren den Amtsgerichten zugewiesen ist.“

g) Elsaß-Lothringen. Ges. betr. die Ausf. des Reichsges. über die Angelegenheiten der freiw. Gerichtsbarkeit vom 6. November 1899 (GBl. S. 117):

§ 1. Die Vorschriften im ersten Abschnitt des Reichsgesetzes über die Angelegenheiten der freiwilligen Gerichtsbarkeit .... finden auch auf diejenigen Angelegenheiten der freiwilligen Gerichtsbarkeit Anwendung, welche durch Landesgesetz den Gerichten übertragen sind[1]).

Wegen der Rechtshilfe gegenüber Bayern vgl. oben S. 48 die MBek. vom 15. Mai 1903 BayJMBl. S. 294. Siehe auch Hessen.

h) Hamburg. Hamburg. Gesetz über die Angelegenheiten der freiw. Gerichtsbarkeit vom 29. Dezember 1899 (Amtsblatt S. 1168):

§ 1. Die Vorschriften im ersten Abschnitt des Reichsgesetzes über die Angelegenheiten der freiwilligen Gerichtsbarkeit finden auch auf diejenigen Angelegenheiten der freiwilligen Gerichtsbarkeit Anwendung, welche durch Landesgesetz den ordentlichen Gerichten und der Vormundschaftsbehörde übertragen sind.

Auf das Verfahren in Grundbuchsachen und Hinterlegungssachen findet die Bestimmung des ersten Absatzes keine Anwendung.

i) Hessen. AGFGG. vom 18. Juli 1899 (RegBl. S. 287). Art. 3 ist gleichlautend mit § 2 des braunschweigischen Gesetzes[2]). Art. 2 a. a. O. zählt noch verschiedene Angelegenheiten der freiw. Gerichtsbarkeit auf. Der § 2 des Reichsgesetzes über die Angelegenheiten der freiw. Gerichtsbarkeit ist auch für das Grundbuchanlegungsverfahren für anwendbar erklärt durch § 52 der Verordnung betr. die Anlegung des Grundbuchs und die Ausführung der Grundbuchordnung vom 13. Januar 1900 (HessRegBl. Nr. 7). Wegen der Kosten der Rechtshilfe im Verkehre mit Bayern, Baden, Württemberg und Elsaß-Lothringen vgl. § 13 unten.

k) Lippe-Detmold. AGzFGG. vom 17. Mai 1899 (GS. S. 507) § 1. Dieselbe Bestimmung wie unter Braunschweig.

---

1) Dies gilt nach § 1 Abs. 2 auch für die Führung des Grundbuches, des Eigentumsbuches und des vorläufigen Grundbuches. — Der im übrigen die Rechtshilfe regelnde Paragraph des AGzGVG. vom 4. November 1878 (GS. S. 65) lautet: „In den Angelegenheiten, welche zu der ordentlichen streitigen Gerichtsbarkeit nicht gehören, finden die Vorschriften der §§ 158—160, 162, 164, 167 GVG. . . . . entsprechende Anwendung".

2) Der früher die Rechtshilfe regelnde Art. 38 des AGzGVG. ist durch Art. 154 II des oben bezeichneten Gesetzes aufgehoben.

l) Lippe-Schaumburg[1]). AG. vom 16. August 1899 (Landesverord. S. 127) § 15. Vgl. Braunschweig.

m) Lübeck. AG. vom 17. Mai 1898 (Samml. S. 135 ff.) Art. 1. Vgl. Braunschweig.

n) Mecklenburg-Schwerin. Verord. zur Ausf. des FGG. vom 9. April 1899 (RegBl. S. 227) § 19. Vgl. Braunschweig.

Außerdem bestimmt das AGzGVG. vom 17. Mai 1879 (RegBl. S. 10) im

§ 78. „Die Gerichte in unserem Lande mit Einschluß der Gerichte, welche nur mit der Ausübung der nicht streitigen Gerichtsbarkeit betraut sind, haben sich nach Maßgabe der in den 13. Titel des GVG. enthaltenen Vorschriften Rechtshilfe zu leisten.“

o) Mecklenburg-Strelitz. Verord. z. Ausf. des FGG. vom 9. April 1899 (Offiz. Anzeiger S. 293) § 19. Vgl. Braunschweig.

Außerdem bestimmt § 72 des AGzGVG. (Offiz. Anzeiger S. 167) dasselbe, wie oben § 78 des AGzGVG. für Mecklenburg-Schwerin.

p) Oldenburg. AGzFGG. vom 15. Mai 1899 (GBl. S. 437) § 2. Vgl. Braunschweig.

q) Reuß ältere Linie. AGzGVG. vom 16. April 1879 (RegBl. S. 25):

§ 53. „Die Gerichte des Landes haben sich auch in den Angelegenheiten, welche von den Reichsprozeßordnungen[2]) nicht betroffen werden, Rechtshilfe zu leisten.

Auch dem Ersuchen einzelner richterlicher Beamten, die mit Angelegenheiten, welche zu ordentlicher streitiger Gerichtsbarkeit nicht gehören, beauftragt sind, ist stattzugeben.

§ 54. Das Ersuchen um Rechtshilfe ist an das Amtsgericht zu richten, in dessen Bezirke die Amtshandlung vorgenommen werden soll, und darf von dem ersuchten Gerichte nicht abgelehnt werden.

---

1) Der früher die Rechtshilfe regelnde § 42 des AGzGVG. vom 30. Juni 1879 (Landesverord. S. 221) ist durch § 69 AGzFGG. aufgehoben. Über Beschwerde entscheidet also nicht mehr die Zivilkammer des Landgerichts endgültig, sondern das Oberlandesgericht, wie auch sonst.

2) Man wird hier einzuschalten haben: „und dem Reichsgesetz über die Angelegenheiten der freiwilligen Gerichtsbarkeit vom 20. Mai 1898 (RGBl. S. 771).

Nur das Ersuchen eines im Instanzenzuge nicht vorgesetzten Gerichtes ist dann abzulehnen, wenn dem ersuchten Gerichte die örtliche Zuständigkeit mangelt oder die vorzunehmende Handlung nach dem bestehenden Rechte verboten ist.

§ 55. Über die in dieser Beziehung entstehenden Streitigkeiten entscheidet die Zivilkammer des Landgerichtes unter Zuziehung zweier weiterer an der bestehenden Differenz allfällig unbeteiligter Mitglieder desselben Gerichtes.

Die Entscheidungen erfolgen auf Antrag der Beteiligten oder des ersuchenden Gerichtes nach Gehör des ersuchten Gerichtes.

§ 56. Darüber, ob eine Vollstreckungshandlung vom Gerichte selbst oder durch den Gerichtsvollzieher vorzunehmen ist, entscheidet für die der ordentlichen streitigen Gerichtsbarkeit nicht angehörigen Angelegenheiten eine entsprechende Anwendung der einschlägigen Vorschriften der Reichsprozeßordnungen.

§ 57. Soweit es sich um eine nicht durch das Gericht selbst zu erledigende Vollstreckung oder Zustellung in Betreff einer der ordentlichen streitigen Gerichtsbarkeit nicht unterworfenen Angelegenheit handelt, erteilt das ersuchte Amtsgericht durch den Gerichtsschreiber einem Gerichtsvollzieher des Amtsbezirkes den dem Ersuchen entsprechenden Auftrag.

Der von dem Gerichtsschreiber beauftragte Gerichtsvollzieher gilt, was Vollstreckungshandlungen angeht, als unmittelbar von der Person beauftragt, auf deren Antrag das Ersuchen erfolgt.

§ 58. Auch bei den nach den Bestimmungen des Rechtshilfegesetzes für das deutsche Reich oder auf Grund bestehender Staatsverträge zur Ausführung gelangenden Ersuchen außerhalb des Landes befindlicher Gerichte kommen die in §§ 56 und 57 erteilten Vorschriften zur Anwendung.

§ 59. Inwieweit und in welcher Weise von den Amtsgerichten des Landes dem Ersuchen von Verwaltungsbehörden oder Verwaltungsbeamten in Bezug auf Handlungen des Zwangsvollstreckungsverfahrens Folge zu geben ist, bestimmt sich nach den einschlagenden landesgesetzlichen Vorschriften."

r) Reuß jüngere Linie. Der § 3 des AGzFGG. vom 10. August 1899 (GS. S. 46) ist im wesentlichen gleichlautend mit § 2 des braunschweigischen Gesetzes. — Der die Rechtshilfe früher regelnde § 46 des AGzGVG. vom 22. Februar 1879 (GS. Nr. 409 S. 3) ist durch § 130 Nr. 1 AGzFGG. aufgehoben.

s) Königreich Sachsen. Ges. z. Ausf. einiger mit dem BGB. zusammenhängenden Reichsgesetze vom 15. Juni 1900 (GS. u. VBl. S. 269 ff.).

§ 4. „Auf die Angelegenheit der freiwilligen Gerichtsbarkeit, welche durch Landesgesetz den ordentlichen Gerichten übertragen sind, finden die Vorschriften der §§ 2—28 Abs. 1, §§ 29, 30, Abs. 1 §§ 31, 32 und 34 des Reichsgesetzes über die Angelegenheiten der freiwilligen Gerichtsbarkeit Anwendung."

t) α) Sachsen-Altenburg. § 60 des AGzGVG. vom 22. März 1879 (GS. Stück II S. 5) ist gleichlautend mit § 65 des anhaltinischen AGzGVG. Der § 60 a. a. O. hat durch § 71 altenburg. AGzFGG. folgenden Abs. 3 erhalten:

„Gerichte und Verwaltungsbehörden sind verpflichtet, sich gegenseitig Beistand zu leisten."

β) Sachsen-Koburg-Gotha. Der § 52 des AG. zGVG. vom 7. April 1879 (Ges. f. Koburg S. 85; f. Gotha S. 63) ist gleichlautend mit § 65 der anhaltinischen AGzGVG.

γ) Sachsen-Meiningen.

„Die Gerichte des Herzogtums haben den Gerichten[1]) der Bundesstaaten in den Angelegenheiten, welche zu der ordentlichen streitigen Gerichtsbarkeit nicht gehören, Rechtshilfe zu leisten. Die Leistung der Rechtshilfe erfolgt unter entsprechender Anwendung der Vorschriften der §§ 158—160, 162, 164, 167 GVG." (§ 55 des AGzGVG. vom 16. Dezember 1878 (Sammlung S. 43) — gleichlautend mit § 65 des anhaltinischen AGzGVG. — und Art. 3 der Novelle vom 1. Juli 1885).

Über die Frage, welche Angelegenheiten als solche der freiwilligen Gerichtsbarkeit anzusehen sind, vgl. Art. 2 des Ges. vom 15. August 1899 über die freiw. Gerichtsbarkeit (Samml. S. 405).

δ) Sachsen-Weimar-Eisenach. Der Art. 11 des AGzFGG. vom 12. April 1899 (RegBl. S. 207) ist im wesentlichen gleichlautend mit § 2 des braunschweigischen Gesetzes. Der früher die Rechtshilfe regelnde § 47 des AGzGVG. vom 20. März 1879 (RegBl. S. 113) ist durch das Gesetz vom 29. März 1899 (RegBl. S. 107) aufgehoben.

---

1) Unter „Gerichte" sind auch die Sondergerichte zu verstehen (OLG. Jena vom 19. Mai 1903; Blätter f. Rechtspfl. i. Thür. Bd. 50 S. 299; and. Ans. OLG. Jena vom 28. März 1885 a. a. O. Bd. 23 S. 79.

u) Schwarzburg-Rudolstadt. Der § 46 des AGzGVG. vom 1. März 1879 (GS. S. 427) ist gleichlautend mit § 65 des anhaltinischen AGzGVG.

v) Schwarzburg-Sondershausen. Das AG. zFGG. vom 29. Juli 1899 (GS. S. 87) § 5 ist im wesentlichen gleichlautend mit § 2 des braunschweigischen Gesetzes. Der früher die Rechtshilfe regelnde § 45 des AGzGVG. vom 16. Mai 1879 (GS. S. 89) ist durch § 64 VI AGzFGG. aufgehoben.

w) Waldeck. Das AGzGVG. hat denselben Wortlaut, wie das preußische (vgl. Art. 69 X des Ges. über die freiwillige Gerichtsbarkeit vom 11. Dezember 1899; RegBl. S. 162).

x) Württemberg. Eine Rechtshilfepflicht zwischen den württembergischen Gerichten ist landesgesetzlich nicht konstituiert.

Die Verf. des Justizministeriums vom 14. September 1899 (Amtsblatt S. 169) betr. das Vormundschaftswesen bestimmt:

§ 45. Den Behörden des Reiches, den öffentlichen Behörden des Landes und den von ihnen beauftragten Beamten, sowie den Gerichten anderer deutscher Staaten ist die im amtlichen Interesse nachgesuchte Einsicht der (Vormundschafts-) Akten jederzeit gestattet. Ihrem Gesuche um Ausfolge und Zusendung der Akten ist gegen Empfangsbescheinigung zu entsprechen, auch können sie gegen Kostenersatz die Erteilung von Abschriften verlangen. Dem Ersuchen von Behörden eines anderen deutschen Bundesstaates kann bis auf weiteres dann entsprochen werden, wenn die Gegenseitigkeit verbürgt ist. Erheben sich Bedenken, so ist gleichwie in den Fällen, in welchen das Ersuchen von der Behörde eines nicht deutschen Staates ausgeht, die Entschließung des Justizministeriums einzuholen.

§ 46. Ersuchen um Rechtshilfe können die ordentlichen Vormundschaftsgerichte unmittelbar an die zuständigen Gerichte und Behörden der anderen Bundesstaaten richten. Falls sie jedoch nicht sichere Kenntnis von der Zuständigkeit anderer Behörden haben, sind die Ersuchsschreiben regelmäßig an die Amtsgerichte des betreffenden Bundesstaates zu richten (§§ 2, 194 Abs. 4 FGG., dazu die Verfügung des Justizministers vom 28. November 1880, Württemb. Gerichtsblatt Bd. 18 S. 24 und vom 26. Oktober 1892, Amtsblatt S. 66).

Anderseits haben die ordentlichen Vormundschaftsgerichte dem an sie ergehenden Ersuchen der Gerichte und Behörden der

anderen Bundesstaaten um Rechtshilfe in Angelegenheiten der freiwilligen Gerichtsbarkeit zu entsprechen. Werden solche Ersuchen eines auswärtigen Gerichtes oder einer auswärtigen Behörde an ein Amtsgericht gerichtet, so kann dieses, sofern nicht die Erledigung durch das Gericht ausdrücklich verlangt wird, die Mitwirkung der ordentlichen Vormundschaftsgerichte in Anspruch nehmen. Vgl. auch Verfügung des Justizministeriums vom 14. September 1899 betreffend das Nachlaßwesen (Amtsblatt S. 210).

Bezüglich der Staatsverträge Württembergs ist zu bemerken:

1. Jurisdiktionsverträge mit Hohenzollern-Hechingen und Sigmaringen vom Jahre 1827 (bekannt gemacht durch Kgl. Verordnung vom 28. April und 23. Juni 1827, RegBl. S. 151 und 245). Diese Verträge sind nach Einverleibung der Fürstentümer in Preußen zunächst nicht erloschen (WürttRegBl. 1857 S. 87), später aber für aufgehoben erklärt (WürttRegBl. 1881 S. 441).

2. Jurisdiktionsvertrag mit Bayern vom 7. Mai 1821. Eine württemb. Bekanntmachung der Ministerien der Justiz usw. vom 11. Februar 1873 stellt im § 7 das Einverständnis der bayer. und württemb. Regierung darüber fest, daß „auch in der nichtstreitigen Rechtspflege von den Justizbehörden des einen Staates, denen des anderen die Rechtshilfe in allen Richtungen gewährt werden soll, in welchen nicht in den einschlägigen Gesetzen desjenigen Staates, welchem die ersuchte Behörde angehört, ein Hindernis begründet ist". Bezüglich der Kosten der Rechtshilfe in Sachen der nichtstreitigen Gerichtsbarkeit verweist § 7 Abs. 4 a. a. O. auf § 43 des Reichsgesetzes vom 21. Juni 1869 (s. unten in § 3).

3. Bezüglich des Jurisdiktionsvertrages mit Baden vom 30. Dezember 1825 stellt die Bekanntmachung des württemb. Justizministers vom 19. Januar 1899 (RegBl. S. 13) fest, daß mit dem Inkrafttreten des BGB. und des FGG. die allein noch in Geltung gebliebenen Bestimmungen der Art. 22 bis 29 jenes Staatsvertrages außer Wirksamkeit zu treten haben[1]).

Wegen der Kosten bei Erledigung von Ersuchen außerhalb des Gebietes der Rechtshilfe vgl. § 125 der Gerichtskostenver-

1) Dabei ist offenbar übersehen, daß reichsrechtlich durch § 2 FGG. die Rechtshilfe in denjenigen Angelegenheiten der freiwilligen Gerichtsbarkeit, welche durch Landesgesetz den Gerichten übertragen sind, nicht geregelt ist. Insoweit dürfte also der Jurisdiktionsvertrag noch in Kraft stehen.

fügung vom 31. Dezember 1902. Endlich ist auf die Gerichtskostenverfügung in Zivilsachen vom 31. Dezember 1902 (Amtsbl. S. 421) §§ 11—19 hinzuweisen.

Siehe auch Hessen.

C. Gemeinschaftliche Grundsätze über Rechtshilfe und Fälle aus der Praxis.

Für die Rechtshilfe gemäß § 2 FGG. sind die Ausführungen in § 1 unter I—VIII über die streitige Gerichtsbarkeit in der Regel maßgebend. Dort sind auch Verweisungen für die freiwillige Gerichtsbarkeit gegeben. Unmittelbarer Geschäftsverkehr zwischen den deutschen Gerichten ist in allen Fällen zulässig. Der diplomatische Weg wird nur in Ausnahmefällen beschritten werden müssen.

Anfechtungsberechtigt gemäß § 160 GVG. ist derjenige, welcher durch Nichtdurchführung der ersuchten Handlung in seinem Rechte beeinträchtigt wird (§ 20 FGG.) oder welchem unter Anwendung des § 57 FGG. ein Beschwerderecht zuzubilligen ist, endlich das ersuchende Gericht bezw. die Behörde (§ 194 FGG.).

Nach dem Wortlaut des Gesetzes würde ein örtlich unzuständiges Gericht das Ersuchen lediglich abzulehnen haben, da eine dem § 365 ZPO. entsprechende Vorschrift für die freiwillige Gerichtsbarkeit fehlt. Im Interesse der Geschäftserleichterung werden aber die Gerichte die Bestimmung des § 365 ZPO. entsprechend zur Anwendung zu bringen haben, umsomehr als im Verkehr mit außerdeutschen Behörden das Haager Abkommen von 1905 die Weitergabe ausdrücklich vorschreibt.

Es fehlt an einer reichsrechtlichen Regelung hinsichtlich der zur zwangsweisen Durchführung der gerichtlichen Verfügungen auf dem Gebiete der freiwilligen Gerichtsbarkeit erforderlichen Maßregeln[1]). In der Regelung der Vollstreckungsmaßregeln sind die Landesgesetze vollkommen frei. Es kann fraglich werden, ob und inwieweit in solchen Fällen eine Verpflichtung zur Leistung der Rechtshilfe[2]) besteht, in welchen die Zwangsmaßregel um deren Vollstreckung ersucht wird, in den Staatsgebieten des ersuchten Gerichtes überhaupt nicht oder nicht in der verlangten Art zulässig ist. Das ersuchte Gericht wird das Recht haben, das Ersuchen abzulehnen, es sei

1) Der Mangel ist bereits in der Kommission erfolglos zur Sprache gebracht (KommBer. S. 4).

2) Ein direktes Angehen des Gerichtsvollziehers dürfte nicht zulässig sein.

denn, daß die ersuchte Maßregel ihrem Charakter nach eine solche ist, welche nach den „Vorschriften der Prozeßordnungen" an sich statthaft ist. Schultze-Görlitz zu § 2 FGG. Anm. 5b führt zutreffend aus: „Läßt ein Bundesstaat daher z. B. zur Erzwingung Haft zu, während der andere für denselben Zweck nur die Festsetzung von Geldstrafen gestattet, so kann das Ersuchen nicht abgelehnt werden, gestattet dagegen ein Bundesstaat zur Durchführung einer Verfügung die Anwendung von „Gewalt" schlechtweg (vgl. für Preußen Art. 17 FGG.), während der andere Staat sich auf Zulassung von Geldstrafen beschränkt oder Zwang nur in geringerem Maße zuläßt, so kann die Vollstreckung insoweit abgelehnt werden".

In dem FGG. ist an mehreren Stellen die Anwendbarkeit gewisser Vorschriften der ZPO. in der Art angeordnet, daß die Anwendung eine entsprechende sein soll (§§ 14, 15, 27, 83).

An die Stelle des „Prozeßgerichtes" tritt das mit der betreffenden Sache befaßte Gericht; „Parteien" sind die „Beteiligten" usw.

Das ersuchte Gericht muß überhaupt zuständig sein, die Handlung vorzunehmen. Es muß insbesondere berechtigt sein, Personen in der betr. Angelegenheit vorzuladen usw. (Vgl. OLG. Düsseldorf vom 12. November 1906, RheinArch. 103 I 130). Die Kompetenz des Gerichtes der freiwilligen Gerichtsbarkeit ist eine umfangreichere als die desjenigen der streitigen Gerichtsbarkeit. So gehört gemäß § 12 FGG. zur Kompetenz die Veranstaltung der zur Feststellung der Tatsachen erforderlichen Ermittelungen. Soweit das Gericht befugt ist, eine Tätigkeit zu entfalten, kann es auch um Rechtshilfe ersuchen (RGZ. 67, 416). Nach Art. 10 FGG. sind die Gerichtsferien auf das gerichtliche Verfahren ohne Einfluß. Die Bearbeitung der Vormundschaftssachen und der Nachlaßsachen kann während der Ferien unterbleiben, soweit das Bedürfnis einer Beschleunigung nicht vorhanden ist. Maßgebend ist das Ermessen des ersuchenden Richters, nicht des ersuchten. Falls der ersuchende Richter also in Vormundschafts- oder Nachlaßsachen ein Ersuchen während der Gerichtsferien ausgeführt verlangt, so hat der ersuchte Richter dem nachzukommen. Handelt es sich um eine durch Landesgesetz den Gerichten übertragene Angelegenheit, so sind nach § 91 AGzGVG. die preußischen Gerichte unter sich auch in Lehens-, Familienfideikommiß- und Stiftungssachen an die Entschließung des ersuchenden Gerichtes gebunden. Ob auch die Gerichte anderer Bundesstaaten, hängt von den betreffenden Staatsverträgen ab.

Aus der Praxis der Gerichte sind folgende Rechtshilfefälle hervorzuheben:

Allgemeines.

Von einer Gewährung der Rechtshilfe kann nur dann die Rede sein, wenn es sich um eine Amtstätigkeit handelt, die in ihrer Art dem Geschäftsbereiche des ersuchten Gerichts verfassungsmäßig angehört. Die Amtsgerichte in Elsaß-Lothringen brauchen deshalb bei Ersuchen um Vernehmung des unehelichen Vaters darüber, ob er die Vaterschaft anerkenne und sich der sofortigen Zwangsvollstreckung unterwerfe keine Rechtshilfe zu leisten, da für die Beurkundung von Rechtsgeschäften, welche der gerichtlichen oder notariellen Form bedürfen, soweit nicht ein anderes gesetzlich bestimmt ist, gemäß § 44 AGzFGG. vom 6. November 1899 nur die Notare zuständig sind. Hieran kann nichts ändern, daß an sich ein derartiges Ersuchen in den Grenzen der Obliegenheiten des ersuchenden Vormundschaftsgerichts liegt. Vgl. RGZ. 67, 415; (RG. IV. ZS. 24. Juni 1909, Entsch. 71, 303)[1]).

Der Umstand, daß nach Landesrecht z. B. in Baden die Amtsgerichte für die den Nachlaßgerichten obliegenden Verrichtungen nicht zuständig sind, berechtigt nicht zur Ablehnung der Rechtshilfe, denn nach § 194 Abs. 4 FGG. bleibt von dieser landesgesetzlichen Zuständigkeitsbestimmung die Verpflichtung der gerichtlichen Behörde, gemäß § 2 FGG. Rechtshilfe zu leisten, unberührt (RG. IV. ZS. 15. Oktober 1908, Entsch. 69, 271).

Rechtshilfe setzt voraus, daß das Gericht zur Vornahme der Handlung, um die es ersucht wird, selbst verpflichtet ist. In Preußen sind die Amtsgerichte zu Vorladungen von Personen zwecks Abgabe von Eintragungs- und Löschungsbewilligungen in Grundbuchsachen nicht verpflichtet (OLG. Düsseldorf vom 12. November 1906, RheinArch. 108 I 130).

Ein Ersuchen um Vernehmung eines Erben darüber, ob er die Erbschaft annehme und ob eine Verfügung von Todes wegen vorhanden sei, darf nicht abgelehnt werden, weil die Abgabe der Erklärung im Belieben der zu vernehmenden Person steht (RG. IV. ZS. 15. Oktober 1908, Entsch. 69, 271).

Anscheinend hält das RG. (69, 274) Rechtshilfe zwecks bloßer Anregung zur Abgabe einer Erklärung für unzulässig.

Die Rechtshilfe ist ausgeschlossen, wenn das ersuchende Gericht die Handlung selbst vornehmen kann (OLG. Jena

---

1) Vgl. dagegen Jolly in Bad. Rechtspr. 1909 S. 246.

vom 19. August 1896, Blätter f. Rechtspfl. i. Thür. Bd. 44 S. 146; OLG. Kolmar vom 26. Juni 1901, R. d. OLG. Bd. 3 S. 186).

Nur diejenige Amtshandlung kann Gegenstand der Rechtshilfe sein, deren Vornahme an einen außerhalb des Bezirks des ersuchenden Amtsgerichtes liegenden Ort geknüpft ist. Das sind Beweisaufnahmen, Sühneversuche, Vormundsverpflichtungen usw. Entscheidungen, welche der mit der Sache selbst befaßte Richter an seinem Amtssitze treffen kann, wie die Auswahl einer Person zum Vormund oder Pfleger, gehören nicht hierher (OLG. Jena vom 3. Mai 1902, R. d. OLG. Bd. 5 S. 261 und OLG. Königsberg vom 15. Mai 1903, Recht S. 366).

Auch bloße Botendienste braucht das ersuchte Gericht nicht zu leisten (OLG. München vom 14. Mai 1909, R. d. OLG. 20, 93 und Kolmar vom 14. Mai 1910, R. d. OLG. 21, 190).

Zur Erzwingung der Herausgabe eines Kindes haben sich die Gerichte Rechtshilfe zu leisten. Das Ersuchen ist durch Zuweisung an den Gerichtsvollzieher zur Ausführung zu bringen (OLG. Nürnberg vom 2. Juni 1907, ZBlFG. 8, 555).

Die Erteilung einer Rechtsbelehrung, die schriftlich erfolgen konnte, im Wege der Rechtshilfe ist ausgeschlossen (OLG. Rostock vom 28. Mai 1903, R. d. OLG. Bd. 6 S. 497).

Zieht das Gericht aus Zweckmäßigkeitsrücksichten die mündliche Bekanntmachung einer gerichtlichen Verfügung der schriftlichen vor, so kann es um Rechtshilfe ersuchen. Vgl. § 16 FGG. (OLG. Jena vom 2. März 1910, Recht 14 Nr. 1429).

Die Rechtshilfe setzt voraus, daß sich die Handlung, um deren Vornahme ersucht wird, in den Rahmen richterlicher Tätigkeit überhaupt einfügen läßt. Das trifft in Elsaß-Lothringen für die im § 361 Nr. 10 StGB. erwähnte Aufforderung nicht zu (OLG. Kolmar vom 26. Februar 1902, R. d. OLG. Bd. 4 S. 221).

Ein Fall der Rechtshilfe liegt nicht vor, wenn die verlangte Prozedur (Aufnahme eines Löschungsantrages) nur auf Parteiantrag einzuleiten ist (OLG. Karlsruhe vom 5. Dezember 1901, R. d. OLG. Bd. 4 S. 219 und OLG. Hannover vom 15. Dezember 1900, R. d. OLG. Bd. 2 S. 236; anderer Meinung OLG. Celle vom 15. November 1901, R. d. OLG. Bd. 4 S. 219).

Das ersuchte Gericht ist nicht befugt, die Zuständigkeit des ersuchenden zu prüfen (OLG. Stuttgart vom 22. Dezember 1902, R. d. OLG. Bd. 6 S. 495). Hat das ersuchende Gericht eine Erklärung für gültig erklärt, die die Voraussetzung der Vornahme einer Handlung des ersuchten Gerichtes bildet, so ist die Gültigkeit jener Erklärung der Nachprüfung des ersuchten Gerichtes entzogen (OLG. Kolmar vom 29. Oktober 1903, R. d. OLG. Bd. 7 S. 337).

Vormundschaftsrecht:

In dem gleichen Umfange, wie der Vormundschaftsrichter befugt ist, zum Besten des Mündels eine eigene Amtstätigkeit zu entfalten, steht es ihm auch zu, die Rechtshilfe auswärtiger Gerichte in Anspruch zu nehmen, wenn ihm durch die örtliche Abgrenzung der Gerichtsbezirke die unmittelbare Erledigung der für zweckmäßig erachteten gerichtlichen Akte unmöglich gemacht oder doch wesentlich erschwert ist (RGZ. 67, 416). Der Rechtsverkehr mit anderen Personen in Angelegenheiten des Mündels ist Sache des Vormundes, nicht des Vormundschaftsgerichtes (OLG. München vom 14. Mai 1909, SeuffBl. 74, 612). Der Vormundschaftsrichter darf nicht soweit gehen, einzelne dem Vormund vom Gesetz zugewiesene, insbesondere rechtsgeschäftliche Verrichtungen selbst in die Hand zu nehmen und sich damit an die Stelle des Vormundes zu setzen (RG. IV. ZS. 3. Februar 1908, PosMSchr. 07, 168).

Ein Rechtshilfeersuchen ist zulässig, den außerehelichen Erzeuger eines bevormundeten Kindes vorzuladen, ihm über die Anerkennung der Vaterschaft, über die Verpflichtung zur Entrichtung von Unterhaltsbeträgen, sowie über seine Unterwerfung unter die sofortige Zwangsvollstreckung zu vernehmen (RG. IV. ZS. 27. Februar 1908, Entsch. 67, 416 unter Aufgabe der abweichenden Entsch. 57, 396).

Das vorstehende Ersuchen kann in Preußen auch durch einen hierzu beauftragten Referendar (AGzGVG. § 2 und JMBl. 1879 S. 466) gültig erledigt werden (RG. IV. ZS. 7. Februar 1910, JW. S. 247, vgl. auch RGZ. 29, 222).

Das ersuchte Gericht darf die Erteilung einer Ausfertigung der aufgenommenen Urkunde über die Anerkennung der Vaterschaft usw. nicht davon abhängig machen, daß zuvor von dem ersuchenden Gericht der Landesstempel entrichtet werde. Der Betrag des Stempels ist in Rechnung zu stellen und um Erstattung zu ersuchen (OLG. Darmstadt vom 15. Dezember 1909, HessRspr. 10, 172).

Das Ersuchen, die Mutter eines Mündels als dessen Vormünderin darüber zu vernehmen, wo das Mündel untergebracht ist, und ob der Vater seinen Verpflichtungen nachkomme, ist nicht ablehnbar (OLG. München vom 22. April 1910, R. d. OLG. 21, 190). Vgl. auch Kolmar vom 13. Oktober 1909, R. d. OLG. 20, 95.

Das Ersuchen des Vormundschaftsgerichtes um eidliche Vernehmung der Kindesmutter als Zeugin in Bezug auf Ermittelung des außerehelichen Vaters ist abzulehnen (OLG. Dresden vom 10. Juli 1907, SächsOLG. 29, 49).

Das Ersuchen, die Kindesmutter über verschiedene Fragen, z. B. wer Vater des Kindes sei usw., zu vernehmen, darf nicht abgelehnt werden. Das ersuchte Gericht hat selbst Ermittelungen nach dem Aufenthalt anzustellen und durch Ordnungsstrafe (§§ 12, 36 FGG. und Art. 15 PrFGG.) zum persönlichen Erscheinen anzuhalten (OLG. Frankfurt vom 23. Oktober 1906, Frankf. Rundschau 41, 49)[1]).

Die Verpflichtung und damit die Bestellung (nicht auch die Auswahl, OLG. Celle vom 4. Januar 1906, R. d. OLG. 12, 184) eines Vormundes oder Pflegers kann auch im Wege des Ersuchens um Rechtshilfe erfolgen (OLG. Karlsruhe vom 3. August 1900, Bad. Rechtspraxis 1900 S. 228 und Recht 1900 S. 546). Falls der ausgewählte Vormund (Pfleger) Ablehnungsgründe vor dem ersuchten Gerichte zu Protokoll gibt, ist die Entscheidung des Vormundschaftsgerichtes einzuholen.

Ersuchen des Vormundschaftsgerichtes um Ermittelung des unehelichen Vaters sind gegen den anfänglichen Widerspruch des OLG. Rostock (Beschl. vom 9. August 1900 R. d. OLG. Bd. 1 S. 282), welches solche Ermittelungen nicht zu den Aufgaben des Vormundschaftsgerichtes rechnen wollte, dies vielmehr dem Vormund überließ, jetzt wohl allgemein für zulässig erklärt (OLG. Kassel, in der R. d. OLG. Bd. 2 S. 392; Kammergericht in Johow, Jahrb. Bd. 22 S. 205 und OLG. Köln, ZBlFG. Bd. 2 S. 248). Zulässig ist ferner das Ersuchen um Vermittelung zur Abnahme der vom Vormunde gelegten Schlußrechnung (OLG. Königsberg vom 29. Januar 1901, R. d. OLG. Bd. 2 S. 394): ebenso das Ersuchen, die Erklärung des großjährigen Mündels über Entlastung des Vormundschaftsgerichtes und des Vormundes (Pfleger) entgegenzunehmen ist nicht ablehnbar (OLG. Karlsruhe vom 7. Januar 1910, BadRspr. S. 198).

---

1) Das Ersuchen um Befragung der Mutter eines unehelichen Kindes über den Aufenthaltsort des letzteren darf namentlich dann nicht abgelehnt werden, wenn die sonstigen Mittel, ihn ausfindig zu machen, von dem Vormundschaftsgericht vergeblich versucht worden sind (OLG. Kolmar vom 29. Dezember 1904, Recht 1905, S. 47).

Ebenso OLG. Darmstadt vom 12. November 1909, R. d. OLG. 21, 191, welches auch das Ersuchen, das mitübersandte Vermögen (Sparkassenbuch) auszuhändigen, für zulässig hält, anderer Meinung OLG. Breslau vom 3. Februar 1908, R. d. OLG. 18, 381.

Die Aufnahme einer besonderen Entlastungserklärung hält OLG. Kiel vom 8. Oktober 1906 (Schlesw.-Holst. Anz. 06, 348) für ablehnbar, weil diese im Gesetz nicht anerkannt sei.

Das Ersuchen um Vorladung des bisherigen Vormundes und Verhandlung mit ihm und dem neuen Vormund bezüglich der bisherigen Vermögensverwaltung ist nicht abzulehnen (OLG. Königsberg vom 19. Januar 1901, Recht 1901 S. 387).

Wenn das Vormundschaftsgericht nicht nach § 1846 BGB. in Tätigkeit zu treten hat, dies aber trotzdem tut, so braucht ihm hierzu ein anderes Gericht nicht Rechtshilfe zu leisten (OLG. Rostock vom 9. August 1900, R. d. OLG. Bd. 1 S. 282).

Zulässig ist das Ersuchen um Befragung eines Schuldners, ob er sich freiwillig zur Mitwirkung bei einer Sicherungsmaßregel bereit erklären wolle, die vom Vater und vom Vormundschaftsgericht in Aussicht genommen worden ist (OLG. Jena vom 22. November 1902, R. d. OLG. Bd. 6 S. 426).

Das Ersuchen um Aushändigung des Mündelvermögens an den Volljähriggewordenen ist abzulehnen, da diese Tätigkeit mit der dem Vormundschaftsgerichte im § 1892 BGB. auferlegten Verpflichtung nichts zu tun hat, auch außerhalb des Rahmens der dem Vormundschaftsgerichte auferlegten Fürsorge- und Aufsichtspflicht (§§ 1837 ff. BGB.) liegt (OLG. Kolmar vom 15. Juni 1904, Recht S. 454)[1]).

Rechtshilfe durch Vernehmung des unehelichen Vaters über Anerkennung seiner Vaterschaft und der gegen ihn zu erhebenden Unterhaltsansprüche darf nicht verweigert werden (OLG. Stuttgart vom 7. Mai 1901 und 22. Dezember 1902, Recht 1901 S. 564 und R. d. OLG. Bd. 6 S. 495). Dasselbe gilt von Ersuchen, den unehelichen Vater zur Bezahlung der Unterhaltsbeiträge anzuhalten (OLG. Dresden vom 27. Juli 1900, R. d. OLG. Bd. 3 S. 35).

Das Ersuchen, durch Verhandlungen mit den Beteiligten darauf hinzuwirken, daß der Vater eines unehelichen Kindes seinen gesetzlichen Verpflichtungen gegen dasselbe nachkommt und

1) Die Aushändigung des Mündelvermögens kann durch das Vormundschaftsgericht selbst erfolgen, dieses kann sonach auch Rechtshilfe fordern. Ebenso Hertel in DJZ. 15, 477 und Tzschaschel ebenda 15, 590. Vgl. auch RGZ. 71, 303.

sich durch Vereinbarung zu entsprechenden Leistungen verpflichtet, darf nicht abgelehnt werden (OLG. Rostock vom 23. Juli 1901, MecklZeitschr. Bd. 20 S. 277).

Das Ersuchen um Vernehmung eines minderjährigen Schwängerers wegen Anerkennung der Vaterschaft usw. darf nicht davon abhängig gemacht werden, daß die Einwilligung des gesetzlichen Vertreters beigebracht werde (OLG. Breslau vom 13. Juni 1908, R. d. OLG. 18, 379).

Es ist jedoch abzulehnen, wenn feststeht, daß der gesetzliche Vertreter des Erzeugers seine Zustimmung nicht erteilen will (KG. vom 11. Juli 1910, DJZ. 1911 S. 157).

Erklärt sich der minderjährige uneheliche Vater vor dem ersuchten Gericht bereit, seine Vaterschaft anzuerkennen und gibt er anheim, die Einwilligung seines Vormundes einzuholen, so darf das ersuchende Gericht nicht eine nochmalige Vernehmung beantragen, weil es die Zustimmung des Vormundes irrtümlicherweise nicht für erforderlich hält (OLG. Hamm vom 4. Februar 1902, R. d. OLG. Bd. 4 S. 220).

Nicht abgelehnt werden darf das Ersuchen, den bereits über die Anerkennung der Vaterschaft eines unehelichen Kindes vernommenen Erzeuger weiter darüber zu hören, ob er die Ausfertigung des Protokolles und dessen Einsendung an das Standesamt beantragt (OLG. Rostock vom 31. Mai 1901, Meckl. Zeitschr. Bd. 20 S. 278 und Recht 1902 S. 509).

Das Ersuchen um Rechtshilfe zur Ermittelung der Grundlagen von Ansprüchen der Bevormundeten kann nicht deshalb abgelehnt werden, weil das ersuchte Gericht die Anordnung für unerheblich hält (OLG. Kassel vom 25. Februar 1901, R. d. OLG. Bd. 2 S. 392).

Hat ein Amtsgericht auf Ersuchen des Vormundschaftsgerichtes eine vollstreckbare Urkunde von dem außerehelichen Erzeuger aufgenommen, so gehört die Erteilung einer vollstreckbaren Ausfertigung ausschließlich zur Zuständigkeit des ersuchten Gerichtes und ist allein dessen Angelegenheit. Richtet der Gläubiger den Antrag auf Erteilung fälschlich an das ersuchende Gericht, so ist der Antrag abzulehnen, nicht aber kann seine Erledigung im Wege der Rechtshilfe beansprucht werden (OLG. Zweibrücken vom 23. Oktober 1901, R. d. OLG. Bd. 3 S. 419 und Recht 1902 S. 48).

Beurkundung[1]).

Das Ersuchen eines anderen Gerichtes um Vorladung einer Person zu einer Erklärungsabgabe kann nicht deshalb abgelehnt werden, weil die Einsendung einer begl. Erklärung gefordert, bezw. die Erklärung durch einen Bevollmächtigten abgegeben werden kann (OLG. Hamburg vom 30. Mai 1900, DJZ. 1901 S. 440).

Die Vernehmung eines Hypothekengläubigers darüber, ob er in die pfandfreie Abschreibung zweier Parzellen der ihm verhafteten Grundstücke willige, ist abzulehnen, weil es sich um die Beurkundung eines Rechtsgeschäftes handele, für solche Beurkundungen aber eine Rechtshilfepflicht nach § 2 FGG. nicht bestehe (OLG. Breslau in Entsch. d. RGZ. Bd. 55 S. 275).

Ist um Aufnahme einer öffentlichen Urkunde ersucht, so darf der ersuchte Richter nicht um deswillen sich mit der Beglaubigung der Unterschriften unter einer Privaturkunde begnügen, weil er solche beglaubigte Urkunde für ausreichend hält (OLG. Hamm vom 25. April 1902, R. d. OLG. Bd. 5 S. 194).

Grundbuchsachen[2]) (betrifft nur die Rechtshilfe zwischen Gerichten desselben Bundesstaates).

Das Ersuchen eines Amtsgerichtes (Grundbuchamt) eine Partei darüber zu hören, ob sie mit ihrer Hypothek hinter einer anderen bereits bewilligten Hypothek zurücktritt, betrifft keinen Fall einer Rechtshilfe. Über die Weigerung entscheidet die Dienstaufsichtsbehörde (RG. IV. ZS. 2. Juni 1910, JW. S. 717).

Das Ersuchen, eine Person über die Genehmigung zu einer von einem anderen in ihrem Namen abgegebenen Auflassungserklärung zu vernehmen, ist ablehnbar (OLG. Kassel vom 31. Oktober 1907, Recht 12 Nr. 397).

Die an den Grundbuchrichter ergehenden Ersuchen der Prozeß- und Vollstreckungsgerichte um Eintragung in das Grundbuch sind keine Ersuchen um Rechtshilfe (KG. 8. Mai 1882 J. 3,3).

---

1) Der Gerichtsschreiber des ersuchten Gerichtes hat die vollstreckbare Urkunde zu erteilen. In Preußen bleiben die Urkunden in Urschrift beim ersuchten Gericht zurück, dem ersuchenden wird eine Ausfertigung der Verhandlung zugesandt (§ 11 Geschäftsord. für die Gerichtsschreibereien der Amtsgerichte; JMBl. 1906 S. 304 und 1910 S. 20). Wegen der Kosten und Stempel s. § 13.

Hat — was Tatfrage ist — der ersuchte Richter bei Aufnahme einer Urkunde für den ersuchenden Richter und in dessen Namen gehandelt, so wird die vollstreckbare Ausfertigung von dem Gerichtsschreiber des ersuchenden Gerichtes erteilt (BayerObLG. 30. Dezember 1902, DJZ. 1904 S. 1078). Etwas anderes gilt, wenn der ersuchte Richter für sich und in eigener Zuständigkeit gehandelt hat (DJZ. 1904 S. 1078).

2) Beschwerden gegen das Grundbuchamt über Ablehnung eines Eintragungsersuchens gemäß § 39 der Reichsgrundbuchordnung werden im gewöhnlichen Instanzenzuge erledigt. In Preußen ist letzte Instanz das Kammergericht.

Ein Ersuchen des Grundbuchamtes um Vernehmung eines Gläubigers über die behauptete Zahlung und gegebenenfalls um Einholung der Löschungsbewilligung kann nicht abgelehnt werden (OLG. Darmstadt vom 1. Juli 1901, Hessische Rechtspr. II, 82 und Recht 1901 S. 564).

Nach § 18 des badischen Gesetzes vom 13. Juni 1899 ist die mittelbare Anwendbarkeit von § 194 Abs. 1 und 4 FGG. auch auf Grundbuchsachen anzuerkennen, so daß insoweit die Rechtshilfeverpflichtung der Gerichte und der anderen Behörden nebeneinander besteht (OLG. Karlsruhe vom 5. Dezember 1901, R. d. OLG. Bd. 4 S. 219).

Dem Ersuchen eines preußischen Gerichtes, einen Miterben über seinen Beitritt zur Auseinandersetzung und über Erteilung der Auflassungsvollmacht zu hören, hat ein elsaß-lothringisches Amtsgericht zu entsprechen (OLG. Kolmar vom 23. März 1904, R. d. OLG. Bd. 8 S. 368).

Nachlaßsachen. Ein Nachlaßgericht kann nicht ein Vormundschaftsgericht um Rechtshilfe ersuchen (OLG. Celle vom 4. Januar 1906, R. d. OLG. 12, 184).

Weigerung der Rechtshilfe liegt nicht vor, wenn Amtsgerichte die Ausstellung von Erbbescheinigungen auf Ersuchen der Auseinandersetzungsbehörden ablehnen (KG. vom 23. Februar 1885, J. 5, 41). Die Verpflichtung der Gerichte, in Sachen der freiwilligen Gerichtsbarkeit Rechtshilfe zu gewähren, ist nämlich nicht dahin zu verstehen, daß die Gerichte durch ein Ersuchen um Rechtshilfe veranlaßt werden können, Prozeduren einzuleiten, deren Einleitung dem ersuchenden Gericht nicht zusteht, sondern von einem bei dem ersuchten Gerichte zu stellenden Parteiantrage abhängig ist. Vgl. auch OLG. Jena vom 28. März 1900 (R. d. OLG. Bd. 1 S. 194).

Ein Ersuchen eines Nachlaßgerichtes um Einleitung einer Pflegschaft für einen abwesenden Erbbeteiligten ist kein Rechtshilfeersuchen. Gegen die Ablehnung sind nur die ordentlichen Rechtsmittel der freiwilligen Gerichtsbarkeit zulässig. Vgl. §§ 50, 39, 36 FGG. und § 1911 BGB. (OLG. München vom 7. Mai 1908, R. d. OLG. 18, 384).

Die Entgegennahme oder Erwirkung der Löschungsbewilligung zu einer zum Nachlaß gehörenden Hypothek ist dem Nachlaßgericht nicht übertragen, sein Ersuchen um Rechtshilfe dieserhalb also ablehnbar (OLG. München vom 17. Dezember 1908, R. d. OLG. 18, 382).

Das Ersuchen, einen Miterben über seinen Beitritt zur Abtretung von Nachlaßhypotheken zu hören, kann nicht als eine nach § 2040 BGB. verbotene Handlung abgelehnt werden (Posen vom 24. Juli 1907, PosMSchr. 07, 94).

Die Befragung der Erben über Annahme der Erbschaft und Vorhandensein einer letztwilligen Verfügung fällt in den Bereich der Rechtshilfe. Daß eine Verpflichtung der Erben zur Erklärungsabgabe nicht besteht, ist ebenso belanglos wie die Möglichkeit unmittelbaren Schriftwechsels, sofern das Nachlaßgericht eben nicht letzteren Weg, sondern die gerichtliche Vernehmung für sachgemäß hält (RG. IV. ZS. 15. Oktober 1908, Recht 12 Nr. 3482, JW. 1908, 683).

Testamentseröffnung ist im Wege des Ersuchens unzulässig, weil die Urschrift nicht versendet werden darf, nur um Mitteilung des Testamentsinhaltes kann ersucht werden (OLG. Kolmar, ZBlFG. Bd. 1 S. 468). Das Ersuchen um Eröffnung des in begl. Abschrift bei den Akten befindlichen Testamentes an einen im Bezirke des ersuchten Gerichtes sich aufhaltenden gesetzlichen Erben, d. h. um mündliche Publikation des ganzen Testamentes, kann nicht abgelehnt werden (OLG. Rostock vom 18. Januar 1904, MecklZeitschr. Bd. 22 S. 243).

Das Ersuchen, durch die Gerichtsschreiberei die vorschriftsmäßige Anmeldung des Gesellschaftsliquidators X. durch die im Bezirk des ersuchten Gerichtes wohnende Gesellschafterin A. entgegenzunehmen, ist wegen fehlender örtlicher Zuständigkeit (§ 128 FGG.) abzulehnen (OLG. Düsseldorf vom 14. März 1910, Rhein. ARB. 28, 48).

Ersuchen des Registerrichters um Entgegennahme von Anmeldungen sind zulässig (OLG. Rostock, MecklZeitschr. f. Rechtspflege Bd. 19 S. 228 und OLG. München, ZBlFG. Bd. 2 S. 13); ebenso Ersuchen um Aufnahme eines Einspruchs (OLG. Augsburg, ZBlFG. Bd. 3 S. 314), eines Löschungsantrages (OLG. Frankfurt 22. März 1906, R. d. OLG. 14, 328). Dagegen hat das Reichsgericht (Urteil vom 28. April 1903, JW. 1904 S. 358) angenommen, daß die gerichtliche Beurkundung der Anmeldung der Löschung zum Handelsregister keine durch Reichsgesetz den Gerichten übertragene Angelegenheit und deshalb das Ersuchen eines Amtsgerichtes, die bisher zu Protokoll des Gerichtsschreibers erklärte Anmeldung betr. Löschung einer Zweigniederlassung gerichtlich zu beurkunden, unberechtigt und § 159 GVG. in solchem Falle nicht anwendbar sei.

Das Ersuchen von einer Person, welche ihren Austritt aus der Landeskirche angemeldet hat, die Austrittserklärung entgegenzunehmen (vgl. preuß. Gesetz vom 14. Mai 1873), darf trotz Zweifel an der Wirksamkeit dieser Erklärung nicht abgelehnt werden (KG. 11. Januar 1909, DJZ. S. 605).

§ 3.
Rechtshilfe zwischen den ordentlichen und den Sondergerichten.

Maßgebend für den Rechtshilfeverkehr zwischen deutschen ordentlichen und deutschen Sondergerichten[1]) ist, soweit nicht die unten bei den einzelnen Gerichten mitgeteilten Spezialvorschriften Platz greifen[2]), das Rechtshilfegesetz vom 21. Juni 1869, welches aber nur für bürgerliche Rechtsstreitigkeiten (nicht auch für Angelegenheiten der freiwilligen Gerichtsbarkeit)[3]) und Strafsachen Anwendung findet. Von Bedeutung ist der abweichend von § 160 GVG. geregelte Instanzenzug bei der Beschwerde (vgl. § 38 a. a. O.).

Handelt es sich um den Verkehr zwischen preußischen ordentlichen Gerichten und preußischen Sondergerichten, so enthält § 87 AGzGVG. (s. S. 44) die anwendbare Gesetzesvorschrift. Dieser Paragraph erstreckt sich auch auf die freiwillige Gerichtsbarkeit, überhaupt auf alle Angelegenheiten, welche zu der ordentlichen streitigen Gerichtsbarkeit nicht gehören. Er hat aber nur Justizgerichte im Auge. Wegen der Rechtshilfe gegenüber Verwaltungsgerichten vgl. § 8. Wegen der Form des Ersuchungsschreibens gilt das oben S. 15 Bemerkte, und wegen der Kosten der Rechtshilfe vgl. unten § 13.

I. Aus dem Rechtshilfegesetze vom 21. Juni 1869 sind folgende Bestimmungen hervorzuheben:

§ 1. Die Gerichte des Bundesgebietes (jetzt Reichsgebietes) haben sich in bürgerlichen Rechtsstreitigkeiten[4]) gegenseitig Rechtshilfe zu leisten. Es macht keinen Unterschied, ob das ersuchende und das ersuchte Gericht demselben

1) Sowie der Deutschen Sondergerichte untereinander.

2) Vgl. unten Gewerbe- und Kaufmannsgerichte. Wegen der Konsular- und Schutzgebietsgerichte s. oben S. 7 und 9.

3) Was v. Wilmowski, II 1340, irrtümlich annimmt.

4) Nach § 20 des Ges. erstreckt sich die Rechtshilfepflicht auch auf Strafsachen. Hierzu sind auch die Disziplinarsachen zu rechnen, vgl. unter § 8 unter h; and. Mein. OLG. Jena vom 19. Mai 1903 (Blätter f. Rechtspfl. i. Thür. Bd. 50 S. 299).

5*

Bundesstaate, oder ob sie verschiedenen Bundesstaaten angehören.

Das ersuchte Gericht darf die Rechtshilfe selbst dann nicht verweigern, wenn es die Zuständigkeit des ersuchenden Gerichtes nicht für begründet hält[1]).

§ 2. Die Rechtshilfe wird auf Requisition von Gericht zu Gericht[2]) geleistet, soweit nicht in den §§ 3—6 ein anderes bestimmt ist.

§ 3. Wenn nach dem Rechte des Ortes, wo die erforderliche Prozeßhandlung vorzunehmen ist, diese zum Geschäftskreise besonderer Beamten (Gerichtsvollzieher, Gerichtsvögte usw.) gehört oder von der beteiligten Partei bei dem Gerichte unmittelbar zu betreiben ist, so hat das ersuchte Gericht selbst oder die bei ihm bestehende Staatsanwaltschaft einen zuständigen Beamten mit der Vornahme der Prozeßhandlung zu beauftragen oder, soweit es erforderlich ist, die Sache einem Anwalte oder einer sonst geeigneten Person zur Betreibung zu übergeben.

§ 4. Durch die Vorschriften des § 3 wird nicht ausgeschlossen, daß die beteiligte Partei unmittelbar einen zuständigen Beamten mit der Vornahme der Prozeßhandlung beauftragt oder die Sache bei dem Gerichte betreibt.

§ 5. Wird in einem anhängigen oder anhängig zu machenden Rechtsstreite eine Prozeßhandlung erforderlich, welche nach dem für das Prozeßgericht geltenden Rechte nicht von den Gerichten verfügt, sondern im Auftrage der Parteien durch besondere Beamte bewirkt wird, dagegen nach dem Rechte des Ortes, wo die Handlung vorzunehmen ist, zu dem Geschäftskreise der Gerichte gehört, so hat das zuständige Gericht dieses Ortes auf den von der Partei unter Vorlegung der zuzustellenden oder der sonst erforderlichen Schriftstücke gestellten Antrag die Prozeßhandlung anzuordnen.

§ 6. Requisitionen und Parteianträge, welche durch Vermittelung der Staatsanwaltschaft an die Gerichte gelangen, sind in derselben Weise zu erledigen, als wenn sie unmittelbar von dem Prozeßgerichte eingesendet oder von der Partei gestellt wären.

---

1) Handelt es sich um Ersuchen eines preußischen Gerichtes, so findet die weitergehende Vorschrift des § 159 GVG. Anwendung. Vgl. AGzGVG. § 87.

2) In Ermangelung einer anderweiten Vorschrift von dem Gerichte, welches für die Rechtshilfe im eigenen Gebiete zuständig ist, in Preußen also vom Amtsgericht. AGzGVG. § 87.

§ 7. Eine im Wege der Rechtshilfe zu bewirkende Zwangsvollstreckung (Exekution) erfolgt nach den am Orte der Vollstreckung geltenden Vorschriften.

§ 8. Über Einwendungen, welche die Zulässigkeit der Rechtshilfe (§ 37), die Art und Weise der Vollstreckung oder das bei derselben zu beobachtende Verfahren betreffen, hat das Gericht des Vollstreckungsortes zu entscheiden.

Dasselbe gilt von Einwendungen, welche von dritten Personen wegen eines Anspruches auf den Gegenstand der Vollstreckung erhoben werden.

Alle anderen Einwendungen gegen die Vollstreckung unterliegen der Entscheidung des Prozeßgerichtes.

§ 9. Werden bei dem Vollstreckungsgerichte Einwendungen erhoben, über welche in Gemäßheit des § 8 das Prozeßgericht zu entscheiden hat, so kann das erstere, wenn ihm die Einwendungen erheblich und in tatsächlicher Beziehung glaubhaft erscheinen, die Vollstreckung vorläufig einstellen.

Im Falle der Einstellung ist für die Beibringung der Anordnung des Prozeßgerichtes eine Frist zu bestimmen, nach deren fruchtlosem Ablaufe die Vollstreckung fortgesetzt wird.

§ 10. Sollen die in einem Rechtsgebiete, in welchem die Zwangsvollstreckung zum Geschäftskreise besonderer Beamten gehört, erlassenen Erkenntnisse in einem Rechtsgebiete vollstreckt werden, in welchem die Zwangsvollstreckung von den Gerichten geleitet wird, so hat das zuständige Gericht die Zwangsvollstreckung auf Antrag der Partei anzuordnen. Zu diesem Zwecke ist eine mit dem gerichtlichen Zeugnisse der Vollstreckbarkeit versehene Ausfertigung des Erkenntnisses vorzulegen.

§ 11. Wenn nach dem für das Prozeßgericht geltenden Rechte die Vollstreckung durch Einlegung eines Rechtsmittels gehemmt werden kann, so ist in dem Zeugnisse der Vollstreckbarkeit (§ 10) zu bemerken, welche Rechtsmittel die Vollstreckung hemmen, und binnen welcher Frist dieselben einzulegen sind.

Wird dem Vollstreckungsgerichte glaubhaft gemacht, daß ein Rechtsmittel, durch welches die Vollstreckung gehemmt wird, binnen der gesetzlichen Frist eingelegt ist, so hat dasselbe die Vollstreckung einzustellen.

Ein solches Rechtsmittel kann bei dem Vollstreckungsgerichte ohne Beobachtung einer besonderen Form eingelegt werden. Diese Einlegung wird jedoch wirkungslos, wenn sie nicht innerhalb der Notfrist und spätestens binnen vierzehn Tagen seit dem Tage der Einlegung nach den am Orte des Prozeßgerichtes geltenden Vorschriften wiederholt wird.

Hat das Vollstreckungsgericht in Gemäßheit der Vorschriften dieses Paragraphen die Einstellung der Vollstreckung angeordnet, so kann die betreibende Partei die Fortsetzung der Vollstreckung nur dann verlangen, wenn sie ein die Fortsetzung anordnendes oder das eingelegte Rechtsmittel verwerfendes Erkenntnis des Prozeßgerichtes beibringt.

Die Bestimmungen dieses Paragraphen finden keine Anwendung, wenn für das Prozeßgericht dasselbe Prozeßrecht gilt, wie für das Vollstreckungsgericht.

§ 12. Sollen in einem Rechtsgebiete, in welchem die Zwangsvollstreckung zum Geschäftskreise besonderer Beamten gehört, die in einem anderen Bundesstaate oder in einem Rechtsgebiete, in welchem die Zwangsvollstreckung von den Gerichten geleitet wird, erlassenen Erkenntnisse oder sonstigen richterlichen Verfügungen vollstreckt werden, so sind sie von der zuständigen gerichtlichen Behörde des Ortes der Vollstreckung mit der Vollstreckungsklausel zu versehen. Zu diesem Zwecke ist der Behörde eine von dem Prozeßgerichte mit dem Zeugnisse der Vollstreckbarkeit versehene Ausfertigung des Erkenntnisses oder der Verfügung vorzulegen.

Die Vollstreckungsklausel wird ohne Prüfung der Gesetzmäßigkeit der Entscheidung oder Verfügung und ohne Anhörung der Parteien erteilt.

§§ 13—18. Aufgehoben durch § 3 Nr. 2 EGzKO.

§ 19. Ist eine bürgerliche Rechtsstreitigkeit in einem Bundesstaate rechtshängig geworden oder rechtskräftig entschieden, so kann die Rechtshängigkeit oder Rechtskraft vor jedem Gerichte desselben oder eines anderen Bundesstaates geltend gemacht werden.

Zweiter Abschnitt: (betrifft Rechtshilfe in Strafsachen).

Dritter Abschnitt: Allgemeine Bestimmungen.

§ 37. Die Rechtshilfe findet nicht statt, wenn die Vornahme der beantragten Handlung nicht zu dem Geschäftskreise des ersuchten Gerichtes gehört, oder wenn eine Handlung des Gerichtes, einer Partei oder eines Dritten beantragt wird, deren Vornahme nach dem für dieses Gericht geltenden Rechte verboten ist.

§ 38. Über die Zulässigkeit der nach diesem Gesetze zu leistenden Rechtshilfe und über die Rechtmäßigkeit der Verweigerung derselben wird ausschließlich von den Gerichten des Staates, welchem das ersuchte Gericht angehört, im geordneten Instanzenzuge[1]) entschieden.

§ 39. Bei Anwendung der Zivil- und Strafprozeßgesetze, welche Vorschriften zum Nachteile der Ausländer enthalten, sowie der Gesetze, welche sich auf den Konkurs über das Vermögen der Ausländer beziehen, ist jeder Norddeutsche[2]) als Inländer anzusehen.

Insoweit nach Vorschrift der Preßgesetze Zustellungen an Personen, welche im Auslande wohnen oder sich aufhalten, an die Staatsanwaltschaft mit derselben Wirkung, wie an diese Personen selbst, erfolgen, ist das Bundesgebiet als Ausland nicht anzusehen[3]).

§ 40. Jeder Norddeutsche[2]) ist verpflichtet, auf Anordnung des Zivil- oder Strafgerichtes vor demselben zum Zwecke seiner Vernehmung als Zeuge zu erscheinen, auch wenn er einem anderen Bundesstaate angehört. Diese Vorschrift findet keine Anwendung auf Personen, welche nach dem am Wohnsitz derselben geltenden Rechte nicht verbunden sind, persönlich vor Gericht zu erscheinen oder in der betreffenden Sache Zeugnis abzulegen.

Gehört der Zeuge einem anderen Bundesstaate an, so ist seine Vorladung bei dem Gerichte seines Wohnsitzes zu beantragen. In diesem Falle ist der Zeuge befugt, die Zahlung der Entschädigung für Zeitversäumnis und Reisekosten nach der in dem einen oder dem anderen dieser Staaten geltenden Taxordnung zu fordern. Die Zahlung ist dem Zeugen vorschußweise zu leisten.

§§ 41 und 42 betreffen Strafsachen.

§ 43[4]). Die Kosten der Rechtshilfe sind von der ersuchenden Behörde zu bezahlen.

Wenn eine zahlungspflichtige Partei nicht vorhanden oder wenn eine zahlungspflichtige Partei unvermögend ist, so wird

1) D. h. in dem gewöhnlichen Instanzenzuge (OLG. München vom 2. Mai 1888, GoltdArch. Bd. 37 S. 83), and. Ansicht Jastrow, Handbuch f. amtsrichterl. Geschäfte S. 502. Er meint: „Die Entscheidung erfolge in demjenigen Instanzenzuge, welcher für Ersuchen der Gerichte des eigenen Staates vorgeschrieben ist, so daß § 37 des AGzGVG. mit § 160 des GVG. Anwendung finde". Das Reichsgericht ist in keinem Falle zuständig.

2) Jetzt jeder Deutsche.

3) Für Bayern vgl. den Zusatz zu § 39 in § 6 des Ges. vom 26. April 1871 (BGBl. S. 87).

4) In den Ersuchungsschreiben ist anzugeben, ob eine zahlungspflichtige Partei vorhanden ist (Allg. Verf. vom 17. September 1875, JMBl. S. 210).

die Rechtshilfe kosten- und gebührenfrei geleistet. Es sind jedoch die baren Auslagen, welche durch die Auslieferung oder eine Strafvollstreckung entstehen, den ersuchten Behörden zu erstatten.

§ 44. Wird ein Gesuch um Rechtshilfe an eine nicht zuständige Behörde gerichtet, so hat diese das Gesuch an eine zuständige Behörde abzugeben.

§ 45 betrifft Übergangsvorschriften.

§ 46. Die zwischen einzelnen Bundesstaaten über Leistung der Rechtshilfe abgeschlossenen Verträge bleiben insoweit in Kraft, als sie mit gegenwärtigem Gesetze nicht in Widerspruch stehen[1]).

II. Besondere Gerichte sind folgende:

a) Die nach den Hausgesetzen und anderen Landesgesetzen eingesetzten Gerichte für Rechtsstreitigkeiten gegen die Landesherren und die Mitglieder der landesherrlichen Familien und der fürstlichen Familie Hohenzollern, sowie die Mitglieder des vormaligen Hannoverschen Königshauses, des vormaligen Kurhessischen und des vormaligen Herzoglich Nassauischen Fürstenhauses (§ 5 EGzGVG.), endlich des Holsteinischen Fürstenhauses (Ges. vom 25. März 1904, RGBl. S. 149). Diese Gerichte sind nur zuständig für das Gebiet des betreffenden Staates (RG. 12, 428). Preußen: Rechtsangelegenheiten aller Art (mit Ausnahme des Grundbuchwesens) unter den Mitgliedern des Kgl. Hauses sind der Gerichtsbarkeit der bürgerlichen Gerichte entzogen. Streitigkeiten unter denselben entscheidet der König. Für Klagen Dritter gegen Mitglieder der Kgl. Familie, also auch gegen den König selbst, und gegen Mitglieder der fürstlichen Familie Hohenzollern, ist der persönliche Gerichtsstand bei dem mit dem Kammergerichte verbundenen Geheimen Justizrate. Dieser besteht aus 12 Mitgliedern des bezeichneten Gerichtes, von denen fünf die erste und sieben die zweite Instanz bilden (Ges. vom 26. April 1851, Art. III, GS. S. 171 und § 18 AGzGVG.). Die Gerichtsbarkeit III. Instanz ist gemäß § 2 der Kaiserl. Verordnung vom 26. September 1879 (RGBl. S. 295) dem Reichsgericht übertragen. Vor dem Geheimen Justizrat ist der ausschließlich dringliche Gerichtsstand gegen die Mitglieder der Kgl. Familie nicht gegeben (RG. 41, 387). Eine Widerklage ist nicht statthaft

1) Vgl. die Verträge Preußens im § 2 oben S. 44 ff.

(RG. 66, 232). Bayern: Ges. vom 23. Februar 1879 (GVBl. S. 63) Art. I. Sachsen: Ges. vom 20. August 1879 (GVBl. S. 323). Württemberg: Ges. vom 18. August 1879 (RegBl. S. 173) in der Fassung vom 31. Juli 1899 (RegBl. S. 545) Art. 1, 2; Ges. vom 4. März 1879 (RegBl. S. 50) Art. 1, 2. Hessen: Ges. vom 7. Juni 1879, RegBl. S. 250.

b) Die Austrägalgerichte (§ 7 EGzGVG.). Dieselben haben nur mit Strafsachen zu tun. Nur die Häupter der standesherrlichen Familien, nicht auch die Mitglieder derselben, haben diesen Gerichtsstand in Strafsachen (RGSt. 36, 176). In Preußen ist die Austrägalgerichtsbarkeit geregelt durch § 17 der Instruktion vom 30. Mai 1820 (GS. S. 21).

c) Die agrarischen Gerichte[1]), d. h. solche, welchen die Entscheidung von bürgerlichen Rechtsstreitigkeiten bei der Ablösung von Gerechtigkeiten oder Reallasten, bei Separationen, Konsolidationen, Verkoppelungen, gutsherrlich-bäuerlichen Auseinandersetzungen und dgl. obliegt (§ 14 Nr. 2 GVG.). Dieselben bestehen in Preußen, Königreich Sachsen, Großherzogtum Hessen, Weimar, Meiningen, Altenburg und Anhalt.

In Preußen bestehen die Generalkommissionen als Prozeßgericht I. Instanz, als II. Instanz fungiert das Oberlandeskulturgericht (vgl. Ges. vom 10. Oktober 1899, GS. S. 403). In III. Instanz entscheidet das Reichsgericht laut Kaiserl. Verordnung vom 26. September 1879 (RGBl. S. 287)[2]).

d) Rheinschiffahrtsgerichte[3]). Sie urteilen in Zivilsachen über Klagen wegen Lotsen-, Kran-, Wagen-, Hafen- und Bollwerksgebühren, wegen Hemmung des Leinpfands, wegen Beschädigung des Ufers usw. Vgl. Rev. Rheinschiffahrtsakte vom 17. Oktober 1868 (GS. 69, 814), abgeändert durch Zusatzartikel vom 18. September 1895 (GS. 98, 265) und die Vereinbarung vom 4. Juni 1898 (GS. 1900, 9). Preußen: Amtsgerichte (I) und Oberlandesgericht Köln (II. Inst.); vgl. Ges. vom 8. März 1879 (GS. S. 126), V. vom 1. September 1879 (GS. S. 609); 20. August 1900 (GS. S. 314), 28. September 1905 (GS. S. 371) und 8. Juni 1908 (GS. S. 154). —

---

1) Wegen der Kosten vgl. Allg. Verf. vom 21. Juni 1877; vom 2. Juli 1881 Nr. 4, vom 20. Januar 1881 und vom 16. Januar 1883 Nr. 5 (JMBl. 1877 S. 156, 1881 S. 149 und 64, 1883 S. 12).

2) In Hannover sind die Instanzen: Teilungskommission, Generalkommission, Oberlandeskulturgericht. Vgl. auch § 41 des Gesetzes betr. das Verfahren in Auseinandersetzungssachen vom 10. Oktober 1899 (GS. S. 403).

3) Sie sind aufrecht erhalten, weil sie auf Staatsverträgen mit den Niederlanden beruhen. Vgl. dieses Land unter § 11.

Bayern: Amtsgerichte (I) und Landgericht Frankenthal (II. Inst.). Vgl. Art. 9 des Ges. vom 23. Februar 1879, GVBl. 661. — Baden: Amtsgerichte (I) und Landgericht Mannheim (II. Inst.). V. vom 24. Juni 1879 (GVBl. S. 313). — Hessen: Amtsgericht Mainz (I) und Landgericht Mainz (II. Inst.). V. vom 14. Mai 1879 (RegBl. S. 197) § 4. — Elsaß-Lothringen: Amtsgerichte (I) und Landgericht Straßburg (II. Inst.). Vgl. Art. 2, 3 Ges. vom 21. April 1832 (Bull. d. lois, ser IX no 167) und Verf. vom 21. August 1894 (Samml. d. G. 19, 219).

Als Berufungsinstanz besteht daneben bei einem Streitgegenstande von über 50 Franken wahlweise die Zentralkommission für Rheinschiffahrt in Mannheim (Art. 37, 43 revid. Rheinschiffahrtsakte).

Die einschlägigen Vorschriften sind folgende:

Art. 40 der revidierten Rheinschiffahrtsakte vom 17. Oktober 1868 (GS. 1869 S. 798): „Erkenntnisse und Beschlüsse der Rheinschiffahrtsgerichte eines Uferstaates sollen in jedem anderen Rheinuferstaate unter Beobachtung der in demselben vorgeschriebenen Formen vollstreckbar sein.

In Bezug auf die Zustellung sollen sowohl die gedachten Erkenntnisse und Beschlüsse als Vorladungen und alle sonstigen Verfügungen in den bei den Rheinschiffahrtsgerichten anhängigen Sachen in allen Uferstaaten so angesehen werden, als ob sie von einer Behörde des eigenen Staates erlassen seien.

Vorladungen und Zustellungen an Personen, welche in einem der Rheinuferstaaten einen bekannten Wohnsitz haben, müssen in letzterem bewirkt werden.“

§ 12 des preußischen Gesetzes vom 8. März 1879 (GS. S. 129): „Die Vollstreckung der Erkenntnisse und Beschlüsse außerdeutscher Rheinschiffahrtsgerichte erfolgt auf Grund einer von dem Oberlandesgericht zu Köln mit der Vollstreckungsklausel (§ 662[1]) der Deutschen Zivilprozeßordnung, § 483 der Deutschen Strafprozeßordnung) kostenfrei zu versehenden Ausfertigung.

Erkenntnisse und Beschlüsse Deutscher[2]) Rheinschiffahrtsgerichte werden nach Maßgabe des § 161 des Deutschen Gerichtsverfassungsgesetzes vollstreckt.“

1) Jetzt § 724 ZPO.

2) Nämlich außerpreußischer, für welche es sonst eines Ersuchens nach Maßgabe des Rechtshilfegesetzes vom 21. Juni 1869 bedürfen würde. Abs. 2 bringt dieses Verfahren durch Einführung der unmittelbaren Vollstreckbarkeit in Wegfall. Für preußische Gerichte ist maßgebend § 87 AGzGVG.

e) Elbzollgerichte[1]). Sie haben im wesentlichen dieselbe Zuständigkeit wie die Rheinschiffahrtsgerichte. Vgl. Elbschiffahrtsakte vom 23. Juni 1821 (GS. 22, 20), §§ 46—50 Additionalakte vom 13. April 1844 (GS. S. 468), BGes. vom 11. Juni 1870 (BGBl. S. 416). Preußen: Amtsgerichte (I) und Landgerichte (II. Inst.), § 1 des Ges. vom 9. März 1879 (GS. S. 132). — Sachsen: Amtsgerichte (I) und Landgericht Dresden (II. Inst.) V. vom 8. September 1879 (GVBl. S. 332). — Anhalt: Amtsgerichte (I) und Landgericht Dessau (II. Inst.) Ges. vom 10. Mai 1879 (GS. S. 537). — Mecklenburg-Schwerin: Amtsgerichte (I) und Landgericht Schwerin (II. Inst.), V. vom 17. Mai 1879 (RegBl. S. 131) §§ 47, 49. — Hamburg: Amtsgericht (I) und Landgericht (II. Inst.) Ges. vom 23. April 1879 (GS. Nr. 14) § 65.

§ 50 der Additionalakte zur Elbschiffahrtsakte vom 13. April 1844 (GS. S. 458): „Die Entscheidungen der Elbzollgerichte sind den Beteiligten schriftlich zuzustellen.

Die Rekursnahme gegen dieselben bestimmt sich, nebst den dabei eintretenden Fristen, nach den Landesgesetzen.

Bedarf es zur Vollstreckung einer elbzollgerichtlichen Entscheidung der Requisition einer anderen Gerichts-, Zoll-[2]) oder Polizeibehörde, so ist derselben in allen Elbuferstaaten unweigerlich, jedoch nach den für die requirierte Behörde, der inneren Landesgesetzgebung gemäß, bestehenden Formen zu genügen.

Von jeder wegen Übertretung strom- und schiffahrtspolizeilicher Bestimmungen oder wegen Zollvergehens[2]) erkannten Strafe hat die erkennende Behörde sofort nach Rechtskraft der Entscheidung alle übrigen an der Elbe für diese Gegenstände bestehenden Behörden in Kenntnis zu setzen".

§ 9 des preußischen Gesetzes vom 9. März 1879 (GS. S. 132):

„Die Vollstreckung elbzollgerichtlicher Entscheidungen außerdeutscher Gerichte erfolgt auf Grund einer mit der Vollstreckungsklausel (§ 662[3]) der Deutschen Zivilprozeßordnung, § 483 der Deutschen Strafprozeßordnung) kostenfrei zu versehenden Ausfertigung. Zuständig für die Erteilung der Vollstreckungsklausel ist jedes Landgericht, zu dessen Bezirk ein Elbzollgericht gehört.

1) Aufrechterhalten wegen der Staatsverträge mit Österreich. Siehe dort in § 11.
2) Durch Aufhebung der Elbzölle antiquiert.
3) Jetzt § 724 ZPO.

Die Vollstreckung elbzollgerichtlicher Entscheidungen deutscher[1]) Gerichte erfolgt nach Maßgabe des § 161 des Deutschen Gerichtsverfassungsgesetzes."

f) Innungen und Innungsschiedsgerichte. Vgl. §§ 81 a Ziff. 4, 81 b Ziff. 4, 91 b, 93, 94 GewO. Diesen Gerichten ist auf Grund des Rechtshilfegesetzes vom 21. Juni 1869 Rechtshilfe zu leisten.

g) Wegen der auf Grund der Reichsversicherungsordnung errichteten Arbeiterversicherungsämter usw. sowie des Reichsversicherungsamtes vgl. § 6.

h) Gemeindegerichte (§ 14 Nr. 4 GVG.). Sie bestehen nur in Württemberg (Art. 3—14 Ges. vom 18. März 1879; RegBl. S. 173) und zwar in den sog. Gemeinden I. Klasse mit Zuständigkeit bis zu 50 M., II. Klasse bis zu 40, III. Klasse bis zu 30 M., und in Baden nach Maßgabe der §§ 115—123 Ges. vom 3. März 1879 (GVBl. S. 91) und des Gesetzes vom 14. April 1886 (GVBl. S. 141); vgl. auch Dienstanweisung vom 10. Mai 1886 (GVBl. S. 231).

i) Militärgerichte und Marinegerichte. Die Rechtshilfe zwischen diesen und den ordentlichen Gerichten ist hinsichtlich der Strafsachen der Militärstrafgerichtsordnung vom 28. Dezember 1898 bezw. in dem Einführungsgesetze zu derselben geregelt. Vgl. im übrigen § 4.

k) Die Kriegsgerichte, welche auf Grund des Art. 68 der Reichsverfassung in Verbindung mit dem preußischen Gesetze vom 4. Juni 1851 (GS. S. 451) gebildet werden. Die Zuständigkeit dieser Gerichte erstreckt sich ausschließlich auf Strafsachen.

l) Disziplinargerichte. Vgl. § 8 unter h.

m) Gewerbegerichte[2]). Nach § 61 des GewGG. vom 29. Juli 1890 in der Fassung vom 29. September 1901 (RGBl. S. 353) haben die ordentlichen Gerichte den Gewerbegerichten nach Maßgabe der Bestimmungen des Gerichtsverfassungsgesetzes[3]) Rechtshilfe zu leisten.

Als Berufungs- und Beschwerdegericht für das Gewerbegericht ist das Landgericht, in dessen Bezirk das Gewerbegericht

---

1) Für preußische Gerichte: § 87 AGzGVG.

2) Wegen der Königlichen Gewerbegerichte in der Rheinprovinz vgl. Gesetz vom 11. Juli 1891 (GS. S. 311).

3) Siehe oben S. 4.

seinen Sitz hat, zuständig (§ 55 Abs. 2 a. a. O.)[1]). Bei Ersuchen des Landgerichts ist dieses Gericht den Amtsgerichten seines Bezirkes n i ch t im Instanzenzuge vorgesetzt. Vgl. § 159 Abs. 2 GVG.

Nach § 43 a. a. O. kann seitens des Gewerbegerichtes die Beweisaufnahme nur in den Fällen der §§ 372, 375, 382, 434 und 479 ZPO. mittelst Ersuchen einem Amtsgerichte übertragen werden. Das Amtsgericht ist jedoch zur Leistung der Rechtshilfe nicht schlechthin, sondern nur nach Maßgabe des GVG. verpflichtet.

Gerechtfertigt ist deshalb die Ablehnung der Rechtshilfe seitens des Amtsgerichtes gegenüber dem an demselben Orte befindlichen Gewerbegericht, der Gegenstand der Rechtshilfe kann immer nur eine richterliche Handlung sein, an deren eigener Vornahme der ersuchende Richter verhindert ist, weil ihm die örtliche Zuständigkeit mangelt (§ 167 GVG.). Steht ihm diese Zuständigkeit zur Seite, so fehlt es mit dem Bedürfnisse der Inanspruchnahme fremder Hilfe auch an der objektiven Voraussetzung für dieselbe (OLG. Dresden vom 6. Februar 1899, DJZ. 1900 S. 234). Das ersuchte Amtsgericht darf die Rechtshilfe nicht deshalb ablehnen, weil das an seinem Sitze befindliche Gewerbegericht hätte ersucht werden können, denn das ersuchende Gewerbegericht hat die Wahl, ob es das Amtsgericht oder das Gewerbegericht des Ortes ersuchen will. Der Rechtshilfeverkehr der Gewerbegerichte untereinander regelt sich nach dem Rechtshilfegesetz vom 21. Juni 1869.

Ebenso ist auf Grund dieses Gesetzes seitens der Gewerbegerichte den ordentlichen Gerichten Rechtshilfe zu leisten.

n) K a u f m a n n s g e r i ch t e. Vgl. Gesetz vom 6. Juli 1904 (RGBl. S. 266). Nach § 16 a. a. O. finden die Vorschriften des Gewerbegerichtes bezüglich der Rechtshilfe entsprechende Anwendung. Es sind also die Ausführungen unter m auch hier maßgebend.

---

1) Wegen Vollstreckung der von den Gewerbegerichten auf Grund der §§ 178, 179 und 182 GVG. und §§ 380 und 390 Abs. 5 ZPO. verhängten Haftstrafen vgl. Allg. Verfügung des Justizministers vom 18. Januar 1898 (JMBl. S. 25) und wegen der Haftstrafen der Berggewerbegerichte vgl. Allg. Verfügung vom 21. Mai 1900 (JMBl. S. 426).

§ 4.

Rechtshilfe zwischen den ordentlichen Gerichten und den Militärbehörden[1]).

Die Rechtshilfe zwischen den ordentlichen Gerichten und den Militärgerichten ist durch die Militärstrafgerichtsordnung vom 1. Dezember 1898 RGBl. S. 1189 bezw. des EG. zu derselben (RGBl. 1289) nur bezüglich der Strafgerichtsbarkeit geregelt. In bürgerlichen Rechtsstreitigkeiten bestimmt sich die Rechtshilfe nach den im § 3 abgedruckten Gesetze vom 21. Juni 1869. In Angelegenheiten der freiwilligen Gerichtsbarkeit fehlt es, abgesehen von dem in § 1 erwähnten § 1 des Reichsgesetzes vom 28. Mai 1901 (RGBl. S. 185)[2]) an einer reichsgesetzlichen Vorschrift. Da die Gerichte des Landheeres mit Ausnahme der bayerischen, württembergischen und sächsischen Kontingente als preußische Gerichte (Art. 61 der Reichsverf.) anzusehen sind, so würde auf Grund des § 87 AGzGVG.[3]) eine Rechtshilfepflicht auch bezüglich der freiwilligen Gerichtsbarkeit bestehen; dagegen nicht im Verkehr mit den Gerichten der Marine und der Schutztruppe, da diese „Kaiserliche" sind[4]).

Sofern die Kriegsgerichtsräte und Oberkriegsgerichtsräte für sich allein nicht als „Gerichte" betrachtet werden sollten, empfiehlt es sich, den Gerichtsherrn das Ersuchen unterzeichnen zu lassen.

Für das Gebiet der streitigen Gerichtsbarkeit kommen folgende Bestimmungen in Betracht:

§ 172 ZPO.: „Die Zustellung für einen Unteroffizier[5]) oder einen Gemeinen des aktiven Heeres oder der aktiven Marine[6]) erfolgt an den Chef der zunächst vorgesetzten Kom-

---

1) Vgl. Delius, Rechtshilfe zwischen Zivil- und Militärgerichten im Arch. f. öffentl. Recht (Bd. 9 S. 240). Wegen der Rechtshilfe den Ehrengerichten gegenüber vgl. unten § 8 h 2 und wegen der Rechtshilfe zwischen bayerischen Gerichten und bayerischen Militärgerichten Art. 77 BayAGzGVG. im § 2 S. 49.

2) Auffälligerweise ist eine Rechtshilfepflicht der Gerichte gegenüber den Kriegsgerichtsräten usw. nicht konstituiert. Eine Beistandspflicht der preußischen Gerichte gegenüber preußischen Militärbehörden usw. besteht indes auf Grund der Verordnung vom 3. Januar 1849. Vgl. § 8 unten.

3) Siehe oben S. 44.

4) Dieser Mangel wird in der Praxis wegen der großen Seltenheit der Fälle nicht empfunden.

5) Auch Feldwebel, Wachtmeister usw.

6) Vgl. §§ 4 und 38 RMilG. vom 2. Mai 1874 (RGBl. S. 45) und Anlage des Militärstrafgesetzbuches vom 20. Juni 1872 (RGBl. S. 174 und 204). Die Gendarmerie gehört nicht hierher; wegen Benachrichtigung der vorgesetzten Behörde bei Ladungen von Gendarmen vgl. Verf. vom 29. Juli 1880 (JMBl. S. 186).

mandobehörde (Chef der Kompagnie, Eskadron, Batterie usw.)"[1]).

An Offiziere, desgleichen an alle Militärbeamte, welche nicht zu den Unteroffizieren und Gemeinen bezw. überhaupt nicht zum Soldatenstande gehören, ist direkt zuzustellen, vorbehaltlich der Vorschrift des § 201 ZPO.

§ 201 ZPO.: „Zustellungen an Personen, welche zu einem im Auslande befindlichen oder zu einem mobilen Truppenteile oder zur Besatzung eines in Dienst gestellten Kriegsfahrzeuges gehören, können mittels Ersuchens[2]**) der vorgesetzten Kommandobehörde**[3]**) erfolgen"**[4]).

§ 378 ZPO.: „Die Ladung einer dem aktiven Heere oder der aktiven Marine[5]**) angehörenden Person des Soldatenstandes**[6]**) als Zeuge erfolgt durch Ersuchen der Militärbehörde."**

Auch die zwangsweise Vorführung einer der Ladung nicht Folge leistenden Militärperson des aktiven Heeres oder der Marine erfolgt durch Ersuchen der Militärbehörde (§ 380 Abs. 4 ZPO.)[7]). Auch die Festsetzung und die Vollstreckung der Strafe[8]) gegen derartige Militärpersonen wegen Ungehorsams gegen die Ladung als Zeugen oder Sachverständige, desgleichen wegen unrechtmäßiger Verweigerung des Zeugnisses oder Gutachtens erfolgt gleichfalls auf Ersuchen durch das Militärgericht (§§ 380, 390 und 409 ZPO.). Die Festsetzung der Strafe erfolgt durch den Gerichtsherrn nach Maßgabe des § 97 Abs. 2 der MStGO.;

---

1) Durch die Zustellung an den Chef ist die Zustellung bewirkt. Anders: § 201 ZPO. (im Auslande) und § 378 ZPO. (Ladung als Zeuge). — Die Zustellung kann auch an die betr. Militärperson selbst erfolgen (R. d. OLG. 6, 394).

2) Das Ersuchungsschreiben ist vom Vorsitzenden des Prozeßgerichtes bezw. dem beauftragten oder ersuchten Richter zu erlassen, nicht vom Gerichtsschreiber (vgl. auch JMBl. 1881 S. 257).

3) Vgl. Zentralbl. f. d. Deutsche Reich 1880 Nr. 26 S. 480 und PreußJMBl. 1880 S. 156 und 157.

4) Abweichend von § 172 ZPO. gilt hier die Zustellung nicht schon durch das Ersuchen der Kommandobehörde als bewirkt, sondern erst durch die von ihr zu bewirkende Zustellung an den bezeichneten Empfänger. — Die Vorschrift des § 201 ZPO. ist fakultativ; die Zustellung kann also auch im Inlande nach den allgemeinen Vorschriften und § 172, im Auslande nach § 199 ZPO., soweit tunlich, bewirkt werden.

5) Vgl. Anm. 6 auf S. 78.

6) Zu den Personen des Soldatenstandes gehören die Militärbeamten (wenngleich Militärpersonen) und die Zivilbeamten der Militärverwaltung nicht. Preußische Gendarmen gehören nicht zu den in den §§ 380, 390, 409 ZPO. bezeichneten Personen (RG. 27. Juni 1904, DJZ. S. 1093).

7) Vgl. auch Verordnung vom 13. August 1895 (RGBl. S. 431).

8) Die gegen Militärpersonen auf Grund der §§ 178 ff. GVG. verhängten sitzungspolizeilichen Ordnungsstrafen kann das bürgerliche Gericht direkt vollstrecken; jedoch ist eine Inanspruchnahme der Mitwirkung der Militärbehörde nicht ausgeschlossen. Vgl. Delius, Sitzungspolizeiliche Befugnisse S. 20.

die dem Militärgerichte zugewiesene Vollstreckung auf Anordnung des Gerichtsherrn (§ 19 EGzMStGO. vom 1. Dezember 1898; RGBl. S. 1289).

Die vorgesetzte Militärbehörde ist auch um Vornahme der Handlung zu ersuchen, wenn gegen die genannten Personen Vermögensexekution[1]) in Kasernen oder anderen militärischen Dienstgebäuden oder auf Kriegsfahrzeugen (§ 790 ZPO.) oder die Haft zur Erzwingung des Offenbarungseides oder zur Vornahme einer Handlung gemäß §§ 912, 890 ZPO. vgl. mit § 904 Nr. 2, 905 Nr. 2 vollstreckt werden soll. Vgl. auch §§ 752, 790 und 888 ZPO.

Ist bei einer Zwangsvollstreckung militärische Hilfe erforderlich, so hat sich der Gerichtsvollzieher an das Vollstreckungsgericht (§ 764 ZPO.) zu wenden, welches die Militärbehörde um Hilfeleistung ersucht (§ 758 Abs. 3 ZPO.).

Nach § 360 der MStGO. vom 1. Dezember 1898 (RGBl. 1189) kann das im Deutschen Reiche befindliche Vermögen einer abwesenden Militärperson mit Beschlag belegt werden, der die Beschlagnahme verhängende Beschluß des Militärgerichtes ist derjenigen Behörde mitzuteilen, welche für die Einleitung einer Vormundschaft über Anwesende zuständig ist. Diese Behörde, also regelmäßig das Amtsgericht, hat eine Güterpflege einzuleiten[2]).

In Angelegenheiten der freiwilligen Gerichtsbarkeit finden die Vorschriften der Zivilprozeßordnung über Zustellungen, über den Zeugenbeweis und über den Beweis durch Sachverständige entsprechende Anwendung (§ 25 des Reichsgesetzes über die Angelegenheiten der freiwilligen Gerichtsbarkeit und Art. 1 des PrFGG.).

Sind die Erben eines im aktiven Militärdienste Verstorbenen nicht bekannt, so ist bei dem Amtsgerichte, bei welchem der Verstorbene seinen allgemeinen Gerichtsstand gehabt hat, die Be-

---

1) Der von einem preußischen Amtsgericht als Strafvollstreckungsbehörde an ein elsaß-lothringisches Amtsgericht als Vollstreckungsgericht unter Berufung auf § 790 ZPO. gerichtete Antrag, gegen eine dem aktiven Heere angehörende Person des Soldatenstandes die Geldstrafe, in die sie vom ersuchenden Gericht verurteilt worden, in der Kaserne durch Ersuchen der Militärbehörde vollstrecken zu lassen, ist kein „Ersuchen um Rechtshilfe". Der gegen dessen Ablehnung zustehende Rechtsbehelf ist nicht die Beschwerde an das Oberlandesgericht, sondern gemäß § 793 ZPO. die sofortige Beschwerde an das Landgericht (Kolmar, 26. Januar 1909; R. d. OLG. 18, 379).

2) Vgl. Delius, Beschlagnahme des Vermögens in GoltdArch. f. Strafrecht Bd. 37 S. 118.

stellung eines Nachlaßpflegers zu beantragen und diesen der Nachlaß auszuantworten[1]).

Wegen der Form des Ersuchungsschreibens vgl. S. 181 oben, wegen der Kosten unten § 13.

Von Klagen (Zahlungsbefehlen) und Anträgen auf Leistung des Offenbarungseides gegen aktive Offiziere des Heeres und der Marine ist vom Gericht den Militärvorgesetzten des Offiziers Mitteilung zu machen (Allg. Verf. vom 28. Februar und 24. April 1880, JMBl. S. 41 und 92). Dasselbe gilt für aktive Beamte der Marine (Allg. Verf. vom 23. Juni 1910, JMBl. S. 228).

§ 5.

Rechtshilfe bezw. Beistandsleistung zwischen ordentlichen Gerichten[2]) und Verwaltungsgerichten bezw. Verwaltungsbehörden[3]).

Allgemeines[4]).

Hier ist zu unterscheiden zwischen der Beistandspflicht der Verwaltungsbehörden gegenüber den ordentlichen Gerichten (eine Rechtshilfe im eigentlichen Sinn seitens der Verwaltungsgerichte gegenüber den ordentlichen Gerichten dürfte kaum praktisch werden, sondern nur eine solche, wie unten unter B a angegeben ist) und der Rechtshilfe (Beistandspflicht) der ordentlichen Gerichte gegenüber den Verwaltungsgerichten und Verwaltungsbehörden.

A. Es fehlt an einer reichsgesetzlichen Vorschrift, nach welcher alle deutschen Behörden den Ersuchen der ordentlichen Gerichte stattzugeben haben. Vgl. indes § 7 unten. In der Reichstagskommission war zu § 2 FGG. folgender Antrag gestellt:

„Die Militärbehörden[5]) und die Polizeibehörden sind verpflichtet, den Ersuchen der Gerichte um Ausführung eines Gerichtsbeschlusses Folge zu leisten".

Zur Begründung wurde hervorgehoben, daß gerade auf dem Gebiete des den Gerichten überwiesenen Vormundschafts-

1) Verf. des preuß. Justizministers vom 29. Juli 1890 und Allg. Verf. vom 4. September 1890 (JMBl. S. 240). Siehe auch § 1960 BGB.; §§ 72 ff. FGG., Art. 19 ff. PreußFGG.

2) Für die Sondergerichte (§§ 3 und 4) gilt in der Regel dasselbe, wie bei den ordentlichen Gerichten. Über die Frage der Rechtshilfe, soweit ordentliche Gerichte als Verwaltungsbehörden fungieren s. § 1 B I S. 11 Anm. 1.

3) Dieser Ausdruck ist im weitesten Sinn zu nehmen.

4) Vgl. auch Delius, Rechtshilfe im PreußVerwBl. 32, 509 ff.

5) Vgl. oben § 4.

wesens eine Folgepflicht der übrigen Behörden praktisch durchaus erforderlich sei. Der Antrag wurde zurückgezogen, weil der Bundesratsvertreter das Bedürfnis einer gesetzlichen Regelung der Frage verneinte und hervorhob, daß in denjenigen Fällen, welche zu Nachweisen des Bedürfnisses herbeigezogen seien[1]), im Beschwerdewege Abhilfe geschafft sei, die Befolgung eines gerichtlichen Ersuchens seitens einer Verwaltungsbehörde sei abhängig von dem sachlichen Ermessen derselben, im Falle der Weigerung sei Beschwerde an die Aufsichtsbehörde zulässig[2]).

Diese Erklärung des Regierungsvertreters war nicht zu billigen. Man hätte folgende Bestimmung erlassen sollen:

„Die deutschen Gerichte und deutschen Verwaltungsbehörden einschließlich der Verwaltungsgerichte haben in allen Angelegenheiten des öffentlichen Rechts einander Beistand zu leisten. Die Vorschriften der §§ 159 ff. GVG. finden entsprechende Anwendung, jedoch wird bei Verwaltungsbehörden und Verwaltungsgerichten über die Beschwerde im geordneten Instanzenzuge entschieden".

Die Bundesstaaten sind ungeheuer schwerfällig in der Regelung der Rechtshilfe. Tatsächlich wird Rechtshilfe im weitesten Sinne geleistet, aber eine ausdrückliche gesetzliche Sanktion fehlt. Man darf aber nicht annehmen, daß dann, wenn eine ausdrückliche Vorschrift fehlt, Rechtshilfe nicht geleistet werden dürfe. Wird sie geleistet, dann ist die Sache durchaus in Ordnung; es ist nur mißlich, ohne gesetzliche Vorschrift eine die Rechtshilfe weigernde Behörde zur Leistung derselben im Beschwerdewege anzuweisen.

Die Zulässigkeit der Rechtshilfe zwischen den deutschen Behörden ist meines Erachtens schon in der Einleitung zur Reichsverfassung ausgesprochen, wo es heißt, daß der Bund geschlossen wird „zum Schutze des innerhalb des Bundesgebiets gültigen Rechts". Darin liegt die Übernahme der Verpflichtung, dem Rechte, öffentlichen wie privaten, nicht allein dem gesetzlich ausgesprochenen, sondern auch demjenigen, wie es von den einzelnen Bundesstaatsbehörden in der Entscheidung festgestellt ist, zur Durchführung zu verhelfen, indem jeder Bundesstaat dazu Beistand leistet. Nach Art. 4 Ziff. 11 unterliegt der Beaufsichtigung des Reiches und der Gesetzgebung desselben die Erledigung von Requisitionen überhaupt. Damit ist gesagt, daß

1) Vgl. den stenographischen Bericht über die Reichstagssitzung vom 3. Dezember 1897 S. 22 B.

2) Dieser Rechtszustand kann, namentlich wenn es sich um schleunige Angelegenheiten, z. B. in Vormundschaftssachen, handelt, leicht Mißstände herbeiführen.

die im Prinzip bereits anerkannte Rechtshilfepflicht noch weiter im einzelnen geregelt werden soll. Das Reichsgericht hat in seinem Beschlusse vom 2. Juni 1910 (JW. 1910 S. 717) ausgesprochen: „Abgesehen von der Pflicht zur Rechtshilfe (§§ 157 ff. DeutschGVG.) besteht für die Gerichte auch die allen öffentlichen Behörden obliegende Dienstpflicht, die Erledigung ihrer Amtsgeschäfte sowohl sich wechselseitig als auch den beteiligten Privatpersonen nach Möglichkeit zu erleichtern". Es bleibt zweifelhaft, ob dieser Rechtsgrundsatz für alle deutschen Behörden gelten soll oder nur für diejenigen desselben Bundesstaats. Auch das preußische Obertribunal hat am 12. Februar 1862 (Rechtsgrundsätze, 2, 250) ausgesprochen, daß die preußischen Staatsbehörden sich wechselseitig zur Leistung der ressortmäßigen Hilfe verpflichtet seien, und nach dem Urteil des OVG. vom 6. September 1890 (Entsch. 20, 448) ist die Befugnis, um Hilfeleistung zu ersuchen, und die Pflicht, dem Ersuchen Folge zu leisten, allgemeines Recht.

Man wird diese für einen Einheitsstaat ausgesprochenen Grundsätze aber wohl auf einen Bundesstaat entsprechend anwenden dürfen. Etwas anderes wäre es, wenn das Deutsche Reich noch ein Staatenbund, wie der ehemalige Deutsche Bund, wäre. Es fragt sich nun, ob das Rechtshilfegesetz vom 21. Juni 1869 hier anwendbar ist. Dasselbe regelt die Rechtshilfe der deutschen Gerichte untereinander in bürgerlichen Rechtsstreitigkeiten und in Strafsachen. Wenn nun auch manche bürgerliche Rechtsstreitigkeit auf die Verwaltungsgerichte übertragen ist, so ist damit doch das Gesetz von 1869 nicht für anwendbar erklärt. Im Jahre 1869 war überdies eine Verwaltungsgerichtsbarkeit so gut wie unbekannt. Dagegen wird man die Disziplinarbehörden, soweit sie „Gerichte" sind, unter das Rechtshilfegesetz rechnen müssen. Disziplinarsachen wurden stets analog den Strafsachen behandelt.

Daß das deutsche GVG. nicht ohne weiteres anwendbar ist, ist unbestritten, es bezieht sich nur auf bürgerliche Rechtsstreitigkeiten und Strafsachen und zwar, soweit ordentliche Gerichte in Betracht kommen.

Eine Rechtshilfepflicht zwischen Gerichten und Verwaltungsbehörden (-Gerichten) ist nur in Spezialgesetzen festgelegt.

In Preußen ist eine Beistandspflicht für die preußischen Verwaltungsbehörden gegenüber Ersuchen preußischer Gerichte, auch der Sondergerichte (§§ 3 und 4) in § 39 der Verordnung vom 3. Januar 1849 (GS. S. 1) bestimmt. Vgl. § 8 unter I a.

Wird der Beistand geweigert, so ist Beschwerde im Aufsichtswege zulässig.

Das Gleiche dürfte auch in den übrigen Bundesstaaten zu gelten haben, soweit die Behörden und Gerichte des betr. Bundesstaates in Betracht kommen, und zwar auch dann, wenn eine ausdrückliche Bestimmung fehlt[1]). Zwischen verschiedenen Bundesstaaten ist auch für die Verwaltungsbehörden gegenüber den Gerichten eine Beistandspflicht vertraglich festgelegt. Vgl. § 7 II a.

B. Die Mitwirkung der Gerichte in Verwaltungssachen kann in zwei Formen auftreten, einmal in bloßer geschäftlicher, keine richterlichen Akte enthaltenden Mitwirkung, sodann in der Gewährung der Rechtshilfe durch richterliche Akte (Vernehmung von Zeugen und Sachverständigen, Einnahme des Augenscheins usw.).

a) Die Akte der ersten Gruppe bestehen in Auskunftserteilung, Gestattung der Akteneinsicht, Anzeigen und Mitteilungen und dgl. Bei diesen Akten[2]) handelt es sich lediglich um Unterstützungen im Geschäftsgange. Hier gilt als Grundsatz, daß dem Ersuchen stattgegeben wird, soweit nicht besondere Hinderungsgründe entgegenstehen. Beschwerden der Verwaltungsbehörden wegen Ablehnung von Requisitionen werden deshalb im Aufsichtswege erledigt (§ 85 AGzGVG., vgl. auch KG. 29. Oktober 1883, J. 4, S. 112). Nach § 87 Abs. 2 Preuß. AGzGVG. sind die Oberlandesgerichte zur Entscheidung über Beschwerden anderer als gerichtlicher Behörden wegen einer vom Gerichte verweigerten „Beistandsleistung" berufen. Will man unter „Beistandsleistung" auch die Erledigung der Akten der ersten Gruppe verstehen, so würde durch § 87 Abs. 2 a. a. O. die Dienstaufsichtsbehörde als Beschwerdeinstanz gänzlich eliminiert sein. Dies ist jedoch nicht zutreffend. Der gerichtliche Instanzenzug ist nur gegeben, wenn die Erledigung richterlicher Akte in Frage steht. Die Grenze zwischen beiden Gruppen wird häufig schwer zu ziehen sein. Weigert sich der Amtsrichter, Auskunft zu erteilen, Akten zu übersenden, so entscheidet die Aufsichtsbehörde auch dann, wenn der Amtsrichter rechtliche

---

1) Die Gewalt der Landesverwaltungsbehörden und -Gerichte geht natürlich nicht über das Gebiet des betr. Bundesstaates hinaus. Es ist nicht gestattet, Zeugen oder Sachverständige, welche außerhalb des betr. Bundesstaates wohnen, vorzuladen oder gar Zwangsmaßregeln gegen sie zu ergreifen.

2) Hier ist Rechtshilfe eine gegenseitige.

Gründe vorschützt, z. B. weil er die Maßregel rechtlich nicht für zulässig erachtet. Insbesondere muß der Entscheidung der Aufsichtsbehörde überlassen werden, ob z. B. der Grundbuchrichter im öffentlichen Interesse verbunden ist, Behörden nicht bloß Auskunft über Tatsachen zu geben, sondern ihnen gegenüber auch auf eine mit Verantwortlichkeit verknüpfte Beurteilung grundbuchrechtlicher Verhältnisse sich einzulassen (KG. vom 13. Januar 1902, JMBl. S. 82). Beruht andererseits die Weigerung des Amtsrichters bei Vornahme richterlicher Akten auf geschäftlichen Gründen z. B. weil er keine Zeit zur Bearbeitung habe oder dgl., so wird nicht der gerichtliche Instanzenzug eröffnet, sondern die Aufsichtsbehörde ist Beschwerdeinstanz.

b) Die Akte der zweiten Gruppe[1]) setzen voraus, daß der Verwaltungsbehörde in den Gesetzen[2]) das Recht beigelegt ist, durch ihre Entschließung die Vornahme gewisser rechtlicher Akte anzuordnen und die Gerichte um die Ausführung dieser Anordnung zu ersuchen. Dabei ist nicht entscheidend, ob die Verwaltungsbehörden den Akt auch selbst errichten konnten und nur wegen örtlicher Hindernisse zur Requisition greifen oder ob sie zu letzterer gesetzlich gehalten sind, weil ihnen die Zuständigkeit für die eigene Vornahme des Aktes fehlt. Maßgebend ist dagegen, ob die Verwaltungsbehörde das materielle Bestimmungsrecht über die Vornahme des Aktes hat.

Im allgemeinen ist folgendes zu bemerken:

1. An einer allgemeinen Norm darüber, welche Gerichte die Rechtshilfe gegenüber den Verwaltungsbehörden zu leisten haben, fehlt es. Man wird indessen davon ausgehen dürfen, daß die Gewährung der Rechtshilfe hier etwas Analoges darstellt, wie die Rechtshilfe der Gerichte untereinander und daß deshalb da, wo es an einer besonderen Vorschrift fehlt, der § 158 GVG. bezw. § 87 des AGzGVG. insoweit analog anwendbar erscheint, als die anzuwendende Norm nicht gerade nur für ein g e r i c h t l i c h e s Ersuchen passend erscheint. Danach ist für die Rechtshilfe das Amtsgericht, in dessen Bezirk die Handlung vorgenommen werden soll, zuständig; auf eine Beschwerde über die Ablehnung entscheidet das Oberlandesgericht. So bestimmt es jetzt für Preußen ausdrücklich § 87 Abs. 2 AGzGVG. s. oben

1) Bei dieser Gruppe sind die Gerichte stets die ersuchte Behörde; daß das ordentliche Gericht ein Ersuchen erläßt, dürfte kaum vorkommen.

2) Ist dies nicht der Fall, dann entscheiden über Weigerung der Rechtshilfe usw. nicht die gerichtliche Instanzen, sondern die Aufsichtsbehörden.

S. 44. Für nicht anwendbar ist dagegen die Vorschrift zu erachten, wonach eine Ablehnung des Ersuchens nur bei örtlicher Unzuständigkeit oder bei verbotenen Handlungen erfolgen darf (§ 159 Abs. 2 GVG.). Vielmehr hat das ersuchte Gericht sowohl die Zuständigkeit der ersuchenden Behörde als die gesetzliche Zulässigkeit des Ersuchens, nicht aber (und hierin zeigt sich die Selbständigkeit der Entschließung der Verwaltungsbehörde) die materielle Berechtigung des Ersuchens nach den Umständen des Einzelfalles zu prüfen. Vgl. KG. vom 6. Oktober 1890 (J. Bd. 10 S. 3). Kann die Verwaltungsbehörde bezw. das Verwaltungsgericht die betr. Handlung selbst vornehmen, so ist Rechtshilfe ausgeschlossen. Vgl. OLG. Posen, R. d. OLG. 14, 325. Dies ist z. B. der Fall, wenn Zeugen vernommen werden sollen, welche am Amtssitze der Behörde wohnen. Aus Bequemlichkeit wird häufig unzulässigerweise die lästige Beweisaufnahme auf die Amtsgerichte abgeschoben.

2. Die Frage, welche Personen bei der Beweiserhebung vor dem Amtsgerichte anwesend sein dürfen, richtet sich nach GVG. bezw. der ZPO. und StPO. An Stelle der Parteien treten die an dem Verfahren „Beteiligten". Es steht nichts im Wege auf Antrag der Verwaltungsbehörde auch anderen Personen die Anwesenheit zu gestatten. Handelt es sich um Vernehmung von Zeugen und Sachverständigen, so folgt indessen aus der Verpflichtung der Gerichte zur Rechtshilfe gar nichts für die Entscheidung der Frage, ob gegen den das Zeugnis oder die Beeidigung desselben Weigernden ein Zwang stattzufinden hat. Diese Frage berührt nicht das Verhältnis der Behörden zueinander, sondern das Verhältnis der Staatsgewalt zu den Staatsbürgern. Ob demnach eine Zeugnispflicht besteht, ist betreffs jeder einzelnen Prozedur nach deren speziellen Normen und ihrer Stellung im Rechtssystem zu entscheiden. Mangels einer gesetzlichen Bestimmung ist ein Zwang nicht zulässig. Nulla poena sine lege. Für Preußen bestimmt nun allerdings die nicht im ganzen Umfange der Monarchie geltende Allgemeine Gerichtsordnung vom 6. Juli 1793 im Teil I Titel 10 § 225b (vgl. unten § 9) eine Pflicht zur Zeugnisablegung bei Ersuchen ausländischer, also auch außerpreußischer deutscher, Gerichte. Allein jene Vorschrift bezieht sich, da man ein Verwaltungsstreitverfahren damals noch nicht kannte, nur auf die ordentliche streitige und freiwillige Gerichtsbarkeit. Es erscheint nicht zulässig, sie auf öffentlich-rechtliche Angelegenheiten auszudehnen. Weigern sich also die Zeugen, so kann das Rechtshilfeersuchen nicht erledigt

werden[1]). Man wird aber annehmen dürfen, daß überall da, wo die Rechtshilfepflicht gesetzlich bestimmt ist, auch der Zwang gegen Zeugen usw. Platz zu greifen hat, denn wem die Gesetze ein Recht geben, dem bewilligen sie auch die Mittel, ohne welche dasselbe nicht ausgeübt werden kann (§ 89 EzALR.). Beruht die Leistung der Rechtshilfe nicht auf Gesetz, sondern nur auf einem Brauch, so ist Zeugenzwang unzulässig. Es wird der Eid in derjenigen Norm geleistet, wie ihn die Reichsprozeßordnungen vorschreiben, jedoch ist es unbedenklich, Wünschen der ersuchenden Behörde nach dieser Richtung hin Rechnung zu tragen, sofern nicht direkte Verbotsgesetze entgegenstehen.

3. Wenn danach ein Zeugniszwang an sich gerechtfertigt ist, im Einzelfalle aber Zeugnisweigerungsgründe vorgebracht werden, so läßt sich eine allgemeine Norm dafür nicht geben, ob die Entscheidung über die Weigerungsgründe der ersuchenden Behörde oder dem Gerichte zusteht. Es ist vielmehr, wo nicht besondere Bestimmungen vorhanden sind, nach der Struktur des der Verwaltungsbehörde übertragenen Verfahrens zu prüfen, ob die causae cognitio der Verwaltungsbehörde sich auch auf die Berechtigung der Zeugnisweigerung zu erstrecken hat. Ist dies nicht der Fall, so entscheidet über die Weigerung das Amtsgericht, gegen dessen Entschließung nicht die Beschwerde nach § 160 GVG., sondern die allgemeine Beschwerde an das vorgesetzte Landgericht bezw. Oberlandesgericht gegeben ist. Letzteres entscheidet rechtskräftig. Die Zulässigkeit der Beschwerde richtet sich nach der ZPO. (§§ 568 ff.). Nur in Disziplinarsachen ist die Strafprozeßordnung maßgebend. Hier entscheidet gemäß § 452 StPO. das Landgericht endgültig. Als Zeugnis-Weigerungsgründe sind in der Regel die nach der ZPO. oder StPO. gestatteten zuzulassen; es sind aber auch die in den betreffenden Spezialgesetzen enthaltenen zu berücksichtigen. Vgl. auch unten § 9 III. Die Zeugen haben Anspruch auf Gebühren.

Die Zwangsstrafen gegen Zeugen werden vom Amtsgericht von Amts wegen zur Anwendung gebracht, ohne daß es eines besonderen Antrags der ersuchenden Behörde bedarf. Die Geldstrafen fließen in die Justizkasse, dagegen hat der Justizfiskus auch die durch Vollstreckung der Haftstrafen entstehenden Kosten

---

1) Stein, ZPO. S. 21 hält im Gegensatz zur herrschenden Meinung sogar bei Ersuchen ausländischer Gerichte, wenn kein Staatsvertrag besteht, den Zeugniszwang ohne weiteres für gegeben, weil der Amtsrichter kraft seiner Gerichtsgewalt dazu ermächtigt sei. Er muß also dasselbe bei Ersuchen inländischer Verwaltungsbehörden annehmen. Dem kann jedoch nicht beigetreten werden. Vgl. auch unten § 9.

zu tragen, und zwar auch dann, wenn die Auslagen von der ersuchenden Behörde zu tragen sind. Wollte man mit den letzteren die ersuchende Behörde belasten, so müßte man ihr folgerichtig auch die Geldstrafen geben nach dem Satze, wer die Lasten trägt, bekommt auch die Vorteile. Allein das ist hier nicht angängig. Sollen etwa auch die Ordnungsstrafen wegen Ungebühr in der Sitzung der ersuchenden Verwaltungsbehörde zufallen? Der Zeugniszwang und die Sitzungspolizei wird von dem ersuchten Gericht im Interesse der Justizhoheit ausgeübt; diese Tätigkeit hat mit der Rechtshilfe an sich nichts zu tun.

4. Zur Rechtshilfe sind auch die Fälle zu rechnen, in welchen die Verwaltungsbehörden zwar die Zeugenvernehmung selbständig dirigieren, indessen gehalten sind, Zwangsmaßregeln, namentlich Strafen gegen Zeugen, bei den Gerichten nachzusuchen. Die Gerichte haben in solchen Fällen über das Vorliegen eines subjektiven Verschuldens des Zeugen überhaupt, sowie über die Höhe der festzusetzenden Strafe selbständig zu befinden und können zu diesem Zwecke die Akten der Verwaltungsbehörde einfordern, im übrigen aber, namentlich was die Zeugenpflicht betrifft, sind sie an das Ersuchen gebunden. Über die Anfechtung der Entscheidung gilt das unter Nr. 3 Bemerkte.

Wegen der Form der Ersuchungsschreiben vgl. oben S. 14 und wegen der Kosten § 13 unten.

Ein direkter schriftlicher Verkehr der Gerichte mit den preußischen Ministerien, den Zentralbehörden des Reiches oder eines Bundesstaates soll in der Regel unterbleiben, es ist diesfalls die Vermittelung des Justizministers nachzusuchen (Müller S. 1081).

§ 6.

Rechtshilfe bezw. Beistandsleistung deutscher Gerichte gegenüber Reichsverwaltungsbehörden bezw. Reichsverwaltungsgerichten.

I. Allgemeines. Grundsätzlich ist davon auszugehen, daß wenn die Gerichte durch Reichsgesetz zur Rechtshilfe bezw. Beistandsleistung verpflichtet sind, die Rechshilfe nach Maßgabe der Vorschriften der §§ 159 ff. GVG. zu gewähren ist mangels besonderer Ausführungsbestimmungen (RG. 64, 179)[1].

Der preußische Justizminister scheint zu meinen (vgl. Verfügungen vom 1. November 1887 und 18. August 1891), daß die

---

1) Vgl. auch BayerObLG. (Recht 14 Nr. 2064).

Dienstaufsichtsbeschwerde Platz greife. Ebenso OLG. Naumburg vom 17. Januar 1906, R. d. OLG. 12, 185. Das ist aber nur zutreffend für die erste Gruppe. (§ 5 B S. 84). Vgl. auch OLG. Breslau, R. d. OLG. 12, 186 und 13, 3.

Eine Beschwerde an das Reichsgericht ist in diesen Fällen nicht gegeben. Das Reichsgericht selbst ist nicht konsequent. Beim Patentamt nimmt es an, daß die Beschwerde gegen die Rechtshilfe für unzulässig erklärende Entscheidungen des Oberlandesgerichts an das Reichsgericht zulässig sei (RG. 33, 423; 61, 179), während es bei Berufsgenossenschaften das Gegenteil vertritt (JW. 1896 S. 145).

Für die preußischen Gerichte ist bezüglich der Rechtshilfe (vgl. oben § 5) gegenüber Reichs-Verwaltungsbehörden, soweit sie in Preußen ihren Sitz haben, die in § 8 abgedruckte Verordnung vom 2. Januar 1849 § 38 in erster Linie maßgebend, da diese infolge der Gründung des Reiches an Stelle preußischer Behörden getreten sind.

Der Instanzenzug bei der Beschwerde ist im § 87 AGzGVG. (siehe oben S. 44) geregelt.

Wo eine gesetzliche Vorschrift über die Rechtshilfe fehlt, da wird man mit dem Reichsgericht (Beschluß vom 2. Januar 1910, JW. S. 177) annehmen müssen, daß öffentliche Behörden im deutschen Reich sich gegenseitig zu unterstützen haben[1]). Natürlich greift bei Weigerung der Rechtshilfe oder Beistandsleistung nicht die Beschwerde gemäß §§ 157 ff. GVG. Platz, sondern die Dienstaufsichtsbeschwerde[2]). Wegen der Frage, ob gegen Zeugen die Zwangsstrafen anzuwenden sind, siehe § 5 B b. 2. 3.

II. Die einzelnen Behörden usw.

1. Die Seeämter[3]) und das Oberseeamt.

Nach § 20 des Reichsgesetzes betr. die Untersuchung von Seeunfällen vom 27. Juni 1877 (RGBl. S. 549) sind die Gerichte[4]) und die im § 24 genannten Behörden innerhalb ihrer Zuständigkeit Anträgen des Seeamtes zu entsprechen verpflichtet. Diese Bestimmung findet gemäß § 30 a. a. O. auf Anträge des Oberseeamtes Anwendung.

1) Irrig ist die Ansicht Hartmanns im PreußVerwBl. 31, 78, daß man beim Fehlen gesetzlicher Vorschriften sogar die Berechtigung zur Leistung der Rechtshilfe in Zweifel ziehen müsse.

2) Die Aufsichtsbehörde wird zur Gewährung anweisen, wenn diese aus allgemeinen Rücksichten, z. B. in der Erwartung der Gegenseitigkeit oder im sachlichen Interesse angezeigt erscheint.

3) Wegen der den Seeämtern zu machenden Mitteilungen vgl. Allg. Verf. vom 27. Januar 1893 (JMBl. S. 45).

4) Das örtlich zuständige Amtsgericht.

Der § 19 des Gesetzes vom 27. Juni 1877 bestimmt:

„Soweit dieses Gesetz nicht abweichende Bestimmungen enthält, finden auf das Verfahren die Bestimmungen des GVG. Titel 15 und 16[1]) und der Strafprozeßordnung Buch 1, Abschnitt 3, 6 und 7[2]) entsprechende Anwendung.

Die Festsetzung und Vollstreckung von Strafen gegen Zeugen und Sachverständige, sowie die Vorführung eines nicht erschienenen Zeugen erfolgen auf Ersuchen durch das zuständige Gericht[3]). Anordnung der Haft zur Erzwingung eines Zeugnisses findet nicht statt.“

Nach §§ 18 bezw. 30 a. a. O. ist das Seeamt bezw. Oberseeamt befugt, Beweis durch Einnahme des Augenscheines zu erheben, Zeugen und Sachverständige zu laden und dieselben eidlich zu vernehmen.

„Der Schiffer und der Steuermann des Schiffes, dessen Unfall der Gegenstand der Untersuchung bildet, sind als Zeugen nur auf Beschluß des Seeamtes zu beeidigen[4]) (§ 22 a. a. O.).

2. Kanalamt für den Kaiser Wilhelmskanal. (Gesetz vom 20. Juni 1899, RGBl. S. 315.) Im § 10 ist die Rechtshilfe in Strafsachen geregelt.

§ 14: „Die Vorschriften des Gesetzes über den Beistand bei Einziehung von Abgaben und Vollstreckung von Vermögensstrafen vom 9. Januar 1895 (RGBl. S. 256) — siehe unten § 7 — finden auf die Beitreibung der Kanalgebühren und die Durchführung des Verwaltungsstrafverfahrens wegen Zuwiderhandlungen gegen § 8 entsprechende Anwendung.“

3. Seemannsämter. Der § 125 der Seemannsordnung vom 2. Juni 1902 (RGBl. S. 175) regelt nur die Rechtshilfe in Strafsachen.

4. Reichspost. Der § 38 RPostG. vom 28. Oktober 1871 regelt nur die Rechtshilfe in Strafsachen. Der Artikel 2 Abs. 2 des Gesetzes vom 20. Dezember 1899 (RGBl. S. 715) betr. Entschädigung der Privatpostanstalten ist obsolet.

Von Klagen gegen Post- und Telegraphenbeamte ist der Oberpostdirektion Mitteilung zu machen (Allg. Verf. vom 31. Oktober 1894, JMBl. S. 306 und 7. Mai 1901, JMBl. S. 115).

---

1) Nicht Titel 13 über die Rechtshilfe.
2) Abschnitte 6 und 7 betreffen Zeugen und Sachverständige.
3) Das örtlich zuständige Amtsgericht.
4) Dies ist auch für den ersuchten Richter maßgebend.

5. Reichs-Patentamt.

§ 32 des Patentgesetzes vom 7. April 1891 (RGBl. S. 79) bestimmt:

„Die Gerichte sind verpflichtet, dem Patentamt[1]) Rechtshilfe zu leisten. Die Festsetzung einer Strafe gegen Zeugen und Sachverständige, welche nicht erscheinen[2]), oder ihre Aussage oder deren Beeidigung verweigern, sowie die Vorführung eines nicht erschienenen Zeugen erfolgt auf Ersuchen durch die Gerichte[3]).“

Das Reichsgericht (Beschluß vom 19. September 1894, Entsch. in Zivils. Bd. 33 S. 423) führt aus: „Eine Einschränkung der Pflicht zur Rechtshilfe auf Beweiserhebungen ist im Gesetze nicht gemacht. Die Amtsgerichte müssen im Wege der Rechtshilfe z. B. die Vollstreckungsklausel für die vom Patentamt und Reichsgericht erlassenen Kostenfestsetzungsbeschlüsse erteilen[4]). Auf die Rechtshilfe finden die §§ 157 ff. GVG. entsprechende Anwendung[5]). Gegen den ablehnenden Beschluß des Oberlandesgerichtes ist die Beschwerde beim Reichsgericht stets zulässig, da das Patentamt eine Reichsbehörde und den Oberlandesgerichten der Bundesstaaten nicht unterstellt, also eine analoge Anwendung des § 160 GVG., inhalts welcher die Entscheidung des Oberlandesgerichtes nur angegriffen werden kann, wenn ersuchendes und ersuchtes Gericht verschiedenen Oberlandesgerichtsbezirken angehören, nicht statthaft ist[6]). Diese Ansicht wird vom Reichsgericht im Beschluß vom 11. Oktober 1906 (Entsch. 64, 178) aufrecht erhalten.

Diese Entscheidungen stehen im Widerspruch mit der bisherigen Judikatur des Reichsgerichtes und sind nicht zu billigen. Es finden vielmehr diejenigen Grundsätze Anwendung, welche weiter unten für Ersuchen der auf Grund der Unfallversicherungs- usw. Gesetze errichteten Behörden entwickelt sind (s. unten Nr. 8).

1) In allen bei demselben schwebenden Prozeduren (Erteilungs-, Nichtigkeits- und Zurücknahmeverfahren).

2) Vor dem Patentamt, welches zur Zeugenvernehmung befugt ist (§§ 25, 26 und 30 des Patentgesetzes) oder dem ersuchten Richter.

3) D. i. das örtlich zuständige Amtsgericht.

4) Zuständig ist das Vollstreckungsgericht gemäß § 764 Abs. 2 ZPO. (RG. 64, 180).

5) Jastrow, Handbuch für amtsrichterliche Geschäfte, S. 524, meint, die Leistung der Rechtshilfe erfolge nach Maßgabe des Landesrechtes.

6) Auch in diesem Punkte ist das Reichsgericht (Urteil vom 7. Februar 1896, Böhm, Zeitschr. Bd. 7 S. 270) anderer Meinung mit der Ausführung, daß einer fremden Behörde kein besseres Beschwerderecht zustehen könne, als einem Gerichte.

Für Preußen kommt § 87 Abs. 2 AGzBGB.[1]) zur Anwendung, da das Ersuchen des Patentamtes als eine Bitte um „Beistandsleistung" aufzufassen ist. Vgl. aber die Ausführungen oben im § 5.

Wegen der Verpflichtung der Gerichte zur Mitteilung gerichtlicher Entscheidungen in Patentfragen usw. an das Patentamt vgl. die Allg. Verf. vom 27. Oktober 1877 S. 222, 4. Januar 1889 S. 7, 8. März 1893 (JMBl. S. 69) und 3. November 1894 (JMBl. S. 308).

6. Kaiserliches Aufsichtsamt für Privatversicherung.

§ 79 des Gesetzes über die privaten Versicherungsunternehmungen vom 12. Mai 1901 (RGBl. S. 139):

Die Gerichte und sonstigen öffentlichen Behörden sind verpflichtet, den im Vollzuge dieses Gesetzes an sie ergehenden Ersuchen des Amtes zu entsprechen. Die Ersuchen um eidliche Vernehmungen sind an die zur eidlichen Abhörung von Zeugen und Sachverständigen zuständigen Landesbehörden zu richten. Als Kosten der Rechtshilfe sind der ersuchten Behörde die in § 79 Gerichtskostengesetzes bezeichneten baren Auslagen zu erstatten."

Das Amt kann jeden ihm erforderlich erscheinenden Beweis erheben, insbesondere Zeugen und Sachverständige, auch eidlich, vernehmen oder vernehmen lassen (§ 78 a. a. O.).

Wegen Mitteilung gerichtlicher Entscheidungen an das Amt vgl. Allg. Verf. vom 15. Mai 1903 (JMBl. S. 102).

7. Bundesamt für Heimatwesen. Armenstreitsachen[2]).

a) Gesetz über den Unterstützungswohnsitz vom 30. Mai 1908 (das alte Gesetz datierte vom 6. Juni 1870) (RGBl. S. 380) bestimmt:

§ 39. „Die zur Entscheidung (nämlich über Streitigkeiten der Armenverbände untereinander) zuständigen Landesbehörden[3]) sind befugt, Untersuchungen an Ort und Stelle zu veranlassen, Zeugen und Sachverständige zu laden und eidlich zu vernehmen, überhaupt den angetretenen Beweis in vollem Umfange zu erheben.

---

1) Siehe oben S. 44.

2) Vgl. wegen Bayerns unten § 7 I a.

3) In Preußen sind dies die Bezirksausschüsse (Ges. vom 30. Juli 1883, § 7 Abs. 3; Zuständigkeitsgesetz vom 1. August 1883, § 39).

§ 49. Erachtet das Bundesamt[1]) vor Fällung der Entscheidung noch eine Aufklärung über das Sach- und Rechtsverhältnis für nötig, so ist dieselbe unter Vermittelung der zuständigen Landesbehörde[2]) vorzunehmen."

b) Gesetz, betr. die Ausführung des Bundesgesetzes über den Unterstützungswohnsitz vom 8. März 1871 (GS. S. 130).

§ 49. **„Die Deputation für das Heimatwesen[3]) ist befugt, Untersuchungen an Ort und Stelle zu veranlassen, Zeugen und Sachverständige zu laden und eidlich zu vernehmen, überhaupt den angetretenen Beweis in vollem Umfange zu erheben[4]).**

Hinsichtlich der Verpflichtung, sich als Zeuge oder Sachverständiger vernehmen zu lassen, kommen die entsprechenden Bestimmungen der bürgerlichen Prozeßgesetze zur Anwendung. Die Deputation erkennt auf die im Ungehorsamsfalle zu verhängenden Strafen[5]), vorbehaltlich des innerhalb vierzehn Tagen nach Zustellung des Strafbescheides zulässigen Rekurses an das Bundesamt für das Heimatwesen."

8. Die Reichsversicherungsordnung[6]) vom 19. Juli 1911 (RGBl. S. 509 bestimmt:

a) Rechtshilfe überhaupt.

§ 115. „Die öffentlichen Behörden sind verpflichtet, den im Vollzuge dieses Gesetzes an sie ergehenden Ersuchen der Versicherungs- und anderen öffentlichen Behörden, sowie der Organe der Versicherungsträger zu entsprechen, insbesondere vollstreckbare Entscheidungen zu vollstrecken.

Überwachungshandlungen der in § 347 Abs. 4, § 404 Abs. 3, §§ 888, 1465, 1470 bezeichneten Art können nur unter den dort genannten Voraussetzungen verlangt werden.

---

1) D. i. das Bundesamt für das Heimatwesen, welches die Behörde zweiter Instanz für Streitigkeiten der Armenverbände darstellt. Gesetz vom 30. Mai 1908, §§ 41, 52 und Gesetz vom 8. März 1871, § 57.

2) Hierunter ist diejenige zu verstehen, welche auch in erster Instanz die Rechtshilfe zu gewähren hätte. Diese kann wieder andere Behörden um Rechtshilfe ersuchen.

3) An deren Stelle ist jetzt der Bezirksausschuß getreten. Landesverwaltungsgesetz vom 30. Juli 1883, § 7 Abs. 3.

4) Auch die ordentlichen Gerichte werden Rechtshilfe leisten müssen. Vgl. § 8 unter „Verwaltungsgerichte"; anderer Ansicht Jastrow, Handbuch für amtsrichterliche Geschäfte S. 524 ff.

5) und hat danach auch die Entscheidung über die Weigerungsgründe.

6) Die bisherigen Vorschriften enthielten das Gewerbeunfallversicherungsgesetz § 144, das Invalidenversicherungsgesetz § 172, das Unfallversicherungsgesetz für Land- und Forstwirtschaft § 154, das Bauunfallversicherungsgesetz § 45 und das Seeunfallversicherungsgesetz § 141. Vgl. wegen der Pflicht der Gerichte als Schiffsregisterbehörden von Änderungen und Löschungen im Schiffsregister dem Genossenschaftsvorstande der Unfallversicherung der Seeleute Mitteilung zu machen, § 62 das Gesetz vom 30. Juli 1900 (RGBl. S. 716) und Verf. vom 29. Mai 1888 I 1348, sowie wegen Anzeige von Seeunfällen die §§ 1753 ff., 1763, 1764 RVO.

§ 116. Diese Rechtshilfe haben auch die Organe der Versicherungsträger einander, sowie den Behörden und Armenverbänden zu leisten.

§ 117. Tagegelder Reisekosten, Gebühren für Zeugen und Sachverständige und alle anderen baren Auslagen[1]), die aus der Rechtshilfe erwachsen, werden von den Versicherungsträgern als eigene Verwaltungskosten erstattet.

1. Träger der Reichsversicherung sind, soweit dieses Gesetz nichts anderes vorschreibt,

für die Krankenversicherung die Krankenkassen,
für die Unfallversicherung die Berufsgenossenschaften,
für die Invaliden- und Hinterbliebenenversicherung die Versicherungsanstalten. Vgl. § 3 RVO.

Die öffentlichen Behörden der Reichsversicherung sind:
die Versicherungsämter (§§ 36—60),
die Oberversicherungsämter (§§ 61—82),
das Reichsversicherungsamt und die Landesversicherungsämter (§§ 83—109). Vgl. § 35 RVO. Die §§ 115—117 finden auf die Sonderanstalten entsprechende Anwendung (§ 1372).

Zu den „öffentlichen Behörden" gehören zweifellos auch die Gerichte. Unter diesen kommen vorzugsweise die Amtsgerichte in Betracht, welchen ja die Beweiserhebung obliegt. Es ist bestritten, ob bei Weigerung des Amtsgerichtes, dem Ersuchen nachzukommen, die Dienstaufsichtsbehörde oder die gerichtlichen Instanzen in analoger Anwendung des § 159 GVG. zur Entscheidung berufen sind. Der ersteren Ansicht ist der preußische Justizminister in seinen Verfügungen vom 1. November 1887 I 4245 und vom 18. August 1891 I 3238 bei Müller S. 1483.

---

1) Hierunter fallen im allgemeinen alle sonstigen Beträge, welche aus Anlaß der Rechtshilfeleistung aus preußischem Justizfonds tatsächlich verauslagt werden. Schreibgebühren sind, soweit solche überhaupt zu erheben sind, nach dem durch § 80 DeutschGVG. bestimmten Satze zu erheben. Soweit seitens der Gerichte bei Erfüllung der Rechtshilfepflicht die Tätigkeit der Gerichtsvollzieher und Hilfsgerichtsvollzieher in Anspruch genommen wird, sind die Beträge, welche den Gerichtsvollziehern und Hilfsgerichtsvollziehern gemäß § 24 Abs. 2 Satz 1 oder welche den mit der Wahrnehmung einzelner Gerichtsvollziehergeschäfte beauftragten Personen gemäß § 40 der GVollzO. vergütet werden, als erstattungspflichtig in Rechnung zu stellen. Dies gilt auch bei Ersuchen des Reichsversicherungsamtes oder eines Landesversicherungsamtes (Allg. Verf. des preußischen Justizministers vom 27. November 1893, JMBl. S. 342). Vgl. auch § 12 Nr. 11 B. c der Kassenordnung vom 28. März 1907 (JMBl. S. 127). Der Stempel für Prozeßvollmachten der Berufsgenossenschaften, wenn er als Gerichtsgebühr eingezogen wird, ist ebenfalls zu erstatten (RGZ. I a 19. Februar 1909, Joh. 39 B 105). Wegen der Berechnung der bei preußischen Gerichten erwachsenen Rechtshilfekosten, vgl. die in Übereinstimmung mit dem Reichskanzler erlassene Allg. Verfügung des preußischen Justizministers vom 27. November 1893 (JMBl. S. 342).

Der letzteren Meinung ist das OLG. Köln (Urt. vom 6. April 1896, Böhm, Zeitschr. Bd. 7 S 52), auch neigt das Reichsgericht (Entsch.ZS. Bd. 33 S. 423) ihr zu. Eine Mittelmeinung vertritt Jastrow, Handbuch für amtsrichterliche Geschäfte S. 519, er hält die Aufsichtsinstanz nur in dem Falle für berufen, wenn die Weigerung des Amtsgerichtes sich auf rein geschäftliche Gründe stützt, zu welchen auch derjenige gehört, daß das Gericht sich zwar für berechtigt, aber nicht für verpflichtet hält, das Ersuchen zu erledigen, und meint, daß wenn das Amtsgericht aus sachlichen, im Inhalt des Ersuchens liegenden Gründen sich behindert sehe, die nachgesuchte Handlung vorzunehmen, das Bedenken des Gerichtes durch eine Entscheidung der Aufsichtsbehörde nicht gehoben werden könne, hier vielmehr eine Entscheidung der vorgesetzten gerichtlichen Instanz einzutreten habe. Vgl. KG. 6. Oktober 1890 (Johow Bd. 10 S. 3 ff.).

Man wird unterscheiden müssen, ob das Ersuchen einen Akt der Gruppe a oder b (vgl. oben § 5 S. 84) betrifft, und danach das Gericht oder die Aufsichtsbehörde als Beschwerdeinstanz anzunehmen haben.

Für Preußen ist bezüglich der in Preußen ihren Sitz habenden Behörden die Streitfrage insoweit durch § 87 Abs. 2 AGzGVG. [1]) erledigt, als die Erledigung richterlicher Akte in Frage kommt (vgl. oben § 5). Das Ersuchen der Sektionsvorstände usw. charakterisiert sich als ein Ersuchen um „Beistandsleistung". Im Falle der Weigerung ist also das Oberlandesgericht zur Entscheidung berufen.

Das Reichsgericht hat seine Zuständigkeit ein für allemal verneint, weil im § 157 GVG. nur diejenige Rechtshilfe geregelt sei, welche sich die Gerichte gegenseitig in bürgerlichen Rechtsstreitigkeiten und Strafsachen zu leisten haben (Urteil vom 7. Februar 1896, Böhm, Zeitschrift Bd. 7 S. 286 und Jur. Zeitschrift für Elsaß-Lothringen, 21. Jahrg. S. 289) [2]).

Der § 115 findet auch in dem Falle Anwendung, wenn von dem Vorstande einer Berufsgenossenschaft usw. die Mitwirkung des Gerichts zum Zwecke der Abnahme und Erzwingung des Offenbarungseides gemäß § 21 der Verordnung vom 15. November 1899 (GS. S. 545) in Anspruch genommen wird.

---

1) Siehe oben S. 44.

2) Vgl. RG. vom 12. Juli 1887, 21. Oktober 1889 und 9. Dezember 1889, Rechtspr. Bd. 9 S. 448, Entsch. in Str. Bd. 19 S. 438 und Bd. 20 S. 101. Anderer Ansicht RGZ. Bd. 33 S. 423.

Der Antrag ist beim Amtsgericht von dem Genossenschaftsvorstande usw. zu stellen und zwar unter Führung des Nachweises der fruchtlosen Pfändung. Es liegt dem Vorstand aber nicht ob, noch einen besonderen Nachweis dafür, daß seine Angaben über den Beitrag richtig sind, oder eine vollstreckbare Ausfertigung eines Auszuges aus der Heberolle beizubringen oder die Zustellung desselben nachzuweisen (KG. VI. Zivils. 8. November 1907).

Zwangshypothek für Berufsgenossenschaftsbeiträge (rückständige und Vorschüsse). Nach § 51 der Verordnung betr. das Verwaltungszwangsverfahren vom 15. November 1899 kann eine Sicherungshypothek nur für eine die Summe von 300 Mark übersteigende Forderung eingetragen werden (§ 866 ZPO.). Es ist nur die Zusammenrechnung von mehreren in demselben Schuldtitel vereinigten Forderungen zulässig, nicht aber die Zusammenrechnung mehrerer durch verschiedene Schuldtitel vollstreckbar gewordener, in einem Eintragungsantrage verbundener Forderungen. Vgl. RG. 48, 242, KG. in Johow 33 A 301. Für die Beitreibung von rückständigen Berufsgenossenschaftsbeiträgen wird der Schuldtitel nicht durch den Vollstreckungsantrag der um Einziehung ersuchten Gemeindekasse beim Grundbuchamt, sondern durch die in der vierteljährlich aufzustellenden Heberolle erfolgte Festsetzung von seiten des Berufsgenossenschaftsvorstandes gebildet. Die einzelnen unter 300 Mark betragenden Rückstände aus mehreren Heberollen dürfen nicht zusammengezählt werden. Vgl. § 103 GewUVG. und §§ 27, 28, 39 BauUVG. Bei Vorschüssen auf die Berufsgenossenschaftsbeiträge wird der Schuldtitel hinsichtlich der Mitglieder, welche schon im letzten vergangenen Rechnungsjahre der Berufsgenossenschaft angehört haben, gebildet durch die statutarische Bestimmung über die Bezahlung der Vorschüsse in Verbindung mit dem für das letztvergangene Rechnungsjahr ausgestellten Heberollenauszuge (§ 32 GewUVG.). Der Schuldtitel bezieht sich auf die Vorschüsse des ganzen Rechnungsjahres, gleichviel ob die Vorschüsse vierteljährlich oder halbjährlich zu zahlen sind. Hinsichtlich der neueintretenden Mitglieder wird der Schuldtitel gebildet durch die Festsetzung der Höhe des Vorschusses seitens des dazu bestimmten Genossenschaftsorgans und die Mitteilung der Festsetzung an das Mitglied (KGZ. S. 1a 23. August und 6. Dezember 1909, X. 270/09 und 426/09).

Für die im Verwaltungszwangsverfahren erfolgende Eintragung einer Sicherungshypothek wegen rückständiger Unfallversicherungsbeiträge ist eine Gerichtsgebühr nicht in Ansatz zu bringen (KGJ. 1a, 28. Januar 1910, X 44/10.)

b) Rechtshilfe bei Beweisaufnahme.

§ 1571. Hält der Versicherungsträger die Sache nicht für genügend aufgeklärt, so hat er, vorbehaltlich des § 1572, weitere Ermittelungen anzustellen.

Sollen Zeugen oder Sachverständige im Wege der Rechtshilfe eidlich vernommen werden, so soll das Versicherungsamt ersucht werden. Unterliegt die Beweisaufnahme vor dem Versicherungsamt erheblichen Schwierigkeiten, insbesondere wegen großer Entfernung des Aufenthalts des Zeugen von dem Sitze des Versicherungsamtes, oder ist Gefahr im Verzuge, so kann auch das Amtsgericht ersucht werden.

Um eidliche Vernehmung eines Zeugen oder Sachverständigen darf der Versicherungsträger nur ersuchen, wenn er die Vereidigung für notwendig hält, um eine wahre Aussage herbeizuführen[1]).

Wird das Ersuchen um eine Beweisaufnahme von dem Amtsgericht abgelehnt, so entscheidet das Oberlandesgericht endgültig.

§ 1574. Die Vorschriften der Zivilprozeßordnung über die Pflicht, als Zeuge oder Sachverständiger zu erscheinen, sich vernehmen und vereidigen zu lassen, gelten für das Verfahren vor dem ersuchten Richter entsprechend.

Die Aussage darf nicht deshalb verweigert werden, weil dieses Gericht eine Schweigepflicht begründet.

Ob die Aussage oder die Eidesleistung verweigert werden darf, entscheidet der ersuchte Richter. Gegen dessen Entscheidung ist binnen einer Woche Beschwerde an das zunächst höhere Gericht nach den Vorschriften der Zivilprozeßordnung zulässig.

§ 1575. Die Vorschriften des § 1574 gelten auch, soweit die §§ 1576—1579 nichts anderes vorschreiben, für das Verfahren vor dem Versicherungsamt.

§ 1576. Ist das Versicherungsamt um die Vernehmung von Zeugen oder Sachverständigen ersucht, so entscheidet dieses darüber, ob die Aussage oder die Eidesleistung verweigert werden darf. Gegen dessen Entscheidung ist binnen einer Woche Beschwerde an das Oberversicherungsamt zulässig. Das Oberversicherungsamt (Beschlußkammer) entscheidet endgültig.

1) Bisher war streitig, ob die Sektionsvorstände um eidliche Vernehmung von Zeugen überhaupt ersuchen konnten.

Nach § 1577 kann das Versicherungsamt gegen Zeugen oder Sachverständige, welche sich weigerlich verhalten, eine Geldstrafe bis zu 300 Mark festsetzen [1]).

§ 1578. Militärpersonen, die dem aktiven Heere, der aktiven Marine oder einer der Schutztruppen angehören, werden als Zeugen oder Sachverständige auf Ersuchen [2]) von der Militärbehörde geladen.

Verweigern sie das Zeugnis oder den Eid, so verhängt auf Ersuchen das Militärgericht die Geldstrafe.

§ 1652. Der Vorsitzende des Versicherungsamtes bereitet die Sache vor und kann vor der mündlichen Verhandlung Beweis erheben.

Er kann nach eigenem Ermessen Augenschein einnehmen, Zeugen und Sachverständige, auch eidlich, vernehmen, Gutachten von Ärzten und amtliche Auskünfte einer Art einholen, auch andere Versicherungsträger beiladen.

Zeugen und Sachverständige werden nur vereidigt, wenn der Vorsitzende dies für notwendig hält, um eine wahre Aussage herbeizuführen. Der § 1571 Abs. 2—4, die §§ 1573, 1574 Abs. 1, §§ 1575, 1577—1579, 1580 Abs. 2—5 gelten entsprechend. Ob die Aussage oder die Eidesleistung verweigert werden darf, entscheidet der Vorsitzende. Gegen seine Entscheidung ist binnen einer Woche Beschwerde an das Oberversicherungsamt zulässig. Das Oberversicherungsamt (Beschlußkammer) entscheidet endgültig.

Nach §§ 1679 und 1698 bezw. 1701 gelten die vorstehenden Bestimmungen auch für das Verfahren vor dem Oberversicherungsamt und dem Reichsversicherungsamt.

Das Amtsgericht darf die Rechtshilfe nicht deshalb ablehnen, weil die Notwendigkeit einer gerichtlichen Vernehmung nicht dargetan sei, denn darüber, ob eine eidliche gerichtliche Vernehmung eines Zeugen zur Aufklärung des Sachverhaltes erforderlich erscheint, hat lediglich das pflichtgemäße Ermessen der ersuchenden Behörde zu entscheiden (OLG. Köln vom 6. April 1896, Böhms Zeitschrift Bd. 7 S. 52).

9. Prisenbehörden. Die Verpflichtung der Behörden des Reiches oder der Bundesstaaten in Prisensachen mitzuwirken, wird durch Kaiserliche Verordnung jedesmal be-

---

1) Um Vollstreckung kann das Amtsgericht ersucht werden.
2) des Versicherungsamtes.

stimmt (Reichsgesetz vom 3. Mai 1884 § 2; RGBl. S. 49)[1]). Für die ostafrikanische Blokade war die Verordnung vom 15. Februar 1889 (RGBl. S. 5) ergangen, welche die §§ 158—167 GVG. für entsprechend anwendbar erklärt. An einer Anordnung allgemeinen Inhalts fehlt es.

10. Reichsdisziplinarbehörden für Beamte und Offiziere, vgl. unten § 8 S. 124 ff.

11. Ehrengerichte für Rechtsanwälte und der Ehrengerichtshof (Rechtsanwaltsordnung vom 1. Juli 1878, RGBl. S. 177):

§ 66. „Insoweit nicht aus den nachfolgenden Bestimmungen Abweichungen sich ergeben, finden auf das ehrengerichtliche Verfahren die Vorschriften der Strafprozeßordnung über das Verfahren in den zur Zuständigkeit der Landgerichte gehörigen Strafsachen . . . . entsprechende Anwendung."

§ 71. „Mit der Führung der Voruntersuchung wird ein Richter[2]) durch den Präsidenten des Oberlandesgerichtes beauftragt."

§ 73. „Die Beeidigung von Zeugen und Sachverständigen kann in der Voruntersuchung erfolgen, auch wenn die Voraussetzungen des § 65 Abs. 2 und des § 222 der Strafprozeßordnung nicht vorlegen."

§ 86. „Das Ehrengericht kann nach freiem Ermessen die Vernehmung von Zeugen oder Sachverständigen durch einen ersuchten Richter oder in der Hauptverhandlung anordnen.

Auf das Ersuchen finden die §§ 158—160, 166 des Gerichtsverfassungsgesetzes[3]) entsprechende Anwendung."

§ 87. „Die Verhängung von Zwangsmaßregeln, sowie die Festsetzung von Strafen gegen Zeugen und Sachverständige[4]), welche in der Hauptverhandlung ausbleiben[5]), oder ihre Aussage oder deren Beeidigung verweigern, erfolgt auf Ersuchen durch das Amtsgericht, in dessen Bezirke dieselben ihren Wohnsitz, und in Ermangelung eines solchen ihren Aufenthalt haben."

---

1) Für Preußen war früher das Prisenreglement vom 20. Juni 1864 (GS. S. 369) maßgebend. Den Prisengerichten entsprechen die Behörden, welche bei Anhalten und Aufbringung von Sklavenschiffen entscheiden. Art. 49 ff. der Brüsseler Antisklavereikonferenz nebst Deklaration vom 2. Juli 1890 (RGBl. 1892 S. 605) und Kaiserl. Verord. vom 17. Februar 1893 (RGBl. S. 13).

2) Derselbe hat (auch in Ansehung der Rechtshilfe) die Stellung des Untersuchungsrichters.

3) Siehe S. 4 ff.

4) Die Verurteilung in die Kosten erfolgt durch das Ehrengericht.

5) Bei Vernehmung durch ersuchten Richter stehen alle Maßregeln dem letzteren zu. StPO. § 50 Abs. 3, § 69 Abs. 3, §§ 72, 77.

§ 91. „Auf das Verfahren in der Beschwerdeinstanz und in der Berufungsinstanz[1]) finden die Vorschriften der Strafprozeßordnung und der §§ 82, 83 Abs. 1, §§ 84, 86—88 dieses Gesetzes entsprechende Anwendung."

§ 93. „Im Falle des § 16 Abs. 2[2]) wird ohne Beschluß über die Eröffnung des Hauptverfahrens zur Hauptverhandlung geschritten.

Das Ehrengericht kann nach Maßgabe des § 86[3]) auch die Vernehmung des Antragstellers[4]) vor der Hauptverhandlung anordnen."

§ 94 Abs. 3. „Kosten, welche weder dem Angeschuldigten noch einem Dritten auferlegt werden, oder von dem Verpflichteten nicht eingezogen werden können, fallen der Kammer[5]) zur Last. Dieselbe haftet den Zeugen und Sachverständigen für die ihnen zukommende Entschädigung in gleichem Umfange wie in Strafsachen die Staatskasse[6]). Bei weiterer Entfernung des Aufenthaltsortes der geladenen Personen ist denselben ein Vorschuß zu bewilligen."

12. Ehrengerichte und Ehrengerichtshof für Patentanwälte. § 9 des Reichsgesetzes vom 21. Mai 1900 (RGBl. S. 233) bestimmt:

„Die Einleitung des (ehrengerichtlichen) Verfahrens wird vom Reichskanzler verfügt. Derselbe ernennt, falls er eine besondere Voruntersuchung für erforderlich hält, den untersuchungsführenden Beamten.

Der Angeschuldigte ist über die Anschuldigungspunkte zu hören.

In dem Verfahren kann jederzeit die Vernehmung von Zeugen und Sachverständigen angeordnet werden. Die Vorschriften der StPO. über die Beweisaufnahme und die Verteidigung finden entsprechende Anwendung. Als Verteidiger können Patentanwälte nicht zurückgewiesen werden."

Nach § 12 a. a. O. finden auf das Verfahren vor dem Ehrengerichtshofe die Vorschriften des § 9 Abs. 2, 3 entsprechende Anwendung.

---

1) D. h. vor dem Ehrengerichtshofe.

2) D. i. wenn bei versagter Zulassung zur Rechtsanwaltschaft über die Versagungsgründe im ehrengerichtlichen Verfahren zu entscheiden ist.

3) Also auch durch den ersuchten Richter.

4) Welcher die Stellung eines Angeschuldigten hat.

5) Anwaltskammer.

6) Bei den durch den ersuchten Richter geladenen Zeugen und Sachverständigen haftet die Staatskasse für die Entschädigung, diese kann aber Erstattung der verauslagten Kosten von der Kasse der Anwaltskammer nach § 94 verlangen.

Eine ausdrückliche Bestimmung über Rechtshilfe fehlt. Da jedoch in dem Verfahren jederzeit die Vernehmung von Zeugen und Sachverständigen „angeordnet" werden kann, so wird man annehmen müssen, daß solchen Ersuchen des Untersuchungskommissars, des Ehrengerichts und des Ehrengerichtshofes die deutschen Amtsgerichte Folge leisten müssen.

Mangels einer Einschränkung wird auch die eidliche Vernehmung gefordert werden können. Die Zeugen können deshalb gezwungen werden, ihre Aussagen zu beschwören. Maßgebend sind die Vorschriften der Strafprozeßordnung.

13. Börsenehrengerichte.

§ 26 des Börsengesetzes vom 22. Juni 1896 (RGBl. S. 157) bezw. 27. Mai 1908 (RGBl. S. 215): „Die Gerichte sind verpflichtet, dem Ersuchen des Ehrengerichtes[1]) sowie der Berufungskammer um Vernehmung von Zeugen und Sachverständigen zu entsprechen."

Man wird annehmen müssen, daß damit eine Rechtshilfepflicht für die deutschen Amtsgerichte konstituiert ist und die §§ 157 ff. GVG. entsprechende Anwendung zu finden haben. Vgl. auch RGZ. Bd. 33 S. 423. Die Beschwerde geht also nicht an das Landgericht.

Nach § 14 Abs. 3 des Börsengesetzes ist das Ehrengericht berechtigt, Zeugen und Sachverständige vorzuladen und eidlich zu vernehmen. Die Prüfungskammer kann zur Aufklärung des Sachverhaltes vorherige Beweiserhebungen veranlassen (§ 23 Abs. 2). Auf das Verhalten vor der Berufungskammer finden die Vorschriften der §§ 11, 14, 15 und 16 Anwendung (§ 23 Abs. 3.)

14. Handwerkerkammern. § 103 p GewO.: „Die Behörden sind innerhalb ihrer Zuständigkeit verpflichtet, den im Vollzuge dieses Gesetzes (d. i. Gewerbeordnung) an sie ergehenden Ersuchen der Handwerkerkammern und ihrer Organe zu entsprechen. Die gleiche Verpflichtung liegt den Organen der Handwerkerkammern untereinander ob. Die höhere Verwaltungsbehörde kann bestimmen, inwieweit die durch die Erfüllung dieser Verpflichtung entstehenden Kosten von der Handwerkskammer als eigene Verwaltungskosten zu erstatten sind."

---

1) Dem Kommissar in der Voruntersuchung (§ 12 a. a. O.) ist ein Requisitionsrecht nicht eingeräumt. In der Voruntersuchung dürfen übrigens Zeugen und Sachverständige nur uneidlich vernommen werden (§ 12 Abs. 2 a. a. O.).

15. Berufungskommission in Kalisachen (Gesetz vom 25. Mai 1910, RGBl. S. 775). Nach Ziffer 44 der Ausführungsbestimmungen vom 9. Juli 1910 (RGBl. S. 344) haben die ordentlichen Gerichte unter entsprechender Anwendung der §§ 157 ff. GVG. Rechtshilfe zu leisten. Die Berufungskommission ist berechtigt, Zeugen und Sachverständige zu vernehmen und zu beeidigen (vgl. Ziff. 41 der Ausführungsbestimmungen).

16. Erbschaftssteuerämter[1]).

Nach § 40 des Reichserbschaftssteuergesetzes vom 3. Juni 1906 (RGBl. S. 620) haben die Gerichte von den ergangenen Todeserklärungen, von den von ihnen beurkundeten Schenkungen und den von ihnen eröffneten Verfügungen von Todes wegen und von den zu ihrer Kenntnis gelangenden Zuwiderhandlungen gegen die Vorschriften dieses Gesetzes Mitteilung zu machen. Vgl. auch § 4 der Ausführungsbestimmungen (RZBl. S. 830 und JMBl. S. 177).

Die Erbschaftssteuerämter sind nicht berechtigt, die Eröffnung eines wechselseitigen Testaments nach dem Tode des einen Ehegatten bei dem Widerspruche des anderen zu verlangen (KG. 30. Januar 1889, J. 8, 27).

16a. Zuwachssteuerämter. Zuwachssteuergesetz vom 14. Februar 1911 (RGBl. S. 33) §§ 101 ff. Vgl. die von dem Amtsgerichte an diese Behörde zu machenden Mitteilungen, siehe Verf. vom 29. März 1911 (JMBl. S. 144).

17. Reichsjustizamt. Rechtskräftige Entscheidungen der Oberlandesgerichte und Landgerichte, welche die Vollstreckbarkeit schweizerischer Urteile im Inlande berühren, sind dem Amt einzureichen (Allg. Verf. vom 10. Juni 1905, JMBl. S. 12).

17a. Reichseisenbahnamt. Reichsgesetz vom 27. Juni 1873 (RGBl. S. 164). Rechtshilfebestimmung fehlt.

18. Reichsrayonkommission. Reichsgesetz vom 21. Dezember 1871 (RGBl. S. 459). Rechtshilfebestimmung fehlt.

19. Reichstag. Dem auf Beschluß des Reichstages durch Vermittelung der Regierung gestellten Ersuchen um eidliche Vernehmung von Zeugen über Vorgänge bei der Reichstagswahl hat das Amtsgericht in Preußen zu entsprechen.

1) Vgl. wegen der Reichsstempelsteuer unten § 8 „Stempelsachen", und wegen der Reichssteuer ebenda unter „Steuerbehörden".

Nach Art. 27 der Reichsverfassung prüft der Reichstag die Legitimation seiner Mitglieder und entscheidet darüber. Auf Vornahme der nötigen Beweisaufnahmen hat der Reichstag einen Anspruch gemäß § 89 Einl. z. ALR.: Wem die Gesetze ein Recht geben, dem bewilligen sie auch die Mittel, ohne welche dasselbe nicht ausgeübt werden kann." Der Reichstag pflegt die Regierung des betreffenden Bundesstaates um die Vornahme der Beweisaufnahme zu ersuchen. Diese beauftragt ihrerseits den Regierungspräsidenten, welcher das örtliche zuständige Amtsgericht um Beistandleistung ersucht. Diesem Ersuchen ist in Preußen gemäß § 87 Abs. 2 AGzGVG. in Verbindung mit § 38 der Verordnung vom 2. Januar 1849 Folge zu leisten. Den Umfang des Ersuchens bestimmt die ersuchende Behörde. Das Amtsgericht prüft die Zuständigkeit der ersuchenden Behörde und die gesetzliche Zulässigkeit des Ersuchens. Die Zustimmung des Bundesrates (bezw. für Preußen des Staatsministeriums) ist nicht erforderlich. Das Parlament beschließt die Beweiserhebung selbständig. Es ist unbedenklich anzunehmen, daß das Parlament eidliche Vernehmung fordern darf (vgl. Delius im Preuß. Verwaltungsblatt 30, 350). Eine Prüfung, ob die Zeugen vereidigt werden sollen, steht dem Amtsgericht nicht zu, wenn eidliche Vernehmung beantragt ist. Die Weigerungsgründe des Zeugen sind nach der ZPO. zu beurteilen. Über sie entscheidet das Amtsgericht selbständig, nicht das Parlament. Das Amtsgericht hat die nach der ZPO. zulässigen Zwangsmittel anzuwenden. Die Zeugen haben Anspruch auf die gesetzlichen Zeugengebühren. Auffälligerweise hat das OLG. Kassel (vgl. Liedtke, JW. 1909 S. 40) die Anweisung derselben abgelehnt. Nach dem Grundsatze, daß bare Auslagen von der ersuchenden Stelle zu erstatten sind, werden die Kosten vom Reich (bezw. aus Reichstagsfonds) zu erstatten sein.

Vgl. auch OLG. Naumburg vom 30. November 1900 (abgedruckt Nr. 169 der Drucks. d. Reichstages II. Session 1900/1901) sowie Delius im Preuß. Verwaltungsblatt 30, 349 und Fuchs im Recht 1909 S. 93.

20. Rechnungshof des deutschen Reiches[1]). Vgl. Gesetze vom 1. Juli 1868 (BGBl. S. 433), 11. Februar 1875 (RGBl. S. 61) und 6. Januar 1885 (RGBl. S. 7).

21. Behörden der Schutzgebiete. Die Rechtshilfe ist geregelt in den §§ 30 und 31 der Kaiserlichen Verordnung vom 14. Juli 1905 (RGBl. S. 717).

1) Vgl. auch „Oberrechnungskammer" im § 8.

§ 7.

Rechtshilfe bezw. Beistandsleistung zwischen den Behörden verschiedener Bundesstaaten.

I. Es kommen hier hauptsächlich die Verwaltungsbehörden und die Verwaltungsgerichte[1]) in Betracht, ferner auch die Disziplinargerichte. Man könnte, da das Rechtshilfegesetz von 1869 (s. oben § 3) ganz allgemein von „Gerichten" spricht, sich zu der Annahme veranlaßt fühlen, auch zwischen deutschen Verwaltungsgerichten und ordentlichen Gerichten, sowie den Verwaltungsgerichten unter sich, regele sich die Rechtshilfe nach dem Gesetze von 1869. Das ist aber nicht zutreffend. Die Verwaltungsgerichte sind erst jüngeren Datums und der Gesetzgeber von 1869 wird schwerlich an diese gedacht haben. Dagegen fällt der Verkehr der Disziplinarbehörden, soweit sie „Gerichte" sind, unter das Gesetz von 1869. Disziplinarsachen sind stets entsprechend den Strafsachen behandelt worden. Auch bei freiester Auslegung wird man eine Verwaltungsbehörde nicht als „Gericht" im Sinne des Gesetzes von 1869 bezeichnen können.

Wo gesetzliche Vorschriften über Rechtshilfe usw. fehlen, da kommt der in § 6 unter I angegebene Grundsatz zur Anwendung. Wegen des Zwanges gegen Zeugen usw. siehe § 5 B b 2, 3. Tatsächlich leisten die preußischen Verwaltungsbehörden usw. den außerpreußischen Rechtshilfe und Beistand[2]).

Wegen des Verkehrs der deutschen Verwaltungsbehörden (bezw. Gerichte) untereinander siehe den Erlaß des preußischen Ministers vom 10. Juni 1894 (MBl. S. 102) in § 9a. Der Verkehr findet der Regel nach unmittelbar statt. Auch ist die urschriftliche Form statthaft. Wegen der Korrespondenz siehe oben S. 15.

P o l i z e i l i c h e E x e k u t i v s t r a f e n fallen nicht unter das unter II genannte Gesetz vom 9. Juni 1895. Es hat sich

---

1) Dadurch, daß landesgesetzlich bürgerliche Rechtsstreitigkeiten nach Maßgabe des § 13 GVG. den Verwaltungsgerichten übertragen sind, folgt noch nicht, daß diese gemäß §§ 157 ff. GVG. Rechtshilfe insoweit leisten müssen. Ebensowenig verpflichtet die Übertragung öffentlichrechtlicher Streitigkeiten an die ordentlichen Gerichte (§ 4 EGVG.) die anderen ordentlichen Gerichte zur Rechtshilfe auf Grund des GVG., da diese Materien nicht zu bürgerlichen Rechtsstreitigkeiten (§ 157 GVG.) werden.

2) Vgl. L o e w e n s t e i n in PreußVerwBl. 30, 511. Die preuß. Gerichte dürfen württemb. V e r w a l t u n g s b e h ö r d e n keine Rechtshilfe leisten, auch nicht nach Jurisdiktionsverträgen zwischen Württemberg und den Hohenzollernschen Landen vom Jahre 1827 (Landgericht Hechingen vom 22. Februar 1892 in B ö h m s Zeitschr. Bd. 2 S. 299).

aber nach Hartmann (Preuß. Verwaltungsblatt 31, 78) in den meisten Staaten die Übung gebildet, auch bezüglich der Beitreibung denselben Beistand zu leisten unter der Voraussetzung der Gegenseitigkeit. Gesetzlich ist ein Zwang nicht gegeben.

Die vom Gerichte den Verwaltungsbehörden beim Zwangsvollstreckungsverfahren nach Maßgabe der einschlägigen Gesetze zu leistende Rechtshilfe berechtigt nicht zum Erlaß eines Einstellungsbeschlusses gemäß § 769 Abs. 2 ZPO. (OLG. Kolmar 22. Juli 1908, Elsaß-Lothr. Z. 34, 409).

II. Das Reichsgesetz über den Beistand bei Einziehung von Abgaben und Vollstreckung von Vermögensstrafen vom 9. Juni 1895 (RGBl. S. 256)[1]) bestimmt:

§ 1. Die Behörden[2]) verschiedener Bundesstaaten haben einander auf Ersuchen Beistand zu leisten:

1. Zum Zwecke der Erhebung und Beitreibung

a) der Zölle, der in die Reichskasse fließenden Steuern und der Übergangsabgaben,

b) der für einen Bundesstaat, für politische, Kirchen- und Schulgemeinden, sowie für weitere kommunale und kirchliche Verbände einzuziehenden öffentlichen Abgaben,

c) sonstiger öffentlicher Abgaben, einschließlich der Beiträge an öffentlich-rechtliche Verbände, Genossenschaften und Anstalten, soweit diese Abgaben oder Beiträge nach Reichs- oder Landesrecht in derselben Weise beigetrieben werden, wie die unter b bezeichneten Abgaben.

2. Zum Zwecke der Durchführung des Verwaltungsstrafverfahrens wegen Zuwiderhandlung gegen die Vorschriften über die Erhebung der in Nr. 1 bezeichneten Abgaben und Gefälle.

---

1) Die Vorschriften dieses Gesetzes finden auf die Beitreibung der Kanalgebühren des Kaiser Wilhelmkanales entsprechende Anwendung (§ 14 des Reichsgesetzes vom 20. Juni 1899; RGBl. S. 315), ebenso auf die Bescheide der Seemannsämter (vgl. § 125 der Seemannsordnung vom 2. Juni 1902, RGBl. S. 175). Die Vorschrift der Nr. 3 der Bekanntmachung betr. die portopflichtige Korrespondenz zwischen Behörden verschiedener Bundesstaaten vom 29. August 1870 (s. oben S. 15) bezieht sich auch auf das Verfahren gemäß dem Gesetze vom 9. Juni 1895 (Allg. Verf. vom 3. Mai 1906, JMBl. S. 138).

2) Zu diesen gehören selbstverständlich auch die Gerichte.

3. Zum Zwecke der Vollstreckung von Vermögensstrafen [1]), welche gemäß § 453 StPO. durch polizeiliche Verfügung oder gemäß § 101 [2]) der Seemannsordnung vom 27. Dezember 1872 (RGBl. Nr. 409) durch Bescheid eines Seemannsamtes festgesetzt worden sind.

Unter die Bestimmungen der Nr. 1 b und c fallen auch die durch ein gerichtliches [3]) oder Verwaltungsverfahren entstandenen Gebühren und Auslagen, soweit nicht § 99 des Gerichtskostengesetzes vom 18. Juni 1878 (RGBl. S. 141) Anwendung findet [4]).

§ 2. Verpflichtet zur Gewährung des Beistandes sind, soweit nicht landesrechtlich besondere Bestimmungen hierüber bestehen, diejenigen Behörden, welche zu Handlungen der beantragten Art in dem entsprechenden Geschäftskreise ihres Staates berufen sind. Fehlt es an einer hiernach verpflichteten Behörde, so haben die Landesregierungen solche zu bestimmen.

§ 3. Die Gewährung des Beistandes findet nicht statt, wenn zu einem der im § 1 angeführten Zwecke eine Handlung beantragt wird, die nach dem für die ersuchte Behörde geltenden Rechte zu diesem Zwecke nicht vorgenommen werden darf.

Die Gewährung des Beistandes kann behufs Abwendung einer Doppelbesteuerung versagt werden.

§ 4. Die Voraussetzungen der Beistandsleistung nach § 1 sowie die Vollstreckbarkeit des Anspruches richten sich nach den für die ersuchende Stelle maßgebenden Vorschriften. Die Vollstreckbarkeit ist in dem Ersuchungsschreiben zu bescheinigen.

Die Art und Weise der Beistandsleistung richtet sich nach den am Orte der Vollziehung geltenden Bestimmungen.

§ 5. Über die Zulässigkeit des Beistandes, über Einwendungen, welche die Art und Weise der Beistandsleistung betreffen, sowie über die Versagung der Beistandsgewährung im Falle des § 3 Abs. 2 entscheiden die zuständigen Behörden desjenigen Bundesstaates, welchem die ersuchte Stelle angehört.

---

1) Auf polizeilich festgesetzte Haftstrafen findet der Paragraph keine Anwendung, ebensowenig auf polizeiliche Exekutivstrafen. Vgl. Loewenstein in Preuß. VerwBl. 30, 511. Rechtshilfe bei Vollstreckung der Haftstrafen hält für unzulässig Frank in PreußVerwBl. 446 und 511.

2) Jetzt § 123 der Seemannsordnung vom 2. Juni 1902 (RGBl. S. 175).

3) Z. B. Akt der freiwilligen Gerichtsbarkeit. Vgl. auch OLG. Dresden vom 5. Juli 1898 in Böhms Zeitschr. Bd. 9 S. 146.

4) Siehe unten unter II.

Einwendungen, welche den Anspruch selbst oder die Vollstreckbarkeit desselben betreffen, unterliegen der Entscheidung der zuständigen Behörden desjenigen Bundesstaates, welchem die ersuchende Stelle angehört.

§ 6. Werden gegen die Vollstreckung Einwendungen erhoben, über welche die im § 5 Abs. 2 bezeichneten Behörden zu entscheiden haben, so kann die Vollstreckungsbehörde, wenn ihr die Einwendungen erheblich und in tatsächlicher Beziehung glaubhaft erscheinen, die Vollstreckung vorläufig einstellen.

§ 7. Jede von einer zuständigen Behörde eines Bundesstaates wegen einer Zuwiderhandlung gegen die Vorschriften über die Erhebung der im § 1 Nr. 1 bezeichneten Abgaben und Gefälle einzuleitende Untersuchung und zu erlassende Strafentscheidung kann auch gegen diejenigen Teilnehmer und Begünstiger gerichtet werden, welche einem anderen Bundesstaate angehören.

§ 8[1]. In dem Verwaltungsstrafverfahren (§ 1 Nr. 2) haben die Amtsgerichte auf Ersuchen Zeugen und Sachverständige eidlich zu vernehmen. Hinsichtlich der Vernehmung und Beeidigung finden die Vorschriften der StPO. Buch I Abschnitt 6 und 7 Anwendung.

§ 9. Im Falle der Gewährung von Beistand zwitchen Behörden verschiedener Bundesstaaten sind die hierdurch entstehenden baren Auslagen der ersuchten Behörde von der ersuchenden zu erstatten[2].

Weitere Kosten werden von den ersuchenden Behörden nicht erstattet.

Ist eine zahlungspflichtige Partei vorhanden, so sind die Kosten, soweit die ersuchte Behörde diese nicht selbst beitreiben kann, von der ersuchenden Behörde einzuziehen. Der eingezogene Betrag ist der ersuchten Behörde zu übersenden.

§ 10. Die Vorschriften dieses Gesetzes finden entsprechende Anwendung auf die Beistandsleistung der Landesbehörden zum Zwecke der Beitreibung von Geldstrafen, welche gemäß § 101[3]) der Seemannsordnung durch Bescheid eines deutschen Seemannsamtes im Auslande festgesetzt worden sind.

---

1) Das Ersuchen ist kein Ersuchen um Rechtshilfe, sondern nur ein Antrag im Sinne des § 160 StPO. Gegen dessen Ablehnung steht dem Antragsteller das Rechtsmittel der Beschwerde zu nach § 346 StPO. (OLG. Kolmar vom 28. Mai 1898, Jur. Zeitschr. f. Elsaß-Lothr. Bd. 23 S. 462 und Böhm, Zeitschr. Bd. 9 S. 145).

2) Ausnahmen bei Beitreibung der Gerichtskosten s. unter III.

3) Jetzt § 125 der Seemannsordnung vom 2. Juni 1902 (RGBl. S. 175).

§ 11. Staatsverträge, nach welchen die Behörden verschiedener Bundesstaaten einander weitergehenden Beistand zu leisten haben, als in diesen Gesetzen vorgesehen ist, bleiben unberührt[1]).

§ 12. Dieses Gesetz tritt mit dem 1. Juli 1895 in Kraft.

Wegen der Rechtshilfe im Verkehr deutscher Verwaltungsbehörden mit den Behörden und Gerichten der Schutzgebiete siehe Kaiserliche Verordnung vom 14. Juli 1905 (GS. S. 717) §§ 30 und 31.

IIa. Weitergehende Beistandsleistung[2]): Auch auf dem Gebiete des öffentlichen Rechtes leisten sich Gerichte und Verwaltungsbehörden verschiedener Bundesstaaten tatsächlich gegenseitig Rechtshilfe im weitesten Umfange, ohne viel danach zu fragen, ob dafür eine zwingende Rechtsnorm besteht. Nur wo Vollstreckungshandlungen, insbesondere Steuer- und Gebühreneintreibung, Strafvollzug und sonstige Zwangsausübung in Frage kommt, wird hiervon eine Ausnahme gemacht.

Einzelne Bundesstaaten leisten sich dagegen kraft Vertrages gegenseitig auch in anderen als den unter I erwähnten Angelegenheiten des öffentlichen Rechtes Beistand und zwar finden hier die §§ 2—9 des Reichsgesetzes vom 9. Juni 1895 entsprechende Anwendung.

Es sind dies a) Württemberg und Sachsen-Weimar. Nach der Bekanntmachung des württembergischen Justizministeriums vom 25. Juli 1902 (Amtsblatt S. 131) und dem Erlaß des württembergischen Ministeriums des Innern vom 14. Juni 1902 (Amtsblatt dieses Ministeriums S. 276) ist eine Vereinbarung über die gegenseitige Beistandsleistung in Angelegenheiten des öffentlichen Rechtes zustande gekommen, wonach die beiderseitigen Justiz- und Verwaltungsbehörden in allen Angelegenheiten des öffentlichen Rechtes einander Beistand zu leisten haben, wobei auf die sinngemäße Anwendung der §§ 2—6 und 9 des Reichsgesetzes vom 9. Juni 1895 verwiesen ist.

b) Württemberg und Baden. Nach der Ministerialbekanntmachung vom 21. April 1896 (württemb. RegBl. S. 83) und der badischen vom 19. Juni 1896 (G. u. VOBl. S. 148) leisten sich sowohl die beiderseitigen Verwaltungsbehörden wie die Gerichte und die Behörden der nicht streitigen Gerichts-

---

1) Vgl. unten unter I a.

2) Vgl. wegen Württemberg: Göz, Staatsrecht des Königreiches Württemberg (3. Aufl. des Gaupp'schen Handbuches) § 3 Nr. III, 6.

barkeit auch insoweit, als reichsgesetzliche Bestimmungen hierüber nicht bestehen, im Verfahren vor den Verwaltungsgerichten, sowie vor den Polizei-, Finanz- und sonstigen Verwaltungsbehörden gegenseitig Beistand. In Ansehung des Verfahrens ist auf das Reichsgesetz vom 9. Juni 1895 verwiesen.

c) Bayern und Baden. Nach § 5 des Jurisdiktionsvertrages vom 9. August 1873 (BayerRegBl. S. 1417 ff. und BadG. und VOBl. 1873 S. 171) leisten sich beide Staaten auch in Steuerforderungssachen Rechtshilfe.

d) Über gegenseitige Rechtshilfe in Verwaltungssachen haben die thüringischen Staaten: Sachsen-Weimar-Eisenach, Sachsen-Meiningen, Sachsen-Koburg-Gotha, Sachsen-Altenburg, Schwarzburg-Rudolstadt, Schwarzburg-Sondershausen, Reuß ältere und Reuß jüngere Linie ein Übereinkommen[1]) vom 26. Juni 1886 abgeschlossen.

Hierzu Ausführungsvorschriften:

in Sachsen-Weimar-Eisenach: Min.-Entschl. vom 22. September 1886, 5. Januar 1887, 12. August 1877, 20. Oktober 1877 (RegBl. 1886 S. 253, 1887 S. 134, 227, 283);

in Sachsen-Altenburg: Verordnung vom 26. Juni 1886, Ministerial-Bekanntmachungen vom 28. Juni 1886, 27. September 1886, 4. Januar 1887, 10. August 1887, 20. Oktober 1887 (GS. 1886 S. 78, 79, 1887 S. 1, 11, 25);

in Schwarzburg-Rudolstadt: Ministerial-Bekanntmachung vom 2. Dezember 1886 (GS. S. 207);

in Schwarzburg-Sondershausen: Ministerial-Bekanntmachungen vom 26. Juni 1886, 20. September 1886, 17. Januar 1887, 10. August 1887, 20. Oktober 1887 (GS. 1886 S. 39, 60; 1887 S. 6, 71, 77).

Die Leistung der Rechtshilfe in Verwaltungssachen betreffen ferner:

das Gesetz der freien und Hansastadt Bremen vom 15. Juni 1883, betr. die Zwangsvollstreckung im Verwaltungswege auf Antrag auswärtiger Behörden (GesBl. S. 57). Nach letzterem können Forderungen auswärtiger deutscher Staats- und Gemeindebehörden, welche nach dem Gesetze des betreffenden Staates der Zwangsvollstreckung im Verwaltungswege unterliegen, beigetrieben werden. Zuständig zur Zwangsvoll-

---

1) Dasselbe dürfte durch das Reichsgesetz vom 9. Juni 1895 in vielen Punkten obsolet geworden sein.

streckung ist für die Stadt Bremen das Generalsteueramt, für das Landgebiet der Landherr, für die Hafenstädte die Ämter.

Das sachsen-weimarische Gesetz über die Zwangsvollstreckung im Verwaltungswege vom 8. Dezember 1899 (RegBl. S. 629)[1]) bestimmt:

§ 84. Soll eine Vollstreckungshandlung außerhalb des Bezirkes der Vollstreckungsbehörde erfolgen, so hat die Vollstreckungsbehörde die zuständige Behörde des Bezirkes, in welchem die Vollstreckung erfolgen soll, um die Zwangsvollstreckung zu ersuchen.

Dies gilt auch dann, wenn die Vollstreckungshandlung außerhalb des Großherzogtums erfolgen soll in einem Bundesstaate, dessen Behörden einem Ersuchen der Großherzoglichen Behörden Folge zu leisten haben.

§ 85. Dem Ersuchen der Verwaltungsbehörden der deutschen Bundesstaaten um Ausführung einer Zwangsvollstreckung im Verwaltungswege ist nach Maßgabe der vom Staatsministerium zu erlassenden näheren Bestimmungen, sowie unter Berücksichtigung der bestehenden Staatsverträge Folge zu leisten, wenn der Schuldner im Großherzogtum seinen Wohnsitz oder in Ermangelung eines solchen seinen Aufenthaltsort hat oder die Gegenstände, in welche die Zwangsvollstreckung erfolgen soll, sich im Großherzogtum befinden.

Die Vorschriften des Reichsgesetzes vom 9. Juni 1895 über den Beistand bei Einziehung von Angaben und Vollstreckung von Vermögensstrafen bleiben vorbehalten.

§ 86. Insoweit eine Behörde als ersuchte Behörde eine Vollstreckung ausführt, sind für das Verfahren die Vorschriften dieses Gesetzes maßgebend. Die ersuchte Behörde tritt an die Stelle der Vollstreckungsbehörde.

Auf dem Gebiete der Armen- und Krankenfürsorge (vgl. oben § 6 Nr. 4) haben (auch nach Nr. III des Schlußprotokolles zum Versailler Bündnisvertrage mit Bayern vom 23. November 1870 für das Verhältnis Bayerns zu dem übrigen Bundesgebiete) noch fortdauernde Geltung:

1. Der Gothaer Vertrag vom 15. Juli 1851 wegen gegenseitiger Übernahme der Ausgewiesenen und Heimatlosen (Bayer. RegBl. 1851 S. 1396 ff.).

---

1) Das Gesetz vom 9. Juni 1886, die Gewährung der Rechtshilfe an Behörden anderer Bundesstaaten bei Zwangsvollstreckungen in Verwaltungsangelegenheiten betr., ist durch § 87 d. G. aufgehoben.

2. Die Eisenacher Konvention vom 11. Juli 1853 wegen der Verpflegung erkrankter und Beerdigung verstorbener Untertanen (BayerRegBl. 1853 S. 120).

III. Über gegenseitige Einziehung von Gerichtskosten unter den deutschen Bundesstaaten gelten folgende vom Bundesrat in seiner Sitzung vom 23. April 1880 auf Grund des § 99 des deutschen Gerichtskostengesetzes vom 18. Juni 1878 (RGBl. 1898 S. 659) getroffenen Bestimmungen[1]):

§ 1. Das Ersuchen ist von der Behörde (Kasse) zu erlassen, welcher die zwangsweise Beitreibung nach den landesgesetzlichen Bestimmungen obliegt[2]).

Die ersuchte Behörde[3]) hat nicht zu prüfen, ob die Kostenrechnung dem Zahlungspflichtigen mitgeteilt ist.

§ 2. Dem Ersuchen ist eine Reinschrift der Kostenrechnung beizufügen; dieselbe muß unter Beidrückung des Gerichtssiegels von dem Gerichtsschreiber unterschrieben sein und enthalten:

1. den Namen des Zahlungspflichtigen,
2. die Bezeichnung der Sache,
3. die einzelnen Kostenansätze mit Hinweis auf die angewendete Vorschrift des Kostengesetzes[4]),
4. die Gesamtsumme der Kosten[5]).

1) RZBl. 1880 S. 278. Vgl. auch oben unter I § 1, wo die Beistandsleistung auch bei Einziehung von Kosten der freiwilligen Gerichtsbarkeit vorgeschrieben ist. — Nach der zwischen den Regierungen sämtlicher Bundesstaaten getroffenen Vereinbarung werden die bei der Einziehung von Kosten in Angelegenheiten der freiwilligen Gerichtsbarkeit (gleichgültig, ob sie durch Reichsgesetz den Gerichten übertragen sind oder nicht) oder in Grundbuchsachen erwachsenen baren Auslagen und Gebühren von der ersuchenden Behörde nicht erstattet. Dies gilt auch dann, wenn für die bezeichneten Geschäfte nach Landesgesetz andere als gerichtliche Behörden zuständig sind. Zu den erwähnten Angelegenheiten der freiwilligen Gerichtsbarkeit gehört auch die gerichtliche Beurkundung von Rechtsgeschäften. Ob eine Angelegenheit der freiwilligen Gerichtsbarkeit vorliegt oder eine Verwaltungssache, entscheidet sich bei Verschiedenheit des Rechtszustandes in den beteiligten Bundesstaaten nach den Gesetzen des ersuchenden Staates. Vgl. die Allg. Verf. vom 7. März 1907 in § 13.

2) Auch das Ersuchen um hypothekarische Eintragung der Gerichtskosten ist zu erledigen, denn letztere ist eine auf demnächstige Kosteneinziehung abzielende Maßregel (Ministerialverf. vom 20. Juni 1891 III a 565).

3) Im RZBl. (1885 S. 76) sind diejenigen Behörden (Kassen), an welche nach obiger Anweisung des Bundesrates das Ersuchen um Einziehung von Gerichtskosten zu richten ist, aufgeführt. Die Nachträge s. JMBl. 1905 S. 284, RZBl. 1905 S. 305; JMBl. 1906 S. 129 und S. 281, RZBl. 1906 S. 575 und 1201; JMBl. 1907 S. 509. Vgl. auch Verf. vom 18. Februar 1910 (JMBl. S. 72) betr. das Amtsgericht München.

4) Gebühren und Auslagen eines preußischen Gerichtsvollziehers fallen nicht unter § 79 Nr. 6 GKG. und sind deshalb in Mecklenburg nicht gemäß obiger Anweisung einzuziehen (OLG. Rostock, MecklZ. 24, S. 59).

5) Gegenüber diesen über die Form des Ersuchens um Kosteneinziehung gegebenen erschöpfenden Vorschriften sind landesgesetzliche Bestimmungen, durch welche die Gewährung der Rechtshilfe auch noch von anderen formellen Voraussetzungen abhängig gemacht wird, unwirksam (RG. vom 14. Mai 1888; Rechtspr. Bd. 10 S. 391).

§ 3. Das Ersuchen ist an diejenige Behörde zu richten, welche die zwangsweise Einziehung zu betreiben hätte, wenn die Kosten bei dem Amtsgerichte entstanden wären, in dessen Bezirk der Zahlungspflichtige seinen Wohnsitz oder Aufenthaltsort hat, oder wenn die Gegenstände der Zwangsvollstreckung sich in einem anderen Bezirke befinden, an die zur Beitreibung von Gerichtskosten zuständige Behörde dieses Bezirks.

Diese Behörde betreibt die Einziehung und sorgt für Übersendung der eingezogenen Beträge[1]) an die ersuchende Behörde; sie vertritt dieselbe bei allen zur Einziehung oder Sicherstellung erforderlichen Maßregeln[2]). Die Zwangsvollstreckung ist in gleichem Umfange zulässig, wie für eine Kostenforderung des Staates, welchem die ersuchte Behörde angehört. Die endgültigen Entscheidungen über Stundungen oder Niederschlagungen verbleiben der ersuchenden Behörde.

§ 4. Alle Postsendungen einschließlich der Geld- und Wertsendungen sind von der absendenden Behörde frankiert abzulassen.

Die ersuchende Behörde hat weder der ersuchten Behörde noch den Vollziehungsbeamten für das Einziehungs- und Beitreibungsverfahren Gebühren und Auslagen zu erstatten[3]).

---

1) Das von der ersuchenden Behörde verauslagte, demnächst mit den Kosten eingezogene Porto für das Ersuchungsschreiben verbleibt der ersuchten Behörde und ist der ersuchenden Behörde nicht zu erstatten (Allg. Verf. vom 4. Juni 1887; JMBl. S. 158). Derselbe Grundsatz gilt nach Allg. Verf. vom 3. Mai 1906 (JMBl. S. 138) auch bei der Einziehung und Beitreibung aller übrigen Gerichtskosten, also derjenigen in Angelegenheiten der freiwilligen Gerichtsbarkeit einschl. der Grundbuchsachen.

2) Zu dieser Maßregel gehören Interventionsprozesse nicht, vielmehr ist deren Führung lediglich der ersuchenden Behörde zu überlassen, weil diese über Stundung und Niederschlagung der Kosten zu befinden hat (Verf. des sächsischen Justizministers vom 12. Januar 1905, SächsJMBl. S. 2). — Auf ordentliche Rechtsstreitigkeiten, welche im Anschluß an das Kostenbeitreibungsverfahren entstehen, wird die in § 3 Abs. 2 festgelegte Vertretungspflicht nicht auszudehnen sein, vielmehr wird es sich in solchen Fällen nur um einen sachdienlichen Beistand (Benennung von Prozeßbevollmächtigten oder Erteilung sonstiger Auskunft) handeln können.

3) Die Unkosten sind, wenn sie dem Kosten-Schuldner nicht zur Last fallen bezw. nicht von ihm zu erlangen sind, auf die bezüglichen Fonds der Justizverwaltung zu übernehmen (Verf. des preuß. Justizministers vom 9. Juni 1880, JMBl. S. 145). — Die Gebühren für hypothekarische Eintragung und Löschung einer Kostenforderung, wenn solche dem Antragsteller zur Last fallen, gehören zu denjenigen Gebühren, von deren Erstattung die ersuchende Behörde befreit ist (Schreiben des preuß. Justizministers vom 15. April 1884 I 1395 bei Müller), dagegen gehören nicht hierher die aus Rechtsstreitigkeiten, welche Dritten gegenüber durch das Zwangsvollstreckungsverfahren veranlaßt werden, erwachsenden Kosten (Müller S. 1244). Auch das Ersuchen um Abnahme eines Offenbarungseides ist, wo ein solches im Verwaltungsverfahren landesgesetzlich zugelassen ist (vgl. § 21 der preuß. Verordnung vom 15. November 1899, GS. S. 545) kostenfrei zu erledigen (ZirkVerf. d. preuß. Ministers vom 18. März 1893 I 1169 bei Müller S. 1244). Derselben Auffassung ist der Staatssekretär des Reichsjustizamtes und der sächsische Justizminister. Der § 4 Abs. 2 gilt jetzt für alle Arten von Gerichtskosten.

Hiernach gelten wegen der Einziehung von Kosten auf Ersuchen der Behörde eines anderen Bundesstaates fortan in sämtlichen Angelegenheiten der freiwilligen Gerichtsbarkeit und in Grundbuchsachen dieselben Vorschriften, welche in § 4 der Anweisung vom 23. April 1880 mit Bezug auf die Einziehung der Kosten der streitigen Gerichtsbarkeit enthalten sind.

§ 75 des Konsulargerichtsbarkeitsgesetzes vom 7. April 1900 (RGBl. S. 213) bestimmt:

„Die bei Ausübung der Konsulargerichtsbarkeit mitwirkenden Behörden haben einander zum Zwecke der Erhebung und Beitreibung der Kosten[1]) Beistand zu leisten.

Das Gleiche gilt für die Beistandsleistung unter diesen Behörden und den Behörden[2]) im Reichsgebiete oder in den deutschen Schutzgebieten. Dabei finden die gemäß § 99 des Gerichtskostengesetzes (RGBl. 1898 S. 659) erlassenen Vorschriften über den zum Zwecke der Einziehung von Gerichtskosten unter den Bundesstaaten zu leistenden Beistand entsprechende Anwendung."

In den deutschen Schutzgebieten findet nach § 3 des Schutzgebietsgesetzes vom 10. September 1900 (RGBl. S. 812) die Vorschrift des § 75 des Konsulargerichtsbarkeitsgesetzes entsprechende Anwendung.

IV. Konsulatsgebührengesetz vom 17. Mai 1910 (RGBl. S. 347).

§ 10. „Die in diesem Gesetze vorgesehenen Gebühren und Auslagen sind auf Ersuchen des Konsuls von den Behörden, denen die Beitreibung von Gerichtskosten obliegt, zwangsweise beizutreiben. Dabei finden die gemäß § 99 DeutschGKG. erlassenden Vorschriften über den zum Zwecke der Einziehung von Gerichtskosten unter den Bundesstaaten zu leistenden Beistand entsprechende Anwendung."

Wegen Umrechnung der Konsulatsgebühren in fremde Währung siehe Anordnung des Reichskanzlers vom 30. Dezember 1910 (RGBl. 1911 S. 10).

---

1) Hierunter sind sowohl die der streitigen wie diejenigen der freiwilligen Gerichtsbarkeit zu verstehen.

2) D. h. auch der Verwaltungsbehörden, nicht bloß der Gerichte.

§ 8.

Rechtshilfepflicht preußischer Gerichte gegenüber preußischen Verwaltungsbehörden und Verwaltungsgerichten[1]) und Rechtshilfe bezw. Beistandsleistung der letzteren untereinander.

I. Rechtshilfe zwischen Gerichten und Verwaltungsbehörden usw.

a) Allgemeines. Der § 38 der Verordnung[2]) über die anderweitige Organisation der Gerichte vom 2. Januar 1849 (GS. S. 1) bestimmt:

„In dem Verhältnisse der Gerichte[3]) zu den Verwaltungsbehörden wird durch das gegenwärtige Gesetz nichts geändert. Sie sollen sich gegenseitig bei Erledigung der ihnen obliegenden Geschäfte innerhalb ihres Ressorts Unterstützung leisten; die Verwaltungsbehörden sind jedoch nicht ferner befugt, in Angelegenheiten ihres Ressorts den Justiz-Unterbehörden Anweisungen zu erteilen, und sie zu deren Befolgung anzuhalten“[4]).

Mit dem Kammergericht[5]) ist anzunehmen, daß diese Vorschrift einen eminent staatsrechtlichen Grundsatz ausspricht und deshalb auch in den Gebieten der neuerworbenen Landesteile gilt, da durch die Einverleibung derselben in die preußische Monarchie das für die letztere geltende Staatsrecht auch ohne ausdrückliche Bestimmung miteingeführt ist[6]). Die Sache liegt hier ebenso, wie bei § 10 II, 17 ALR., welche ebenfalls in ganz Preußen gilt.

Mit Recht bemerkt Rausnitz, Komm. z. FGG. S. 21 daß eine Unterstützungspflicht, wie sie die Verordnung von 1849

---

1) Vgl. wegen des Geschäftsverkehres der preuß. Staats- und Kommunalbehörden den Ministerialerlaß vom 12. August 1897 (MBl. f. d. V. S. 144).

2) Dieselbe gilt auch kraft ausdrücklicher Vorschrift in Schleswig-Holstein (§ 36 V. vom 26. Juni 1867, GS. S. 1073), Kurfürstentum Hessen usw. (§ 29 d. V. vom 26. Juni 1867, GS. S. 1085), Hessen-Nassau (§ 28 d. V. vom 26. Juni 1867, GS. S. 1094).

3) Auch der Sondergerichte (§§ 3 und 4).

4) Über die Verpflichtung der Grundbuchämter zu Auskunftserteilung an Behörden vgl. KG. 13. Januar 1902, JMBl. S 82. — Für die Beeidigung von Sachverständigen (z. B. Kreistaxatoren) anderer Verwaltungen auf Ersuchen der Verwaltungsbehörden sind die Gerichte nur zuständig, wenn die allgemeine Beeidigung zu den gesetzlichen Obliegenheiten der betr. Verwaltungsbehörde (Regierungspräsident) gehört (Verf. I 10341/08, Müller S. 1186).

5) Beschluß vom 6. Oktober 1890 (Joh. Bd. 10 S. 3).

6) And. Ansicht Jastrow, Rechtsgrundsätze der Entscheidungen des Kammergerichtes (2. Aufl.) S. 581, welcher hervorhebt, daß die Verordnung vom 2. Januar 1849 nicht einmal überall in der alten Monarchie gilt, nämlich nicht im Bezirk des Appellationsgerichtshofes zu Köln.

konstituiert, zum Wesen jeder geordneten Staatsverwaltung gehöre und deshalb selbstverständlich sei. Sie braucht nicht im Gesetze ausdrücklich angeordnet zu sein und hat sicherlich seit unvordenklichen Zeiten als Gewohnheitsrecht bestanden.

Jastrow, Handbuch S. 512, meint, daß sich der § 38 a. a. O. nur auf geschäftliche Ansuchen, nicht auf Rechtshilfe im eigentlichen Sinne beziehe. Es spricht indes nichts für eine Einschränkung nach dieser Richtung. Der Umstand, daß für den Rechtshilfeverkehr mit anderen Verwaltungsbehörden Spezialbestimmungen gegeben sind, kann für die Ansicht von Jastrow nicht angeführt werden.

Zu den Verwaltungsbehörden gehören jetzt auch die Verwaltungsgerichte. Es existieren für diese übrigens auch Spezialvorschriften.

Der § 38 kommt auch im Verkehr mit nicht staatlichen Behörden, z. B. Kommunalbehörden in Steuersachen zur Anwendung, denn diese sind erst durch die neuere Verwaltungsgesetzgebung von den staatlichen Verwaltungsbehörden, an welche die Verordnung vom 2. Januar 1849 in erster Linie denkt, abgetrennt worden. Weigert sich die ersuchte Verwaltungsbehörde, so geht die Beschwerde des ersuchenden Gerichts an die zunächst vorgesetzte Aufsichtsbehörde.

Über den Instanzenzug bei Ablehnung eines Ersuchens seitens des Amtsgerichts differiert der mitgeteilte Beschluß von dem Beschlusse des Kammergerichtes vom 29. Oktober 1883 (Joh. Bd. 4. S 112). Letzterer hält die Aufsichtsbehörde für die Beschwerdeinstanz; während der erstere die Anrufung der Aufsichtsbehörde gegen den aus rechtlichen Gründen sich weigernden Amtsrichter nicht zuläßt. Es bleibt unklar, ob das Oberlandesgericht als zur Entscheidung berufen erachtet wird, oder ob der gewöhnliche Instanzenzug stattfindet.

Man wird sich den oben in § 5 S. 84 ff. insbesondere zu B b entwickelten Grundsätzen anzuschließen haben. Für Beschwerden betreffend Verweigerung der Beistandsleistung seitens der Amtsgerichte bei Vornahme richterlicher Akte enthält jetzt der § 87 Abs. 2 AGzGVG. (s. oben § 2 S. 44) die maßgebende Gesetzesvorschrift. Man wird mit Raushitz, Komm. z. Reichsgesetz über Angelegenheiten der freiwilligen Gerichtsbarkeit S. 21, annehmen müssen, daß ein Beschwerderecht wegen verweigerter Beistandsleistung gemäß § 87 Abs. 2 a. a. O. nur preußischen Behörden zusteht, gleiches Recht wird man jedoch den in Preußen ihren Sitz habenden Reichsbehörden zugestehen müssen (vgl. § 6 oben S. 89)[1]).

Wegen der Anwendung des Zwanges gegen Zeugen und Sachverständige siehe § 5 B b 2, 3 S. 86 oben.

b) Abgeordnetenhaus und Herrenhaus.

Auch hier wird dem Ersuchen um eidliche Vernehmung von Zeugen über Vorgänge bei der Wahl zum Abgeordnetenhause seitens der Amtsgerichte stattzugeben sein. Vgl. oben § 6 unter „Reichstag" S. 102.

Nach Art. 78 der preußischen Verfassung prüft jede Kammer (Abgeordnetenhaus) die Legitimation ihrer Mitglieder und entscheidet darüber.

c) Oberrechnungskammer:

Gesetz, betreffend die Einrichtung und Befugnisse der Oberrechnungskammer. Vom 27. März 1872 (GS. S. 278).

§ 13. **„Die Oberrechnungskammer ist berechtigt, von den Behörden jede, bei Prüfung der Rechnungen und Nachweisungen für erforderlich erachtete Auskunft, sowie die Einsendung der bezüglichen Bücher und Schriftstücke, auch von den Provinzial- und den denselben untergeordneten Behörden die Einsendung von Akten zu verlangen.**

Der Präsident der Oberrechnungskammer ist befugt, Bedenken und Erinnerungen gegen die Rechnungen an Ort und Stelle durch Kommissarien erörtern zu lassen, auch zur Informationseinziehung über die Einzelheiten der Verwaltung Kommissarien abzuordnen.

Ebenso steht ihm das Recht zu, außerordentliche Kassen- und Magazinrevisionen zu veranlassen. In diesem Falle, sowie in allen Fällen der Absendung eines Kommissarius hat er jedoch dem betreffenden Verwaltungschef davon vorherige Mitteilung zu machen, damit dieser sich an den Verhandlungen durch einen seinerseits abzuordnenden Kommissarius beteiligen kann."

§ 16. **„Die Provinzial- und die ihnen gleichstehenden[2]) untergebenen Behörden sind der Oberrechnungskammer in allen Angelegenheiten des Ressorts derselben untergeordnet. Die Oberrechnungskammer ist befugt, ihren Verfügungen nötigenfalls durch Strafbefehle, innerhalb der für die obersten Verwaltungsbehörden gesetzlich bestimmten Grenzen[3]), die schuldige Folgeleistung zu sichern, auch etwa vorkommende Unangemessenheiten in Erledigung ihrer Erlasse zu rügen."**

---

1) Vgl. auch Struckmann und Koch zu § 157 GVG. Anm. 8.
2) Hier fehlt anscheinend das Wort: „oder".
3) Gegen Richter finden danach Strafbefehle nicht statt. Vgl. AGzGVG. § 80.

d) Gerichtshof zur Entscheidung der Kompetenzkonflikte zwischen den Gerichten und Verwaltungsbehörden zu Berlin.

Eine Rechtshilfebestimmung fehlt (Kgl. Verordnung vom 1. August 1879, GS. S. 573).

e) Das Oberverwaltungsgericht[1]) ist jetzt zur Entscheidung der Konflikte bei Beamtenverfolgungen zuständig (vgl. § 11 EGzGVG., preußisches Gesetz vom 13. Februar 1854, GS. S. 86 und Gesetz vom 30. Juli 1883, GS. S. 195, § 14).

Der § 2 des Gesetzes vom 13. Februar 1854 (GS. S. 86) bestimmt:

„Erachtet das Oberverwaltungsgericht vor Fällung seines Urteils noch tatsächliche Ermittelungen für erforderlich, so ist es befugt, solche durch die Verwaltungs- oder durch die Gerichtsbehörden zu veranlassen, insbesondere . . .“

f) Verwaltungsgerichte[2]):

Das Gesetz über die allgemeine Landesverwaltung vom 30. Juli 1883 (GS. S. 195) bestimmt:

Zweiter Titel. Verwaltungsbehörden.

V. Abschnitt. Stellung der Behörden.

§ 48. „Die dienstliche Aufsicht über die Geschäftsführung des Kreis-(Stadt-)Ausschusses wird von dem Regierungspräsidenten, in Berlin von dem Oberpräsidenten, die Aufsicht über die Geschäftsführung des Bezirksausschusses von dem Oberpräsidenten, die Aufsicht über die Geschäftsführung des Provinzialrates von dem Minister des Innern geführt.

Vorstellungen gegen die geschäftlichen Aufsichtsverfügungen des Regierungspräsidenten unterliegen der endgültigen Beschlußfassung des Oberpräsidenten, Vorstellungen gegen die Aufsichtsverfügungen des Oberpräsidenten der endgültigen Beschlußfassung des Ministers des Innern.

Die Aufsichtsbehörden sind zur Vornahme allgemeiner Geschäftsrevisionen befugt.

§ 49. „Die in § 48 bezeichneten Behörden haben sich gegenseitig Rechtshilfe zu leisten[3]). Sie haben den geschäftlichen Aufträgen und Anweisungen der ihnen im Instanzenzuge vorgesetzten Behörden Folge zu leisten.“

1) Wegen der Kosten der Rechtshilfe vgl. Allg. Verf. von. 16. Januar 1883 (JMBl. S. 12).

2) Wegen der Kosten der Rechtshilfe seitens der ordentlichen Gerichte vgl. Allg. Verf. vom 16. Januar 1883 (JMBl. S. 12).

3) Dies bezieht sich nicht auf die ordentlichen Gerichte.

Dritter Titel. Verfahren.

II. Abschnitt. Verwaltungsstreitverfahren.

2. Von dem Verfahren in erster Instanz.

§§ 63—75 . . . .

§ 76. „Das Gericht[1]) ist befugt — geeigneten Falls schon vor Anberaumung der mündlichen Verhandlung — Untersuchungen an Ort und Stelle zu veranlassen, Zeugen und Sachverständige zu laden und eidlich zu vernehmen, überhaupt den angetretenen oder nach dem Ermessen des Gerichts erforderlichen Beweis in vollem Umfange zu erheben."

§ 77[2]). „Das Gericht kann die Beweiserhebung durch eines seiner Mitglieder oder erforderlichen Falls durch eine zu dem Ende zu ersuchende sonstige Behörde bewirken lassen. Es kann verordnen, daß die Beweiserhebung in der mündlichen Verhandlung erfolgen soll. Die Beweisverhandlungen sind unter Zuziehung eines vereidigten oder von der betreffenden Behörde durch Handschlag zu verpflichtenden Protokollführers aufzunehmen."

§ 78. „Hinsichtlich der Verpflichtung, sich als Zeuge oder Sachverständiger vernehmen zu lassen, sowie hinsichtlich der im Falle des Ungehorsams zu verhängenden Strafen kommen die Bestimmungen der bürgerlichen Prozeßgesetze mit der Maßgabe zur Anwendung, daß im Falle des Ungehorsams die zu erkennende Geldbuße den Betrag von Einhundertfünfzig Mark nicht übersteigen darf.

Gegen die eine Strafe oder die Nichtverpflichtung des Zeugen oder Sachverständigen aussprechende Entscheidung[3]) steht den Beteiligten innerhalb zwei Wochen die Beschwerde an das im Instanzenzuge zunächst vorgesetzte Gericht, gegen die in zweiter Instanz ergangene Entscheidung des Bezirksausschusses die weitere Beschwerde an das Oberverwaltungsgericht zu.

Unter den „sonstigen Behörden" im Sinne des § 77 a. a. O. sind auch die Amtsgerichte zu verstehen (OLG. Frankfurt 2. Februar 1892, Böhm, Zeitschrift Bd. 3 S. 539), anderer Ansicht Jastrow, Handbuch für amtsrichterliche Geschäfte S. 517,

---

1) Also Kreis-(Stadt-)Ausschuß, Bezirksausschuß und Oberverwaltungsgericht.

2) Die §§ 76 und 77 finden nach §§ 92 und 120 a. a. O. auch auf das Verfahren in der Berufungsinstanz und auf das Beschlußverfahren Anwendung.

3) Welche in jedem Falle der ersuchenden Behörde zusteht.

welcher nur die im § 48 oben bezeichneten Behörden damit bezeichnet sieht. Nach dem Justizministerialreskript vom 31. Dezember 1883 (Müller S. 9 zu 9 b) sollen Requisitionen des Kreisausschusses am selben Orte und Zeugenvernehmungen auf den Gerichtstagen erledigt werden, sofern nicht nur die Zeugen, sondern auch die Parteien bezw. deren Bevollmächtigte im Bezirk des Gerichtstages wohnen oder eine Benachrichtigung der letzteren nicht erforderlich, auch die Verhandlung voraussichtlich nicht zeitraubend ist. Dieser Verfügung wird man beipflichten müssen. Die Leistung der Rechtshilfe setzt allerdings voraus, daß die ersuchende Behörde zur Erledigung nicht zuständig ist. Da der Kreisausschuß mit dem Amtsgerichte an demselben Orte sich befindet, so kann er selbst die Zeugen vernehmen, aber es entstehen dadurch größere Kosten, als wenn das Gericht sie auf dem Gerichtstage vernimmt. Zeugen am Sitze des Kreisausschusses braucht das Amtsgericht mit gleichem Amtssitz natürlich nicht zu vernehmen. Das Amtsgericht darf das Ersuchen nicht etwa ablehnen, weil die Erledigung durch einen anderen Kreisausschuß erfolgen könne. Ob das Amtsgericht oder ein anderes Verwaltungsgericht um die Rechtshilfe zu ersuchen ist, steht im Ermessen des ersuchenden Verwaltungsgerichtes[1]).

Lehnt das Amtsgericht, für welches die Vorschriften des § 159 GVG. entsprechende Anwendung finden, die Leistung der Rechtshilfe ab, so entscheidet in Anwendung des § 87 Abs. 2 AGzGVG. das übergeordnete Oberlandesgericht und zwar endgültig (OLG. Frankfurt a. a. O.). Das Reichsgericht ist zur Mitwirkung nicht berufen.

Wegen der Rechtshilfe im Verwaltungszwangsverfahren siehe unten II.

g) Steuerbehörden[2]).

1. Einkommensteuergesetz vom 19. Juni 1906 (GS. S. 259)[3]).

α) **§ 36 Abs. 6: „Sämtliche Staats- und Kommunalbehörden haben die Einsicht aller die Einkommensverhältnisse**

---

1) Bei Mißbräuchen ist die Dienstaufsichtsbeschwerde zulässig.

2) Wegen der von den Amtsgerichten den Steuerbehörden behufs Veranlagung der Einkommens- und der Ergänzungssteuer zu machenden Mitteilungen s. die Allg. Verfügung vom 15. November 1894 (JMBl. S. 314). Für die Reichssteuer sind in den betr. Gesetzen ebenfalls Vorschriften erlassen, welche sich aber vorzugsweise auf das Strafverfahren beziehen.

3) Nach dem Kommunalabgabengesetze vom 14. Juli 1893 besteht eine Auskunftspflicht in Gemeindesteuersachen für die Gerichte nicht. Es findet aber die Verordnung vom 2. Januar 1849 (s. oben S. 114) Anwendung.

der Steuerpflichtigen betreffenden Bücher, Akten, Urkunden[1]) usw. zu gestatten und auf Ersuchen[2]) Abschriften aus denselben zu erteilen, sofern nicht besondere gesetzliche Bestimmungen oder dienstliche Rücksichten entgegenstehen. Die Einsicht der Bücher, Akten usw. der Sparkassen ist nicht gestattet."

Die Einsicht ist dem Vorsitzenden oder dem von diesem beauftragten Beamten oder Kommissionsmitgliede zu gestatten (Ausf.-Anw. vom 25. Juli 1906 Art. 51). Beschwerden wegen Verweigerung der Einsicht oder Abschrift werden im Dienstaufsichtswege erledigt. Die Abschriften sind kostenfrei (Ausf.-Anw. Art. 51). Einsicht in das Reichs- oder das Staatsschuldbuch ist nicht gestattet.

β) Veranlagungsverfahren. **§ 40 Abs. 2: „Die Veranlagungskommission (nicht der Vorsitzende) kann ... die uneidliche Vernehmung von Zeugen und Sachverständigen veranlassen. Die zu Vernehmenden dürfen die Auskunftserteilung nur unter den Voraussetzungen ablehnen, welche nach der Zivilprozeßordnung (§§ 383—385, 407, 408) zur Ablehnung eines Zeugnisses bezw. Gutachtens berechtigen."**

Nach § 40 Abs. 2 kann die Veranlagungskommission (nicht der Vorsitzende) die uneidliche Vernehmung von Zeugen und Sachverständigen veranlassen. Aus letzterem Worte folgt die Rechtshilfepflicht der anderen preußischen Behörden, wie oben ausgeführt ist. Ein Ersuchen an die ordentlichen Gerichte soll nach der Ausf.-Anw.[3]) vom 25. Juli 1906 Art. 61 stattfinden, wenn Zeugen und Sachverständige aus unzureichenden Gründen, also aus anderen als den in §§ 382—385, 407, 408 ZPO. die Auskunfterteilung ablehnen. In diesem Falle steht nämlich der Veranlagungskommission ein Zwangsmittel nicht zur Verfügung. Hier bleibt nur übrig, das zuständige Amtsgericht zu ersuchen, damit dieses Zwang anwende. Das Amtsgericht ist übrigens nicht der blinde Vollstrecker des Willens der Veranlagungskommission, sondern hat selbständig zu prüfen, ob der geltend gemachte Weigerungsgrund gerechtfertigt ist oder nicht. Eidliche Vernehmung findet überhaupt nicht statt[4]). Das Amtsgericht

---

1) Insbesondere auch der Grundbücher und Grundakten.

2) D. h. der Veranlagungskommission bezw. der Berufungskommission oder des Vorsitzenden derselben (vgl. § 40 Abs. 2).

3) Diese hat mit den Einkommen-Steuergesetzen gleiche Kraft, da der Finanzminister in § 88 mit der Ausführung des Gesetzes beauftragt ist. Vgl. KG. 15. März 1897 bei Kamptz-Delius, Rechtspr. 1, 204.

4) Unrichtig ist die Ansicht des OLG. Breslau (R. d. OLG. 18, 384), daß die Gerichte im Veranlagungsverfahren nicht zur Rechtshilfe verpflichtet seien. Ganz abwegig ist die auch von dem Justiz- und dem Finanzminister nicht gebilligte Beschwerde-

kann übrigens auch um Rechtshilfe ersucht werden, wenn unberechtigte Weigerungsgründe nicht geltend gemacht werden, sondern wenn unter besonderen Verhältnissen die Inanspruchnahme des Gerichts sich rechtfertigt, z. B. die Erlangung der Aussage auf anderem Wege schwierig oder unmöglich ist. Die Ausführungs-Anweisung sieht zwar für diesen Fall eine Requisition an das Gericht nicht vor, schließt sie aber nicht aus. Die Rechtshilfepflicht der Amtsgerichte ist eine uneingeschränkte, bei Mißbräuchen ist die Dienstaufsichtsbeschwerde bei der vorgesetzten Behörde der ersuchenden Veranlagungskommission gegeben.

γ) Einspruch. **§ 45 Abs. 5: „Behufs Prüfung des Einspruches können die Veranlagungskommission und deren Vorsitzender eine genaue Feststellung der Vermögens- und Einkommensverhältnisse des Steuerpflichtigen unter Anwendung der in § 40 genannten Hilfsmittel veranlassen.“**

§ 45 Abs. 5 gibt abweichend von § 40 auch dem Vorsitzenden dieselben Befugnisse, wie sie § 40 feststellt. Also auch hier ist nur uneidliche Vernehmung durch das Amtsgericht zulässig.

δ) Berufung. **§ 48 Abs. 4: „Die Berufungskommission und deren Vorsitzender können ferner die Beeidigung des Zeugnisses oder Gutachtens der vernommenen Zeugen bezw. Sachverständigen vor dem zuständigen Amtsgerichte erfordern.“**

Erst § 48 Abs. 4 gibt der Berufungskommission und deren Vorsitzendem ausdrücklich das Recht, die Beeidigung des Zeugnisses oder Gutachtens der vernommenen Zeugen bezw. Sachverständigen vor dem zuständigen Amtsgericht zu fordern[1]). Es muß also eine Vernehmung, sei es durch eine Verwaltungsbehörde oder (vgl. § 40 Abs. 2 oben) durch ein Amtsgericht bereits erfolgt sein. Ergeben sich bei der eidlichen Vernehmung neue Tatsachen usw., über welche der Zeuge sich noch nicht ausgelassen hat, so hat das Amtsgericht, soweit es dieselben für erheblich hält, sie zu Protokoll zu nehmen und den Zeugen auch

---

Entscheidung des Landgerichts I Berlin (Zivilkammer 22) vom 21. Dezember 1908 (T. 28/08), daß Vernehmung von Zeugen durch das Gericht angesichts des § 4 EG. zGVG. unzulässig sei. Vgl. auch Glaßer in PreußVerwBl. 31, 80 und MinistErl. vom 11. August 1909, II 10 029, ebenda. Man versteht nicht, wie in dem betr. Falle das Landgericht als Beschwerdegericht entscheiden konnte, da nach § 87 AGzGVG. das Oberlandesgericht zuständig ist.

1) Vgl. OLG. Köln vom 8. Oktober 1909, RheinArch. n. F. 5 I, 234.

daraufhin zu beeidigen[1]). Die Zwangsmaßregeln bringt das Amtsgericht ohne besonderen Antrag zur Anwendung.

2. Gewerbesteuergesetz vom 24. Juni 1891 (GS. S. 205).

§ 25 Abs. 5: **„Sämtliche Staats- und Kommunalbehörden haben dem Vorsitzenden die Einsicht aller die Gewerbsverhältnisse der Steuerpflichtigen betreffenden Bücher, Akten, Urkunden usw. zu gestatten, sofern nicht besondere gesetzliche Bestimmungen oder dienstliche Rücksichten entgegenstehen."**

§ 26. **„Der Steuerausschuß ist berechtigt, Sachverständige und Auskunftspersonen zu vernehmen, nötigenfalls auch dieselben zu beeidigen oder deren eidliche Vernehmung zu veranlassen.**

Dieselben können die Auskunftserteilung auf die ihnen vorgelegten Fragen nur aus den nach Bestimmung der Zivilprozeßordnung zur Verweigerung des Zeugnisses berechtigenden Gründen ablehnen. Personen, welche bei den Steuerpflichtigen bedienstet sind oder waren, bleiben von der Vernehmung ausgeschlossen, insofern der Steuerpflichtige damit nicht einverstanden ist."

Das Wort „veranlassen" begründet die Rechtshilfepflicht. Eidliche Vernehmungen bewirkt der Steuerausschuß (nicht dessen Vorsitzender) nach seinem Ermessen selbst oder durch Requisition des Amtsgerichts. Wenn Jastrow, Handbuch S. 541, meint, daß uneidliche Vernehmungen der Steuerausschuß selbst bewirke, so ist das nicht zutreffend; auch hier kann er sich bezüglich auswärts d. h. außerhalb seines Amtsbezirkes wohnender Zeugen usw. der Mitwirkung anderer Steuerausschüsse oder des Amtsgerichts gemäß der Verordnung vom 3. Januar 1849 bedienen. Zeugniszwang kann nur das Amtsgericht ausüben.

Daß der Zeuge usw. bereits vernommen ist, ist nicht Voraussetzung für die eidliche Vernehmung im Sinne des § 26 Abs. 1.

3. Ergänzungssteuergesetz vom 19. Juni 1906 (GS. S. 259).

Veranlagungsverfahren.

§ 25 Abs. 5. **„Sämtliche Staats- und Kommunalbehörden und Beamte, mit Ausnahme der Notare, haben die Einsicht aller die Vermögensverhältnisse der Steuerpflichtigen be-**

1) OLG. Breslau (Beschl. vom 29. Juni 1908, R. d. OLG. 18, 384) meint, daß über die Berechtigung der Zeugnisverweigerung nicht das ersuchte Gericht, sondern die Berufungskommission zu entscheiden habe. Vgl. aber oben § 5 S. 85.

treffenden Bücher, Akten, Urkunden usw. zu gestatten und auf Ersuchen Abschriften aus denselben zu erteilen, sofern nicht besondere gesetzliche Bestimmungen oder dienstliche Rücksichten entgegenstehen. Die Einsicht der Bücher, Akten usw. der Sparkassen ist nicht gestattet."

§ 29. „Die Veranlagungskommission . . . hat das Recht . . . und sonstige zur Feststellung erheblicher Tatsachen erforderliche Ermittelungen vorzunehmen."

Danach dürfte auch die uneidliche Vernehmung von Zeugen und Sachverständigen zulässig sein. Vgl. oben unter „Einkommensteuer".

Einspruch. § 34 Abs. 4. „Die Veranlagungskommission und deren Vorsitzender . . . sind ferner befugt, die Vernehmung von Zeugen und Sachverständigen zu veranlassen."

§ 34 Abs. 5. „Die zu vernehmenden Personen dürfen die Auskunftserteilung nur unter den Voraussetzungen ablehnen, welche nach der ZPO. zur Ablehnung eines Zeugnisses bezw. Gutachtens berechtigen."

Berufungskommission.

§ 36 Abs. 2: „Die Vorschriften des § 34 Abs. 2—4 dieses Gesetzes und des § 48 Abs. 2 und 4 des Einkommensteuergesetzes findet entsprechende Anwendung.

Vgl. oben 1*d* unter „Einkommensteuer".

4. Warenhaussteuergesetz vom 18. Juli 1900 (GS. S. 294).

Nach § 13 a. a. O. finden die §§ 25 und 26 des Gewerbesteuergesetzes hinsichtlich der Befugnisse der Steuerausschüsse und ihrer Vorsitzenden sinngemäße Anwendung. Die Veranlagung der Warenhaussteuer erfolgt nach § 8 a a. O. durch den örtlich zuständigen Steuerausschuß der Gewerbesteuerklasse I (Gewerbesteuergesetz vom 24. Juni 1891).

5. Das Kommunalabgabengesetz vom 14. Juli 1893 enthält keine Vorschriften über Rechtshilfe. Sofern nicht das Reichsgesetz vom 9. Juni 1895 Platz greift, ist innerhalb Preußens die Verordnung vom 2. Januar 1849 maßgebend.

6. Stempelsachen: (Stempelsteuergesetz vom 30. Juni 1909 GS. S. 535).

§ 7 Abs. 5: „Alle mittelbaren und unmittelbare Behörden und Beamten sind verbunden, der Zollbehörde oder den zur Einziehung oder Verwendung des Stempels noch sonst verpflichteten Behörden oder Beamten Auskunft über die für die Festsetzung der Stempelsteuer in Betracht kommenden tatsächlichen Verhältnisse zu erteilen".

Der § 30 Abs. 3 macht es den Behörden zur Pflicht, Stempeldefraudationen zur Anzeige zu bringen.

Nach § 31 Abs. 2 a. a. O. sind alle Behörden und Beamten, einschl. der Notare, verpflichtet, den Vorständen der Stempelsteuerämter behufs Prüfung der gehörigen Abgabenentrichtung die Einsicht ihrer Akten, Bücher und Schriftstücke zu gestatten[1]).

h) Disziplinarbehörden.

1. Disziplinarbehörden für Reichs- und Landesbeamte. Insoweit diese Behörden „Gerichte" sind, richtet sich die Rechtshilfe zwischen den verschiedenen Bundesstaaten nach dem Rechtshilfegesetz vom 21. Juni 1869[2]), diejenige innerhalb Preußens nach § 87 AGzGVG.[4]) (s. oben S. 44).

Maßgebend für die nicht richterlichen Disziplinarbehörden in Preußen ist § 38 der Verordnung von 1849 (s. oben S. 114), im übrigen fehlt es sowohl im preußischen Disziplinargesetz vom 21. Juli 1852, als im Reichsbeamtengesetz vom 18. Mai 1907 (RGBl. S. 245) an einer Vorschrift. Die Praxis nimmt indessen eine Rechtshilfepflicht sowohl gegenüber den Disziplinarspruchbehörden als auch gegenüber den zu Ordnungsstrafen befugten Vorgesetzten an und zwar auch im bloßen Ermittelungsverfahren[3]); sie nimmt ferner für alle diese Prozeduren einen dem Strafprozeß analogen Zeugniszwang als existent an, wobei die Entscheidung über das Vorliegen einer Veranlassung für das Disziplinarverfahren und über die sachliche Erforderlichkeit der Aussage des Zeugen der Verwaltungsbehörde, die Entscheidung über Zeugnisverweigerungsgründe dagegen dem Gericht zustehen soll[5]).

---

1) Ähnliche Verpflichtungen sind in dem Reichsstempelsteuergesetze vom 22. Juli 1909 (RGBl. S. 833) §§ 100 und 101 konstituiert.

2) Nicht nach §§ 159 ff. GVG. (RG. 21. Oktober 1889, E. in Strafs. Bd. 19 S. 438). Vgl. auch OLG. Hamm vom 2. Juni 1892, Böhm, Zeitschr. Bd. 5 S. 513 und Plenum des Landgerichtes Bückeburg bei Böhm a. a. O. Bd. 1 S. 371.

3) OLG. Köln vom 16. März 1897 (Böhm, Zeitschr. Bd. 7 S. 518).

4) Der § 110 a. a. O. sagt zwar, daß die Gerichtsbarkeit der Disziplinargerichte von den Vorschriften dieses Gesetzes nicht berührt werde. Allein damit ist die im § 87 besonders geregelte Rechtshilfe nicht gemeint.

5) Vgl. Urteile des preuß. Obertribunals vom 10. Mai 1861 (GoltdArch. Bd. 9 S. 487) und die Zusammenstellung der Rechtsprechung des früheren Obertribunals hierüber bei Rönne, Ergänzungen und Erläuterungen der preußischen (Rechtsbücher, 5. Ausg. (Berlin 1868) Bd. 4 S. 756 ff., sowie KG. vom 6. Oktober 1890 Johow Bd. 10 S. 3); endlich JMBl. 1862 S. 234, Goltd Arch. 39, 248 und Entsch. d. Oberverwaltungsgerichts Bd. 20 S. 445. Das OLG. Posen (Beschl. des V. ZS.

Die Rechtshilfe wird abzulehnen sein, wenn die Voraussetzungen des § 159 GVG. vorliegen. Verweigert das angegangene Amtsgericht die Rechtshilfe[1]), so findet gegen diese Entscheidung die Beschwerde an das örtlich zuständige Oberlandesgericht[2]), nicht aber Beschwerde an das Landgericht und weitere Beschwerde an das Kammergericht statt (KG. 6. Oktober 1890, Johow Bd. 10 S. 3)[3]). Vgl. oben § 5 und ferner § 87 Abs. 2 AGzGVG. Das Reichsgericht ist niemals zur Entscheidung berufen (Straff. Bd. 19 S. 439, Bd. 22 S. 111).

In den preußischen Gesetzen vom 7. Mai 1851 bezw. 21. Juli 1852 betr. die Dienstvergehen der Richter bezw. der nicht richterlichen Beamten findet sich im § 27 bezw. § 32 nur der Vermerk: In der Voruntersuchung ....; es werden die Zeugen eidlich vernommen ...". Eine gleichlautende Bestimmung enthält § 94 des Reichsbeamtengesetzes vom 18. Mai 1907. Die Zeugen werden hier „nach Befinden" eidlich vernommen. Hierdurch ist den Disziplinarbehörden die Befugnis zugesprochen, eidliche Aussagen von Personen, deren Vernehmung sie für nötig erachten, zu erlangen und nötigenfalls zu erzwingen.

In den Motiven zu der Novelle zum preußischen Disziplinargesetz vom 9. April 1879 (vgl. Drucksachen des Herrnhauses 1878/79 Nr. 17 S. 28; Drucksachen des Abg.-Hauses 1878/79 Nr. 197 S. 2) heißt es: „es hat bisher keinem Bedenken unterlegen, die allgemeinen Vorschriften des Strafprozesses z. B. die Vorschriften über Vernehmung der Zeugen, deren Ladung, Zwang zum Erscheinen und Beeidigung ergänzend zur Anwendung zu

---

vom 14. Juni 1907, R. d. OLG. 14, 325) sagt: „Den Vorstehern der Disziplinarbehörden, zu denen nach dem Gesetz vom 17. Juni 1880 § 1 auch die Präsidenten der Eisenbahndirektionen gehören, sind strafrechtliche Funktionen übertragen, nämlich die Befugnis, die ihnen unterstellten Beamten zu bestrafen und ein Disziplinarverfahren gegen sie einzuleiten. Ihr Ersuchen um Vernehmung von Zeugen zur Beschaffung einer Unterlage für ein eventuell einzuleitendes Disziplinarverfahren charakterisiert sich deshalb als Ersuchen um Rechtshilfe. Die Vorschriften des Strafverfahrens finden auf das Disziplinarverfahren entsprechende Anwendung, also auch die §§ 159 ff. GVG. über Rechtshilfe. Als Beschwerdegericht entscheidet das Oberlandesgericht, welches dem ersuchten Amtsgericht übergeordnet ist. Rechtshilfe findet nicht statt, wenn die ersuchende Behörde die Handlung selbst vornehmen kann". Auffällig ist nur, daß hier ein Zivilsenat, und nicht ein Strafsenat über die Beschwerde entschieden hat.

1) Das Ersuchen eines Untersuchungskommissars in Disziplinarsachen um eidliche Vernehmung von Zeugen kann das Amtsgericht nur aus denselben Gründen, wie das Ersuchen eines Untersuchungsrichters im gerichtlichen Strafverfahren ablehnen, also aus den in § 159 Abs. 2 GVG. erwähnten Gründen oder auch weil die ersuchende Behörde an dem Orte, an dem die Amtshandlung vorgenommen werden soll, selbst ansässig ist (OLG. Celle vom 7. Februar 1907, PreußVerwBl. 28, 515).

2) Es entscheidet ein Strafsenat (OLG. Köln vom 16. März 1897, Böhm, Zeitschr. Bd. 7 S. 518.

3) Hier hat allerdings ein Zivilsenat entschieden, jedoch mit Unrecht.

bringen. Von demselben Gesichtspunkte ist das Reichsbeamtengesetz vom 31. Mai 1873 ausgegangen. Bei dieser Sachlage wird man auch in Zukunft unbedenklich der Rechtsprechung die Prüfung und Entscheidung der Frage überlassen können, inwieweit die Vorschriften des gewöhnlichen Strafprozesses, also der StPO. auf das Disziplinarverfahren subsidiäre Anwendung finden".

Hiernach hat den Gesetzgeber den durch die Rechtsprechung des Obertribunals festgestellten Rechtszustand, nach welchem auch der ersuchte Richter gegen Aussage oder Eid weigernde Zeugen nach Maßgabe der StPO. vorgehen muß, sanktioniert[1]).

Die Zulässigkeit der Verweigerung des Zeugnisses richtet sich nach der StPO. Wird der Grund für ungerechtfertigt erklärt, so entscheidet auf Beschwerde das Landgericht und zwar nach § 452 StPO. endgültig.

In dem Verfahren betr. die Feststellung der seitens Beamter verursachten Defekte an öffentlichem oder Privatvermögen (sog. Defektenverfahren) müssen, falls ein Reichsbeamter der schuldige Beamte ist, alle Gerichte usw. dem Ersuchen der Verwaltungsbehörden um Ausführung des Defektenbeschlusses gemäß § 143 des Reichsbeamtengesetzes vom 31. März 1873 Folge leisten. Kommt ein preußischer Beamte in Frage, so sind die preußischen Gerichte gemäß §§ 14 und 15 der Verordnung vom 24. Januar 1844 (GS. S. 52) in derselben Weise verpflichtet.

Von Klagen (Zahlungsbefehlen) und Anträgen auf Leistung des Offenbarungseides gegen aktive Beamte (auch mittelbare) wird regelmäßig der vorgesetzten Dienstbehörde Nachricht zu geben sein. Vgl. Verf. des preuß. Justizministers vom 12. Juli 1854 (Delius, ZPO. S. 204) und vom 12. Juni 1858 (JMBl. 1894 S. 306).

2. Ehrengerichte für Offiziere.

Nach der Allerhöchsten Kabinettsordre vom 18. Juli 1844 (GS. S. 299) ist jedermann im Staate ohne Unterschied des Standes schuldig, in ehrengerichtlichen Untersuchungen sich als Zeuge vernehmen zu lassen und muß der Vorladung zur eidlichen Vernehmung als Zeuge in einer solchen Untersuchung — gleichviel ob die Vernehmung durch den Ehrenrat[2]) oder ein dazu requiriertes Militär- oder Zivilgericht erfolgen soll — bei Ver-

1) Vgl. Delius, Zeugniszwang in Disziplinarsachen (DJZ. 1898 S. 48).

2) Die Vernehmung durch den Ehrenrat darf jetzt nach § 36 der Verordnung vom 2. Mai 1874 nur uneidlich erfolgen.

meidung der im § 312 der Kriminalordnung angedrohten Strafen[1]) genügt werden[2]). Man wird annehmen müssen, daß die Kabinettsordre von 1844 gemäß Art. 61 der deutschen Reichsverfassung in ganz Deutschland mit Ausnahme Bayerns Geltung hat[3]).

Die Verordnung über die Ehrengerichte der Offiziere im preußischen Heere vom 2. Mai 1874 bestimmt[4]):

§ 35. Der Kommandeur veranlaßt die Vorladung des Angeschuldigten und der Zeugen. Sind sie am Ort anwesend, so geschieht ihre Vernehmung durch denjenigen Ehrenrat, der die Untersuchung führt, andernfalls durch einen dazu requirierten, ihrem Aufenthaltsorte nahen Ehrenrat oder durch ein Militär- oder Zivilgericht.

Ehrenräte, durch welche Vernehmungen zu bewirken sind, werden durch eine Requisition des Kommandeurs an ihre Vorgesetzten, Militärgerichte durch eine Requisition an den Gerichtsherrn dazu veranlaßt. Zivilgerichte werden zu demselben Zweck durch ein Militärgericht requiriert.

§ 36. Die Vernehmungen durch den Ehrenrat geschehen protokollarisch.

— — — — — —

Zeugen, welche deutsche Offiziere sind, werden nicht vereidigt, sondern versichern die Richtigkeit ihrer Aussage auf Ehre und Pflicht. Ist die Vereidigung anderer Zeugen notwendig[5]), so geschieht dieselbe stets durch ein dazu requirierendes Militär- oder Zivilgericht[6]).

Die vorstehenden Bestimmungen sind auch anzuwenden auf die Ehrengerichte der Marine, der Kaiserlichen Schutztruppe

1) Es hat damit nur das allgemeine Strafprozeßrecht bezeichnet werden sollen, so daß jetzt § 69 StPO. maßgebend ist.

2) Ein sachsen-meiningensches Amtsgericht muß dem Rechtshilfeersuchen eines preußischen Militärehrengerichts Folge leisten. Es ist dies angenommen auf Grund des § 55 bezw. Art. 3 der Sachs.-Meiningenschen Gesetze vom 17. Dezember 1878 bezw. 1. Juli 1885 (s. oben S. 53) vom OLG. Jena (Beschluß vom 19. Mai 1903; Blätter f. Rechtspfl. i. Thür. Bd. 50 S. 299). Dagegen vertritt das OLG. Darmstadt (Beschl. vom 15. April 1908, DJZ. 1909 S. 495) die Auffassung, daß den militärischen Ehrengerichten, insbesondere den durch Kabinettsordre vom 9. April 1901 eingerichteten Ehrengerichten für Sanitätsoffiziere, mangels einer reichsgesetzlichen oder landesgesetzlichen Vorschrift Rechtshilfe nicht geleistet werden braucht.

3) Vgl. Delius im Archiv f. öffentl. Recht Bd. 9 S. 264.

4) Eine gleiche Kabinettsordre ist auch für die bayerischen, württembergischen und sächsischen Truppenteile erlassen. Die bayerische Kabinettsordre vom 31. August 1874 ist abgedruckt im BayMilVBl. S. 253.

5) Uneidliche Vernehmungen können, eidliche müssen durch Requisition erfolgen.

6) Die Requisition an letzteres ist durch ein Militärgericht zu erlassen. § 35.

und der Sanitätsoffiziere (vgl. Allerh. Kabinettsordre vom 9. April 1901).

Durch die Kabinettsordre vom 18. Juli 1844, welche Gesetzeskraft hat, ist stillschweigend zugleich eine Rechtshilfepflicht konstituiert. Will man dies nicht annehmen, so würde sich fragen, ob die Königliche Verordnung vom 2. Mai 1874 geeignet ist, eine Rechtshilfepflicht für die Gerichte zu begründen; dies dürfte zweifelhaft erscheinen. Allein dieser Punkt kann dahin gestellt bleiben. Früher war nämlich maßgebend die Kabinettsordre vom 20. Juli 1843, welche in den §§ 35 und 36 Bestimmungen über die Rechtshilfe der Zivilgerichte traf. Diese hatte zweifellos Gesetzeskraft, sie konnte durch die Kabinettsordre vom 2. Mai 1874 nicht aufgehoben werden, gilt also auch jetzt noch. Jedenfalls besteht für die preußischen Gerichte eine Beistandspflicht gegenüber den Ehrenräten, welche als „Gericht" nicht bezeichnet werden können, auf Grund der oben erwähnten Verordnung vom 2. Januar 1849.

Allein jeder Zweifel bezüglich der Rechtshilfepflicht muß schwinden, wenn man erwägt, daß die Requisition der Zivilgerichte durch ein Militärgericht[1]) erfolgen sollen. Dem Militärgerichte muß nach dem Rechtshilfegesetze vom 21. Juni 1869 (s. oben § 3 S. 67 ff.) Rechtshilfe geleistet werden. Dort ist allerdings nur von Strafsachen die Rede, allein, wie schon oben ausgeführt ist, Disziplinarsachen werden nach den Vorschriften über Strafprozeß behandelt. Wir kommen somit zu dem Ergebnis, daß auch bayerischen Ehrenräten seitens preußischer Zivilgerichte usw. Rechtshilfe geleistet werden muß[2]). Die zu vernehmenden Zeugen dürfen ihre Aussage verweigern, wenn sie nach der deutschen Strafprozeßordnung dazu berechtigt sind.

Beschwerden wegen verweigerter Rechtshilfe werden gemäß § 38 des Rechtshilfegesetzes vom 21. Juni 1869[3]) erledigt. Sofern jedoch ein preußischer Ehrenrat und ein preußisches Zivilgericht in Frage steht, wird § 87 Abs. 2 AGzGVG. Anwendung zu finden haben[4]).

---

1) Z. B. das Gericht des X-Regiments oder des X-Landwehrbataillons. Daß das Militärgericht rechtsgültig mit der Erledigung solcher Ehrenratssachen, welche an sich nicht in seinen Geschäftskreis fallen, betraut werden kann, dürfte nicht zweifelhaft sein.

2) Anderer Ansicht OLG. Jena vom 19. Mai 1903 (Blätter f. Rechtspfl. in Thüringen Bd. 50 S. 299).

3) Vgl. OLG. München vom 2. Mai 1888, Goltd Arch. Bd. 37 S. 83.

4) Vgl. auch Allg. Verf. des Justizministers vom 16. Dezember 1907 (JMBl. S. 606) über Zustellungen nach den Ehrengerichtsverordnungen durch Ersuchen der Staatsanwaltschaft.

3. Ehrengerichte für Ärzte. Für den Bezirk jeder Ärztekammer in Preußen ist ein ärztliches Ehrengericht, für den Umfang der Monarchie ein ärztlicher Ehrengerichtshof gebildet. Es bestimmt das Gesetz betr. die ärztlichen Ehrengerichte vom 25. November 1899 (GS. S. 565) folgendes:

§ 11. Gerichts-, Verwaltungs- und Verwaltungsgerichtsbehörden sind, soweit ein dienstliches Interesse nicht entgegensteht, verpflichtet, auf Ersuchen des Ehrengerichts oder seiner beauftragten Mitglieder behufs Aufklärung des Tatbestandes Auskunft zu erteilen (Abs. 1) .....[1])

Das Recht, Zeugen oder Sachverständige eidlich zu vernehmen, oder die Gerichte um Vernehmung von solchen zu ersuchen, steht dem Ehrengericht und seinen beauftragten Mitgliedern nur im förmlichen ehrengerichtlichen Strafverfahren zu (Abs. 3).

§ 19. Das förmliche ehrengerichtliche Verfahren besteht in Voruntersuchung und Hauptverhandlung.

§ 20. Die Voruntersuchung wird durch einen Beschluß des Ehrengerichtes eröffnet.

§ 21. Als Untersuchungskommissar ist in der Regel das richterliche Mitglied des Ehrengerichtes zu bestellen.

§ 24. . . .

Erscheint ein ordnungsmäßig geladener Zeuge oder Sachverständiger nicht oder verweigert derselbe ohne gesetzlichen Grund seine Aussage, so ist der Untersuchungskommissar berechtigt, das zuständige Amtsgericht um dessen eidliche Vernehmung zu ersuchen (Abs. 4).

Auf das Ersuchen finden die Vorschriften der §§ 158—160, 166 GVG.[2]) entsprechende Anwendung (Abs. 5).

Die Vorschriften der Abs. 4 und 5 finden auch Anwendung, wenn der Untersuchungskommissar wegen weiter Entfernung des Wohn- und Aufenthaltsortes des Zeugen oder Sachverständigen das zuständige Amtsgericht um Vernehmung desselben ersucht (Abs. 6).“

---

1) Beschwerlen über die Gerichte werden im Aufsichtswege erledigt, der gerichtliche Instanzenzug fndet nicht statt. Der § 11 bezieht sich nur auf preußische Behörden. Vgl. auch Verfüguig des Justizministers vom 23. April 1890, I 1234, bei Müller S. 1485.

2) Vgl. obei S. 4 und die Ausführungen im § 1 unter I—VI S. 11 ff. Nur preußische Amtsgerchte sind nach Maßgabe der angeführten Paragraphen zur Rechtshilfe verpflichtet. Iber die Beschwerde gegen das Amtsgericht entscheidet das übergeordnete Oberlanlesgericht endgültig. Das Reichsgericht ist nicht zuständig, da ein preußisches Gesetz lierüber nichts bestimmen kann.

Nach Erlaß des Beschlusses auf Eröffnung der Hauptverhandlung:

§ 35. Das Ehrengericht kann nach freiem Ermessen die Vernehmung von Zeugen und Sachverständigen durch einen ersuchten Richter oder in der Hauptverhandlung anordnen.

Die Vorschriften des § 24 Abs. 3—6 finden die entsprechende Anwendung.

Verfahren vor dem Ehrengerichtshofe;

§ 45. Auf das Verfahren in der Berufungs- und Beschwerdeinstanz finden die Vorschriften über das Verfahren erster Instanz entsprechende Anwendung . . . .

§ 46 . . .

„Kosten, welche weder dem Angeschuldigten auferlegt, noch von den Verpflichteten eingezogen werden können, fallen der Kasse der Ärztekammer zur Last. Dieselbe haftet den Zeugen und Sachverständigen für die ihnen zukommende Entschädigung in gleichem Umfange, wie in Strafsachen die Staatskasse" . . .

Bei Zeugen und Sachverständigen, welche der ersuchte Richter ladet, haftet die Staatskasse für die Entschädigung. Die Staatskasse kann aber auf Grund des § 46 a. a. O. Erstattung von der Kasse der Ärztekammer verlangen (Zirkularverfügung des Justizministers vom 23. April 1890 I 1234 bei Müller S. 1485).

4. Apothekerkammern. Auch diese haben nach § 4 der Verordnung betr. die Einrichtung einer Standesvertretung der Apotheker vom 2. Februar 1901 (GS. S. 49) gewisse Disziplinarbefugnisse. Eine Rechtshilfe- bezw. Beistandspflicht der Gerichte ist nicht konstituiert, vgl. aber § 2 a. a. O.

5. Disziplinarbehörden für Studierende. § 8 des Gesetzes vom 29. Mai 1879 (GS. S. 389) betr. die Rechtsverhältnisse der Studierenden und die Disziplin auf den Landes-Universitäten, der Akademie zu Münster und dem Lyceum Hosianum zu Braunsberg, bestimmt:

„Die zur Feststellung eines Disziplinarvergehens erforderlichen Ermittelungen erfolgen durch den Universitätsrichter (Syndikus) und sofern der Rektor (Prorektor) dies verlangt unter seiner Teilnahme.

Der Universitätsrichter (Syndikus) hat behufs dieser Ermittelungen die Befugnis zu Ladungen und zur eidlichen Vernehmung von Zeugen; auch sind die Polizei- und Gerichts-

behörden verpflichtet, ihm auf sein Ansuchen Beistand und Rechtshilfe zu leisten."

h) Heroldsamt. Vgl. Rund-Verf. vom 23. Oktober 1894 (Kayser, Reichsjustizgesetze 7. Aufl. S. 535) und vom 30. April 1907 (ebenda) betr. Mitteilung von Adoptions-Verträgen Bürgerlicher mit Adeligen, von Gerichtsbeschlüssen, welche die Ermächtigung zur Führung des Adelsprädikats in öffentlichen Registern oder Büchern anordnen, oder von Urteilen über das Recht zur Führung eines adeligen Namens.

i) Bergbehörden. Nach § 15 des Allg. Berggesetzes vom 24. Juni 1865 haben bei Mutungen die Bergbehörden bestimmte Ermittelungen vorzunehmen. Zu diesem Zwecke sind eidliche Aussagen von Zeugen unter Umständen erforderlich. Die Bergbehörden können die Amtsgerichte also um eidliche Vernehmung von Zeugen ersuchen. Maßgebend ist § 38 der Verord. vom 2. Januar 1849. Nach dem Erlaß des Handelsministers vom 15. Juni 1864 (Zeitschr. f. Bergrecht 12 S. 200) sollen die Bergbehörden Requisitionen um eidliche Vernehmung von Zeugen durch die ordentlichen Gerichte auf diejenigen Fälle beschränken, wo die unbeeidigten Aussagen derselben vor den Bergrevierbeamten nicht ausreichend erscheinen. Vgl. Wittus in DJZ. 1911 S. 810.

Knappschaftsgesetz vom 19. Juni 1906 (GS. S. 199).

§ 186o. „Die öffentlichen Behörden sind verpflichtet, den im Vollzuge dieses Gesetzes an sie ergehenden Ersuchen[1]**) des Oberschiedsgerichtes, der Schiedsgerichte, anderer öffentlicher Behörden, der Vorstände der Knappschaftsvereine und besonderen Krankenkassen, sowie der Ausschüsse**[2]**) (§ 181 Abs. 1 und § 181a Abs. 2 Ziffer 3) zu entsprechen und den Organen der Knappschaftsvereine auch unaufgefordert alle Mitteilungen zukommen zu lassen, welche für deren Geschäftsbetrieb von Wichtigkeit sind. Die gleiche Verpflichtung liegt den Organen der Knappschaftsvereine gegeneinander und gegenüber den Behörden, sowie den Organen der Versicherungsanstalten für Invalidenversicherung, der Berufsgenossenschaften und der Krankenkassen ob.**

Die durch die Erfüllung dieser Verpflichtungen entstehenden Kosten sind von den Knappschaftsvereinen als

---

1) Die Rechtshilfe aus § 186o ist auf Ersuchen beschränkt, welche sich im Vollzuge des Gesetzes bewegen und eine Rechtshilfe fordern.

2) Von den Organen der Knappschaftsvereine haben nur die hier erwähnten Vorstände und Ausschüsse, nicht auch die sonstigen Organe, wie z. B. die Verwaltungsbeamten, die Befugnis zu Ersuchen um die Rechtshilfe.

eigene Verwaltungskosten insoweit zu erstatten, als sie in Tagegeldern und Reisekosten, sowie in Gebühren für Zeugen und Sachverständige oder in sonstigen baren Auslagen bestehen."

Verordnung über das Verfahren vor den Schiedsgerichten zur Entscheidung von Knappschaftsangelegenheiten vom 29. November 1907 (GS. S. 301)[1]).

§ 16. Hiernach ist das Schiedsgericht befugt, Beweiserhebung durch eine öffentliche Behörde gemäß § 186 o (Ges. vom 19. Juni 1906) erheben zu lassen.

§ 17. Hinsichtlich der Verpflichtung sich als Zeuge oder Sachverständiger vernehmen zu lassen und die Aussage eidlich zu erhärten, finden die Bestimmungen der ZPO. entsprechende Anwendung. Insbesondere ist das Schiedsgericht befugt gegen Zeugen und Sachverständige, welche sich nicht oder nicht rechtzeitig zu den Sitzungen einfinden oder ihre Aussage oder die Eidesleistung ohne Angabe eines Grundes, oder, nachdem der vorgeschützte Grund rechtskräftig für unerheblich erklärt ist, verweigern, eine Geldstrafe bis zu 300 Mark festzusetzen. Kommt die Verhängung oder Vollstreckung von Zwangsmaßregeln in Frage, so ist um diese das Amtsgericht zu ersuchen, in dessen Bezirke die Zeugen oder Sachverständigen ihren Wohnsitz oder in Ermangelung eines solchen ihren Aufenthalt haben. Auf Militärpersonen, welche dem aktiven Heere oder der aktiven Marine angehören, finden die Vorschriften der §§ 380 Abs. 4, 390, Abs. 4, 409 Abs. 3 ZPO. Anwendung.

Rechtshilfe usw. ist auch zu leisten den Vorständen der Knappschaftsvereine und den Schiedsgerichten (§ 186 des Ges. vom 19. Juni 1906, GS. S. 199).

k) Ansiedelungskommission für Westpreußen und Posen. Rechtshilfe nach § 4 der Verord. vom 29. September 1908 (GS. S. 195).

l) Das Verwaltungszwangsverfahren.

1. Die Kgl. Verordnung betr. das Verwaltungszwangsverfahren wegen Beitreibung von Geldbeiträgen vom 15. November 1899 (GS. S. 545) und 13. März 1904 (GS. S. 36) bestimmt:

§ 1. Die Zwangsvollstreckung wegen aller derjenigen Abgaben, Gefälle und sonstigen Geldbeträge, welche nach den

1) Die Verordnung über das Verfahren vor den Oberschiedsgerichten in Knappschaftsangelegenheiten vom 30. November 1907 (GS. S. 312) enthält in den §§ 15 und 16 dieselben Vorschriften, wie §§ 16 und 17 der Verordnung vom 29. November 1907.

bestehenden Vorschriften der Beitreibung im Verwaltungsverfahren unterliegen, erfolgt ausschließlich nach den Vorschriften dieser Verordnung.

Welche Geldleistungen der Beitreibung im Verwaltungszwangsverfahren unterliegen, bestimmt sich nach den allgemeinen oder speziellen Vorschriften (Ausf.-Anw. vom 28. November 1899 Art. 1, Zentralbl. d. Abg. Gesetzgeb. 1900 S. 44).

§ 4. **Diejenigen Behörden oder Beamten, welche die Einziehung der der Beitreibung im Verwaltungszwangsverfahren unterliegender Geldbeträge zusteht, bilden die zur Anordnung und Leitung des Zwangsverfahrens zuständigen Vollstreckungsbehörden** . . . .

Ausf.-Anw. Art. 9: Insoweit den Gemeinden die Einziehung von Geldbeträgen für den Staat obliegt, bilden die Gemeindevorstände, wenn jedoch eine Gemeinde zum Zwecke der Einziehung solcher Geldbeträge selbständige Beamte angestellt hat, diese letzteren die Vollstreckungsbehörde. Ebenso sind die von mehreren zu einem Erhebungsbezirke vereinigten Gemeinden angestellten selbständigen Erhebungsbeamten für ihren Geschäftsbereich als Vollstreckungsbehörde zuständig.

§ 5. **Muß eine Vollstreckungsmaßregel außerhalb des Geschäftsbezirkes der Vollstreckungsbehörde zur Ausführung gebracht werden, so hat die entsprechende Behörde desjenigen Bezirks, in welchem die Ausführung erfolgen soll, auf Ersuchen der Vollstreckungsbehörde das Zwangsverfahren auszuführen. Insoweit von der ersuchten Behörde die Pfändung körperlicher Sachen und deren Versteigerung ausgeführt wird, tritt diese an die Stelle der Vollstreckungsbehörde.**

§ 7. **Der Zwangsvollstreckung soll in der Regel eine Mahnung desjenigen, gegen welchen die Zwangsvollstreckung vorzunehmen ist, mit dreitägiger Zahlungsfrist vorhergehen. In Betreff der Gerichtskosten vertritt die Mitteilung der Kostenrechnung die Stelle der Mahnung.**

Die Mahnung bildet einen Teil des Zwangsverfahrens (Gruchot 34, 764).

Mangels ausdrücklicher gegenteiliger Mitteilung ist die um Zwangsvollstreckung ersuchte Behörde immer berechtigt anzunehmen, daß die Mahnung bereits erfolgt ist, sie kann also ohne weiteres zur Zwangsvollstreckung schreiten (PrVerwBl. 32, 588).

§ 9. **Auf die Zustellungen finden die Vorschriften der ZPO. über Zustellungen, welche von Amts wegen erfolgen, mit folgenden Maßnahmen entsprechende Anwendung:** . . .

Auch für das Verwaltungsverfahren ist Voraussetzung für die Zwangsvollstreckung die Zustellung des Schuldtitels. Diese muß der ersuchten Behörde nachgewiesen werden.

§ 11. In den Fällen der §§ 199—201 ZPO. erfolgt die Zustellung in der dort vorgeschriebenen Weise. Eine in einem anderen deutschen Staate zu bewirkende Zustellung erfolgt mittelst Ersuchens der zuständigen Behörde desselben. Die Zustellung wird durch das schriftliche Zeugnis der ersuchten Behörden oder Beamten, daß die Zustellung erfolgt sei, nachgewiesen.

Die Ersuchungsschreiben sind von der Vollstreckungsbehörde zu erlassen.

Wegen der Zustellung im Auslande s. § 8 unten. Vgl. auch Art. 29 Ausf.-Anw.

§ 13. Dem Schuldner und Dritten gegenüber wird der Vollziehungsbeamte zur Vornahme der Zwangsvollstreckung durch den ihm erteilten und auf Verlangen einer beteiligten Person vorzuzeigenden schriftlichen Auftrag der Vollstreckungsbehörde ermächtigt.

Das Ersuchungsschreiben einer Behörde genügt nicht (RGSt. 27, 297). Die Zuständigkeit des Vollziehungsbeamten ist durch seine eidliche Verpflichtung bedingt (RGSt. 39, 95).

§ 50 a. Um die Ausführung von Maßregeln der Zwangsvollstreckung in Forderungen und andere Vermögensrechte kann die Vollstreckungsbehörde die entsprechende Behörde desjenigen Bezirks, in welchem der Schuldner seinen Wohnsitz oder Aufenthaltsort hat, ersuchen. In diesem Falle tritt die ersuchte Behörde, soweit von ihr Zwangsvollstreckung ausgeführt wird, an die Stelle der Vollstreckungsbehörde.

Zur Pfändung einer Forderung ist diejenige Vollstreckungsbehörde zuständig, welcher die Vollzugsgewalt gegenüber dem Schuldner zusteht. Es ist nicht erforderlich, daß der Drittschuldner der Vollzugsgewalt derselben unterworfen ist. Die Zustellung an den Drittschuldner ist diesem gegenüber keine Vollstreckungshandlung, sondern nur ein Zustellungsakt. Eine preußische Vollstreckungsbehörde kann also eine Forderung gegen einen in Preußen wohnenden Schuldner wirksam pfänden, wenn auch der Drittschuldner in Bayern wohnt (OLG. Zweibrücken 19. April 1910, PrVerwBl. 31, 771).

2. Mitwirkung der ordentlichen Gerichte im Verwaltungszwangsverfahren (Verordnung vom 15. November 1899; GS. S. 548).

Die Mitwirkung der ordentlichen Gerichte ist erforderlich bei Leistung des Offenbarungseides (§§ 21, 40), Eintragung einer Sicherungs-(Zwangs-)Hypothek im Grundbuch (§§ 51 ff.) im Verteilungsverfahren bei mehreren Pfändungen (§ 35) und bei Anlegung des Arrestes (§§ 52 ff.).

Für die Anordnung des Arrestes wegen einer dem Verwaltungszwangsverfahren unterliegenden Forderung sind die ordentlichen Gerichte zuständig. Die Vollziehung des Arrestes ist jedoch von der zuständigen Verwaltungsbehörde vorzunehmen (KG. Joh. 2, 131).

Trotzdem der Anspruch des Fiskus usw. auf öffentlichem Recht beruht, ist doch, weil die Verordnung vom 15. November 1899 immer auf die ZPO. als Hilfsgesetz verweist, der § 916 Abs. 2 ZPO. zur Anwendung zu bringen, nach welchem der Arrest ausgeschlossen ist, wenn der bedingte Anspruch wegen der entfernten Möglichkeit des Eintritts der Bedingung einen gegenwärtigen Vermögenswert nicht hat (KG. XIV. ZS. 11. März 1909, 14 U. 363/09).

Wird Widerspruch gegen den Arrest gemäß § 924 ZPO. erhoben, so findet das weitere Verfahren ebenfalls vor den ordentlichen Gerichten statt. Dasselbe gilt, wenn gemäß § 927 ZPO. wegen veränderter Umstände die Aufhebung des Arrestes beantragt wird.

Dagegen ist das ordentliche Gericht nicht befugt, gemäß § 926 ZPO. anzuordnen, daß die Klage in der Hauptsache zu erheben sei. Allerdings finden nach der Verordnung vom 15. November 1899 die Vorschriften der ZPO. entsprechende Anwendung. Vor den ordentlichen Gerichten kann diese Klage jedenfalls nicht erhoben werden, weil der Rechtsweg für öffentliche Abgaben usw. gemäß § 78 II. 14 ALR. in Preußen nicht gegeben ist. Daß aber den ordentlichen Gerichten die Befugnis zustehen sollte, den Verwaltungsbehörden die Erhebung der Klage im Verwaltungsstreitverfahren aufzugeben, ist nicht anzunehmen. Handelt es sich um Gerichtskosten in einem Strafverfahren, so entscheidet über die Begründetheit der Forderung ausschließlich das Strafgericht gemäß § 4 des deutschen Gerichtskostengesetzes (KG. XIV. ZS., 8. Juli 1909, 14 U. 4830/09).

Die Eintragung einer Sicherungshypothek (§§ 8 ff. ZPO.) im Grundbuche ist nur zulässig, wenn die Forderung den Betrag von 300 Mark übersteigt (vgl. §§ 51 ff. und Art. 80 Ausf.-Anw.). S. auch oben S. 96.

Zuständig zum Antrage auf Einleitung der Zwangsvollstreckung in das unbewegliche Vermögen und auf Eintragung einer Zwangshypothek ist nur die Vollstreckungsbehörde, nicht der Gläubiger der beizutreibenden Forderung, bei Geldstrafen aus polizeilichen Strafverfügungen also die Polizeibehörde, nicht die Stadtgemeinde, welcher die Geldstrafen zufallen (RG. 24. Januar 1887, Johow 7, 115).

Die Vollstreckungsbehörde hat auch die Zustellung des Schuldtitels nachzuweisen. Irrig ist die Ansicht, daß das Vollstreckungsverfahren unter alleiniger Verantwortung der Verwaltungsbehörde erfolge (RG. 21. Januar 1889, Johow 8, 98).

II. Rechtshilfe und Beistandsleistung der Verwaltungsbehörden und Verwaltungsgerichte untereinander[1]).

Die gegenseitige Rechtshilfepflicht der preußischen Verwaltungsbehörden und Verwaltungsgerichte folgt zunächst aus dem allgemein staatsrechtlichen Grundsatze, daß die Behörden sich gegenseitig unterstützen müssen (vgl. RG. 2. Juni 1910, JW. S. 717 (oben § 5 S. 83).

Die verschiedenen preußischen Staatsbehörden sind wechselseitig zur Leistung der ressortmäßigen Hilfe verpflichtet (OTrib. 12. Februar 1862, Rechtschr. 2, 250); die Befugnis, um Hilfeleistung zu ersuchen, und die Pflicht, dem Ersuchen Folge zu leisten, ist allgemeines Recht (OVG. 6. September 1890, Entsch. 20, 448). Vgl. auch Verf. des Justizministers vom 17. August 1903 (I, 5656).

Außerdem regelt § 49 LVG. (vgl. § 8 oben S. 117) die Rechtshilfepflicht der Kreis-(Stadt-)Ausschüsse und der Bezirksausschüsse. Die Behörden haben den geschäftlichen Aufträgen und Anweisungen der ihnen im Instanzenzuge vorgesetzten Behörden Folge zu leisten, das Oberverwaltungsgericht kann daher den Kreis-(Stadt-)Ausschüssen und den Bezirksausschüssen Aufträge und Anweisungen erteilen. Ist die ersuchende Behörde der ersuchten koordiniert, so findet Beschwerde statt, wenn die Rechtshilfe geweigert wird. Die Bestimmungen des Gerichtsverfassungsgesetzes sind zwar nicht anwendbar, jedoch wird man die in § 1 angegebenen Grundsätze wohl heranziehen müssen. Bei Beweiserhebungen kann das Gericht diese durch eine zu ersuchende Behörde bewirken lassen (§ 77 LVG. s. oben § 5 S. 118). Ist eine Vereidigung von Zeugen oder Sachverständigen erforderlich, so kann damit nicht eine Behörde betraut

1) Wegen der Rechtshilfe im und gegenüber dem Auslande s. § 8.

werden, die aus eigenem Recht zu solcher Vereidigung nicht berechtigt ist, z. B. Polizeibehörden (OVG. 28. Mai 1885, II, 583)[1]). Die Verwaltungsgerichte bedienen sich vielfach, wie dies hinsichtlich der Zustellungen durch die Regulative gestattet ist, der Hilfe der städtischen Polizeiverwaltungen, der Amtsvorsteher, der Gemeinde- und Gutsvorsteher.

Wegen der Zwangsvollstreckung vgl. die Verordnung betr. das Verwaltungszwangsverfahren wegen Beitreibung von Geldbeträgen vom 15. November 1899 (GS. S. 545). Vgl. S. 132.

§ 8 a.

Rechtshilfe, bezw. Beistandsleistung der Gerichte und Verwaltungsbehörden untereinander in Bayern, Württemberg, Sachsen usw.

Im allgemeinen darf als Grundsatz aufgestellt werden, daß auch ohne besondere Bestimmung die Behörden einschl. der Gerichte desselben Bundesstaates sich gegenseitig Rechtshilfe bezw. Beistand zu leisten haben.

Bayern[2]). Allgemeine Gesetzesvorschriften über Rechtshilfe zwischen den bayerischen Gerichten und den Verwaltungsbehörden und zwischen den Verwaltungsbehörden untereinander bestehen nicht. Wohl weisen einzelne Gesetze für bestimmte Arten von Verwaltungsverfahren Gerichten, in einzelnen gerichtlichen Verfahrensarten den Verwaltungsbehörden Mitwirkung zu. Allein einmal ist dies nur vereinzelt und eine Aufzählung nicht wohl möglich. Sodann aber muß es dahin gestellt bleiben, inwieweit in solchen Fällen Rechtshilfe oder Zuständigkeitsausscheidung in Frage kommt.

Dagegen besteht die ganz allgemeine Vorschrift des § 14 der Bekanntmachung[3]) vom 28. April 1901 über die Vereinfachung des dienstlichen Verkehrs (GVBl. S. 379 ff.), welcher lautet: „Die den Zivilstaatsministerien untergeordneten Stellen und Behörden haben mit allen öffentlichen Organen dieser Ministerien, sowie mit Privatpersonen im ganzen Umfange des Königreiches dann in unmittelbaren Geschäftsverkehr zu treten, wenn weder eine Mitwirkung noch eine Kenntnisnahme von seiten derjenigen Stellen und Behörden notwendig

1) Wegen der Beweiserhebung durch das Amtsgericht s. oben § 5 S. 118.
2) Vgl. Art. 77 des BayAGzGVG. oben im § 2 B e S. 49.
3) Dieselbe ist mit besonderer Ermächtigung des Staatsoberhauptes von sämtlichen Zivilstaatsministerien gemeinschaftlich erlassen und legt im Verwaltungswege den diesen Ministerien untergeordneten Stellen (auch den Gerichten) die allgemeine Pflicht zur gegenseitigen Gewährung der Rechtshilfe auf.

ist, welche den Beteiligten zunächst vorgesetzt sind. Ansinnen an Behörden, welche der veranlassenden Stelle oder Behörde nicht untergeordnet sind, haben in Ersuchungsform zu ergehen. Die in dieser Weise angegangenen Behörden haben dem Ansinnen entsprechend Folge zu leisten"[1]).

Voraussetzung der Leistung der Rechtshilfe ist natürlich das Vorliegen eines Rechtshilfefalles, sachliche Zuständigkeit der ersuchenden Stelle, Bedürfnis der Vornahme durch die ersuchte und Möglichkeit der Vornahme durch diese. Beschwerden werden im Aufsichtswege zu erledigen sein.

Württemberg. Über die gegenseitige Rechtshilfe zwischen den württembergischen Gerichten unter sich und zwischen den Gerichten und den Verwaltungsbehörden bestehen in Württemberg landesrechtliche Vorschriften allgemeinen Inhaltes nicht.

Sachsen. Die Vorschriften, nach denen die sächsischen Gerichte sächsischen Verwaltungsbehörden oder -Gerichten Rechtshilfe zu leisten haben, sind in den §§ 414 ff. der Geschäftsordnung für die kgl. sächsischen Justizbehörden (Dresden, Verlag von C. Heinrich 1903) zusammengestellt.

Hessen. Vorschriften allgemeiner Natur fehlen. Bestimmungen über den Rechtshilfeverkehr zwischen hessischen Gerichten und hessischen Verwaltungsbehörden sind enthalten in Art. 62 und 109 des Gesetzes betreffend die innere Verwaltung und die Vertretung der Kreise und der Provinzen vom 12. Juni 1874 (Hess. RegBl. Nr. 29), in Art. 24 des Ges. betr. die allgemeine Einkommensteuer vom 12. August 1899 (RegBl. Nr. 37) und in Art. 41 des Gesetzes betreffend die Erbschafts- und Schenkungssteuer vom 12. Dezember 1900 (RegBl. Nr. 84).

Vgl. ferner im § 2 S. 53 und 51 die bei Altenburg und Reuß ältere Linie angegebenen gesetzlichen Bestimmungen.

In Hamburg sind die Amtsgerichte[2]) verpflichtet, den Disziplinarbehörden bei der Vernehmung von Zeugen und Sachverständigen unter gewissen Umständen Rechtshilfe zu leisten (Gesetz vom 4. April 1892).

---

1) Über die Form des Verkehrs der Justizbehörden mit den Gemeinden und Standesämtern spricht sich die Bekanntmachung vom 16. Juli 1909 (BayJMBl. 1909 S. 326) aus.

2) Wulff, Hamb. Gesetze und Verordnungen I, 156.

Abschnitt II.

Rechtshilfe im und gegenüber dem Auslande.

§ 9.

Allgemeines. Rechtshilfe auf Grund von Verträgen und ohne Bestehen eines Vertrages[1]).

Die Bestimmungen des deutschen Gerichtsverfassungsgesetzes über Rechtshilfe betreffen, wie schon oben in der Einleitung bemerkt, nicht das Verhältnis deutscher Gerichte zum Auslande[2]). Auch erstrecken sie sich nicht auf die Rechtshilfe gegenüber Parteien in Prozessen, welche im Auslande schweben. Die Fälle, in welchen Rechtshilfe zwischen deutschen und ausländischen Gerichten in Anspruch genommen wird, beziehen sich hauptsächlich auf Zustellungen im Auslande, Beweisaufnahmen im Auslande, Vollstreckung von Entscheidungen der Gerichte des einen Staates im Gebiete des anderen.

I. Die Beziehungen zum Auslande bemessen sich zunächst nach den bestehenden internationalen Verträgen. Die Auslegung der letzteren steht den Gerichten zu (Meili S. 35).

A. Hier ist in erster Linie zu nennen das Abkommen[3]) über den Zivilprozeß vom 17. Juli 1905 (RGBl. 1909 S. 409), welches zwischen folgenden Staaten abgeschlossen ist: Belgien, Dänemark, Deutschland, Frankreich, Italien, Luxemburg, den Niederlanden, Norwegen, Österreich-Ungarn, Portugal, Rumänien, Rußland, Schweden, Schweiz und Spanien. Das Abkommen, welches an Stelle des Abkommens zur Regelung von

---

1) Der § 9 beschäftigt sich im wesentlichen mit den Gerichtsbehörden, wegen den Verwaltungsbehörden s. § 9a. Das Halten der „Zeitschrift für internationales Privat- und öffentl. Recht“ (früher Böhms Zeitschr.), Verlag von Duncker u. Humblot, ist den Justizbehörden in Preußen amtlich empfohlen (Verf. vom 30. November 1904, Müller S. 1198).

2) Der Begriff „Ausland“ steht hier im Gegensatze zum Gebiete des Deutschen Reichs. Ausländer im Sinne vorwürfiger Darstellung ist jeder, der nicht Reichsangehöriger nach Maßgabe des Reichsges. vom 1. Juni 1870 über die Erwerbung und den Verlust der Reichs- und der Staatsangehörigkeit (BGBl. 1870 S. 355) ist. Vgl. Walcker, Streitfragen aus dem internat. Prozeßrecht, Ortlieb, Zeitschr. f. ZPO. 38, 378, v. Bülow, ZivArch. 64, 51.

3) Vgl. Denkschrift der deutschen Regierung in Böhms Zeitschr. 18, 599 ff. und Actes de la quatrième conference de la Haye pour le droit international privé. Schildmacher, Der Rechtshilfeverkehr mit dem Auslande nach dem Haager Abkommen, Magdeburg 1910; Schwartz, Ungarns Anschluß an die Haager Konvention in Böhms Zeitschr. 20, 16. — Wegen der Kolonien und Konsulargerichtsbezirke s. Art. 26 des Abkommens.

Fragen des internationalen Privatrechts[1]) vom 14. November 1896 (RGBl. 1899 S. 285) und des Zusatzprotokolles vom 22. Mai 1897 (RGBl. 1899 S. 295) getreten ist, regelt nur folgende Materien:

Zustellung gerichtlicher oder außergerichtlicher Urkunden, Ersuchungsschreiben, Sicherheitsleistung für die Prozeßkosten, Armenrecht und Personalhaft.

Die Bestimmungen des Übereinkommens sind von Amts wegen zu beachten ohne Rücksicht darauf, ob die Parteien darauf aufmerksam machen oder nicht (Urteil des Schweiz. Bundesgerichtes; Entsch. desselben XXVI 1. T. S. 225 und 226).

Die räumliche Geltung des Vertrages ist zunächst auf die europäischen Gebiete der Vertragstaaten beschränkt. Auf die Kolonien und die Gebiete der Konsulargerichtsbezirke kann es aber ausgedehnt werden (Art. 26).

Die Rechtshilfepflicht erstreckt sich auf alle im Gebiete des ersuchten Staates wohnenden bezw. sich aufhaltenden Personen, gleichgültig welcher Nationalität sie sind.

Das Abkommen erstreckt sich auf den Bereich des bürgerlichen Gerichtsverfahrens, will aber diesen Bereich, wie die Konferenz ausdrücklich festgestellt hat, im weitesten Sinne verstanden wissen, dergestalt, daß darunter sowohl die streitige wie die freiwillige Gerichtsbarkeit fallen soll, und selbst eine außerordentliche Gerichtsbarkeit, sofern es sich nur um bürgerliche Rechtssachen handelt.

Unter das Abkommen fallen also auch die den Verwaltungsgerichten und Verwaltungsbehörden zugewiesenen Angelegenheiten, sofern sie privatrechtlicher Natur sind.

Auf Angelegenheiten des öffentlichen Rechtes erstreckt sich die Rechtshilfepflicht nicht. Es kann nun zweifelhaft werden, nach welchem Recht es zu beurteilen ist, ob eine Sache dem Zivilrecht oder dem öffentlichen Recht angehört[2]). Bei der Tendenz des Vertrages, den ersuchten Teil von einer sachlichen Würdigung des Rechtsverhältnisses tunlichst auszuschließen, wird es wohl nur auf die Auffassung des ersuchenden Staates ankommen.

---

1) Materialien hierzu: Actes de la conference de la Haye chargée de reglementer diverses matiéres de droit international privé. La Haye 1893. — Actes de la deuxième conference de la Haye chargée etc. La Haye 1894. — Verhandlungen des Reichstages 9. Legislaturperiode, V. Session 1897/98. Anlage Bd. I, 208. Stenographische Berichte I, 14, 201. Literatur: Neumeyer, Das Haager Abkommen bei Böhm, Zeitschr. Bd. 9 S. 453. — Asser, La convention de la Haye 1901; Seresia, La convention de la Haye in der Rev. de droit internat. III. p. 569—593; Meili, Das internationale Zivilprozeßrecht. Zürich 1906.

2) In Frankreich werden z. B. Staatsangehörigkeitsfragen von den Zivilgerichten behandelt, in Bayern von den Verwaltungsbehörden.

a) Das Abkommen, zu welchem das deutsche Ausführungsgesetz vom 5. April 1909 — siehe unten S. 157 — ergangen ist, lautet:

I. Mitteilung gerichtlicher und außergerichtlicher Urkunden.

Art. 1. In Zivil- oder Handelssachen[1]) erfolgt die Zustellung von Schriftstücken, die für eine im Auslande befindliche Person bestimmt sind, innerhalb der Vertragsstaaten auf einen Antrag, der vom Konsul des ersuchenden Staates an die von dem ersuchten Staat zu bezeichnende Behörde[2]) gerichtet wird. Der Antrag hat die Behörde, von der das übermittelte Schriftstück ausgeht, den Namen und die Stellung der Parteien, die Adresse des Empfängers, sowie die Art des in Rede stehenden Schriftstückes anzugeben und muß in der Sprache der ersuchten Behörde abgefaßt sein. Diese Behörde hat dem Konsul[3]) die Urkunde zu übersenden, welche die Zustellung nachweist oder den die Zustellung hindernden Umstand ergibt.

Alle Schwierigkeiten, die etwa aus Anlaß des Antrags des Konsuls entstehen, werden auf diplomatischem Wege geregelt.

Jeder Vertragsstaat kann in einer an die anderen Vertragsstaaten gerichteten Mitteilung das Verlangen ausdrücken, daß der Antrag auf eine in seinem Gebiete zu bewirkenden Zustellung, der die im Abs. 1 bezeichneten Angaben zu enthalten halt, auf diplomatischem Wege an ihn gerichtet werde[4]).

Die vorstehenden Bestimmungen hindern nicht, daß sich zwei Vertragsstaaten über die Zulassung des unmittelbaren

---

1) Das Abkommen spricht von „Zivil- und Handelssachen", es bezieht sich aber auch auf Angelegenheiten der freiwilligen Gerichtsbarkeit (vgl. oben S. 32 ff.). Auch die Übermittelung einer Kündigung, Mahnung, eines Realanerbietens nach § 132 BGB. wird die Vorteile des Vertrages genießen (sofern nur die Zuständigkeit des ersuchenden deutschen Gerichtes durch analoge Anwendung des § 132 Abs. 2 begründet werden kann), wobei freilich die Wirkung einer solchen Zustellung von dem das Rechtsverhältnis materiell beherrschenden Recht abhängig ist.

2) In Deutschland der Landgerichtspräsident (AG. § 1).

3) Die Ausschaltung des diplomatischen Verkehrs wird die Abwickelung des Zustellungsverkehrs erheblich erleichtern und beschleunigen. — Der Konsul des Reiches ist im Sinne des § 199 ZPO. als der von der deutschen Gerichtsbehörde ersuchte Beamte anzusehen, dergestalt, daß an ihn die im § 202 Abs. 1 ZPO. vorgesehenen Ersuchungsschreiben zu richten sind und daß er das im § 202 Abs. 2 ZPO. vorgeschriebene Zustellungszeugnis auszustellen hat (Denkschr.). Wegen der ausländischen Zustellungsanträge s. AG. §§ 1 ff. S. 157.

4) Von diesem Vorbehalt hat Rumänien und Portugal Gebrauch gemacht. Den verlangenden Staate erwächst hieraus nicht etwa das Recht, seinerseits Zustellungsanträge an die anderen Vertragsstaaten auf diplomatischen Wege zu richten.

Verkehrs zwischen ihren beiderseitigen Behörden verständigen[1]).

Art. 2. Für die Zustellung hat die zuständige Behörde des ersuchten Staates[2]) Sorge zu tragen. Diese Behörde kann sich, abgesehen von den im Art. 3 vorgesehenen Fällen, darauf beschränken, die Zustellung durch Übergabe des Schriftstückes an den Empfänger zu bewirken, soferne er zur Annahme bereit ist[3]).

Art. 3[4]). Ist das zuzustellende Schriftstück in der Sprache der ersuchten Behörde oder in der zwischen den beiden beteiligten Staaten vereinbarten Sprache abgefaßt oder ist es von einer Übersetzung in eine dieser Sprachen begleitet, so läßt die ersuchte Behörde[5]), falls in dem Antrag ein dahingehender Wunsch ausgesprochen ist, das Schriftstück in der durch ihre innere Gesetzgebung für die Bewirkung gleichartiger Zustellungen vorgeschriebenen Form oder in einer besonderen Form, sofern diese ihrer Gesetzgebung nicht zu-

---

1) Hiervon hat Deutschland Gebrauch gemacht im Verkehr mit Dänemark, Frankreich, Luxemburg, Niederlande, Norwegen, Österreich-Ungarn, Schweden und der Schweiz.

2) In Deutschland der Gerichtsschreiber (AG. § 1).

3) Art. 2 behandelt den Regelfall, daß der Empfänger zur Annahme des Schriftstückes bereit ist. In diesem Falle soll die Zustellung durch einfache Übergabe des Schriftstückes an den Empfänger erfolgen, ohne daß es dabei einer Befolgung der in der Landesgesetzgebung vorgeschriebenen Förmlichkeiten oder einer Mitwirkung der dort vorgesehenen Zustellungsbeamten bedarf (Denkschr.). Das Schriftstück braucht auch nicht in der Sprache der ersuchten Behörde abgefaßt zu sein. Vgl. Anm. 1 zu Art. 3. In Ermangelung eines ausdrücklichen, die Zwangszustellung bezweckenden Begehrens muß die Zustellung nach den Vorschriften des Art. 2 versucht werden, weil die Zwangszustellung mit Kosten verknüpft sein kann. Es empfiehlt sich übrigens in eiligen Sachen für die ersuchende Behörde die Zwangszustellung sofort zu erbitten, damit der mit dem Versuche der freiwilligen Zustellung verbundene Zeitverlust vermieden wird.

Der Schlußsatz des Art. 3 Abs. 1 schließt übrigens nicht aus, daß der ersuchte Staat auch in Ermangelung eines ausdrücklichen Wunsches der ersuchenden Behörde mit der Zwangszustellung vorgeht, nur kann er dann die etwa entstandenen Kosten nicht verlangen (Art. 7 Abs. 2).

4) Der Art. 3 regelt die Zwangszustellung und trifft Vorkehr für die Fälle, wo die Zustellung in der einfachen Form, sei es wegen Verweigerung der Annahme, sei es aus anderen Gründen nicht ausführbar ist oder wo eine solche Zustellung für die Zwecke der Rechtspflege des ersuchenden Staates nicht ausführbar erscheint. Art. 3 verpflichtet nämlich die ersuchte Behörde, die Zustellung auf Wunsch (auch des Konsuls, vgl. OLG. Kolmar 17. August 1909, ElsLothrZ. 35, 301) in der durch die Gesetzgebung ihres Landes vorgeschriebenen Form oder in einer besonderen dieser Gesetzgebung nicht zuwiderlaufenden Form zu bewirken, also nötigenfalls auch unter Anwendung von Zwang, was nach dem Abkommen von 1896 nicht zulässig war. Voraussetzung für diese Art der Zustellung ist jedoch, daß das zuzustellende Schriftstück in der Landessprache oder in einer zwischen den beteiligten Staaten vereinbarten Sprache abgefaßt, oder von einer gemäß Art. 3 Abs. 2 beglaubigten Übersetzung begleitet ist. Diese Vorschrift erschien erforderlich, da den ersuchten Behörden die zwangsweise Zustellung eines ihnen unverständlichen Schriftstückes nicht zugemutet werden kann. Ist die Beschaffung einer Übersetzung für die inländische Behörde mit Schwierigkeiten verbunden, so kann sie dem Konsul überlassen werden.

5) In Deutschland der Gerichtsschreiber (AG. § 1).

widerläuft, zustellen. Ist ein solcher Wunsch nicht ausgesprochen, so wird die ersuchte Behörde zunächst die Übergabe nach den Vorschriften des Art. 2 zu bewirken suchen.

Vorbehaltlich anderweitiger Übereinkunft ist die im vorstehenden Absatze vorgesehene Übersetzung von dem diplomatischen oder konsularischen Vertreter des ersuchenden Staates oder von einem beeidigten Dolmetscher des ersuchten Staates zu beglaubigen[1]).

Art. 4[2]). Die Ausführung der in den Art. 1, 2, 3 vorgesehenen Zustellung kann nur abgelehnt werden, wenn der Staat, in dessen Gebiet sie erfolgen soll, sie für geeignet hält, seine Hoheitsrechte oder seine Sicherheit zu gefährden[3])[4]).

Art. 5. Der Nachweis der Zustellung erfolgt entweder durch ein mit Datum versehenes und beglaubigtes Empfangsbekenntnis des Empfängers oder durch ein Zeugnis der Behörde des ersuchten Staates, aus dem sich die Tatsache, die Form und die Zeit der Zustellung ergibt.

Ist das zuzustellende Schriftstück in zwei gleichen Stücken übermittelt worden, so ist das Empfangsbekenntnis oder das Zeugnis auf eines der beiden Stücke zu setzen oder damit zu verbinden.

---

1) Vgl. die Abmachungen in Anm. 1 S. 142.

2) Der ersuchte Staat ist zur Vornahme der Zustellung verpflichtet ohne Rücksicht auf deren Inhalt. Er hat weder die Zuständigkeit der ersuchenden Stelle noch die Rechtmäßigkeit des zu übermittelnden Begehrens an der Hand der eigenen Rechtsordnung zu prüfen (Meili S. 56). Diese Beschränkung hat nichts Auffälliges. Der ersuchte Staat verleiht dem Annahmebefehl und dem Beurkundungsauftrag des ersuchenden Staates nur Vollstreckbarkeit. Er befiehlt weder dem Zeugen, sich ins Ausland zu begeben, wenn er die Vorladung des fremden Gerichtes übermittelt, noch präjudiziert er der Zuständigkeitsprüfung in einem späteren Vollstreckungsverfahren, wenn er dem Beklagten die fremde Ladung aushändigt.

3) Ein praktisches Beispiel solcher Hoheitsverletzung wäre das Ansinnen, eine Zeugenladung zu übermitteln, die auf das übliche Formular gesetzt, den Säumigen mit Strafe bedroht, wohl auch das Verlangen, einen Beschluß zuzustellen, durch den ein vom ersuchten Staat verliehenes Patent gepfändet wird. Weiter würde hierher gehören: die Mitteilung der Vorladung eines fremden Souverains oder eines fremden Staates (Actes 1893 I S. 64) oder die Mitteilung anarchistischer oder unsittlicher Schriften (Actes 1894 S. 51).

4) Die Entscheidung steht nach § 1 AG. vom 5. April 1909 dem Landgerichtspräsidenten zu. Lehnt er ab, so ist die Beschwerde im Aufsichtswege gegeben. Gaupp-Stein S. 447 sagt, daß den Ministerien die Entscheidung nicht zustehe. Das ist aber nicht richtig. Die Befugnis ist von der Landesjustizverwaltung dem Landgerichtspräsidenten delegiert. Dasselbe ist bei dem Amtsrichter der Fall, an welchem nach den einzelnen Vereinbarungen (s. § 11) das Ersuchen zu richten ist. Bei der Zustellung von Pfändungsbeschlüssen an inländische Drittschuldner liegt eine Gefährdung im Sinne des Art. 4 nicht vor, denn damit wird kein Vollstreckungsakt des fremden Staates in Deutschland vorgenommen. Vgl. Gaupp-Stein S. 447.

Art. 6. Die Bestimmungen der vorstehenden Artikel lassen unberührt:[1])

1. die Befugnis, den im Auslande befindlichen Beteiligten Schriftstücke unmittelbar auf dem Postwege zuzusenden;

2. die Befugnis der Beteiligten, die Zustellungen unmittelbar durch die zuständigen Vollziehungsbeamten oder sonst zuständigen Beamten des Bestimmungslandes bewirken zu lassen;

3. die Befugnis jedes Staates, Zustellungen an die im Auslande befindlichen Personen unmittelbar durch seinen diplomatischen oder konsularischen Vertreter bewirken zu lassen[2]).

In jedem dieser Fälle besteht die vorgesehene Befugnis nur dann, wenn Abkommen zwischen den beteiligten Staaten sie einräumen oder wenn in Ermangelung von Abkommen der Staat, in dessen Gebiete die Zustellung zu erfolgen hat, nicht widerspricht. Dieser Staat kann nicht widersprechen, wenn im Falle des Abs. 1 Nr. 3 das Schriftstück ohne Anwendung von Zwang einem Angehörigen des ersuchenden Staates zugestellt werden soll.

Art. 7. Für Zustellungen dürfen Gebühren oder Auslagen irgendwelcher Art nicht erhoben werden.

Jedoch ist, vorbehaltlich anderweitiger Übereinkunft, der ersuchte Staat berechtigt, von dem ersuchenden Staate[3]) die Erstattung der Auslagen zu verlangen, die durch die Mitwirkung eines Vollziehungsbeamten oder durch die Anwendung einer besonderen Form in den Fällen des Art. 3 entstanden sind[4]).

II. Ersuchungsschreiben.

Art. 8. In Zivil- oder Handelssachen[5]) kann sich die Gerichtsbehörde eines Vertragsstaates gemäß den Vorschriften ihrer Gesetzgebung[6]) mittels Ersuchens an die zuständige Behörde eines anderen Vertragsstaates wenden, um die Vor-

1) Das Verfahren braucht nicht identisch zu sein, sondern es ist z. B. möglich, daß der eine Staat unmittelbar durch seinen konsularischen Vertreter die Zustellung in dem anderen Staate bewirken läßt (Punkt 3), aber vice versa gestattet, daß von dort die Schriftstücke unmittelbar durch die Post an die sich in seinem Gebiete aufhaltenden Betreffenden übermittelt werden können (Punkt 1).

2) Selbstverständlich darf bei dieser Zustellung kein Zwang angewendet werden.

3) Von der Partei direkt kann der ersuchte Staat die Gebühr nicht verlangen.

4) Die für die Mitwirkung der Konsuln des Reiches bei der Erledigung deutscher Zustellungsanträge zu erhebenden Gebühren sind in § 2 AG. geregelt. Vgl. auch die Abmachungen in Anm. 1 S. 142.

5) Wegen des Begriffs s. Anm. 1 zu Art. 1. Auch Konkurssachen gehören hierher.

6) Die Zulässigkeit der Requisition wird davon abhängig gemacht, daß sie nach der Gesetzgebung des ersuchenden Teiles überhaupt gestellt werden kann.

nahme einer Prozeßhandlung oder anderer gerichtlicher Handlungen[1]) innerhalb des Geschäftskreises dieser Behörde nachzusuchen.

Art. 9. Die Ersuchungsschreiben werden durch den Konsul[2]) des ersuchenden Staates der von dem ersuchten Staate zu bezeichnenden Behörde[3]) übermittelt. Diese Behörde hat dem Konsul die Urkunde zu übersenden, aus der sich die Erledigung des Ersuchens oder der die Erledigung hindernde Umstand ergibt.

Alle Schwierigkeiten, die etwa aus Anlaß dieser Übermittelung entstehen, werden auf diplomatischem Wege geregelt.

Jeder Vertragsstaat kann in einer an die anderen Vertragsstaaten gerichteten Mitteilung das Verlangen ausdrücken, daß ihm die in seinem Gebiete zu erledigenden Ersuchungsschreiben auf diplomatischem Wege übermittelt werden[4]).

Die vorstehenden Bestimmungen schließen nicht aus, daß sich 2 Vertragsstaaten über die Zustellung der unmittelbaren Übermittelung von Ersuchungsschreiben zwischen ihren beiderseitigen Behörden verständigen[5]).

Art. 10. Vorbehaltlich anderweitiger Übereinkunft muß das Ersuchungsschreiben in der Sprache der ersuchten Behörde oder in der zwischen den beiden beteiligten Staaten vereinbarten Sprache abgefaßt oder doch von einer Übersetzung in eine dieser Sprachen begleitet sein, die durch einen diplomatischen oder konsularischen Vertreter des ersuchenden Staates oder einen beeidigten Dolmetscher des ersuchten Staates beglaubigt ist[6]).

---

1) Gemeint ist insbesondere die Vernehmung von Zeugen und Sachverständigen, Abnahme eines Parteieides, Augenscheinseinnahme, Prüfung der Handelsbücher. Der Vollzug gerichtlicher Beschlüsse oder Vergleiche (Zwangsvollstreckung) gehört nicht hierher. Vgl. §§ 33 ff.

2) Der Konsul stellt nicht wie bei der Zustellung einen selbständigen Antrag, sondern gibt lediglich das Schreiben der heimischen Behörde weiter. Als ersuchte Stelle im Sinne des § 363 Abs. 1 ZPO. ist also die ausländische Behörde, nicht der Konsul anzusehen.

3) In Deutschland der Landgerichtspräsident (§ 3 AG.).

4) Von diesem Vorbehalte haben Belgien, Italien, Portugal und Rumänien Gebrauch gemacht. Vgl. unten § 10 Ziff. 21.

5) Vgl. Anm. 1 auf S. 142.

6) Der Art. 10 bezieht sich nicht nur auf das Ersuchungsschreiben, sondern auch auf alle jene Beilagen, deren Verständnis zum Vollzuge der Requisition erforderlich ist. Wegen der Übersetzungen s. oben S. 143 Anm. 1.

Art. 11. Die Gerichtsbehörde, an die das Ersuchen gerichtet wird, ist verpflichtet, ihm zu entsprechen und dabei dieselben Zwangsmittel anzuwenden, wie bei der Erledigung eines Ersuchens der Behörden des ersuchten Staates oder eines zum gleichen Zwecke gestellten Antrags einer beteiligten Partei. Diese Zwangsmittel brauchen nicht angewendet zu werden, wenn es sich um das persönliche Erscheinen streitender Parteien handelt[1]).

Die ersuchende Behörde ist auf ihr Verlangen von der Zeit und dem Orte der auf das Ersuchen vorzunehmenden Handlung zu benachrichtigen, damit die beteiligte Partei ihr beizuwohnen in der Lage ist. Die Erledigung des Ersuchens kann nur abgelehnt werden:

1. **wenn die Echtheit der Urkunde nicht feststeht)[2]);**
2. **wenn in dem ersuchten Staate die Erledigung des Ersuchens nicht in den Bereich der Gerichtsgewalt fällt;**
3. **wenn der Staat, in dessen Gebiete die Erledigung stattfinden soll, sie für geeignet hält, seine Hoheitsrechte oder seine Sicherheit zu gefährden[3]).**

Zu Art. 8—11: Das ersuchte Gericht hat die Verpflichtung, die begehrte Handlung vorzunehmen. Es ist weder die Zuständigkeit des ersuchenden Teiles, noch die Rechtslage des aufzuklärenden Tatbestandes zu untersuchen befugt. Nicht zu prüfen ist auch, ob das Urteil des ausländischen Gerichtes nach § 328 ZPO. Anerkennung finden kann. Auch in einem Prozeß um Ehevermittelungsgebühren hat das deutsche Gericht Rechtshilfe zu leisten.

---

1) Die ersuchte Behörde muß den ausländischen Ersuchen ebenso wirksam und energisch entsprechen, wie den inländischen. Zur Durchführung sind die in der Landesgesetzgebung vorgesehenen Zwangsmittel anzuwenden, und zwar ohne daß es eines besonderen Antrags der ersuchenden Behörde bedarf. Vgl. auch Art. 14. Ist ein Zeugenzwang nicht zulässig, so kann ihn die ersuchende Behörde nicht verlangen. Da jedoch Zwangsmaßregeln gegen die Parteien in manchen Ländern unstatthaft sind, so brauchen diese das persönliche Erscheinen der Parteien nicht erzwingen, selbst wenn dies nach dem Rechte der ersuchten Behörde zulässig ist. — Der Abs. 1 nimmt auch darauf Bedacht, daß in einzelnen Staaten die Vernehmung von Zeugen oder einer anderen Beweisaufnahme nur infolge eines von der Partei gestellten Begehrens statthaft ist, daher auf Ersuchen einer anderen Behörde nicht vollzogen werden kann, selbst wenn dieselbe eine inländische Behörde wäre.

2) Dieser Fall dürfte nur beim unmittelbaren Geschäftsverkehr, nicht auch bei Übermittelung des Ersuchens auf diplomatischem oder konsularischem Wege vorkommen. Der erwähnte Umstand dürfte zunächst nur einen Aufschub der Erledigung rechtfertigen, bis die Zweifel an der Echtheit beseitigt sind.

3) Vgl. Anm. 2 zu Art. 4. Es ist selbstverständlich, daß der ersuchte Staat nicht verpflichtet ist, Rechtshilfe zu leisten, wenn das Ersuchen sich bezieht auf Zeugenvernehmungen über Dinge, welche der requirierte Staat als Staatsgeheimnis ansieht, oder auf Beweiserhebungen über militärische Pläne oder über geheime staatliche Verständigungen (Actes 1894 S. 51).

Wie das Wort „nur" zeigt, darf das ordnungsmäßige Ersuchen aus anderen Gründen, als den drei in Art. 11 angegebenen nicht abgelehnt werden. Eine Bestimmung, gemäß § 159 GVG. daß das Ersuchen abgelehnt werden kann, wenn die betreffende Handlung nach dem Rechte des ersuchten Staates verboten ist, fehlt. Sie war auch in dem Abkommen von 1896 nicht vorhanden. Bei der Verschiedenheit der Rechte in den einzelnen Staaten würde die Ausführung der Rechtshilfe auf Schwierigkeiten stoßen, wenn die Zulässigkeit nach inländischem Rechte noch geprüft werden müßte. Nur die Gefährdung der Souveränität (z. B. bei Vernehmung von Beamten) und der eigenen Sicherheit (wenn z. B. die Aufrechterhaltung der Grundlagen des staatlichen und gesellschaftlichen Lebens in Frage steht) berechtigt den ersuchten Staat zur Ablehnung.

Meili S. 55 meint, daß der ersuchte Staat die Rechtshilfe nicht verweigern dürfe, a) obschon die Kompetenz des auswärtigen Gerichtes zu den betreffenden Klagen, in deren Interesse die Erhebungen erfolgen, nach dem internen öffentlichen Rechte ausgeschlossen ist; b) auch wenn es sich um Beweiserhebungen in Klagen handle, die der ersuchte Staat nicht zuläßt, z. B. Vaterschafts- und Ehescheidungsklagen, c) oder um Abhörung von Personen, die im internen Rechte nicht zeugenfähig sind, oder d) um Beweiserhebungen durch Zeugenvernehmung in Klagen, in welchen nach dem internen Rechte der Zeugenbeweis überhaupt nicht (sondern nur Urkundenbeweis) zulässig ist.

Im Falle der Ablehnung des Ersuchens steht der ersuchenden Behörde (nicht dem Staat) die Beschwerde im Instanzenzuge offen. In Deutschland sind die §§ 159 ff. GVG. entsprechend zur Anwendung zu bringen. Die Beschwerde geht also direkt an das Oberlandesgericht. Das Reichsgericht ist zur Mitwirkung nicht berufen. Vgl. auch S. 125 oben.

Art. 12. Im Falle der Unzuständigkeit der ersuchten Behörde ist das Ersuchen von Amts wegen an die zuständige Gerichtsbehörde desselben Staates nach den von dessen Gesetzgebung aufgestellten Regeln abzugeben.

Art. 13. In allen Fällen, in denen das Ersuchen von der ersuchten Behörde nicht erledigt wird, hat diese die ersuchende Behörde davon unverzüglich zu benachrichtigen und zwar im Falle des Art. 11 unter Angabe der Gründe, aus denen die Erledigung des Ersuchens abgelehnt worden ist, und im Falle

des Art. 12 unter Bezeichnung der Behörde, an die das Ersuchen abgegeben wird.

Art. 14. Die Gerichtsbehörde, die zur Erledigung eines Ersuchens schreitet, hat in Ansehung der zu beobachtenden Formen die Gesetze ihres Landes anzuwenden[1]).

Jedoch ist dem Antrage[2]) der ersuchenden Behörde, daß nach einer besonderen Form verfahren werde, zu entsprechen, sofern diese Form der Gesetzgebung des ersuchten Staates nicht zuwiderläuft.

Art. 15. Nicht ausgeschlossen wird durch die Bestimmungen der vorstehenden Artikel die Befugnis, jedes Staates die Ersuchen unmittelbar durch seine diplomatischen oder konsularischen Vertreter erledigen zu lassen, wenn Abkommen zwischen den beteiligten Staaten dies zulassen oder wenn der Staat, in dessen Gebiete das Ersuchen erledigt werden soll, nicht widerspricht.

Art. 16. Für die Erledigung von Ersuchen dürfen Gebühren oder Auslagen irgendwelcher Art nicht erhoben werden.

Jedoch ist, vorbehaltlich anderweitiger Übereinkunft, der ersuchte Staat berechtigt, von dem ersuchenden Staate die Erstattung der an Zeugen und Sachverständigen gezahlten Entschädigungen, sowie der Auslagen zu verlangen, welche für die wegen Nichterscheinens der Zeugen erforderlich gewordene Mitwirkung eines Vollziehungsbeamten oder durch die etwaige Anwendung des Art. 14 Abs. 2[3]) entstanden sind[4])[5]).

---

1) Der ersuchte Richter hat also sein Prozeßrecht bei Erledigung des Ersuchens in Anwendung zu bringen. Ob ein Zeuge oder Sachverständiger sein Zeugnis verweigern darf, ist nach diesem Recht zu beurteilen. Im Falle der nicht motivierten Zeugnisweigerung usw. in Deutschland ist natürlich nicht das ersuchende ausländische Gericht als Prozeßgericht im Sinne des § 387 ZPO. zu einer Entscheidung berufen. Es muß hier ein besonderes Verfahren Platz greifen unter entsprechender Anwendung der ZPO. Die sonst dem Prozeßgericht zustehenden Befugnisse werden von dem ersuchten Gerichte und den ihm übergeordneten Gerichten ausgeübt. Vgl. unten § 31.

2) Erforderlich ist, daß die gewünschte Form in dem Ersuchungsschreiben ausführlich mitgeteilt wird. Vgl. Meili S. 56 und § 369 ZPO. Vgl. auch RGZ. Bd. 2 S. 373. In der Zivilprozeßsache 15 U. 682/03 (Kammergericht) weigerte sich ein ersuchter Bezirksrichter in Basel-Land den betr. Zeugen zu vereidigen, obwohl das ersuchende Gericht dies ausdrücklich beantragte. Er erklärte, daß nach dem Prozeßrecht in Basel-Land die Vereidigung im Ermessen des Gerichts liege und er dieselbe im vorliegenden Falle nicht für nötig halte. Die Weigerung des ersuchten Richters ist unbegründet.

3) Auch die Kosten, welche infolge des besonderen Verfahrens durch Reisen der Gerichtspersonen, Zuziehung von Advokaten oder aus anderen Gründen entstehen, müssen erstattet werden.

4) Der ersuchte Staat hält sich an den ersuchenden Staat, nicht an die Partei.

5) Wegen der Gebühren der deutschen Konsuln vgl. § 4 AG. Vgl. auch S. 189.

III. Sicherheitsleistung für die Prozeßkosten.

Art. 17[1]). **Keine Sicherheitsleistung oder Hinterlegung, unter welcher Benennung es auch sei, darf den Angehörigen eines der Vertragsstaaten, die in einem dieser Staaten ihren Wohnsitz haben und vor den Gerichten eines anderen dieser Staaten als Kläger oder Intervenienten auftreten, wegen ihrer Eigenschaft als Ausländer oder wegen Mangels eines inländischen Wohnsitzes oder Aufenthaltes auferlegt werden**[2]).

Die gleiche Regel findet Anwendung auf die Vorauszahlung, die von den Klägern oder Intervenienten zur Deckung der Gerichtskosten einzufordern wäre[3]).

Die Abkommen, wodurch etwa Vertragsstaaten für ihre Angehörigen ohne Rücksicht auf den Wohnsitz Befreiung von der Sicherheitsleistung für die Prozeßkosten oder von der Vorauszahlung der Gerichtskosten vereinbart haben, finden auch weiter Anwendung[4]).

Art. 18. Ergeht in einem der Vertragsstaaten eine Verurteilung in die Prozeßkosten, gegen einen Kläger oder Intervenienten, der von Sicherheitsleistung, Hinterlegung oder Vorauszahlung auf Grund des Art. 17 Abs. 1, 2 oder eines im Staate der Klageerhebung geltenden Gesetzes befreit ist, so ist diese Verurteilung gemäß einem auf diplomatischem Wege zu stellenden Antrag in jedem der anderen Vertragsstaaten durch die zuständige Behörde kostenfrei für vollstreckbar zu erklären.

---

1) Vgl. auch § 23 unten. Art. 17 ist von Amts wegen zu beobachten. Er bezieht sich auch auf das patentamtliche Nichtigkeits- und Zurücknahmeverfahren (Entsch. d. Reichspatentamtes, vom 26. März 1903 in Böhms Zeitschr. Bd. 13 S. 401). Anderer Ansicht Kohler Handb. d. deutschen Patentrechtes S. 82.

2) Grundsätzlich werden die im Vertragsgebiete wohnenden (vgl. Abs. 3) Angehörigen eines Vertragsstaates in Ansehung der Sicherheitsleistung für die Prozeßkosten den Ländern gleichgestellt. Erforderlich ist aber, daß der betreffende Kläger oder Intervenient in einem der Vertragsstaaten wohnt. Die Handelsverträge Deutschlands mit Italien und Rußland befreien unbedingt von der Kautionspflicht. Vgl. § 11.

Unter „Sicherheitsleistung" ist nur die Prozeßkostenkaution, nicht auch eine solche aus materiellen Gründen z. B. aus § 1067 BGB. zu verstehen (vgl. Meili S. 108). Die Befreiung bezieht sich nur auf Zivilsachen, nicht auch auf Strafprozesse einschl. Privatklagen und Verwaltungsstreitsachen.

Nicht allein die physischen Personen sind befreit, sondern auch die juristischen Personen, welche ihren Sitz in einem der Vertragstaaten haben. Die Haager Konvention ändert an denjenigen Prozeßbestimmungen nichts, welche jedem Kläger, ohne Unterschied der Staatsangehörigkeit und des Wohnsitzes eine Kaution auflegen (Schweiz. Bundesgericht, Entsch. XXVI, 1. T., S. 482).

3) Der Abs. 2 ist eingefügt um klarzustellen, daß der erwähnte Grundsatz auch auf die den Ausländern in einzelnen Vertragsstaaten, wie in Deutschland, auferlegte Verpflichtung zur Zahlung eines erhöhten Vorschusses für die Gerichtskosten sich erstreckt. Vgl. § 85 DeutschGKG. und § 23 unten.

4) Vgl. § 23 unten.

Die gleiche Regel findet Anwendung auf gerichtliche Entscheidungen, durch die der Betrag der Kosten des Prozesses später festgesetzt wird.

Die vorhergehenden Bestimmungen hindern nicht, daß sich 2 Vertragsstaaten dahin verständigen, auch die Stellung eines Antrages auf Vollstreckbarkeitserklärung unmittelbar durch die beteiligte Partei zu gestatten.

Art. 19. Die Kostenentscheidungen werden ohne Anhörung der Parteien, jedoch unbeschadet eines späteren Rekurses der verurteilten Partei, gemäß der Gesetzgebung des Landes, wo die Vollstreckung betrieben wird, für vollstreckbar erklärt.

Die für die Entscheidung über den Antrag auf Vollstreckbarkeitserklärung zuständige Behörde hat ihre Prüfung darauf zu beschränken,

1. **ob nach dem Gesetze des Landes, wo die Verurteilung ausgesprochen ist, die Ausfertigung der Entscheidung die für ihre Beweiskraft erforderlichen Bedingungen erfüllt;**
2. **ob nach demselben Gesetze die Entscheidung die Rechtskraft erlangt hat;**
3. **ob der entscheidende Teil der Entscheidung in der Sprache der ersuchten Behörde oder in der zwischen den beiden beteiligten Staaten vereinbarten Sprache abgefaßt ist, oder doch von einer Übersetzung in eine dieser Sprachen begleitet wird, die vorbehaltlich anderweitiger Übereinkunft durch einen diplomatischen oder konsularischen Vertreter des ersuchenden Staates oder einen beeidigten Dolmetscher des ersuchten Staates beglaubigt ist.**

Den Erfordernissen des Abs. 2, Nr. 1, 2 wird genügt durch eine Erklärung der zuständigen Behörde des ersuchenden Staates, daß die Entscheidung die Rechtskraft erlangt habe. Die Zuständigkeit dieser Behörde ist, vorbehaltlich anderweitiger Übereinkunft, durch den höchsten Justizverwaltungsbeamten des ersuchenden Staates zu bescheinigen. Die Erklärung und die Bescheinigung, die soeben erwähnt sind, müssen nach Maßgabe des Abs. 2 Nr. 3 abgefaßt oder übersetzt sein.

Zu Art. 18 und 19. 1. Als Ausgleich für die Vergünstigungen in Ansehung der Sicherheitsleistung enthält das Abkommen Vorschriften, welche die Vollstreckung der gegen den Kläger oder

Intervenienten ergangenen Kostenentscheidung im ganzen Vertragsgebiet erleichtern. Das Abkommen versagt, wenn der unterliegende Kläger nach Erledigung des Prozesses sich in einem Staate niederläßt, welcher dem Haager Abkommen nicht beigetreten ist.

Die Art. 18 ff. beziehen sich nur auf den Kläger, nicht auf den Beklagten, auch nicht dann, wenn er Einspruch oder Berufung eingelegt hat (R. d. OLG. 20, 27), ferner aber auch auf die durch eine Widerklage erwachsenen Kosten (OLG. Karlsruhe vom 11. Februar 1903, Böhms Zeitschrift Bd. 13 S. 404, DJZ. 1904 S. 79). Obschon das Abkommen nur von den Kosten spricht, in die der Kläger verurteilt ist, und den Fall der Widerklage nicht erwähnt, bilden doch nach deutschem Rechte die Kosten der Klage und Widerklage ein untrennbares Ganze. Art. 12 ist deshalb auf die Kosten einer bei einem deutschen Gerichte erhobenen, in demselben Prozeß verhandelten Widerklage zu erstrecken. Der das gesamte Abkommen tragende Grundsatz der Gegenseitigkeit gebietet aber, daß auch der deutsche Richter die Kosten der ausländischen Widerklage, sofern sie mit der Klage in demselben Prozeß verhandelt ist, als unter das Abkommen fallend ansieht und zwar auch dann, wenn das ausländische, z. B. das ungarische, Recht im Gegensatze zum deutschen eine Scheidung der Kosten der Klage und Widerklage zulassen sollte.

2. Die Frage, was zu den Prozeßkosten gehört, ist nach dem Recht des urteilenden Staates zu entscheiden. Die Aufklärung darüber wird häufig nicht sowohl im Prozeßrecht, als in den steuerrechtlichen Einrichtungen eines Staates gegeben werden (vgl. Meili S. 106), z. B. in Frankreich. Der Antrag auf Vollstreckbarkeitserklärung ist, soweit nicht auf Grund besonderer Vereinbarung gemäß Art. 18 Abs. 3 der Parteibetrieb stattfindet, auf diplomatischem Wege zu stellen, von Amts wegen ohne Anhörung der Parteien und kostenfrei zu erledigen. Dem Kostenschuldner sind aber nicht alle Einwendungen gegen die Zulässigkeit der Vollstreckbarkeitserklärung ein für allemal abgeschnitten. Nach Art. 19 Abs. 1 hat er Rekurs nach Maßgabe der Landesgesetzgebung. Auch der Staat hat die Vergünstigung des Art. 18, wenn er von der Einforderung eines erhöhten Vorschusses abgesehen hat. Nicht allein Urteile, sondern auch Kostenfestsetzungsbeschlüsse gehören hierher. Die für die Vollstreckbarkeitserklärung zuständige Behörde (in Deutschland das Amtsgericht § 5 Ausf.-Ges.) hat ihre Prüfung auf die

Echtheit der Ausfertigung der Kostenentscheidung, sowie auf deren Rechtskraft zu beschränken. Mit Rücksicht auf die Schwierigkeiten, die eine solche Prüfung in einem von Amts wegen stattfindenden Verfahren mit sich bringt, kann der Nachweis der Erfordernisse in Art. 19 durch eine entsprechende Erklärung der zuständigen Behörde des ersuchenden Staates erbracht werden, die indes in einem etwaigen Rekursverfahren angefochten werden kann. Die Bestimmung in Art. 19 Ziffer 3 ist aufgenommen, weil man, wo es sich nur um die Einbringung der Prozeßkosten handelt, nicht verlangen kann, daß die oft langen Gründe des Erkenntnisses übersetzt werden sollen. Vgl. auch §§ 33 ff. unten.

3. Vgl. auch § 10 Ziff. 25.

IV. Armenrecht.

Art. 20. Die Angehörigen eines jeden der Vertragsstaaten werden zur Wohltat des Armenrechts in allen anderen Vertragsstaaten ebenso wie die eigenen Staatsangehörigen zugelassen, sofern sie sich nach der Gesetzgebung des Staates richten, wo das Armenrecht nachgesucht wird.

Art. 21. In allen Fällen muß die Bescheinigung oder die Erklärung des Unvermögens von den Behörden des gewöhnlichen Aufenthaltsortes des Ausländers oder, in Ermangelung eines solchen, von den Behörden seines derzeitigen Aufenthaltsortes ausgestellt oder entgegen genommen sein. Gehören diese Behörden keinem Vertragsstaate an und werden von ihnen solche Bescheinigungen oder Erklärungen nicht ausgestellt oder entgegen genommen, so genügt die Ausstellung oder Entgegennahme der Bescheinigung oder der Erklärung durch einen diplomatischen oder konsularischen Vertreter des Landes, dem der Ausländer angehört.

Hält der Antragsteller sich nicht in dem Lande auf, wo das Armenrecht nachgesucht wird, so ist die Bescheinigung oder die Erklärung des Unvermögens kostenfrei von einem diplomatischen oder konsularischen Vertreter des Landes, wo die Urkunde vorgelegt werden soll, zu beglaubigen.

Art. 22. Die zur Ausstellung der Bescheinigung oder zur Entgegennahme der Erklärung über das Unvermögen zuständige Behörde kann bei den Behörden der anderen Vertragsstaaten Auskünfte über die Vermögenslage des Antragstellers einziehen.

Die Behörde, die über den Antrag auf Bewilligung des Armenrechts zu entscheiden hat, behält in den Grenzen ihrer

Amtsbefugnisse das Recht, die ihr vorgelegten Bescheinigungen, Erklärungen und Auskünfte einer Nachprüfung zu unterziehen.

Art. 23. Ist die Wohltat des Armenrechts dem Angehörigen eines der Vertragsstaaten bewilligt worden, so werden für Zustellungen, die sich auf denselben Prozeß beziehen und die in einem anderen dieser Staaten zu bewirken sind, von dem ersuchenden Staate dem ersuchten Staate nur die Auslagen erstattet, die durch die Anwendung einer besonderen Form auf Grund des Art. 3 entstanden sind.

In demselben Falle werden für die Erledigung von Ersuchen dem ersuchten Staate von dem ersuchenden Staate nur die an Zeugen oder Sachverständige gezahlten Entschädigungen, sowie die durch die etwaige Anwendung des Art. 14 Abs. 2 erforderlich gewordenen Auslagen erstattet.

Zu Art. 20—23. Vgl. auch § 24 unten.

Das Armenrecht wird den Angehörigen der Vertragsstaaten ohne Rücksicht auf ihren Wohnsitz gewährt. Anders bei der Prozeßkaution siehe Artikel 17 oben.

1. Eine besondere Gegenseitigkeitsklausel für die Bewilligung des Armenrechts ist nicht vorgesehen. Auch den Angehörigen solcher Staaten, welche ein Armenrecht nicht kennen, werden die Vorteile des Vertrages gewährt.

In welchen Angelegenheiten die Gleichstellung mit den Inländern erfolgen soll, ist nicht näher bestimmt. Man wird aber als Regel festhalten, daß die Bestimmung sich auf Zivilsachen einschließlich der freiwilligen Gerichtsbarkeit beschränkt. Auch juristische Personen des Auslandes sollen nach der Absicht der Kommission (Actes II, 108) zum Armenrechte zugelassen werden. Aber das muß an die Voraussetzung geknüpft werden, daß die Vergünstigung auch inländischen Korporationen zu teil wird. In Deutschland ist dies bekanntlich nicht der Fall. wenigstens nach der herrschenden Meinung (vgl. § 24 unten). So Neumeyer in Böhms Zeitschrift Bd. 9 S. 463; anderer Meinung Meili S. 114, welcher ausländischen juristischen Personen ohne weiteres das Armenrecht bewilligen will.

Es ist auch Vorsorge getroffen für den Fall, daß die das Armenrecht nachsuchende Partei sich außerhalb des Gebiets der Vertragsstaaten aufhält und die Behörde des Aufenthaltsortes die Ausstellung eines Armenattestes der erforderlichen Art verweigert oder wie in England überhaupt nicht ausstellt. In diesem Falle genügt das Attest der diplomatischen und konsularischen Vertreter des Landes, dem die Partei angehört. Der Konsul usw. hat die Möglichkeit, sich bei den auswärtigen oder heimatlichen Behörden zu erkundigen neben anderen Quellen der Information (Landsleute und sociétés de bienfaisance). Vgl. Meili S. 114.

2. Die Behörde der „résidence habituelle“ und, wenn ein solcher Ort nicht vorhanden, diejenige des gegenwärtigen Aufenthaltsortes soll das Zeugnis der Armut ausstellen. Die bayerische Ministerial-Bekanntmachung vom 5. Juli 1879, nach welcher unter Umständen die Heimatsbehörde zuständig ist, muß deshalb insoweit für obsolet erachtet werden.

Ob zur Ausstellung des Zeugnisses eine staatliche Behörde oder ein Gemeindeamt oder eine geistliche Stelle berufen ist, entscheidet sich nach dem Recht des um die Ausstellung des Zeunisses angegangenen Staates. Der Inhalt des Zeugnisses wird dagegen dem Recht des Prozeßgerichts entsprechen müssen (Meili S. 114). Das Zeugnis soll einen Teil der Voraussetzungen des Gesuches feststellen und diese stehen unter dem Recht des Prozeßgerichtes. So kann es vorkommen, daß an die das Zeugnis ausstellende Behörde Fragen herantreten, welche ihr nach dem Rechte des Inlandes nicht gestellt werden; die Pflicht zur Beantwortung ist stillschweigend konstituiert. Während Deutschland und andere Staaten eine Prüfung der Bedürftigkeit durch die Behörde des Wohnortes verlangen, begnügen sich Frankreich und Belgien neben der Beibringung eines Steuerausweises mit der bloßen Erklärung des Antragstellers, daß er die erforderlichen Mittel nicht besitze. Auch die Frage, ob Bestätigung oder Erklärung beizubringen ist, beantwortet sich nach dem Recht des Prozeßgerichtes. Letzteres bestimmt auch die Wirkung, die dem Zeugnis der Auskunftsbehörde zukommt. Wenn freilich das Recht des Prozeßgerichtes bisweilen der Zeugnisbehörde die endgültige Entscheidung über das Gesuch einräumt, so wird damit nicht beabsichtigt sein, diese Befugnis auch auswärtigen Behörden zu gewähren. Mit Recht bemerkt Neumeyer in Böhms Zeitschrift Bd. 9 S. 465: „Es ist nicht denkbar, daß eine deutsche Gemeindeverwaltung das Armenrecht für eine Prozeßführung in Bern oder Aargau bewilligt“.

Wegen der Schwierigkeiten, die das Zusammenarbeiten von Justiz und Verwaltung verschiedener Staaten in diesen Dingen vielfach hervorruft, hat man es bisweilen mit Nutzen versucht, sich zur Beschaffung des Armutszeugnisses an den heimischen

Konsul zu wenden[1]). Jedenfalls steht diesem Verfahren das Haager Abkommen nicht entgegen.

Die Wirkung des in einem der beteiligten Staaten gewährten Armenrechts erstreckt sich auch auf Rechtshilfehandlungen, die in einem anderen dieser Staaten vorzunehmen sind.

Für letztere wird die Unentgeltlichkeit der Rechtshilfe in noch weiterem Umfange, als im gewöhnlichen Rechtshilfeverkehr gewährt, indem in den anderen Vertragsstaaten auch die Mitwirkung des Vollziehungsbeamten und zwar sowohl bei den Zustellungen, wie bei Erledigung von Ersuchen, unentgeltlich zur Verfügung gestellt werden soll.

V. Personalhaft.

Art. 24. In Zivil- oder Handelssachen[1]) darf die Personalhaft sowohl als Mittel der Zwangsvollstreckung, wie auch lediglich als Sicherungsmaßregel gegen die einem der Vertragsstaaten angehörenden Ausländer nur in den Fällen angewendet werden, in denen sie auch gegen Landesangehörige anwendbar sein würde. Eine Tatsache, auf Grund deren ein im Inlande wohnhafter Inländer die Aufhebung der Personalhaft beantragen kann, soll zugunsten des Angehörigen eines Vertragsstaates die gleiche Wirkung auch dann haben, wenn sich diese Tatsache im Ausland ereignet hat[2]).

VI. Schlußbestimmungen.

Art. 25. Dieses Abkommen soll ratifiziert und die Ratifikationsurkunden sollen im Haag hinterlegt werden, sobald sechs der Hohen Vertragsparteien hierzu in der Lage sind[3]).

---

1) Siehe Art. 1 Anm. 1.

2) Das bisherige Abkommen hatte eine Gleichstellung der Ausländer mit den Inländern nicht zur Folge. In einzelnen Vertragsstaaten ist nämlich die Aufhebung der Personalhaft an Bedingungen geknüpft, deren Erfüllung voraussetzt, daß der Schuldner seinen Wohnsitz im Inlande hat. Dies trifft z. B. dann zu, wenn das Recht des Staates, wo die Personalhaft verhängt wird, die Aufhebung der Haft für den Fall vorsieht, daß im Inlande über das Vermögen des Schuldners der Konkurs eröffnet wird, dasselbe Recht aber die Eröffnung des Konkurses nur in Ansehung desjenigen Schuldners zuläßt, der seinen Wohnsitz im Inlande hat, denn danach ist der im Auslande wohnhafte Schuldner nicht in der Lage, sich durch Herbeiführung des Konkurses von der Personalhaft zu befreien. Deshalb bestimmt Art. 24 Satz 2, daß die Aufhebung der Personalhaft nicht davon abhängig gemacht werden darf, ob die eine solche Aufhebung begründende Tatsache sich im Auslande oder im Inlande ereignet hat (Denkschr.).

3) Nach der Bekanntmachung des Reichskanzlers vom 24. April 1909 (RGBl. S. 409) haben die Vertragsstaaten die Ratifikationsurkunden am 24. April 1909 in Haag hinterlegt. Über den Beitritt Luxemburgs vgl. Bekanntmachung vom 16. August 1909 (RGBl. S. 1907).

Über jede Hinterlegung von Ratifikationsurkunden soll ein Protokoll aufgenommen werden; von diesem soll eine beglaubigte Abschrift einem jeden der Vertragsstaaten auf diplomatischem Wege mitgeteilt werden.

Art. 26. Dieses Abkommen findet auf die europäischen Gebiete der Vertragsstaaten ohne weiteres Anwendung.

Wünscht ein Vertragsstaat die Inkraftsetzung des Abkommens in seinen außereuropäischen Gebieten, Besitzungen oder Kolonien oder in seinen Konsulargerichtsbezirken, so hat er seine hierauf gerichtete Absicht in einer Urkunde kundzugeben, die im Archive der Regierung der Niederlande hinterlegt wird. Diese wird eine beglaubigte Abschrift davon einem jeden der Vertragsstaaten auf diplomatischem Wege übersenden. Das Abkommen tritt in Kraft, für die Beziehungen zwischen den Staaten, die auf diese Kundgebung mit einer zustimmenden Erklärung antworten, und den außereuropäischen Gebieten, Besitzungen oder Kolonien, sowie den Konsulargerichtsbezirken, für welche die Kundgebung erfolgt ist. Die zustimmende Erklärung wird gleichfalls im Archive der Regierung der Niederlande hinterlegt, die eine beglaubigte Abschrift davon einem jeden der Vertragsstaaten auf diplomatischem Wege übersenden wird.

Art. 27. Die Staaten, die auf der vierten Konferenz über internationales Prvatrecht vertreten waren, werden zur Zeichnung dieses Abkommens bis zu der im Art. 25[1] vorgesehenen Hinterlegung der Ratifikationsurkunden zugelassen. Nach dieser Hinterlegung soll ihnen der vorbehaltliche Beitritt zu dem Abkommen stets freistehen. Der Staat, der beizutreten wünscht, gibt seine Absicht in einer Urkunde kund, die in dem Archive der Regierung der Niederlande hinterlegt wird. Diese wird eine beglaubigte Abschrift davon einem jeden der Vertragsstaaten auf diplomatischem Wege übersenden.

Art. 28. Dieses Abkommen tritt an Stelle des Abkommens über internationales Privatrecht vom 14. November 1896 und des Zusatzprotokolls vom 22. Mai 1897.

Es tritt in Kraft am 60. Tage nach dem Zeitpunkte, wo alle Staaten, die das Abkommen vom 14. November 1896 gezeichnet haben, oder ihr beigetreten sind, ihre Ratifikationsurkunden zu dem vorliegenden Abkommen hinterlegt haben werden, spätestens aber am 27. April 1909.

Im Falle des Art. 26[2] tritt es vier Monate nach dem Zeitpunkte der zustimmenden Erklärung und im Falle des Art. 27

Abs. 2 am 60. Tage nach dem Zeitpunkte der Kungebung des Beitritts in Kraft.

Es versteht sich, daß die im Art. 26² vorgesehenen Kundgebungen erst erfolgen können, nachdem dieses Abkommen gemäß Abs. 2 des vorliegenden Artikels in Kraft gesetzt worden ist.

Art. 29. Dieses Abkommen gilt für die Dauer von 5 Jahren, gerechnet von dem im Art. 28 Abs. 2 angegebenen Zeitpunkte seiner Inkraftsetzung.

Mit demselben Zeitpunkte beginnt der Lauf dieser Frist auch für die Staaten, welche die Hinterlegung erst nach dem Zeitpunkte bewirken, oder erst nachträglich beitreten und ebenso in Ansehung der auf Grund des Art. 26 Abs. 2 abgegebenen zustimmenden Erklärungen.

In Ermangelung einer Kündigung gilt das Abkommen als stillschweigend von 5 zu 5 Jahren erneuert.

Die Kündigung muß wenigstens 6 Monate vor dem Ablaufe der im Abs. 2, 3 bezeichneten Frist der Regierung der Niederlande erklärt werden, die hiervon allen anderen Staaten Kenntnis geben wird.

Die Kündigung kann auf die außereuropäischen Gebiete, Besitzungen oder Kolonien oder auch auf die Konsulargerichtsbezirke beschränkt werden, die in einer auf Grund des Art. 26 Abs. 2 erfolgten Kundgebung aufgeführt sind.

Die Kündigung soll nur in Ansehung des Staates wirksam sein, der sie erklärt hat. Für die übrigen Vertragsstaaten bleibt das Abkommen in Kraft.

b) Deutsches Reichsgesetz vom 5. April 1909 (RGBl. S. 430) zur Ausführung des Abkommens über den Zivilprozeß vom 17. Juli 1905.

I. Mitteilung gerichtlicher und außergerichtlicher Urkunden (Artikel 1—7 des Abkommens).

§ 1. Innerhalb des Reichs ist für die Entgegennahme des im Art. 1 Abs. 1 des Abkommens vorgesehenen Zustellungsantrags eines ausländischen Konsuls der Präsident des Landgerichts zuständig, in dessen Bezirke die Zustellung erfolgen soll[1]).

1) Der Landgerichtspräsident hat zunächst den konsularischen Zustellungsantrag zu prüfen, insbesondere nach der Richtung, ob er den Erfordernissen des Art. 1 Abs. 1 Satz 2 des Abkommens entspricht und ob seiner Erledigung nicht etwa Hindernisse der im Art. 4 bezeichneten Art entgegenstehen. Er hat dann wegen Bewirkung der Zustellung das Weitere zu veranlassen und schließlich gemäß Art. 1 Abs. 1 Satz 3 dem Konsul den Ausweis über die Erledigung oder Nichterledigung seines Antrages zu übermitteln.

Für die Besorgung der gemäß Art. 2, 3 zu bewirkenden Zustellungen ist innerhalb des Reichs der Gerichtsschreiber[1]) des Amtsgerichts zuständig, in dessen Bezirke die Zustellung zu bewirken ist. Der Gerichtsschreiber hat auch das im Art. 5 bezeichnete Empfangsbekenntnis mit einem Beglaubigungsvermerke zu versehen oder das dort erwähnte Zustellungszeugnis auszustellen; ebenso hat er die im Art. 1 Abs. 1 vorgesehene Urkunde aufzunehmen, welche den die Zustellung hindernden Umstand ergibt[2]).

§ 2. Für eine Zustellung im Auslande, die von dem darum ersuchten Konsul des Reichs auf dem im Art. 1 Abs. 1 des Abkommens vorgesehenen Wege bewirkt wird, beträgt die Gebühr 1.50 Mark. Die gleiche Gebühr wird für eine vom Konsul gemäß Art. 6 Abs. 1 Nr. 3 unmittelbar bewirkte Zustellung erhoben. Diese Vorschrift findet keine Anwendung in den Konsularbezirken, in denen die Zustellungen der Regel nach auf einem der im Art. 1 Abs. 3, 4 vorgesehenen Wege zu erfolgen haben.

Die Gebühr von 4.50 Mark (siehe Nr. 6 Tarif vom 17. Mai 1910, RGBl. S. 847) ist auf 1.50 Mark ermäßigt, in den Konsulargerichtsbezirken dagegen nicht.

---

1) Art der Erledigung des Antrages. Die Zuständigkeit des Gerichtsschreibers begreift alle gemäß Art. 1 zu bewirkende Zustellungen, gleichviel ob der Antrag nach Abs. 1 durch den Konsul oder nach Abs. 3 auf diplomatischem Wege oder nach Abs. 4 im unmittelbaren Verkehr gestellt ist. Formlose Zustellung. Der Gerichtsschreiber kann, wenn es sich gemäß Art. 2 um eine Zustellung durch einfache Übergabe handelt, das Schriftstück persönlich dem Empfänger übergeben oder die Übergabe durch den Gerichtsdiener oder bei größeren Entfernungen durch die Post bewirken, ohne in solchen Fällen an die Vorschriften der ZPO. gebunden zu sein. Bei Inanspruchnahme der Post wird die Übersendung durch eingeschriebenen Brief gegen Rückschein genügen, da solche Sendungen nach den bestehenden postalischen Bestimmungen nur an den Empfänger selbst oder seinen Bevollmächtigten bestellt werden dürfen. Zwangsweise Zustellung. Handelt es sich um eine Zustellung, die gemäß Art. 3 in der durch die deutsche Gesetzgebung vorgeschriebenen Form zu erfolgen hat, so wird der Gerichtsschreiber nach § 211 ZPO. verfahren dergestallt, daß hier der Gerichtsdiener oder der Postbote als Zustellungsorgan im eigentlichen Sinne in Tätigkeit tritt.

2) Bescheinigung über die Zustellung usw. Der Gerichtsschreiber hat ferner die Ausweise über die Erledigung oder Nichterledigung des Zustellungsantrages zu verabfolgen. Im Fall der Erledigung versieht er das etwaige Empfangsbekenntnis mit einem Beglaubigungsvermerk oder stellt über die von ihm selbst vollzogene Zustellung oder auf Grund des ihm gelieferten Nachweises das Zustellungszeugnis gemäß Art. 5 aus. Im Falle der Nichterledigung nimmt er die Urkunde über den die Zustellung hindernden Umstand auf.

Der Beglaubigungsvermerk auf dem Empfangsbekenntnis besteht in einer Beglaubigung der Unterschrift des Empfängers, wenn diesem der Gerichtsschreiber selbst das Schriftstück übergeben hat, und in einer Beglaubigung der Unterschrift des Gerichtsdieners oder des Postboten, wenn die Übergabe durch diesen bewirkt ist. Soweit eine solche Beglaubigung nicht tunlich oder die Weitergabe des Empfangsbekenntnisses nicht angezeigt erscheint, wird der Gerichtsschreiber den Nachweis der Zustellung durch das von ihm auszustellende Zustellungszeugnis (Art. 5) führen.

II. Ersuchungsschreiben (Art. 8—16 des Abkommens).

§ 3. **Innerhalb des Reichs ist für die Erledigung der im Artikel 8 des Abkommens vorgesehenen Ersuchen ausländischer Gerichtsbehörden das Amtsgericht zuständig, in dessen Bezirke die Amtshandlung vorgenommen werden soll. Für die Entgegennahme der gemäß Art. 9 Abs. 1 durch einen ausländischen Konsul übermittelten Ersuchungsschreiben ist innerhalb des Reichs der Präsident des Landgerichts zuständig, in dessen Bezirke die Erledigung des Ersuchens erfolgen soll.**

§ 4. **Für die dem Konsul des Reichs gemäß Art. 9 Abs. 1 des Abkommens in Ansehung eines Ersuchungsschreibens obliegenden Verrichtungen beträgt die Gebühr 1.50 Mark. Die Gebühr wird nicht erhoben, wenn das Ersuchen keine Erledigung findet**[1])[2]).

III. **Sicherheitsleistung für die Prozeßkosten** (Art. 17 bis 18 des Abkommens).

§ 5. **Die Vollstreckbarkeitserklärung für die im Art. 18 des Abkommens bezeichneten Kostenentscheidungen ausländischer Gerichte erfolgt durch Beschluß des Amtsgerichts**[3]).

Zuständig ist das Amtsgericht, bei dem der Kostenschuldner seinen allgemeinen Gerichtsstand hat, und in Ermangelung eines solchen das Amtsgericht, bei welchem gemäß § 23 ZPO. gegen den Schuldner Klage erhoben werden kann. Fehlt es auch an diesem Gerichtsstande, so ist, sofern der Kostenschuldner einem Bundesstaat angehört, das Amtsgericht für die Hauptstadt seines Heimatsstaates, sofern er keinem Bundesstaat angehört, das Amtsgericht für die Stadt Berlin zuständig; soweit diese Orte in mehrere Amtsgerichtsbezirke geteilt sind, ist das Amtsgericht für den durch allgemeine Anordnung gemäß § 15 Abs. 1 Satz 2, 3 ZPO. bestimmten Bezirk zuständig[4]).

§ 6. **Ist der Antrag auf Vollstreckbarkeitserklärung auf diplomatischem Wege gestellt, so hat das Amtsgericht eine**

---

1) Die Gebühr wird nicht erhoben, wenn das Ersuchen überhaupt keine, d. h. keine auch nur teilweise Erledigung findet.

2) Durch die Gebühr von 1.50 Mk. wird selbstverständlich eine Tätigkeit des Konsuls außerhalb des Art. 9 Abs. 1, z. B. bei Anfertigung und Beglaubigung der in Art. 10 vorgesehenen Übersetzung, nicht abgegolten.

3) Bei der Einfachheit der in Frage stehenden Fälle ist das Amtsgericht für zuständig erklärt.

4) In Berlin das Amtsgericht Berlin-Mitte. Vgl. Verordnung vom 21. April 1906 (RGBl. S. 463).

von Amts wegen zu erteilende Ausfertigung seines Beschlusses der Landesjustizverwaltung einzureichen. Die Ausfertigung ist, sofern dem Antrage stattgegeben wird, mit der Vollstreckungsklausel zu versehen [1]).

Im Falle des Art. 18 Abs. 3 des Abk. ist der Beschluß beiden Teilen von Amts wegen zuzustellen [2]).

§ 7. Gegen Beschlüsse, durch die der Antrag auf Vollstreckbarkeitserklärung abgelehnt wird, findet die Beschwerde nach Maßgabe der §§ 568—571, 573—575 ZPO. statt. Die Beschwerde steht, sofern der Antrag auf diplomatischem Wege gestellt ist, dem Staatsanwalt, im Falle des Art. 18 Abs. 3 des Abkommens dem Antragsteller zu [3]) [4]).

Gegen Beschlüsse, durch die dem Antrag auf Vollstreckbarkeitserklärung stattgegeben wird, steht dem Kostenschuldner die sofortige Beschwerde nach Maßgabe der §§ 568—575, 577 ZPO. zu.

§ 8. Aus den für vollstreckbar erklärten Kostenentscheidungen findet die Zwangsvollstreckung gemäß den Vorschriften der ZPO. statt. Die Vorschrift des § 798 findet entsprechende Anwendung.

Der Beschluß des Amtsgerichts ist der Vollstreckungstitel. Die Zwangsvollstreckung erfolgt auf Betreiben der Partei. Durch die Verweisung auf § 798 ZPO. wird erreicht, daß der Kostenschuldner von der ihm drohenden Zwangsvollstreckung rechtzeitig Kenntnis erhält, da diese erst einen Tag nach Zustellung des Schuldtitels beginnen darf.

§ 9. Für die gerichtlichen Entscheidungen, die über den Betrag der Gerichtskosten nach Art. 18 Abs. 2 des Abkommens

---

1) Der Antrag auf Vollstreckbarkeitserklärung wird durch die Landesjustizverwaltung dem Amtsgerichte übermittelt. Der darauf ergehende Beschluß ist vom Amtsgerichte nicht den Parteien zuzustellen, sondern der Landesjustizverwaltung einzureichen.

2) Im Falle des im Art. 18 Abs. 3 vorgesehenen Parteibetriebes ist der Beschluß den Parteien von Amts wegen zuzustellen. Den Parteien steht sowohl gegen den stattgebenden wie ablehnenden Beschluß die Beschwerde zu. Vgl. § 7.

3) Der im Art. 19 Abs. 1 des Abkommens vorbehaltene Rekurs ist dem Kostenschuldner in der Form der sofortigen Beschwerde nach der ZPO. gegeben. Die Beschwerdefrist beginnt nach § 577 Abs. 2 ZPO. mit der Zustellung des Beschlusses an den Kostenschuldner, deren Herbeiführung Sache der Gegenpartei ist.

Lehnt der Beschluß des Amtsgerichts den Antrag auf Vollstreckbarkeitserklärung ab, so hat die Landesregierung die Möglichkeit, eine Nachprüfung durch die höheren Instanzen vornehmen zu lassen. Zuständig ist die Staatsanwaltschaft beim Landgericht. Eine solche Nachprüfung erscheint zur Durchführung der übernommenen internationalen Verpflichtung in dem Falle erforderlich, wo die Ablehnung nach Auffassung der Regierung zu Unrecht erfolgt ist. Die Partei selbst hat keine Beschwerde.

4) Im Falle des Parteibetriebes (vgl. Art. 18 Abs. 3) hat jede Partei die Beschwerden. Vgl. Anm. 2 zu § 6.

zur Herbeiführung der Vollstreckbarkeitserklärung im Auslande zu erlassen sind, ist das Gericht der Instanz zuständig. Die Entscheidungen ergehen auf Antrag der für die Beitreibung der Gerichtskosten zuständigen Behörde.

Gegen die Entscheidung findet sofortige Beschwerde nach Maßgabe des § 567 Abs. 2 und der §§ 568—575 ZPO. statt. Die Einlegung kann durch Erklärung zum Protokolle des Gerichtsschreibers oder schriftlich ohne Mitwirkung eines Anwalts erfolgen.

Nach Art. 18, 19 bedarf es auch in Ansehung der Gerichtskosten einer rechtskräftigen gerichtlichen Entscheidung, um die dort vorgesehenen Vergünstigungen für die zwangsweise Beitreibung in Anspruch nehmen zu können. Die für die Beitreibung der Gerichtskosten zuständige inländische Behörde hat deshalb das Recht, den Betrag der Gerichtskosten durch eine gerichtliche Entscheidung festsetzen zu lassen, die mit sofortiger Beschwerde angefochten werden kann, also der Rechtskraft fähig ist. Zuständig ist das Gericht der Instanz für den Erlaß der Entscheidung. Vgl. KG. 21. Oktober 1909, R. d. OLG. 21, 97.

IV. Schlußbestimmung.

§ 10. Dieses Gesetz tritt gleichzeitig mit dem Abkommen über den Zivilprozeß in Kraft.

B. Der Art. 2 der sog. Pariser Übereinkunft zum Schutze des gewerblichen Eigentums vom 20. März 1883 (RGBl. 1903 S. 147) bestimmt:

„Die Untertanen und Bürger der vertragschließenden Staaten sollen in allen übrigen Staaten des Verbandes in Betreff der Erfindungspatente, der gewerblichen Muster oder Modelle, der Fabrik- oder Handelsmarken und der Handelsnamen die Vorteile genießen, welche die betreffenden Gesetze den Staatsangehörigen gegenwärtig gewähren oder in Zukunft gewähren werden. Demgemäß sollen sie denselben Schutz wie diese und dieselbe Rechtshilfe gegen jeden Eingriff in ihre Rechte haben, vorbehaltlich der Erfüllung der Förmlichkeiten und Bedingungen, welche den Staatsangehörigen durch die innere Gesetzgebung jedes Staates auferlegt sind."

Art. 3 der Übereinkunft lautet nach der Brüsseler Zusatzakte vom 14 Dezember 1900:

„Den Untertanen und Bürgern der vertragschließenden Staaten werden gleichgestellt die Untertanen und Bürger der dem Verbande nicht beigetretenen Staaten, welche auf dem

Gebiete eines der Vertragsstaaten ihren Wohnsitz oder tatsächliche und wirkliche gewerbliche oder Handelsniederlassungen haben."

Vertragsstaaten sind zur Zeit: Australischer Bund (RGBl. 1907 S. 424), Belgien, Brasilien, Cuba (RGBl. 1904 S. 440), Dänemark nebst den Faröerinseln, Deutsches Reich, Dominikanische Republik, Spanien, Frankreich mit Algier und den Kolonien, Großbritannien mit Neuseeland und Queensland sowie Ceylon, Trinidad und Tobago (RGBl. 1908 S. 161), Italien, Japan, Österreich-Ungarn (RGBl. 1908 S. 654), Niederlande mit Niederländisch Indien, ferner mit Surinam und Curacao, Norwegen, Portugal mit Azoren und Madeira, Serbien (RGBl. 1909 S. 226), Schweden, Schweiz, Tunis, Vereinigte Staaten von Nordamerika und Mexiko (RGBl. 1903 S. 279). Die Dominikanische Republik ist der Brüsseler Zusatzakte im Jahre 1910 (RGBl. S. 945) beigetreten.

Wegen der Sonderabkommen zwischen einzelnen Staaten siehe Fleischmann S. 186 Anm.

Wegen Amerika vgl. § 11. Wegen Österreich-Ungarn (vgl. RGBl. 1892 S. 289), Italien (RGBl. 1892 S. 293 und 1903 S. 178), Schweiz (RGBl. 1894 S. 511 und 1903 S. 181) und Serbien (RGBl. 1893 S. 301).

C. a) Übereinkunft betreffend die Bildung eines internationalen Verbandes zum Schutze von Werken der Literatur und Kunst (sog. Berner Übereinkunft) vom 9. September 1886 samt der (Pariser) Zusatzakte vom 4. Mai 1896 und der Deklaration vom 4. Mai 1896 (RGBl. 1887 S. 493 und 1897 S. 759 und 769). Vgl. auch Ausf.-Verordnung vom 29. November 1897 (RGBl. S. 539) und 12. Juli 1910 (RGBl. S. 989).

Vertragsstaaten: Belgien, Deutschland mit Schutzgebieten (RGBl. 1908 S. 627, 628, 629), Dänemark mit Faröer, aber ohne Island, Grönland und Antillen, Frankreich mit Kolonien, Großbritannien mit Kolonien, Haiti, Italien, Japan, Luxemburg, Monako, Norwegen, Schweiz, Spanien mit Kolonien, Tunis. Auch Liberia hat die Übereinkunft ratifiziert (RGBl. 1908 S. 585). Schweden ist am 1. August 1904 beigetreten.

Für Großbritannien ist die Zusatzakte von 1896, für Schweden und Norwegen die Deklaration von 1896 nicht verbindlich.

Sonderabkommen Deutschlands mit Frankreich (RGBl. 1907 S. 419), Italien (RGBl. 1908 S. 81), Vereinigte Staaten von Amerika (RGBl. 1892 S. 478), Österreich-Ungarn (RGBl. 1899 S. 131) und Belgien (RGBl. 1908 S. 405).

Der wesentliche Inhalt der vorstehenden Verträge ist folgender:

Die Urheber von Werken der Literatur und Kunst haben in jedem der Vertragsstaaten gegenseitig der Vorteile sich zu erfreuen, welche daselbst zum Schutze solcher Werke gesetzlich eingeräumt sind und werden, und genießen daselbst insbesondere denselben Schutz und dieselbe Rechtshilfe gegen jede Beeinträchtigung ihrer Rechte, als wenn diese Beeinträchtigung gegen inländische Urheber begangen wäre.

b) Revidierte Berner Übereinkunft zum Schutze von Werken der Literatur und Kunst vom 13. November 1908 (RGBl. 1910 S. 965).

Sie ist ratifiziert von Deutschland, Belgien, Frankreich (mit Vorbehalt), Haiti, Japan (mit Vorbehalt), Liberia, Luxemburg, Monako, Norwegen, Spanien, Schweiz und Tunis (mit Vorbehalt).

D. Das internationale Übereinkommen über den Eisenbahnfrachtverkehr vom 14. Oktober 1890 (RGBl. 1892 S. 793) und Zusatzübereinkommen vom 20. September 1893 (RGBl. 1896 S. 707) und 16. Januar 1898 (RGBl. 1901 S. 295). Vertragsstaaten: Belgien, Deutschland, Dänemark, Italien, Frankreich, Österreich-Ungarn, Lichtenstein, Schweiz, Rußland, Niederlande, Luxemburg und Rumänien.

II. Abgesehen von dem oben erwähnten Abkommen vom 17. Juli 1905 hat das Deutsche Reich noch keine das ganze Gebiet der Rechtshilfe umfassenden Verträge mit anderen Staaten abgeschlossen. Doch enthalten einzelne vom Deutschen Reich mit auswärtigen Staaten getroffene Vereinbarungen Bestimmungen über Rechtshilfe bezüglich einzelner Prozeßmaterien, namentlich über Zustellungen, Beweisaufnahme, Zulassung zum Armenrecht u. a. Auch die von einzelnen Bundesstaaten, von dem früheren Norddeutschen Bunde, ferner die vom vormaligen Zollverein abgeschlossenen Verträge haben in dieser Beziehung noch Kraft.

Soweit Vereinbarungen der vorbezeichneten Art für das dermalen geltende Verfahren in Betracht kommen, wird das Nähere weiter unten ausgeführt werden.

III. In Ermangelung von Verträgen kommen, soweit nicht die Zivilprozeßordnung und bezw. die Konkursordnung für das Deutsche Reich einzelne Materien regelt, die Grundsätze des Völkerrechts bezw. des internationalen Privatrechtes in Betracht. In dieser Beziehung erscheint es als eine im völkerrechtlichen Verkehre nicht wohl abzulehnende Verbindlichkeit, unter der Voraussetzung der Reziprozität und sofern ein Fall der Retorsion nicht gegeben ist, einem befreundeten Staate diejenige Rechtshilfe nicht zu versagen, welche und soweit solche im eigenen Lande nach den bestehenden Gesetzen zulässig ist[1]). Letztere Beschränkung ist insbesondere dann gerechtfertigt, wenn Zwangshandlungen in Frage stehen, da zugunsten einer fremden Rechtssache bei deutschen Gerichten nicht ein weitergehender Zwang, z. B. zur Zeugenschaftsleistung, gerechtfertigt sein kann, als zugunsten einer bei einem ausländischen Gerichte anhängigen Rechtssache[2]).

Die requirierende Behörde muß der requirierten Behörde die Beobachtung der Reziprozität (assertio reciproci) anbieten, sofern in den fremden Staaten die Rechtshilfe noch nicht als internationale Obligation angesehen wird. Auch wird erklärt werden müssen, daß die erwachsenden Kosten bezahlt würden.

Hinsichtlich der Zwangsvollstreckung in bürgerlichen Sachen wird, abgesehen von den Entscheidungen der Rheinschiffahrts- und Elbzollgerichte, im allgemeinen von keinem fremden Staate Rechtshilfe geleistet[3]). Nach den Gesetzen fast aller fremden Staaten kann eine Zwangsvollstreckung nur in einem von der Partei vor dem fremden Gericht zu betreibenden Verfahren erwirkt werden. Die Vorschrift des § 791 Abs. 1 ZPO. hat deshalb zur Zeit nur geringe praktische Bedeutung.

Mit keinem ausländischen Staate sind Verträge[3]) geschlossen, welche die Beitreibung von im Inlande entstandenen Gerichtskosten[4]) im Auslande gewährleisten, auch lehnen es erfahrungsgemäß die ausländischen Regierungen ab, zu diesem Zwecke ihre Mitwirkung eintreten zu lassen. Anträge um zwangs-

---

1) Wenn die vorzunehmende Handlung nach dem Rechte des ersuchten Gerichtes verboten ist, darf dem Ersuchen um Rechtshilfe nicht stattgegeben werden. Vgl. § 159 Abs. 2 GVG.

2) Vgl. v. Bar, Das internationale Privat- und Strafrecht S. 417.

3) Vgl. aber Haager Abkommen Art. 18 und 19 (oben S. 149) und unten § 33.

4) Für Ansprüche auf Zahlung ausländischer Gerichtskosten in Österreich ist der Rechtsweg zulässig (Österreich. RG. 3. Juli 1905, Müller S. 1231). Bei Klagen russischer Gemeinden betr. Steuern soll trotz des Handelsvertrages in Preußen der Rechtsweg vor preußischen Gerichten nicht gegeben sein (KG. XIV. ZS. 19. November 1908, v. Kamptz-Delius, Rechtspr. III, 424).

weise Einziehung solcher Kosten von Personen, welche in außerdeutschen Staaten sich aufhalten, können deshalb abgesehen von Ländern, in welchen Konsulargerichtsbarkeit geübt wird, keinen Erfolg haben und sind zu unterlassen.

Die Einziehung von Gerichtskosten im Auslande ist nur im Wege einer vor dem zuständigen ausländischen Gerichte gegen den Kostenschuldner anzustrengenden Klage möglich. Vgl. auch § 12 VI.

Außerdem können die Gerichtskassen in geeigneten Fällen versuchen, ob durch Vermittelung des zuständigen Konsuls der Kostenschuldner zu freiwilliger Berichtigung seiner Schuld bestimmt werden kann.

In den deutschen Schutzgebieten erfolgt die Einziehung der Gerichtskosten nach Maßgabe der Anweisung vom 23. April 1880[1]).

Daß auch ohne Vertrag die deutschen Bundesstaaten dem Auslande Rechtshilfe leisten, ergeben die Verfügungen der verschiedenen deutschen Justizministerien, in welche die im Auslande nachzusuchende Rechtshilfe geregelt wird. Vgl. insbesondere die Verfügungen des preußischen Justizministers vom 16. September 1844 (JMBl. S. 207) und vom 20. Mai 1887 (JMBl. S. 139). Ein Staat, welcher die Erledigung der eigenen Ersuchen vom Auslande erwartet, muß nach dem Grundsatz der Reziprozität auch ausländischen Requisitionen nachkommen. Darüber, ob Rechtshilfe gewährt werden soll, haben nicht die Gerichte, sondern die oberste Justizverwaltungsbehörde zu entscheiden. Diese ist auch am besten in der Lage zu beurteilen, ob sich Anwendung der Retorsion empfiehlt, wenn der fremde Staat diesseitige Ersuchen nicht erledigt hat. Die Gerichte sind, auch ohne daß ein Vertrag mit Gesetzeskraft besteht, nach deutschem Landesstaatsrecht verpflichtet, den diesbezüglichen Weisungen des Justizministers nachzukommen[2]). Der Justizminister wird in analoger Anwendung der §§ 159 ff. GVG. das örtlich zuständige Amtsgericht mit der Erledigung des ausländischen Ersuchens beauftragen; es ist ihm aber unbenommen, statt desselben ein Mitglied des Land- oder Oberlandesgerichts zu wählen.

1) Vgl. §§ 7 und 3 des Schutzgebietsgesetzes in Verbindung mit § 75 des Konsulargerichtsbarkeitsgesetzes vom 7. April 1900.

2) Vgl. Verfügung I 8922—1905 bei Müller 1184. — Gaupp-Stein S. 22 will bei Ablehnung der Rechtshilfe durch den Amtsrichter den § 160 GVG. entsprechend anwenden, da sonst nur entweder das Amtsgericht endgültig entscheiden könnte oder den vorgesetzten Justizverwaltungsstellen ein mit § 1 GVG. unvereinbares Anweisungsrecht eingeräumt werden müßte. Das ist unzutreffend. Der § 1 GVG. hat mit der Rechtshilfe gegenüber dem Auslande nicht das mindeste zu tun.

Ausländische Ersuchen um Rechtshilfe pflegen auf diplomatischem Wege gestellt zu werden. In Preußen gibt der Minister der auswärtigen Angelegenheiten das Ersuchen an den Justizminister weiter, nur bei Zustellungen wird die Requisition der auswärtigen Behörde direkt vom Minister der auswärtigen Angelegenheiten dem zuständigen Amtsgerichte überwiesen. Gibt der Justizminister die Sache an ein Amtsgericht weiter[1]), so liegt darin die stillschweigende Erklärung, daß Rechtshilfe zu gewähren sei[2]). In den Fällen, wo gesetzlicher Vorschrift gemäß ein unmittelbarer Geschäftsverkehr mit ausländischen Gerichten stattfindet, z. B. mit Österreich[3]), ist anzunehmen, daß der Justizminister seine Befugnis über die Gewährung der Rechtshilfe zu befinden, auf die Amtsgerichte ein für allemal delegiert hat. In Preußen existiert zwar keine einschlägige Verfügung. Die Gerichte werden aber auch bei unmittelbarem Geschäftsverkehr, falls Bedenken vorhanden sind, vor Erledigung des Ersuchens an den Justizminister zu berichten haben. Die Rechtsgültigkeit der ohne diese Rückfrage vorgenommenen Beweisaufnahme wird aber nicht in Zweifel gezogen werden können.

Geht ein ausländisches Ersuchen direkt bei einem deutschen Gerichte ein, ohne daß ein unmittelbarer Geschäftsverkehr zulässig ist, so muß zunächst die Sache zur Entscheidung an den Justizminister abgegeben werden[4]). Der zu vernehmende Zeuge würde diesen Mangel rügen können, denn dem deutschen Gericht wohnt die Befugnis zur Zeugenvernehmung nicht ohne weiteres bei. Auch ist fraglich, ob das auswärtige Gericht eine solche Beweisaufnahme für eine rechtsgültige ansehen darf.

Eine Delegation der Befugnis des Justizministers über die Gewährung der Rechtshilfe zu befinden, ist in der Ver-

---

1) Bei Zustellungen hat die vom Justizminister bezw. dem Minister der auswärtigen Angelegenheiten beauftragte Justizbehörde einem Gerichtsvollzieher die Bewirkung der Zustellung bezw. Behändigung aufzugeben. Der Gerichtsvollzieher tritt in solchem Falle auf Grund eines ihm von einer Justizbehörde erteilten amtlichen Auftrages in Tätigkeit und erhält für diese die nach § 24 der GVO. vom 31. März 1900 für dergleichen Amtshandlungen bestimmte Entschädigung aus der Staatskasse (Zirk.-Verf. des preuß. Justizministers vom 27. März 1888 I 842 bei Müller S. 1508).

2) Das Amtsgericht kann zwar den Minister auf Bedenken gegen die Leistung der Rechtshilfe aufmerksam machen.

3) Vgl. unten § 11.

4) Zahlreiche Ministerialverfügungen bringen dies den Gerichten immer wieder in Erinnerung. Die deutschen Gerichte neigen dazu, Ersuchen ohne weiteres zu erledigen, indem sie auf gleiche Konvenienz bei der fremden Behörde rechnen. Die Beschreitung des diplomatischen Weges ist bei den deutschen Gerichten wenig beliebt weil eine Unmenge von Formvorschriften zu beachten ist.

fügung des preußischen Justizministers vom 24. Oktober 1884[1]) (JMBl. S. 245) betr. Anträge auf Beweisaufnahme, von welcher im Auslande Gebrauch gemacht worden, enthalten[2]). Vgl. auch Art. 34 preuß. FGG. und Verfügung des Justizministers vom 19. September 1907, JMBl. S. 513.

Nach der Gesetzgebung mehrerer außerdeutscher Staaten, insbesondere Englands und der Vereinigten Staaten von Amerika (auch in Holland) ist nämlich die Erledigung von Rechtsangelegenheiten, welche vor den dortigen Behörden anhängig sind oder anhängig gemacht werden sollen, vielfach durch die Beibringung eidlicher Erklärungen oder sonstiger Beweiserhebungen bedingt, welche die Parteien — ohne vorgängigen Beweisbeschluß oder entsprechendes Ersuchen der Behörde — zu beschaffen haben. In solchen Fällen ist nach der oben mitgeteilten Verfügung Anträgen von Reichsangehörigen, welche die Aufnahme von Beweisen, insbesondere die Abhörung von Zeugen oder die Abnahme von Eiden zum Gegenstande haben, auch beim Mangel eines Ersuchens der auswärtigen Behörde oder eines die Zeugenvernehmung oder die Eidesleistung anordnenden Gerichtsbeschlusses ohne besondere Rückfrage stattzugeben, sofern der Antragsteller darlegt, daß die auswärtige Gesetzgebung die Erwirkung der Beweisaufnahme lediglich dem Parteibetrieb überlasse und daß die Erledigung des gestellten Antrags für die Rechtsverfolgung im Auslande notwendig oder nützlich sei. Vgl. auch Bekanntmachung des K. b. Justizministeriums vom 7. April 1885 (JMBl. 1885 S. 87 f.)[3]).

Nach Art. 34 Abs. 1 des preuß. FGG. ist, falls zur Wahrnehmung von Rechten im Auslande die Leistung eines Eides oder eine Versicherung an Eides Statt erforderlich ist, zur Abnahme des Eides oder der Versicherung an Eides Statt, sowohl das Amtsgericht als auch der Notar befugt. Vgl. auch Art. 44 a. a. O. Hier ist also eine Rechtshilfepflicht sogar gesetzlich festgelegt.

---

1) Insbesondere ist auch Anträgen von preußischen Gläubigern auf Abnahme der in der finnischen Konkursordnung vom 9. November 1868 §§ 25—29 bezeichneten Eide stattzugeben. Nach dieser Konkursordnung haben nämlich die Gläubiger die Richtigkeit ihrer Forderung eidlich zu erhärten. Vgl. Allg. Verfügung vom 26. September 1887 (JMBl. S. 265). — Anträge der „Deutschen Gesellschaft der Stadt New-York“ um Erteilung von Auskunft, Nachweisung eines zuverlässigen Rechtsbeistandes u. dgl. sollen die Amtsgerichte, sofern nicht Bedenken entgegenstehen, entsprechen. Zirk.-Verf. vom 21. Juni 1883 I 2465 bei Müller S. 1189.

2) Gleiche Verfügungen sind erlassen in Bayern (JMBl. 85, 87), Württemberg (JMBl. 85, 22).

3) Vgl. auch unten § 11 unter „Großbritannien“.

Aus der hiernach bestehenden Verpflichtnug der deutschen Gerichte zur Rechtshilfe folgt indes noch gar nichts für die Entscheidung der Frage, ob gegen den das Zeugnis Weigernden ein Zwang stattfinden darf. Diese Frage berührt nicht das Verhältnis zwischen den inländischen und den ausländischen Gerichtsbehörden, sondern das Verhältnis der inländischen Staatsgewalt zu den im Gebiete derselben sich aufhaltenden Personen, seien dieselben Angehörige des ersuchten Staates oder nicht[1]). Wilmowski und Levy, ZPO. zu § 345 (alt) Anm. 1, meinen, daß ein Zeugniszwang auf Ersuchen nicht deutscher Gerichte gegen Personen, welche sich im Deutschen Reich aufhalten und nicht dem Staate des ersuchenden Gerichtes angehören, nicht ausgeübt werden dürfe. Aus welchem Grunde gegen in Deutschland sich aufhaltende Ausländer der Nationalität des ersuchenden Staates ein Zeugniszwang zulässig sein soll, wird nicht gesagt[2]). Der ersuchte Staat kann allerdings jeden Ausländer, welcher Nationalität er auch sein mag, ausweisen und durch die Androhung dieser Maßregel indirekt die Leistung der Zeugnispflicht erzwingen. Ob sich aber ein Kulturstaat zu einem derartigen Manöver verstehen wird, ist doch sehr zweifelhaft. Soweit das Haager Abkommen (oben S. 141) Platz greift, ist der Zeugniszwang gestattet, und zwar sowohl Ausländern wie Inländern gegenüber. Abgesehen hiervon fehlt es gegenüber Ausländern, welche sich in Preußen aufhalten, an einer positiven Vorschrift, bei Ersuchen ausländischer Gerichte den Zeugniszwang auszuüben.

Anders bei Inländern. Es bestimmt nämlich § 225 b der Allgemeinen Gerichtsordnung vom 6. Juli 1793 Teil I Titel 10[3]):

„Wenn auswärtige[4]) Gerichte ein inländisches um Abhörung von Zeugen ersuchen, so muß ihnen darunter alle Bereitwilligkeit erwiesen werden. Doch kommen nicht nur den hiesigen Untertanen[5]), auch wenn sie auf Verlangen fremder Gerichte als Zeugen vernommen werden sollen, die Vorschriften

---

1) Laband, Staatsrecht des Deutschen Reichs Bd. 2 § 20 S. 461, 2. Aufl.

2) Anscheinend soll der eigene Untertan dem Befehl des Gerichtes seines Staates nachkommen, dann bleibt aber zweifelhaft, ob die Zwangsmaßregeln des Rechtes des ersuchenden Staates oder derjenigen des deutschen Rechtes zur Anwendung zu bringen sind.

3) Wegen des Geltungsgebietes der Allg. Gerichtsordnung vgl. Groschuff-Eichhorn-Delius, Preuß. Strafgesetze (2. Aufl.) S. 125.

4) Jetzt außerdeutsche Gerichte.

5) Hierzu gehören jetzt wohl auch außerpreußische Reichsangehörige.

des § 180[1]) zu statten, sondern es soll auch, wenn der Gegenstand der Vernehmung so beschaffen ist, daß daraus Kollisionen zwischen dem hiesigen und einem fremden Staate entstehen könnten, noch ehe die Abhörung veranlaßt wird, über die Umstände der Sache nach Hofe[2]) berichtet werden."

Der § 225 b enthält keine Norm des Prozeßrechtes, sondern eine solche des internationalen Rechtes. Er betrifft Rechtsstreitigkeiten, deren Entscheidung nicht nach der deutschen ZPO. zu erfolgen hat, und ist deshalb durch § 14 EGzZPO. nicht aufgehoben. Die Frage, ob der im § 225 b enthaltene staats- bezw. völkerrechtliche Grundsatz auch für die neu erworbenen Provinzen zur Anwendung kommt, da durch die Einverleibung derselben in die preußische Monarchie das für die letztere geltende Staatsrecht auch ohne ausdrückliche Bestimmung in jene Gebiete eingeführt ist (vgl. KGJ. Bd. 10 S. 3), wird man, da ein Gesetz, welches Zwangsmaßregeln ausspricht, in Rede steht, verneinen müssen.

Jastrow, Handbuch für amtsrichterliche Geschäfte S. 506, meint, daß der § 225 b sich nur auf Zivilprozesse beziehe. Es wird nichts entgegenstehen, diese im ersten Teile der Allgemeinen Gerichtsordnung enthaltene Norm auf das im zweiten Teile derselben geregelte Verfahren in Angelegenheiten der freiwilligen Gerichtsbarkeit auszudehnen.

Gesetzliche Bestimmungen über Zeugniszwang usw. bei Ersuchen ausländischer Gerichte und Behörden fehlen, soweit festgestellt werden konnte, in dem übrigen Teile Preußens und auch in den anderen Bundesstaaten.

Wollte man der Ansicht von Francke (Recht 1901 S. 31) beipflichten, so bestände keine Lücke, vielmehr kämen auch hier die Bestimmungen des GVG. (§ 159) und der ZPO. gemäß § 3 EGzZPO. einfach zur Anwendung. Allein diese Ansicht erscheint angesichts der positiven Gesetzesbestimmungen unhaltbar, wie sich auch aus den Ausführungen Friedländers in Goltd. Arch. Bd. 43 S. 207 ergibt. Die Bestimmungen des GVG. über Rechtshilfe (§§ 159 ff.) beziehen sich nur auf das Verhältnis deutscher Gerichte zu deutschen Gerichten und nach § 3 EGzZPO. erstreckt sich die Zivilprozeßordnung (vgl. §§ 380 ff.)

---

1) Über die Berechtigung zur Zeugnisverweigerung. Es ist darunter die Norm zu verstehen, daß über die Zeugnisverweigerung das inländische Recht entscheiden soll. Deshalb gelten jetzt §§ 380 ff. ZPO. Es sind auch nur die nach der ZPO. erlaubten Zwangsmittel zulässig. Selbstverständlich ist, daß gegenüber Ersuchen ausländischer Gerichte nicht stärkere Zwangsmittel zulässig, als sie deutsche Gerichte fordern können.

2) An den Justizminister.

nur auf diejenigen bürgerlichen Rechtsstreitigkeiten, welche vor die ordentlichen deutschen Gerichte gehören. Aus den Materialien zu den Reichsjustizgesetzen ist auch kein Moment zu entnehmen dafür, daß der Reichsgesetzgeber die höchst delikate Frage der Rechtshilfe gegenüber dem Auslande so nebenbei stillschweigend habe mitregeln wollen[1]).

Mangels einer reichsgesetzlichen Vorschrift kommen also die Vorschriften der Landesgesetze zur Anwendung, welche durch § 14 EGzZPO. nicht aufgehoben sind. Es ist auch nicht statthaft, sich, falls landesgesetzliche Bestimmungen nicht vorhanden sind, auf das Landesgewohnheitsrecht hinzuweisen, wie dies Wach in seinem Handbuch des Zivilprozeßrechts Bd. I § 19 S. 253/54 tut. Auf das Gewohnheitsrecht können so einschneidende Maßregeln, wie Vorführung, Zwangshaft, Geldstrafe, nicht gestützt werden. Nulla poena sine lege (Art. 8 der preußischen Verfassung).

Auch Gaupp-Stein S. 21 meint, daß die Erledigung des Ersuchens durch das Amtsgericht nach deutschem Gewohnheitsrecht einen Teil der ihm verliehenen Gewalt auf dem Gebiete der streitigen Gerichtsbarkeit bilde, so daß der Amtsrichter nach § 1 GVG. zu selbständiger Entscheidung berufen sei.

In dem in den „Blättern für Rechtspflege im Bezirk des Kammergerichtes" 1899 S. 26 mitgeteilten Falle weigerte sich ein in Berlin wohnender Zeuge, welcher auf Ersuchen eines französischen Gerichtes in einer Ehescheidungssache vernommen werden sollte, vor dem ersuchten Amtsgericht I Berlin zu erscheinen, weil eine Verpflichtung hierzu nur für im Inlande schwebende Prozesse bestehe. Das Amtsgericht verurteilte ihn auf Grund der §§ 380, 400 ZPO. zu einer Geldstrafe von 30 Mark. Das auf Beschwerde angerufene Landgericht führte aus, daß das Amtsgericht, wenn es in Ausführung des ausländischen Ersuchens den Zeugen vorlade, einen Akt eigener Gerichtsbarkeit ausübe und der Zeuge verpflichtet sei, die Gerichtsgewalt der Behörde des eigenen Staates zu achten und der an ihn ergangenen Aufforderung, Zeugnis abzulegen, an sich Folge zu leisten habe (vgl. Abegg, Zeugnispflicht und Zeugniszwang S. 13) zur Vermeidung der nach dem Rechte des vorladenden Gerichtes zulässigen Zwangsmaßregeln. Das Landgericht hob indes den amts-

---

1) Vgl. auch Staudinger, Zeugnispflicht im internationalen Rechtsverkehr, in Böhms Zeitschr. Bd. 4 S. 10. Er meint, daß die ZPO. ohne weiteres anzuwenden sei; es finde die Ausübung eines Richteramtes im Inlande statt; der ersuchte Richter sei weder Verwaltungsorgan der die Rechtshilfe bewilligenden Staatsregierung, noch eine Art Sachwalter für das ausländische Gericht. Vgl. dagegen Ortlieb S. 415.

gerichtlichen Beschluß auf, weil das Amtsgericht gemäß §§ 400, 390 ZPO. darüber hätte befinden müssen, ob die Weigerung des Zeugen es zur Verhängung einer Strafe berechtigte. Diese Prüfung müsse dahin ausgeübt werden, ob die Angabe jeden beliebigen Grundes für die Zeugnisverweigerung genüge, um die Entscheidung über die Rechtmäßigkeit der Weigerung dem Prozeßgericht zuzuschreiben oder ob nach Stellung und Zweck des § 390 ZPO. die Angabe eines in der ZPO. vorgesehenen Grundes für die Zeugnisverweigerung erfordert werden müsse

Die Begründung des Landgerichtes[1]) ist wenig befriedigend. Einen Gerichtszwang ohne Gesetz gibt es zunächst in Preußen nicht. Dann würde über die Weigerung des Zeugen das ausländische Gericht als Prozeßgericht zu befinden haben und zwar mit bindender Kraft für das deutsche Gericht. Ein solches Ergebnis würde aber den Grundsätzen des internationalen Rechtshilfeverkehrs zwischen zwei souveränen Staaten widersprechen.

Weigert sich der Zeuge, seiner Zeugenpflicht zu genügen, so entscheidet (vorausgesetzt, daß ein Zwangsverfahren überhaupt zulässig ist), nicht etwa das ausländische Gericht als Prozeßgericht, sondern das Amtsgericht. Dieses erläßt, falls es den vorgeschützten Grund für unerheblich erachtet, die betreffenden Zwangsmaßregeln. Auch hier werden statt der Vorschriften der Allgemeinen Gerichts-Ordnung (§§ 183—186, 203) jetzt die Strafen usw. der ZPO. entsprechend zur Anwendung zu bringen sein. Die Beschwerde des Zeugen geht an das übergeordnete Landgericht bezw. die weitere Beschwerde an das Oberlandesgericht. Das Reichsgericht kann mit dieser Frage nicht befaßt werden, da hier nur Landesrecht in Frage kommt, auch eine Beschwerde nicht mehr zulässig ist.

Der Zeuge darf nicht jeden beliebigen Grund vorschützen, sondern nur diejenigen der ZPO., welche an Stelle des die Zeugnisweigerung regelnden § 180 der Allgemeinen Gerichtsordnung getreten sind.

Für Altpreußen ist also ein einschlägiges Gesetz vorhanden. Es ist dringend erforderlich, daß der Reichsgesetzgeber oder, falls dieser ablehnt, die einzelnen Bundesstaaten, die Anwendung des GVG. und der ZPO. auf den Rechtshilfeverkehr mit dem Auslande für anwendbar erklären.

---

1) Die Entscheidung selbst erscheint zutreffend, weil auf den Fall der oben mitgeteilte § 225 b der Allg. Gerichtsordnung anzuwenden war. Vgl. Delius, Zeugniszwang bei ausländischen Ersuchen in Buschs Zeitschr. für Zivilprozeß Bd. 28 S. 72.

Der Übelstand ist bisher nicht besonders aufgefallen, weil die Zeugen gewöhnlich keinen Widerspruch erheben. Bei den sich fortwährend reger gestaltenden Beziehungen Deutschlands zum Auslande kann der Fall häufiger auftreten und unangenehme Rückschläge für Deutschland zur Folge haben.

IV. Für Beantwortung der Frage, welches Prozeßrecht der um Rechtshilfe ersuchte Richter zur Anwendung zu bringen hat, ist zunächst zu beachten, daß nach internationalem Prozeßrecht, d. h. nach den das Herrschaftsgebiet deutschen Prozeßrechts gegenüber dem Auslande bestimmenden Grundsätzen als Regel gilt, daß das inländische Prozeßrecht die inländischen Prozeßhandlungen, ihre Voraussetzungen, Formen und Wirkungen beherrsche. Dies ist jedoch nicht so zu verstehen, als ob der inländische Richter überall nur inländisches Recht anzuwenden hätte. Vielmehr ist nur die einzelne Prozeßhandlung in ihrer Form und Gültigkeit durch das Gesetz des Ortes, wo sie vorgenommen wird, normiert; ihre rechtliche Wirksamkeit für den Prozeß, für den sie bestimmt ist, beurteilt sich nach dem Gesetze des Prozeßgerichtes (Territorialprinzip). Dem entspricht der weitere Grundsatz, daß die ausländische Prozeßhandlung nach ausländischem Rechte, d. h. nach dem Rechte des Ortes, an welchem sie vorgenommen wurde, sich beurteilt. Vgl. auch oben das Haager Abkommen S. 141.

Bei einer Rechtshilfehandlung, welche der inländische Richter leistet, hat demnach der Richter prinzipiell nach dem eigenen Rechte zu verfahren[1]). Hierdurch ist jedoch nicht ausgeschlossen, daß unter besonderen Umständen auch ausländische Prozeßregeln angewendet werden können, insbesondere wenn die Gesetze des inländischen Staates gestatten, aus irgendwelchen Rücksichten bei gewissen Rechtshandlungen das ausländische Recht zu beobachten. Aber auch ohne solche Vorschrift des inländischen Gesetzes wird, soweit nicht verbietende Gesetze entgegenstehen oder offenbar Gesetzwidriges angesonnen wird, der requirierte Richter das ausländische Recht auf Ersuchen beobachten dürfen[2]).

---

1) Dies gilt insbesondere von Zustellung der Schriftsätze, Ladung der Zeugen oder Sachverständigen, Vernehmung derselben, Abnahme von Parteieiden; vgl. Hellmann, Lehrbuch des deutschen Zivilprozesses S. 33; Endemann, Die Rechtshilfe im Nordd. Bunde S. 24; Bülow, Dispositives Zivilprozeßrecht S. 51 ff.

2) Vgl. Endemann a. a. O. und Wach I S. 253, ferner Art. 1 des Haager Abkommens. Es entspricht übrigens einem in Preußen fast allgemein geübten Gerichtsgebrauche, bei der Erledigung von Angelegenheiten, welche im Auslande schweben, abweichende Vorschriften der ausländischen Gesetzgebung auch im Inlande zu befolgen, insoweit diese einem inländischen Verbotsgesetze nicht zuwiderlaufen und sofern durch

Anlangend die Frage, **nach welchem Rechte der requirierende inländische Richter die ausländische Rechtshilfehandlung zu bemessen hat**, so wäre aus obigen allgemeinen Grundsätzen zwar zu folgern, daß die Legalität der Handlung nach dem ausländischen Rechte sich beurteilt, die Wirkung dagegen nach dem Gesetze des Prozeßgerichtes sich bestimmt. Sofern aber das inländische Prozeßrecht nicht schon selbst Vorschriften für die ausländischen Handlungen gegeben hat, wie dies in mehrfacher Richtung nach den Bestimmungen der deutschen Zivilprozeßordnung (§§ 199 bis 202, 363, 364, 438, 789, 807) der Fall ist, oder soweit nicht durch die Natur der Rechtsbehandlung die Anwendbarkeit inländischen Rechtes gänzlich ausgeschlossen erscheint, wird auch die **Wahl** zwischen den Formen des Inlandes und Auslandes anzuerkennen sein. Es ergibt sich solches aus analoger Anwendung des § 369 der ZPO., welcher bestimmt, daß wenn die von einer ausländischen Behörde vorgenommene Beweisaufnahme den für das Prozeßgericht geltenden Gesetzen entspricht, daraus, daß sie nach den ausländischen Gesetzen mangelhaft ist, kein Einwand entnommen werden kann. Auch die Motive zu dieser Gesetzesstelle S. 246 sprechen solches aus, indem sie bemerken, daß diese Vorschrift allgemeinen Rechtsgrundsätzen und dem Art. 84 der Wechselordnung entspreche, wobei noch weiter auf die konformen Bestimmungen früherer Prozeßgesetze einzelner deutscher Bundesstaaten verwiesen ist[1]).

In Ansehung der für einzelne bestimmte Prozeßakte vorkommenden Rechtshilfehandlungen ist das Nähere über örtliche Herrschaft der Gesetze bei der Darstellung des Verfahrens für die betreffenden Prozeßmaterien zu besprechen.

Nichtbefolgung ein beteiligter Inländer einen Rechtsverlust erleiden würde (Reskript des preuß. Justizministers vom 31. Juli 1897 I 4882 bei **Müller** S. 1199). Vgl. auch Art. 34 und 44 Preuß. FGG.

Die eidliche Vernehmung von Prozeßparteien auf Ersuchen ausländischer Gerichte ist zulässig, wenn sich die Partei ihr freiwillig unterwirft (Reskr. des preuß. Justizministers vom 25. März 1899 III a 1163 bei **Müller** S. 1199). Vgl. auch Österreich und Großbritannien im § 11 und **Seuffert** in der DJZ. 1900 S. 223. **Gaupp-Stein** S. 22 meint, daß andere als die deutschen Formen nicht angewendet werden dürfen, weil ein dazu ermächtigendes Gesetz, wie das Haager Abkommen von 1905, fehle. Er setzt hinzu, daß, wenn das ausländische Gesetz sich mit einem niederen Maß von Form und Zwang begnüge, z. B. den religiösen Eid nicht verlange, kein Grund vorliege, die strengere deutsche Form in vollem Umfange anzuwenden. Soll denn etwa statt des Eides nur eine einfache Versicherung verlangt werden? Man wird doch den deutschen Eid abnehmen müssen.

1) Ausführliches hierüber s. **Wach**, Handbuch des deutschen Zivilprozeßrechts (1885), Bd. I S. 219 ff. und 251 ff. — Umgekehrt genügt es auch, wenn die Beweisaufnahme dem ausländischen Gesetze entspricht, nach dem inländischen Recht aber mangelhaft ist (RGZ. Bd. 2 S. 373).

V. Eine diplomatische Einmischung der fremden Staaten in die einheimische Rechtspflege ist unzulässig[1]). Ein Schutz durch diplomatische Mittel ist nur in zwei Fällen erlaubt, wenn vorliegt:

a) entweder eine Rechtsverweigerung (denegatio justitiae),
b) oder eine Rechtsverzögerung (protractio justitiae).

VI. Dem Staate steht das Recht zu, unter ganz besonderen Umständen die Ausübung der Retorsion zu veranlassen oder Repressalien vorzunehmen, wenn seine Angehörigen in ihrem zivilprozessualischen usw. Rechte vom Auslande in gröblichster Weise hintangesetzt werden[2]).

Art. 31 EGzBGB. bestimmt:

„Unter Zustimmung des Bundesrates kann durch Anordnung des Reichskanzlers bestimmt werden, daß gegen einen ausländischen Staat, sowie dessen Angehörigen und ihre Rechtsnachfolger ein Vergeltungsrecht zur Anwendung gebracht wird[3])."

Obwohl der Art. 31 a. a. O. nicht ausdrücklich hiervon spricht, kann die Retorsion auch auf dem Gebiete des Zivilprozesses oder in Angelegenheiten der freiwilligen Gerichtsbarkeit zur Anwendung gebracht werden.

Für das Konkursverfahren ist eine dem Art. 31 a. a. O. gleichlautende Bestimmung im § 5 der deutschen Konkursordnung (RGBl. S. 230) getroffen.

Ein Vergeltungsrecht ist ferner vorgesehen im deutschen Patentgesetze § 12 Ziffer 2. Eine wirksame Schutzwehr gegen Übergriffe usw. des Auslandes bildet auch der Grundsatz der Reziprozität, welcher statuiert ist im § 110 ZPO. (Sicherheit für die Prozeßkosten), § 114 ZPO. (Armenrecht) und im § 723 bezw. § 328 Ziffer 5 (Urteilsvollstreckung). Vgl. auch wegen der Gerichtskosten § 85 Deutsch. Gerichtskostengesetz.

§ 9a.

Die Verwaltungsbehörden insbesondere.

Die Rechtshilfe bezw. Beistandsleistung der inländischen Verwaltungsbehörden gegenüber ausländischen Verwaltungsbehörden bezw. Gerichten und umgekehrt, ist noch nicht in dem Umfange geregelt, wie derjenige zwischen den Gerichten. In

---

1) Heffter, Völkerrecht. 3. Aufl. S. 223. Phillimore, Commentaries upon international law, 3. ed. III. S. 38, 41.

2) Meili, S. 125.

3) In reichsgesetzlich geregelten Angelegenheiten wird das Retorsionsrecht nur durch das Reich ausgeübt werden dürfen.

Ermangelung von Verträgen nimmt man indes an, daß auch die den Verwaltungsbehörden bezw. Gerichten vorgesetzte Zentralinstanz, in Preußen der Minister des Innern, diese zur Leistung der Rechtshilfe bezw. Beistandsleistung gegenüber ausländischen Behörden anweisen kann. Der oben S. 169 angeführte § 225b der Allgemeinen Gerichtsordnung ist aber auf das Verwaltungsstreitverfahren nicht anwendbar, dasselbe war ja damals in Preußen noch gar nicht bekannt. Im übrigen finden die Ausführungen unter III des § 9 auch hier entsprechende Anwendung.

Der Ministerialerlaß betr. den geschäftlichen Verkehr der preußischen Verwaltungsbehörden[1]) mit den Behörden des Auslandes usw. vom 10. Juni 1894 (MBl. S. 102) lautet:

1. **Ausgeschlossen ist jeder unmittelbare geschäftliche Verkehr der diesseitigen Verwaltungsbehörden mit den Zentralbehörden des Reichsauslandes.**
2. **Provinzialbehörden und diesen nachgeordnete Behörden des Reichsauslandes anlangend, ist den Verwaltungsbehörden an der Grenze mit den ihnen benachbarten ausländischen Behörden ein unmittelbarer Verkehr allgemein gestattet.**
3. **Im übrigen haben die Verwaltungsbehörden, wenn nicht Gefahr im Verzuge ist, die Vermittlung der Kaiserlichen Konsuln, soweit dies (vgl. 4) zulässig ist, und in Angelegenheiten, die nicht zur Zuständigkeit der letzteren gehören, auf dem Instanzenwege die Vermittlung des Herrn Ministers der auswärtigen Angelegenheiten in Anspruch zu nehmen. Aber auch in eiligen Fällen, wenn Gefahr im Verzuge liegt, wird in der Regel die Vermittlung der Kaiserlichen Konsuln oder des Herrn Ministers der auswärtigen Angelegenheiten, welche letztere nötigenfalls auf telegraphischem Wege bei dem Minister des Innern nachgesucht werden kann, schneller und sicherer zum Ziele führen, als eine unmittelbare Requisition der ausländischen Behörde.**
4. **Ein unmittelbarer, geschäftlicher Verkehr mit den Kaiserlichen Konsulaten im Auslande ist gestattet, sofern dabei das Interesse einzelner Personen in Betracht kommt. Unzulässig ist jedoch ein solcher Verkehr, wenn es sich um Fragen allgemeiner Bedeutung oder um ein allgemeines Ersuchen an alle Reichskonsuln in einem auswärtigen Staate oder an eine größere Zahl von ihnen handelt.**

---

1) Auch Kommunalbehörden. Gemeint sind preußische Amtsstellen (MBl. 1907 S. 291).

5. **Anfragen oder Ersuchen, welche seitens der in Deutschland bestellten, mit dem Exequatur versehenen Konsuln ausländischer Staaten innerhalb der Grenzen ihrer amtlichen Aufgaben und ihres Amtsbezirkes an die diesseitigen gerichtet werden, können von diesen unmittelbar beantwortet werden, sofern es sich nicht um Fragen von allgemeiner Bedeutung handelt.**
6. **Ein unmittelbarer Verkehr mit den Zentralbehörden der deutschen Bundesstaaten ist nur den höheren Verwaltungsbehörden und nur in besonderen Fällen gestattet, wenn z. B. die betreffende Zentralbehörde gleichzeitig die Funktionen einer Provinzialbehörde wahrnimmt oder der amtliche Verkehr durch die Verhältnisse angrenzender Gebietsteile hervorgerufen wird.**
7. **Mit den Provinzialbehörden und den diesen nachgeordneten Behörden der deutschen Bundesstaaten dürfen sich die diesseitigen Verwaltungsbehörden unmittelbar in Verbindung setzen.**
8. **Akten preußischer Behörden sind Behörden anderer Staaten nicht zu übersenden. Wenn zur Erledigung eines an auswärtige Behörden gerichteten Ersuchens die Kenntnis des Akteninhalts erforderlich erscheint, so ist eine gedrängte Darstellung des Sachverhaltes in das Ersuchungsschreiben aufzunehmen oder diesem als Anlage beizufügen. Wenn es aber der Mitteilung von Urkunden bedarf, so sollen diese in beglaubigter Abschrift beigefügt werden, in Urschrift aber nur dann, wenn deren Einsicht nicht zu entbehren ist[1]).**

Die Mitteilung von Akten an ausländische Behörden ist der Regel nach unzulässig (Verfügung vom 2. März 1892, MBl. S. 80). Dies gilt auch für Verwaltungsgerichte (Verfügung vom 11. November 1898, MBl. S. 252).

Nach der Verfügung vom 6. April 1906 (MBl. S. 157) hat die Allgemeine Verfügung des Justizministers vom 29. Mai 1905 (JMBl. S. 159 ff.) sinngemäß im internationalen Rechtsverkehr der Verwaltungsbehörden und -gerichte Anwendung zu finden.

Jetzt wird die neue Verfügung vom 16. Juni 1910 (JMBl. S. 189) maßgebend sein. Es ist deshalb ein unmittelbarer Verkehr mit den Ländern zulässig, mit denen die Justizbehörden verkehren. Indes ist eine ausdrückliche Anordnung noch nicht

1) Die Nr. 8 ist auch im Verkehr mit dem Reichskonsuln zur Anwendung zu bringen (MBl. 1901 S. 223).

erfolgt, so daß einstweilen die unten mitgeteilten Verfügungen noch zu beachten sind.

Behörden und Beamte dürfen Bescheinigungen und Auskünfte zum Zwecke der Erlangung des Exequatur für Personen, die zu konsularischen Vertretern fremder Staaten ausersehen sind, nicht direkt, sondern nur durch Vermittelung des Oberpräsidenten erteilen (MR. vom 20. März 1896, I. A. 2067).

Steuerangelegenheiten. Ersuchen um Beitreibung rückständiger Steuerbeträge pflegen außerdeutsche Behörden nicht zu entsprechen (MBl. 1907, S. 291)[1]).

Die Verfügung vom 3. Juli 1907 (MBl. S. 291) bestimmt im wesentlichen folgendes:

1. Nach Art. 78 Nr. VIII der Ausführungsanweisung vom 25. Juli 1906 zum Einkommensteuergesetze ist den Steuerbehörden jeder unmittelbare geschäftliche Verkehr nicht nur mit ausländischen Behörden, sondern auch mit dem Auswärtigen Amte und mit den Kaiserlichen auswärtigen Vertretungen untersagt. Ersuchen und Anfragen irgendwelcher Art, welche im Interesse der Steuerverwaltung an eine dieser Amtsstellen für erforderlich erachtet werden, sind unter gehöriger Begründung auf dem geordneten Instanzenwege dem Finanzminister einzureichen.

2. Die Vermittelung des Auswärtigen Amtes zum Behufe der Zwangsvollstreckung gegen die im Auslande sich aufhaltenden einheimischen Steuerschuldner (vgl. Art. 90 Nr. 6 der Ausführungs-Anweisung) soll der Regel nach nicht in Anspruch genommen werden, eine Ausnahme hiervon vielmehr nur bei dem Vorliegen ganz besonders dringlicher Gründe zulässig sein.

3. Gestattet ist, daß Personen, die sich im Auslande aufhalten, Aufforderungen zu freiwilliger Zahlung von Steuerrückständen zugestellt werden. Solche Zustellungen haben nach Art. 78 Nr. V Ausf.-Anw. mittelst eingeschriebenen Briefes durch die Post gegen einen zu den Akten zurückgelangenden Empfangsschein zu erfolgen. Nur dann, wenn die Post nach dem Orte des Aufenthalts des Schuldners derartige Briefe nicht befördert und die Voraussetzungen der Zustellung mittelst Aushanges nicht vorliegen oder diese Zustellungsart wegen der Bedeutung der

1) Der Staat oder die Gemeinde kann jedoch vor den Gerichten des Auslandes die Steuer einklagen und sich so einen vollstreckbaren Titel verschaffen. Zu Unrecht verneint dies das KG. XIV. ZS. 19. November 1908 (R. d. OLG. 20, 91) und hält eine Klage der Stadt Riga auf rückständige Steuern gegen einen in Preußen lebenden Russen für unzulässig. Vgl. auch § 9 III und § 12 III.

Sache nicht angezeigt scheint, so ist das zuzustellende Schriftstück durch Vermittelung des Vorsitzenden der Einkommensteuerberufungskommission unter Darlegung des Sachverhältnisses behufs Übermittelung an das Auswärtige Amt dem Finanzminister einzureichen.

4. Die vorstehenden, für die Erhebung direkter Staatssteuern geltenden Vorschriften finden bei der Einziehung kommunaler Abgaben sinngemäße Anwendung. Ein unmittelbarer Verkehr mit außerdeutschen Behörden ist unstatthaft. Die Zustellung von Zahlungsaufforderungen ist (abgesehen von besonderen Ausnahmefällen, in denen das Schriftstück auf dem vorgeschriebenen Dienstwege dem Minister des Innern vorzulegen ist) in der oben zu 3 angegebenen Weise, also mittelst eingeschriebenen Briefes durch die Post zu bewirken.

Polizeiliche Führungsatteste sollen an Ausländer nicht erteilt werden (MBl. 1902 S. 136), ebenso nicht an frühere Reichsangehörige, auch dann nicht, wenn diese eine andere Staatsangehörigkeit nicht erworben haben und es sich um eine Zeit handelt, zu der sie die Reichsangehörigkeit noch besaßen (Verfügung vom 16. November 1909, MBl. S. 266).

Die Übermittelung förmlicher Auszüge aus dem Strafregister der Staatsanwaltschaft und des Reichsjustizamts soll unterbleiben, es ist jedoch zulässig, den in Betracht kommenden ausländischen Behörden in Fremdenpolizeisachen auf Ersuchen die den Polizeibehörden bekannten Strafen der betreffenden Person mitzuteilen. Dabei können zahlreiche Bestrafungen im Interesse der Verminderung des Schreibwerks in zusammenfassender Form angegeben werden, z. B. in den Jahren 1897 bis 1908 zehnmal wegen Diebstahls mit Gefängnis und Zuchthaus im Gesamtbetrage von 4 Jahren bestraft. Auch die auf diplomatischem Wege eingehenden Anfragen ausländischer Behörden sind in dieser Weise zulässig (Verf. v. 23. Dezember 1910, MBl. 1911 S. 76). Vgl. auch unten Belgien und Luxemburg.

Von Wichtigkeit sind auch die Vorschriften, welche bei den einzelnen Ländern in § 11 angegeben sind.

Belgien.

Unmittelbarer Verkehr der beiderseitigen Verwaltungsbehörden in fremdenpolizeilichen Angelegenheiten. Die preußischen Behörden haben Anfragen der Generaldirektion der öffentlichen Sicherheit in Brüssel direkt zu beantworten und sich mit ihren Ersuchen ausschließlich an den Generaldirektor der öffentlichen Sicherheit in Brüssel zu wenden. Die Vorschriften des Erlasses vom 8. Oktober 1909 (s. unten unter Luxemburg) finden entsprechende Anwendung (Verfügung vom 12. Januar 1910, MBl. S. 15). Wegen der Auszüge aus Strafregistern siehe aber Verfügung vom 23. Dezember 1910 (MBl. 1911 S. 76).

Dänemark.

Vgl. Übereinkommen zwischen dem Deutschen Reich und Dänemark betr. Übernahme Hilfsbedürftiger und Auszuweisender vom 11. Dezember 1873 (RGBl. 1874 S. 31) und Zusatzdeklaration vom 25. August 1881 (RGBl. S. 407).

Es ist unmittelbarer Schriftenwechsel gestattet.

Frankreich. Es verdient den Vorzug, wenn sich die inländischen Behörden zur Herbeiführung von Nachforschungen in Frankreich und zur Erlangung von Auskunft von dort überhaupt nicht unmittelbar an die französischen Behörden wenden, sondern für die Ermittelung und Festnahme von Verbrechern in Paris die Vermittelung der dortigen Kaiserlichen Botschaft, im übrigen aber die Vermittelung des zuständigen Kaiserlichen Konsulats in Anspruch nehmen (Erlaß vom 24. Juni 1895, MBl. S. 255).

Italien.

Die Landräte und die Polizeiverwaltungen der Stadtkreise in der Provinz Hannover, auch der selbständigen Städte, haben den italienischen Konsuln, soweit es sich nicht um Führungsatteste handelt, die über italienische Staatsangehörige etwa erbetenen Auskünfte zu erteilen (Verfügung des Ministers des Innern vom 24. Mai 1908, MBl. S. 150).

Luxemburg.

Die Landräte, die Kgl. Polizeiverwaltungen und die Polizeiverwaltungen der kreisfreien Städte, einschließlich der in § 27 Abs. 1 der hannoverschen Kreisordnung vom 6. Mai 1884 (GS. S. 181) gedachten Städte haben Anfragen der luxemburgischen Staatsanwaltschaften über das Vorleben von Personen, die sich in Luxemburg niedergelassen haben oder niederlassen wollen, direkt zu beantworten, jedoch unter Abstandnahme von der Erteilung förmlicher Führungsatteste an Ausländer (vgl. Runderlaß vom 2. Juli 1902, II C. 2626) und von der Übersendung von Auszügen aus dem Strafregister. Vgl. jedoch oben die Verfügung vom 23. Dezember 1910 (MBl. 1911 S. 76).

Sie haben gleichartige fremdenpolizeiliche Ersuchen unmittelbar an die Großherzoglich Luxemburgische Generalstaatsanwaltschaft in Luxemburg zu richten, welche sie direkt erledigen wird. Derartige Ersuchen der ländlichen Ortspolizeibehörden und der Polizeiverwaltungen nicht kreisfreier Städte haben durch die Hand der Landräte zu gehen (Verfügung vom 8. Oktober 1909, MBl. S. 226).

Niederlande.

Den niederländischen Konsuln ist dieselbe Auskunft zu erteilen wie den italienischen (s. Italien). Vgl. Verfügung vom 6. September 1909 (MBl. S. 202).

Österreich-Ungarn. Unmittelbarer Schriftwechsel auf Grund des Erlasses vom 31. August 1879 (MBl. 1895 S. 255). Anfragen um Auskunft über das Ableben von Reichsangehörigen in Ungarn sind zweckmäßig an das Kaiserliche Generalkonsulat in Budapest zu richten, da dieses von den ungarischen Bezirksgerichten in jedem einzelnen Falle unmittelbar verständigt wird (MR. vom 25. November 1896, MBl. S. 227).

Ersuchen österreichisch-ungarischer Verwaltungsbehörden um Zustellung in Steuerangelegenheiten (MBl. 1907 S. 292) oder Behändigung von Militärtaxbemessungserkenntnissen, Gestellungsbefehlen und anderen Schriftstücken dieser Art an österreichisch-ungarische Staatsangehörige, welche im unmittelbaren Geschäftsverkehr eingehen, sind künftig unerledigt zu lassen und dem Minister des Innern auf dem Instanzenzuge einzureichen. Dieselben werden dann der hiesigen Österreichisch-Ungarischen Botschaft zwecks Weiterleitung an die zu ihrer Erledigung zuständigen österreichisch-ungarischen Konsularbehörden übermittelt werden (Verfügung des Ministers des Innern vom 9. Juli 1906, MBl. S. 260). Verkehr mit dem österreichischen Patentamt usw. siehe § 11.

Rußland.

Ersuchen russischer Behörden um Einziehung rückständiger Steuern, welche im unmittelbaren Geschäftsverkehr eingehen, sind abzulehnen. Überhaupt ist ein unmittelbarer Verkehr der deutschen und russischen Behörden in Steuerangelegenheiten nicht zulässig (Verfügung des Ministers des Inneren vom 15. Mai 1909, MBl. S. 154).

Schweiz. Verkehr mit dem schweizerischen eidgenössischen Amt für geistiges Eigentum: vgl. § 11.

Vereinigte Staaten von Amerika.

Es empfiehlt sich, amerikanische Bürger im allgemeinen nicht direkt zu bescheiden, weil diese Bescheide in der amerikanischen Presse nicht selten mit unerwünschten Glossen versehen werden, sondern ihnen Entscheidungen und Nachrichten, die zu ihrer Kenntnis gebracht werden sollen, durch Vermittelung der zuständigen Konsularbehörde in geeigneter Weise mitzuteilen (Verfügung des Ministers des Innern vom 19. März 1908, MBl. S. 88).

§ 10.

Erlaß und geschäftliche Behandlung von Ersuchungsschreiben und Anträgen, welche im Auslande zu erledigen sind [1]).

Hierüber verhält sich die Allgemeine Verfügung des preußischen Justizministers vom 16. Juni 1910 (JMBl. S. 189) nebst Nachtrag vom 16. Juni 1911 (JMBl. S. 247). Die einschlägigen Vorschriften der Justizminister der anderen Bundesstaaten [2]) sind nach Möglichkeit wiedergegeben, sie sind indes meistens identisch mit den preußischen [3]).

A. Allgemeine Vorschriften.

Ziffer 1.

Die nachfolgenden Vorschriften beziehen sich auf die Ersuchen um Vornahme gerichtlicher Amtshandlungen im Auslande (Rechtshilfe), gleichviel ob es sich um Angelegenheiten der streitigen oder der freiwilligen Gerichtsbarkeit handelt.

Ziffer 2.

Form der Ersuchungsschreiben [1]).

1. Die Ersuchen um Rechtshilfe (commissions rogatoires, litterae mutui compassus sive requisitoriales, letters rogatory) sind in deutscher Sprache abzufassen und mit deutschen Buchstaben

---

1) Unfrankierte Amtsschreiben aus Ländern welche dem Weltpostverein angehören, dürfen nicht zurückgewiesen werden.

2) Für Bayern: Bek. vom 8. April 1911 (BayJMBl. S. 113); für Württemberg: Amtsbl. d. Just.-Min. 1910 S. 131; für Sachsen: Verf. vom 10. Dezember 1910 (JMBl. S. 147) und vom 29. Juni 1911 (JMBl. S. 75); für Baden: GVBl. 1910 S. 473.

3) Die Verfügung bezweckt, die in derselben erörterten Materien umfassend zu regeln, dergestalt, daß frühere Anordnungen, welche denselben Gegenstand betreffen, durch diese Verfügung außer Kraft treten und allein die Vorschriften der letzteren zur Anwendung gelangen (vgl. Reskript vom 4. Juni 1889, I 2012 bei Müller S. 1211). — An den Vorschriften dieser Verfügung ist durch die Anordnungen wegen Vereinfachung des Geschäftsganges nichts geändert (Allg. Verf. vom 9. Oktober 1897, JMBl. S. 263). Auch Notare in Preußen können um Rechtshilfe ersuchen, soweit sie in Angelegenheiten der freiwilligen Gerichtsbarkeit zuständig sind.

(vgl. aber wegen der äußeren Adresse Ziffer 5 und wegen der „Niederlande" § 11) auf festem weißen Papier gut leserlich niederzuschreiben. Sie dürfen keine Schreibfehler, Durchstreichungen und Abkürzungen (auch nicht bei der Bezeichnung von Gesetzen) enthalten, müssen leicht verständlich gefaßt sein und müssen Zwischensätze und solche Wendungen, die der Übersetzung in die Landessprache der ersuchten Behörde Schwierigkeiten bereiten, möglichst vermeiden. Randschreiben sind unstatthaft.

2. Die Adresse der ersuchten Behörde ist in die Ersuchungsschreiben aufzunehmen, wenn sie im unmittelbaren Geschäftsverkehre befördert werden; der inneren Adresse ist dann aber stets hinter dem Ortsnamen hinzuzufügen: „oder an die sonst zuständige Behörde". Wegen der Begleitschreiben an die Empfangsbehörden im Verkehr mit Dänemark, Luxemburg und den Niederlanden vgl. diese Länder in § 11. Werden die Schreiben nicht im unmittelbaren Geschäftsverkehr befördert, so ist die Adresse wegzulassen.

3. Der Unterschrift ist der Amtscharakter und das Amtssiegel beizufügen.

4. Eil- und Haftsachen sind als solche an einer in die Augen fallenden Stelle zu bezeichnen.

Ziffer 3.

Inhalt der Ersuchungsschreiben.

1. Die Ersuchungsschreiben müssen den Gegenstand des Ersuchens vollständig und deutlich bezeichnen und soweit dies zur ordnungsmäßigen Erledigung des Ersuchens erforderlich ist, eine Darstellung des Sachverhältnisses enthalten. Die Übersendung von Akten zur Erläuterung des Ersuchens ist unstatthaft; auch ist die Mitteilung einer Abschrift gerichtlicher Beschlüsse zu vermeiden[1]). Urkunden sind regelmäßig in beglaubigter Abschrift den Ersuchungsschreiben beizufügen; die Urschrift darf nur dann übersandt werden, wenn das Ersuchen sonst nicht sachgemäß erledigt werden kann[2]). Nicht beizufügen sind Übersetzungen in die fremde Landessprache. Die nach dem Haager Abkommen über den Zivilprozeß (Ziffer 20 Abs. 1) erforderlichen Übersetzungen werden auf Kosten der ersuchenden Behörde von den

---

1) Auch eine wörtliche Wiedergabe der Parteianträge ist zum Verständnis der Beweissätze nicht erforderlich.

2) Die Urkunden insbes. Wechsel sind dann in einem offenen, durch Schnur und Siegel mit dem Ersuchungsschreiben zu verbindenden Briefumschlag zu legen (Verf. vom 11. Dezember 1900 III 7119).

mit den Ersuchungsschreiben befaßten deutschen Gesandten oder Konsuln beschafft. Im unmittelbaren Geschäftsverkehr ist die Beschaffung der Übersetzungen der ersuchten Behörde (vgl. jedoch Frankreich in § 11) zu überlassen; sie erfolgt auf Kosten der ersuchenden Behörde.

2. Die Adressen der Personen, an die eine Zustellung erfolgen oder mit denen verhandelt werden soll, sind in den Ersuchungsschreiben genau anzugeben. Hiervon darf nur dann abgesehen werden, wenn durch Ermittelung der Adressen erhebliche Weiterungen entstehen würden (vgl. wegen Rußland § 11, wegen Spanien § 11).

3. Bemerkungen darüber, ob ein Kostenvorschuß erfordert oder eingegangen ist, sind zu unterlassen (vgl. jedoch Ziffer 10 I Abs. 1).

4. Sollen in derselben Rechtshilfesache mehrere gerichtliche Amtshandlungen im Auslande vorgenommen werden, so ist, wenn für deren Vornahme dieselbe Behörde zuständig erscheint, nur ein Ersuchungsschreiben zu erlassen. Andernfalls sind, wenn nicht ausnahmsweise ein anderes Verfahren für angezeigt erachtet wird, so viele Ersuchungsschreiben zu erlassen, als Behörden für deren Erledigung zuständig sind.

Ziffer 4.

Vorgängige Prüfung der Ersuchungsschreiben.

1. Die Ersuchungsschreiben sind, wenn sie von dem Vorsitzenden einer Kammer des Landgerichts, von einem Untersuchungsrichter oder einem Amtsgericht ausgehen, dem Präsidenten des Landgerichts, wenn sie von dem Amtsgerichte Berlin-Mitte ausgehen, dem Amtsgerichtspräsidenten vor dem Abgange zur Prüfung vorzulegen. Ergeben sich bei dieser Prüfung Mängel, so ist auf deren Beseitigung unverzüglich hinzuwirken. Auf den Begleitbericht oder das Begleitschreiben (vgl. Ziffer 2 Abs. 2, Ziffer 5 Abs. 3, 4) oder in Ermangelung eines solchen auf das Ersuchungsschreiben selbst hat der Präsident zum Zeichen, daß das Gesuch ihm vorgelegen hat und zur Beförderung für geeignet erachtet ist, den Vermerk zu setzen: Gesehen. (Datum.) Der Land(Amts-)gerichtspräsident. Der Unterschrift des Präsidenten ist das Amtssiegel beizufügen.

2. Gehen die Ersuchungsschreiben von einem anderen Beamten der Staatsanwaltschaft als dem Ersten Staatsanwalt aus, so sind sie diesem zur Prüfung vorzulegen. Auf die Prü-

fung und das weitere Verfahren finden die Bestimmungen des Abs. 1 entsprechende Anwendung.

3. Die Bestimmungen der Abs. 1, 2 finden in eiligen Sachen, wenn durch die Vorlegung der Ersuchungsschreiben eine unzulässige Verzögerung eintreten würde, keine Anwendung. Alsdann sind in dem Begleitberichte (Begleitschreiben) die Gründe, aus denen die Vorlegung unterblieben ist, kurz anzugeben.

Ziffer 5.

Beförderung der Ersuchungsschreiben.

1. Ob die Ersuchungsschreiben im unmittelbaren Geschäftsverkehr oder durch Vermittelung, sei es des Justizministers oder in eiligen Fällen des Ministers der auswärtigen Angelegenheiten, sei es eines deutschen Gesandten oder Konsuls, zu befördern sind, entscheidet sich nach den folgenden Bestimmungen (vgl. Ziffer 6, 8, 11, 14, 15, 16, 21).

2. Ersuchungsschreiben, welche im unmittelbaren Geschäftsverkehre befördert werden sollen, insbesondere die durch einen deutschen Gesandten oder Konsul zu erledigenden, sind von der absendenden Behörde zu frankieren[1]). Die äußere Adresse ist mit lateinischen Schriftzeichen zu schreiben. Ersuchungsschreiben an deutsche Gesandte oder Konsuln sind auf den Briefumschlägen nicht an die Person des Beamten, sondern an die Amtsstelle, z. B. An das Kaiserlich Deutsche Konsulat in N., zu adressieren.

3. Ersuchungsschreiben, welche durch Vermittelung des Justizministers oder des Ministers der auswärtigen Angelegenheiten befördert werden sollen, sind mit einem Berichte (Begleitbericht) unverschlossen einzureichen. Dieser ist möglichst knapp zu fassen, hat die Rechtsangelegenheit kurz zu bezeichnen und soll regelmäßig eine Mitteilung über den Inhalt des Ersuchungsschreibens nicht enthalten[2]). Ist der Justizminister oder der Minister der auswärtigen Angelegenheiten mit der Rechtssache schon früher befaßt gewesen, so ist hierauf hinzuweisen. Auch ist die Adresse der für die Erledigung des Ersuchens zuständigen Behörde anzugeben, wenn sie der ersuchenden Be-

---

1) Die Antwortschreiben der deutschen Vertreter im Auslande an die Justizbehörden werden in der Regel nicht frankiert, ihre Annahme ist aus diesem Grunde nicht abzulehnen (Reskr. d. preuß. Justizministers vom 8. Februar 1900, III a 321 bei Müller S. 1213).

2) Es genügt folgende Fassung: Betrifft Ersuchen an die zuständige Behörde in A. um eidliche Vernehmung eines Zeugen. In Sachen Müller u. Gen. contra Cohn wird die Anlage mit der Bitte um ihre Weiterbeförderung übersendet.

hörde bekannt ist. Ebenso sind etwaige Wünsche wegen Erledigung der Ersuchen durch eine bestimmte Behörde in den Begleitbericht aufzunehmen.

4. Ersuchungsschreiben, welche durch Vermittelung eines deutschen Gesandten oder Konsuls befördert werden sollen, sind ihm mit einem Begleitschreiben zu übersenden, auf dessen Frankierung und Adresse Abs. 2 und auf dessen Inhalt Abs. 3 entsprechende Anwendung findet.

Ziffer 6.

Änderung der Ersuchen.

Soll ein Ersuchen geändert oder zurückgenommen werden, so ist hiervon die ersuchte Behörde unter Bezeichnung der etwaigen Änderungen unverzüglich zu benachrichtigen. War das Ersuchungsschreiben nicht im unmittelbaren Geschäftsverkehre befördert, so ist das Benachrichtigungsschreiben dem Justizminister — in eiligen Fällen dem Minister der auswärtigen Angelegenheiten — mit Begleitbericht einzureichen, wenn aber ein deutscher Gesandter oder Konsul die Beförderung vermittelt hatte, ihm mit Begleitschreiben zu übersenden.

Ziffer 7.

Die bei Erledigung von Ersuchen mitwirkenden deutschen Konsuln.

1. Die sachliche Zuständigkeit der Konsuln im allgemeinen ergibt sich aus dem Gesetze, betreffend die Organisation der Bundeskonsulate, vom 8. November 1867 (Bundes-Gesetzblatt S. 137), die der Konsuln mit Gerichtsbarkeit insbesondere aus dem Gesetz über die Konsulargerichtsbarkeit vom 7. April 1900 (Reichs-Gesetzblatt S. 213) und aus den Anordnungen des Reichskanzlers vom 27. Oktober 1900, betreffend die Konsulargerichtsbarkeit über Schutzgenossen (Zentralblatt für das Deutsche Reich S. 574) und betreffend das Zwangsverfahren wegen Beitreibung der Gerichtskosten in den Konsulargerichtsbezirken (Zentralblatt für das Deutsche Reich S. 576) sowie aus der Dienstanweisung des Reichskanzlers zur Ausführung des Gesetzes über die Konsulargerichtsbarkeit vom 27. Oktober 1910 (Zentralblatt für das Deutsche Reich S. 577).

2. Die örtliche Zuständigkeit der Konsulate weist das alljährlich im Verlage von Ernst Siegfried Mittler u. Sohn in Berlin erscheinende Verzeichnis der Kaiserlich Deutschen Konsulate nach. Ein gleiches Verzeichnis ist in dem alljährlich er-

scheinenden, vom Reichsamte des Innern bearbeiteten Handbuche für das Deutsche Reich enthalten.

3. Die nach dem Haager Abkommen über den Zivilprozeß (Ziffer 20 Abs. 1) den Konsuln obliegende Mitwirkung bei der Erledigung von Zustellungs- und sonstigen Rechtshilfeersuchen in bürgerlichen Sachen ist deutscherseits den Berufskonsuln und nur da, wo die örtliche Zuständigkeit eines solchen nicht begründet ist, den Wahlkonsuln übertragen. Gehört der Bezirk eines Konsuls zum weiteren Bezirk eines Generalkonsuls, so sind die in dem Bezirke des Konsuls zu erledigenden Ersuchen diesem und nicht dem Generalkonsul zu übersenden. Ein Verzeichnis der hiernach für den Rechtshilfeverkehr im Geltungsbereiche des Haager Abkommens zuständigen deutschen Konsuln und ihrer Amtsbezirke ist am Schlusse dieser Verfügung abgedruckt[1]).

Ziffer 8.
Ersuchen um Zustellungen[2]).
I. Allgemeines.

1. Ersuchen um Zustellungen im Auslande sind zu richten
   a) an die zuständigen Richter in den deutschen Schutzgebieten bei Zustellungen an Personen, welche sich in den Schutzgebieten befinden[2a]);
   b) an die zuständigen Behörden des fremden Staates, soweit ein unmittelbarer Geschäftsverkehr mit ihnen zulässig ist (vgl. § 11: Dänemark, Frankreich, Luxemburg, Niederlande, Österreich-Ungarn, Rußland, Schweiz);
   c) an die deutschen Konsuln[3]), wenn ein unmittelbarer Geschäftsverkehr nicht besteht und

---

1) Hier in § 11 bei den einzelnen Ländern.

2) Die Allgemeine Verfügung vom 9. März 1893, betreffend die Zustellung gerichtlicher Zahlungs- oder Leistungsverbote an im Auslande befindliche Drittschuldner (JMBl. S. 70) ist aufgehoben. Vgl. bezüglich der Zustellungen im Verwaltungszwangsverfahren Art. 29 der Anweisung des preuß. Finanzministers vom 28. November 1899 (Zentralbl. d. AbgGes. 1900 S. 44).

2a) S. oben S. 9.

3) Mit den Konsuln ist den Gerichten der unmittelbare Verkehr in Zustellungssachen jetzt in allen größeren Bundesstaaten gestattet, ausgenommen sind nur die in Japan residierenden, mit den Gesandten ist er in Württemberg noch verboten. Ein von dem Konsul bestellter Konsularagent ist zur Vornahme von Zustellungen nur im Auftrage seines Vollmachtgebers und zur Ausstellung eines Nachweises über die Zustellung überhaupt nicht befugt (Reskr. vom 9. Dezember 1891, III a 4106 bei Müller S. 1214). In allen Fällen, in welchen die Benachrichtigung des Konsuls über die Erledigung des Ersuchungsschreibens um Bewirkung einer Zustellung genügt, ist in dem betreffenden Ersuchungsschreiben die Abstandnahme von der Erteilung eines Zustellungszeugnisses ausdrücklich zu beantragen (Allg. Verf. vom 15. Februar 1870, JMBl. S. 66 und 14. März 1873, JMBl. S. 86).

α) die Person, welcher zugestellt werden soll, die Reichsangehörigkeit besitzt, oder

β) ohne Rücksicht auf die Staatsangehörigkeit der Person, wenn diese sich im Geltungsbereiche des Haager Abkommens über den Zivilprozeß (Ziffer 20 Abs. 1) befindet und es sich um eine gemäß Artikel 1 Abs. 1 des Abkommens durch den Konsul zu vermittelnde Zustellung handelt,

oder wenn der Konsul mit Gerichtsbarkeit ausgestattet ist (Ziffer 16; Ausnahmen § 11: Bulgarien, Rumänien, Serbien),

oder wenn der Konsul in Brasilien, in Großbritannien, Irland, den britischen Kolonien oder auswärtigen Besitzungen oder in den Vereinigten Staaten von Amerika seinen Sitz hat;

d) sonst an den bei dem fremden Staate beglaubigten diplomatischen Vertreter des Reiches[1]).

2. Den Ersuchungsschreiben an deutsche Gesandte oder Konsuln sind auch außerhalb des Geltungsbereichs des Haager Abkommens über den Zivilprozeß (Ziffer 20 Abs. 1) Ersuchungsschreiben an die zuständige Behörde des fremden Staates nicht beizufügen.

3. Die Ersuchungsschreiben sind unmittelbar der ersuchten Amtsstelle zu übersenden (vgl. jedoch wegen der deutschen Schutzgebiete Ziffer 11, wegen Großbritannien und Irland: § 11 und wegen Japan: § 11.)

4. In dem Ersuchungsschreiben sind die Rechtssache (bei Zivilprozessen unter Anführung des Namens und der Stellung der Parteien) nebst Aktenzeichen, die Person, welcher zugestellt werden soll, und das zuzustellende Schriftstück genau zu bezeichnen. Dabei ist anzugeben: für den Geltungsbereich des Haager Abkommens über den Zivilprozeß (Ziffer 20 Abs. 1), ob für den Fall, daß die Annahme des Schriftstücks verweigert wird, die Zwangszustellung herbeigeführt werden soll; in den Ersuchen an deutsche Konsuln, was über die Staatsangehörigkeit der Person, der zugestellt werden soll, ermittelt ist. Auf das Schriftstück ist unmittelbar unter dem oberen Rande der ersten Seite mit roter Tinte der Vermerk zu setzen: Zuzustellen an (Name des Adressaten) in (Wohnort des Adressaten). Die Urschrift des Schriftstücks oder eine Übersetzung desselben ist dem Ersuchungsschreiben in keinem Falle beizufügen.

---

1) In Bayern auch an den bei dem fremden Staate beglaubigten Vertreter Bayerns (§ 6 Bayer. Verf., JMBl. 1911 S. 117).

II. Zustellung von Ladungen[1]).

1. In Ladungen können zwar die prozessualischen Nachteile hervorgehoben werden, welche für die Geladenen durch ihr Ausbleiben im Termin entstehen würden; dagegen sind Strafen und Nachteile anderer Art, z. B. Geldstrafen bei der Ladung von Zeugen, Vorführung und Verhaftung bei der Ladung von Beschuldigten nicht anzudrohen, da solche Androhungen sich in der Regel nicht verwirklichen lassen und zu Weiterungen Anlaß geben können. Es sind deshalb die für Ladungen im Inland üblichen Formulare nicht zu benutzen. Die Bestimmungen finden keine Anwendung, wenn die Ladungen im Bezirk eines mit Gerichtsbarkeit ausgestatteten Konsuls (vgl. Ziffer 16) einer dieser Gerichtsbarkeit unterworfenen Person zugestellt werden sollen.

2. Die Termine sind mit geräumigen Fristen anzuberaumen. Bei Bemessung der Fristen ist auf die örtlichen und Verkehrsverhältnisse sowie darauf Bedacht zu nehmen, daß durch die Inanspruchnahme ausländischer Behörden häufig ein erheblicher Zeitverlust entsteht (vgl. wegen Ungarn, wegen Rumänien, wegen Rußland, wegen Spanien in § 11).

Ziffer 9.

Ersuchen um Vernehmungen oder um Abnahme von Eiden.

1. Bei Ersuchen um Vernehmungen oder um Abnahme von Eiden sind in den Ersuchungsschreiben die Personen[2]) zu bezeichnen, welche nach den inländischen Vorschriften das Recht haben, der Vernehmung oder Eidesabnahme beizuwohnen. Hiervon ist abzusehen, wenn die beteiligten Personen auf Benachrichtigung von dem zur Erledigung des Ersuchens anzuberaumenden Termine verzichtet haben. Ob sie dies tun, ist vor Erlaß des Ersuchungsschreibens festzustellen. Wird das letztere dem Justizminister oder dem Minister der auswärtigen Angelegenheiten eingereicht, so ist in dem Begleitbericht anzuzeigen, daß die Feststellung erfolgt ist.

---

1) Auch in den Grenzbezirken darf die Zustellung von Ladungen an Zeugen auf fremdem Gebiete nicht durch preußische Beamte erfolgen (Reskr. vom 12. Mai 1893, I 1939, bei Müller S. 1215).

2) Nämlich außer den Parteien selbst auch ihre Prozeßbevollmächtigten, sowie die von diesen oder den Parteien selbst mit schriftlicher Vollmacht versehenen Personen (Verf. vom 24. Juli 1902). Der Satz gilt auch für die Ersuchen an deutsche Berufskonsule (Verf. vom 25. März 1903). Vgl. auch RGSt. 40, 189.

2. Im Falle des Abs. 1 Satz 1 ist in dem Ersuchungsschreiben die Bitte auszusprechen, die ersuchende Behörde von dem anberaumten Termine rechtzeitig zu benachrichtigen. Die ersuchende Behörde hat dann nach Eingang der Benachrichtigung die Beteiligten von dem Termine sofort in Kenntnis zu setzen. Erscheint ausnahmsweise, z. B. wenn die Beteiligten in dem ausländischen Staate sich aufhalten, ihre Benachrichtigung von dem Termine durch die ersuchte Behörde angezeigt, so ist diese um Vornahme der Benachrichtigung zu ersuchen.

3. Bei Ersuchen um Vernehmung von Zeugen oder Sachverständigen ist anzugeben, ob die Vernehmung eidlich oder nicht eidlich erfolgen soll (vgl. jedoch Niederlande und Luxemburg in § 11).

4. Wird um die Abnahme eines Parteieides ersucht, so muß das Ersuchungsschreiben außer der Eidesnorm die Eingangsformel und die Eidesformel (vgl. § 481 PO.) vollständig enthalten.

Ziffer 10.

Rechtshilfekosten.

I. Gebühren und Auslagen der deutschen Konsuln.

1. Bei den nicht mit Gerichtsbarkeit ausgestatteten Konsuln werden für ihre Tätigkeit bei der Erledigung von Ersuchen Gebühren und Auslagen gemäß dem Gesetze, betreffend die Gebühren und Kosten bei den Konsulaten des Deutschen Reiches, vom 1. Juli 1872 (RGBl. S. 245)[1] und den §§ 2, 4 des Gesetzes vom 5. April 1909 zur Ausführung des Haager Abkommens über den Zivilprozeß (RGBl. S. 430) erhoben. Wegen der sonst entstehenden Weiterungen empfiehlt es sich, den Erlaß der Ersuchungsschreiben, soweit dies gesetzlich zulässig ist (§§ 379, 402 PO. § 84 Abs. 3 des deutschen Gerichtskostengesetzes, § 6 Abs. 1 des preußischen Gerichtskostengesetzes), von der vorgängigen Zahlung eines angemessenen Vorschusses abhängig zu machen; dabei ist zu beachten, daß als Auslagen im Sinne dieser Gesetzesstellen auch die Gebühren der Konsuln anzusehen sind. Wird eine entsprechende richterliche Anordnung nicht getroffen, so ist doch unverzüglich, spätestens aber gleichzeitig mit dem Erlasse der Ersuchungsschreiben ein angemessener Vorschuß von den Vorschußpflichtigen zu erfordern. Die Beitreibung des Vorschusses

---

1) An Stelle dieses Gesetzes ist am 1. Januar 1911 das Konsulatsgebührengesetz vom 17. Mai 1910 (RGBl. S. 847) getreten.

ist zu beschleunigen. In jedem Falle ist eine Mitteilung über die Einforderung oder den Eingang des Vorschusses und über seine Höhe in das Schreiben an den Konsul aufzunehmen[1]).

2. Nach Erledigung der Ersuchen sind die Gebühren und die Auslagen, zu denen gegebenenfalls auch die Übersetzungskosten und die unter III Abs. 1 bezeichneten Kosten gehören, unverzüglich und ohne Rücksicht darauf zu erstatten, ob ein Kostenschuldner vorhanden und ob der erforderte Vorschuß eingegangen ist. Die Erstattung der Gebühren hat jedoch in Zivilprozeßsachen, Angelegenheiten der freiwilligen Gerichtsbarkeit und in Privatklagesachen zu unterbleiben, wenn bei Eingang des Erledigungsschreibens bereits feststeht, daß sämtliche Personen, welche als Kostenschuldner in Betracht kommen, insbesondere auch diejenigen Parteien, welche zur Zeit nicht Kostenschuldner sind, das Armenrecht haben oder zahlungsunfähig sind. In diesem Falle hat die Gerichtskasse der zuständigen Stelle (vgl. Abs. 4) eine entsprechende Bescheinigung unverzüglich zu übersenden. Hat in den bezeichneten Sachen eine Erstattung der Gebühren stattgefunden, so hat der Gerichtsschreiber, welchem die Prüfung des Kostenansatzes bei der Weglegung der Akten obliegt (§ 15 der Kassenordnung), die Akten vor ihrer Weglegung der Gerichtskasse vorzulegen. Sind die Gerichtskosten wegen Zahlungsunfähigkeit der Kostenschuldner oder, weil ihnen das Armenrecht bewilligt ist, außer Ansatz gelassen oder niedergeschlagen, so hat die Gerichtskasse hierüber eine Bescheinigung auszustellen. Auf Grund dieser Bescheinigung werden die erstatteten Gebühren der Gerichtskasse auf ihren Antrag (vgl. Abs. 4) kostenfrei und ohne weitere Prüfung zurückgezahlt. Der Umstand, daß jemand sich außerhalb des Deutschen Reiches aufhält oder daß sein Aufenthaltsort unbekannt ist, genügt nicht, um eine Bescheinigung über seine Zahlungsunfähigkeit (Satz 3, 5) auszustellen. Wird nach Ausstellung der Bescheinigung die Einziehung der Gerichtskosten möglich, so sind mit ihnen auch die Konsulatsgebühren einzuziehen und nach Eingang unter kurzer Darlegung des Sachverhalts zu erstatten[2]).

---

1) In einem Teilungsverfahren (gemäß Art. 21 ff. PreußFGG.) haben die Notare in Preußen, bevor sie einen Kaiserlichen Konsul oder Gesandten um die Bewirkung einer Zustellung im Auslande ersuchen, zur Deckung der Zustellungskosten einen angemessenen Vorschuß von dem Verpflichteten zu erheben und von dem Eingange und der Höhe des Vorschusses in dem Ersuchungsschreiben Mitteilung zu machen (Allg. Verf. vom 1. Oktober 1896 JMBl. S. 317).

2) Vgl. wegen Standesregistersachen die Verf. des Ministers des Innern vom 4. November 1887 (MBl. S. 260).

3. Leisten Konsuln mit Gerichtsbarkeit Rechtshilfe durch Vornahme richterlicher Handlungen, so richtet sich die Berechnung der Kosten und die Pflicht zu ihrer Erstattung nach den §§ 18, 19, 73 des Gesetzes vom 7. April 1900 (RGBl. S. 213), den Gerichtskostengesetzen und den Gebührenordnungen sowie nach § 165 des Gerichtsverfassungsgesetzes.

4. Die Erstattung der Gebühren und Auslagen hat in der Regel nicht an den Konsul, sondern an die Legationskasse in Berlin W 8, Wilhelmstraße 75, kostenfrei zu erfolgen. Dieser sind auch die Anträge auf Rückzahlung erstatteter Gebühren, sowie die in Abs. 2 erwähnten Bescheinigungen zu übersenden[1]).

II. Auslagen der deutschen Gesandten.

Auf die Erstattung der Auslagen, die den Gesandten bei der Mitwirkung zur Erledigung von Ersuchen entstanden sind, finden die Bestimmungen unter I Abs. 2 Satz 1, Abs. 4 Satz 1 entsprechende Anwendung.

III. Andere Kosten.

1. Nach dem Haager Abkommen über den Zivilprozeß (Ziffer 20 Abs. 1) wird seitens der Vertragsstaaten die Rechtshilfe in bürgerlichen Sachen grundsätzlich kostenfrei geleistet. Zu erstatten sind jedoch regelmäßig Zeugen- und Sachverständigengebühren sowie diejenigen Auslagen, welche durch die Mitwirkung eines Vollziehungsbeamten gemäß Artikel 3 Abs. 1, Artikel 11 Abs. 1 des Abkommens oder durch die Anwendung einer besonderen Erledigungsform gemäß Artikel 3 Abs. 1, Artikel 14 Abs. 2 entstanden sind (vgl. jedoch Dänemark, Frankreich, Luxemburg, Niederlande, Norwegen, Österreich, Schweden).

2. Ist im Geltungsbereiche des Haager Abkommens einem Angehörigen der beteiligten Staaten das Armenrecht bewilligt, so erfolgt auch in den in Abs. 1 bezeichneten Fällen die Mitwirkung des Vollziehungsbeamten kostenfrei. Dem Ersuchungsschreiben ist hier eine beglaubigte Abschrift des das Armenrecht bewilligenden Beschlusses beizufügen.

3. Im übrigen wird auf § 11 verwiesen.

B. Ersuchen an die Gerichtsbehörden in den deutschen Schutzgebieten.

Ziffer 11, 12, 13. Vgl. S. 9.

---

1) Die Gebühren und Auslagen sind nach Muster 97 anzuweisen (§ 101 Abs. 8 RechnO.).

C. Ersuchen an deutsche Gesandte.

Ziffer 14.

Verkehr mit den Gesandten.

Ersuchungsschreiben an deutsche Gesandte sind nur in Zustellungsangelegenheiten zulässig (vgl. Ziffer 8). Wegen der Fälle, in denen bei der Beförderung von Ersuchungsschreiben an ausländische Behörden die Vermittelung eines Gesandten von den Justizbehörden in Anspruch zu nehmen ist, vgl. Ziffer 21 Abs. 1.

D. Ersuchen an deutsche Konsuln.

Ziffer 15.

Unmittelbarer Geschäftsverkehr mit den Konsuln.

Die Ersuchungsschreiben an deutsche Konsuln sind diesen unmittelbar zu übersenden (vgl. jedoch Ziffer 18 Abs. 3 sowie wegen der britischen Kolonien und auswärtigen Besitzungen § 11 und wegen Japan § 11. Der Minister der auswärtigen Angelegenheiten ist jedoch bereit, bei anderen Ersuchen als solchen um Zustellung seine Vermittelung ausnahmsweise eintreten zu lassen, wenn dies aus besonderen Gründen angezeigt erscheint. Die letzteren sind alsdann in dem Begleitberichte, mit welchem die Ersuchungsschreiben dem Justizminister oder in eiligen Fällen dem Minister der auswärtigen Angelegenheiten eingereicht werden, näher darzulegen.

Ziffer 16.

Ersuchen an die Konsuln mit Gerichtsbarkeit.

1. Konsulargerichtsbarkeit wird zur Zeit ausgeübt: in Abessinien, Bulgarien (vgl. § 11), China, Korea, Marokko, Persien, Rumänien, Serbien, Siam, auf den Inseln der Südsee, soweit sie nicht zu einem deutschen Schutzgebiete gehören oder einer vom Reiche anerkannten anderweitigen Jurisdiktion unterworfen sind, sowie in der Türkei einschließlich Egyptens (vgl. § 41).

2. Eine Übersicht über die Konsuln mit Gerichtsbarkeit wird von Zeit zu Zeit durch das Justiz-Ministerial-Blatt zur Kenntnis der Justizbehörden gebracht (vgl. § 41).

3. Soll die Rechtshilfe in einem der im Abs. 1 bezeichneten Länder (vgl. jedoch wegen Bulgariens, Rumäniens und Serbiens Abs. 4) geleistet werden, so ist, selbst wenn der Konsul zur eigenen Erledigung nicht zuständig ist, doch das Ersuchen an ihn mit der Bitte um amtliche Verwendung zu richten. In der

Regel wird der Konsul auch in solchen Fällen die Leistung der Rechtshilfe herbeiführen können. Hat die konsularische Vermittelung nicht zum Ziele geführt oder erscheint von vornherein aus besonderen Gründen diplomatische Vermittelung angemessen, so ist unter Darlegung dieser Gründe wegen Herbeiführung der diplomatischen Vermittelung dem Justizminister oder in eiligen Fällen dem Minister der auswärtigen Angelegenheiten zu berichten. Dem Bericht ist eine Denkschrift (vgl. § 12) beizufügen, aus welcher sich der Sachverhalt, insbesondere der Inhalt des Ersuchens um Rechtshilfe ergibt.

4. Handelt es sich um die Gewährung von Rechtshilfe in Bulgarien oder Serbien, und besitzt die Person, mit der verhandelt werden soll, nicht die Reichsangehörigkeit, so sind die Ersuchungsschreiben stets dem Justizminister oder in eiligen Fällen dem Minister der auswärtigen Angelegenheiten einzureichen. In dem Begleitbericht ist anzugeben, was über die Staatsangehörigkeit der Person, mit welcher verhandelt werden soll, ermittelt ist. Das Gleiche gilt, wenn innerhalb Rumäniens in einer Strafsache Rechtshilfe geleistet werden soll; im übrigen vgl. Ziffer 21 Abs. 1 Satz 2.

5. Wegen der Ersuchen um Zustellung vgl. Ziffer 8.

Ziffer 17.

(Betrifft Ersuchen an die Konsuln um Vernehmung von Angeklagten.)

Ziffer 18.

Ersuchen an die Konsuln um Vernehmung von Zeugen oder um Abnahme von Eiden.

1. Außer den Konsuln mit Gerichtsbarkeit sind zur Vernehmung von Zeugen und zur Abnahme von Eiden nur diejenigen Konsuln befugt, welchen hierzu die Ermächtigung von dem Reichskanzler auf Grund des § 20 des Gesetzes vom 8. November 1867 (Bundes-Gesetzbl. S. 137) ausdrücklich erteilt ist. Die allgemein hierzu ermächtigten Konsuln werden in den Konsulatsverzeichnissen (vgl. Ziffer 7 Abs. 2) sowie in den Bekanntmachungen des Justiz-Ministerial-Blattes (§ 16 Abs. 2) besonders ersichtlich gemacht (vgl. § 40 unten).

2. Ersuchen um Vernehmung von Zeugen oder um Abnahme von Eiden sind an die nicht mit Gerichtsbarkeit ausgestatteten Konsuln nur dann zu richten, wenn anzunehmen ist, daß der Zeuge oder der Schwurpflichtige ein Deutscher ist, daß

er an dem Amtssitze des Konsuls selbst oder in dessen unmittelbarer Nähe sich aufhält und daß er voraussichtlich bereit ist, vor dem Konsul zu erscheinen (vgl. jedoch für Großbritannien, Irland, die britischen Kolonien und auswärtigen Besitzungen in § 11).

3. Liegen die im Abs. 2 bezeichneten Voraussetzungen vor und ist der Konsul nicht allgemein zur Vernehmung von Zeugen oder zur Abnahme von Eiden ermächtigt, so sind die Ersuchungsschreiben zur Herbeiführung der Ermächtigung dem Justizminister oder in eiligen Fällen dem Minister der auswärtigen Angelegenheiten einzureichen. Die Adresse der ersuchten Behörde ist auch hier nicht in das Ersuchungsschreiben aufzunehmen (Ziffer 2 Abs. 2). In dem Begleitbericht ist anzugeben, daß die bezeichneten Voraussetzungen vorhanden sind. Bestehen hierüber Zweifel, so sind diese mitzuteilen; auch ist dann anzugeben, ob für den Fall, daß die Ermächtigung nicht erteilt wird, gegen die Weiterbeförderung des Ersuchungsschreibens an die zuständige ausländische Behörde Bedenken bestehen.

4. Sind Zeugen, welche vernommen werden sollen, zur Verweigerung des Zeugnisses berechtigt, so ist hierauf in dem Ersuchungsschreiben hinzuweisen und gegebenenfalls damit die Bitte zu verbinden, die Zeugen über ihr Recht zu belehren.

Ziffer 19.

Urteilsvollstreckung durch die Konsuln.

1. Zur Zwangsvollstreckung in bürgerlichen Sachen sind nur die Konsuln mit Gerichtsbarkeit und auch diese nur gegen die ihrer Gerichtsbarkeit unterworfenen Personen befugt. Die Ersuchungsschreiben sind gemäß § 791 der Zivilprozeßordnung und § 46 des Gesetzes über die Konsulargerichtsbarkeit vom 7. April 1900 (RGBl. S. 213) von dem Prozeßgerichte zu erlassen. Ihnen ist eine vollstreckbare Ausfertigung der Entscheidung, welche vollstreckt werden soll, beizufügen.

2. Für die Vollstreckung inländischer Strafurteile gilt Abs. 1 Satz 1. Die Konsuln dürfen außerdem auf das unmittelbare Ersuchen inländischer Behörden nur Geldstrafen und Freiheitsstrafen von nicht mehr als 6 Wochen vollstrecken lassen. Zur Vollstreckung längerer Freiheitsstrafen bedarf es einer Weisung des Reichskanzlers. Diese ist von der Strafvollstreckungsbehörde in einem Berichte zu erbitten, welcher dem Justizminister oder in eiligen Fällen dem Minister der auswärtigen Angelegenheiten einzureichen ist.

E. Ersuchen an ausländische Behörden.

Ziffer 20.

Allgemeines.

1. Der Rechtshilfeverkehr in bürgerlichen Sachen ist durch das Haager Abkommen über den Zivilprozeß vom 17. Juli 1905 (RGBl. 1909 S. 410) zwischen dem Reiche Belgien, Dänemark, Frankreich, Italien, Luxemburg, den Niederlanden, Norwegen, Österreich, Ungarn, Portugal, Rumänien, Rußland, Schweden, der Schweiz und Spanien vertragsmäßig geregelt. Außerdem ist Rechtshilfe durch fremde Behörden vertragsmäßig für Elbschiffahrtssachen durch die Additionalakte vom 13. April 1844 (GS. S. 458) zur Elbschiffahrtsakte vom 23. Juni 1821 (GS. S. 1822 S. 9) sowie für Rheinschiffahrtssachen durch die revidierte Rheinschiffahrtsakte vom 17. Oktober 1868 (GS. 1869 S. 798) zugesichert.

2. Auch die Behörden der Kulturstaaten, mit denen Verträge über Rechtshilfe nicht geschlossen sind, gewähren diese den deutschen Justizbehörden, soweit sich nicht aus internationalem Gebrauch oder aus Landesgesetzen Beschränkungen ergeben.

3. Ersuchen, welche durch einen deutschen Konsul erledigt werden können, sind an ihn und nicht an ausländische Behörden zu richten (vgl. auch Ziffer 16 Abs. 3). Soll ein an eine solche Behörde gerichtetes Ersuchen dem Konsul zur Weiterbeförderung übersandt werden, so ist doch in dem Begleitschreiben regelmäßig dem Konsul die Erledigung des Ersuchens für den Fall, daß er dazu in der Lage sein sollte, anheimzustellen.

4. Nicht erwünscht ist es, einen deutschen Konsul von einer ausländischen Behörde vernehmen zu lassen. Handelt es sich um die Feststellung von Tatsachen, die von dem Konsul bei Ausübung seines Amtes wahrgenommen sind, so empfiehlt es sich, ihn um Erteilung eines schriftlichen Zeugnisses (§ 15 des Gesetzes vom 8. November 1867 — Bundes-Gesetzbl. S. 137 —) zu ersuchen.

Ziffer 21.

Beförderung der Ersuchungsschreiben an fremde Behörden.

1. Die Ersuchungsschreiben an fremde Behörden sind, soweit nicht der unmittelbare Verkehr mit ihnen ausdrücklich gestattet ist (vgl. § 11 Dänemark, Frankreich, Luxemburg, Niederlande, Österreich-Ungarn, Rußland und Schweiz), im Geltungsbereiche des Haager Abkommens über den Zivilprozeß (Ziffer 20

Abs. 1) den deutschen Konsuln (Ziffer 7 Abs. 3) zu übermitteln, im übrigen auf diplomatischem Wege zu befördern und zu diesem Zwecke dem Justizminister oder in eiligen Fällen dem Minister der auswärtigen Angelegenheiten einzureichen. Ersuchungsschreiben, die in einer bürgerlichen Sache an eine belgische, italienische, portugiesische oder rumänische Behörde gerichtet werden, sind dem deutschen Gesandten zur weiteren Veranlassung zu übersenden (vgl. Ziffer 5 Abs. 4).

2. Soll die Rechtshilfe in einem Lande geleistet werden, in dem von den Konsuln Gerichtsbarkeit ausgeübt wird, so kommen die Bestimmungen der Ziffer 16 Abs. 3, 4 zur Anwendung.

Ziffer 22.

Sprache und Abfassung der Ersuchungsschreiben an fremde Behörden.

1. Wegen Form, Inhalt und Prüfung der Ersuchungsschreiben an fremde Behörden vgl. Ziffer 2—4.

2. Zur Vermeidung von Weiterungen ist von Ersuchen um Anwendung der Formen des deutschen Verfahrens sowie von der Verweisung auf Vorschriften der deutschen Prozeßgesetze regelmäßig abzusehen; dies gilt auch gegenüber den Behörden der an dem Haager Abkommen über den Zivilprozeß (Ziffer 20 Abs. 1) beteiligten Staaten. Es empfiehlt sich aber, in den Ersuchungsschreiben gegebenenfalls zu bemerken, daß Zeugen nach deutschem Rechte zur Verweigerung des Zeugnisses berechtigt seien. Es kann dann auch darum ersucht werden, die Zeugen über ihr Recht zu belehren.

Ziffer 23.

Erledigung von Beweisbeschlüssen im Auslande durch den Beweisführer.

1. In vielen ausländischen Staaten, z. B. in Belgien, Frankreich, den Niederlanden und Rußland, stößt die Erledigung von Ersuchen um Beweisaufnahme auf Schwierigkeiten, wenn die Ersuchen unmittelbar von der Partei bei den ausländischen Behörden gestellt werden. Die Gerichte werden deshalb zweckmäßig dem Beweisführer die Herbeiführung der Beweisaufnahme (§ 364 Abs. 1, 2) der Zivilprozeßordnung nur dann aufgeben, wenn sie z. B. auf Grund früherer Erfahrungen annehmen können, daß die Behörden des fremden Staates sich der Beweisaufnahme auf Betreiben der Partei anstandslos unterziehen werden. In allen anderen Fällen empfiehlt es sich, daß die Gerichte selbst

die Ersuchungsschreiben erlassen und befördern. Dies gilt besonders dann, wenn die Beweisführer dem fremden Staate nicht angehören.

2. Bei Herbeiführung der Beweisaufnahme durch eine Partei pflegt der Minister der auswärtigen Angelegenheiten nicht mitzuwirken.

Ziffer 24.

(Betrifft Ersuchen um Zeugenvernehmung in Strafsachen.)

Ziffer 25.

Urteilsvollstreckung.

1. Zur Vollstreckung deutscher Urteile in Strafsachen wird von keinem fremden Staate Rechtshilfe gewährt (Ausnahme: Abs. 3).

2. In bürgerlichen Sachen werden Kosten- und andere Entscheidungen deutscher Gerichte im Wege der Rechtshilfe (§ 791 der Zivilprozeßordnung) in Österreich[1]) vollstreckt; das österreichische Gericht ist von dem deutschen Gericht um Bewilligung der Exekution zu ersuchen. Dabei sind die Exekutionstitel und die Vermögensteile, auf die Exekution geführt werden soll, sowie der Ort, wo sie sich befinden, zu bezeichnen (z. B. Pfändung und Verkauf der im Gewahrsam des Schuldners befindlichen beweglichen Sachen). In fast allen anderen Ländern läßt sich die Vollstreckung **nur** von der Partei in einem besonderen Verfahren bewirken. Jedoch werden die in den Artikeln 18, 19 des Haager Abkommens über den Zivilprozeß (Ziffer 20 Abs. 1) erwähnten Kostenentscheidungen innerhalb des Vertragsgebiets von Amts wegen für vollstreckbar erklärt. Behufs Stellung des dazu erforderlichen diplomatischen Antrags hat das Gericht erster Instanz das Urteil, den Kostenfestsetzungsbeschluß oder die in § 9 des Ausführungsgesetzes zum Haager Abkommen (RGBl. 1909 S. 430) bezeichnete Entscheidung in einer mit der Bescheinigung der Rechtskraft versehenen, ohne Benutzung eines Formulars auf weißem Papier hergestellten Ausfertigung dem Justizminister einzureichen. In dem Begleitberichte sind Name und Titel des Gerichtsschreibers anzugeben, der die Rechskraftbescheinigung erteilt hat. Die nach dem Abkommen notwendige Übersetzung ist nicht beizufügen. In der Schweiz bedarf es einer Vollstreckbarkeitserklärung der im Abkommen vorgesehenen Kostenentscheidungen nicht, da diese dort von der Partei im

---

1) Vgl. § 34 unten und im § 11.

gewöhnlichen Betreibungsverfahren zur Vollstreckung gebracht werden können, desgleichen nicht in Österreich und Ungarn. (Vgl. Satz 1 dieses Absatzes und in §§ 11 und 34: „Österreich" und „Schweiz".)

3. Die Vollstreckung von Entscheidungen der Elbzollgerichte und der Rheinschiffahrtsgerichte in Strafsachen wie in bürgerlichen Sachen ist durch § 50 der Additionalakte zur Elbschiffahrtsakte vom 13. April 1844 (GS. S. 458) und durch Artikel 40 der revidierten Rheinschiffahrtsakte vom 17. Oktober 1868 (GS. 1869 S. 798) auch in den beteiligten fremden Staaten gewährleistet.

F. Formulare für Zustellungen im Auslande (nicht amtlich).

a) Durch Ersuchen eines deutschen Konsuls.

Verf.

(auf die Urschrift der Klage).

1. Termin zur mündlichen Verhandlung wird auf ... anberaumt.

2. Die Einlassungsfrist wird auf ... Monate festgesetzt.

Verf.

(auf das Zustellungsgesuch).

1. Vom Kläger ist ein Auslagenvorschuß von .... Mark zu erfordern.

2. Auf die beglaubigte Abschrift der Klage ist unmittelbar unter dem oberen Rande der ersten Seite mit roter Tinte der Vermerk zu setzen:

„Zuzustellen an den Kaufmann Andreas Meier in New-York".

3. Zu schreiben (auf dem Briefumschlage lateinische Schriftzeichen):

An das Kaiserlich Deutsche General-Konsulat
in New-York.

Portopflichtige Dienstsache
Frei. (Frankieren!)

In Sachen (ins. Rubrum) ersuchen wir anliegende beglaubigte Abschrift der Klage dem Kaufmann Andreas Meier in New-York (Straße) zuzustellen und uns ein schriftliches Zeugnis über die Zustellung zu übersenden. Wir bemerken noch, daß vom Kläger ein angemessener Vorschuß erfordert ist. (Ev. Vermerk über die Staatsangehörigkeit des p. Meier.)

Breslau, den ......

Königl. Amtsgericht I. Abt.

L. S. (Unterschrift des Richters.)

4. Das Schreiben zu 3 ist mittelst Berichtes dem Landgerichtspräsidenten vorzulegen[1]) (nur seitens eines Land- oder Amtsgerichtes nötig, das Oberlandesgericht (Senat) gibt sein Ersuchen direkt ab).

5. Nach 2 Monaten.

b) durch Ersuchen eines Gerichtes in Österreich-Ungarn[2]).

Verf. (auf das Zustellungsgesuch).

1. Wie oben zu 1 und 2 unter a.

2. Zu schreiben

An das . . . . . Gericht zu . . . .

und in der Innenadresse auch: oder an die sonst zuständige Behörde.

In Sachen (ins. vollständiges Rubrum) ersuchen wir, anliegende beglaubigte Abschrift der Klage dem Händler Veit Simon in . . . . (Straße) zuzustellen und uns ein schriftliches Zeugnis zu übersenden[3])[4]).

Breslau, den . . . . . .

Königl. Amtsgericht.

L. S. (Unterschrift des Richters.)

3. Wie oben unter a zu 4.

4. Nach 1 Monat.

c) Durch Ersuchen eines deutschen Gesandten (s. oben S. 187).

Verf. (auf das Zustellungsgesuch).

1. Wie oben zu 1 und 2 unter a.

2. Zu schreiben an den Kaiserlichen Gesandten in. . . . . (auf dem Briefumschlage lateinische Schriftzeichen; Frankierung).

In Sachen x x ersuchen wir, anliegende beglaubigte Abschrift der Klage dem in . . . . . . (Straße) wohnhaften Rheder Klas Nielsen, der nicht deutscher Reichsangehöriger ist, zuzustellen und uns ein schriftliches Zeugnis über die Zustellung zu übersenden. Ein angemessener Kostenvorschuß ist erfordert.

Köln, den . . . .

Königl. Amtsgericht.

L. S. (Unterschrift des Richters.)

---

1) Der Landgerichtspräsident (beim Amtsgericht Berlin-Mitte der Amtsgerichtspräsident) setzt auf das Schreiben den Vermerk: „Gesehen (Datum). Der Landgerichtspräsident". Die Beidrückung eines Stempels unterbleibt.

2) oder eines anderen Landes, mit dessen Behörden unmittelbarer Geschäftsverkehr zulässig ist (s. oben S. 195). Wegen Frankreich s. dort im § 11.

3) Falls anzunehmen ist, daß aus einem deutschen Urteil Zwangsvollstreckung in Bosnien oder der Herzegowina erfolgt, ist hinzuzusetzen: „Wir bitten die Zustellung zu eigenen Händen des p. Simon vorzunehmen und in dem Zustellungsscheine ausdrücklich zu vermerken, daß dies geschehen ist". Für das zisleithanische Österreich ist diese Klausel nicht mehr erforderlich. Vgl. § 34.

4) Bei Staaten, welche dem Haager Abkommen (s. oben S. 139) beigetreten sind, ist noch anzugeben, ob für den Fall, daß die Annahme des Schriftstückes verweigert wird, die Zwangszustellung herbeigeführt werden soll.

3. Wie oben unter a zu 4.

d) Durch Ersuchen des Gerichts in einem deutschen Schutzgebiete.

1. Wie oben zu 1 und 2 unter a.

2. Zu schreiben an den Kaiserlichen Bezirksrichter in..... Daresalam
(Adresse wie zu A a 3)
(in der Innenadresse auch: oder den sonst zuständigen Bezirksrichter).

In Sachen (vollständiges Rubrum) ersuchen wir anliegende beglaubigte Abschrift der Klage dem ...... zuzustellen und uns ein schriftliches Zeugnis über die Zustellung zu übersenden. Ein angemessener Kostenvorschuß ist erfordert.

Berlin, den ......

Kgl. Amtsgericht.

L. S. (Unterschrift des Richters.)

G. Formulare für Ersuchen um Beweiserhebungen im Auslande (nicht amtlich).

a) Ersuchen an ein Gericht in Österreich-Ungarn[1]):

1. Zu schreiben

An das ... Gericht in ...

(in der Innenadresse auch: oder an die sonst zuständige Behörde)
(auf dem zu frankierenden Briefumschlage lateinische Schriftzeichen).

In der Zivilprozeßsache des Kaufmanns Oskar Meyer in Berlin, Klägers, Prozeßbevollmächtigter: Rechtsanwalt A. in Berlin

gegen

den Handelsmann Emil Kohn zu Wien, Beklagten, Prozeßbevollmächtigter: Rechtsanwalt B. in Berlin

ersuchen wir

α) den Reisenden Arthur Ley zu ... (Straße) darüber als Zeugen zu vernehmen und zwar eidlich,
ob der usw.[2]) (Behauptung des Beklagten);

β) von dem Beklagten folgenden Eid[3]) in der Form des § 481 CPO. (mitzuteilen) zu erheben:
es ist nicht wahr, daß ....

Zum Verständnis des Beweisthemas bemerken wir folgendes: (ganz kurze Darstellung des Sachverhaltes).

Die Parteien haben auf Benachrichtigung von dem Beweistermin verzichtet oder (falls dies nicht der Fall ist):

---

1) oder in einem Lande mit unmittelbarem Geschäftsverkehr (s. oben S. 195). Wegen Frankreich s. dort im § 11.

2) Die Beifügung von Anlagen ist zu vermeiden.

3) Zulässig, obwohl Österreich einen Parteieid nicht mehr kennt.

Nach deutschem Recht sind die Parteien und die Prozeßbevollmächtigten sowie die von ihnen oder den letzteren mit schriftlicher Vollmacht versehenen Personen zur Wahrnehmung des Beweisaufnahmetermins berechtigt. Wir bitten uns den Termin[1]), sofern dies nach dortigem Recht zulässig ist, wegen Benachrichtigung der Parteien alsbald mitzuteilen. Eventuell: Nach deutschem Recht ist der Schwager einer Partei berechtigt, sein Zeugnis zu verweigern. Wir bitten, den Zeugen über dies Recht zu belehren.

Breslau, den ......

Königl. Amtsgericht.

L. S. (Unterschrift des Richters.)

2. Das Schreiben zu 1 ist dem Herrn Landgerichtspräsidenten vorzulegen[2]).

b) Ersuchen an ein anderes ausländisches Gericht.

1. Zu schreiben wie zu a (aber ohne Adresse)[3]).

2. Zu berichten an den Herrn Justizminister.

Kgl. Amtsgericht. Königsberg, den ....

Betrifft Zeugenvernehmung in ......

— ohne Auftrag — andernfalls Angabe des Aktenzeichens des Justizministeriums.

Die Beförderung des anliegenden Schreibens an die zuständige Behörde bitten wir veranlassen zu wollen. Soweit hier bekannt, ist das Appellgericht (corte di appello) in Mailand die zuständige Behörde. Die Parteien haben auf Benachrichtigung vom Termin (oder nicht) verzichtet.

(Unterschrift des Richters.)

3. Das Schreiben zu 2 ist dem Herrn Landgerichtspräsidenten[4]) vorzulegen. (Vgl. aber oben F a zu 4.)

c) Durch Ersuchen eines deutschen Konsuls[5]).

1. Zu schreiben:

An das Kaiserlich Deutsche Konsulat

in New-York.

Portopflichtige Dienstsache.

Frei.

wie oben unter G a 1 mit dem Zusatze: „Ein angemessener Auslagenvorschuß ist erfordert worden".

2. Wie unter a zu 2.

---

1) Eventuell auch: „welcher wegen der großen Entfernung geräumig zu bemessen sein dürfte".

2) Vgl. oben unter F a zu 4.

3) Die Bezeichnung des Gerichtes soll nicht mehr erfolgen, die Adresse vielmehr offen bleiben.

4) Dieser setzt sein „Gesehen" auf den Begleitbericht an den Justizminister.

5) Das Ersuchen an ein Gericht in den deutschen Schutzgebieten ist ebenso abzufassen (s. auch F d oben).

§ 11[1]).

Die im Verkehr mit einzelnen Ländern zu beobachtenden Vorschriften.

1. Andorra. Kein Vertrag. Gerichtskostenvorschuß und Kaution für den Gegner ist zu stellen. Armenrecht zweifelhaft. Keine Vollstreckung ausländischer Urteile (Leske I, 820 und Skonietzki-Gelpcke, ZPO. S. 922).

Über die Rechtspflege in Andorra vgl. Arnaud, Apercu des legislations. Paris 1884 p. 37.

2. Abessinien. Freundschafts- und Handelsvertrag vom 7. März 1905 (RGBl. 1906 S. 470). Recht der meistbegünstigten Nation; daher keine Gerichtskosten oder sonstige Kaution, unbedingt, ohne Rücksicht auf Wohnsitz (Art. IV). Armenrecht zweifelhaft, aber wohl zu bewilligen. Nachlaßsachen (Art. 3). Konsulargerichtsbarkeit und Konsuln vgl. § 40 III und § 41.

3. Argentinien. Freundschafts-, Handels- und Schiffahrtsvertrag mit Preußen[1]) einschl. Zollvereins vom 19. September 1857 (PrGS. 1859 S. 405, BayerRegBl. 1859 S. 899).

Art. 9 betrifft Nachlaßbehandlung.

Keine Kaution für Gerichtskosten und Gegner, unbedingt ohne Rücksicht auf Wohnsitz. Armenrecht wird bewilligt. Keine Vollstreckung fremder Urteile (RG. 49, 345). In Argentinien einschließlich der Provinzen Rio de la Plata und Ostpatagonien stellt das Prozeßgesetz von 1878 (Art. 558 ff.) in Ermangelung von Staatsver-

---

1) Mit „V." ist die preuß. Verf. vom 16. Juni 1910 (JMBl. S. 186) bezeichnet. Die Gerichte können in Prozessen, bei deren Entscheidung es auf die völkerrechtliche Gültigkeit, die Anwendbarkeit oder die Auslegung von Staatsverträgen ankommt, auf den Antrag einer Partei oder nach Befinden von Amts wegen von unserm Ministerium der auswärtigen Angelegenheiten die zum Zwecke der rechtlichen Beurteilung erforderliche Auskunft einholen. Vgl. Verordn. vom 24. November 1843 (GS. 1843 S. 369).

Die Verträge des Zollvereins, des Norddeutschen Bundes und der Einzelstaaten sind teils ausdrücklich, teils stillschweigend vom Reich übernommen und äußern kraft Herkommens ihre Wirkung für das Reich. Vgl. Zorn, Annal. d. deutsch. Reichs 1882 S. 416. Es wird jedoch immer der Prüfung im Einzelfalle bedürfen (v. König S. 62).

Staatsverträge sind nicht extensiv zu interpretieren (RGSt. 12, 281), sie werden durch die Änderung der Gesetzgebung des einen Staates nicht berührt (RG. 23. Juni 1890, Bolze, Praxis 10, I Nr. 1). Die vom Reichstag genehmigten Verträge sind deutsche Rechtsnormen (RGSt. 12, 281). — Die Grundsätze des Völkerrechts, insbesondere des Rechts der Kriegseroberung sind revisible Rechtsnormen (RG. 16. Juni 1883, JW. S. 277).

trägen Erfordernisse der Vollstreckbarkeit auf, welche die Verbürgung der Gegenseitigkeit als ausgeschlossen erscheinen lassen. Vgl. Wach a. a. O. S. 239, Leske I, 820, Lehmann, Rechtsverhältnisse der Fremden in Argentinien 1889 S. 114, und Journal du droit intern. 1887 S. 539ff. und 1886 S. 286ff., 417. Argentinien vollstreckt überhaupt keine fremden Versäumnisurteile und nur die auf persönliche Klagen bezüglichen fremdrichterlichen Entscheidungen (Böhms Zeitschrift Bd. 9 S. 217). Ogose S. 53 hält die Gegenseitigkeit für verbürgt. Vgl. aber Neubauer in Goldschmidts Zeitschrift 25, 552.

Die Gerichte leisten Rechtshilfe, wenn sie darum mittelst eines auf diplomatischem Wege zu übermittelnden, gehörig (in der Regel auch durch den diplomatischen Vertreter oder Konsul der Republik in dem ersuchenden Staate) beglaubigten Ersuchungsschreibens angegangen werden. Vgl. auch Bloch-Frank, S. 376ff.

Legalisationsgebühr für Urkunden beträgt 8.20 Mark.

4. Belgien und Neutral-Moresnet. Belgien gehört der Pariser Übereinkunft (Gewerbliches Eigentum) und der Berner Konvention (vgl. § 9 oben S. 161) und dem Internationalen Eisenbahn-Frachtabkommen (§ 9 I B S. 163 und § 23) an. Handels- und Zollvertrag vom 6. Dezember 1891, sowie Zusatzabkommen vom 22. Juni 1904 (RGBl. 1905 S. 599). Abkommen von 1874 (RZBl. S. 380) betr. die Handelsgesellschaften usw.

Kein Gerichtskostenvorschuß noch Kaution für den Gegner, aber nur im Falle des Wohnsitzes in einem der Vertragsstaaten des Haager Abkommens. Vgl. § 23 A. Armenrecht wird bewilligt (vgl. auch § 24 und RGBl. 1879 S. 318). Ausländische Urteile werden nicht vollstreckt. Vgl. § 35.

Wegen Bescheinigung über belgisches Recht siehe § 14.

Konsuln vgl. § 40 III.

Belgien ist den 4 Haager Abkommen über Zivilprozeß und internationales Privatrecht beigetreten. Vgl. § 39 unten.

Belgien hat von dem Vorbehalt in Art. 9 Abs. 3 des Haager Abkommens über den Zivilprozeß Gebrauch gemacht. Wegen der Rechtshilfe siehe Ziffer 10 III Abs. 1, 2, Ziffer 20 Abs. 1, Ziffer 21 Abs. 1 Satz 2 in § 10. Wegen Erledigung von Beweisbeschlüssen durch die Partei siehe Ziffer 23 in § 10.

Für Zustellungen in Belgien kommen folgende deutsche Konsuln in Betracht: Der Generalkonsul in Antwerpen für Belgien mit Ausschluß des Bezirks des Konsuls in Brüssel, der Konsul in Brüssel für die Provinz Brabanten (mit Ausschluß des Distrikts von Löven), Namur und Hennegau.

Vor den Zivilgerichten (nicht auch den Handelsgerichten) ist der Zeugenbeweis bei Objekten von mehr als 150 Mark ausgeschlossen, insofern nach der Natur des Anspruches ein Beweis durch Vertragsurkunden an sich möglich ist. Doch genügt auch der sog. Anfang eines schriftlichen Beweises, wenn er durch andere Beweismittel ergänzt wird. Und ebenso kann auch der Verlust der Vertragsurkunde mittelst Zeugenbeweis nachgewiesen werden. Jede Partei kann die persönliche Befragung der Gegenpartei über bestimmt bezeichnete erhebliche Tatsachen (interrogataire sur faits et articles) erlangen zum Zwecke der Erzielung eines Geständnisses. Die Vernehmung erfolgt in Abwesenheit der Gegenpartei, der Richter hat das Recht, auch von Amts wegen Fragen zu stellen. Eideszuschiebung ist nur zulässig über sog. faits personnels. Die Zurückschiebung des Eides ist dadurch bedingt, daß dieses Erfordernis auch in der Person desjenigen, dem der Eid zurückgeschoben wird, begründet ist[1]).

In Belgien befassen sich die Gerichte nicht mit Erledigung von gerichtlichen Requisitionen in reinen Privatrechtsangelegenheiten. Im Falle eines Ersuchens um eidliche Vernehmung von Zeugen hat die Partei vorerst einen Vertreter behufs Einleitung der nötigen vorbereitenden Schritte zu bestellen. Tatsächlich ist von diesem Erfordernis jedoch wiederholt Abstand genommen[2]). Es muß dies sogar gegenüber den Vertragsstaaten des Haager Abkommens.

Eine Legalisationsgebühr für Urkunden wird von belgischen Konsuln nicht erhoben (JMBl. 1907 S. 350).

Ersuchen nach Neutral-Moresnet (Kondominat Belgien-Preußen) sind zweckmäßig an das Amtsgericht Eupen zu richten. Grundbuchsachen bearbeitet das Amtsgericht in Montjoin. Die belgische Gerichtsbehörde ist der Friedensrichter in Verviers.

5. Bolivia.

Freundschafts- und Handelsvertrag vom 22. Juli 1908 (RGBl. 1910 S. 507). Recht der meistbegünstigten

1) Leske I, 126.
2) Jettel S. 162.

Nation, daher keine Kaution für den Gegner oder die Gerichtskosten. Armenrecht zweifelhaft aber wohl zu bewilligen. Vollstreckung fremder Urteile findet nicht statt (Skonietzki-Gelpcke, ZPO. S. 923).

Legalisationsgebühr für Urkunden beträgt 4 Mark (JMBl. 1907 S. 350).

6. Bosnien siehe Österreich.

7. Brasilien. Es gehört der Pariser Übereinkunft (Gewerbliches Eigentum) an. Siehe oben S. 161.

Die Vereinbarung vom 30. November 1897 bezw. 15. Februar 1898 (RGBl. 1899 S. 547) betr. Mitwirkung der Konsuln bei der Regelung von Nachlässen ist wieder außer Kraft getreten (Bekanntmachung vom 16. Juli 1907, RGBl. S. 409).

Wegen der Ersuchen um Zustellungen vgl. Ziffer 8 I Abs. 1 c in § 10.

Für Rechtshilfe in bürgerlichen Sachen[1]) berechnen die brasilianischen Gerichte Gebühren und Auslagen von solcher Höhe, daß die Kosten selten unter 150 Mark betragen. Hierauf ist bei Bemessung des Kostenvorschusses Rücksicht zu nehmen. In dem Begleitbericht ist anzuzeigen, welcher Vorschuß erfordert und eingegangen ist.

Bei Ersuchen um Vernehmung von Zeugen ist in dem Ersuchungsschreiben der Antrag zu stellen, die Zeugen, falls sie verzogen sein sollten, bei dem für ihren derzeitigen Wohn- oder Aufenthaltsort zuständigen Gerichte zu vernehmen. Ebenso ist zu verfahren, wenn um Vernehmung von Sachverständigen oder um Abnahme von Eiden ersucht wird. Ferner empfiehlt es sich, dem Ersuchungsschreiben eine von dem Vorsitzenden des Prozeßgerichts zu beglaubigende Erklärung der die Zeugenvernehmung betreibenden Partei beizufügen, durch welche das Kaiserlich Deutsche Generalkonsulat in Rio de Janeiro ermächtigt wird, erforderlichenfalls einen Rechtsanwalt anzunehmen (§ 27 B.).

---

1) Ersuchungsschreiben in bürgerlichen und handelsrechtlichen Prozeßsachen werden erst ausgeführt, wenn die Stempelgebühr für das Exequatur mit 11 Milreis bezahlt ist. Zur Deckung dieser Stempelgebühr ist ein Vorschuß von 10 Mark zu erheben. Abgesehen von dieser Stempelgebühr werden Gerichtskosten berechnet (Schreiben vom 29. November 1899 I 7616). Nach der Verf. des österreichischen Justizministers vom 28. August 1887 (JMBl. S. 243) kann die Bezahlung dieser Stempel- und Gerichtsgebühren nur durch einen Bevollmächtigten der interessierten Partei vorgenommen werden und muß die Vollmacht in gleicher Weise wie das Ersuchungsschreiben beglaubigt und von einer portugiesischen Übersetzung begleitet sein. Vgl. auch Bloch S. 395 ff.

Kein Gerichtskostenvorschuß[1]), aber Kaution für den Gegner. Armenrecht zweifelhaft.

Legalisationsgebühr für Urkunden beträgt 11,50 Mark (JMBl. 1907 S. 350).

Keine Vollstreckung fremder Urteile.

In Brasilien richtet sich die Vollstreckbarkeit ausländischer Urteile nach den Bestimmungen des Art. 12 des brasilianischen Gerichtsverfassungsgesetzes vom 20. November 1894[2]). Es findet ein sog. Homologierungsprozeß vor dem obersten Bundestribunal statt.

Der Verurteilte kann folgende Oppositionsgründe geltend machen:

1. Zweifel über die Authentizität der Urkunde oder über den Inhalt des Urteils,

2. daß das bezügliche Urteil von einem unzuständigen Richter gefällt sei,

3. daß das Urteil die Rechtskraft nicht beschritten habe,

4. daß die Parteien nicht gehörig vorgeladen seien oder daß, wenn sie nicht erschienen sind, ihr Ausbleiben nicht in gesetzlicher Weise konstatiert wurde,

5. daß das Urteil Bestimmungen enthalte, die gegen die öffentliche Ordnung oder gegen das innere öffentliche Recht (direito publico interno) der Union verstoßen.

Das brasilianische Recht verlangt keine Gegenseitigkeit.

Im Verhältnis zu Deutschland ist die Gegenseitigkeit nicht für verbürgt anzusehen[2]), denn es ist in jedem Falle zulässig, Beweise über den Grund der entschiedenen Rechtssache (provas sobre o fundo da questao julgada) anzubieten.

8. Bulgarien. Handels-, Zoll- und Schiffahrtsvertrag vom 1. August 1905 (RGBl. 1906 S. 1). Art. 4 betrifft die Gleichstellung der beiderseitigen Gesellschaften.

Kautionsfreiheit tritt unbedingt, ohne Rücksicht auf den Wohnsitz der Angehörigen beider Staaten ein (Handelsvertrag vom 1. August 1905). Ausländische Kläger müssen sonst auf Verlangen des einheimischen Beklagten Sicherheit leisten (cautio

---

1) In Brasilien ist sogar den Gerichten die Einforderung eines Vorschusses zur Deckung der Gerichtskosten verboten; Ordenaçao livro I, Art. 24, §§ 41 und 42. Vgl. auch Leske I, 772 Anm. 5.

2) Klein in Böhms Zeitschr. Bd. 8 S. 316 (welcher hier seine Bd. 7 S. 324 a. a. O. ausgesprochene entgegengesetzte Ansicht berichtigt) und Walcker, Streitfragen aus dem internationalen Zivilprozeßrechte, Wien 1897 S. 190; Constant S. 22 ff. und Eccius in Gruchots Beiträgen Bd. 30 S. 461, and. Meinung Leske S. 821, Ogose S. 52 und Sydow-Busch, ZPO. zu § 328 Anm. 7.

pro expensis), sowohl wegen der Prozeßkosten aller Instanzen als auch wegen aller den Beklagten eventuell treffenden Schäden, ausgenommen wenn der ausländische Kläger in Bulgarien ein Grundstück besitzt (§ 520 ZPO.). Die Höhe der Sicherheit bestimmt das Gericht nach freiem Ermessen; die Bestellung der Sicherheit erfolgt durch Hinterlegung in barem Gelde oder in Wertpapieren, Bürgen und Pfänder sind nicht üblich, aber nicht ausgeschlossen, zumal Hypotheken. Die Verpflichtung zur Kautionsleistung besteht für alle Zivilprozeßsachen, Reziprozität wird nicht geübt. Vgl. Leske II, 252 und Böhm, Zeitschrift 1, 535.

Von der Vorschußleistung gemäß § 85 GKG. sind bulgarische Kläger befreit.

In Bulgarien genießen Ausländer kein Armenrecht. Vgl. Leske II, 252.

Vollstreckung fremder Urteile. Grundsatz ist, daß nur die Urteile derjenigen Staaten in Bulgarien vollstreckt werden, welche Bulgarien gegenüber Reziprozität üben oder mit denen ein die Reziprozität verbürgender Staatsvertrag geschlossen ist (Art. 1209 bulg. ZPO.)[1]). Solche Verträge hat Bulgarien mit noch keinem Staate geschlossen. Ausländische Urteile, welche das Eigentumsrecht oder andere dingliche Rechte an unbeweglichen in Bulgarien liegenden Gütern betreffen, sind nicht vollstreckbar (Art. 1217 a. a. O.).

Urteile deutscher Gerichte werden also in Bulgarien nicht vollstreckt, solange im Deutschen Reich bulgarische Urteile nicht vollstreckt werden[2]).

Ausländische Schiedssprüche werden in Bulgarien nicht vollstreckt, der Art. 1209 a. a. O. nur von ausländischen Gerichtsstellen, d. h. staatlichen Gerichten spricht.

Nach einem Beschlusse des höchsten Gerichtshofes in Sofia sollen auswärtige Urteile in ausgedehntem Umfange ohne sachliche Nachprüfung vollstreckt werden; siehe Journal du droit int., tom. 13 p. 570.

Die bulgarische ZPO. kennt den Schieds- und den richterlichen Eid. Niemand darf sein Zeugnis verweigern. Von dieser Regel sind nach §§ 286—287 ZPO. ausgenommen: 1. die Verwandten der Parteien in der auf- und absteigenden Linie, ebenso Bruder und Schwester, 2. Personen, welche von der Entscheidung des

---

1) Abgedruckt bei Bloch S. 410.

2) Leske II, 289; and. Meinung Klein in Böhms Zeitschr. Bd. 7 S. 324 und 17 ff. und Bd. 9 S. 236, Francke und Busch, Zeitschr. 27, 139.

Prozesses zugunsten der einen oder anderen Partei einen Vorteil erwarten. Es ist erlaubt, das Zeugnis zu verweigern: 1. bei Fragen, deren Beantwortung dem Zeugen oder seinen Verwandten auf- und absteigender Linie und seinen Brüdern und Schwestern einen unmittelbaren Vermögensschaden verursachen könnte, 2. bei Fragen, deren Beantwortung dem Zeugen oder seinen zu 1. genannten Verwandten zur Unehre gereichen oder die Gefahr strafrechtlicher Verfolgung verursachen könnte, und 3. bei Fragen, welche der Zeuge nicht beantworten kann, ohne die Geheimnisse seiner Kunst oder seiner Beschäftigung (Profession) zu entdecken. Zur Zeugenschaft werden von Amts wegen nicht zugelassen: Kinder gegen ihre Eltern, Ehegenossen der Prozeßparteien, Geistliche hinsichtlich des Beichtgeheimnisses und alle, welchen das Gesetz das Recht, Zeuge zu sein, entzieht (§ 288 ZPO.)[1]). Jeder Zeuge ist vor seiner Vernehmung nach den Satzungen seiner Religion zu beeidigen (§§ 308—310 ZPO.). In Ermangelung eines Priesters ist dem Friedensrichter gestattet, der Partei ein schriftliches Gelöbnis abzunehmen (§ 71 ZPO.). Vom Eide befreit sind 1. die Priester und Mönche aller Konfessionen und 2. Personen, die solchen Glaubensbekenntnissen angehören, welche den Eid verbieten. Die letzteren geben ein Gelöbnis ab. Die Eidesverweigerung wird mit einer Strafe bis 100, die Zeugenschaftsverweigerung (Nichterscheinen ohne Rechtfertigung) mit einer Strafe bis 50 Franks bestraft (§§ 213, 299 ZPO.). Gegen diese Strafe ist der Rekurs binnen einem Monat von der Zustellung des Bescheides ab zulässig.

Verordnung betr. die Konsulargerichtsbarkeit in Bulgarien vom 27. Februar 1908 (RGBl. S. 63).

§ 1. Die vom Reiche in Bulgarien ausgeübte Konsulargerichtsbarkeit wird in Ansehung der in §§ 2—4 dieser Verordnung bezeichneten Rechtsverhältnisse in dem dort bestimmten Umfang außer Übung gesetzt.

§ 2. Die Zufertigung und Zustellung von Ladungen und sonstigen gerichtlichen Schriftstücken an die der Konsulargerichtsbarkeit unterworfenen Personen und Gesellschaften wird bei handelsrechtlichen und anderen bürgerlichen Rechtsstreitigkeiten zwischen solchen Personen oder Gesellschaften und bulgarischen Staatsangehörigen fortan in gleicher Weise wie an

---

1) Kinder unter 16 Jahren und solche Personen, welche infolge strafgerichtlichen Urteils der bürgerl. und politischen Rechte verlustig geworden sind, können ohne Eid verhört werden (§ 289 ZPO.).

Angehörige der meistbegünstigten Nation und an bulgarische Staatsangehörige den bulgarischen Behörden nach Maßgabe der bulgarischen Gesetze zustehen.

§ 3. Bei den im § 2 bezeichneten Rechtsstreitigkeiten ist fortan ein Anspruch der Konsuln oder seines Vertreters, durch die bulgarischen Behörden zu den für die Verhandlung und Entscheidung solcher Rechtsstreitigkeiten bestimmten Sitzungen eingeladen zu werden, nicht zu erheben, unbeschadet des Rechtes des Konsuls oder seines Vertreters, an diesen Sitzungen teilzunehmen.

§ 4. Die Eröffnung und Durchführung des Konkursverfahrens wird, sofern der Gemeinschuldner ein der Konsulargerichtsbarkeit unterworfener Kaufmann oder eine ihr unterworfene Handelsgesellschaft ist, fortan in gleicher Weise wie bei der kaufmännischen Zahlungseinstellung von Angehörigen der meistbegünstigsten Nation oder von bulgarischen Staatsangehörigen der bulgarischen Gerichtsbarkeit nach Maßgabe der bulgarischen Gesetze über das Konkursrecht und das Konkursverfahren zustehen, ohne daß die Zustimmung des Konsuls oder seines Vertreters erforderlich ist, um die Zahlungseinstellung anzunehmen, und ohne daß zur Eröffnung und Durchführung des Konkursverfahrens eine Mitwirkung des Konsuls stattfindet.

§ 5. Diese Verordnung tritt mit dem Tage der Verkündigung im Reichs-Gesetzblatt in Kraft.

Rechtshilfe. Ersuchen um Zustellungen an Deutsche sind an den deutschen Konsul zu richten, in dessen Jurisdiktionsbezirke (vgl. § 40 unten) die Person sich befindet; andere Ersuchen um Zustellungen sind an den deutschen Gesandten in Sofia zu richten. In dem Ersuchungsschreiben ist anzugeben, was über die Staatsangehörigkeit der Person ermittelt ist, der zugestellt werden soll. Wegen der sonstigen Ersuchen um Rechtshilfe siehe Ziffer 16 Abs. 4 in § 10. Die Rechtshilfe erfolgt regelmäßig kostenfrei, jedoch entstehen Kosten durch die Übersetzung der Ersuchungsschreiben (§ 28 V.).

Freiwillige Gerichtsbarkeit. Die zum Gebrauch vor bulgarischen Behörden bestimmten Schriftstücke müssen an letzter Stelle die Beglaubigungsvermerke des Auswärtigen Amtes tragen. Das bulgarische Ministerium hat sich bereit erklärt, Schriftstücke, welche ihm mit diesem Beglaubigungsvermerk versehen durch das Kaiserliche Generalkonsulat zugehen, als ordnungsmäßig beglaubigt den zuständigen Behörden zu übermitteln. Es empfiehlt sich für deutsche Interessenten sich von den Geschäftsfreunden in Bulgarien einen bulgarischen Text zu verschaffen, so daß gleich unter diesen die erforderlichen Beglaubigungsvermerke gesetzt werden können (Zirkular-Verf. des preuß. Ministers des Innern vom 7. April 1886, MBl. f. d. V. S. 50 und Zirkular-Verf. des Justizministers v. 21. Mai 1886 I 1301, Müller S. 1277).

Legalisationsgebühr für Urkunden beträgt 5.30 Mark (JMBl. 1907 S. 350).

9. Chile.

Freundschafts-, Handels- und Schiffahrtsvertrag des deutschen Zollvereins vom 1. Februar 1862 (PrGS. 1863 S. 761; BayerRegBl. 1864 S. 121) Art. 10 bis 12 betreffen Nachlaßbehandlung. Keinerlei Kaution, unbedingt, wie bei Bulgarien. Armenrecht zweifelhaft, aber zu bewilligen.

Keine Vollstreckung ausländischer Urteile.

In Chile sind zwar nach dem Bürgerlichen Gesetzbuch vom 14. Dezember 1855 bezw. 1. Januar 1857 (Art. 57) Fremde und Inländer gleichberechtigt, in bezug auf Urteilsvollstreckung besteht jedoch keine gesetzliche Vorschrift und wird angenommen, daß dort dem ausländischen Urteil die Vollstreckung versagt wird. Wach a. a. O. S. 240, RG. vom 13. April 1901, E. 49, 344, Klein in Böhms Zeitschrift Bd. 7 S. 325, Koppers S. 100, Skonietzki S. 923.

Rechtshilfe. Bei der Erledigung von Ersuchen in bürgerlichen Sachen durch chilenische Justizbehörden entstehen erhebliche Kosten; hierauf ist bei Bemessung des Kostenvorschusses Rücksicht zu nehmen (§ 29 V.).

Legalisationsgebühr für Urkunden beträgt 8 Mark (JMBl. 1907 S. 350).

10. China. Freundschaftsvertrag des deutschen Zollvereins vom 2. September 1861 (GS. 1863 S. 265), ausgedehnt auf das Reich. Vgl. Art. 9 der Zusatzkonvention vom 31. März 1880 (RGBl. 1881 S. 261).

Konsuln und Konsulargerichtsbarkeit §§ 40 und 41.

11. Costa Rika. Der Vertrag vom 13. Mai 1875 (RGBl. 1877 S. 13) ist außer Kraft getreten (RGBl. 1897 S. 785).

Kaution für Gerichtskosten und den Gegner (Gaupp-Stein S. 334). Armenrecht zweifelhaft. Keine Vollstreckung fremder Urteile) vgl. Skonietzki S. 923).

Legalisationsgebühr für Urkunden beträgt 12 Mark (JMBl. 1907 S. 350).

12. Columbien.

Handels-, Schiffahrts- und Freundschaftsvertrag vom 23. Juli 1892 (RGBl. 1894 S. 471).

Art. 21 betrifft Nachlaßbehandlung.

Keinerlei Kaution unbedingt, wie in Bulgarien. Armenrecht zweifelhaft, aber wohl zu bewilligen. Keine Vollstreckung fremder Urteile. Vgl. Leske, I, 835 und Skonietzki, S. 923, anderer Ansicht Francke in Buschs Zeitschrift 27, 139 und Ogose S. 52.

Legalisationsgebühr für Urkunden beträgt 8.50 Mark (JMBl. 1907 S. 350).

13. Dänemark. Es gehört der Pariser Übereinkunft (Gewerbliches Eigentum) — vgl. oben S. 161 —, der Berner Konvention sowie dem Internationalen Eisenbahnfrachtabkommen an (§ 9 I D und § 23). Abkommen betr. den gegenseitigen Schutz der Muster und Modelle vom 12. Juni 1909 (RGBl. S. 915).

Wegen Mitteilung von Todesfällen dänischer Staatsangehöriger siehe Verfügung vom 30. April 1847 (JMBl. S. 147), 8. Februar 1848 (JMBl. S. 66) und 20. Februar 1895 (JMBl. S. 58).

Wegen Erhebung der Erbschaftssteuer vom Nachlasse dänischer Staatsangehöriger siehe Bekanntmachung des Reichskanzlers vom 8. Dezember 1908 (RZBl. S. 516).

Dänemark ist dem Haager Abkommen von 1905 beigetreten. Keinerlei Kaution, aber nur mit der Einschränkung wie bei Belgien. Armenrecht wird bewilligt. Für Vollstreckung ausländischer Urteile ist die Gegenseitigkeit verbürgt (R. d. OLG. 17, 157). Es ist dies allerdings nicht ganz unzweifelhaft. Nach Constant S. 24 ist die Erwirkung der Vollstreckbarkeit eines ausländischen Urteiles vor den dänischen Gerichten zwar in der Form des ordentlichen Prozesses nachzusuchen, die Tätigkeit des dänischen Gerichtes ist jedoch eine bloß formelle. Der Verurteilte kann vor dem dänischen Gericht Einspruch erheben, wenn nach dänischen Gesetzen das auswärtige Gericht nicht zuständig war, wenn das Urteil nach dem ausländischen Gesetze nicht vollstreckbar, bezw. noch appellabel ist, und wenn die auswärtige Entscheidung gegen dänische Prohibitivgesetze verstößt. Hiernach wäre das ausländische Urteil nicht auf die Gesetzmäßigkeit der Entscheidung weiter zu prüfen.

Auch Foelix a. a. O. S. 69 bezeichnet Dänemark als Staat der Vollstreckung auf Gegenseitigkeit. Inhaltlich der Abhandlung von Goos (eines Dänen) im Journal du droit int. priv. tom. VII (1880) p. 368 ff. ist diese Ansicht in Dänemark zwar die herrschende, aber nichts weniger als die alleinige. Vgl. auch Francke S. 72 und Leske I, 821.

Nach der amtlichen Auskunft des Justizministers Nellemann ist die Gegenseitigkeit für verbürgt anzusehen (Böhm, Zeitschrift Bd. 1 S. 58 und 106). Bloch S. 423 sagt aber, daß nach der Verfügung des österreichischen Justizministers vom 18. Oktober 1875 auswärtige Urteile in Dänemark nicht vollzogen würden.

Für das Beweisverfahren im Zivilprozeß gilt folgendes:

Nur Personen, die 15 Jahre alt sind, können als Zeugen vernommen werden. Es können nur Christen und Juden Zeugen sein, weil nur auf sie die gesetzlichen Eidesformeln passen. Die Zeugen können in der Regel ihr Zeugnis nicht verweigern, nur die Ehegatten, Verwandten in der geraden Linie, Geschwister und ebenso nahe Verschwägerte, endlich Dienstleute sind dazu unter Umständen berechtigt. Es ist den Priestern verboten, darüber Zeugnis abzulegen, was ihnen in der Beichte anvertraut ist, es sei denn, daß einem Unglück oder Verrat dadurch vorgebeugt werden könnte; Anwälte dürfen nicht aussagen, was sie durch Vertrauen einer Partei in Zivilsachen erfahren haben[1]).

Niemand ist verpflichtet, anderswo sein Zeugnis abzulegen, als vor einem Gericht I. Instanz, in dessen Bezirk er wohnt.

Der Parteieid ist zulässig.

Legalisationsgebühr für Urkunden beträgt 4,50 Mark.

Rechtshilfe. Die Erledigung von Ersuchen um Zeugenvernehmungen in bürgerlichen Sachen kann nach dänischem Rechte nur in der Form eines Zivilprozesses herbeigeführt werden. In diesem werden den Parteien von Amts wegen Anwälte bestellt. Für das Verfahren vor den dänischen Gerichten ist es von Wichtigkeit, welche Partei die Vernehmung veranlaßt hat. In dem Ersuchen muß daher die beweisführende Partei als solche bezeichnet sein.

---

1) Die Beamten der Kgl. Entbindungsanstalt zu Kopenhagen dürfen über die daselbst stattgefundenen Entbindungen kein Zeugnis ablegen.

Das dänische Gesetz vom 18. Dezember 1897 Nr. 161[1]) bestimmt:

§ 7. Ansuchen fremder Gerichte um Beweisaufnahmen oder andere Rechtshandlungen in bürgerlichen Rechtssachen ist nur dann zu entsprechen, wenn sie durch das Justizministerium befördert werden.

Um derartigen Ansuchen zu entsprechen, sind vorgängige Vergleichsverhandlungen[2]) nicht nötig und brauchen die Parteien nicht geladen zu werden, außer wenn dies ausdrücklich verlangt ist. Wird in dem Ansuchen die Beobachtung einer besonderen Form[3]) oder Verfahrensart verlangt, soll dem soweit möglich entsprochen werden, außer wenn dies als nach dänischem Rechte verboten angesehen werden muß.

§ 8. Die Regierung ist ermächtigt, dieses Gesetz durch Kgl. Verordnung auf den Faröern mit denjenigen Modifikationen in Kraft zu setzen, welche zufolge eigentümlicher Verhältnisse dieser Inseln zweckmäßig befunden werden.

Das Verfahren ist folgendes: Das dänische Justizministerium, bei welchem das Rechtshilfeersuchen eingeht, beauftragt einen Sachführer (sagfører), die nötigen Schritte zu tun, um das Verhör der Zeugen oder die Vornahme von Beweisverhandlungen zu bewirken. Die hierdurch veranlaßten Kosten (Salär des Sachführers) werden durch den ersuchenden Staat ersetzt.

Abkommen vom 3. Juni 1910 (RGBl. S. 871):

Art. 1. Gemäß den Vorbehalten im Art. 1 Abs. 4 und im Art. 9 Abs. 4 des Haager Abkommens über den Zivilprozeß vom 17. Juli 1905 ist den deutschen und den dänischen gerichtlichen Behörden der unmittelbare Geschäftsverkehr miteinander in allen Fällen gestattet, in denen durch das Abkommen der Rechtshilfeverkehr in Zivil- und Handelssachen für die Mitteilung gerichtlicher und außergerichtlicher Urkunden sowie für die Erledigung von Ersuchungsschreiben geregelt ist.

Art. 2. Auf Seiten des Reichs sind für die unmittelbare Übermittelung von Zustellungs- und sonstigen Rechtshilfeersuchen alle gerichtlichen Behörden, für ihre Entgegennahme die Landgerichtspräsidenten zuständig. Auf Seiten Dänemarks sind für die unmittelbare Übermittelung von Zustellungs- und sonstigen Rechtshilfeersuchen alle gerichtlichen

---

1) Abgedruckt bei Böhm, Zeitschr. Bd. 8 S. 429. Es ist durch das Haager Abkommen von 1905 modifiziert.

2) In Dänemark ist fast in allen Prozessen ein Sühneversuch obligatorisch (Leske Bd. 2 S. 800).

3) Z. B. daß ein Jude bei der Eidesleistung den Hut aufsetzen soll.

Behörden zuständig, für ihre Entgegennahme außerhalb Kopenhagens der Amtmann des Ortes, wo die Zustellung zu bewirken oder die nachgesuchte Handlung vorzunehmen ist, in Kopenhagen bei Zustellungsersuchen der Magistrat und bei sonstigen Rechtshilfeersuchen das Justizministerium.

Im Falle der örtlichen Unzuständigkeit der ersuchten Behörde ist das Ersuchen von Amts wegen an die zuständige Behörde abzugeben und die ersuchende Behörde hiervon unverzüglich zu benachrichtigen.

Art. 3. In dem unmittelbaren Geschäftsverkehr werden die Schreiben der beiderseitigen Behörden in deren Landessprache abgefaßt.

Die Bestimmungen des Art. 3 des Haager Abkommens über den Zivilprozeß wegen Abfassung oder Übersetzung der dort bezeichneten Schriftstücke bleiben unberührt. Sind diesen Schriftstücken die vorgeschriebenen Übersetzungen nicht beigegeben, so werden sie von der ersuchten Behörde auf Kosten der ersuchenden Behörde beschafft[2]).

Art. 4. Die Bestimmungen des Art. 3 Abs. 2 dieser Erklärung finden Anwendung auf die im Art. 19 des Haager Abkommens über den Zivilprozeß bezeichneten Schriftstücke, die den auf diplomatischem Wege zu stellenden Anträgen wegen Vollstreckbarkeitserklärung von Kostenentscheidungen beizufügen sind.

Art. 5. Gemäß dem Vorbehalt im Art. 7 Abs. 2 des Haager Abkommens über den Zivilprozeß soll die Erstattung der durch die Mitwirkung eines Vollziehungsbeamten in den Fällen des Art. 3 des Abkommens entstandenen Auslagen nicht verlangt werden, wenn der in diesem Artikel vorgesehene Antrag nur für den Fall gestellt war, daß das im Artikel 2 des Abkommens geregelte Verfahren nicht zum Ziele führt.

Ferner soll gemäß dem Vorbehalt in Artikel 16 Abs. 2 des Abkommens die Erstattung der Auslagen für Zeugenentschädigungen und für die wegen Nichterscheinens eines Zeugen erforderlich gewordene Mitwirkung eines Vollziehungsbeamten nicht verlangt werden. Das Gleiche gilt in Ansehung der im Artikel 23 Abs. 2 des Abkommens erwähnten Auslagen für Zeugenentschädigungen.

Art. 6. Soweit nach dem Haager Abkommen über den Zivilprozeß in Verbindung mit den Art. 5 dieser Erklärung

---

1) Es empfiehlt sich, die Übersetzung der dänischen Behörde zu überlassen (Erl. d. bad. Justizm. v. 11. Juni 1910 A. 21005).

Kosten in Rechnung gestellt werden können, werden sie nach den Vorschriften berechnet, die in dem ersuchten Staate für gleiche Handlungen in einem inländischen Verfahren gelten.

Art. 7. Die gegenwärtige Erklärung tritt am 15. Juni 1910 in Wirksamkeit und bleibt in Kraft bis zum Ablauf von 6 Monaten nach erfolgter Kündigung seitens des einen oder des anderen der beiden Teile.

Die Erklärung wird gegen eine entsprechende Erklärung der Königlich dänischen Regierung ausgetauscht werden.

Gerichtsverfassung in Dänemark.

Organisation und Wirkungskreis der Gerichte in Dänemark ist ähnlich wie in Norwegen (s. unten). Stufenfolge: Untergerichte (Underetter, Einzelrichter mit Gerichtsschreibern), Landesobergerichte (Landesoverret, in Kopenhagen für die Inseln und in Viborg für Nordjütland), und das höchste Gericht für das Königreich (Hoïesteret) in Kopenhagen; außerdem See- und Handelsgericht in Kopenhagen[1]).

Wegen der Rechtshilfe vgl. Ziffer 10 III Abs. 1, 2; Ziffer 20 Abs. 1 im § 10.

Es besteht unmittelbarer Geschäftsverkehr.

1. Dänemark ist an dem Haager Abkommen über den Zivilprozeß beteiligt. Nach der Vereinbarung vom 1. Juni 1910 (siehe oben) ist den deutschen und den dänischen gerichtlichen Behörden für Zustellungsersuchen und sonstige Ersuchen um Rechtshilfe der unmittelbare Geschäftsverkehr gestattet.

Die außerhalb Kopenhagens zu erledigenden Ersuchen sind dem für den Erledigungsort zuständigen Amtmanne, die in Kopenhagen zu erledigenden Zustellungsersuchen dem dortigen Magistrat, die in Kopenhagen zu erledigenden sonstigen Rechtshilfeersuchen dem dänischen Justizministerium mit Begleitschreiben zu übersenden. Nach derselben Erklärung werden Zeugenentschädigungen und Auslagen für die wegen Nichterscheinens eines Zeugen erforderlich gewordene Mitwirkung eines Vollziehungsbeamten nicht erstattet. Auch werden Zwangszustellungen, abgesehen von den Kosten für die Übersetzung des zuzustellenden Schriftstücks, unentgeltlich bewirkt, wenn sie nur für den Fall beantragt waren, daß die Zustellung durch einfache Übergabe nicht zum Ziele führt; im Interesse der Kostenersparnis empfiehlt

1) S. Piggott S. 443 und Bulletin de la société de législation comparée, année 1884 p. 130 ff. Vgl. auch Goltdammers Archiv 1880, S. 82 ff., ferner Ipsen, über dänische Gerichtsverfassung.

es sich, etwaige Anträge auf Zwangszustellungen regelmäßig in solcher bedingten Form zu stellen. Für das Verfahren vor den dänischen Gerichten bei der Erledigung von Ersuchen um Zeugenvernehmungen in bürgerlichen Sachen ist es von Wichtigkeit, welche Partei die Vernehmung veranlaßt hat; in dem Ersuchen ist daher die beweisführende Partei als solche zu bezeichnen.

2. Wegen Frankierung der Schreiben im unmittelbaren Geschäftsverkehre vgl. Ziffer 5 Abs. 2 in § 10.

14. Dominikanische Republik. Vgl. oben S. 161. (Pariser Übereinkunft).

Der Handels- usw.-Vertrag vom 30. Januar 1885 (RGBl. 1886 S. 3) ist außer Kraft getreten (RGBl. 1897 S. 5).

Kaution für Gerichtskosten und Gegner. Armenrecht zweifelhaft. Keine Vollstreckung fremder Urteile.

15. Ekuador.

Freundschaftsvertrag vom 28. März 1887 (RGBl. 1888 S. 136). Recht der meistbegünstigten Nation, also keinerlei Kaution unbedingt wie bei Bulgarien. Auch ist Armenrecht wohl zu bewilligen.

Keine Vollstreckung deutscher Urteile (Leske I, 822, Klein a. a. O. Bd. 7 S. 325, R. d. OLG. 2, 8).

Legalisationsgebühr für Urkunden beträgt 4 Mk.

16. Egypten.

Handelsvertrag vom 19. Juli 1892 (RGBl. 1893 S. 17) und Zusatzabkommen vom 17. März 1910 (RGBl. S. 901).

Die Konsulargerichtsbarkeit ist erheblich eingeschränkt (vgl. § 40 unten). Zeugenvernehmungen und Eidesabnahmen werden durch die Konsuln nur noch erledigt, wenn es sich handelt um Angehörige oder Schutzbefohlene des Deutschen Reiches oder Personen, welche sich freiwillig bereit erklären, ihre Dispositionen vor dem Konsulargerichte zu machen. Wenn diese Voraussetzungen nicht zutreffen, wird die Erledigung des Ersuchungsschreibens den einheimischen Gerichten (tribunaux mixtes) überlassen (vgl. Meili S. 51 und Schweizer. Bundesblatt 1900 I S. 840 und 841).

Legalisationsgebühr für Urkunden beträgt 8 Mk.

Keinerlei Kaution. (Leske I, 767 und Gaupp-Stein S. 334.) Armenrecht wird bewilligt.

Egypten gewährt die Vollstreckung ausländischer Urteile unter Voraussetzung der Reziprozität, s. Vidal Bey im Journal du droit int. etc., tom. 14 p. 224, 280 und Jettel S. 190. Die gemischten Gerichtshöfe (tribunaux mixtes) vollstrecken auf einfache Anordnung des Gerichtspräsidenten. Das Urteil ist in authentischer vom zuständigen Konsul beglaubigter Form unter Beifügung einer Übersetzung in einer der drei Gerichtssprachen (französisch, italienisch, arabisch) vorzulegen (Art. 468 ZPO. von 1875).

Vollstreckung deutscher Urteile ist wohl gewährleistet.

17. Frankreich. Es hat dieselben Verträge wie Belgien geschlossen.

Schiffahrtsvertrag vom 2. August 1862 aufrechterhalten im Frankfurter Friedensvertrage (RGBl. 1871 S. 223).

Wegen Erhebung der Erbschaftssteuer vom Nachlasse französischer Staatsangehöriger siehe Bekanntmachung des Reichskanzlers vom 8. Dezember 1908 (RZBl. S. 516, auch RZBl. 1909 S. 20). Wegen der französischen Gesellschaften vgl. RG. 6, 134; 14, 412.

Frankreich ist dem Haager Abkommen über den Zivilprozeß von 1905 beigetreten, daher keinerlei Kaution, aber mit der Einschränkung wie bei Belgien. Armenrecht wird bewilligt. Vgl. § 24. Keine Vollstreckung fremder Urteile[1]); vgl. aber den Staatsvertrag zwischen Baden und Frankreich vom 16. April 1846 (BadRegBl. 1846 Nr. XXIV)[2]), ausgedehnt auf den Rechtshilfeverkehr zwischen Elsaß-Lothringen und Frankreich[3]):

Art. 1. Urteile, welche von den zuständigen Gerichten des einen Staates in bürgerlichen Rechtssachen, mit Einschluß der Handelssachen erlassen sind, begründen in dem anderen Staate ein richterliches Unterpfand und werden überdies, nachdem sie die Rechtskraft beschritten haben, vollziehbar, vorausgesetzt, daß die Beteiligten den in Art. 3 enthaltenen Bestimmungen genügen.

Art. 2. Als vom zuständigen Gericht erlassen werden die Urteile von beiden Seiten alsdann gegenseitig anerkannt, wenn die Zuständigkeit des urteilenden Gerichtes darauf beruht:

---

1) RG. 36, 384, Böhm, Zeitschr. 4, 407, 408, teilweise abweichend für (Gegenseitigkeit bezüglich der Einrede der rechtskräftig entschiedenen Sache) RG. 8, 388, von Tuhr, DJZ. 4, 398.

2) Wieder in Kraft gesetzt durch Art. 18 Abs. 1 der Zusatzkonvention zum Frankfurter Frieden (RGBl. 1872 S. 7, 20).

3) Art. 18 Abs. 4 der Zusatzkonvention. Vgl. auch RG. vom 10. Juli 1888,. E. in ZS. Bd. 13 S. 425 und vom 23. Juni 1893, JW. S. 530, sowie Böhms Zeitschr Bd. 2 S. 296.

1. daß der Beklagte im Bezirke desselben seinen Wohnsitz oder Aufenthalt hatte, oder wenn es

2. als Gericht der gelegenen Sache erkannte, oder

3. als das Gericht, in dessen Bezirk eine Erbschaft eröffnet ist, oder

4. als Gericht des Bezirks, in welchem eine Gesellschaft ihre Niederlassung hat, bei Streitigkeiten der Gesellschaften unter sich, oder Klagen Dritter gegen die Gesellschaft; endlich

5. als das Gericht des Ortes, welches die Parteien zum Wohnsitze für den Vollzug eines Vertrages erwählt haben.

Art. 3. Diejenige Partei, zu deren Gunsten ein Urteil ergangen ist, hat, wenn sie sich desselben in dem anderen Staate zum Beweise rechtskräftiger Entscheidung oder zur Zwangsvollstreckung auf das in dem anderen Staate befindliche Vermögen bedienen will, eine beglaubigte Fertigung des Urteiles nebst Urkunde über die geschehene Eröffnung und ein Zeugnis der Gerichtskanzlei über die Rechtskraft desselben —, wenn sie aber die Eintragung des richterlichen Unterpfandrechtes erwerben will, nur eine beglaubigte Fertigung des Urteiles und ein Zeugnis über dessen Eröffnung vorzulegen.

Das Urteil bedarf jedoch zu seiner Vollziehung eines Beisatzbefehles, welchen, je nachdem dasselbe von einem Ober- oder Untergerichte erging, auf Vorlage der genannten Urkunde dasjenige Ober- oder Untergericht erteilt, in dessen Bezirk die Partei, gegen welche das Urteil erging, ihren Wohnsitz hat oder die Sache gelegen ist[1]).

Art. 4. Beide kontrahierenden Staaten verpflichten sich ferner, Zustellungen, Ladungen und Ersuchsschreiben um Vornahme gerichtlicher Handlungen in Kriminal- und Zivilsachen durch ihre Behörden vollziehen zu lassen, soweit die Gesetze des Landes, an dessen Behörde das Ansuchen gestellt wird, nicht entgegenstehen, auch auf Verlangen Bescheinigung über die geschehene Zustellung zu erheben und mitzuteilen[2]).

Art. 5. Die Ersuchsschreiben werden auf diplomatischem Wege befördert.

---

1) Nach der Bekanntmachung des badischen Justizministeriums vom 10. Oktober 1851 (RGBl. S. 668) ist es den Parteien überlassen, den Vollzug des Urteils nach Art. 3 des Staatsvertrages durch einen Bevollmächtigten an Ort und Stelle zu betreiben; eine Vermittelung der Behörde findet nicht statt.

2) Vgl. Bekanntmachung des bad. Justizministers vom 16. Oktober 1884 bei Kah, Die Staatsverträge des Deutschen Reiches usw. 1889 S. 35.

Art. 6. Für die Besorgung der Zustellungen und Ersuchschreiben sollen gegenseitig keine Kosten und Porto erhoben werden[1]).

Art. 7. Gegenwärtige Übereinkunft ist auf 5 Jahre abgeschlossen und bleibt fünf weitere Jahre in Kraft, wenn sechs Monate vor Ablauf dieses Zeitraumes keine der beiden Regierungen ihren Rücktritt erklärt, und so fort von fünf zu fünf Jahren.

Zeugnispflicht. Art. 268. Code de procedure civile bestimmt:

„Nul ne pourra être assigné comme témoin, s'il est parent ou allié en ligne directe de l'une des parties, ou son conjoint même divorcé."

Man nimmt ferner an, daß folgende Personen nicht zum Zeugnisse gezwungen werden können:

a) Advokaten und Anwälte in Hinsicht derjenigen Tatsachen, welche sie von ihren Klienten erfahren haben,

b) Geistliche bezüglich des in der Beichte Anvertrauten,

c) Ärzte, Wundärzte, Gesundheitsbeamte, Apotheker, Hebammen und alle Personen, welchen vermöge ihres Standes Geheimnisse anvertraut worden sind.

d) Ein Gesellschafter in einem Rechtsstreite, welcher das gemeinschaftliche Vermögen betrifft; der Zedent gegen den Zessionar oder umgekehrt. Kann indes die Regreßpflicht des Zedenten oder Zessionars nicht wahrscheinlich gemacht werden, so fällt das Zeugnisverweigerungsrecht weg.

e) Vorsteher von Korporationen und öffentlichen Instituten in den diese betreffenden Rechtsstreitigkeiten.

Kinder unter 15 Jahren dürfen zwar als Zeugen gehört, aber nicht vereidigt werden (Art. 262 und 285 a. a. O.).

Wegen der Beweismittel gelten dieselben Vorschriften, wie unter Belgien angegeben[2]).

Die französischen Konsuln[3]) in Deutschland brauchen, wenn sie Franzosen sind, gerichtsseitig erforderte Erklärungen oder Zeugnisse in Prozeßsachen an der Gerichtsstelle nur auf schriftliches Ersuchen abzugeben, im Falle der Behinderung aber entweder schriftlich oder in ihrer Wohnung mündlich.

---

1) Vgl. Bekanntmachung des bad. Justizministers vom 28. September 1892 GVBl. S. 496; mitgeteilt in Böhms Zeitschr. Bd. 2 S. 296).

2) Wegen der Erfordernisse der Anerkennung einer im Auslande erfolgten Zeugenvernehmung vor französischen Gerichten vgl. Böhm, Zeitschr. Bd. 13 S. 452 und Journal de droit international privé 1874 p. 192.

3) Vgl. auch § 16 a.

Sofern die Konsuln nicht Franzosen sind, haben sie die Vergünstigungen nur mit der Beschränkung auf Fälle der Behinderung durch Dienstgeschäfte oder Krankheit[1]).

Die französischen Gerichte sollen abweichend von dem bisherigen Verfahren das Original des Ersuchungsschreibens sowie dessen Übersetzung bei den Akten zurückbehalten. Die preußischen Gerichte sind deshalb angewiesen, die gleiche Praxis im Verkehr mit Frankreich zu beobachten[2]).

Rechtshilfe. Die deutschen Justizbehörden haben unmittelbaren Verkehr mit den französischen Landesbehörden. Wegen der Rechtshilfe in bürgerlichen Sachen vgl. Ziffer 10 III Abs. 1 und 2 und Ziffer 20 in § 10, sowie die Erklärung vom 11. März 1911 (siehe unten). Wegen Erledigung von Beweisbeschlüssen durch die Partei vgl. Ziffer 23 in § 10. Sodann ist maßgebend das nachstehende Abkommen[3]) vom 6. April 1911 (RGBl. 1911 S. 161):

Art. I. Gemäß den Vorbehalten im Art. 1 Abs. 4 und im Art. 9 Abs. 4 des Haager Abkommens über den Zivilprozeß vom 17. Juli 1905 ist den deutschen und den französischen gerichtlichen Behörden in Zivil- und Handelssachen der unmittelbare Geschäftsverkehr miteinander für die Mitteilung gerichtlicher und außergerichtlicher Urkunden sowie für die Erledigung von Ersuchungsschreiben gestattet.

Art. II. Die gerichtlichen und außergerichtlichen Urkunden, die für Personen in Deutschland bestimmt sind, und die in Deutschland zu erledigenden Ersuchungsschreiben der französischen Gerichte sind von der zuständigen gerichtlichen Behörde unmittelbar dem Präsidenten des deutschen Landgerichtes zu übersenden, in dessen Bezirke der Empfänger des Schriftstücks sich befindet oder das Ersuchen erledigt werden soll.

Die gerichtlichen und außergerichtlichen Urkunden, die für Personen in Frankreich bestimmt sind, und die in Frankreich zu erledigenden Ersuchungsschreiben der deutschen Gerichte sind von der zuständigen gerichtlichen Behörde unmittelbar dem französischen Staatsanwalte zu übersenden, in dessen Bezirke der Empfänger des Schriftstücks sich befindet oder das Ersuchen erledigt werden soll.

---

1) Zirk.-Verf. des preuß. Justizminist. vom 8. März 1889 I 612 bei Müller S. 1222.

2) Zirk.-Verf. des preuß. Justizminist. vom 4. Juli 1892 I 3213 bei Müller S. 1222.

3) Dasselbe ist am 9. Juni 1911 in Kraft getreten.

Im Falle der Unzuständigkeit der Behörde, der eine gerichtliche oder außergerichtliche Urkunde übersandt worden ist, hat diese Behörde sie unmittelbar an die zuständige Behörde abzugeben und davon die ersuchende Behörde zu benachrichtigen, in derselben Weise, wie dies für die Ersuchungsschreiben in den Artikeln 12, 13 des Abkommens vorgeschrieben ist.

Art. III. Bei der Handhabung der Artikel I, II dieser Erklärung werden die Schreiben, womit die gerichtlichen und außergerichtlichen Urkunden oder die Ersuchungsschreiben übermittelt werden, in der Sprache der ersuchenden Behörde nach den der Erklärung anliegenden Formularen abgefaßt.

Unberührt bleiben die Bestimmungen des Art. 3 des Abkommens vom 17. Juli 1905 über die Übersetzung derjenigen gerichtlichen und außergerichtlichen Urkunden, deren Zustellung in der durch die innere Gesetzgebung vorgeschriebenen Form gewünscht wird, sowie des Art. 10 über die Übersetzung der Ersuchungsschreiben.

Doch kann die Übersetzung der gerichtlichen und außergerichtlichen Urkunden und der Ersuchungsschreiben, sowie der im Art. 19 Abs. 3 vorgesehenen Nachweise von einem beeidigten Dolmetscher des ersuchenden Staates beglaubigt werden.

Ferner wird die ersuchte Behörde die im vorstehenden Absatz erwähnten Übersetzungen auf Kosten der ersuchenden Behörde beschaffen, wenn sie in einem Falle, wo ihre Mitteilung in dem Abkommen vorgeschrieben ist, nicht beigefügt sind.

Art. IV. Gemäß dem Vorbehalt im Art. 6 Abs. 2 in Verbindung mit Abs. 1 Nr. 3 desselben Artikels des Abkommens kann jeder Teil Zustellungen im Gebiete des anderen Teiles in allen Fällen, wo es sich nicht um dessen Angehörige handelt, ohne Anwendung von Zwang durch seine diplomatischen oder konsularischen Vertreter unmittelbar bewirken lassen[1]).

Das Gleiche gilt gemäß dem Vorbehalt im Art. 15 des Abkommens für die Erledigung von Ersuchungsschreiben.

Art. V. Gemäß dem Vorbehalt im Art. 16 Abs. 2 des Abkommens soll die Erstattung der Auslagen für Zeugenentschädigungen nicht verlangt werden.

Das Gleiche gilt in Ansehung der im Art. 23 Abs. 2 des Abkommens erwähnten Zeugenentschädigungen.

---

1) Eine wichtige Vorschrift. Es dürfen nur nicht französische Staatsangehörige beteiligt sein.

Art. VI. Der Antrag auf Erstattung der im Abkommen und in dieser Erklärung vorgesehenen Kosten (insbesondere der im Art. III Abs. 4 bezeichneten Übersetzungskosten) ist unmittelbar von der ersuchten Behörde zu stellen, und zwar zu derselben Zeit, wo sie der ersuchenden Behörde die Schriftstücke übermittelt, aus denen sich die Erledigung des an sie gerichteten Ersuchens ergibt. Die ersuchende Behörde hat den Betrag der verlangten Kosten an die ihr angegebene Stelle durch Postanweisung portofrei einzusenden. Die vorerwähnten Kosten werden nach den in dem ersuchten Staate geltenden Sätzen berechnet.

Art. VII. Alle Schwierigkeiten, die bei der Handhabung dieser Erklärung, insbesondere des Art. VI entstehen, werden auf diplomatischem Wege geregelt.

Art. VIII. Diese Erklärung tritt in Kraft 2 Monate, nachdem sie in beiden Ländern gemäß den inneren Gesetzen verkündigt worden ist. Sie tritt außer Wirksamkeit mit dem Ablauf einer Frist von 6 Monaten, die mit der Kündigung seitens des einen oder anderen der beiden vertragschließenden Teile beginnt.

Formular

für Schreiben zur Übermittelung gerichtlicher und außergerichtlicher Urkunden, die für Personen in Frankreich bestimmt sind.

. . . . (Ort und Datum)

D . . . .

in . . . . (ersuchende Behörde)

ersucht den Herrn Staatsanwalt

in . . . .

(ersuchte Behörde), die Zustellung des anliegenden unten näher bezeichneten Schriftstücks durch einfache Übergabe (in der durch die französische innere Gesetzgebung vorgeschriebenen Form) gemäß Art. 2 (3) des Haager Zivilprozeßabkommens vom 17. Juli 1905 bewirken zu lassen und die Zustellungsurkunde hierher zu übersenden.

(Eine französische Übersetzung des zuzustellenden Schriftstückes wird beigefügt.

Die Kosten der Übersetzung des zuzustellenden Schriftstücks werden gemäß Art. III Abs. 4, Art. VI der Erklärung vom 29. März 1911 erstattet werden)[1]).

---

1) Soll die Zustellung nicht durch einfache Übergabe (Art. 2), sondern in der durch die französische innere Gesetzgebung vorgeschriebenen Form (Art. 3) erfolgen, so ist der Abs. 2 oder, wenn keine Übersetzung beigefügt wird, der Abs. 3 in das Übermittelungsschreiben aufzunehmen.

. . . . (Name)
. . . . (Amtscharakter)
Behörde, von der das Schriftstück ausgeht;
Name und Stellung der Parteien:
Adresse der Person, der zugestellt werden soll:
Art des Schriftstücks:

Formular
für Schreiben zur Übermittelung der in Frankreich zu erledigenden Ersuchungsschreiben.

. . . . (Ort und Datum)
D . . . .
in . . . . (ersuchende Behörde)
ersucht den Herrn Staatsanwalt
in . . . .
(ersuchte Behörde), die Erledigung des anliegenden Ersuchungsschreibens gemäß Art. 11 des Haager Zivilprozeßabkommens vom 17. Juli 1905 herbeizuführen und das Ersuchungsschreiben mit der Erledigungsurkunde hierher zurückzusenden.

Eine französische Übersetzung des Ersuchungsschreibens wird beigefügt.

(Die Kosten der Übersetzung des Ersuchungsschreibens werden gemäß Art. III Abs. 4, Art. VI der Erklärung vom 29. März 1911 erstattet werden[1]**).**
. . . . (Name)
. . . . (Amtscharakter).

Wegen der Rechtshilfe in bürgerlichen Sachen vgl. in § 10 Ziffer 10 III Abs. 1, 2; Ziffer 20 Abs. 1 und die Erklärung vom 29. März 1911. Nach dieser ist den deutschen und den französischen gerichtlichen Behörden für Zustellungs- und sonstige Rechtshilfeersuchen der unmittelbare Geschäftsverkehr miteinander gestattet. Schreiben sind zu frankieren. Die Ersuchen sind dem Staatsanwalt, in dessen Bezirke sie zu erledigen sind, mit Begleitschreiben zu übersenden. Das Gericht, bei dem sich der zu ersuchende Staatsanwalt befindet, hat seinen Sitz in der Stadt, nach der ein jedes Arrondissement benannt ist. So ist z. B. eine gerichtliche Urkunde, die für eine Person in Saney, Kanton Autun la Roman, Arrondissement Briey, Departement Meurthe et Moselle, bestimmt ist, dem Staatsanwalt in Briey zu übersenden.

---

1) Wird keine Übersetzung beigefügt, so ist der Abs. 3 in das Übermittelungsschreiben aufzunehmen.

Von dieser Regel gibt es jedoch folgende Ausnahmen:

a) Das Departement „de la Seine“ und das ebenso benannte Gericht umfaßt auch die Arrondissements St. Denis und Sceaux;

b) das Arrondissement Puget-Théniers (Alpes Maritimes) gehört zum Tribunal de Nice;

c) der Gerichtsort für das Arrondissement d'Arles (Bouches du Rhône) befindet sich in Tarascon;

d) das Gericht für Poligny (Jura) befindet sich in Arbois;

e) das Gericht für La Tour du Pin (Isère) befindet sich in Bourgoin;

f) das Gericht für Mezières (Ardennes) befindet sich in Charleville;

g) das Gericht für Cernmerey (Meuse) befindet sich in St. Mihiel;

h) das Gericht für Argèles (Hautes Pyrénées) befindet sich in Lourdes;

i) das Gericht für La Palisse (Allier) befindet sich in Kusset.

k) das Gericht für Mauléon befindet sich in Saint-Palais.

Die Begleitschreiben sind nach den im Reichsgesetzblatte von 1911 S. 166, 167 veröffentlichten Formularen (s. o.) in deutscher Sprache abzufassen. Den zuzustellenden Schriftstücken und den Ersuchungsschreiben sowie den im Artikel 19 Abs. 3 des Haager Abkommens über den Zivilprozeß (§ 20 Abs. 1) vorgesehenen Nachweisen können durch einen beeidigten deutschen Dolmetscher beglaubigte Übersetzungen beigefügt werden[1]. Zeugenentschädigungen werden nicht erstattet.

Freiwillige Gerichtsbarkeit.

Legalisationsgebühr beträgt 2,72 Mark (JMBl. 1907 S. 350). Atteste der Geistlichen oder Standesbeamten haben Gebührenermäßigung.

Für die Legalisation von Urkunden im Geschäftsverkehr zwischen Elsaß-Lothringen und Frankreich gilt nach Deklaration vom 14. Juni 1872 folgendes: Zivilstandsakte, gerichtliche und andere ähnliche Urkunden, welche in Elsaß-Lothringen angefertigt und in Frankreich produziert oder welche in Frankreich ausgefertigt und in Elsaß-Lothringen produziert werden, sollen von den zuständigen Behörden beider Länder zugelassen werden, wenn sie von dem Präsidenten eines Gerichtshofes, einem Friedensrichter oder dessen Ergänzungsrichter legalisiert sind. Keine weitere Legalisation soll verlangt

---

1) Der bad. Justizminister (JMBl. 1911 S. 49) empfiehlt Anfertigung der Übersetzung in Deutschland.

werden, außer in dem Falle, wo Zweifel an der Authentizität der produzierten Stücke Platz greifen[1]).

Gerichtsverfassung in Frankreich.

Die Friedensgerichte (Einzelrichter, in jedem Kanton eines) haben das Vermittlungsamt, sodann Kompetenz zur Entscheidung von Streitsachen im Werte bis 200 Frs., ferner in Streitigkeiten zwischen Gastwirten und Reisenden in bezug auf Hotelrechnungen, Reisekosten, Verluste und Schäden an Gütern ꝛc. bis zum Betrage von 1500 Frs.

Die Gerichte erster Instanz (tribunaux de première instance, in jedem Arrondissement eines, besetzt mit 3 Richtern) urteilen in 1. Instanz über die nicht den Friedensgerichten zugewiesenen Sachen und bilden die Berufungsinstanz gegen Urteile der Friedensgerichte in Sachen von über 100 Frs. Wert.

Die Handelsgerichte (3 Richter) haben Gerichtsbarkeit in allen Handelssachen und in Konkursen.

Die Appellhöfe (courts d'appell, mit 7 Richtern besetzt)[2]) entscheiden über Berufungen gegen die Urteile der Gerichtshöfe erster Instanz und der Handelsgerichte in Sachen über 1500 Frs.

Der Kassationshof ist mit 11 Richtern besetzt.

Jedem der Gerichte erster Instanz und der Gerichtshöfe ist ein Staatsanwalt zugeordnet, bei den Gerichten procureur général, bei den Gerichten erster Instanz procureur de la république. Zu den officiers ministériels gehören: die Gerichtsschreiber oder Gerichtssekretäre (les greffiers), die Anwälte (les avoués), die Gerichtsboten (les huissiers) und die Notare, letztere als Hilfsbeamte der Gerichte bei Teilungen[3]).

18. Finnland siehe Rußland.

19. Griechenland.

Konsularvertrag vom 26. November 1881 (RGBl. 1882 S. 101).

Handels- und Schiffahrtsvertrag vom 9. Juli 1884 (RGBl. 1885 S. 23), dessen Art. 4 Gleichstellung der Handelsgesellschaften ausspricht.

---

1) Franz, Das Notariat in Elsaß-Lothringen S. 72.

2) Appellhöfe sind 26 in den Departements, 1 in Algerien und 6 in den Kolonien.

3) Zachariä von Lingenthal, Handbuch des französischen Zivilrechtes, 7. Aufl., herausgegeben von Reichsgerichtsrat Dreyer Bd. 1 S. 139; Piggott S. 445.

Art. 15 ff. des ersten Vertrages und Art. 2 des zweiten betreffen Nachlaßbehandlung. Legalisationsgebühr beträgt 8.80 Mark.

Keinerlei Kaution (R. d. OLG. 23, 279) und zwar unbedingt ohne Rücksicht auf den Wohnsitz (Vertrag vom 5. Juli 1884).

Die griechische Zivilprozeßordnung bestimmt:

Art. 79. „Ausländer, welche gegen Inländer Klage erheben, haben dem Beklagten auf dessen Verlangen wegen der mutmaßlichen Schäden und Kosten Sicherheit zu leisten, und bis dieser geleistet ist, braucht der Inländer sich auf die Klage nicht einlassen[1]**.**

Das Urteil, welches die Kaution anordnet, hat zu gleicher Zeit die Kautionssumme festzusetzen.

Art. 79. Die Kautionsverbindlichkeit fällt weg, wenn:

1. Der Ausländer in Griechenland mit liegenden Gründen hinreichend angesessen ist,

2. an der Forderung des Ausländers soviel unbestritten ist, als die Kosten und der mutmaßliche Schaden betragen,

3. von Wechsel- oder Handelssachen die Rede ist.

Dieses alles vorbehaltlich besonderer Staatsverträge.

Art. 80. Bei Streitigkeiten unter Inländern können Kautionen nur dann gefordert werden, wenn es im gegenwärtigen Gesetze ausdrücklich vorgeschrieben ist.“

Die griechische Praxis nimmt an, daß Deutsche[2] **auf Grund des Art. III des Vertrages vom 9. Juli 1884 von der Kautionspflicht befreit sind**[3]**.**

Deutsche Urteile werden nicht vollstreckt.

Von ausländischen Gerichten erlassene Urteile[4] und von ausländischen Beamten abgefaßte öffentliche Urkunden können, wenn Staatsverträge[5] nicht das Gegenteil verfügen, in Griechenland nur dann vollstreckt werden, wenn dieselben von inländischen Gerichten für vollstreckbar erklärt worden sind (Art. 858 des GB. über das Zivilverfahren von 1834).

---

1) Die Kautionspflicht besteht auch, wenn der ausländische Kläger in der Appellationsinstanz zum Beklagten wird, nicht aber, wenn der ausländische Kassationskläger im Prozesse der Beklagte ist, wie wohl überhaupt nicht in der Kassationsinstanz. Ob der Ausländer, welcher gegen einen Zahlungsbefehl Opposition erhebt, Kaution leisten muß, ist bestritten. Vgl. Leske Bd. 2 S. 26.

2) Auch deutsche juristische Personen, insbesondere Aktiengesellschaften. Vgl. Böhm, Zeitschr. Bd. 6 S. 327.

3) Vgl. Leske II S. 26 und I 766. Appellationsgericht Athen Nr. 1182 für 1893 bei Böhm, Zeitschr. Bd. 4 S. 375.

4) Auch Arreste, Leske II, 79.

5) Solche sind mit Deutschland nicht abgeschlossen.

Die Vollstreckungsklausel ist in diesem Falle zu erteilen:

1. vom Präsidenten des Bezirksgerichtes des Vollstreckungsortes, ohne Untersuchung des Inhalts des Urteiles oder der Urkunde, wenn alle Parteien Ausländer sind:

2. vom Bezirksgerichte und erst nach vorgängiger Untersuchung des Inhaltes, wenn eine der Parteien ein Inländer ist (Art. 859 l. c.).

Im Falle der vorstehenden Nr. 2 kann der Vollzug nur dann verweigert werden, wenn Urteile gegen erwiesene Tatsachen, oder wenn Urteile sowohl als sonstige öffentliche Urkunden gegen inländische verbietende Gesetze Griechenlands verstoßen (Art. 860 l. c.). Wird hiernach die Vollstreckung verweigert, so haben ausländische Urkunden gar keine Wirksamkeit und die Sache muß von neuem vor inländischen Gerichten verhandelt und entschieden werden, ausländische öffentliche Urkunden aber gelten, wenn sie von den Parteien unterschrieben worden sind, als Privaturkunden hinsichtlich der Punkte, welche den inländischen Gesetzen gemäß angeordnet worden sind (Art. 861 l. c.).

Die Gegenseitigkeit ist nicht verbürgt. Die Vollstreckung ausländischer Urteile ist in Griechenland nicht von der Verbürgung der Reziprozität abhängig gemacht[1]).

Armenrecht. Auf Grund des Art. III des Vertrages vom 9. Juli 1884 dürften Deutsche das Armenrecht vielleicht erhalten, wenn dasselbe auch grundsätzlich nur Inländern gewährt wird (Leske II, 24).

Rechtshilfe. Nach Starr, Rechtshilfe in Österreich S. 35, soll zur Erwirkung einer Zeugenvernehmung ein ausdrückliches Einschreiten der Partei bei dem Domizilsgerichte des Zeugen notwendig sein.

Der Zeugenbeweis ist nach dem Vorgange des französischen Rechts beschränkt[2]).

Es besteht die allgemeine Pflicht, Zeugnis abzulegen (unter Vergütung der Reise- usw. Kosten); auf Zeugnisverweigerung

---

1) Vgl. Leske Bd. 2 S. 78, wo auch die griechische Judikatur mitgeteilt ist. Koppers S. 60 und 90; Jettel S. 190; Constant S. 27 ff.; Francke S. 61; Saripolos: de l'effet et de l'exécution des actes et jugements étrangers en Grèce im Journal du droit internat. priv. tom. VII (1880) p. 173 ff.; Foelix S. 138; RGZ. Bd. 8 S. 388 und Böhm, Zeitschr. Bd. 4 S. 407, Bd. 6 S. 133, Bd. 7 S. 327, Bd. 11 S. 464; Leske II, 76 und Koppers S. 90. Häger S. 155 meint, daß Urteile, welche nicht gegen einen Griechen erlassen sind, in Griechenland ohne weiteres vollstreckt werden.

2) Wegen der Einzelheiten vgl. Leske I, 43.

steht Strafe und kann der Verweigernde in die Kosten und zum Ersatz des Schadens verurteilt werden (Art. 313—316 ZPO.).

Zeugnisunfähig sind diejenigen Personen, welchen die Fähigkeit ungetrübter Wahrnehmung der zu beweisenden Tatsachen abgeht (Wahnsinnige, stark Betrunkene usw.), sowie die Geistlichen in Ansehung dessen, was sie in der Beichte vernommen haben (Art. 321 ZPO.).

Die Beeidigung muß in Griechenland in der vorgeschriebenen Form erfolgen bei Strafe der Nichtigkeit des Zeugnisses (Art. 335 ZPO.).

Kinder unter 14 Jahren und Personen, gegen die wegen Verbrechens oder der Vergehen der Art. 22 und 23 StGB. eine Untersuchung eingeleitet ist, müssen unbeeidigt vernommen werden.

Das griechische Recht kennt den Parteienschiedseid, den richterlichen Eid und den Schätzungseid[1]).

Kosten: Die Rechtshilfe in bürgerlichen Sachen erfolgt regelmäßig kostenfrei, jedoch entstehen Kosten durch die Übersetzung der Ersuchungsschreiben (§ 33 V.).

20. Großbritannien und Irland nebst Kolonien und auswärtigen Besitzungen.

Es gehört der Pariser Übereinkunft (Gewerbliches Eigentum) und der Berner Konvention (s. oben S. 161) an.

Nach der Bekanntmachung des Reichskanzlers betr. die Handelsbeziehungen zum britischen Reiche vom 22. Dezember 1909 (RGBl. S. 980) hat der Bundesrat den Angehörigen des Vereinigten Königreiches von Großbritannien und Irland sowie der britischen Kolonien mit Ausnahme von Kanada[2]) bis zum 31. Dezember 1911 die Vorteile des meistbegünstigten Landes eingeräumt. Heilfron, ZPO. I 211 folgert daraus, daß England deshalb auch an den Vorteilen des Haager Abkommens über den Zivilprozeß teilnehme. Das dürfte aber zu weit gehen, auch ist die Gegenseitigkeit nicht verbürgt.

Abkommen mit Großbritannien vom Jahre 1874 (RZBl. S. 143) betr. Gleichstellung der Aktiengesellschaften usw.

Die Verträge des Reichs mit Transvaal und Oranjefreistaat sind erloschen.

Kaution. Keine, wenn der klagende Engländer im Deutschen Reich seinen Wohnsitz hat, sonst kautionspflichtig gemäß

---

1) Vgl. Leske I, 45.

2) Vgl. Gesetz vom 13. Dezember 1909 (RGBl. S. 979) und Bek. des Reichskanzlers vom 24. Februar 1910 (RGBl. S. 459).

§ 110 ZPO.[1]). Dagegen überhaupt frei im Falle des § 85 GKG.[2]). Nach dem Beschluß des Kammergerichtes vom 9. April 1900 (R. d. OLG. Bd. 2 S. 47) sind Engländer stets frei sowohl im Falle des § 110 ZPO., wie auch des § 85 a. a. O. Nach dem Plenarbeschluß des Reichsgerichtes (RGZ. Bd. 51 S. 1) wird man Engländer in beiden Fällen für kautionspflichtig erachten müssen.

Jedoch sind folgende Ausnahmen zu machen. In England ist ein Ausländer von der Sicherheitsleistung dann befreit, wenn er sich in England aufhält, sollte dies auch nur vorübergehend zum Zwecke der Klageerhebung geschehen. Besitzt er in England Vermögensstücke, die zur Deckung der Prozeßkosten genügen, so zessiert jene Verpflichtung ebenfalls (DJZ. 1903 S. 561). Wenn ein Ausländer in England als Beklagter Widerklage erhebt, die mit der Hauptklage in keinem rechtlichen Zusammenhange steht, muß er Kaution leisten. Für einen Engländer wird in Deutschland dasselbe gelten müssen. Vgl. auch Schirrmeister in DJZ. 1903 S. 560 und Meili S. 98.

Armenrecht.

In England wird ein Ausländer zum Armenrechte nicht zugelassen, es sei denn, daß er in England wohnt. Einem im Deutschen Reiche wohnenden Engländer ist deshalb das Armen-

1) In England kann auf Antrag des Beklagten verfügt werden, daß der Kläger Sicherheit für die Kosten (sowohl für die Gerichtskosten, als die von ihm zu erstattenden außergerichtlichen Kosten) zu leisten habe. Diese Verfügung wird u. a. erlassen, wenn der Kläger außerhalb der Jurisdiktion wohnt, jedoch nicht, wenn er in Schottland oder Irland wohnt (da Urteile, welche in England erlassen werden, in Schottland und Irland ohne weiteres vollstreckt werden und demnach die Beitreibung der Kosten keinen Schwierigkeiten unterworfen ist). Nach einer im Dezember 1885 erlassenen Regel betrifft dies auch solche Kläger, welche zeitweise innerhalb der Jurisdiktion wohnen, wenn ihr gewöhnlicher Wohnort außerhalb der Jurisdiktion gelegen ist. Schuster, Bürgerliche Rechtspflege in England, Berlin 1887, § 79 S. 135.

2) Vgl. Leske I, 767 Anm. 3, Böhms Zeitschr. Bd. 11 S. 285 ff. und Schuster, Bürgerliche Rechtspflege in England, Berlin 1887 S. 135 und 136. — Das Reichsgericht (Entsch. i. ZS. Bd. 38 S. 403) nimmt an, daß die Ausnahme (§ 85 GKG. Abs. 2) von der Vorschußpflicht dann nicht Platz greife, wenn zwar der Deutsche im Heimatlande des klagenden Ausländers zu einer besonderen Vorausbezahlung der Gerichtsgebühren nicht verbunden ist, aber ihn die Verpflichtung zu einer Sicherstellung der Kosten mit der Wirkung treffen würde, daß ohne diese Sicherheitsleistung ein Einschreiten des Gerichtes überhaupt nicht stattfindet, und zwar ohne Rücksicht darauf, ob die ausländische Gesetzgebung eine solche Verpflichtung nur dem Ausländer oder ebenso auch dem Einheimischen auferlegt. Deshalb ist der Engländer für vorschußpflichtig gemäß § 85 a. a. O. erklärt, weil nach englischem Recht jeder gerichtliche Akt an die vorgängige Zahlung der Gerichtsgebühren für die einschlagende Prozeßhandlung gebunden ist. Vgl. dagegen Leske II, 1048. Auch Sydow und Busch, ZPO. zu § 110 Anm. 5 erklären Engländer für kautionspflichtig und meinen, daß dies durch das Reichsgesetz vom 1. Juli 1899 (RGBl. S. 346 und 364) nicht geändert sei, weil die Meistbegünstigungsklausel auf die Kautionspflicht sich nicht erstrecke. Vgl. jetzt RGBl. 1903 S. 319.

recht zu gewähren[1]) (RGZ. V. 29. Februar 1908, SeuffArch. 63, 289).

Vollstreckung fremder Urteile.

In England (Irland und Schottland) ist nach dem dermaligen dortigen Rechtszustande die durch § 328 der deutschen ZPO. erforderte Verbürgung der Gegenseitigkeit nicht gegeben. So hat das Reichsgericht in einem Urteile vom 19. Mai 1882 (Entsch. Bd. 7 S. 411 ff.) erkannt und hierbei betont, daß, wenn auch die neuere Rechtsprechung der englischen Gerichte nicht mehr wie die frühere alle möglichen Einreden gegen den durch das rechtskräftige ausländische Urteil gewährten Klaggrund bezw. Beweisgrund zulasse, der heutige Zustand doch der englischen Rechtsprechung die Möglichkeit darbiete, die Gesetzmäßigkeit der Urteile deutscher Gerichte durch Vorschützung mehrfacher Einreden, deren Zulässigkeit teils unbestritten ist, teils von der Entscheidung über noch bestehende rechtliche Kontroversen abhängt, wesentlich in Frage zu stellen[2]) (vgl. Koppers S. 74). Auch die Vollstreckung ausländischer Urteile im Kaiserreich Indien und in den englischen Kolonien ist nicht verbürgt (Leske I, 376, 822 und 394).

Rechtshilfe.

1. Ersuchen um Rechtshilfe sind an britische Justizbehörden wegen der Weiterungen, die sonst leicht entstehen, nicht zu richten. Soll dies ausnahmsweise doch geschehen, so ist das Ersuchungsschreiben unter Darlegung der Gründe dem Justizminister einzureichen.

---

1) Recht 1908 S. 209. Yvernès, L'administration de la justice civile et commerciale en Europe (Paris 1876) p. 10. Vgl. OLG. Hamburg vom 24. April 1901, Seufferts Archiv Bd. 57 Nr. 19 und Böhm, Zeitschr. Bd. 12 S. 111, sowie Leske I, 679 ff. England bestimmt in prozessualen Fragen den Begriff des Ausländers nicht nach der Staatsangehörigkeit, sondern nach dem Wohnsitz. Zum Nachweis der Armut reicht aus, daß das Vermögen des Antragstellers, abgesehen vom Werte des Streitgegenstandes und mit Ausnahme seiner Kleidungsstücke, 25 Pfd. Sterling nicht übersteigt (Schuster, Rechtspflege in England 1887 S. 69, 70). Es genügt ein mündlicher Antrag in öffentlicher Gerichtssitzung. Einer im Armenrechte prozessierenden Partei sind die Gerichtskosten erlassen.

2) Vgl. RG. vom 7. März 1882, Entsch. 6, 372, 30, 369, R. d. OLG. 17, 158; and. Ans. RG. 8, 388, ferner Böhms Zeitschr. Bd. 6 S. 133 und 398 ff. und Bd. 9 S. 232; Constant S. 15; Francke S. 54; Westlake §§ 292 ff.; Alexander im Journ. du droit intern. priv. tom. V (1878) p. 122 ff. und tom. VI (1879) p. 135 ff. und 516 ff.; Piggott S. 215.

Nach Westlake § 292 lautet, wenn ein in personam auf eine bestimmte Summe ergangenes ausländisches Urteil als Klaggrund vor Gericht geltend gemacht werden will, die Klageformel: „Kläger verlangt 1000 Pfund Sterling auf Grundlage eines Urteils des .... Gerichtes zu X". Nach Leske I, 689 soll ein deutsches Urteil n England vollstreckbar sein.

2. Um Gewährung von Rechtshilfe, insbesondere um die Vernehmung von Zeugen oder Sachverständigen und um die Abnahme von Eiden, sind die deutschen Konsuln zu ersuchen; diese sind regelmäßig in der Lage, die Rechtshilfe entweder selbst zu gewähren oder deren Gewährung bei den Landesbehörden zu erwirken. Die Vernehmung von Beschuldigten läßt sich überhaupt nicht erreichen.

3. Soll die Rechtshilfe in Großbritannien oder Irland geleistet werden, so ist das Ersuchungsschreiben stets an den Generalkonsul in London zu richten; in dem Schreiben ist zu beantragen, daß das Ersuchen nach deutschem Rechte erledigt und die aufgenommene Verhandlung unmittelbar an das ersuchende Gericht geschickt wird. Handelt es sich um die Leistung von Rechtshilfe in einer britischen Kolonie oder auswärtigen Besitzung, so ist das Ersuchungsschreiben, dessen Adresse offen zu lassen ist, nicht dem Konsul unmittelbar zu senden, sondern dem Justizminister in eiligen Fällen dem Minister der Auswärtigen Angelegenheiten. In dem Begleitbericht ist anzugeben, ob die Person, die vernommen werden oder einen Eid leisten soll, die Reichsangehörigkeit besitzt oder ob sie, wenn dies nicht der Fall ist, voraussichtlich bereit sein wird, vor dem Konsul zu erscheinen.

4. Die Schreiben, in denen um eine Zustellung ersucht wird, sind ohne Ausnahme an den örtlich zuständigen deutschen Konsul zu richten; sie sind jedoch mit der äußeren Adresse des deutschen Generalkonsuls in London abzusenden, falls die Zustellung in Großbritannien oder Irland bewirkt werden soll.

5. Vernehmungen von Zeugen und Sachverständigen sind meistens mit sehr erheblichen Kosten verbunden; hierauf ist bei Bemessung des Kostenvorschusses (Ziffer 10 in § 10) Rücksicht zu nehmen.

Es ist bezüglich der Rechtshilfe folgendes hervorzuheben:

Der Erlaß von Ersuchungsschreiben an britische Justizbehörden empfiehlt sich wegen der dabei zu beobachtenden Förmlichkeiten und der daraus sich leicht ergebenden Weiterungen im allgemeinen nicht, er ist aber auch entbehrlich, da die im vereinigten Königreiche, in den britischen Kolonien und auswärtigen Besitzungen bestellten deutschen Konsuln vorkommendenfalls die Rechtshilfe selbst gewähren oder deren Gewährung bei den Landesbehörden erwirken können. Insbesondere gilt dies auch von Zeugenvernehmungen und Eidesabnahmen[1]).

Die bezeichneten Konsuln sind, wenn sie von einem deutschen Gerichte um Herbeiführung eines solchen Aktes der Rechtshilfe ersucht werden, auf Grund des Gesetzes vom 29. Juli 1856 (19 und 20 Vict. c. 113) in der Lage, sich selbst oder einer dritten Person, insbesondere einem anderen deutschen Konsularbeamten, die Ermächtigung zur Vernehmung des Zeugen bezw. zur Abnahme des Eides seitens des zuständigen britischen Gerichtshofes selbst dann erteilen zu lassen, wenn es sich um die Vernehmung von Personen handelt, welche nicht deutsche Reichsangehörige sind.

Aus dem Gesetz vom 29. Juli 1856[2]) ist noch hervorzuheben: dem Ersuchen ist ein Zeugnis des Inhalts beizufügen, daß das kompetente Gericht in der Sache handele und dies keine politische Angelegenheit betreffe. Der delegierte Richter oder Beamte kann die Zeugen zum Erscheinen und zur Abgabe der verlangten Erklärungen sowie zum Assertationseide zwingen. Dagegen sind die Zeugen nicht verpflichtet, auf Fragen zu antworten, welche Anschuldigungen gegen sie enthalten. Die

---

1) BayJMBl. 1882 S. 213. Aus einer Mitteilung des Reichsjustizamtes ist noch hervorzuheben:

Derartige Beweiserhebungen sind in Großbritannien und Irland sowie in den britischen Besitzungen im Wege eines besonderen Verfahrens zu erledigen, welches durch die Parlamentsakte 19 und 20 Vict. C. 113 für Zivilsachen und in Verbindung damit durch die Akte 33 und 34 Vict. C. 52 sect. 24 für Strafsachen, für diese jedoch unter Beschränkung auf nicht politische Prozesse, geregelt ist. Hiernach ist unter Vorlegung einer Bescheinigung über die auf Herbeiführung der betreffenden Beweisaufnahme gerichtete Verfügung des Prozeßgerichtes bei dem zuständigen britischen Gerichtshofe, nämlich bei den oberen Gerichten zu Westminster und Dublin (für England und Irland) bezw. bei dem Sessionshofe (Court of Sessions) in Schottland und in den englischen Kolonien und Besitzungen bei den dortigen obersten Gerichtshöfen, der Antrag zu stellen, daß einer von dem angerufenen Gerichte nach seinem Ermessen zu bezeichnenden Person die Ermächtigung zur Beweisaufnahme erteilt werde. Durch die Erteilung eines solchen Kommissoriums erlangt die in demselben bezeichnete Person die Befugnis, als Beauftragter des britischen Gerichtes die erbetene Handlung vorzunehmen. Die Eidesabnahme selbst wird dann auch in der durch das englische Recht vorgeschriebenen Form zu erfolgen haben.

Was die rechtliche Bedeutung und die Wirkungen des bezeichneten Verfahrens anbetrifft, so finden auf dasselbe durchweg die für richterliche Amtshandlungen geltenden Bestimmungen der britischen Gesetze Anwendung.

Die zu vernehmende Person kann ohne Rücksicht auf ihre Staatsangehörigkeit zum Erscheinen vor dem genannten Kommissar und zur Abgabe des Zeugnisses innerhalb der Grenzen, in welchen das letztere nach dem Recht des betreffenden Gebietes erzwingbar ist, genötigt werden. Ein vor dem Kommissar falsch geleisteter Eid ist innerhalb des britischen Reiches als Meineid nach Maßgabe der dortigen Gesetze strafbar und kann daher zutreffendenfalls auch in Deutschland auf Grund der Bestimmung in § 4 Nr. 3 des Strafgesetzbuches verfolgt werden.

2) Die Allg. Verf. des Justizministers vom 14. Juni 1866 (JMBl. S. 182 ff.) enthält eine Übersetzung der Parlamentsakte vom 29. Juli 1856.

Zeugen erhalten dieselben Entschädigungen, wie vor englischen Gerichten.

Dem englischen Recht ist der Begriff der „Eideszuschiebung" fremd; die Parteien werden vielmehr als Zeugen — auf ihr Verlangen — beeidigt. Die Frage, ob in Deutschland wohnende Parteien als Zeugen zu vereidigen sind, dürfte zu bejahen sein [1]).

Die englischen Rechtsregeln über Befreiung vom Zeugniszwang bezüglich solcher Umstände, durch deren Kundgebung der Zeuge sich der Gefahr der Bestrafung oder Sacheinziehung aussetzen würde, beziehen sich auch auf die Fälle, in welchen diese Nachteile im Auslande befürchtet werden können, vorausgesetzt, daß dem englischen Richter die einschlagenden Bestimmungen des ausländischen Rechtes hinreichend dargetan werden. Vgl. Westlake, Lehrbuch des intern. Privatrechtes, deutsch von v. Holtzendorff § 330. Über die englischen Gesetzesvorschriften bezüglich der Beweiskraft ausländischer Urkunden siehe ebendaselbst § 342.

Die Aussendung einer sog. Kommission seitens des englischen Gerichtes, welches in Deutschland Zeugen vernimmt usw., verbietet sich mit Rücksicht auf § 132 des deutschen StGB. [2]). Deshalb hat der oberste englische Gerichtshof am 24. Oktober 1884 im Regulativ 37 Vorschrift 6a (Order 37 rule 6a) angeordnet, daß an Stelle der Kommission die Absendung eines Requisitionsschreibens an das zuständige Gericht zu erfolgen habe. Das vorgeschriebene Formular der auf diplomatischem Wege übermittelten Ersuchungsschreiben enthält das Ersuchen, den Zeugen in Gegenwart der Parteivertreter zu vernehmen, die Antworten niederschreiben zu lassen, alle von den Zeugen übergebenen Anlagen mit einer genauen Bezeichnung zu versehen und das Protokoll mit dem Gerichtssiegel zu versehen und zu unterzeichnen [3]).

Weil dieser Weg sehr zeitraubend und verwickelt ist, so wendet sich die Partei gewöhnlich direkt an das zuständige deutsche Amtsgericht [4]) mit ihrem Ansuchen. Es wird in der Praxis als ge-

1) Das Amtsgericht Potsdam hat in Sachen Pauli contra Indian Trust Compagny R. H. 132/92 die deutsche Klägerin vernommen und vereidigt (Leske II, S. 1002).

2) Der Reichskanzler hat jedoch ausnahmsweise in einzelnen Fällen dem englischen Konsul seine Genehmigung zur Vernehmung von Zeugen und Abnahme von Eiden erteilt (vgl. Leske II, 1003 unter Nr. 4).

3) Leske II, 1002 unter Nr. 2.

4) Dieses Verfahren erklärt die Allg. Verf. des preuß. Justizministers vom 24. Oktober 1884 (JMBl. S. 245) — s. oben S. 167) — für statthaft. Diese Verfügung bezieht sich nicht nur auf schwebende Prozesse, sondern auf alle Fälle, in denen nach englischem Rechte eine Eidesleistung erforderlich ist. Auch erscheint es gleichgültig, ob der Eidesleistende Deutscher oder Ausländer ist (Leske II, 1004).

nügend erachtet, wenn der Nachweis, daß die Eidesleistung bezw. Zeugenvernehmung notwendig und nach englischem Rechte dem Parteibetriebe überlassen ist, durch Vorlegung des Instruktionsbriefes eines englischen Anwaltes im Original und beglaubigter Übersetzung geführt wird. Handelt es sich nicht um eine Zeugenvernehmung, so überreicht die eidesleistende Partei zum Termin das englische Original und die beglaubigte Übersetzung der von ihr abzugebenden eidlichen Erklärung. Das Gericht bezw. der Notar vereidigt die Partei und bemerkt auf dem der Partei zurückzugebenden englischen Originale: Beschworen vor mir, den .... Amtsgericht (Unterschrift, Siegel). Die beglaubigte Übersetzung der Erklärung bleibt bei den Gerichtsakten [1]).

Dieses Verfahren ist auch statthaft bei Ausstellung sog. Affidavits, welche im englischen Rechtsleben eine große Rolle spielen. Affidavits sind schriftliche Erklärungen, welche vor einer autorisierten Person unterzeichnet und deren Inhalt vor derselben Person beschworen wird [2]). Für diese Erklärungen ist eine strenge, genau einzuhaltende Form vorgeschrieben.

Die Allgemeine Verfügung des Justizministers betr. die Aufnahme eidlicher Erklärungen zum Gebrauch in England (sog. Affidavits) vom 19. September 1907 (JMBl. S. 513) [3]) empfiehlt den Notaren, welche nach Art. 34 Abs. 1 PrFGG. für die Eidesabnahme zuständig sind, folgendes:

---

1) Bei dem Amtsgericht I Berlin ist folgendes Formular üblich:

Königl. Amtsgericht I. Verhandelt Berlin, den ....

Vor dem Unterzeichneten erschien heute (un-) vorgeladen an der Gerichtsstelle Herr .... Der Erschienene ist geschäfts- und verfügungsfähig und überreichte eine für den (Obersten Gerichtshof von England, Abteilung für ....) bestimmte eidliche Erklärung in englischer Sprache, sowie eine beglaubigte Übersetzung derselben mit dem Antrage, ihm den nach englischem Rechte erforderlichen Eid abzunehmen, und daß dies geschehen, auf dem englischen Original zu attestieren. Nach geschehener Verwarnung vor dem Meineide und nachdem der Erschienene noch erklärt hatte, daß er .... Jahre alt und .... Religion sei, hat derselbe den qu. Eid gemäß § 481 ZPO. nach Vorlesung der Eidesnorm und Verweisung auf die letztere in der Eidesformel wörtlich abgeleistet. Demnächst wurde unter Siegel und Unterschrift auf der englischen Urschrift attestiert:

Beschworen von dem obengenannten .... zu Berlin (Preußen, Deutschland) im Königlichen Amtsgerichte I am .... vor mir, dem Kgl. Amts ....

Siegel. Unterschrift.

(Der unterzeichnete Richter zeichnete sodann seinen Namen noch auf den der als Anlage A beigefügten .... und zeichnete den Anfangsbuchstaben seines Namens am Rande der Urkunde an denjenigen Stellen, an denen Ausstreichungen oder Weglassungen vorgenommen waren.)

Die englische Urschrift wurde hierauf zurückgegeben.

Vorgelegt, genehmigt, unterschrieben.

2) Schuster, Rechtspflege in England S. 110.

3) Für Baden ist eine gleichlautende Verfügung ergangen vom 5. Okt. 1907 A. 30296.

„Nach englischem Rechte muß die Eidesleistung auf dem für die eidliche Erklärung vorgeschriebenen englischen Formulare in der dort vorgesehenen abgekürzten Form bescheinigt werden. Die englischen Behörden erkennen jedoch die Bescheinigung neuerdings auch dann als genügend an, wenn sie nicht in englischer Sprache, sondern unter wörtlicher Übersetzung der im Formulare vorgedruckten englischen Worte in deutscher Sprache ausgestellt sind.

Diesen Anforderungen des englischen und den Vorschriften des preußischen Rechtes wird nach einem mir erstatteten Gutachten des Kammergerichtspräsidenten folgendes Verfahren gleichmäßig gerecht:

Über die Eidesleistung ist ein Protokoll aufzunehmen (preuß. Gesetz über die freiwillige Gerichtsbarkeit Art. 55 Abs. 1 Satz 1). Die Eidesabnahme erfolgt unter entsprechender Anwendung der Vorschriften der §§ 480—482, insbesondere des § 482 Abs. 2, der Zivilprozeßordnung. Es bedarf dazu der Beibringung einer wortgetreuen Übersetzung der Fragen des englischen Formulars und der gleichfalls in englischer Sprache abgefaßten Antworten des Beteiligten. Die Übersetzung muß beglaubigt sein, sei es von einem vereidigten Übersetzer oder, wenn der Notar selbst der englischen Sprache mächtig ist, von ihm. Vor der Eidesleistung ist dem Beteiligten die Übersetzung vorzulesen. Die in das Protokoll aufzunehmende Eidesformel ist etwa dahin zu fassen: „Ich schwöre usw.:

Die mir soeben vorgelesene Erklärung ist wahr.

So wahr usw."

Nach der Eidesleistung vollzieht der Notar auf der englischen Urkunde die formularmäßige Bescheinigung darüber, daß die Eidesleistung erfolgt ist, wobei die vorgedruckten englischen Worte zu durchstreichen und durch die entsprechenden deutschen Worte: „Beschworen von dem usw." zu ersetzen sind, händigt sodann die Urkunde dem Beteiligten aus und stellt auch diese Vorgänge im Protokolle fest. Eine Vorlesung und unterschriftliche Vollziehung des Protokolls durch den Beteiligten ist, wenn auch nicht vorgeschrieben, so doch angezeigt. Die Urschrift des Protokolls nebst der zur Anlage zu erklärenden Übersetzung der englischen Urkunde bleibt in der Verwahrung des Notars (Art. 61 Abs. 1 Satz 1 a. a. O.)."

Zustellungen:[1]) Das englische Recht schreibt genau vor, wann und wie Prozeßschriften im Auslande zuzustellen sind[2]). Die Zustellung kann nach englischem Recht durch jede beliebige Person erfolgen. Es ist deshalb unbedenklich, daß auch in Deutschland die Zustellung durch andere Personen, als durch Gerichtsvollzieher bewirkt werden kann. Der Zustellende (Gerichtsvollzieher usw. oder Privatperson) hat eine eidliche Erklärung (Affidavit) etwa folgenden Inhalts abzugeben:

Rubrum der Sache.

Ich usw., zu Berlin im Deutschen Reich, sage eidlich, was folgt, aus:

Ich habe am .... in Berlin im Deutschen Reich, ... straße Nr. ..., dem vorgenannten Beklagten in Person die Benachrichtigung von der Klageladung, von der ein mit A bezeichnetes Duplikat hier beigefügt wird, zugestellt.

Eidesvermerk des Gerichtes (Notars) Unterschrift[3]).

Freiwillige Gerichtsbarkeit: Eine Legalisationsgebühr für Urkunden wird nicht erhoben (JMBl. 1907 S. 350). Über englisches Vormundschaftsrecht spricht sich aus der Erlaß des österreichischen Justizministers vom 24. Oktober 1874 bei Bloch S. 596.

Vgl. wegen Sicherung des Nachlasses deutscher auf britischen Schiffen verstorbener Seeleute das im MBl. f. H. u. G. 1907 erwähnte Abkommen vom 16. Februar und 21. März 1907 über die wechselseitige Ausantwortung von Seemannsnachlässen aus dem Erlaß des preußischen Handelsministers vom 23. Februar 1911 (MBl. f. H. u. G. S. 55).

Neu-Süd-Wales. Nach einer Mitteilung des kaiserlich deutschen Generalkonsulates in Sydney empfiehlt es sich, um unliebsamen Verzögerungen vorzubeugen, in die Vollmachten, welche aus Anlaß der Regelung von Nachlässen in Neu-Süd-Wales Verstorbener auf einen dortigen Anwalt ausgestellt werden, folgenden Zusatz aufzunehmen:

„Ich bestimme ferner für den Fall meines Todes, daß mein Testamentsvollstrecker und Nachlaßverwalter in gleicher Weise,

---

1) Nach der englischen Verordnung vom 4. Juli 1904 erfolgt die Zustellung englischer Klagen in Deutschland nur noch auf diplomatischem Wege (Böhms Zeitschr. Bd. 14 S. 569 ff.).

2) Prentice, Proceedings in an action. 1880; Schuster S. 87 und Annual Practice 1896 S. 309 ff.

3) Vgl. Leske II, 1004. Der Oberste Gerichtshof in England hält streng an der Form fest und hat sogar Erlaß eines Versäumnisurteils abgelehnt, weil die eidliche Erklärung des Zustellenden nicht zu erlangen war.

wie ich es selbst sein würde, gehalten sein sollen, alle Schritte und Handlungen, die mein Herr Bevollmächtigter nach meinem Tode kraft oder auf Grund dieser Vollmacht oder in ihrem Rahmen, und ehe er von meinem Ableben schriftlich unterrichtet worden ist, vorgenommen hat, als rechtsverbindlich für sich anzuerkennen."

Die Beteiligten sind vorkommendenfalls hierauf aufmerksam zu machen.

21. Guatemala.

Freundschafts-, Handels-, Schiffahrts- und Konsularvertrag vom 20. September 1887 (RGBl. 1888 S. 238), verlängert bis 15. März 1911. Vgl. RZBl. 1911 S. 230.

Art. 25 betrifft Nachlaßbehandlung. Keine Kaution (Meistbegünstigung) unbedingt, wie bei Bulgarien. Armenrecht zweifelhaft. Keine Vollstreckung fremder Urteile (vgl. Skonietzki S. 923).

Legalisationsgebühr für Urkunden 10 Mark (JMBl. 1907 S. 350).

22. Haiti. Es gehört der Berner Konvention (siehe oben S. 162) an.

Vollstreckung fremder Urteile.

In Haiti richtet sich die Frage nach französischem Rechte, es werden abgesehen von Staatsverträgen — das Deutsche Reich hat solche nicht abgeschlossen — fremde Urteile nicht vollstreckt.

Vgl. Leske I, 823, Koppers S. 203, Wach S. 243, Skonietzki S. 923.

Legalisationsgebühr: 8 Mark.

23. Hawaische Inseln.

Freundschafts-, Handels-, Schiffahrts- und Konsularvertrag vom 25. März und 19. September 1879 (RGBl. 1880 S. 121).

Art. 19 betrifft Nachlaßbehandlung. Keine Kaution unbedingt, wie bei Bulgarien. Armenrecht zweifelhaft. Keine Vollstreckung ausländischer Urteile (vgl. auch Amerika).

24. Herzegowina: siehe Österreich.

25. Honduras.

Freundschafts-, Handels-, Schiffahrts- und Konsularvertrag vom 12. Dezember 1887 (RGBl. 1888 S. 262).

Art. 25 betrifft Nachlaßbehandlung. Keine Kaution unbedingt, wie bei Bulgarien, sonst wie bei Hawai.

Legalisationsgebühr: 4.20 Mark (JMBl. 1907 S. 350).

26. Italien einschließlich San Marino. Es hat dieselben Verträge geschlossen wie Belgien.

Konsularverträge des norddeutschen Bundes und des Reichs vom 21. Dezember 1868 (BGBl. 1869 S. 113) und vom 7. Februar 1872 (RGBl. S. 134). Art. 11 und 12 des ersten Vertrages betr. Nachlaßbehandlung.

Handels-, Zoll- und Schiffahrtsvertrag vom 6. Dezember 1891 (RGBl. 1892 S. 97) nebst Zusatzvertrag vom 3. Dezember 1904 (RGBl. 1905 S. 413).

Art. 2 betrifft Nachlaßbehandlung.

Abkommen von 1873 (RZBl. S. 288) betr. Gleichstellung der Handelsgesellschaften usw. Vgl. auch OLG. Düsseldorf (RheinArch. 105, 3).

Italien ist dem Haager Abkommen über den Zivilprozeß von 1905 beigetreten, hat aber von dem Vorbehalt im Art. 9 Abs. 3 Gebrauch gemacht.

Keinerlei Kaution, auch in San Marino nicht, unbedingt, ohne Rücksicht auf den Wohnsitz. (Handelsvertrag. RGBl. 1893 S. 97.) Armenrecht wird bewilligt.

In San Marino erhalten unter gewissen Voraussetzungen Ausländer das Armenrecht. Vgl. Giannini, Sommario di procedura civile. Firenze 1901 und Böhms Zeitschrift Bd. 14 S. 378.

Für Vollstreckung ausländischer Urteile ist die Gegenseitigkeit verbürgt (RG. II. ZS., JW. 1899 S. 815), dagegen nicht in San Marino. Vgl. R. d. OLG. 17, 329. Wittmark im „Recht" 1911 S. 393 meint, daß nach den im Urteile des RG. (VII. ZS. 26. März 1909, Recht Nr. 1350) aufgestellten Grundsätzen die Gegenseitigkeit ausgeschlossen sei.

Das italienische Gesetz verlangt lediglich Prüfung[1]):

1. ob das Urteil von einem zuständigen Gerichte erlassen wurde,
2. ob die Partei ordnungsmäßig geladen war,
3. ob sie in gesetzlicher Weise vertreten war, oder ob ein Versäumnisurteil in gesetzlicher Weise ergangen ist,

1) Es bedarf keines besonderen Exequatur durch die italienischen Gerichte („giudizio di delibazione" gemäß Art. 941 der ital. ZPO.), um auf ein ausländisches Urteil eine Einrede stützen zu können (Appellhof Neapel vom 25. April 1900, Böhms Zeitschr. Bd. 12 S. 186). Vgl. auch Leske I, 614 und Bloch S. 643.

4. ob nicht das Urteil gegen die öffentliche Ordnung oder gegen das im Königreich Italien geltende öffentliche Recht verstößt[1]).

Eine Zusicherung der Gegenseitigkeit wird nicht verlangt. Die Beurteilung des Vorhandenseins der Voraussetzungen obiger Nr. 1—3 richtet sich nach dem Gesetze des Ortes, wo die Entscheidung erlassen wurde. Auch Zwischenurteile und vorläufige Verfügungen werden vollstreckt.

Die Vollstreckbarkeitserklärung erfolgt von dem Appellhofe, in dessen Sprengel die Vollstreckung stattfinden soll, sie kann auch bei dem Domizilsgerichte des Beklagten beantragt werden, wenn Exekutionsobjekte nicht sofort bekannt sind[2]).

Wird die Vollstreckbarkeitserklärung von der beteiligten Partei selbst nachgesucht, so ist der an den Gerichtshof zu richtenden Vorstellung authentische Abschrift des Urteiles beizufügen.

Wenn der Vollzug von der ausländischen Gerichtsbehörde nachgesucht wird, ist das Ersuchen auf diplomatischem Wege mitzuteilen und die Beifügung einer Abschrift des Urteiles nicht veranlaßt[3]).

In San Marino bedürfen ausländische Urteile, um vollstreckbar zu sein, einer (je nach der Sachlage gewährten oder versagten) Autorisation des Commissario della Legge (Einzelrichter)[4]).

Rechtshilfe. Vgl. Ziffer 10 III Abs. 1, 2; Ziffer 20 Abs. 1 und Ziffer 21 Satz 2 in § 10. Italien hat von dem Vorbehalte des Art. 9 Abs. 3 des Haager Abkommens von 1905 Gebrauch gemacht.

Deutsche Konsuln sind zuständig, soweit es sich um Zustellungsersuchen handelt, für folgende Amtsbezirke:

---

1) Klein in Böhms Zeitschr. Bd. 9 S. 230 hält diese Vorschrift im wesentlichen gleichwertig mit § 328 Nr. 4 deutscher ZPO.

2) Codice di proc. civ. Art. 941 ff. Vgl. ferner Rossi, Die Vollstreckung ausl. Urteile in Italien, Livorno 1890; Constant S. 28 ff.; Journal du droit int. (Fiore) tom. V. p. 235 ff. und tom. IV p. 211 ff. tom. VIII p. 536; Francke S. 61; Koppers S. 64; Leske I, 615 und ROHG. vom 4. Mai 1875 (Entsch. Bd. 17 S. 241) und Böhm, Zeitschr. Bd. 1 S. 232 und Bd. 2 S. 301.

Ausländische Urteile, deren Vollstreckung durch die italienischen Gerichtsbehörden angeordnet worden ist, begründen auf das in Italien gelegene Vermögen eine Hypothek unbeschadet allenfallsiger damit im Widerspruche stehender Bestimmungen der Staatsverträge Art. 1973 des Codice civile (deutsch v. Roncali, Wien 1885). Ein ausländisches Ehescheidungsurteil wird in Italien nicht anerkannt (Böhm, Zeitschr. Bd. 1 S. 275 und Bd. 9 S. 216).

3) Codice di proc. civ. Art. 945.

4) Vgl. Böhm, Zeitschr. Bd. 14 S. 380 und Daguin im Journal de droit intern. privé XVI 796.

Konsul in **Bologna**: die Provinzen Bologna, Reggio, Ferrara, Ravenna, Forli, Parma und Modena (Küste von der Po-Mündung bis Cattolica einschließlich).

Konsul in **Florenz**: die Provinzen Florenz, Siena und Arezzo.

Generalkonsulat in **Genua**: die Provinzen Genua und Porto Maurizio, die Insel Sardinien und die zugehörigen Inselgruppen.

Konsul in **Livorno**: die Provinzen Livorno, Massa e Carrara, Pisa, Lucca, Grosseto, die Insel Elba und die übrigen Inseln des Toscanischen Archipels (Küste von Toscana).

Konsul in **Mailand**: die Provinzen Mailand, Como, Sondrio, Bergamo, Brescia, Mantua, Cremona, Piacenza, Pavia, Turin, Novara, Cuneo und Alessandria.

Generalkonsul in **Neapel**: die Provinzen Campobasso, Caserta, Neapel, Benevent, Avellino, Salerno, Potenza, Cosenza, Foggia, Bari, Lecce (Küste von Terracina bis Kap Suvero), Reggio und Catanzaro.

Konsul in **Palermo**: Sizilien, die Liparischen Inseln, die vor den Provinzen Palermo und Trapani liegenden Inseln sowie die Insel Pantellaria.

Konsul in **Rom**: die Provinzen Perugia, Aquila und Rom; ferner die Provinzen Pesaro, Urbino, Ancona, Macerata, Ascoli, Teramo und Chieti (Küste nördlich von Cattolica bis südlich zur Mündung des Trignoflusses).

Konsul in **Venedig**: die Provinzen Venedig, Treviso, Udine, Belluno, Padua, Rovigo, Vicenza und Verona (Küste von der österreichisch-ungarischen Grenze bis zur Po-Mündung einschließlich).

Requisitionen um Vernehmung oder Ladung von Zeugen werden durch den Appellhof, in dessen Bezirk die angesonnene Verhandlung vorzunehmen ist, erledigt[1]).

Der Art. 9 des italienischen Codice di procedura civile von 1865 konstituiert eine unbedingte Rechtshilfepflicht. Das italienische Recht kennt Schieds-, Schätzungs- und richterlichen Eid. Der Zeugenbeweis ist abgesehen von Handelssachen in

---

1) Bek. d. Kgl. bayer. Staatsminist. d. Justiz vom 17. Juni 1878 (JMBl. 131). Corti d' Appello sind in: Ancona, Aquila, Bologna, Brescia, Cagliari, Casale Monferrato, Catania, Catanzaro, Firenze, Genova, Lucca, Messina, Milano, Napoli, Palermo, Parma, Roma, Torino, Trani, Venezia. Vgl. Bloch S. 1102. **Kassationshöfe** sind in Florenz, Neapel, Palermo, Rom und Turin. Ein Verzeichnis der italienischen Gerichte ist abgedruckt bei Bloch S. 1102. Die Handelsgerichte sind in Italien seit 1888 aufgehoben.

bürgerlichen Rechtsstreitigkeiten neben und gegen Urkunden unstatthaft, ebenso wenn es gilt, den Abschluß eines Vertrages darzutun, dessen Gegenstand an Geld oder Geldeswert den Betrag von 500 Lire übersteigt oder doch ursprünglich überstiegen hatte (Art. 1341 bürgerliches Gesetzbuch))[1]).

Mit der Vernehmung der Zeugen oder Sachverständigen wird in der Regel ein besonderer Richter beauftragt.

Zeugnispflicht.

Art. 236 der italienischen Zivilprozeßordnung vom 25. Juni bestimmt:

Non possono essere sentiti come testimoni i parenti e gli affini in linea retta di una della parti, o il conjuge, ancorchè separato, salvo nelle questioni di stato o di separazione personale tra conjugi; e quando siano sentiti non si ha riguardo alla loro deposizione.

I minori d'anni quatturdici possono essere sentiti senza giuramento, e per semplice schiarimento. Es ist Zwang zum Erscheinen als Zeuge und zur Eidesleistung statthaft (vgl. Art. 238 ff.).

Legalisationsgebühr für Urkunden: 8 Mark (JMBl. 1907 S. 350).

27. Japan.

Es gehört der Pariser Übereinkunft (Gewerbliches Eigentum), S. 161 oben, und der Berner Konvention, S. 162 oben, an.

Handelsvertrag vom 24. Juni 1911 (RGBl. S. 497 und 251). Art. 9 betrifft Gleichstellung der Aktien- usw. -Gesellschaften.

Konsularvertrag vom 4. April 1896 (RGBl. S. 732). Art. XIV betrifft Nachlaßbehandlung. Die Konsulargerichtsbarkeit ist aufgehoben. Die Ersuchungsschreiben mit Einschluß der Ersuchen um Zustellung sind stets durch Vermittlung des Justizministers oder in eiligen Fällen durch Vermittelung des Ministers der auswärtigen Angelegenheiten zu befördern (§ 36 V.).

Keine Kaution, unbedingt, ohne Rücksicht auf den Wohnsitz (RGBl. 1896 S. 715 und 1899 S. 364, R. d. OLG. 22, 279). Armenrecht wird bewilligt. Keine Vollstreckung ausländischer Urteile. Vgl. Ogose S. 53. Legalisationsgebühr: 2.10 Mark (JMBl. 1907 S. 350).

---

1) Leske I, 231.

28. Kongostaat. Übereinkommen vom 8. November 1884 (RGBl. 1885 S. 211) und Kongoakte (RGBl. 1885 S. 215). Keine Kaution, aber Armenrecht. Keine Vollstreckung fremder Urteile.

29. Korea (von Japan annektiert). Es hat den Handels- usw. -Vertrag vom 26. November 1883 (RGBl. 1884 S. 221) mit Deutschland geschlossen. Konsulargerichtsbarkeit: § 41.

30. Kuba. Es gehört der Pariser Übereinkunft (siehe oben S. 161) an. Zustellungen werden in Kuba kostenfrei bewirkt (§ 37B.). Legalisationsgebühr: 15 Mark.

31. Liberia. Es gehört der Berner Konvention an. Handels- usw. -Vertrag vom 31. Oktober 1867 (BGBl. 1868 S. 197).

Keine Kaution (freier Zutritt und Gleichstellung). Armenrecht zweifelhaft. Vollstreckung fremder Urteile findet nicht statt. Vgl. Skonietzki S. 923, Ogose S. 54. Das ausländische Urteil liefert in derselben Weise Beweis wie ein inländisches, wenn sein Bestand und der Bestand der Gesetze, auf welche es sich gründet, dargelegt wird (Leske I, 823; Piggott S. 551 Koppers S. 92). Die Gegenseitigkeit ist wohl nicht verbürgt.

32. Lichtenstein. Vgl. oben § 9 I D und § 23 (Internationales Eisenbahnfrachtabkommen). Lichtenstein wird in vielfachen Beziehungen von Österreich vertreten. Keine Kaution. Armenrecht wird bewilligt.

Lichtenstein vollstreckt nach Art. 1 des Gesetzes vom 16. Dezember 1891 unter der Voraussetzung der Gegenseitigkeit, der Zuständigkeit des ausländischen Gerichtes und der Rechtskraft des Urteiles. Gegenseitigkeit ist verbürgt[1]). Vgl. Bloch S. 695.

Mit dem fürstlichen Landgericht in Vaduz findet in Rechtshilfeangelegenheiten gewohnheitsrechtlich ein gegenseitiger direkter schriftlicher Verkehr der deutschen Gerichte statt unter der Beschränkung, daß die begehrte Handlung in den Geschäftskreis des fürstlichen Landgerichts fällt und nach den im Fürstentume geltenden Gesetzen nicht ausgeschlossen oder untersagt ist. Vgl. Erlaß des badischen Justizministers vom 30. April 1911, JMBl. S. 52. Der diplomatische Verkehr erfolgt über Österreich.

33. Luxemburg. Es gehört der Berner Konvention (siehe oben S. 162) und dem Internationalen Eisenbahnfrachtabkommen (§ 9 I D und § 23) an. Es ist dem Haager Abkommen über den Zivilprozeß und den Privatrechtsabkommen von 1902

---

1) Leske I, 521 und 823; Jettel S. 193; Böhms Zeitschr. Bd. 2 S. 195 und Bd. 9 S. 236.

(vgl. § 39) beigetreten, daher keine Kaution, aber mit der Einschränkung wie bei Belgien. Armenrecht wird bewilligt. Vgl. § 24.

Das ausländische Urteil unterliegt sachlicher Nachprüfung; Gegenseitigkeit ist nicht verbürgt (Leske I, 521, Koppers S. 72).

Den luxemburgischen Gerichten ist gesetzlich vorgeschrieben, nur solchen Ersuchen um Vernehmung von Zeugen Folge zu geben, welche von fremden Gerichten ausgehen, nicht aber solchen, die von fremden Staatsanwaltschaften gestellt werden (vgl. vom 17. Juli 1895, Müller S. 1223).

Das luxemburgische Recht kennt den Schieds- und richterlichen Eid. In Zivilsachen ist der Zeugenbeweis nur dann zulässig, wenn der Streitgegenstand den Wert von 150 Mark nicht übersteigt. Darüber hinaus ist er zulässig, wenn der Anfang eines schriftlichen Beweises vorliegt, oder wenn es dem Gläubiger nicht möglich war, sich einen schriftlichen Beweis zu verschaffen. In Handelssachen ist der Zeugenbeweis immer zulässig (Leske I, 173).

Rechtshilfe (Unmittelbarer Geschäftsverkehr zwischen den beiderseitigen Justizbehörden):

Abkommen zur weiteren Vereinfachung des Rechtshilfeverkehrs vom 1. August 1909 (RGBl. 1909 S. 907).

Art. 1. Gemäß den Vorbehalten im Art. 1 Abs. 4 und im Art. 9 Abs. 4 des Haager Abkommens über den Zivilprozeß vom 17. Juli 1905 ist den deutschen und den luxemburgischen gerichtlichen Behörden der unmittelbare Geschäftsverkehr miteinander in allen Fällen gestattet, in denen durch das Abkommen der Rechtshilfeverkehr in Zivil- und Handelssachen für die Mitteilung gerichtlicher und außergerichtlicher Urkunden, sowie für die Erledigung von Ersuchungsschreiben geregelt ist.

Art. 2. Zuständig für den unmittelbaren Geschäftsverkehr sind auf seiten des Reichs: alle gerichtlichen Behörden, für die Entgegennahme von Zustellungs- oder sonstigen Rechtshilfeersuchen jedoch nur die Landgerichtspräsidenten; auf seiten Luxemburgs: der Generalstaatsanwalt in Luxemburg, sowie die Staatsanwälte in Luxemburg und Diekirch, für die Entgegennahme der Ersuchen jedoch nur die bezeichneten Staatsanwälte.

Im Falle der örtlichen Unzuständigkeit der ersuchten Behörde ist das Ersuchen von Amts wegen an die zuständige Behörde abzugeben und die ersuchende Behörde hiervon unverzüglich zu benachrichtigen.

Art. 3. In dem unmittelbaren Geschäftsverkehr sind die Schreiben der beiderseitigen Behörden, sowie die im Art. 3 des Haager Abkommens über den Zivilprozeß bezeichneten Schriftstücke in deutscher Sprache abzufassen.

Die luxemburgischen Behörden können sich auch der französischen Sprache bedienen, doch müssen in diesem Falle die im Art. 3 bezeichneten Schriftstücke von einer deutschen Übersetzung begleitet sein.

Art. 4. Die Bestimmungen des Art. 3 dieser Erklärung finden Anwendung auf die im Art. 19 des Haager Abkommens über den Zivilprozeß bezeichneten Schriftstücke, die den auf diplomatischem Wege zu stellenden Anträgen wegen Vollstreckbarkeitserklärung von Kostenentscheidungen beizufügen sind.

Art. 5. Gemäß dem Vorbehalt im Art. 7 Abs. 2 des Haager Abkommens über den Zivilprozeß soll die Erstattung des durch die Mitwirkung eines Vollziehungsbeamten in den Fällen des Art. 3 des Abkommens entstandenen Auslagen nicht verlangt werden, wenn der in diesem Artikel vorgesehene Antrag nur für den Fall gestellt war, daß das im Artikel 2 des Abkommens geregelte Verfahren nicht zum Ziele führt.

Ferner soll gemäß dem Vorbehalt im Artikel 16 Abs. 2 des Abkommens die Erstattung der Auslagen für Zeugenentschädigungen und für die wegen Nichterscheinens eines Zeugen erforderlich gewordene Mitwirkung eines Vollziehungsbeamten nicht verlangt werden. Das Gleiche gilt in Ansehung der im Art. 23 Abs. 2 des Abkommens erwähnten Auslagen für Zeugenentschädigungen.

Art. 6. Soweit nach dem Haager Abkommen über den Zivilprozeß in Verbindung mit dem Art. 5 dieser Erklärung Kosten in Rechnung gestellt werden können, werden sie nach den Vorschriften berechnet, die in dem ersuchten Staate für gleiche Handlungen in einem inländischen Verfahren gelten.

Art. 7. Die gegenwärtige Erklärung tritt am 1. September 1909 in Wirksamkeit und bleibt in Kraft bis zum Ablaufe von 6 Monaten nach erfolgter Kündigung seitens des einen oder des anderen der beiden Teile.

Diese Erklärung wird gegen eine entsprechende Erklärung der Großherzoglich Luxemburgischen Regierung ausgetauscht werden.

Wegen der R e c h t s h i l f e i n b ü r g e r l i c h e n S a c h e n vgl. Ziffer 10 III Abs. 1, 2; Ziffer 20 Abs. 1 in § 10. Luxemburg ist an dem Haager Abkommen über den Zivilprozeß beteiligt. Nach der Vereinbarung vom 1. August 1909 (siehe oben S. 243) ist den deutschen und den luxemburgischen gerichtlichen Behörden für Zustellungsersuchen und sonstige Rechtshilfeersuchen der unmittelbare Geschäftsverkehr gestattet. Die Ersuchen sind je nach dem Bezirksgericht, in dessen Bereiche sie zu erledigen sind, an den Staatsanwalt in der Stadt Luxemburg oder in Diekirch mit Begleitschreiben zu übersenden.

Zwangszustellungen (Art. 3 des Haager Abkommens) werden kostenfrei bewirkt, wenn sie nur für den Fall beantragt werden, daß das im Art. 2 des Abkommens geregelte Verfahren (die Übergabe des Schriftstücks an den Empfänger ohne Anwendung von Zwang) nicht zur Zustellung führt. Anträge auf Zwangszustellungen sind deshalb regelmäßig in dieser bedingten Form zu stellen. Es empfiehlt sich weiter, mit dem Ersuchen um Zustellung stets den bedingten Antrag auf Zwangszustellung zu verbinden, da den dort zuzustellenden Schriftstücken Übersetzungen auch im Falle der Zwangszustellung nicht beizufügen sind (Art. 3 der Vereinbarung), Kosten also überhaupt nicht erwachsen. Der Art. 5 Abs. 2 der Vereinbarung enthält einen Verzicht auf die Erstattung der Zeugengebühren.

Die uneidliche Vernehmung von Zeugen durch die Gerichte ist nach luxemburgischem Rechte sowohl in Strafsachen wie in bürgerlichen Sachen nur wegen Verwandtschaft des Zeugen mit einem Beteiligten zulässig; sonst kann die uneidliche Vernehmung nur auf dem Verwaltungswege durch die Polizei erfolgen.

Wegen Frankierung der Schreiben im unmittelbaren Geschäftsverkehr siehe Ziffer 5 Abs. 2 in § 10.

Gerichtsverfassung in Luxemburg.

Die Friedensgerichte erkennen in Zivilsachen bis zu 150 Frs. in erster und letzter Instanz, darüber hinaus bis zu 300 Frs. in erster Instanz. Die Bezirksgerichte sind zuständig für Sachen von 300—1500 Frs. in erster und letzter Instanz, für Handelssachen von 1—1500 Frs., darüber hinaus fungieren sie als Gerichte erster Instanz, sie sind auch die Berufungsgerichte für die Friedensgerichte. Der Obergerichtshof in Luxemburg ist Berufungsgericht und Kassationshof für alle Urteile in letzter Instanz. Vgl. Leske 1, 167.

Unfallversicherung. Vgl. das Abkommen über Unfallversicherung vom 2. September 1905 (RGBl. S. 753) und Bekanntmachung des Reichskanzlers vom 23. September 1905 (RGBl. S. 756). Nach Art. 5 des Abkommens ist bei der Durchführung der Unfallversicherung, insbesondere bei der Feststellung solcher Betriebsunfälle, welche der inländischen Unfallversicherung unterliegen, aber im Gebiete des anderen Staates sich ereignen, gegenseitige Rechtshilfe durch die zuständigen Organe und Behörden gewährleistet.

34. Madagaskar. Vertrag vom 15. Mai 1883 (RGBl. S. 166).

Keine Kaution. Armenrecht zweifelhaft. Keine Vollstreckung fremder Urteile. Madagaskar steht unter der Oberhoheit Frankreichs.

35. Marino siehe Italien.

36. Marokko. Handelsvertrag vom 1. Juni 1890 (RGBl. 1891 S. 378) und die sog. Algezirasakte vom 7. April 1906.

Keine Kaution (Meistbegünstigung); Armenrecht zweifelhaft. Keine Vollstreckung ausländischer Urteile.

Konsuln und Konsulargerichtsbarkeit: §§ 40 und 41.

37. Mexiko. Es gehört der Pariser Übereinkunft (siehe oben S. 161) an.

Freundschafts-, Handels- und Schiffahrtsvertrag vom 5. Dezember 1882 (RGBl. 1883 S. 247).

Art. 15 betr. Nachlaßbehandlung. Legalisationsgebühr: 16 Mark (JMBl. 1907 S. 350).

Keine Kaution unbedingt, wie bei Bulgarien. Armenrecht wird bewilligt. Vollstreckung fremder Urteile zweifelhaft.

Für Mexiko nimmt Constant S. 35 auf Grund einer Entscheidung der 3. Kammer des Ziviltribunals von Mexiko vom 26. März 1874 an, daß nur solche ausländische Entscheidungen zugelassen werden, welche persönliche Klagen betreffen, daß dagegen die mexikanische Rechtsprechung einem ausländischen Urteil, welches in Mexiko belegene Immobilien betrifft, die Vollstreckbarkeit nicht erteilen wird[1]). Mexiko vollstreckt auch keine ausländischen Versäumnisurteile. Mit Rücksicht darauf, daß nach dem Art. 780—794, 455—457 mexikan. ZPO. vom 15. Mai 1884 die Obligation, welche dem Urteil zugrunde liegt, in der Republik erlaubt sein muß, ist die Gegenseitigkeit nicht für verbürgt anzusehen[2]).

---

1) Ist geschehen (RGBl. 1909 S. 907).

2) Leske I, 823; Koppers S. 93, and. Ansicht Sydow-Busch, ZPO. zu § 328 Anm. 7, Francke in Buschs Zeitschr. 27, 139, 142.

Rechtshilfe (vgl. § 39 V.).

Alle Ersuchungsschreiben an mexikanische Justizbehörden und die Anlagen dieser Schreiben sowie Schriftstücke, welche wegen Verweigerung der Annahme oder aus anderen Gründen nicht ohne Inanspruchnahme der mexikanischen Behörden zugestellt werden können, bedürfen, zur Vorbereitung der in Mexiko erforderlichen Legalisation, der Beglaubigung durch das Auswärtige Amt in Berlin, die im Instanzenzuge herbeizuführen ist. Der Kostenersparnis wegen empfiehlt es sich, Anlagen mit den Ersuchungsschreiben durch Schnur und Siegel zu verbinden, weil sonst jedes einzelne Schriftstück beglaubigt werden muß.

Zu den Kosten der Legalisation treten noch Übersetzungs-, Stempel- und Sachwalterkosten.

38. Monako. Es gehört der Berner Konvention an (siehe oben S. 162) an.

Alle Arten Beweismittel sind zulässig (Leske I, 246 und II, 1056).

Ausländer müssen in Zivil- (nicht auch in Handels-) Sachen cautio judicatum solvi stellen, deren Betrag vom Gericht festgesetzt wird. Gerichtskostenvorschuß gemäß § 85 GKG. nicht erforderlich (Leske I, 240).

Armenrecht wird bewilligt.

In Monako werden zwar regelmäßig ausländische Erkenntnisse ohne Prüfung der Gesetzmäßigkeit vollstreckt. Dennoch ist die Gegenseitigkeit nicht als verbürgt anzusehen, da die Vollstreckung lediglich durch Befehl des Fürsten, der in keiner Weise hierzu gebunden, angeordnet wird. Das Gesetz von Monako verlangt, daß in dem Staate des Gerichtes, von welchem das Urteil gesprochen, die Zwangsvollstreckung vergeblich versucht wurde[1])[2]).

Rechtshilfe. Sie erfolgt kostenfrei, jedoch entstehen Kosten durch die Übersetzung der Ersuchungsschreiben. Schreiben, in denen um eine Zustellung in Monako ersucht wird, sind an den deutschen Konsul in Nizza zu richten (§ 40 V.).

39. Montenegro.

Handels- und Schiffahrtsübereinkunft vom 18. Juni 1907 (RGBl. 1908 S. 28). Recht der Meistbegünstigung. Keine Kaution wie in Bulgarien (Leske I, 768 und II, 332, sowie Gaupp-Stein S. 339). Konsuln siehe § 40.

---

1) Leske I, 824; Koppers S. 66. Näheres s. bei Constant S. 32 ff.; Loth im Journal du droit int. priv. tom. IV p. 121 und Francke S. 62.

2) Vgl. auch Journal du droit internat. etc. 1874 p. 276.

Nach dortigem Recht sind zugelassen als Beweismittel: Augenschein, Zeugen, Sachverständige, Urkunden und Eid (Leske II, 334).

In Montenegro gibt es ein Armenrecht nicht. Doch kann es vorkommen, daß das Gericht, wenn ihm der Anspruch eines unbemittelten Klägers glaubhaft erscheint, den bemittelten Beklagten dazu anhält, die notwendigen Kosten für Zeugenvernehmungen und dergleichen vorzuschießen (Leske II, 332).

Montenegro vollstreckt unter der Voraussetzung der Gegenseitigkeit, diese ist aber nicht verbürgt, weil eine Nachprüfung nicht ausgeschlossen ist. Vgl. Leske I, 824, II 339 und 440, Bloch S. 730 und Art. 795—797 des Allg. Gesetzbuches über Vermögen in Montenegro; Ogose S. 52 hält die Gegenseitigkeit für verbürgt.

40. Niederlande. Es gehört der Pariser Übereinkunft (Gewerbliches Eigentum, siehe oben S. 161), und dem Internationalen Eisenbahnfrachtabkommen (siehe oben § 9 I D und § 23) an.

Deklaration betr. Ausdehnung der Konsularkonvention vom 16. Juni 1856 auf das Reich vom 11. Januar 1872 (RGBl. 1872 S. 67).

Vertrag über Unfallversicherung vom 27. August 1907 (RGBl. S. 763) nebst Bekanntmachung des Reichskanzlers vom 1. Dezember 1907 (RGBl. S. 769). Nach Art. 5 haben sich die zuständigen Verwaltungsstellen bei der Durchführung der Unfallversicherung zum Zwecke der Feststellung von Tatsachen gegenseitig Beistand zu leisten. Auch Ersuchen um eidliche Vernehmung von Zeugen, welche auf diplomatischem Wege eingehen, sind zu erledigen, eventuell unter Anwendung von Zwangsmaßregeln. Vgl. auch die Ausführungsbestimmungen des Reichskanzlers vom 16. Dezember 1907 (RGBl. S. 773).

Deutsch-Niederländischer Niederlassungsvertrag vom 17. Dezember 1904 (MBl. 1907 S. 71) und Verfügung des Ministers des Innern vom 20. Januar 1909 (MBl. S. 59), 6. September 1909 (MBl. S. 201), 17. November 1900 (MBl. S. 350), 15. Dezember 1910 (MBl. 1911 S. 75), 31. Januar 1911 (MBl. S. 76). Vgl. auch RGBl. 1911 S. 252.

Wegen der Grenzstationen bei Ausweisungen siehe Bundesratsvorschriften vom 10. Dezember 1890 (RZBl. S. 376) und Bekanntmachung des Reichskanzlers vom 25. November 1906 (RZBl. S. 1322), sowie Verfügung vom 5. März 1907 (MBl. S. 109).

Vertrag über die gegenseitige Anerkennung der Aktiengesellschaften und anderer kommerzieller, industrieller oder finanzieller Gesellschaften vom 11. Februar 1907 (RGBl. 1908 S. 65).

Die Niederlande sind dem Haager Abkommen von 1905 beigetreten, daher keine Kaution, aber mit der Einschränkung wie bei Belgien.

Armenrecht wird bewilligt. Vgl. § 24. — In den Niederlanden sind ausländische Urteile in der Regel ohne Prüfung der Gesetzmäßigkeit nicht vollstreckbar. Der Prozeß muß von neuem aufgenommen und vom inländischen Richter entschieden werden (Art. 431 der niederländ. ZPO.). Ausgenommen hiervon sind diejenigen Fälle, in welchen das niederländische Handelsgesetzbuch die Vollstreckbarkeit ausländischer Urteile bezüglich des Rechtes der Bergung bei Seeschäden und der Haverie zuläßt. In diesen Fällen kann das ausländische Urteil auf vorgängiges Ansuchen durch den Richter des Bezirkes, wo das Urteil vollzogen werden soll, vollstreckbar erklärt werden, ohne daß eine materielle Prüfung des Urteiles stattfindet. Vgl. RG. JW. 1905 S. 716 und R. d. OLG. 17, 158, Constant S. 28; Francke a. a. O. S. 54; Revue de droit internat. tom. 1 p. 473, 14 p. 425; Leske I, 824; Koppers S. 508. Bloch S. 735 zitiert eine Verfügung des österreichischen Justizministers vom 7. August 1881, nach der ausländische Urteile überhaupt nicht vollstreckt werden.

Die Gegenseitigkeit ist Deutschland gegenüber nicht verbürgt.

Nach niederländischem Recht ist der Zeugenbeweis nur in Handelssachen unbeschränkt zulässig. In anderen Rechtsstreiten ist derselbe nur zulässig bei Objekten bis zu 300 Gulden und bei höheren Objekten nur zur Ergänzung eines bereits angefangenen schriftlichen Beweises, oder wenn die Natur des Anspruchs (wie z. B. bei Schadensersatzansprüchen aus Delikten, notgedrungener Hinterlegung usw.) einen Beweis durch Urkunden ausschließt, sowie auch dann, wenn die Beweisurkunden ohne Schuld des Beweisführers in Verlust geraten sind. Vgl. jedoch jetzt Art. 11 Absatz 2 des Haager Abkommens oben S. 141. Der Schiedseid kann nur über eigene Handlungen des Schwurpflichtigen oder von demselben wahrgenommene Tatsachen zugeschoben und auch nur unter der gleichen Voraussetzung zurückgeschoben werden. Zur Ergänzung unvollständiger Beweisergebnisse dient der richterliche Eid (Ergänzungseid)[1]. Ein

1) Leske I, 154.

zu einer Strafsache gehöriges Aktenstück darf nach niederländischem Recht auch einem nierderländischem Richter in einer Zivilsache nicht mitgeteilt werden. Es empfiehlt sich daher, daß das Ersuchen nicht auf die Aushändigung der betreffenden Aktenstücke, sondern auf Vernehmung der Zeugen, deren Aussagen in diesen Aktenstücken enthalten sein sollen, gerichtet wird[1]).

Rechtshilfe:

Abkommen zur Vereinfachung des Rechtshilfeverkehrs vom 31. Juli 1909 (RGBl. 1909 S. 907).

Art. 1. Gemäß den Vorbehalten im Art. 1 Abs. 4 und im Art. 9 Abs. 4 des Haager Abkommens über den Zivilprozeß vom 17. Juli 1905 ist den deutschen und den niederländischen gerichtlichen Behörden der unmittelbare Geschäftsverkehr miteinander in allen Fällen gestattet, in denen durch das Abkommen der Rechtshilfeverkehr in Zivil- und Handelssachen für die Mitteilung gerichtlicher und außergerichtlicher Urkunden, sowie für die Erledigung von Ersuchungsschreiben geregelt ist.

Doch steht es jedem Teile frei, die Mitteilung gerichtlicher und außergerichtlicher Urkunden auch gemäß Art. 1 Abs. 1 des Abkommens durch den Konsul beantragen zu lassen[2]).

Art. 2. Zuständig für den unmittelbaren Geschäftsverkehr sind auf seiten des Reichs: alle gerichtlichen Behörden, für die Entgegennahme von Zustellungs- oder sonstigen Rechtshilfeersuchen jedoch nur die Landesgerichtspräsidenten; auf seiten der Niederlande: alle gerichtlichen Behörden, für die Entgegennahme von Zustellungs- oder sonstigen Rechtshilfeersuchenden jedoch nur die Staatsanwälte bei den Arrondissementsgerichten.

Im Falle der örtlichen Unzuständigkeit der ersuchten Behörde ist das Ersuchen von Amts wegen an die zuständige Behörde abzugeben und die ersuchende Behörde hiervon unverzüglich zu benachrichtigen.

Art. 3. In dem unmittelbaren Geschäftsverkehre werden die Schreiben der beiderseitigen Behörden in deren Landessprache abgefaßt.

Die Bestimmungen des Art. 3 des Haager Abkommens über den Zivilprozeß wegen Abfassung oder Übersetzung der

1) Reskript des preußischen Justizministers vom 17. Oktober 1898 III a 4689 bei Müller S. 1224.

2) Hiervon sollen die deutschen Behörden keinen Gebrauch machen (Bayer. JMBl. 1911 S. 139).

dort bezeichneten Schriftstücke bleiben unberührt. Sind diesen Schriftstücken die vorgeschriebenen Übersetzungen nicht beigegeben, so werden sie von der ersuchten Behörde auf Kosten der ersuchenden Behörde beschafft.

Art. 4. Die Bestimmungen des Art. 3 Abs. 2 dieser Erklärung finden Anwendung auf die im Art. 19 des Haager Abkommens über den Zivilprozeß bezeichneten Schriftstücke, die den auf diplomatischem Wege zu stellenden Anträgen wegen Vollstreckbarkeitserklärung von Kostenentscheidungen beizufügen sind.

Art. 5. Gemäß dem Vorbehalt im Art. 6 Abs. 2 des Haager Abkommens über den Zivilprozeß kann jeder Teil Zustellungen im Gebiete des anderen Teiles in allen Fällen, wo es sich nicht um dessen Angehörige handelt, ohne Anwendung von Zwang durch seine diplomatischen oder konsularischen Vertreter unmittelbar bewirken lassen.

Das Gleiche gilt gemäß dem Vorbehalt im Art. 15 des Abkommens für die Erledigung von Ersuchungsschreiben.

Art. 6. Gemäß dem Vorbehalt im Art. 7 Abs. 2 des Haager Abkommens über den Zivilprozeß soll die Erstattung der durch die Mitwirkung eines Vollziehungsbeamten in den Fällen des Art. 3 des Abkommens entstandenen Auslagen nicht verlangt werden, wenn der in diesem Artikel vorgesehene Antrag nur für den Fall gestellt war, daß das im Art. 2 des Abkommens geregelte Verfahren nicht zum Ziele führt.

Ferner soll gemäß dem Vorbehalt im Art. 16 Abs. 2 des Abkommens die Erstattung der Auslagen für Zeugenentschädigungen und für die wegen Nichterscheinens eines Zeugen erforderlich gewordene Mitwirkung eines Vollziehungsbeamten nicht verlangt werden. Das Gleiche gilt in Ansehung der im Art. 23 Abs. 2 des Abkommens erwähnten Auslagen für Zeugenentschädigungen.

Art. 7. Soweit nach dem Haager Abkommen über den Zivilprozeß in Verbindung mit dem Art. 6 dieser Erklärung Kosten in Rechnung gestellt werden können, werden sie nach den Vorschriften berechnet, die in dem ersuchten Staate für gleiche Handlungen in einem inländischen Verfahren gelten.

Art. 8. Die gegenwärtige Erklärung tritt am 1. September 1909 in Wirksamkeit und bleibt in Kraft bis zum Ablaufe von 6 Monaten nach erfolgter Kündigung seitens des einen oder des anderen der beiden Teile. Die Bestimmungen des Art. 6, 7 der Erklärung treten für sich allein außer Kraft,

sobald der eine Teil dem anderen Teile eine entsprechende Mitteilung macht.

Die Erklärung wird gegen eine entsprechende im Namen, der Königlich Niederländischen Regierung und in deren Auftrage von dem hiesigen Königlich Niederländischen Gesandten abzugebende Erklärung ausgetauscht werden[1]**).**

Rechtshilfe.

1. Alle für die niederländischen Behörden bestimmten Schriftstücke sind mit lateinischen Buchstaben zu schreiben.

2. Wegen der Rechtshilfe in bürgerlichen Sachen vgl. Ziffer 10 III Abs. 1, 2; Ziffer 20 Abs. 1 in § 10. Nach der Erklärung vom 31. Juli 1909 ist den deutschen und den niederländischen gerichtlichen Behörden für Zustellungs- und sonstige Rechtshilfeersuchen in bürgerlichen Sachen der unmittelbare Geschäftsverkehr miteinander gestattet. Die Ersuchen sind den Staatsanwälten bei den Arrondissementsgerichten mit Begleitschreiben zu übersenden. Sitz und Bezirk der Staatsanwälte (Officier van Justitie) ergeben sich aus dem Justiz-Ministerial-Blatt von 1899 Seite 251[2]) abgedruckten Verzeichnisse. Nach derselben Erklärung werden Zeugenentschädigungen und Auslagen für die wegen Nichterscheinens eines Zeugen erforderlich gewordene Mitwirkung eines Vollziehungsbeamten nicht erstattet. Auch werden Zwangszustellungen — von den Kosten für die Übersetzung des zuzustellenden Schriftstücks abgesehen — kostenfrei bewirkt, wenn sie nur für den Fall beantragt werden, daß die Zustellung durch einfache Übergabe (Art. 2 des Abk.) nicht zum Ziele führt. Es empfiehlt sich deshalb, Zwangszustellungen regelmäßig in dieser bedingten Form zu beantragen. Der Art. 6 Abs. 2 der Vereinbarung enthält einen Verzicht auf die Erstattung der Zeugengebühren.

Von der in Art. 1 Abs. 2 der Erklärung vom 31. Juli 1909 vorbehaltenen Befugnis, Zustellungen gemäß Art. 1 Abs. 1 des Haager Abkommens durch Vermittelung des Konsuls zu bewirken, ist kein Gebrauch zu machen.

Wegen der Erledigung von Beweisbeschlüssen siehe Ziffer 23 in § 10, wegen Frankierung der Schreiben im unmittelbaren Geschäftsverkehr vgl. Ziffer 5 Abs. 2 in § 10.

In Rheinschiffahrtsangelegenheiten findet ebenfalls zwischen den Rheinschiffahrtsgerichten und den nieder-

1) Ist geschehen (RGBl. 1909 S. 907).
2) BayerJMBl. 1899 S. 366.

ländischen Behörden unmittelbarer Schriftenwechsel statt. Die Ersuchungsschreiben sind an die niederländischen Kantonsgerichte zu richten. Für den Rechtshilfeverkehr ist maßgebend Art. 40 der revidierten Rheinschiffahrtsakte vom 17. Oktober 1868 (PrGS. 1869 S. 798)[1]). In den Ladungen in Rheinschiffahrtssachen, welche in den Niederlanden zugestellt werden sollen, dürfen die im Inlande gesetzlich zulässigen Zwangsmaßregeln, insbesondere auch Vorführung und Verhaftung, angedroht werden. Diese Anordnungen müssen jedoch dahin gefaßt werden, daß nötigenfalls ihre Vollstreckung auf Grund des Art. 40 a. a. O. herbeigeführt werden würde[2]).

Gerichtsverfassung in den Niederlanden.

Der Kantonsrichter (Einzelrichter) hat zivile Gerichtsbarkeit einschließlich der Handelssachen bis zu 200 Gulden.

Die Bezirksgerichte (Arrondissement-Regtbank, besetzt mit 3 Richtern) haben Gerichtsbarkeit I. Instanz in Streitsachen von über 200 Gulden Wert und bilden die II. Instanz gegen Urteile der Kantonsrichter in Sachen über 50 Gulden Wert.

Die Appellationsgerichte (Gerechtshoven), deren es fünf (je mit 5 Richtern) gibt, sind Berufungsgerichte für die vor die Bezirksgerichte gehörigen Streitsachen. Berufung ist nur zulässig bei einem Streitwert von 400 Gulden.

Der oberste Gerichtshof (Hooge Rad, mit 7 Richtern) ist die letzte Instanz gegen die Urteile der Appellhöfe und für die Kolonien. Auch kommt demselben eine ursprüngliche Gerichtsbarkeit als Prisengericht zu. Vgl. Leske I, 150.

Freiwillige Gerichtsbarkeit.

Legalisationsgebühr für Urkunden wird nicht erhoben (JMBl. 1907 S. 350). Vgl. Verfügung betr. die nach dem Haager Abkommen vom 12. Juni 1902 (RGBl. 1904 S. 240) den Vormundschaftsgerichten obliegenden Mitteilungen an niederländische Behörden vom 12. Oktober 1906 (JMBl. S. 301) im § 39.

Erbbescheinigungen, welche von einem niederländischen Notar ausgestellt sind, können die deutschen Gerichte nicht schlechthin als maßgebend betrachten, da das niederländische Recht nicht die Bestimmung enthält, daß die niederländischen Notare

---

1) Siehe oben S. 73.

2) Vgl. Reskr. vom 6. bezw. 21. November 1888 I 1939. Durch diese Fassung soll erkennbar gemacht werden, daß seitens der inländischen Gerichte nicht eine direkte und unmittelbare Zwangsgewalt über im Auslande wohnende Personen in Anspruch genommen wird, sondern daß die Vollstreckung nur durch Anrufung der Rechtshilfe der zuständigen niederländischen Behörde erfolgen darf.

befugt sind, mittelst einer Erbbescheinigung die Erbberechtigung einer Person in rechtsgültiger Weise festzustellen, vielmehr haben die deutschen Gerichte immer noch selbständig zu prüfen, ob und inwieweit durch solche Erbbescheinigungen die Berechtigung der Erben dargetan erscheint[1]).

Niederländische Kolonien; bei Verlassenschaften der in niederländischen Kolonialdiensten verstorbenen deutschen Reichsangehörigen erfolgt die Herausgabe größerer Nachlaßmassen durch die K. niederländische Regierung an die deutsche Gesandtschaft im Haag nach vorgängiger Beibringung beglaubigter Erblegitimationsatteste beziehungsweise Vollmachten.

Kleinere Verlassenschaften im Betrag bis zu 250 Gulden holl. werden ohne vorherige Prüfung der Erbrechte und ohne Beschaffung bezüglicher Nachweise an die deutsche Gesandtschaft im Haag ausgefolgt, welche ihrerseits unter Sicherstellung der niederländischen Regierung gegen etwaige Reklamationen für Ausantwortung der Nachlässe an die legitimierten Erben Sorge trägt.

41. Nikaragua.

Freundschaftsvertrag vom 4. Februar 1896 (RGBl. 1897 S. 171). Art. 25 betr. Nachlaßbehandlung. Keine Kaution (freier Zutritt) unbedingt, wie bei Bulgarien. Armenrecht zweifelhaft, aber wohl zu bewilligen. Keine Vollstreckung fremder Urteile. Legalisationsgebühr: 16 Mark (JMBl. 1907 S. 350).

42. Norwegen.

Die Union mit Schweden ist fortgefallen.

Norwegen ist der Pariser Übereinkunft (Gewerbliches Eigentum) — siehe oben S. 161 — und der Berner Konvention (siehe § 9 I D und § 23) beigetreten. Vgl. RGBl. 1910 S. 1096.

Norwegen ist der Haager Konvention von 1905 beigetreten, daher keinerlei Kaution, aber mit der Einschränkung wie bei Belgien. Armenrecht wird bewilligt.

Abgesehen von Staatsverträgen, welche mit dem deutschen Reiche nicht bestehen, wird die Vollstreckung ausländischer Urteile nicht zugelassen (Leske II, 483 und 839). Vgl. auch RG. 8, 390 und Allg. Verf. d. preuß. Justizministers (JMBl. 1878 S. 82).

Wegen der Beweismittel vgl. die Bemerkungen unter Dänemark. Wer aus religiösen oder ähnlichen Gründen den Eid

---

1) Zirk.-Verf. des preußischen Justizministeriums vom 24. Juli 1893 I 3179 bei Müller S. 1225.

nicht leisten kann oder will, hat eine Beteuerung auf Ehre und Gewissen abzugeben, die dem Eid rechtlich gleichgestellt ist. Vgl. norwegisches Gesetz vom 10. Mai 1893 bei Leske II, 812.

Rechtshilfe.

Das norwegische Gesetz vom 28. Juni 1897[1]) bestimmt:

§ 6. „Ersuchen von ausländischen Gerichtshöfen oder anderen richterlichen Behörden um Beweisaufnahme oder anderen gerichtlichen Handlungen in Zivilsachen ist, wenn nicht anders vom Könige bestimmt wird, nur Folge zu geben, wenn sie durch das betreffende Regierungsdepartement[2]) übermittelt werden.“

§ 7. „Soll eine Beweisaufnahme auf Grund eines solchen Ersuchens, wie es im vorigen Paragraph erwähnt ist, stattfinden, so hat der Richter von Amts wegen das Nötige zur Forderung der Beweisaufnahme vorzunehmen; doch kann derselbe unter besonderen Umständen mit der Genehmigung des betreffenden Regierungsdepartements einen Rechtsanwalt damit beauftragen, welchem in diesem Falle nach Abschluß der Sache ein passendes Salär zuzuerkennen ist.

Ein vorhergehendes Sühneverfahren ist in diesen Fällen nicht notwendig. Auch ist eine Vorladung der Parteien nur dann erforderlich, wenn eine solche ausdrücklich verlangt worden ist.

Ist in dem Ersuchen die Beobachtung einer besonderen Form oder eines besonderen Verfahrens verlangt worden, so soll nach Möglichkeit demgemäß vorgegangen werden, wenn dies nicht nach norwegischem Rechte als verboten anzusehen ist“.

§ 8. „Nähere Vorschriften darüber, was betreffs der in § 6 genannten Ersuchen zu beobachten ist, können vom König erlassen werden.

Unter der Voraussetzung der Gegenseitigkeit kann der König ferner bestimmen, daß die Erfüllung solcher Ersuchen kostenfrei geschehen soll.“

In Norwegen befaßt sich das Gericht nicht damit, den Parteien oder dem ersuchenden Gerichte von dem anberaumten Termine Kenntnis zu geben. Bei dem Erlaß von Ersuchungsschreiben ist dies zu berücksichtigen.

Abkommen zur weiteren Vereinfachung des Rechtshilfeverkehrs vom 2. August 1909 (RGBl. 1909 S. 907).

---

1) Abgedruckt bei Böhm, Zeitschr. Bd. 8 S. 77. Dasselbe ist modifiziert durch das Haager Abkommen.

2) D. i. das Kgl. norwegische Justizministerium.

Art. 1. Gemäß den Vorbehalten im Art. 3 Abs. 2, im Art. 10 und im Art. 19 Abs. 2 Nr. 3 des Haager Abkommens über den Zivilprozeß vom 17. Juli 1905 können die in diesen Artikeln vorgeschriebenen Übersetzungen der dort bezeichneten Schriftstücke auch von einem beeidigten Dolmetscher des ersuchenden Staates beglaubigt werden.

Sind diesen Schriftstücken die vorgeschriebenen Übersetzungen ausnahmsweise nicht beigegeben, so werden sie von der ersuchten Behörde auf Kosten der ersuchenden Behörde beschafft.

Art. 2. Gemäß dem Vorbehalt im Art. 7 Abs. 2 des Haager Abkommens über den Zivilprozeß soll die Erstattung der durch die Mitwirkung eines Vollziehungsbeamten in den Fällen des Art. 3 des Abkommens entstandenen Auslagen nicht verlangt werden, wenn der in diesem Artikel vorgesehene Antrag nur für den Fall gestellt war, daß das im Art. 2 des Abkommens geregelte Verfahren nicht zum Ziele führt.

Ferner soll gemäß dem Vorbehalt im Art. 16 Abs. 2 des Abkommens die Erstattung der Auslagen für Zeugenentschädigungen und für die wegen Nichterscheinens eines Zeugen erforderlich gewordene Mitwirkung eines Vollziehungsbeamten nicht verlangt werden. Das Gleiche gilt in Ansehung der im Art. 23 Abs. 2 des Abkommens erwähnten Auslagen für Zeugenentschädigungen.

Art. 3. Soweit nach dem Haager Abkommen über den Zivilprozeß in Verbindung mit dem Art. 2 dieser Erklärung Kosten in Rechnung gestellt werden können, werden sie nach den Vorschriften berechnet, die in dem ersuchten Staate für gleiche Handlungen in einem inländischen Verfahren gelten.

Art. 4. Die gegenwärtige Erklärung tritt am 1. September 1909 in Wirksamkeit und bleibt in Kraft bis zum Ablaufe von 6 Monaten nach erfolgter Kündigung seitens des einen oder des anderen der beiden Teile. Die Erklärung wird gegen eine entsprechende Erklärung der Königlich Norwegischen Regierung ausgetauscht werden[1]).

Wegen der Rechtshilfe in bürgerlichen Sachen vgl. Ziff. 10 III Abs. 1, 2; Ziff. 20 Abs. 1; Ziff. 21 Abs. 1 Satz 1 im § 10. Nach der Erklärung vom 2. August 1909 werden Zeugenentschädigungen und Auslagen für die wegen Nichterscheinens eines Zeugen erforderlich gewordene Mitwirkung eines Vollziehungsbeamten nicht erstattet. Auch werden Zwangszustellungen abgesehen von

1) Ist geschehen (RGBl. 1909 S. 907).

den Kosten für die Übersetzung des zuzustellenden Schriftstücks, unentgeltlich bewirkt, wenn sie nur für den Fall beantragt waren, daß die Zustellung durch einfache Übergabe nicht zum Ziele führt; im Interesse der Kostenersparnis empfiehlt es sich, etwaige Anträge auf Zwangszustellungen regelmäßig in solcher bedingten Form zu stellen.

Zuständiger deutscher Konsul ist der Generalkonsul in Christiania für ganz Norwegen.

Die Legalisationsgebühr für Urkunden beträgt 5.60 Mark.

Gerichtsverfassung in Norwegen.

Zunächst sind alle Streitigkeiten vor das Vermittlungsamt zu bringen, welches bestrittene Fälle bis zu 120 Kronen (à 1 Reichsmark 12½ Pfennige), und alle anderen, in welchen der Beklagte nicht erscheint oder den Anspruch anerkennt, zu entscheiden hat. In den übrigen Fällen werden, wenn Ausgleichung unmöglich, die Parteien zu dem Gericht erster Instanz (Untergericht) verwiesen. Die Berufungen gegen Urteile der Untergerichte ist statthaft in Fällen von über 32 Kronen Wert und geht an die Appellhöfe (Stiftsoverreter), deren Sitze in Christiania, Bergen, Drontheim und Christianssand sind.

Der oberste Gerichtshof (Hoïesteret) besteht aus einem Justiziarius und 8 Assessoren, hat über die Oberberufung gegen die Urteile der Appellhöfe in Fällen von über 400 Kronen Wert zu entscheiden. An den obersten Gerichtshof direkt geht die Berufung gegen Urteile des Untergerichtes in Christiania, sowie in gewissen Sachen, insbesondere maritimen Angelegenheiten, Börsen- und Konkurssachen, auch gegen Urteile der übrigen Untergerichte[1]).

43. Österreich-Ungarn.

Es ist der Pariser Übereinkunft (Gewerbliches Eigentum S. 161) und dem Internationalen Eisenbahnfrachtabkommen beigetreten. Vgl. Übereinkommen mit Deutschland betr. den gewerblichen Rechtsschutz (RGBl. 1908 S. 655 und 659) und betr. den Schutz der Urheberrechte an Werken der Literatur, Kunst und Photographie (RGBl. 1901 S. 131).

Handelsvertrag mit Österreich-Ungarn vom 6. Dezember 1891 (RGBl. 1892 S. 3) nebst Zusatzabkommen vom

1) Piggott S. 489.

25. Januar 1905 (RGBl. 1906 S. 143). Art. 19 betrifft Gleichstellung der Gesellschaften. Wegen der österreichisch-ungarischen Konsuln vgl. RGBl. 1892 S. 3 und § 16a, sowie Bekanntmachung vom 4. April 1911 (BayerJMBl. S. 89.) Abkommen betr. Anschluß der Gemeinde Mittelberg an das Zollsystem des Deutschen Reiches (RGBl. 1891 S. 59).

Das Übereinkommen zwischen Preußen und Österreich von 1875 über die Erhebung der Erbschaftssteuer ist infolge Kündigung am 30. Juni 1908 außer Kraft getreten (Allg. Verf. vom 11. Juli 1908, AbgZBl. S. 339). Vgl. den Vertrag mit Preußen wegen Vermeidung von Doppelbesteuerung vom 21. Juni 1899 (PrGS. 1900 S. 260). Gleiche Verträge hat Bayern und Sachsen mit Österreich-Ungarn geschlossen. Vgl. Fleischmann, Völkerrechtsquellen S. 291.

Gemeinschaftliches für Österreich-Ungarn. Dasselbe ist dem Haager Abkommen beigetreten, daher keine Kaution; unbedingt, wie bei Bulgarien (s. Gaupp-Stein S. 334) aber nur für Österreich, für Ungarn gilt die Einschränkung wie bei Belgien. Vgl. Bekanntmachung vom 23. Dezember 1897 (RGBl. S. 792). Nach Verfügung vom 7. März 1896 (JMBl. S. 93) verlangt Ungarn in Wechselsachen keine Kaution. Kroatien und Slavonien gewähren unbedingte Kautionsfreiheit (Auskunft der österreichisch-ungarischen Botschaft vom 25. November 1891, Bl. f. Rechtspflege im Bezirke des KG. 3, 14). Armenrecht wird bewilligt. Vgl. § 24. Vollstreckung deutscher Urteile findet nur in Ungarn nicht statt. Vgl. § 34.

Die Legalisationsgebühr fällt weg, da Legalisation der Urkunden nicht erforderlich ist.

Über die Legalisierung der von öffentlichen Behörden und Beamten ausgestellten oder beglaubigten Urkunden bestimmt der unterm 25. Februar 1880 zwischen dem Deutschen Reich und der Österreichisch-Ungarischen Monarchie[1]) vereinbarte Vertrag: Die von den Gerichten ausgestellten, mit dem Amtssiegel versehenen Urkunden bedürfen keiner Legalisierung. Die von Notaren, Gerichtsvollziehern und anderen gerichtlichen Hilfsbeamten ausgefertigten Urkunden erfordern die gerichtliche[2]) Beglaubigung; Wechselproteste jedoch, welche von

1) Ausgedehnt auf Bosnien und Herzegowina durch Vertrag vom 13. Juni 1881 (RGBl. S. 253 und 255). Vgl. auch Verf. vom 8. Oktober 1904 (JMBl. S. 288).

2) Die Beglaubigung erfolgt durch den Landgerichtspräsidenten (Reskr. d. preuß. Justizministers vom 6. Mai 1890 III 2146).

Notaren, Gerichtsvollziehern oder Gerichtsschreibern ausgestellt und mit deren Amtssiegel versehen sind, bedürfen keiner weiteren Beglaubigung. Die einer Privaturkunde von der nach dem Übereinkommen zuständigen Behörde beigefügte Beglaubigung bedarf keiner weiteren Legalisation[1]).

Zustellungen[2]). Die österreichischen und ungarischen Gerichte pflegen zu prüfen, ob die Zustellung nicht als ein Exekutionsakt erscheint, wie z. B. Zustellung von Verboten, d. h. Arrestbewilligungen, welche eine Forderung des Schuldners an einen Drittschuldner zum Gegenstande haben, sowie von exekutivischen Überweisungen von Forderungen des Exekuten an einen Drittschuldner. In solchen Fällen wird die Rechtshilfe abgelehnt.

Ersuchen um Zustellungen an Personen, welche in der Armee der österreichisch-ungarischen Monarchie dienen, sind nicht mehr an das Generalkommando derjenigen Provinz zu richten, in welcher die betreffende Militärperson ihren Standort hat, sondern in bürgerlichen Sachen und Strafsachen an das zuständige Zivilgericht[3]).

Wegen der Rechtshilfe in bürgerlichen Sachen vgl. Ziffer 10 III Abs. 1, 2, Ziffer 20 Abs. 1 in § 10 und unten die Spezialvorschriften für die einzelnen Länder.

Unmittelbarer Geschäftsverkehr ist zulässig. Ein Verzeichnis der österreichischen und ungarischen Gerichte ist abgedruckt im PrJMBl. 1884 S. 117 und im SächsJMBl. 1911 S. 179 ff.

---

1) RGBl. 1881 S. 4 ff. Durch diesen Vertrag sind alle früher zwischen einzelnen deutschen Bundesstaaten und Österreich-Ungarn abgeschlossenen Vereinbarungen in gleichem Betreffe, also auch der unterm 13. Februar 1863 zwischen Bayern und Österreich vereinbarte Vertrag außer Kraft gesetzt. In Art. 1 Abs. 3 obigen Vertrages sind die Behörden der beiden Vertragsstaaten aufgeführt, deren Urkunden den gerichtlichen Urkunden im Sinne des Vertrages gleichgestellt sind.

Über Beglaubigung der Auszüge aus den Kirchenbüchern vgl. Art. 3 des Vertrages, ferner bezüglich der Urkunden der Verwaltungsbehörden Art. 4 l. c. Ungarische Gemeindezeugnisse bedürfen der Legalisation (RG. IV. ZS. 20. Oktober 1910, Recht 1911 Nr. 369).

Die Bekanntmachung des Reichskanzlers vom 18. Juni 1910 (RGBl. S. 323 ff.) enthält das Verzeichnis derjenigen obersten und höheren Verwaltungsbehörden, deren Urkunden nach der Bestimmung des Vertrages einer Beglaubigung nicht bedürfen.

2) Mit Rücksicht darauf, daß im Königreich Sachsen die Zustellung von prozeßeinleitenden Verfügungen unbedingt nur dann erfolgt, wenn der Adressat Angehöriger des ersuchenden Staates ist, sonst aber nur im Falle seiner Einwilligung, sind die österreichischen Gerichte angewiesen, sächsischen Requisitionen gegenüber ebenso zu verfahren (JustMinVerf. vom 8. Oktober 1890; RGBl. Nr. 189). Vgl. Jettel, S. 161. Dies dürfte trotz dem Haager Abkommen noch jetzt gelten.

3) Allg. Verf. vom 18. März 1902 (JMBl. S. 62), Verf. d. bayer. Justizmin. vom 21. November 1910 (JMBl. S. 645) und Verf. d. württemb. Justizmin. vom 3. April 1902 (Amtsbl. 1902 S. 17).

Für die Behandlung der portopflichtigen Korrespondenz[1]) zwischen den deutschen und den Behörden Österreich-Ungarns gelten nach der Bekanntmachung des Reichskanzlers vom 31. Oktober 1873 (RGBl. S. 336) folgende Grundsätze:

a) Portopflichtige Sendungen sind stets von der absendenden Behörde zu frankieren;

b) bei Korrespondenz zwischen Behörden in Parteisachen entrichtet die absendende Stelle das Porto auch in solchen Fällen, in welchen die Pflicht zur Portozahlung einer im Gebiete der empfangenden Stelle befindlichen Partei obliegt.

c) Die empfangende Stelle ist zwar befugt, den Portobetrag von der Partei einzuziehen, jedoch soll von einer Erstattung desselben an die absendende Behörde des anderen Staates bis auf weiteres Abstand genommen werden.

Elbschiffahrtsangelegenheiten.

In den Ladungen in solchen Angelegenheiten, welche in Österreich zugestellt werden sollen, ist es statthaft, die im Inlande gesetzlich zulässigen Zwangsmaßregeln, insbesondere auch Vorführung und Verhaftung anzudrohen. Diese Anordnungen müssen jedoch dahin gefaßt werden, daß nötigenfalls ihre Vollstreckung auf Grund des § 50 der Additionalakte vom 13. April 1844 (PrGS. S. 458) zur Elbschiffahrtsakte vom 23. Juni 1821 (PrGS. 1822 S. 9) herbeigeführt werden würde. Vgl. auch § 10 Ziffer 20 Abs. 1 und Ziffer 25 Abs. 3.

A. Österreich.

Geschäftsverkehr mit Österreich.

Es ist unmittelbarer Geschäftsverkehr gestattet[2]). Erscheint dieser im einzelnen Falle aus besonderen Gründen z. B. wegen sprachlicher Schwierigkeiten nicht angezeigt, so ist die diplomatische Vermittlung auf dem Instanzenwege nachzusuchen (§ 43 V.).

Es ist unzulässig, wenn die preußischen Gerichte sich mit Anfragen direkt an die Zentralbehörden in Österreich oder Ungarn, im besonderen an die Justizministerien in Wien und Pest wenden. In Fällen der vorliegenden Art, in denen es sich nicht um eine von dem fremden Gericht zu leistende Hilfe, sondern um eine dem

1) Der Aversionierungsvermerk ist unzulässig. Sollte eine unfrankierte oder nicht genügend frankierte Sendung aus Österreich oder Ungarn eingehen, so ist die Sendung zwar anzunehmen, jedoch über die Angelegenheit unter Beifügung des betr. Briefumschlages an den Justizminister auf dem Instanzenwege zu berichten (Allg. Verf. vom 9. Dezember 1890, JMBl. 345 und Verf. vom 28. Dezember 1907 I 5909 bei Müller S. 1226).

2) Ein Verzeichnis der österreichischen Gerichte ist abgedruckt in PreußJMBl. 1884 S. 117 und im SächsJMBl. 1911 S. 179.

Gebiet der Rechtshilfe fremde Anfrage handelt, ist vielmehr regelmäßig die Vermittlung des Justizministers in Anspruch zu nehmen (Reskript vom 28. April 1884, I 1573 bei Müller S. 1225).

Zwischen den preußischen und waldeckschen Gerichten einerseits und dem österreichischen Patentamt und Patentgerichtshofe anderseits findet in Rechtsfällen, welche den Schutz des gewerblichen Eigentums betreffen, ein unmittelbarer Geschäftsverkehr statt.

Dasselbe gilt für Bayern (BayerJMBl. 1911 S. 140) und Württemberg (Böhms Zeitschrift 11, 493).

Die österreichische Jurisdiktionsnorm (Gesetz vom 1. August 1895 RGB. Nr. 111) bestimmt:

§ 38. **Die im Geltungsgebiete dieses Gesetzes befindlichen Gerichte haben ausländischen Gerichten über Ersuchen Rechtshilfe zu leisten, sofern nicht besondere hierauf bezügliche Anordnungen (Staatsverträge, Regierungserklärungen, Ministerialverordnungen) etwas anderes festsetzen.**

Die Rechtshilfe ist zu verweigern:

1. wenn die von dem ersuchenden Gerichte begehrte Handlung nach den im Inlande hierfür geltenden Bestimmungen dem Geschäftskreise der Gerichte entzogen ist; sollte die begehrte Handlung im Geschäftskreise anderer inländischer Behörden gelegen sein, so kann das ersuchte Gericht das Ersuchen an die hiernach zuständigen Behörden leiten;

2. wenn die Vornahme einer Handlung begehrt wird, welche durch die für das inländische Gericht verbindlichen Gesetze verboten ist; oder

3. wenn es an der Beobachtung der Gegenseitigkeit fehlt. Bezweifelt das ersuchte Gericht den Bestand der Gegenseitigkeit, so hat es darüber die für dasselbe sodann bindende Erklärung des Justizministers einzuholen.

§ 39. **Die begehrte Rechtshilfe ist nach den Vorschriften der für das ersuchte Gericht verbindlichen Gesetze zu gewähren. Soweit es nach diesen Gesetzen zulässig ist, hat das ersuchte Gericht alle zur Erfüllung des Ersuchens erforderlichen Vorkehrungen und Verfügungen von Amts wegen zu treffen.**

Bei Gewährung der Rechtshilfe von den Vorschriften der im Inlande geltenden Gesetze abzuweichen ist nur dann gestattet, wenn ausdrücklich ersucht wurde, bei den vorzunehmenden Handlungen einen bestimmten, durch das ausländische Recht gefordderten Vorgang einzuhalten, und dieser Vorgang

durch keine Vorschrift der inländischen Gesetzgebung verboten erscheint.

§ 40. Wird die Gewährung der Rechtshilfe von dem ersuchten Gerichte verweigert oder entstehen aus Anlaß der Gewährung der Rechtshilfe in bezug auf deren Ausführung oder in anderer Hinsicht Meinungsverschiedenheiten, so hat auf Begehren des ersuchenden ausländischen Gerichtes oder eines anderen hierzu berufenen ausländischen öffentlichen Organes das dem ersuchten Gerichte vorgesetzte Oberlandesgericht ohne vorhergehende mündliche Verhandlung über die Rechtmäßigkeit der Weigerung oder über den sonstigen Gegenstand der Meinungsverschiedenheit zu entscheiden[1]).

Eine Zustellung „zu eigenen Händen", welche früher für die Vollstreckbarkeit des Urteils von Bedeutung war, ist nicht mehr erforderlich (Allg. Verf. vom 23. Dezember 1904, JMBl. S. 331).

Dem Ersuchen um Abnahme eines Parteieides, auf welchen im Urteile erkannt wurde, ist in Österreich Folge zu geben, obwohl nach der Zivilprozeßordnung Eideszuschiebung und richterlicher Eid unzulässig sind. Die Abnahme solcher Eide ist nicht verboten (Neumann, Kommentar zu dem österreichischen Zivilprozeßgesetze 1898 S. 1151).

Auch in Deutschland sind Ersuchen österreichischer Gerichte um eidliche[2]) Vernehmung der Parteien stattzugeben, sofern nicht besondere Hinderungsgründe, z. B. die etwa nach deutschem Recht vorhandene Eidesunmündigkeit der nach österreichischem Recht (§ 326 österr. ZPO.) eidesmündigen Partei, vorliegen. Ein Eideszwang findet natürlich nicht statt (§ 380 österr. ZPO.). Vgl. Bek. des württemberg. Justizministers vom 26. November 1900, Amtsblatt S. 151; abgedruckt in Böhms Zeitschrift Bd. 11 S. 485.

Parteien, in Ansehung deren Vernehmung oder Beeidigung einer der Ausschließungsgründe der §§ 320 und 336 Abs. 1 österr. ZPO. vorliegt (siehe unten), dürfen nicht zum Zwecke der Beweisführung abgehört werden (§ 372 österr. ZPO.). Dies wird der ersuchte deutsche Richter berücksichtigen müssen.

---

1) Gegen die Entscheidung des Oberlandesgerichtes kann dann noch jederzeit der Rekurs an den obersten Gerichtshof ergriffen werden (§ 514 ZPO.).

2) Die falsche eidliche Aussage einer Partei ist nach § 153 StGB. strafbar, da es sich um einen „auferlegten Eid" handelt (Böhms Zeitschr. Bd. 11 S. 486). — Vgl. auch Böhms Zeitschr. Bd. 10 S. 343 und 161.

Wegen der Zeugenvernehmung[1]) gilt in Österreich folgendes:

§ 320 ZPO. Als Zeugen dürfen nicht vernommen werden:

1. Personen, welche zur Mitteilung ihrer Wahrnehmungen unfähig sind oder welche zur Zeit, auf welche sich ihre Aussage beziehen soll, zur Wahrnehmung der zu beweisenden Tatsache unfähig waren.

2. Geistliche in Ansehung dessen, was ihnen in der Beichte oder sonst unter dem Siegel geistlicher Amtsverschwiegenheit anvertraut wurde.

3. Staatsbeamte, wenn sie durch ihre Aussage das ihnen obliegende Amtsgeheimnis verletzen würden, insofern sie der Pflicht zur Geheimhaltung nicht durch ihre Vorgesetzten entbunden sind.

§ 321. Die Aussage darf von einem Zeugen verweigert werden:

1. über Fragen, deren Beantwortung dem Zeugen, seinem Ehegatten oder einer Person, mit welcher der Zeuge in gerader Linie oder in der Seitenlinie bis zum zweiten Grade verwandt oder verschwägert, oder mit welcher er durch Adoption verbunden ist, ferner seinen Pflegeeltern und Pflegekindern, sowie seinem Vormunde oder Mündel zur Schande gereichen oder die Gefahr strafgerichtlicher Verfolgung zuziehen würde[2]);

2. über Fragen, deren Beantwortung dem Zeugen oder einer der in Ziffer 1 bezeichneten Personen einen unmittelbaren vermögensrechtlichen Nachteil zuziehen würde[3]);

3. in bezug auf Tatsachen, über welche der Zeuge nicht würde aussagen können, ohne eine ihm obliegende staatlich anerkannte Pflicht zu Verschwiegenheit zu verletzen, insofern er hiervon nicht gültig entbunden würde[4]);

4. in Anschauung dessen, was dem Zeugen in seiner Eigenschaft als Advokat von seiner Partei anvertraut wurde[5]);

---

1) Vgl. Schrutka, Zeugnispflicht und Zeugniszwang. Wien 1879.

2) Es ist gleichgültig, ob die Verwandtschaft oder Verschwägerung auf ehelicher oder außerehelicher Geburt beruht. Unter Berufung auf eine dem Ehegatten drohende Schande oder strafgerichtliche Verfolgung können Inländer das Zeugnis nur verweigern, wenn sie mit dieser Person in einer gesetzlich gültigen Ehe leben (vgl. Neumann a. a. O. S. 677).

3) Der Nebenintervenient darf Zeuge sein (Leske II, 175).

4) In Betracht kommen Ärzte, Hebammen, Apotheker, sowie die Gehilfen dieser Personen, Notare, ferner die Handelsmäkler (Neumann S. 677).

5) Auch in einem anderen Prozesse.

5. über Fragen, welche der Zeuge nicht würde beantworten können, ohne ein Kauf- oder Geschäftsgeheimnis zu offenbaren[1]).

Die Aussage kann in den unter Ziffer 1 und 2 angegebenen Fällen mit Rücksicht auf die daselbst bezeichneten Angehörigen auch dann verweigert werden, wenn das eheliche Verhältnis, welches die Angehörigkeit begründet, nicht mehr besteht.

§ 322. Über Errichtung und Inhalt von Rechtsgeschäften, bei welchen der Zeuge als Urkundsperson beigezogen worden ist, über Tatsachen, welche die durch das Ehe- oder Familienverhältnis bedingten Vermögensangelegenheiten betreffen, über Geburten, Verheiratungen oder Sterbefälle der im § 321 Ziffer 1 bezeichneten Angehörigen, endlich über Handlungen, welche der Zeuge in betreff des streitigen Rechtsverhältnisses als Rechtsvorgänger oder Vertreter einer der Parteien vorgenommen hat, darf das Zeugnis wegen eines zu besorgenden vermögensrechtlichen Nachteiles nicht verweigert werden.

§ 336. Zeugen, welche wegen falschen Zeugnisses oder falschen Eides verurteilt worden sind, oder welche zur Zeit ihrer Abhörung das 14. Lebensjahr noch nicht zurückgelegt haben, endlich Personen, welche wegen mangelnder Verstandesreife oder wegen Verstandesschwäche von dem Wesen und der Bedeutung des Eides keine genügende Vorstellung haben, dürfen nicht vereidigt werden . . .

Gegen den die Aussage oder Beeidigung weigernden Zeugen sind Zwangsmittel (Geldstrafe und Haft) zulässig (§§ 325 und 326 ZPO.).

Abkommen[2]) vom 3. Juni 1910 (RGBl. 1910 S. 871).

1. Gemäß den Vorbehalten im Art. 1 Abs. 4 und im Art. 9 Abs. 4 des Haager Abkommens über den Zivilprozeß vom 17. Juli 1905 wird in allen Fällen, in denen durch das Abkommen der Rechtshilfeverkehr in Zivil- und Handelssachen für die Mitteilung gerichtlicher und außergerichtlicher Urkunden, sowie für die Erledigung von Ersuchungsschreiben geregelt ist, der zwischen den gerichtlichen Behörden der deutschen Bundesstaaten und Österreichs bestehende unmittelbare Geschäftsverkehr beibehalten.

---

1) Nicht allein das eigene Kunst- und Gewerbegeheimnis des Zeugen soll geschützt werden, sondern auch das solcher anderen Personen, denen der Zeuge (z. B. als Gehilfe usw.) zur Geheimhaltung verbunden war.

2) Das Abkommen bezieht sich nur auf das eigentliche Österreich, nicht auch auf Ungarn.

Ebenso wird in den bezeichneten Fällen den gerichtlichen Behörden Elsaß-Lothringens und Österreichs der unmittelbare Geschäftsverkehr miteinander gestattet.

2. Gemäß dem Vorbehalt im Art. 7 Abs. 2 des Haager Abkommens über den Zivilprozeß soll die Erstattung der durch die Mitwirkung eines Vollziehungsbeamten in den Fällen des Art. 3 des Abkommens entstandenen Auslagen nicht verlangt werden.

Ebenso soll gemäß dem Vorbehalt im Art. 16 Abs. 2 des Abkommens die Erstattung der Auslagen für Zeugenentschädigungen und für die wegen Nichterscheinens eines Zeugen erforderlich gewordene Mitwirkung eines Vollziehungsbeamten nicht verlangt werden. Das Gleiche gilt in Ansehung der im Art. 23 Abs. 2 des Abkommens erwähnten Auslagen für Zeugenentschädigungen.

3. Soweit nach dem Haager Abkommen über den Zivilprozeß in Verbindung mit dem Punkte 2 dieser Erklärung Kosten in Rechnung gestellt werden können, werden sie nach den Vorschriften berechnet, die in dem ersuchten Staate für gleiche Handlungen in einem inländischen Verfahren gelten.

Diese Vereinbarung, die mit dem heutigen Notenwechsel als vollzogen anzusehen ist, tritt am 15. Juni 1910 in Wirksamkeit und bleibt in Kraft bis zum Ablauf von 6 Monaten nach erfolgter Kündigung des einen oder des anderen der beiden Teile.

Wegen der Rechtshilfe in bürgerlichen Sachen vgl. Ziffer 10 III Abs. 1, 2 und Ziffer 20 Abs. 1 in § 10. Nach dem Notenwechsel vom 27. Mai 1910 werden im Rechtshilfeverkehr mit Österreich Zeugenentschädigungen und Auslagen für die wegen Nichterscheinens eines Zeugen erforderlich gewordene Mitwirkung eines Vollziehungsbeamten nicht erstattet, auch werden Zwangszustellungen unentgeltlich bewirkt (§ 43 Abs. 7 V.).

Requisitionen sind in Österreich und Ungarn im unmittelbaren Geschäftsverkehr an die betr. Bezirksgerichte zu richten. Falls jedoch der Bezirk desselben nicht bekannt ist, erscheint es zulässig, das übergeordnete Gericht anzugehen mit dem Ersuchen um Weitergabe.

Wegen Vollstreckung deutscher Urteile siehe § 35. Die im Art. 18 des Haager Abkommens von 1905 erwähnten Kostenentscheidungen bedürfen in Österreich keiner besonderen Vollstreckbarkeitserklärung. Sie werden in Österreich wie andere Entscheidungen deutscher Gerichte im Wege der Rechshilfe vollstreckt. Vgl. Ziffer 25 Abs. 2 im § 10.

B. Ungarn (vgl. die Bemerkungen oben S. 258).

Für Kroation und Slavonien ist zuständig die Justizabteilung der Landesregierung in Agram.

Den preußischen Justizbehörden ist unmittelbarer Geschäftsverkehr gestattet[1]). Erscheint dieser im einzelnen Falle aus besonderem Grunde, z. B. wegen sprachlicher Schwierigkeiten, nicht angezeigt, so ist die diplomatische Vermittelung auf dem Instanzenwege nachzusuchen, in bürgerlichen Sachen jedoch, welche in Ungarn zu erledigen sind, die Vermittelung des deutschen Generalkonsuls in Budapest oder des Konsuls in Fiume unmittelbar in Anspruch zu nehmen. Mit den Zentralbehörden Ungarns, insbesondere dem Justizminister in Budapest, ist jedoch ein unmittelbarer Geschäftsverkehr nicht zulässig, hier ist die Vermittelung des Justizministers in Anspruch zu nehmen (Verf. vom 28. April 1884, I, 1573 bei Müller S. 1225).

Die bayerischen Justizbehörden verkehren in bürgerlichen Sachen mit den ungarischen Behörden durch Vermittelung des zuständigen deutschen Konsuls, sonst auf diplomatischem Wege. Auch der Verkehr mit den ungarischen Waisenbehörden vollzieht sich auf dem diplomatischen Wege (BayerJMBl. 1911 S. 141).

In Ungarn wird nur Rechtshilfe geleistet, wenn die Gegenseitigkeit verbürgt ist[2]). Letztere Voraussetzung hat im Falle des Zweifels jene Partei nachzuweisen, in deren Interesse der Rechtshilfeakt vorgenommen werden soll (§§ 61 und 62 der ungar. ZPO.)[3]).

Beim unmittelbaren Geschäftsverkehr mit den ungarischen Gerichten sind den Ersuchungsschreiben Übersetzungen nicht beizufügen. Wenn im Einzelfalle die deutsche Sprache dem ungarischen Gerichte nicht geläufig ist, und letzteres eine Übersetzung hat anfertigen lassen, so sind die Übersetzungskosten zu erstatten (§ 43 Ziffer 8 V.).

Ersuchen um Zustellungen werden, soweit nicht eine Zwangszustellung (Art. 3 des Haager Abkommens) beantragt wird, von

---

1) Ein Verzeichnis der ungarischen Gerichte ist abgedruckt in PreußJMBl. 1884 S. 117. Der Beifügung einer ungarischen Übersetzung bedarf es nicht. Die deutschen Gerichte schreiben deutsch an das betreffende ungarische Gericht („Bezirksgericht") und dieses antwortet in ungarischer (magyarischer) Sprache. Falls also dem ersuchenden Gericht nicht unmittelbar ein Dolmetscher zur Verfügung steht, ist der diplomatische Weg vorzuziehen.

2) Dies ist dem Deutschen Reiche gegenüber der Fall.

3) Vgl. die Verordnung des ungarischen Justizministers vom 20. Mai 1899, Ziff. 30021, betr. Ausführung des Haager Abkommens, abgedruckt in Böhms Zeitschr. Bd. 12 S. 551.

den ungarischen Justizbehörden nur in der Weise erledigt, daß die Person, der das Schriftstück ausgehändigt werden soll, aufgefordert wird, es binnen acht Tagen persönlich oder durch einen Bevollmächtigten an der Gerichtsstelle abzuholen, widrigenfalls angenommen werde, daß sie die Empfangnahme des Schriftstücks ablehnt und mit dessen Zurücksendung an die ersuchende Gerichtsbehörde einverstanden ist. Wenn die Partei zur Abholung des Schriftstücks erscheint, wird ihr von der ungarischen Gerichtsbehörde der Inhalt mitgeteilt und sie darauf aufmerksam gemacht, daß sie das Schriftstück annehmen oder die Annahme ablehnen kann. Es sind deshalb bei Ladungen (vgl. in § 10 Ziffer 8 II Abs. 2) die Termine in der Regel mit einer Frist von mindestens sechs Wochen anzuberaumen.

Sollen ungarische Gerichte um Bewirkung von Zwangszustellungen gemäß Art. 3 des Haager Abkommens über den Zivilprozeß ersucht werden, so ist der Weg des unmittelbaren Geschäftsverkehrs nur dann zu wählen, wenn die Partei eine von einem beeidigten Dolmetscher des ungarischen Staates beglaubigte Übersetzung der zuzustellenden Schriftstücke beibringt; in allen anderen Fällen ist wegen der mit der Beschaffung gehörig beglaubigten Übersetzungen verbundenen Schwierigkeiten die Vermittelung des zuständigen deutschen Konsuls (vgl. das Verzeichnis im § 10 zu Ziffer 7 Abs. 3) in Anspruch zu nehmen (§ 43 V.).

Wegen Vollstreckung fremder Urteile siehe § 34 unten (aber auch Kroatien-Slavonien).

Die im Artikel 18 des Haager Abkommens erwähnten Kostenentscheidungen bedürfen in Ungarn einer besonderen Vollstreckbarkeitserklärung. Soll auf Grund einer Kostenentscheidung eine Zwangsvollstreckung in Ungarn betrieben werden, so ist nach Ziffer 25 Abs. 2 Satz 5—7 in § 10 zu verfahren. Den hiernach dem Justizminister einzureichenden Schriftstücken ist noch ein Ersuchen an das zuständige ungarische Gericht um Bewilligung der Exekution beizufügen. In diesem Ersuchen sind die „Exekutionsmittel und die Vermögensteile, auf die Exekution geführt werden soll, sowie der Ort, wo sie sich befinden", zu bezeichnen (z. B. Pfändung und Verkauf der im Gewahrsam des Verpflichteten befindlichen beweglichen Sachen). Auch empfiehlt es sich, anzugeben, ob der Vollzug der Exekution von Amts wegen oder unter Intervention des „Exekutionswerbers" (betreibenden Gläubigers) gewünscht wird. Über die Vollstreckung in Forderungen gegen öffentliche Kassen oder in gerichtlich hinterlegte Beträge, sowie im Grundstücke finden sich

Einzelheiten in den §§ 84, 135, 203 des ungarischen Gesetzartikels LX vom Jahre 1881 (vgl. Jettel S. 181). Vgl. Näheres in § 34.

Die Verfügung des badischen Justizministers vom 31. Oktober 1910 (Badische Rechtspraxis 1910 S. 260) sagt:

„Das ungarische Gericht kann die Exekution selbst dann, wenn diese auf Grund eines im Sinne des Art. 18 des Haager Abkommens vom Jahre 1905 auf Prozeßkosten und -Auslagen erkennenden ausländischen Urteils anzuordnen ist, bloß in der vom ungarischen Rechte bestimmten Form anordnen.

Das ungarische Recht kennt aber im Gegensatz zur Prozeßordnung des Deutschen Reiches eine derartige Erklärung der Vollstreckbarkeit der Beschlüsse nicht, auf deren Grundlage der Kläger in das wo immer im Lande befindliche bewegliche und unbewegliche Vermögen des Exekuten die Exekution durchführen lassen könnte. Im Sinne des Gesetzartikels LX — 1881 über das ungarische Exekutionsverfahren wird die Exekution durch einen gerichtlichen Beschluß angeordnet, in welchem das Gericht jenes Vermögen (Mobilien, Immobilien, Forderung an eine öffentliche Kassa, Nutznießung usw.) zu bezeichnen hat, auf welches die Exekution zu führen ist. Wenn die Exekution auf Mobilien im Bereiche des anordnenden Gerichtes zu führen ist, bestellt das Gericht gleichzeitig mit der Anordnung der Exekution ein delegiertes Organ zur Durchführung der Exekution; um Vornahme der Pfändung von Mobilien im Amtsbereiche eines anderen Gerichtes wird aber das kompetente Gericht ersucht (§ 19 des Gesetzartikels LX — 1881).

Es empfiehlt sich auch, bekannt zu geben, ob der Vollzug der Exekution von Amts wegen oder unter Intervention des Exekutionswerbers gewünscht wird (§ 20 des Gesetzartikels LX — 1881).

In der Regel dürften sich die in Rede stehenden Exekutionsansuchen wohl nur auf Mobilien beziehen. Die befriedigungsweise Exekution in solche kann vom ungarischen Gerichte nur dann angeordnet werden, wenn angegeben ist, wo sich diese Mobilien befinden.

Der Vollständigkeit halber wird noch folgendes bemerkt:

Wünscht der Exekutionswerber die Exekution bloß auf eine dem Exekuten gegen eine öffentliche Kassa zustehende Forderung oder auf einen gerichtlich deponierten Betrag durchführen zu lassen, so ist dies ausdrücklich anzugeben, weil in diesem Falle das Gericht bei der Anordnung der Exekution von der Entsendung des delegierten Organs absieht und selbst das Inhiebierungsdekret an die öffentliche Kasse richtet (§ 84 des Gesetzartikels LX — 1881).

Soll die Exekution auf Immobilien geführt werden, so ist die Grundbuchnummer der Liegenschaft genau anzugeben und die Grundbuchbehörde zu bezeichnen, welche dann von dem die Exekution anordnenden Gerichte ex officio um Durchführung der Exekution ersucht wird (§ 135 des Gesetzartikels LX — 1881).

Soll die Exekution auf eine im Grundbuche nicht eingetragene Liegenschaft geführt werden, so ist diese genau zu beschreiben und (durch ein lokalbehördliches Zeugnis) nachzuweisen, daß der Verurteilte sich im Besitze der Liegenschaft befindet (§ 203 des Gesetzartikels LX — 1881).

Soll die Exekution auf eine im Grundbuche nicht eingetragene Liegenschaft geführt werden — mag das Eigentumsrecht auf die Liegenschaft dem Exekuten zustehen oder nicht —, so sind die in den beiden letzten Absätzen enthaltenen Daten mitzuteilen."

Als zuständige deutsche Konsuln kommen in Betracht für die Fälle, in denen der unmittelbare Verkehr mit den Landesbehörden aus besonderen Gründen nicht angezeigt erscheint, Generalkonsul in Budapest für Ungarn mit Ausschluß des Bezirkes des Konsuls in Fiume; Konsul in Fiume für Fiume und das kroatische Küstengebiet.

Es ist eine Frist von 4 Wochen, bei Zustellungen gemäß Art. 3 des Haager Abkommens von 14 Tagen oder in eiligen Fällen kürzer, vorzusehen, gerechnet vom Tage des Eingangs des Ersuchens beim Generalkonsul in Budapest (Bad. Justizmin. vom 2. Juli 1909, A. 22 380).

Zeugnispflicht.

Die ungarische Zivilprozeßordnung[1]) vom 1. Juni 1868 bestimmt im § 207:

„Die Zeugenschaft zu verweigern sind berechtigt:

a) Im allgemeinen jene, welche nach § 192[2]) über Einwendung des Gegners ohnedies ausgeschlossen werden;

---

1) Vgl. Dauscher, Handbuch des gerichtl. Verfahrens. Wien 1869 S. 183.

2) § 192 ZPO. lautet: „Infolge Einwendung des Gegners sind zur Zeugenschaft nicht zugelassen:

a) Des Zeugenführers Bevollmächtigte im allgemeinen, sein Advokat aber in jenem Prozesse, in welchem er den Streitteil vertreten hat, oder vertritt;

b) jene, welche aus ihren Aussagen oder aus dem Auszuge des Prozesses mittelbar oder unmittelbar Schaden oder Nutzen erwarten können;

c) jene, welche mit dem Gegner des Beweisführers in Feindschaft oder Prozeß stehen;

d) des Beweisführers Verwandte in auf- oder absteigender Linie, wenn sie nicht zu dem Gegner in gleichem Verhältnis stehen, ebenso des Beweisführers Gatte oder Vertreter".

b) öffentliche Beamte betreffs solcher Umstände, welche ein Amtsgeheimnis bilden, oder worüber nach den bestehenden Gesetzen ohnehin die Herausgabe von Amtszeugnissen erfolgt.

Jene, welche durch die auf einzelne Fragen zu gebende Antwort an ihrer Ehre oder ihrem Vermögen Schaden leiden würden, sind nicht verpflichtet, solche einzelne Fragen zu beantworten."

§ 191 a. a. O. sagt:

„Personen, welche zur Zeit des durch den Eid zu bezeugenden Faktums das 12., in dem Zeitpunkte aber, in dem sie zur Zeugenschaft aufgerufen werden, das 16. Lebensjahr noch nicht erfüllt haben; ferner welche wegen geistiger oder körperlicher Schwäche die Wahrheit nicht zuverlässig wissen konnten oder sie auf zweifellose Weise vorzubringen nicht vermögen; endlich welche wegen eines falschen Eides oder falschen Zeugnisses schon bestraft sind, können als Zeugen nicht angenommen werden."

§ 193 a. a. O. bestimmt endlich noch:

„Inwiefern des Beweisführers Seitenverwandte oder Verschwägerte, ferner Dienstboten für den Arbeitgeber, solange sie in dessen Diensten stehen; endlich jene, welche eines aus Gewinnsucht begangenen Verbrechens oder einer derlei Übertretung schuldig erkannt wurden oder wegen falschen Zeugnisses oder falschen Eides unter Klage stehen, als taugliche Zeugen angenommen werden können, hat der Richter nach den Umständen des Prozesses zu beurteilen."

Es besteht Zwang zur Aussage und Vereidigung (§§ 204 und 206 a. a. O.). Personen, welche nach ihren Religionsbegriffen keinen Eid ablegen dürfen, haben nur eine feierliche Bestätigung an Eides Statt abzugeben (§ 242 a. a. O.).

Die in Kroatien-Slavonien geltende Zivilprozeßordnung datiert vom 16. September 1852. Vgl. unten § 34.

Freiwillige Gerichtsbarkeit.

Anfragen um Auskunft über das Ableben von deutschen Reichsangehörigen in Ungarn sind an das Kaiserliche Generalkonsulat in Budapest zu richten (Allg. Verf. vom 22. Februar 1897, JMBl. S. 50).

C. Bosnien und Herzegowina (vgl. die Bemerkungen oben S. 257).

Im Rechtshilfeverkehr zwischen deutschen Justizbehörden und den Justizbehörden Bosniens und der Herzegowina erfolgt der Schriftwechsel durch Vermittelung der Landesregierung in Serajewo. An diese sind daher die für die bosnisch-herzegowinischen Gerichte bestimmten Ersuchungs- und Antwortschreiben zu richten. Für die Behandlung der portopflichtigen Korrespondenz sowie der Kosten gilt dasselbe, wie bei Österreich-Ungarn (§ 41 Allg. Verf. vom 29. Mai 1905, JMBl. S. 159).

Für Bosnien und die Herzegowina bestimmt die Zivilprozeßordnung vom 1. September 1883:

§ 51. „Die Gerichte haben auch fremden Gerichten unter Voraussetzung der Gegenseitigkeit, Rechtshilfe zu leisten, insofern nicht Staatsverträge oder besondere Bestimmungen etwas anderes festsetzen. Glaubt ein Gericht, die Rechtshilfe einem anderen Gerichte verweigern zu sollen, so ist die Sache dem Obergericht vorzulegen, welches im Zweifel die Entscheidung der Landesregierung einzuholen hat.

Zeugnispflicht.

Die §§ 151 ff. ZPO. entsprechen im wesentlichen dem deutschen Recht.

§ 154. „Ebenso darf wegen der Herbeiführung eines vermögensrechtlichen Nachteiles die Aussage nicht verweigert werden, wenn dieser Nachteil nur aus dem Verhältnisse der Mitgliedschaft einer Gemeinde, Aktiengesellschaft oder Genossenschaft oder einer anderen juristischen Person entsteht, und im letzteren Falle die Zahl der zum Verbande derselben gehörigen Teilnehmer so groß ist, daß der Anteil des einzelnen an dem Vermögen der juristischen Person unerheblich ist.

§ 156. Zeugen, welche wegen falschen Zeugnisses oder falschen Eides in Untersuchung stehen oder verurteilt worden sind, ferner welche zur Zeit ihrer Abhörung das 14. Lebensjahr noch nicht zurückgelegt haben, dürfen nicht in Eid genommen werden.

Wegen Vollstreckung fremder Urteile siehe § 34 unten.

44. Paraguay. Vertrag vom 21. Juli 1887 (RGBl. 1888 S. 178).

Keine Kaution (Meistbegünstigungsklausel), unbedingt, wie bei Bulgarien. Armenrecht zweifelhaft, aber wohl zu bewilligen.

Keine Vollstreckung deutscher Urteile (Leske I, 824) und Skonietzki S. 923.

Legalisationsgebühr für Urkunden: 6 Mark (JMBl. 1907 S. 350).

45. Persien.

Freundschafts-, Handels- und Schiffahrtsvertrag vom 11. Juni 1873 (RGBl. S. 351) Art. 15 betrifft Nachlaßbehandlung.

Nach Art. 12 sollen zu mehrerer Sicherstellung der Angehörigen der Staaten des Deutschen Reiches in Persien die Schuldverschreibungen, Wechsel und Bürgschaftsurkunden, sowie alle von Untertanen der Vertragsteile geschlossenen Verträge über Handelsgeschäfte vom Divan-Khané und in Ermangelung eines solchen von der zuständigen Ortsbehörde und an Orten, wo ein deutscher Konsul sich befindet, auch von diesem letzteren gezeichnet werden, damit im Falle einer Streitigkeit die erforderlichen Erhebungen gepflogen und die streitigen Punkte der Gerechtigkeit gemäß entschieden werden können. Demgemäß soll derjenige, welcher, ohne im Besitz derartig beglaubigter Dokumente zu sein, gegen einen Angehörigen des Deutschen Reiches einen Rechtsstreit anhängig machen wollte, und hierbei keine anderen Beweise als die Aussagen eines Zeugen beizubringen vermöchte, mit seiner Klage nicht gehört werden, es sei denn, daß diese von dem besagten Deutschen als begründet anerkannt würde.

Das Deutsche Reich wird seinerseits nach Maßgabe der Gesetze aus bestehenden Gebräuchen über die Sicherheit der persischen Untertanen in Deutschland wachen und dieselben in dieser Hinsicht auf dem Fuße der meist begünstigten Nation behandeln.

Keine Kaution (LG. I Berlin 31. März 1909 bei Sydow-Busch, ZPO. zu § 110 Anm. 5; a. A. Skonietzki S. 284).

Legalisationsgebühr: 4.90 Mark (JMBl. 1907 S. 350).

Konsuln: § 40, Konsulargerichtsbarkeit: § 41.

46. Peru. Vereinbarung betr. die Stellung der deutschen Konsuln in Peru und umgekehrt vom 28. Juni 1897 (RGBl. 1899 S. 662). Die Konsuln haben das Recht der meistbegünstigten Nation. Armenrecht zweifelhaft.

Kautionspflicht besteht (OLG. Hamburg, R. d. OLG. 13, 118; 15, 99). Der klagende Ausländer hat auf Verlangen des Beklagten für die diesem erwachsenden Kosten Kaution zu leisten, deren Höhe das Gericht bestimmt; nach Skonietzki S. 284 aber nur beim Mangel einheimischen Wohnsitzes und auch des einheimischen Vermögensbesitzes.

Fremdländische Urteile können nur auf Grund besonderer Staatsverträge vollstreckt werden[1]). Das Deutsche Reich hat keinen solchen abgeschlossen.

---

1) Constant S. 30; Francke S. 46; Pradié-Foderé im Journal du droit intern. (1879) Bd. 6 S. 266 ff.; Leskel, 825; Koppers S. 100; Skonietzki S. 923.

Ausländische Urteile haben nur die Beweiskraft einer öffentlichen Urkunde.

Legalisationsgebühr: 8 Mark (JMBl. 1907 S. 350).

47. Portugal. Es ist der Pariser Übereinkunft (Gewerbliches Eigentum) — siehe oben S. 161 — beigetreten.

Handels- und Schiffahrtsvertrag vom 30. November 1908 (RGBl. 1910 S. 679). Er enthält auch Bestimmungen über Konsuln. Art. 15 betrifft Gleichstellung der Gesellschaften. Legalisationsgebühr für Urkunden beträgt 9 Mark (JMBl. 1907 S. 350).

Portugal ist dem Haager Abkommen von 1905 beigetreten; daher keinerlei Kaution, nicht mit der Einschränkung wie bei Belgien. Armenrecht wird bewilligt. Keine Vollstreckung deutscher Urteile.

Haeger S. 153 meint, daß deutsche Urteile, welche sich nicht gegen einen Portugiesen richten, in Portugal ohne weiteres vollstreckt werden könnten, kommt aber auch zu dem Ergebnis, daß portugiesische Urteile in Deutschland nicht vollstreckt werden.

In Portugal sind ausländische Urteile der Revision in prozessualer wie sachlicher Beziehung unterworfen, genießen also die Kraft der Vollstreckbarkeit ohne vollständige Neuprüfung der Gesetzmäßigkeit nicht.

Constant S. 32; Foelix S. 142 und 143; Francke S. 53; Koppers S. 68; Leske I, 825 und Böhms Zeitschrift Bd. 2 S. 500; Ogose S. 53.

Das portugiesische Recht kennt als Beweismittel u. a.: Zeugen, Sachverständige, richterlichen Augenschein, Eid (Leske I, 259).

Wegen der Rechtshilfe in bürgerlichen Sachen vgl. im § 10 Ziffer 10 III Abs. 1, 2; Ziffer 20 Abs. 1; Ziffer 21 Abs. 1 Satz 2. Portugal hat von den Vorbehalten im Artikel 1 Abs. 3 und im Artikel 9 Abs. 3 des Haager Abkommens über den Zivilprozeß Gebrauch gemacht.

Ersuchen um Zustellungen an Deutsche sind in Strafsachen und in bürgerlichen Sachen an denjenigen deutschen Konsul zu richten, in dessen Amtsbezirke die Person, welcher zugestellt werden soll, sich befindet; andere Ersuchen um Zustellungen sind an den deutschen Gesandten in Lissabon zu richten.

48. Rumänien. Es gehört dem Internationalen Eisenbahnfrachtabkommen an. Vgl. § 9 I D und § 23.

Handels-, Zoll- und Schiffahrtsvertrag vom 21. Oktober 1893 (RGBl. 1894 S. 1) nebst Zusatzvertrag vom 8. Oktober und 25. September 1904 (RGBl. 1905 S. 253). Art. 2 betrifft Gleichstellung der beiderseitigen Gesellschaften. Legalisationsgebühr beträgt 4 Mark (JMBl. 1907 S. 350).

Die Rechtshilfe gegenüber den Schiedsgerichten in Zollsachen nach Art. 2 des Handelsvertrages vom 8. Oktober 1904 (RGBl. 1905 S. 260) richtet sich nach den §§ 157 ff. deutsch GVG. Vgl. Gaupp-Stein S. 20 Anm. 157.

Rumänien ist dem Haager Abkommen von 1905 beigetreten; daher keinerlei Kaution, auch nicht für rumänische Schutzgenossen, d. h. nicht dem rumänischen Staatsverbande angehörigen Juden (LG. Darmstadt, Hess. Rechtspr. 5, 44), aber mit der Einschränkung wie bei Belgien. Armenrecht wird bewilligt.

Vollstreckung ausländischer Urteile. Die Gegenseitigkeit ist nicht verbürgt.

In Rumänien können nach Art. 374 der rumänischen Zivilprozeßordnung die Urteile ausländischer Gerichte unter denselben Voraussetzungen vollstreckt werden, wie die rumänischen Urteile in dem betreffenden Lande vollstreckbar sind, wozu jedoch gehört, daß die ausländischen Urteile durch den zuständigen rumänischen Richter für vollstreckbar erklärt werden. Das rumänische Gesetz unterscheidet hierbei nicht, ob das ausländische Urteil zugunsten eines Rumänen oder eines Fremden erlassen ist [1].

Zur Vollstreckbarkeitserklärung ist bei Ansprüchen auf bewegliches Vermögen das Domizilgericht des Beklagten, für Immobilien das Gericht der belegenen Sache zuständig. In materieller Hinsicht unterliegt das Urteil einer weiteren Untersuchung nicht. Die Prüfung des Gerichtes erstreckt sich nur darauf, ob die formellen Voraussetzungen der Vollstreckbarkeit gegeben sind und ob das Urteil nicht gegen ein das öffentliche Recht betreffendes rumänisches Gesetz verstößt [2]. Zwischen Rumänien und Deutschland besteht keine Reziprozität und werden deshalb deutsche Urteile in Rumänien und umgekehrt nicht vollstreckt [3] [4].

1) Vgl. auch Urteil des österr. Obersten Gerichtshofes vom 10. Juni 1902 Böhms Zeitschr. Bd. 12 S. 487).

2) Petroni im Journal du droit int. pr. tom. VI p. 351; Constant S. 33; Francke S. 72 und Leske I, 162.

3) Vgl. Zentralblatt für das Deutsche Reich 1876 S. 40, Böhms Zeitschr. Bd. 11 S. 328 und die Note des rumänischen Ministers des Außern vom 28. Januar und 9. Februar 1882, abgedruckt in dem Aufsatze von Djuvara, De l'exécution des jugements étrangers en Roumanie im Journal du droit int. priv. 1891 p. 453; dagegen Landgericht I Berlin bei Leske II, 1051 und Klein in Böhms Zeitschr. Bd. 9 S. 237; Brückner S. 301; Ogose S. 52 und Sydow-Busch zu § 328 ZPO. Anm. 7.

4) Der § 374 der neuen ZPO. vom 1. September 1900 ist abgedruckt bei Bloch S. 777.

Über die Rechtshilfe existiert nur eine Vorschrift, nämlich Art. 3 des Gesetzes vom 21. März 1873. Dieser besagt kurz, daß das Ministerium des Äußern die Requisitionsschreiben empfängt und weiterleitet, sowie für die Evidenzhaltung derselben zu sorgen hat. Die requirierenden fremden Gerichte müssen in dem Ersuchungsschreiben selbst den Wohnort der zu vernehmenden Zeugen usw. genau angeben, damit das Ministerium die Sache durch das Justizministerium an die zuständige Instanz weiterleiten kann.

Die rumänischen Gerichte sind in ihrem Verkehre mit dem Auslande an die diplomatische Intervention gebunden. Schreiben ausländischer Gerichte, deren Übermittelung nicht auf diplomatischem Wege erfolgt ist, dürfen von den rumänischen Gerichten nicht berücksichtigt werden (Jettel S. 214).

Das rumänische Recht kennt als Beweismittel: Augenschein, Zeugen, Sachverständige, Urkunden, Eid.

Wegen der Rechtshilfe in bürgerlichen Sachen vgl. in § 10 Ziffer 10 III Abs. 1, 2; Ziffer 20 Abs. 1, 2; Ziffer 21 Abs. 1 Satz 2. Rumänien hat von den Vorbehalten im Artikel 1 Abs. 3 und im Artikel 9 Abs. 3 des Haager Abkommens über den Zivilprozeß Gebrauch gemacht.

Ersuchen um Zustellungen an Deutsche sind in Strafsachen und in bürgerlichen Sachen an denjenigen deutschen Konsul zu richten, in dessen Jurisdiktionsbezirke die Person sich befindet; andere Ersuchen um Zustellungen sind an den deutschen Gesandten in Bukarest zu richten. In den Ersuchungsschreiben ist anzugeben, was über die Staatsangehörigkeit der Person, welcher zugestellt werden soll, ermittelt ist. Bei Ladungen (vgl. § 8 Abs. 2) sind die Termine mit einer Frist von mindestens 3 Monaten anzuberaumen.

49. Rußland. Es gehört dem Internationalen Eisenbahnfrachtabkommen an. Vgl. § 9 I D und § 23.

Konsularvertrag vom 8. Dezember und 26. November 1874 (RGBl. 1875 S. 136). Art. 9 betrifft Nachlaßbehandlung.

Handels- und Schiffahrtsvertrag vom 10. Februar und 29. Januar 1894 nebst Zusatzvertrag vom 28. Juli und 15. Juli 1904 (RGBl. 1905 S. 35). Vgl. Art. 4 betr. Gleichstellung der Gesellschaften.

Rußland ist der Haager Konvention von 1905 beigetreten; daher keinerlei Kaution, unbedingt, wie bei Bulgarien. Vgl. Bekanntmachung vom 30. September 1897 (RGBl. S. 775.)

Armenrecht wird bewilligt. Vollstreckung deutscher Urteile findet nicht statt. Näheres siehe im § 35.

Für Preußen kommen in Betracht: die Vorschriften, betr. Requisitionen an russische Behörden (PrJMBl. 1870 S. 277 ff. und 1875 S. 236); das Abkommen mit Rußland, betreffend den unmittelbaren Geschäftsverkehr zwischen den Justizbehörden der preußischen Grenzprovinzen und des Gerichtsbezirks Warschau vom 23. Januar und 4. Februar 1879 (PrGS. S. 138), ferner JMBl. vom 30. Mai und 16. Dezember 1879 (JMBl. S. 128 und 474); das Zusatzabkommen vom 28./16. Januar 1893 (GS. S. 83) Min.-Verf. vom 9. Februar 1883 (JMBl. S. 32); 31. Juli 1893 (JMBl. S. 260) und vom 18. September 1896 (JMBl. S. 309) und Verzeichnis der russischen Gerichtshöfe (JMBl. 1883 S. 46, 50 ff., 192 und 1884 S. 59; 1894 S. 167).

Nach Maßgabe des Abkommens vom 4. Februar und 23. Januar 1879 (PrGS. S. 138) und der Erklärung vom 28. Januar 1893 (PrGS. S. 83) findet unmittelbarer Schriftenwechsel statt im Verkehr der folgenden preußischen Justizbehörden, nämlich des Kammergerichts, der Oberlandesgerichte in Breslau, Königsberg i. P., Marienwerder, Posen und Stettin, der zu dem Bezirke der vorbezeichneten Gerichte gehörigen Landgerichte sowie der Oberstaatsanwälte und der Ersten Staatsanwälte bei diesen Gerichten einerseits, mit den russischen Justizbehörden des Gerichtsbezirkes Warschau, nämlich der Justizkammer, dem Handelsgericht und dem Bezirksgericht in Warschau, den Bezirksgerichten in Kalisch, Kielce, Lomza, Lublin, Petrikau, Plock, Radom, Siedlce und Suwalki, mit den Bezirksgerichten in Libau, Kowno und Grodno, mit den Assisenhöfen bei den Friedensgerichten der bezeichneten Bezirke sowie mit den Präsidenten und den Staatsanwälten bei diesen Gerichten anderseits. Mit den Justizkammern in St. Petersburg und Wilna und den Staatsanwälten bei diesen Justizkammern ist den genannten preußischen Justizbehörden ein unmittelbarer Schriftwechsel insoweit gestattet, als es sich um Sachen handelt, die von den Gerichten der Gerichtsbezirke von Libau, Kowno und Grodno ausgehen, d. h. ursprünglich — in erster Instanz — bei einem dieser Gerichte geschwebt haben, und bei den Justizkammern in St. Petersburg und Wilna in höherer Instanz anhängig geworden sind.

Sollen an russische Behörden, mit denen ein unmittelbarer Schriftwechsel stattfindet, von Amtsgerichten, welche dem

Kammergerichtsbezirk oder den Bezirken der Oberlandesgerichte in Breslau, Königsberg, Marienwerder, Posen und Stettin angehören, oder von Staatsanwälten bei den Strafkammern solcher Amtsgerichte Ersuchen um Rechtshilfe gerichtet werden, so haben die Amtsgerichte die Vermittlung des Landgerichtspräsidenten, die Staatsanwälte die Vermittlung des Ersten Staatsanwalts in Anspruch zu nehmen. Der Landgerichtspräsident und der Erste Staatsanwalt haben die Ersuchungsschreiben, nachdem die Beseitigung etwaiger Mängel veranlaßt worden ist, mit einem Begleitschreiben, worin die Bitte um Erledigung des Ersuchungsschreibens auszusprechen ist, an die zuständige russische Justizbehörde weiterzugeben (§ 46 V.).

Die Jurisdiktionsbezirke der in Rede stehenden russischen Gerichte sind durch die Allg. Verf. vom 23. Juni 1894 (JMBl. S. 167) bekannt gemacht.

Bei diesem direkten Geschäftsverkehr sind alle Sendungen an russische Gerichte, selbst solche von größerem Umfange in einem Papierumschlag zu befördern und nicht in Leinwand einzunähen, denn in letzterem Falle werden diese Sendungen zollamtlich nicht als Briefe, sondern als Pakete behandelt, an der Grenze von der russischen Zollbehörde geöffnet, und mit den hierdurch entstehenden Gebühren, zu deren Tragung die ersuchte russische Justizbehörde sich nicht für verpflichtet erachtet, beschwert.

Die Sendungen sind stets frankiert abzulassen. Vgl. in § 10 Ziffer 5 Abs. 2.

Die Erledigung von Zustellungsersuchen nimmt in Rußland viel Zeit in Anspruch; es ist daher, wenn es sich um die Zustellung einer Ladung (vgl. § 10 Ziff. 8 II Abs. 2) handelt und das Ersuchen einer russischen Justizbehörde nicht unmittelbar übersandt werden darf, von dem Abgange des Ersuchungsschreibens bis zum Termin eine Frist von mindestens drei Monaten freizulassen.

Die Adresse derjenigen Personen, an die eine Zustellung erfolgen oder mit denen verhandelt werden soll (vgl. Ziffer 3 Abs. 2 in § 10), muß in den Ersuchungsschreiben besonders sorgfältig angegeben werden; befindet sich die Wohnung der Beteiligten in einer großen Stadt, so ist sie tunlichst nach Stadtteil, Straße und Hausnummer zu bezeichnen. Außerdem ist der Vorname des Vaters, wenn er bekannt ist, mitzuteilen.

Wegen der Rechtshilfe in bürgerlichen Sachen vgl. in § 10 Ziffer 10 III Abs. 1, 2; Ziffer 20 Abs. 1, Ziffer 21 Abs. 1 Satz 1.

Soweit ein unmittelbarer Schriftwechsel gestattet ist, erfolgt die Rechtshilfe kostenfrei.

Wegen Erledigung von Beweisbeschlüssen durch die Partei vgl. § 10 Ziffer 23.

Es empfiehlt sich für deutsche Parteien, welche in Rußland klagen wollen, vor Erhebung der Klage wegen Erlangung näherer Auskunft über das zuständige russische Gericht, sofern dieses nicht anderweit sicher bekannt ist — die Vermittelung der Kaiserl. Konsuln in Anspruch zu nehmen, da die durch die Allg. Verf. vom 22. Februar, 18. Juni 1883 (JMBl. S. 46 und 192) sowie vom 20. März 1884 (JMBl. S. 59) bekannt gemachten wesentlichen Bestimmungen über die Gerichtsverfassung und das Zivilprozeßverfahren nicht mehr in allen Punkten zutreffen (Allg. Verf. vom 26. Mai 1897 (JMBl. S. 122).

Wegen Entmündigung russischer Staatsangehöriger ist auch jetzt noch die Allg. Verf. vom 14. Dezember 1860 (JMBl. S. 459) maßgebend (Allg. Verf. vom 28. November 1899 § 16; JMBl. S. 388).

Als zuständige deutsche Konsuln kommen in Betracht, soweit nicht der unmittelbare Verkehr mit den Landesbehörden zugelassen ist: Konsul in Charkow für die Gouvernements Charkow, Kursk, Woronesch, Jekaterinoslaw (mit Ausnahme des Kreises und der Stadt Mariupol nebst Hafen) und das Land der Donischen Kosaken;

Konsul in Kiew für die Gouvernements Kiew, Mohilew, Podolien, Volhynien, Tschernigow und Poltawa;

Konsul in Kowno für die Gouvernements Wilna, Kowno, Grodno, Suwalki und Minsk;

Konsul in Moskau für die Stadt und das Gouvernement Moskau, ferner die Gouvernements Perm, Wjätka, Kostroma, Jaroslaw, Twer, Smolensk, Kaluga, Tula, Rjäsan, Orel, Wladimir, Nischni-Nowgorod, Kasan, Pensa, und Tambow.

Generalkonsul in Odessa für die Stadthauptmannschaft Odessa, die Gouvernements Bessarabien, Cherson, Taurien, Stawropol und das Kuban-Gebiet sowie vom Gouvernement Jekaterinoslaw Kreis und Stadt Mariupol nebst Hafen.

Konsul in Riga für Kur- und Livland und das Gouvernement Witebsk.

Konsul in Saratow für die Gouvernements Simbirsk, Samara, Saratow, Orenburg, Ufa und Astrachan;

Generalkonsul in St. Petersburg für die Gouvernements Wologda, Olonetz, Nowgorod, St. Petersburg, Pskow, Archangel und Esthland;

Konsul in Tiflis für das Terek-Gebiet;

Generalkonsul in Warschau für die Weichselprovinzen mit Ausnahme des Gouvernements Suwalki;

Konsul in Helsingfors für das Großfürstentum Finland.

Das Haager Abkommen von 1905 gilt nicht für die außereuropäischen Gebietsteile Rußlands. Hier ist der diplomatische Weg vorgeschrieben (vgl. Bad. Rechtspraxis 1910 S. 181).

In Rußland gelten Urkunden, welche in einem fremden Staate nach den daselbst geltenden Gesetzen, wenn auch der bei der Errichtung solcher Urkunden in Rußland üblichen Form nicht entsprechend, errichtet sind, als gesetzmäßige Urkunden, falls ihre Echtheit nicht widerlegt wird, können jedoch nicht anders zu den Akten gebracht werden, als nach Bescheinigung von seiten der Russischen Botschaft, Gesandtschaft oder des Konsulates, daß sie wirklich nach den Gesetzen jenes Staates errichtet sind[1]. Dem russischen Konsulat, welches deutsche Urkunden beglaubigt, ist eine einfache Abschrift, sowie der darunter befindlichen Atteste für das Archiv des russischen Konsulates beizufügen; bei Urkunden mit zweisprachigem Text genügt Abschrift des deutschen Textes. Vollmachten dürfen nicht in blanco ausgestellt werden. Mit jeder Unterschriftsbeglaubigung hat der Landgerichtspräsident die Bescheinigung zu verbinden, „daß das Schriftstück den Landesgesetzen konform ist". Vgl. auch § 29 IV. Nur derjenige russische Konsul ist zur Beglaubigung befugt, in dessen Bezirk der die Unterschrift gemäß § 43 AGzGVG. beglaubigende Landgerichtspräsident seinen Amtssitz hat. Die Beteiligten müssen sich damit an jenen russischen Konsul wenden, eine Vermittelung des Justizministers findet nicht statt (Allg. Verf. vom 6. März 1896; JMBl. S. 92; dort ist auch Verzeichnis der russischen Konsuln und ihrer Amtssitze abgedruckt)[2]. Vgl. auch SächsJMBl. 1911 S. 2.

---

1) Art. 464 und 465 der russischen ZPO. vom 20. November 1864. Nach Art. 707 l. c. werden im Auslande zustande gekommene Verträge und Urkunden nach den Gesetzen desjenigen Staates beurteilt, innerhalb dessen Grenzen sie errichtet wurden; solche werden als gültig erkannt, wenn nur das in denselben enthaltene Rechtsgeschäft nicht wider die öffentliche Ordnung streitet und durch die Gesetze des Reiches nicht verboten ist.

2) Siehe die Zusammenstellung der wesentlichsten Bestimmungen der Gerichtsverfassung und des Zivilprozeßverfahrens in Rußland im Zentralblatt für das Deutsche Reich 1883 S. 134ff.; BayrJMBl. 1883 S. 250. Dieselbe ist jedoch nicht überall mehr maßgebend (Allg. Verf. vom 20. Mai 1887, Nr. 39, JMBl. S. 122).

Über den sog. Gläubigereid nach der Finnischen Konkursordnung vom 9. November 1868 s. Bekanntm. d. K. bayer. Staatsmin. d. Justiz vom 24. April 1885 (JMBl. S. 95 ff.) und oben S. 167.

Die Legalisationsgebühr beträgt: 6.50 Mark (JMBl. 1907 S. 350).

Zivilprozeß: Nach Art. 409 ZPO. können Zeugenaussagen nur als Beweismittel für diejenigen Tatsachen anerkannt werden, für welche im Gesetze keine schriftliche Beglaubigung verlangt wird. Die Praxis verfährt jetzt milder, indem sie die Beschränkung des Zeugenbeweises nur in den Fällen aufrecht erhält, wo das Privatrecht ausdrücklich eine schriftliche Urkunde verlangt; aber auch hier wird für Nebenumstände der Zeugenbeweis zugelassen. Weitere Ausnahmen enthalten die Art. 409, 410 ZPO.

Die Zeugnispflicht ist eine allgemeine. Die Leistung kann durch zweimalige Geldbuße (von 50 Kop. bis 25 Rubel) erzwungen werden, falls der Zeuge bis 25 Werst vom Gerichtsort wohnt. Damit hat der Zwang ein Ende, weder einer dritten Ladung, noch weniger der Haft erwähnt die ZPO., welche auch keine Strafe zur Erzwingung der Aussage und Eidesleistung kennt. Zeugen, die weiter als 25 Werst vom Gerichtsort wohnen, können verlangen, an ihrem Wohnort verhört zu werden. Vgl. Art. 382—384 ZPO.

Zeugnisunfähig sind: 1. Geisteskranke, Personen, welche sich weder schriftlich noch mündlich auszudrücken imstande sind; 2. die, welchen die Fähigkeit der Wahrnehmung fehlt; 3. Kinder, gegen ihre Eltern; 4. die Ehegatten der Parteien; 5. Personen, die zum Verlust aller Standesrechte verurteilt sind und solche, welchen durch Urteil das Recht, Zeuge zu sein, entzogen ist; 6. Geistliche, in bezug auf das, was ihnen in der Beichte anvertraut ist (Art. 371 ZPO.).

Ihre Aussage dürfen verweigern: 1. Aszendenten, Deszendenten und Geschwister der Parteien; es sei denn, daß es sich um Standesrechte handle; 2. Personen, welche einen Vorteil aus der Entscheidung der Sache zu erwarten haben (Art. 370 ZPO.).

Unvereidigt werden vernommen: 1. Kinder von 7—14 Jahren (Art. 372 ZPO.); 2. Personen, die von den Parteien vom Eide befreit werden (Art. 395 ZPO.); 3. Welt- und Klostergeistliche aller christlichen Konfessionen; 4. Personen, die Konfessionen und Sekten angehören, welche den Eid verwerfen.

Der Parteieid ist als Beweismittel nur zugelassen, wenn beide Teile darüber einverstanden sind. Eideszuschiebung oder gerichtliche Auferlegung des Eides findet nicht statt.

In Rußland ist, soferne russische Untertanen dort als Zeugen zu vernehmen sind, die Abhör durch die Konsuln des Deutschen Reiches nicht tunlich, da die Konsuln sich nur zur Vernehmung von Nichtrussen befugt erachten.

Freiwillige Gerichtsbarkeit.

Deutsch-russische Nachlaßkonvention[1][2] vom 12. November und 31. Oktober 1874 (RGBl. 1875 S. 136) und Bekanntmachung des Reichskanzlers betr. Handhabung der Konvention vom 7. Dezember 1909 (RZBl. S. 1476).

Die Konvention hat als ein von dem Deutschen Reich mit einem ausländischen Staat abgeschlossener Staatsvertrag, da in formaler Beziehung die Anforderungen der Art. 4 Nr. 13 und 11 Abs. 1 und 3 der Verfassung des Deutschen Reiches erfüllt sind (RGZ. Bd. 26 S. 123), in Deutschland uneingeschränkte Geltung erlangt. Die in ihr enthaltenen Vorschriften haben auch beim Inkrafttreten des BGB. ihre Geltung beibehalten (RGZ. 71, 293).

Daß in Art. 7 die auf einem Erbanspruche oder Vermächtnisse beruhenden Forderungen von der für andere Forderungen begründeten ausschließlichen Zuständigkeit der Landesgerichte ausdrücklich angenommen sind, bedeutet nicht, daß sie damit zugleich positiv den Gerichten und Behörden des Heimatstaates zur ausschließlichen Entscheidung zugewiesen sind. Vielmehr enthält Art. 10 für die auf erbrechtlichem Grunde beruhenden Ansprüche eine Regelung der Zuständigkeit in der Weise, daß unter gewissen Voraussetzungen die Entscheidung den Behörden und Gerichten des Heimatstaates, unter anderen Voraussetzungen dagegen den Gerichten des Sterbeorts zusteht. Diese Regelung ist erschöpfend. Sie bezweckt die vollständige erbrechtliche Ordnung der ganzen Hinterlassenschaft und erstreckt sich daher auch

---

1) Die Konvention enthält ein den Mobiliarnachlaß überhaupt regelndes Prinzip (RGZ. 26, 117). Stirbt mithin ein preußischer Staatsangehöriger in Rußland, so sind, insoweit sein Mobiliarnachlaß in Betracht kommt und nicht etwa seitens eines russischen Staatsangehörigen Ansprüche auf denselben erhoben werden, die preußischen Gerichte zur Erteilung der Erbbescheinigung berechtigt (KG. Joh. 10, 47).

2) Der nach Art. 4 der Konvention zu stellende schriftliche Antrag der Konsularbehörde, ihr alles bewegliche Gut, aus dem die Hinterlassenschaft des Verstorbenen besteht, auszuhändigen, ist ein Ersuchen um Rechtshilfe. Auf das vom Rechtshilfegerichte zu beobachtende Verfahren finden weder die §§ 158 bis 169 GVG. noch der § 2 über die FGG. Anwendung, sondern der Art. 10 des Haager Abkommens über internationales Privatrecht. Der Art. 4 der deutsch-russischen Konvention bezieht sich nur auf Gegenstände, die dem Verstorbenen gehörten. Der Art. 10 der Konvention regelt internationales Erbrecht, einschließlich aller in dasselbe einschlagenden Rechtsverhältnisse. Unter die im Art. 10 Abs. 2 am Schlusse erwähnten „Ansprüche auf die Hinterlassenschaft" fällt also auch das Zurückbehaltungsrecht des deutschen Erbschaftsbesitzers nach § 2022 BGB. (KG. vom 20. Juni 1907, KGJ. 35 A. 135).

auf die auf dem Rechtsgrunde des Vermächtnisses beruhenden Ansprüche (RGZ. 71, 293).

Vgl. hierzu die Allg. Verf. vom 26. Februar 1895 (JMBl. S. 70) und Verfügung des Ministers des Innern (JMBl. 1895 S. 151) und im übrigen Müller S. 1279.

Die Amtsgerichte haben den zuständigen Erbschaftssteuerämtern von jedem Todesfall eines Russen, welcher in Preußen Vermögen besitzt, sowie über die näheren Verhältnisse Mitteilung zu machen (Verf. vom 12. Januar 1903, I 79a, Müller S. 1279).

52. Schweiz. Es hat dieselben internationalen Verträge geschlossen, wie Belgien.

Handels- und Zollvertrag vom 10. Dezember 1891 nebst Zusatzvertrag vom 12. November 1904 (RGBl. 1905 S. 319). Niederlassungsvertrag[1]) vom 31. Mai 1890 (RGBl. S. 13).

Abkommen mit der Schweiz wegen gegenseitiger Anerkennung der Rechtsfähigkeit der Aktiengesellschaften vom 24. August 1899 (RZBl. S. 306)[2]).

Legalisationsgebühr: 4 Mark (JMBl. 1907 S. 350).

Die Schweiz ist dem Haager Abkommen von 1905 beigetreten, daher keine Kaution, aber mit der Einschränkung wie bei Belgien. Armenrecht wird bewilligt. Wegen Vollstreckung deutscher Urteile[3]) s. §§ 34 ff. unten.

Zwischen den deutschen und den schweizerischen Justizbehörden[4]) findet unmittelbarer Schriftwechsel statt nach Maßgabe des Abkommens vom 1./10. Dezember 1878 (JMBl. 1879 S. 20)[5]), d. h. in allen Fällen, in welchen nicht der diplomatische Verkehr durch Staatsverträge vorgeschrieben ist oder infolge besonderer Verhältnisse rätlich erscheint[6]).

---

1) Verfügung betr. Übernahme Ausgewiesener von und nach der Schweiz vom 30. März 1909 (MBl. S. 112).

2) Art. 6 der Übereinkunft zwischen Baden und dem Kanton Aargau vom 23. August und 28. September 1867 (BadRBl. 1867, S. 426) bestimmt, daß für die Besorgung der Zustellungen und Ersuchungsschreiben gegenseitig keine Kosten und kein Porto berechnet werden sollen.

3) Rechtskräftige Entscheidungen der Oberlandesgerichte und der Landgerichte, welche die Vollstreckbarkeit schweizerischer Urteile im Inlande berühren, sind in Abschrift dem Reichsjustizamt einzureichen (Allg. Verf. vom 10. Januar 1905, JMBl. S. 12).

4) Ein Verzeichnis der schweizerischen Behörden ist bekannt gemacht im JMBl. 1888 S. 103 und 1906 S. 152 (wegen des Kantons Zürich vgl. JMBl. 1890 S. 74).

5) Vgl. RZBl. 1879 S. 6; BayrJMBl. 1879 S. 1.

6) Zwischen den deutschen Gerichten einerseits sowie dem schweizerischen eidgenössischen Amte für geistiges Eigentum andererseits, findet in Rechtsfällen, die den Schutz des gewerblichen Eigentums betreffen, ein unmittelbarer Geschäftsverkehr statt.

Die badischen Notare und Gerichte dürfen mit den schweizerischen Gerichten und Gemeindebehörden, insbesondere den Vormundschaftsämtern in unmittelbaren Geschäftsverkehr treten (Erl. d. bad. Justizministeriums vom 31. Mai 1903 Nr. 18310 in Böhms Zeitschrift Bd. 13 S. 617).

Freiwillige Gerichtsbarkeit: Vgl. § 39. Ein Verzeichnis der schweizerischen Vormundschaftsbehörden ist abgedruckt in Bad. Rechtspraxis 1907 S. 345.

Wegen der Rechtshilfe in bürgerlichen Sachen vgl. in § 10 Ziffer 10 III Abs. 1, 2; Ziffer 20 Abs. 1 und wegen der Vollstreckung der im Artikel 18 des Haager Abkommens über den Zivilprozeß (Ziffer 20 Abs. 1) erwähnten Kostenentscheidungen § 25 Ziff. 10 Abs. 2.

Für die Behandlung der portopflichtigen Korrespondenz zwischen den deutschen und den Behörden der Schweiz gelten die oben S. 260 für den Verkehr mit Österreich-Ungarn angegebenen Grundsätze (JMBl. 1878 S. 60). Vgl. auch § 10 Ziffer 5.

Ersuchen um Rechtshilfe sind an die Bezirksgerichte zu richten.

Das Schweizerische Recht kennt als Beweismittel u. a.: Zeugen, Sachverständige, richterlichen Augenschein, Schieds- und richterlichen Eid.

Besondere Vorschriften über die Erledigung ausländischer Requisition finden sich nur in der Zivilprozeßordnung von Zürich (Art. 124) und Bern (Art. 21).

Abkommen zur weiteren Vereinfachung des Rechtshilfeverkehrs vom 7. Mai 1910 (RGBl. 1910 S. 674).

Art. 1. Gemäß den Vorbehalten im Art. 1 Abs. 4 und im Artikel 9 Abs. 4 des Haager Abkommens über den Zivilprozeß vom 14. Juli 1905 wird in allen Fällen, in denen durch das Abkommen der Rechtshilfeverkehr in Zivil- und Handels-

In Ansehung der von dem genannten eidgenössischen Amte ausgehenden Ersuchen um Rechtshilfe gilt dies nur für den Fall, daß ihm durch die schweizerische Gesetzgebung in der Folge richterliche Befugnisse zuerteilt werden (Allg. Verf. vom 19. September 1900, JMBl. S. 578, Böhm, Zeitschr. Bd. 10 S. 90). Das Kaiserl. deutsche Patentamt hat Rechtshilfesachen in Angelegenheiten, welche den Schutz des gewerblichen Eigentums betreffen, durch unmittelbaren Schriftwechsel mit den schweizerischen Gerichtsbehörden zu erledigen. Ebenso ist dem deutschen Patentamt gestattet, in den den Schutz des gewerblichen Eigentums betreffenden Angelegenheiten, welche nicht rein Rechtshilfesachen sind, unmittelbar mit dem eidgenössischen Amte für geistiges Eigentum zu verkehren (Schweiz. Bundesblatt 1899 V S. 818). — Wegen des Verkehrs deutscher Standesbeamten mit schweizerischen Zivilstandsbeamten vgl. Böhm, Zeitschr. Bd. 13 S. 523. Den deutschen Verwaltungsbehörden (auch den Standesämtern) ist aber ein direkter Verkehr mit den schweizerischen Gerichten wohl nicht mehr untersagt. (Vgl. § 9 a, anderer Ansicht Meili S. 119).

sachen für die Mitteilung gerichtlicher und außergerichtlicher Urkunden, sowie für die Erledigung von Ersuchungsschreiben geregelt ist, der zwischen den deutschen und den schweizerischen gerichtlichen Behörden auf Grund der Vereinbarung vom 1./10. Dezember 1878 bestehende unmittelbare Geschäftsverkehr beibehalten.

Art. 2. In dem unmittelbaren Geschäftsverkehre werden die Schreiben der beiderseitigen Behörden in deren Landessprache abgefaßt.

Die Bestimmungen des Art. 3 des Haager Abkommens über den Zivilprozeß wegen Abfassung oder Übersetzung der dort bezeichneten Schriftstücke bleiben unberührt. Sind diesen Schriftstücken die vorgeschriebenen Übersetzungen nicht beigegeben, so werden sie von der ersuchten Behörde auf Kosten der ersuchenden Behörde beschafft[1]).

Art. 3. Die Bestimmungen des Art. 2 Abs. 2 dieser Erklärung finden Anwendung auf die im Art. 19 des Haager Abkommens über den Zivilprozeß bezeichneten Schriftstücke, die den auf diplomatischem Wege zu stellenden Anträgen wegen Vollstreckbarkeitserklärung von Kostenentscheidungen beizufügen sind.

Gemäß dem Vorbehalt im Art. 19 Abs. 3 des Abkommens soll die dort vorgesehene Bescheinigung des höchsten Justizverwaltungsbeamten über die Zuständigkeit der Behörde, welche die Erklärung über die Rechtskraft der Kostenentscheidung abgibt, nicht verlangt werden, wenn die Erklärung nach dem Beglaubigungsvertrage vom 14. Februar 1907 keiner Beglaubigung bedarf.

Art. 4. Soweit nach dem Haager Abkommen über den Zivilprozeß Kosten in Rechnung gestellt werden können, werden sie nach den Vorschriften berechnet, die in dem ersuchten Staate für gleiche Handlungen in einem inländischen Verfahren gelten.

Art. 5. Die gegenwärtige Erklärung tritt am 1. Juni 1910 in Wirksamkeit und bleibt in Kraft bis zum Ablauf von sechs Monaten nach erfolgter Kündigung seitens des einen oder des anderen der beiden Teile.

Die Erklärung wird gegen eine entsprechende Erklärung des schweizerischen Bundesrates ausgetauscht werden[2]).

---

1) Es empfiehlt sich die Übersetzung der schweizerischen Behörde zu überlassen (BadJM. vom 30. Mai 1910 A. 17872).

2) Ist geschehen (RGBl. 1910 S. 974).

Vertrag über die Beglaubigung öffentlicher Urkunden vom 14. Februar 1907 (RGBl. S. 411).

Art. 1. Die von den Gerichten des einen Teiles, mit Einschluß der Konsulargerichte, aufgenommenen, ausgestellten oder beglaubigten Urkunden bedürfen, wenn sie mit dem Siegel oder Stempel des Gerichts versehen sind, zum Gebrauch in dem Gebiete des anderen Teiles keiner Beglaubigung (Legalisation). Zu den bezeichneten Urkunden gehören auch die von dem Gerichtsschreiber unterschriebenen Urkunden, sofern diese Unterschrift nach den Gesetzen des Teiles genügt, dem das Gericht angehört.

Art. 2. Urkunden, die von einer der in dem beigefügten Verzeichnis aufgeführten obersten und höheren Verwaltungsbehörden des einen der beiden Teile aufgenommen, ausgestellt oder beglaubigt und mit dem Siegel oder Stempel der Behörde versehen sind, bedürfen zum Gebrauch in dem Gebiete des anderen Teiles keiner Beglaubigung (Legalisation).

Das Verzeichnis kann im beiderseitigen Einverständnisse jederzeit auf dem Verwaltungswege durch Bekanntmachung geändert oder ergänzt werden[1]).

Art. 3. Die Bestimmungen der Art. 1 und 2 finden auch auf die deutschen Schutzgebiete Anwendung. Sie finden entsprechende Anwendung, wenn Urkunden, die von Behörden des einen Teiles aufgenommen, ausgestellt oder beglaubigt sind, vor Behörden des anderen Teiles, die ihren Sitz außerhalb des Gebietes dieses Teiles haben, gebraucht werden.

Art. 4. Dieser Vertrag soll ratifiziert werden, und die Ratifikationsurkunden sollen in Berlin ausgewechselt werden.

Der Vertrag tritt einen Monat nach Auswechselung der Ratifikationsurkunden in Kraft und soll nach Kündigung, die jederzeit zulässig ist, noch 3 Monate in Kraft bleiben.

Verzeichnis derjenigen Verwaltungsbehörden der Schweiz, deren Beurkundungen zum Gebrauch im Gebiete des deutschen Reiches keiner Beglaubigung bedürfen[2]).

---

1) Der Beglaubigungsvermerk braucht sich nicht unmittelbar auf die Unterschrift des Ausstellers zu beziehen, er ersetzt nur die sonst erforderlich werdende Legalisation durch die zuständigen Beamten des einheimischen Staates (RG. 13. September 1909, v. Kamptz-Delius III, 425).

2) Die Verwaltungsbehörden Deutschlands sind in RGBl. 1907 S. 411, 415 und 418 mitgeteilt.

A. Behörden der Eidgenossenschaft:
die Bundeskanzlei.

B. Kantonale Behörden:

Kanton Zürich: die Staatskanzlei,
Kanton Bern: die Staatskanzlei,
Kanton Luzern: die Staatskanzlei,
Kanton Uri: die Standeskanzlei,
Kanton Schwyz: die Kantonskanzlei,
Kanton Unterwalden ob dem Wald: die Staatskanzlei und das Landammannamt,
Kanton Unterwalden nid dem Wald: die Standeskanzlei,
Kanton Glarus: die Regierungskanzlei,
Kanton Zug: die Regierungskanzlei,
Kanton Freiburg: La chancellerie d'État,
Kanton Solothurn: die Staatskanzlei,
Kanton Baselstadt: die Staatskanzlei,
Kanton Baselland: die Staatskanzlei,
Kanton Schaffhausen: die Staatskanzlei,
Kanton Appenzell a. Rh.: die Kantonskanzlei,
Kanton Appenzell f. Rh.: der Landammann und die Standeskanzlei,
Kanton St. Gallen: die Staatskanzlei,
Kanton Graubünden: die Standeskanzlei,
Kanton Aargau: Die Staatskanzlei,
Kanton Thurgau: die Staatskanzlei,
Kanton Tessin: La chancellerie d'État,
Kanton Waadt: La chancellerie cantonale,
Kanton Wallis: La chancellerie d'État,
Kanton Neuenburg: La chancellerie d'État,
Kanton Genf: La chancellerie d'État.

50. San Salvador.

Handelsvertrag vom 14. April 1908 (RGBl. 1909 S. 405).

In Handels-, Schiffahrts- und Konsularsachen gilt der Grundsatz der meistbegünstigten Nation. Keine Kaution, unbedingt, wie bei Bulgarien. Armenrecht zweifelhaft, aber wohl zu bewilligen. Keine Vollstreckung fremder Urteile. Legalisationsgebühr: 20 Mark (JMBl. 1907 S. 350).

51. Schweden. Es gehört der Pariser Übereinkunft (siehe oben S. 161) und der Berner Übereinkunft (siehe oben

S. 162) an. Handels- und Schiffahrtsvertrag vom 2. Mai 1911 (RGBl. 1911 S. 275). Art. 5 betrifft Gleichstellung der Gesellschaften; Art. 20 die Konsuln. Wegen der Rechtshilfe für die Schiedsgerichte bei Streitigkeiten über Auslegung der Tarife vgl. Art. 22 ff. Legalisationsgebühr: 4.50 Mark (JMBl. 1907 S. 350).

Schweden ist dem Haager Abkommen über den Zivilprozeß von 1905 beigetreten, keine Kaution unbedingt, wie bei Bulgarien. Armenrecht wird bewilligt. Mangels eines Staatsvertrages werden deutsche Urteile nicht vollstreckt.

Vgl. Constant S. 35; Foelix S. 143 ff. und Leske II S. 483 und 839; und insbesondere bezüglich Schwedens d'Olivecrona, De l'exécution des jugements étrangers en Suède im Journal du droit intern. priv. tom. VIII (1880) p. 83, Urteil des RG. vom 29. Januar 1883 (Entsch. Bd. 8 S. 390) und Allg. Verf. d. preuß. Justizministers vom 10. Mai 1878 (JMBl. S. 82).

Mit dem deutschen Reich ist folgendes Abkommen vom 9. Februar 1910 zur Vereinfachung des Rechtshilfeverkehrs geschlossen (RGBl. 1910 S. 455):

Art. 1. Gemäß den Vorbehalten im Art. 3 Abs. 2, im Art. 10 und im Art. 19 Abs. 2 Nr. 3, des Haager Abkommens über den Zivilprozeß vom 17. Juli 1905 können die in diesen Artikeln vorgeschriebenen Übersetzungen der dort bezeichneten Schriftstücke auch von einem beeidigten Dolmetscher des ersuchenden Staates beglaubigt werden.

Art. 2. Gemäß dem Vorbehalt im Art. 6 Abs. 2 des Haager Abkommens über den Zivilprozeß kann jeder Teil Zustellungen im Gebiete des anderen Teiles in allen Fällen, wo es sich nicht um dessen Angehörige handelt, ohne Anwendung von Zwang durch seine diplomatischen oder konsularischen Vertreter unmittelbar bewirken lassen.

Das Gleiche gilt gemäß dem Vorbehalt im Art. 15 des Abkommens für die Erledigung von Ersuchungsschreiben.

Art. 3. Gemäß dem Vorbehalt im Art. 7 Abs. 2 des Haager Abkommens über den Zivilprozeß soll die Erstattung der durch die Mitwirkung eines Vollziehungsbeamten in den Fällen des Art. 3 des Abkommens entstandenen Auslagen nicht verlangt werden[1]).

1) Der Verzicht Schwedens erstreckt sich nicht auf solche Fälle, in denen der Vollziehungsbeamte auf Ersuchen der ersuchenden Behörde zu einer Zustellung in besonderer Form über die Vorschriften der inneren Gesetzgebung hinaus in Anspruch genommen wird (BadJM. vom 25. Februar 1910, A. 7108).

Das Gleiche gilt gemäß dem Vorbehalt im Art. 16 Abs. 2 des Abkommens in Ansehung der Auslagen für die wegen Nichterscheinens eines Zeugen erforderlich gewordene Mitwirkung eines Vollziehungsbeamten.

Art. 4. Soweit nach dem Haager Abkommen über den Zivilprozeß in Verbindung mit dem Art. 3 dieser Erklärung Kosten in Rechnung gestellt werden können, werden sie nach den Vorschriften berechnet, die in dem ersuchten Staate für gleiche Handlungen in einem inländischem Verfahren gelten.

Art. 5. Die gegenwärtige Erklärung tritt am 1. März 1910 in Wirksamkeit und bleibt in Kraft bis zum Ablaufe von 6 Monaten nach erfolgter Kündigung seitens des einen oder des anderen der beiden Teile. Die Erklärung wird gegen eine entsprechende Erklärung der Königlich Schwedischen Regierung ausgetauscht werden[1]).

Vgl. die beiden schwedischen Gesetze vom 6. März 1899 betr. die Gewährung der Rechtshilfe gegenüber ausländischen Gerichten und betr. die Nachsuchung von Rechtshilfe bei ausländischen Gerichten.

Zeugenbeweis ist in allen Sachen nach schwedischem Rechte zulässig. Auch kennt letzteres den angebotenen Eid und den richterlichen Eid (Leske II, 472).

Wegen der Rechtshilfe in bürgerlichen Sachen vgl. im § 10 Ziffer 10 III Abs. 1, 2; Ziffer 20 Abs. 1, Ziffer 21 Abs. 1 Satz 1.

Aus Art. 3 Abs. 1 der Vereinbarung vom 1. Februar 1910 geht hervor, daß Zwangszustellungen in der Regel auch dann unentgeltlich bewirkt werden, wenn das im Art. 2 des Haager Abkommens geregelte Verfahren (die Übergabe des Schriftstücks an den Empfänger ohne Anwendung von Zwang) vorher nicht angewendet wurde. Es entstehen jedoch Kosten durch die Übersetzung der Schriftstücke, die zwangsweise zugestellt werden sollen (s. Art. 3 des Abkommens, Art. 1 der Vereinbarung). Einen Verzicht auf die Erstattung von Zeugen- oder Sachverständigengebühren enthält die Vereinbarung nicht.

Zuständiger deutscher Konsul für Schweden ist der Generalkonsul in Stockholm.

Gerichtsverfassung von Schweden.

Die Untergerichte (Underätts, für die Stadt das Rådstufenrätt, bestehend aus einem Bürgermeister und der

1) Ist geschehen (RGBl. 1910 S. 455).

permanenten Beisitzern, für die Landdistrikte das Höradorätt, mit einem Richter und einer Anzahl permanenter Beisitzer) haben in allen Zivil- und Handelssachen Gerichtsbarkeit.

Berufungsinstanz sind die Hofgerichte (mit 5 Richtern), Hofrätts, 3 an der Zahl, nämlich in Stockholm das Sven Hofrätt für Svenland und Norrland, in Jönköping das Göta Hofrätt für Götaland mit Bohasland und Holland und in Christianstad das Hofrätt öfver Skåne och Blekinge für Schonen und Blekingen. Dieselben haben auch in gewissen besonderen Sachen Gerichtsbarkeit erster Instanz, so namentlich für Verlassenschaften der Adeligen.

Der oberste Gerichtshof (Högster Damstoben, gebildet von 16 Justizräten, in 2 Abteilungen) ist die höchste Instanz und zugleich Disziplinarhof für die Hofgerichte.

53. Serbien. Es gehört der Pariser Übereinkunft (siehe oben S. 161) an. Konsularvertrag vom 6. Januar 1883 (RGBl. S. 62). Art. 11 ff. betrifft Nachlaßbehandlung.

Handels- und Zollvertrag vom 21./9. August 1892 (RGBl. 1893 S. 269). Art. 2 betrifft Gleichstellung der beiderseitigen Gesellschaften. Legalisationsgebühr: 2 Mark (JMBl. 1907 S. 350).

Keine Kaution (R. d. OLG. 22, 278) unbedingt, wie bei Bulgarien. Armenrecht wird bewilligt.

Ausländische Urteile:

In Serbien begründet nach dortigem Rechte der vereinbarte Zahlungsort keine Gerichtskompetenz; das forum solutionis ist nicht zugleich forum contractus, daher werden, wenngleich die gesetzmäßige Kompetenz der ausländischen Gerichte in den Urteilen speziell motiviert ist, dergleichen ausländische Urteile dort niemals vollzogen. Nur den für Domizilwechsel erwirkten Exekutionsbescheiden kommt die Vollstreckbarkeit zu[1]). Deutschland gegenüber ist die Gegenseitigkeit für verbürgt anzusehen. Nach dem Vertrage vom 21./9. August 1892 (RGBl. 1893 S. 269) hat Deutschland die Rechte der meistbegünstigten Nation; seine Urteile sind also ebenso vollstreckbar, wie diejenigen Österreich-Ungarns nach Maßgabe

1) Bloch S. 909. Vgl. auch Wach S. 246, woselbst unter Verweisung auf Paulowitsch im Journal du droit int. tom. X (1883) p. 113 ff. bemerkt ist, daß gesetzliche Basis und konstante Praxis, auf Grund deren sich eine Verbürgung der Reziprozität behaupten ließe, ermangeln.

des Rechtshilfevertrages vom 24. April 1891 (abgedruckt bei Leske I, 439)[1]). Vgl. auch Jettel S. 197.

Zivilprozeß[2]). Der Zeugenbeweis ist, von Handelssachen abgesehen, in bürgerlichen Prozessen neben und gegen Urkunden unstatthaft, ebenso wenn es gilt, den Abschluß eines Vertrages darzutun, dessen Gegenstand an Geld und Geldwert den Betrag von 200 Dinars übersteigt, oder doch ursprünglich überstiegen hatte (§§ 242—245 der serbischen ZPO.). Das serbische Recht kennt auch Parteischiedseid, richterlichen und Schätzungseid[3]).

Rechtshilfe.

Ersuchen um Zustellungen an Deutsche sind an den deutschen Konsul in Belgrad, andere Ersuchen um Zustellungen an den dortigen deutschen Gesandten zu richten. In den Ersuchungsschreiben ist anzugeben, was über die Staatsangehörigkeit der Person, welcher zugestellt werden soll, ermittelt ist.

Wegen sonstiger Ersuchen um Gewährung von Rechtshilfe vgl. Ziffer 16 Abs. 4 im § 10.

Ersuchen um Vernehmung von Zeugen oder Sachverständigen in bürgerlichen Sachen werden in Serbien regelmäßig von Hinterlegung der Zeugen- und Sachverständigengebühren abhängig gemacht. Es ist daher vor Einreichung des Ersuchungsschreibens ein angemessener Kostenvorschuß zu erfordern; in dem Begleitbericht ist anzuzeigen, ob der Vorschuß eingegangen ist. Im übrigen erfolgt die Rechtshilfe in bürgerlichen Sachen kostenfrei. Vgl. § 49 V.

54. Siam. Freundschafts-, Handels- und Schiffahrtsvertrag des deutschen Zollvereins vom 7. Februar 1862 (PrGS. 1864 S. 717; BayerGS. 1864 S. 1625). Art. 15 betrifft Nachlaßbehandlung. Keine Kaution (a. A. Skonietzki S. 284); Armenrecht wird zu bewilligen sein. Keine Vollstreckung fremder Urteile. Konsulargerichtsbarkeit § 41. Konsul: § 40. Keine Legalisationsgebühr (JMBl. 1907 S. 350).

55. Spanien. Es gehört der Pariser Übereinkunft und der Berner Konvention (siehe oben S. 161 ff.) an.

Konsularkonvention des Norddeutschen Bundes vom 22. Februar 1870 (BGBl. S. 99) und des Reichs vom

1) And. Ans. Koppers S. 88, Brückner S. 292.

2) Vgl. Leitmaier, Der serbische Zivilprozeß nebst Konkursordnung und einem Anhange über den Rechtshilfevertrag zwischen Österreich-Ungarn und Serbien. Wien 1885.

3) Leske II, 216.

12. Januar 1872 (RGBl. S. 271). Art. 1 des ersten und Art. 2 des zweiten Vertrags betr. Nachlaßbehandlung. Legalisationsgebühr: 4,89 Mark (JMBl. 1907 S. 350).

Handels-Vertrag vom 12. Februar 1899 (RGBl. S. 335). Prinzip der meistbegünstigten Nation.

Spanien ist dem Haager Übereinkommen von 1905 beigetreten. Keine Kaution, nicht mit der Einschränkung wie bei Belgien. Armenrecht wird bewilligt.

Vollstreckung ausländischer Urteile. Die Gegenseitigkeit ist verbürgt[1]).

Die Materie ist in der spanischen Zivilprozeßordnung von 1855, revidiert am 15. Februar 1881, Art. 951—958 folgendermaßen geregelt:

In Ermangelung eines Staatsvertrages über Vollstreckung ausländischer Urteile wird von den spanischen Gerichten der Grundsatz der Gegenseitigkeit beobachtet. Wenn jedoch nicht festgestellt werden kann, welche Grundsätze in dieser Beziehung auswärtige Gerichte gegenüber den Entscheidungen spanischer Gerichte befolgen, räumt das Gesetz den auswärtigen Entscheidungen Rechtsgültigkeit nur ein, wenn die Entscheidung persönliche Klagen betrifft, wenn solche nicht im Versäumniswege erlassen ist, wenn die Forderung eine in Spanien erlaubte ist, und endlich, wenn die auswärtige Entscheidung die für Authentizität in Spanien, wie in dem auswärtigen Lande erforderlichen Voraussetzungen in sich vereinigt.

Das Gesuch um Vollstreckbarkeitserklärung ist auf diplomatischem Wege bei dem obersten Gerichtshofe in Madrid von einem Advokaten (abogado) oder einem Anwalt (procurador) einzureichen und hat eine kurze Darlegung des Sachverhaltes zu enthalten.

Das auswärtige Urteil ist in einer durch beeidigten Interpreten gefertigten Übersetzung in spanischer Sprache vorzulegen. Die Entscheidung erfolgt vom obersten Gerichtshof, nachdem dem Beklagten zur Abgabe schriftlicher Erklärung 30 tägige Frist gegeben worden, ohne öffentliche Verhandlung. Wird die Vollstreckung bewilligt, so beauftragt der Gerichtshof den Richter des Domizilortes des Beklagten zum Vollzug, wobei in keiner Weise die Disposition des ausländischen Richters abgeändert

1) Vgl. Silvela im Journal de droit intern. 1881 p. 20; Leske I, 643; Koppers S. 58; Klein S. 236; Ogose S. 52 und Skonietzki S. 921.

werden kann, dem ausländischen Urteil vielmehr der volle Effekt bleibt[1]).

Die in Zivilprozessen einschließlich der Handelssachen zulässigen Beweismittel sind: gerichtliches Geständnis, öffentlich und feierlich abgefaßte Urkunden, Privaturkunden und Korrespondenz, die Bücher der Kaufleute, wenn sie den Vorschriften des Handelsgesetzbuches gemäß geführt worden sind, Gutachten von Sachverständigen, gerichtlicher Augenschein und Zeugen. Jede Prozeßpartei kann nach ihrer Wahl vom Gegner verlangen, daß derselbe sich über erhebliche Behauptungen entweder unter dem entscheidenden Eide (juramento decisorio) oder unter dem nicht entscheidenden Eide (juramento indecisorio) erklärt. In ersterem Falle ist der Gegenbeweis ausgeschlossen, während in letzterem Falle der Gegenbeweis gegen die unter dem juramento indecisorio aufgestellten Behauptungen zulässig bleibt (Leske I, 249).

Wegen der Rechtshilfe in bürgerlichen Sachen vgl. § 10 Ziffer 10 III Abs. 1, 2; Ziffer 20 Abs. 1; Ziffer 21 Abs. 1 Satz 1. In den Schreiben an die deutschen Konsuln ist die Staatsangehörigkeit der Person, der zugestellt oder mit der verhandelt werden soll, anzugeben; auch ist die Adresse dieser Person genau — in größeren Städten tunlichst nach Stadtteil, Straße und Hausnummer — zu bezeichnen. Bei Ladungen (vgl. § 10 Ziff. 8 II Abs. 2) sind die Termine mit einer Frist von mindestens 3 Monaten anzuberaumen.

Bei Zustellungen empfiehlt es sich, von vornherein die Zwangszustellung gemäß Art. 3 des Haager Abkommens (Ziffer 20 Abs. 1 in § 10) zu beantragen, da die Zustellung durch einfache Übergabe vielfach nicht zum Ziele führt (§ 50 Abs. 2 V.).

Zuständige deutsche Konsuln sind:

Generalkonsul in Barcelona für Spanien mit Ausschluß des Bezirkes des Konsuls in Madrid,

Konsul in Madrid: Die Provinzen Madrid, Toledo, Cuenca, Guadalajara, Segovia und Ciudad Real.

56. Tonga. Der Freundschaftsvertrag vom 1. November 1876 (RGBl. 1877 S. 517) ist außer Kraft gesetzt (RGBl. 1900 S. 37 und 39.)

---

1) Constant S. 25; s. auch Journal du droit int. pr. tom. VIII p. 20 (Silvela, De l'exécution des jugements étrangers en Espagne) und S. 365; Francke S. 59, 61 und 74. Wohl mit Unrecht zählt sonach Westlake (deutsch v. Fr. v. Holtzendorff 1884) in § 308 b Spanien noch zu den Ländern des Kontinents, wo aus dem alten Fundament des Vorprozesses nochmals geklagt werden müsse.

57. Tunis. Es gehört der Pariser Übereinkunft und der Berner Konvention an (siehe oben S. 161 ff.). Vgl. Abkommen vom 18. November 1896 (RGBl. 1897 S. 7). Recht der Meistbegünstigung; daher keine Kaution. Armenrecht zweifelhaft, aber wohl zu bewilligen. Vollstreckung deutscher Urteile findet nicht statt. Tunis steht unter dem Protektorat von Frankreich.

Konsuln: § 40. Keine Konsulargerichtsbarkeit (RGBl. 1884 S. 9).

Wegen des Privatrechts in Tunis siehe Niemeyer in Böhms Zeitschrift 12, 626.

58. Türkei.

Freundschafts-, Handels- und Schiffahrtsvertrag vom 26. August 1890 (RGBl. 1891 S. 117) und Zusatzübereinkunft vom 25. April 1907 (RGBl. S. 371).

Legalisationsgebühr: 8 Mark (JMBl. 1907 S. 350).

Konsuln: § 40; Konsulargerichtsbarkeit: § 41.

Kaution. Der Türke ist gemäß § 85 GVG. kautionspflichtig (RG. 1. Dezember 1900, R. d. OLG. 1, 468). Vgl. auch RG. 30. Januar 1901, JW. 1901 S. 241. Nach Art. 186 der türkischen ZPO. hat der Kläger (gleichgültig ob Türke oder nicht) zwar nicht im Verfahren vor der I. Instanz, wohl aber in II. Instanz aktorische Kaution zu leisten, wie Bloch S. 956 bezeugt. Gaupp-Stein S. 334 meint, daß Kautionsfreiheit gemäß § 110 ZPO. nur für die I. Instanz gelte. Ebenso Auskunft der deutschen Botschaft von 1886 (Leske S. 768). Vgl. auch R. d. OLG. 1, 468 und Hamburg in R. d. OLG. 17, 220 (betr. Samos). Armenrecht wird nicht bewilligt.

Vollstreckung ausländischer Urteile[1]):

Es bedürfen die Urteile, welche in dem Heimatsstaate des Verurteilten ergangen sind, keines „Exequatur" in der Türkei; sie sind vielmehr, weil die Exekution Sache des Konsulargerichtes des Staates ist, dem der Verurteilte angehört, ohne weiteres vollstreckbar; nur würde ein auswärtiges Urteil, welches jemandem ein Recht an einem in der Türkei belegenen Grundstücke zusprechen oder absprechen würde, absolut wirkungslos sein, und wenn es sich um die Zwangsvollstreckung in unbewegliches

1) Salem, De l'exécution des jugements étrangers en Turquie im Journ. du droit internat. 1888 Bd. 15 S. 603 ff., Leske I, 834, II, 408 und Koppers S. 90.

Vermögen handelt, so bedarf es insoweit immer der Hilfe der ottomanischen Behörden, welche indes das auf eine Schuldfrage kondemnierende Urteil sachlich nicht prüfen[1]). Gehört der Verurteilte nicht demjenigen Staate an, von dessen Gerichten, das Urteil gesprochen ist, so ist erforderlich, daß das letztere von den zuständigen Behörden des Staates, dem der Verurteilte angehört, für vollstreckbar erklärt werde; ob dazu das Konsulargericht des Staates des Verurteilten befugt ist, hängt von der Gesetzgebung des letzteren Staates ab. Urteile gegen ottomanische Untertanen werden nicht vollstreckt und Urteile zugunsten ottomanischer Untertanen nur dann, wenn der Verurteilte eben demjenigen Staate angehört, von dessen Gerichten das Urteil gesprochen ist. Die Gegenseitigkeit ist also hiernach nicht verbürgt[2]).

Das türkische Recht kennt die Eideszuschiebung. Das moslemitische Gesetz verpflichtet jeden zum Zeugnis, gestattet aber keinen Zwang. Die Ladung der Zeugen geschieht durch Parteibetrieb, nicht seitens des Gerichtes. Ersuchen fremder Gerichte in Zivilsachen um Zeugenvernehmung haben also nur dann Erfolg, wenn die Zeugen freiwillig erscheinen (Leske II, 377)[3]).

In der Türkei sind nur die Notare und die Scheriatgerichte für die Beglaubigungen von Schriftstücken zuständig, die als öffentliche Urkunden im Auslande gebraucht werden sollen. Die durch kirchliche Organe beglaubigten Vollmachten und anderen Schriftstücke haben keine Rechtsgültigkeit (Allg. Verf. vom 10. September 1906, JMBl. S. 285).

59. Uruguay.

Handels- usw. Vertrag vom 20. Juni 1892 (RGBl. 1894 S. 505) und die Übereinkunft vom 5. Juni 1899 (RGBl. 1900 S. 5). Art. 5 betrifft Nachlaßbehandlung. Legalisationsgebühr: 9 Mark (JMBl. 1907 S. 350). Keine Kaution, anderer Ansicht Sydow-Busch, ZPO. zu § 110 Anm. 5 und Gaupp-Stein S. 334. Armenrecht zweifelhaft.

Keine Vollstreckung deutscher Urteile (Leske I, 835, Skonietzki S. 923, Ogose S. 53). Es gilt dasselbe, was unter Argentinien gesagt ist.

---

1) Vgl. Bloch S. 957.

2) Wegen Vollstreckung der Konsulargerichtsurteile in der Türkei vgl. die Anweisung des ottomanischen Justizministers in Böhms Zeitschr. Bd. 5 S. 328.

3) Vgl. Ranzi, Das Verfahren vor den Zivilgerichten des Türkischen Reiches. Wien 1900.

Sollen Ersuchen in bürgerlichen Sachen durch uruguaysche Justizbehörden erledigt werden, so bedürfen sie der Beglaubigung durch den uruguayschen Konsul. Bei der Erledigung von Ersuchen in bürgerlichen Sachen durch uruguaysche Justizbehörden entstehen erhebliche Kosten; hierauf ist bei Bemessung des Kostenvorschusses Rücksicht zu nehmen (§ 51 V.).

60. Venezuela.

Freundschafts-, Handels- und Schiffahrtsvertrag vom 26. Januar 1909 (RGBl. S. 919). Es gilt das Recht der meistbegünstigten Nation. Legalisationsgebühr: 8 Mark (JMBl. 1907 S. 350). Keine Kaution, unbeschränkt, wie bei Bulgarien. Skonietzki S. 284 verlangt Kaution beim Mangel des einheimischen Wohnsitzes. Armenrecht zweifelhaft. Keine Vollstreckung deutscher Urteile (Leske I, 835; Koppers S. 102; Skonietzki S. 923. Für Rechtshilfe berechnen die venezolanischen Justizbehörden Gebühren und Auslagen (§ 52 V.).

61. Vereinigte Staaten von Amerika.

Sie sind der Pariser Übereinkunft (Gewerbliches Eigentum) s. S. 161 beigetreten).

Konsularkonvention vom 11. Dezember 1871 (RGBl. 1872 S. 25). Art. 10 betrifft Nachlaßbehandlung.

Gesetz betr. die Handelsbeziehungen zu den Vereinigten Staaten von Amerika vom 5. Februar 1910 (RGBl. S. 387). Vertrag Preußens vom 1. Mai 1828, welcher Art. 12 des Vertrags von 1785 und die Art. 13—24 des Vertrages von 1789 mit kleinen Modifikationen wieder in Kraft setzt. Die Verträge von 1785 und 1789 sind abgedruckt bei v. Rohrscheidt, Preußische Staatsverträge S. 848 ff.

Abkommen betr. den gegenseitigen gewerblichen Rechtsschutz vom 23. Februar 1909 (RGBl. S. 895).

Armenrecht. In den Vereinigten Staaten erhalten Ausländer nach dem Gesetze vom 20. Juli 1892 bei den Bundesgerichten (federal courts) das Armenrecht nicht. Es sind jedoch in allen Rechtsstreitigkeiten zwischen Amerikanern und Ausländern auch die Staatengerichte zuständig und bei diesen wird in allen Staaten, insbesondere auch in den Staaten Newyork und Illinois, das Armenrecht in ähnlicher Weise, wie in Deutschland erteilt und ein Unterschied zwischen Inländern und Ausländern nicht gemacht. Vgl. Recht 1904 S. 264, OLG. Bamberg vom 17. September 1909, Recht 1909 Nr. 3395 und OLG. Dresden vom 4. Februar 1904, SächsOLG. 25, 466).

Kaution. Frei von Kaution gemäß § 110 ZPO.[1]), dagegen kautionspflichtig im Falle des § 85 GKG. Vgl. auch OLG. Hamburg in R. d. OLG. 15, 99, welches keine Kaution nach § 110 verlangt, wenn der Amerikaner in Deutschland wohnt.

Vollstreckung ausländischer Urteile.

In den Vereinigten Staaten von Amerika ist die Gegenseitigkeit bei Vollstreckungen ausländischer Urteile nicht verbürgt (RG. 7, 400 und KG. 16. Februar 1909, R. d. OLG. 19, 107), ebenso nicht mit dem Staate Kalifornien (RG. 70, 434 und OLG. Kolmar 12. November 1908, Recht 12 Nr. 3870). Anderer Ansicht ehemaliges ROHG. 21, 14, Schnitzler, DJZ. 4, 151).

Auch in den Vereinigten Staaten von Amerika insbesondere im Staate Newyork, gewähren, wie in England, ausländische Urteile nur einen Klaggrund für den Berechtigten. Es ist also auch hier die Gegenseitigkeit im Sinne des § 328 ZPO. nicht verbürgt (RG. 7, 406).

Nach Constant a. a. O. S. 26 ist den amerikanischen Gerichten jedenfalls der Beweis zu liefern, daß die ausländische Entscheidung von dem zuständigen Richter ausging, daß der Beklagte persönlich geladen war, daß das Urteil gesetzmäßig erlassen worden und die Rechtskraft beschritten hat. Auch kann der Beklagte das ausländische Urteil anfechten, wenn das vorausgegangene Verfahren ein doloses war. In keinem Fall darf das ausländische Verfahren gegen die natürliche Gerechtigkeit verstoßen[2]). Vgl. den Aufsatz, Rechtliche Anerkennung ausländischer Urteile in den Vereinigten Staaten von Amerika in Böhms Zeitschrift Bd. 11 S. 160 und Schnitzler, Wegweiser über den Rechtsverkehr zwischen Deutschland und Nordamerika 1903 S. 145, sowie Bankarchiv 1906 Nr. 22.

Rechtshilfe.

1. Wegen der Ersuchen um Zustellungen vgl. § 10 Ziffer 8 I Abs. 1 c.

2. Ersuchen um Vernehmung von Zeugen oder Abnahme von Eiden sind, wenn nicht ein Konsul um Gewährung der Rechtshilfe ersucht werden kann (vgl. § 10 Ziffer 18), in die

---

1) Bocke, Handbuch der Rechtspflege in den Vereinigten Staaten von Nordamerika, Köln 1891 S. 86 und Koppers S. 17; and. Ans. Wilmowski und Levy S. 197.

2) Vgl. auch Bocke S. 82, Koppers S. 93, Francke S. 54; Condert frères: de l'exécution des jugements étrangers aux Etats-Unis im Journ. du droit intern. priv. tom VI (1879) p. 21 ff.; Westlake a. a. O. § 308 b ff.

Form einer commission zu kleiden. Diese ist unter Offenlassung der Adresse mit dem Ersuchen um Vermittelung an denjenigen Konsul zu übersenden, in dessen Bezirk die Person, welche vernommen werden soll, oder die schwurpflichtige Partei sich aufhält. Die commission ist in folgender Form auszufertigen:

Im Namen ꝛc. (des Königs von Preußen),

(Seiner Majestät des Königs von Bayern) ꝛc.

Das Königlich preußische (Königlich bayerische) ꝛc. Amts- (Land-) Gericht . . . . an Herrn . . . . zu . . . .

Sie werden hierdurch benachrichtigt, daß das obengenannte Gericht Sie zum commissioner bestellt hat und durch Gegenwärtiges ermächtigt,

den in . . . . . . in dem Bezirk . . . . . . des Staates . . . wohnenden A. in der vor dem genannten Amts- (Land-) Gericht schwebenden Prozeßsache des . . . . Klägers wider den . . . . . . Beklagten als Zeugen in Gemäßheit der beigeschlossenen beglaubigten Abschrift des Beweisbeschlusses vom . . . . . . und der nachfolgenden Instruktion eidlich (nichteidlich) zu vernehmen;

oder

den in der beigefügten beglaubigten Abschrift des Beweisbeschlusses (Urteils) vom . . . . . . enthaltenen und darin dem A. zu . . . . . . vom genannten Gerichte auferlegten Eid in der vor diesem Gerichte schwebenden Prozeßsache des . . . . . . Klägers wider den . . . . . . Beklagten in Übereinstimmung mit den hier beigefügten Instruktionen dem genannten A. abzunehmen.

Urkundlich unter der Unterschrift des Vorsitzenden des genannten Gerichts zu . . . . . . unter Beidrückung des Gerichtssiegels ausgefertigt am . . . . . .

Siegel Unterschrift

Amtscharakter.

Außerdem ist in der commission der Streitgegenstand kurz zu bezeichnen.

3. Dem Ersuchen ist eine beglaubigte Abschrift des Beweisbeschlusses oder Urteils und soweit erforderlich eine beglaubigte Abschrift der gesetzlichen Vorschriften über das inländische Verfahren beizufügen.

4. Ist der zuständige Konsul dem ersuchenden Gerichte nicht bekannt, so ist das Ersuchen dem Justizminister oder in eiligen Fällen dem Minister der auswärtigen Angelegenheiten einzureichen.

5. Die commission wird von dem Konsul unter Ausfüllung der Adresse einer nach dem Recht des betreffenden Staates zuständigen und befugten Person übergeben, welche alsdann das Ersuchen ausführt.

Auch in Angelegenheiten der freiwilligen Gerichtsbarkeit sind Ersuchen in der obigen Form zu stellen; der Wortlaut der commission ist dann entsprechend abzuändern.

Die Kosten, welche durch die Erledigung der Ersuchen entstehen, sind gewöhnlich hoch, hierauf ist bei Bemessung des Vorschusses Rücksicht zu nehmen.

Die Erledigung von Ersuchen, welche an ein Gericht in den Vereinigten Staaten gerichtet werden, ist mit vielen Weiterungen und mit unverhältnismäßig hohen Kosten verbunden. Solche Ersuchen sind daher nur dann zu stellen, wenn besondere Gründe ausnahmsweise dafür sprechen. Diese sind alsdann in dem Begleitbericht, mit welchem das Ersuchungsschreiben dem Justizminister eingereicht wird, eingehend darzulegen.

Vorstehende Bestimmungen finden auch dann Anwendung, wenn es sich um die richterliche uneidliche Vernehmung von Zeugen handelt, die in dem genannten Lande sich aufhalten (Reskript vom 21. Oktober 1890, I, 3428.)

Über das Verfahren in Amerika erteilt eine Denkschrift des Generalkonsulats zu New-York (siehe PrJMBl. 1869 S. 139; BayerJMBl. 1872 S. 67 ff.) die hierfür nötigen Aufschlüsse und Anweisungen:

In jedem Falle ist ein größerer Kostenvorschuß notwendig.

Die gesetzlichen Bestimmungen über Vernehmung von Zeugen, welche wegen Krankheit, Abwesenheit, Domizil im Auslande oder aus sonstigen Gründen nicht im Gerichtshofe gepflogen werden kann, sind in den verschiedenen Staaten in betreff der Form, in welcher, und der Personen, durch welche die Zeugenvernehmung vorzunehmen und zu beglaubigen ist, zwar verschieden, sie sind aber übereinstimmend darin, daß sie den Richter des Forums autorisieren, am Wohnsitze des Zeugen jemanden, der von den Parteien vorgeschlagen wird, zum Kommissarius für die zeugeneidliche Vernehmung (Commissioner) zu ernennen, welchem richterliche Befugnis zu diesem Zwecke delegiert wird. Die deutschen Gerichtshöfe können sich deshalb mit ihren Anträgen (Ersuchschreiben, Letters Rogatory), in welchen die Beweispunkte genau zu formulieren und die Fragen, wie Gegenfragen der Parteien beizufügen sind, direkt an die amerikanischen Gerichte wenden, indem sie solche Anträge dem Generalkonsulate zustellen. Das Generalkonsulat läßt alsdann durch Vermittelung eines Advokaten einen Commissioner zur Herbeiführung der beantragten Zeugenvernehmung bezw. Eidesabnahme ernennen. Die Requisitionsschreiben müssen sich jedoch in der Form den in den Vereinigten Staaten üblichen Rechtsbräuchen anpassen.

Der Denkschrift ist ein Formular für solche Requisitionsschreiben und ein Verzeichnis der Gerichtshöfe in den einzelnen Staaten der Union beigegeben. Der in der Denkschrift weiter vorgezeichnete Weg, die Zeugenabhör resp. Abnahme eines Eides durch unmittelbare Ernennung eines Commissioner seitens des requirierenden Prozeßgerichtes herbeizuführen, erscheint nach den Bestimmungen der deutschen Zivilprozeßordnung § 363 nicht mehr zulässig.

Aus der Denkschrift ist auch zu entnehmen, inwieweit den Notaren in den Vereinigten Staaten die Befugnis zur Abhör von Zeugen zukommt. Auf keinen Fall sind selbst in denjenigen Staaten, welche den Notaren die Befugnis, Zeugeneide zu administrieren, gewähren, die Notare berechtigt, Zeugen zum Zwecke des Gebrauches deren Depositionen bei fremden Gerichten eidlich zu vernehmen und mit rechtsverbindlicher Kraft vorzuladen. Vgl. auch Bloch S. 997 ff.

Freiwillige Gerichtsbarkeit.

Bei den zum Gebrauche in den Vereinigten Staaten von Nordamerika bestimmten Urkunden haben die Landgerichtspräsidenten zu bescheinigen, daß der instrumentierende Beamte zur Aufnahme derartiger Urkunden befugt und daß die Urkunde den Gesetzen gemäß aufgenommen ist (Zirk.-Verf. des preuß. Justizministers vom 18. Mai 1893 I 2103).

Wegen Formvorschriften für Urkunden, welche in New-Jersey gebraucht werden soll, vgl. Bad. Rechtspraxis 1908 S. 34.

In der Konsularkonvention zwischen Deutschland und den Vereinigten Staaten von Nordamerika (1871) ist bezüglich der Rechtsgeschäfte und Verträge, welche sie nach den Gesetzen ihres Landes abschließen können, bestimmt: Alle solche Verträge und andere Urkunden, sowie Abschriften und Übersetzungen davon sollen, wenn sie von dem Generalkonsul, Konsul, Vizekonsul oder Konsularagenten gehörig beglaubigt und mit dessen Amtssiegel versehen sind, von den öffentlichen Beamten und den Gerichtshöfen als öffentliche Urkunden bezw. als beglaubigte Übersetzungen oder Abschriften angesehen werden, und sie sollen dieselbe Kraft und Wirkung haben, als wenn sie von den kompetenten öffentlichen Beamten des einen oder des anderen der beiden Länder aufgenommen oder beglaubigt wären.

Allgemeine Verfügung des Justizministers betr. Ausstellung amerikanischer Pensionsquittungen vom 17. Mai 1910 (JMBl. S. 162):

„Die mit den erforderlichen eidesstattlichen Erklärungen verbundenen Quittungen (voucher) von amerikanischen Pensionsempfängern, soweit diese in Deutschland leben, können jetzt auch in deutscher Sprache abgefaßt werden. Der deutsche Wortlaut der Urkunden muß eine getreue Übersetzung des einschlägigen Teiles des englischen Vordruckes darstellen, der für jede einzelne Pensionszahlung den Empfangsberechtigten besonders zugeht. Die hiernach auszustellende Urkunde muß mit dem englischen Vordrucke fest verbunden sein."

Die Legalisationsgebühr für Urkunden beträgt 6 Mark (JMBl. 1907 S. 305).

Pensionsquittungen der Hinterbliebenen von Gefallenen aus dem Sezessionskriege werden gebührenfrei beglaubigt.

Vormundschaft usw.[1]). Nach mehrfachen Mitteilungen des deutschen Generalkonsulates in New-York lehnen die Nachlaß- und Vormundschaftsgerichte in den Vereinigten Staaten jede Tätigkeit ab, wenn sich die zu bevormundenden Personen oder das Nachlaßvermögen oder die zu verwaltenden Pflegschaftsgelder nicht in ihrem Jurisdiktionsbezirk befinden, ebenso wie sie im entgegengesetzten Fall eine Intervention ausländischer Vormundschafts- oder Nachlaßgerichte nicht berücksichtigen.

Auch erfolgt die Bestellung von Vormündern nicht von Amts wegen, sondern auf Antrag der Interessenten, wozu die Minderjährigen selbst, wenn sie über 14 Jahre alt sind, andernfalls ihre Eltern oder sonstigen Verwandten legitimiert sind. Ersuchungsschreiben um Pflegerbestellung an amerikanische Behörden zu richten, ist daher ohne Aussicht auf Erfolg, vielmehr

---

1) Vgl. wegen der Einzelheiten die Verfügung des württembergischen Justizministers vom 11. Juni 1901 (Amtsbl. S. 43). — In Nordamerika ist zur Erbeslegitimation behufs Hebung von Verlassenschaften die eidliche Deposition zweier Zeugen erforderlich.

ist der Antrag auf Herbeiführung einer Pflegerbestellung auf diplomatischem Weg in dem an das Justizministerium zu erstattenden Bericht zu stellen (siehe oben § 11). Die Abgabe einer in den Vereinigten Staaten von Amerika geführten Vormundschaft oder Pflegschaft an eine deutsche Behörde erfolgt gleichfalls nicht ohne weiteres. In einigen Staaten wird verlangt, daß der nichtamerikanische Vormund auch bei dem amerikanischen Vormundschaftsgericht eine Bestellung erwirkt; in den meisten Staaten aber wird die Auslieferung des daselbst befindlichen Mündelvermögens an den nichtamerikanischen Vormund davon abhängig gemacht, daß dieser für dessen gewissenhafte Verwaltung bei dem Gericht des Heimatstaates in doppeltem Betrag Bürgschaft leistet und Abschrift des Kautionsscheines hierüber vorlegt, auch die Richtigkeit seiner Angaben an Eides Statt versichert, und daß danach das nichtamerikanische Gericht unter dem Versprechen der Gegenseitigkeit bestätigt, daß das Interesse des Mündels die Auslieferung erheischt.

Das eheliche Güterrecht ist in den einzelnen Staaten der nordamerikanischen Union in der verschiedenartigsten Weise geregelt und unterliegt einem nicht seltenen Wechsel der Gesetzgebung. Unter diesen Umständen ist es, obwohl fast überall die Ehefrau über ihr bewegliches Eigentum frei verfügen kann, trotzdem geboten, an der Vorschrift, daß Dekrete an Ehefrauen gleichzeitig auch an deren Ehemänner zu richten sind, festzuhalten.

Der Volljährigkeitstermin ist in den meisten Staaten der Union für Personen beiderlei Geschlechts das vollendete 21. Lebensjahr; jedoch erreichen in den Staaten Kalifornien, Dakota, Idaho, Illinois, Iowa, Kansas, Arkansas, Missouri, Minnesota, Nevada, Nebraska, Maryland, Ohio, Oregon, Vermont und Washington Ehefrauen ihre Volljährigkeit schon mit dem vollendeten 18. Lebensjahre.

Eine amtliche Anweisung für die Hebung von Verlassenschaften enthält die Bad. Rechtspraxis von 1908 S. 31.

Bei den vielen gleichlautenden Ortsnamen in den Vereinigten Staaten ist es unerläßlich, den betreffenden Ortsnamen, auch wenn es sich um große Städte, z. B. New-York, Buffallo, Philadelphia, St. Louis, handelt, den Namen des Staates (New-York, Pennsylvanien, Missouri) und bei kleineren Orten auch den Namen der Grafschaft (County) beizusetzen (z. B. Jacksonville, Bourbon County, Kentuky).

Ein genaues Verzeichnis der Ortsnamen in den Vereinigten Staaten ist in dem „United States Official Post Guide" (Postbuch) enthalten. Ein solches befindet sich auf der Registratur des (württembergischen) Justizministeriums, welche in zweifelhaften Fällen um Auskunft angegangen werden kann.

62. Zanzibar.

Der Handels- und Schiffahrtsvertrag vom 20. Dezember 1885 (RGBl. 1886 S. 261) ist außer Kraft gesetzt (RGBl. 1907 S. 367 und 1910 S. 261).

Die Angehörigen des deutschen Reiches usw. sind der Gerichtsbarkeit der in Zanzibar eingerichteten englischen Gerichte unterworfen. Vgl. im übrigen Großbritannien.

§ 12.

Ersuchungsschreiben außerhalb des Gebietes der Rechtshilfe[1]).

I. Allgemeines.

1. Außerhalb des Gebietes der Rechtshilfe findet ein Schriftwechsel mit den Behörden des Auslandes oder mit den im Auslande beglaubigten deutschen Gesandten regelmäßig nicht statt (vgl. aber in Kassensachen); vielmehr ist, wenn außerhalb des Gebiets der Rechtshilfe die Tätigkeit einer ausländischen Behörde in Anspruch genommen werden soll, dem Justizminister oder in eiligen Fällen dem Minister der auswärtigen Angelegenheiten unter Beobachtung der Bestimmungen des § 10 Ziffer 4 mit Begleitbericht (Ziffer 5 Abs. 3) eine zur Übermittelung an die fremde Regierung geeignete, in deutscher Sprache abgefaßte Denkschrift einzureichen. In dieser ist der Sachverhalt kurz darzustellen und anzugeben, welche Tätigkeit von der ausländischen Behörde gewünscht wird[2]). Die Denkschrift ist mit Datum und Unterschrift zu versehen. Sie ist, wenn die Tätigkeit einer niederländischen Behörde in Anspruch genommen werden soll, mit lateinischen Buchstaben zu schreiben. Das Amtssiegel ist der Unterschrift nicht beizufügen. Im übrigen finden die Bestimmungen der Ziff. 2 Abs. 1, 3; Ziff. 3 Abs. 1, 4 in § 10 entsprechende Anwendung. Tritt in der Sachlage eine wesentliche Änderung ein oder erledigt sich die Angelegenheit, so ist unverzüglich eine entsprechende Denkschrift einzureichen.

---

1) Vgl. § 54 Allg. Verf. vom 16. Juni 1910 (JMBl. S. 189).

2) Muster: „In Sachen qq. ist eine amtliche Auskunft darüber erforderlich, ob der Beklagte am 1. Mai oder erst am 1. Oktober 1909 die Patentschrift eingereicht hat; der Beklagte ist beauftragt worden, in Amerika das Patent zu erwirken. Der Kläger behauptet, daß dies nicht rechtzeitig geschehen sei und verlangt Schadensersatz". Keine Angabe der Adresse.

2. Handelt es sich um die Erteilung einer Auskunft, insbesondere einer solchen über ausländisches Recht, so sind die Punkte, über welche Auskunft verlangt wird, in der Denkschrift einzeln zu bezeichnen. Ausländische Gesandte und Konsuln in Deutschland sind um Auskunft über ausländisches Recht nicht zu ersuchen.

3. In verschiedenen ausländischen Staaten, insbesondere in Belgien, Griechenland, Großbritannien und Irland nebst den britischen Kolonien und auswärtigen Besitzungen, in den Niederlanden, in Schweden und in den Vereinigten Staaten von Amerika wird von den Behörden Auskunft über das Landesrecht nicht erteilt. In diesen Staaten kann aber regelmäßig die Auskunft eines Rechtsverständigen durch die Vermittelung des deutschen Gesandten oder eines deutschen Konsuls beschafft werden; die Beschaffung ist mit Kosten verbunden[1]). Wird eine solche Vermittelung erwünscht, so ist gemäß Abs. 1 zu verfahren.

4. Wegen der Übersetzung ausländischer Gesetzesvorschriften sind ausländische Behörden, insbesondere die ausländischen Gesandten und Konsuln in Deutschland nicht in Anspruch zu nehmen.

5. Ob ein Deutscher im Auslande zur Sicherheitsleistung für die Prozeßkosten oder zu einer besonderen Vorausbezahlung oder Sicherstellung der Gerichtskosten verpflichtet ist (§ 110 ZPO., § 419 StPO., § 85 DGKG.), ist regelmäßig nicht auf dem im Abs. 1 bezeichneten Wege zu ermitteln; vielmehr ist die Beibringung des Nachweises regelmäßig der ausländischen Partei aufzugeben, da der Minister der auswärtigen Angelegenheiten es ablehnt, in deren Interesse seine Vermittelung eintreten zu lassen. Wegen der an dem Haager Abkommen über den Zivilprozeß beteiligten Staaten vgl. Art. 17 dieses Abkommens.

II. Ersuchen in Kassenangelegenheiten.

1. Bedarf es in Kassenangelegenheiten einer Auskunft eines Konsuls oder einer ausländischen Behörde, mit der die Justizbehörden in unmittelbaren Geschäftsverkehr zu treten befugt sind, so hat nicht die Gerichtskasse, sondern der Landgerichtspräsident, und bei Ersuchen der Gerichtskasse Berlin-Mitte der Amtsgerichtspräsident den Schriftwechsel zu führen. Der Unterschrift des Präsidenten ist das Amtssiegel beizufügen.

2. Kommt es in solchen Angelegenheiten auf eine Auskunft anderer als der in Abs. 1 bezeichneten ausländischen

---

1) Der deutsche Generalkonsul in London erteilt keine Auskunft über englisches Recht, das Gutachten eines Londoner Anwalts kostet etwa 50 Mark.

Behörden an und kann das Ersuchen nicht durch Vermittelung des zuständigen Konsuls erledigt werden, so hat der Land-(Amts-)gerichtspräsident an den Justizminister zu berichten.

III. Beitreibung von Gerichtskosten im Auslande (vgl. auch § 9 III oben S. 164)[1]).

1. Abgesehen von den Fällen der Art. 18, 19 des Haager Abkommens über den Zivilprozeß (siehe oben S. 141) ist die Beitreibung im Inlande entstandener Gerichtskosten im Auslande nicht gewährleistet. Außerhalb des Geltungsbereichs jenes Abkommens ist die zwangsweise Einziehung solcher Kosten nur dann durchführbar, wenn die Beitreibung in einem Lande erfolgen soll, in welchem Konsulargerichtsbarkeit ausgeübt wird (§ 41 unten). Dem Ersuchen ist eine Reinschrift der Kostenrechnung beizufügen. Dieselbe muß unter Beidrückung des Gerichtssiegels von dem Gerichtsschreiber unterschrieben sein und enthalten: den Namen des Zahlungspflichtigen, die Bezeichnung der Sache, die einzelnen Kostenansätze mit Hinweis auf die angewendete Vorschrift des Kostengesetzes, die Gesamtsumme der Kosten. Die Beitreibung erfolgt kostenlos.

2. Klagen gegen Kostenschuldner sind im Auslande nicht zu erheben, da sie regelmäßig unverhältnismäßig hohe Aufwendungen erfordern und im Erfolge sehr zweifelhaft sind.

Abschnitt III.

Kosten der Rechtshilfe[2]).

§ 13.

I. Kosten im Rechtshilfeverkehr der deutschen Behörden[3]) untereinander.

a) Die Rechtshilfekosten zwischen den Sondergerichten untereinander sowie im Verkehr mit den ordentlichen Gerichten richten sich nach § 43 des Rechtshilfegesetzes vom 21. Juni 1869 (siehe oben § 3).

b) Ersuchen der Verwaltungsgerichte bezw. -Behörden werden von den ordentlichen Gerichten

1) Vgl. § 57 der Verf. vom 16. Juni 1910.

2) Es sind zunächst die bei den einzelnen Behörden gemachten Mitteilungen über die Kostenfrage zu vergleichen.

3) Über die Kosten der Rechtshilfe unter Behörden desselben Bundesstaates entscheidet, soweit nicht reichsgesetzliche Bestimmungen maßgebend sind, das Landesrecht. Vgl. übrigens die Bemerkungen zu den Kostengesetzen der Bundesstaaten unter c, sowie §§ 120 (Sondergerichte; rheinische Gewerbegerichte und agrarische Gerichte) und 123 (Disziplinarbehörden) des preuß. Gerichtskostengesetzes (GS. 1910 S. 184).

bezw. Sondergerichten, soweit nicht Spezialbestimmungen Platz greifen (siehe oben §§ 5, 6 und 8), nur gegen Erstattung der Kosten (Gebühren und Auslagen) erledigt. Dasselbe gilt, wenn die ordentlichen Gerichte bezw. Sondergerichte um Rechtshilfe ersuchen.

Für Preußen gilt folgendes (vgl. § 12 Ziffer 11 der Kassenordnung vom 28. März 1907; JMBl. 1907 S. 125 und 1910 S. 119):

Es sind Gebühren und Auslagen zu berechnen, die Auslagen sind von der ersuchenden Behörde zu erstatten, die Gebühren, soweit sie von einer zahlungspflichtigen Partei eingezogen werden können und die ersuchte Behörde sie nicht selbst beitreiben will.

Es bleiben Gebühren außer Ansatz und werden Auslagen nur erfordert, sofern sie von einer zahlungspflichtigen Partei eingegangen sind, bei Ersuchen des Patentamtes (vgl. oben S. 91). Sämtliche Auslagen werden erstattet: bei Anträgen der Seeämter (siehe oben S. 89), bei Ersuchen der Versicherungsbehörden (siehe oben S. 94) und des Aufsichtsamtes für Privatversicherungen (siehe oben S. 92), bei Ersuchen von Disziplinarbehörden und Ehrengerichten, bei Ersuchen der Kreis- und Stadtausschüsse nach Maßgabe der Verfügung vom 16. Januar und 19. Januar 1883 (JMBl. S. 12).

Soweit die Gerichte auf Ersuchen anderer Behörden Zwangsmaßregeln gegen Zeugen und Sachverständige zu verhängen haben (z. B. des Patentamtes, der Schiedsgerichte für Arbeiterversicherung) sind die entstehenden Kosten durch das ersuchte Gericht selbst einzuziehen.

Auch im Verkehr der preußischen Gerichte und Verwaltungsbehörden bezw. -gerichte untereinander gilt der Grundsatz, daß die Gebühren und Auslagen von der ersuchenden Behörde zu erstatten sind [1]). Dasselbe ist für die nichtstaatlichen Behörden anzunehmen. Es gelten jedoch nach der Allg. Verfügung vom 16. Juni 1883 (JMBl. S. 12) folgende Ausnahmen bei Ersuchen der Verwaltungsgerichte hinsichtlich der Auslagen: 1. Schreibgebühren, sowie die Gebühren und Auslagen der Gerichtsvollzieher werden nicht berechnet. 2. Die Postgebühren und die übrigen baren Auslagen kommen nach dem wirklich gezahlten Betrage, Rechnungsgebühren in Höhe der festgesetzten

1) Zahlungen aus einer preußischen Staatskasse in eine andere sind zu vermeiden.

Summen in Ansatz. 3. Die durch Ersuchen der Kreisausschüsse (Stadtausschüsse) erwachsenen Auslagen (Nr. 2) sind auf den Namen der ersuchenden Behörde zu registrieren und auf diese Weise der Gerichtskasse zur Einziehung zu überweisen. 4. Bei Ersuchen des Oberverwaltungsgerichts oder eines Bezirksausschusses unterbleibt die Erstattung der Auslagen, der ersuchenden Behörde wird jedoch eine Berechnung derselben (Nr. 2) mitgeteilt.

Vgl. ferner für Ersuchen der *Auseinandersetzungsbehörden* die Allg. Verf. vom 21. Juni 1877 (JMBl. S. 156), 2. Juli und 20. Januar 1881 (JMBl. S. 149 und 64) und für Ersuchen der *Berggewerbegerichte* um Vollstreckung von Haftstrafen in gerichtlichen Gefängnissen die Allg. Verf. vom 21. Mai 1900 (JMBl. S. 426).

c) Im Falle der Rechtshilfe unter den *ordentlichen Gerichten* verschiedener Bundesstaaten sind nur die baren Auslagen, welche durch eine Ablieferung oder Strafvollstreckung entstehen, der ersuchten Behörde von der ersuchenden zu erstatten.

Im übrigen werden Kosten der Rechtshilfe von der ersuchenden Behörde nicht erstattet.

Ist eine zahlungspflichtige Partei vorhanden, so sind die Kosten von derselben durch die ersuchende Behörde einzuziehen und der eingezogene Betrag der ersuchten Behörde zu übersenden[1]).

Stempel-, Einregistrierungsgebühren oder andere öffentliche Abgaben, welchen die von der ersuchenden Behörde übersendeten Schriftstücke (Urkunden, Protokolle) nach dem Rechte der ersuchten Behörde unterliegen, bleiben außer Ansatz (GVG. § 165).

Allgemeiner Grundsatz ist, daß die *ersuchte Behörde*[2]) die Kosten der Ausführung des Ersuchens,[3]) insbesondere auch die Barauslagen zu bestreiten hat. Die ersuchte Behörde kann die Erledigung des Ersuchens nicht von der Vorlage der Kosten seitens der ersuchenden abhängig machen.

---

1) Die Prüfung, ob die von der ersuchten Behörde angesetzten Kosten der Rechtshilfe richtig berechnet sind, steht nicht der ersuchenden Behörde, sondern der zahlungspflichtigen Partei zu (OLG. Hamburg vom 23. März 1904, R. d. OLG. Bd. 8 S. 368).

2) Der Ausdruck „Behörde“ umfaßt Gerichte und Staatsanwaltschaften.

3) Hierunter ist alles begriffen, was zur Erledigung des Ersuchens aufzuwenden ist, Stempel, Gebühren jeder Art: des Gerichtes, der Hilfspersonen, der Zeugen; doch müssen die Kosten aus der Gewährung der Rechtshilfe erwachsen sein; Parteienkosten, wie die der Vertretung bei der ersuchten Behörde gehören nicht hierher, auch nicht solche, welche durch unmittelbare Beauftragung eines auswärtigen Gerichtsvollziehers entstehen. Vgl. *Endemann* I S. 158.

Regel ist sodann weiter, daß eine Erstattung der Kosten durch die ersuchende Behörde nicht erfolgt, mit Ausnahme hinsichtlich derjenigen baren Auslagen, welche durch eine Ablieferung oder Strafvollstreckung[1]) erfolgen.

Eine weitere Ausnahme ergibt sich aus Abs. 3 des § 165, wonach beim Vorhandensein einer zahlungspflichtigen Partei von dieser die Kosten durch die ersuchende Behörde einzuziehen und der ersuchten zu übersenden sind. Eine Partei im Armenrechte ist keine zahlungspflichtige. Wenn die Partei zwar zahlungspflichtig, aber in der Tat zahlungsunfähig ist, hat die ersuchende Behörde oder der Fiskus des Staates, dem letztere angehört, nicht hierfür einzutreten; mehr als die Einziehung zu unternehmen, ist die ersuchende Behörde nicht schuldig.

Obige Bestimmung des Abs. 4 des § 165 soll die Doppelbesteuerung vermeiden, welche eintreten würde, wenn die schon nach dem Rechte des ersuchenden Gerichtes besteuerten, zur Benützung übersandten Urkunden nochmals einer Abgabe unterliegen würden. Die Bestimmung wurde hauptsächlich für Elsaß-Lothringen wegen der dortigen sehr erheblichen Einregistrierungsgebühren getroffen.

Man hat übrigens bei der Rechtshilfe der ordentlichen Gerichte untereinander zu unterscheiden Angelegenheiten, auf welche das deutsche Gerichtskostengesetz Anwendung findet, und solchen, bei welchen dies nicht der Fall ist.

Bei ersteren, d. h. in den vor die ordentlichen Gerichte gehörigen Rechtssachen, auf welche die Zivilprozeßordnung, die Strafprozeßordnung oder die Konkursordnung Anwendung findet, nicht auch in solchen Angelegenheiten, in welchen die Anwendung des deutschen Gerichtskostengesetzes auf Landesgesetz beruht, wird die Tätigkeit des ersuchten Gerichtes durch die Pauschsätze, welche vom ersuchenden Gericht auf Grund des Reichsgerichtskostengesetzes erhoben werden, mitvergütet. Das ersuchte Gericht hat keine Gebühren zu berechnen, ohne Unterschied, ob das ersuchte Gericht ein preußisches ist oder einem anderen Bundesstaate angehört. Auch die Auslagen des ersuchten Gerichtes hat dasselbe von den Beteiligten nicht einzuziehen. Inwieweit eine Erstattung seitens der ersuchenden Behörde stattfindet, regelt sich nach § 165 GVG.

Für die übrigen gerichtlichen Angelegenheiten, insbesondere diejenigen der freiwilligen Gerichtsbarkeit

1) Vgl. §§ 163 und 164 GVG.

einschließlich der Grundbuchsachen, war eine Bestimmung, daß für die gerichtliche Tätigkeit aus Anlaß eines Ersuchens um Rechtshilfe besondere Gebühren nicht zu erheben sind, bisher nicht getroffen. Die nach § 2 FGG. anzuwendende Vorschrift des § 165 GVG. beseitigt nur die Erstattung von Rechtshilfekosten seitens des ersuchenden Staates, schließt aber die Erhebung von Gebühren von den Parteien nicht aus. Dasselbe gilt selbstverständlich auch von denjenigen Angelegenheiten, welche nicht durch Reichsgesetz, sondern durch Landesgesetz den Gerichten bezw. den in § 194 FGG. bezeichneten Behörden übertragen sind (vgl. oben § 2).

Bezüglich der Kosten der Rechtshilfe gilt jetzt nach einer zwischen den Regierungen sämtlicher Bundesstaaten getroffenen Vereinbarung folgendes (vgl. Allg. Verf. vom 7. März 1907, JMBl. S. 55)[1]):

I. Rechtshilfe in Angelegenheiten der streitigen und der freiwilligen Gerichtsbarkeit einschließlich der Grundbuchsachen.

A. 1. Für die Erledigung der Ersuchen um Rechtshilfe werden Gebühren nicht erhoben.

2. Die baren Auslagen, welche durch eine Ablieferung oder Strafvollstreckung entstehen, werden der ersuchten Behörde von der ersuchenden erstattet. . . . . (betrifft Strafvollstreckung).

Im übrigen werden die durch die Erledigung der Ersuchen um Rechtshilfe erwachsenden Auslagen nicht erstattet. Der Betrag dieser Auslagen wird der ersuchenden Behörde mitgeteilt. Das Recht der ersuchenden Behörde, die Auslagen von der zahlungspflichtigen Partei einzuziehen, bleibt unberührt.

3. Soweit die Tätigkeit der ersuchten Behörde über den Gegenstand des bei der ersuchenden Behörde anhängigen Verfahrens hinausgeht, bleibt das Recht der ersuchten Behörde, Kosten von der zahlungspflichtigen Partei zu erheben, unberührt[2]).

4. (betrifft Strafsachen).

---

1) Sie findet keine Anwendung auf die Ersuchen preuß. Justizbehörden an die Polizeibehörden anderer Bundesstaaten. Den letzteren sind die Auslagen zu erstatten (Verf. vom 14. Juni 1907, I a 1064, Müller S. 1191). Dagegen ist die Vereinbarung anwendbar auf die von den Gewerbe- und Kaufmannsgerichten ausgehenden Ersuchen (Verf. vom 7. März 1907, bei Müller S. 1194).

2) Vgl. oben im § 2 den § 194 FGG.

B. Die vorstehenden Grundsätze gelten für die den bürgerlichen Gerichten durch Reichsgesetz übertragenen Angelegenheiten der streitigen oder freiwilligen Gerichtsbarkeit einschl. der Grundbuchsachen. Für die durch Reichsgesetz den Gerichten übertragenen Angelegenheiten der freiwilligen Gerichtsbarkeit und die Grundbuchsachen gelten sie auch dann, wenn dafür nach dem in Betracht kommenden Landesgesetze andere als gerichtliche Behörden zuständig sind[1]).

Im übrigen finden sie auf diejenigen Sachen, für welche die Zuständigkeit landesrechtlich geregelt ist, nur Anwendung, wenn die Sache gemäß den Gesetzen des Staates, von dem das Ersuchen ausgeht, vor die Gerichte gehört. Voraussetzung ihrer Anwendung in allen Fällen der freiwilligen Gerichtsbarkeit ist, daß die Erledigung des Ersuchens durch eine gerichtliche Behörde erfolgt ist[2]).

III. Auf Anträge und Erklärungen, die gemäß § 11 FGG. zum Protokoll eines Gerichtsschreibers in Angelegenheiten erfolgen, für welche die Behörden eines anderen Bundesstaates zuständig sind, finden die vorstehenden Grundsätze entsprechende Anwendung.

II.—IV. (interessiert hier nicht).

V. Einziehung von Kosten auf Ersuchen der Behörde eines anderen Bundesstaates.

A. 1. Wird zum Zwecke der Einziehung von Kosten, welche in Angelegenheiten der streitigen Gerichtsbarkeit entstanden sind, Beistand zwischen den Behörden verschiedener Bundesstaaten gewährt, so findet eine Erstattung der durch die Beistandsleistung entstandenen Kosten nicht statt (vgl. § 4 Abs. 2 der Anweisung vom 23. April 1880, oben S. 112).

2. Als durch die Beistandsleistung entstanden sind auch die Kosten für einen vom ersuchten Bundesstaat im Verwaltungszwangsverfahren herbeigeführten Offenbarungseid, sowie für Eintragung einer Sicherungshypothek wegen der Kosten und für deren demnächstige Löschung anzusehen. Dagegen erstreckt sich die Beistandsleistung nicht auf die Vertretung in Rechtsstreitigkeiten, die Dritten gegenüber durch

1) Vgl. oben S. 33 und 35.

2) Wird aus Anlaß des Ersuchens eines anderen Gerichtes von dem ersuchten Gerichte eine Beurkundung, z. B. Anerkennung der Vaterschaft und Verpflichtung zur Zahlung von Alimenten, vorgenommen, so handelt das Gericht kraft eigener Zuständigkeit nicht in Gewährung der Rechtshilfe; es liegt also insoweit eigentliche Rechtshilfe nicht vor. Es sind also in Preußen Kosten und Stempel zu erheben, falls das Ersuchen von einem außerpreuß. Gericht ausgeht (Allg. Verf. vom 6. Januar 1905, JMBl. S. 8).

das Zwangsvollstreckungsverfahren veranlaßt werden, oder auf die Vertretung in Konkursen; ist jedoch ein Termin in einem anderen Bundesstaate wahrzunehmen, so ist auf Ersuchen ein Beamter dieses Bundesstaates mit der Wahrnehmung des Termines auf Grund einer Vollmacht der ersuchenden Behörde zu beauftragen; in diesem Falle sind die durch die Wahrnehmung des Termines entstehenden baren Auslagen zu erstatten (JMBl. 1907 S. 55).

Hierzu: Das Ersuchen um Beauftragung von Beamten mit der Wahrnehmung eines Termines ist stets an die Behörde zu richten, welcher nach dem im RZentralblatt veröffentlichten Verzeichnis die Einziehung der Gerichtskosten obliegt[1]).

3. Das von der ersuchten Behörde mit den Kosten eingezogene Porto für das Ersuchungsschreiben ist der ersuchenden Behörde nicht zu erstatten (Nr. 3 der Bekanntmachung des Bundeskanzlers vom 29. August 1870, BGBl. S. 514).

4. Bei Einziehung der Kosten hat die ersuchte Behörde neben dem Übersendungsporto auf das Bestellgeld für die Zahlungsübermittelung an den ersuchenden Staat einzuziehen.

Hierzu: Die Bestimmung in V A 4 hat nur Fälle im Auge, in denen dem ersuchenden Staate tatsächlich die Ausgabe eines Bestellgeldes erwächst und die ersuchende Behörde auf dessen Erstattung ausdrücklich anträgt.

B. Wegen der Einziehung von Kosten, welche dem anderen Bundesstaat in Angelegenheiten der freiwilligen Gerichtsbarkeit oder in Grundbuchsachen entstanden sind, gelten dieselben Vorschriften wie bezüglich der Kosten der Angelegenheiten der freiwilligen Gerichtsbarkeit. Die Grundsätze zu I B Satz 2 und 3 finden entsprechende Anwendung.

VI. Schlußbestimmungen.

1. Soweit nach den vorstehenden Grundsätzen Kosten erstattet werden, sind für ihre Berechnung die in dem erstattungsberechtigten Staate geltenden Vorschriften maßgebend.

2. Als Bundesstaat gilt auch Elsaß-Lothringen (obsolet).

3. Die Vorschriften über die Zuziehung von Sachverständigen, die in einem anderen Bundesstaate wohnen, bleiben unberührt[2]).

4. (Betrifft Übergangsvorschrift).

---

1) Siehe oben S. 111.

2) Siehe die Verf. vom 10. Juli 1884 und 27. September 1904 in § 28. Die Nichtberücksichtigung dieser Verfügungen berechtigt nicht zur Ablehnung der Rechtshilfe (RGZ. 69, 371).

Es folgen hier die Gerichtskostengesetze der großen Bundesstaaten:

1. Preußen.

§ 105 des Preußischen Gerichtskostengesetzes vom 25. Juli 1910 in der Fassung vom 6. August 1910 (GS. S. 184) bestimmt:

„Für die Erledigung des Ersuchens eines nicht preußischen Gerichtes[1]) in Angelegenheiten, welche durch das deutsche Gerichtskostengesetz nicht betroffen werden, sind außer den baren Auslagen zu erheben:

1. Wenn eine Handlung vorgenommen wird, für welche besondere Gebühren bestimmt sind, diese Gebühren;

2. wenn nur um die Zustellung oder Aushändigung eines Schriftstückes ersucht ist, ein Zehntel der Sätze des § 123, jedoch nicht über 10 Mark,

3. in allen anderen Fällen zwei Zehnteile der erwähnten Sätze, jedoch nicht über 20 Mark[2]).

Die bestehenden Staatsverträge[3]) werden hierdurch nicht berührt[4]). Gebühren und Auslagen werden nicht erhoben, soweit die Gegenseitigkeit verbürgt ist. Ob diese Voraussetzung gegeben ist, entscheidet der Justizminister.

2. Bayern:

Art. 282 des bayerischen Gesetzes vom 18. August 1879 über das Gebührenwesen (GVBl. S. 903 ff.) in der Fassung der Bekanntmachung vom 11. November 1899 (GVBl. S. 904) bestimmt:

„Für die Erledigung des Ersuchens einer nichtbayerischen Behörde in Angelegenheiten, auf welche das Reichsgerichtskostengesetz keine unmittelbare Anwendung findet, kommen, wenn eine Amtshandlung vorgenommen wird, für welche besondere Gebühren gesetzlich bestimmt sind, diese Gebühren zur

---

1) Ersuchen preußischer Gerichte, sowohl der ordentlichen als auch der besonderen Gerichte sind in allen Fällen gebührenfrei zu erledigen. Dies gilt auch für Verwaltungsgerichte und Auseinandersetzungsbehörden. Auf Ersuchen von Verwaltungsbehörden findet § 105 keine Anwendung. Vgl. auch Allg. Verfügung betr. Ansatz der Kosten und Stempel für Beurkundungen, die aus Anlaß des Ersuchens eines anderen Gerichtes erfolgen, vom 6. Januar 1905 (JMBl. S. 8). Das ersuchte Gericht hat Kosten und Stempel anzusetzen. Der § 14 PreußGKG. findet keine Anwendung. Siehe auch S. 309.

2) Für die Erledigung des Ersuchens des Gerichtsschreibers eines nicht preußischen deutschen Gerichtes um Beauftragung eines Gerichtsdieners zur Bewirkung einer Zustellung von Amts wegen kommen Kosten nicht in Ansatz (Allg. Verf. vom 12. September 1900, JMBl. S. 564).

3) Diese werden regelmäßig durch Austausch von Ministerialerklärungen abgeschlossen.

4) Vgl. dieselben oben im § 2.

Erhebung. Die Staatsregierung ist jedoch ermächtigt, für solche Fälle ausnahmsweise auch andere Gebührensätze zu bestimmen.

Ist um die Vornahme sonstiger Amtshandlungen ersucht, so können besondere Gebühren erhoben werden, deren Sätze die Staatsregierung bestimmt.

In beiden Fällen sind die mit der Erledigung des Ersuchens verbundenen baren Auslagen zu erstatten.

Die Vornahme der Amtshandlung kann von der vorgängigen Erlage eines zur Deckung der Kosten hinreichenden Vorschusses abhängig gemacht werden.

Die bestehenden Vereinbarungen mit anderen Staaten werden hierdurch nicht berührt.

Gebühren und Auslagen werden nicht erhoben, soweit die Gegenseitigkeit verbürgt ist[1]). Ob diese Voraussetzung gegeben ist, entscheidet die Staatsregierung."

Nach Art. 283 des genannten Gesetzes kann in Angelegenheiten, auf welche das Reichs-Gerichtskostengesetz keine unmittelbare Anwendung findet, gegenüber Personen, welche in Bayern nicht ihren ständigen Wohnsitz haben, bei Anträgen auf Einleitung eines amtlichen Verfahrens oder Vornahme einzelner Amtshandlungen, dringende Fälle ausgenommen, jede amtliche Tätigkeit in der Sache selbst von der vorgängigen Erlage eines zur Deckung der hiermit verbundenen Gebühren und Auslagen hinreichenden Vorschusses abhängig gemacht werden, auch wenn dieselben von einem bayerischen Rechtsanwalte vertreten sind.

Notare und Notariatsverweser, welche von dieser Befugnis keinen Gebrauch machen, haften dem Staate persönlich für die erwachsenen Gebühren vorbehaltlich ihres Regresses an die zahlungspflichtige Partei.

Auch ist die Staatsregierung ermächtigt, in den in Abs. 1 bezeichneten Angelegenheiten gegenüber Ausländern besondere vom gegenwärtigen Gesetze abweichende Gebührensätze zu bestimmen und für Akte, welche an sich gebührenfrei wären, die Erhebung von Gebühren zu verordnen.

3. Baden: Gerichtskostengesetz vom 24. September 1908 (GVBl. S. 539) bestimmt in § 100:

1. Für die Erledigung des Ersuchens eines nicht badischen Gerichtes in Angelegenheiten der freiwilligen Gerichtsbarkeit oder des Ersuchens einer anderen nicht badischen Behörde, welche in dem betreffenden Staate die Verrichtungen des Vormund-

---

1) Vgl. unten Baden und Elsaß-Lothringen.

schafts- oder des Nachlaßgerichtes wahrnimmt, in diesen Angelegenheiten sind außer den baren Auslagen zu erheben:

a) wenn eine Handlung vorgenommen wird, für welche besondere Gebühren bestimmt sind, diese Gebühren,
b) wenn nur um die Zustellung oder Aushändigung eines Schriftstückes ersucht ist, ein Zehntel der Gebühr nach Reihe A, jedoch nicht über 10 Mark,
c) in allen anderen Fällen zwei Zehnteile der erwähnten Sätze, jedoch nicht über 20 Mark.

2. Die bestehenden Staatsverträge werden hierdurch nicht berührt.

3. Das Justizministerium ist ermächtigt, von Erhebung der in Abs. 1 bestimmten Gebühren in bezug auf diejenigen Staaten abzusehen, in welchen für die Erledigung gleichartiger Ersuchen Gebühren nicht erhoben werden"[1]).

Nach § 186 werden die Gebührensätze des § 100 erhoben bei Ersuchen nicht badischer Justizbehörden in Angelegenheiten der freiwilligen Gerichtsbarkeit, auf welche die deutschen Prozeßordnungen keine Anwendung finden.

4. Staatsverträge verschiedener Bundesstaaten[2]):

α) Preußen:

Ersuchen hessischer Gerichte im Verfahren der Grundbuchanlegung sind kosten- und stempelfrei in Preußen zu erledigen. Dem ersuchenden Gericht ist der Betrag der bei dem ersuchten Gericht entstandenen Auslagen mitzuteilen (Allg. Verf. vom 19. November 1901; JMBl. S. 527).

Abkommen mit Königreich Sachsen zur Beseitigung der Doppelbesteuerung vom 20. Mai 1910 (vgl. Allg. Verf. vom 29. Dezember 1910; JMBl. 1911 S. 5). Vgl. auch oben S. 45.

β) Bayern: Bezüglich der Kosten der Rechtshilfe in Sache der nichtstreitigen Gerichtsbarkeit verweist § 7 des bayerisch-württembergischen Jurisdiktionsvertrages vom 8. Januar 1873 (BayerRegBl. S. 297)[3]) auf § 43 des Rechts-

---

1) Hiervon ist gegenüber Bayern Gebrauch gemacht. Vgl. auch S. 314.

2) Vgl. zunächst die im § 2 bei den einzelnen Bundesstaaten angegebenen Bestimmungen über die Kosten der Rechtshilfe. Durch das oben mitgeteilte Abkommen zwischen allen Bundesstaaten vom Jahre 1904 sind allerdings die verschiedenen Verträge im wesentlichen obsolet geworden.

3) Vgl. WürttembRegBl. 1873 S. 32.

hilfegesetzes vom 21. Juni 1869 (vgl. oben § 3). Dasselbe geschieht in dem bayerisch-badischen Jurisdiktionsvertrage vom 9. August 1873 (bayer. RegBl. S. 1417)[1]). Ersuchen in Angelegenheiten der freiwilligen Gerichtsbarkeit einschließlich der Grundbuch- und der Grundbuchanlegungsangelegenheiten werden im Verkehr zwischen den bayerischen und elsaß-lothringischen Gerichten kosten- und gebührenfrei erledigt (MBl. vom 25. Mai 1903, bezw. JMBl. S. 294). Dasselbe gilt für den Verkehr bayerischer Gerichte mit den badischen Gerichten und Notaren (MBl. vom 15. Mai 1903, bezw. JMBl. S. 291). Vgl. auch Bekanntmachung vom 24. Dezember 1900 (bad. GVBl. 1901 S. 1).

Bayern und Baden haben auf die Ablieferung von Auslagen, welche durch die Erledigung der von bayerischen oder badischen Behörden in Angelegenheiten der freiwilligen Gerichtsbarkeit gestellten Ersuchen um Rechtshilfe entstehen — vorbehaltlich des Rechts der ersuchenden Behörde, die Auslagen von den Zahlungspflichtigen einzuziehen — gegenseitig verzichtet (MBl. 15. Mai 1903, bezw. JMBl. S. 291; Bek. vom 22. April 1903, bad. GVBl. S. 129).

Vgl. auch Hessen.

γ) Württemberg: vgl. Bayern und Hessen. Der Jurisdiktionsvertrag mit Baden vom 30. Dezember 1825 Art. 22—29 besteht trotz der ministeriellen Bekanntmachung des württembergischen Justizministeriums vom 19. Januar 1899 (WürttRegBl. S. 13) bezüglich der landesgesetzlichen Angelegenheiten der freiwilligen Gerichtsbarkeit noch zu Recht.

δ) Sachsen siehe Baden.

ε) Baden siehe Bayern, Württemberg, Hessen.

Der Jurisdiktionsvertrag mit Sachsen von 1855 (GVBl. S. 285), teilweise aufrecht erhalten durch Ministerialerklärungen vom 26. Juli 1870 (GVBl. S. 636) — geändert laut Bekanntmachung vom 2. Mai 1894 (GVBl. S. 229) — besteht aus dem unter γ angegebenen Grunde noch fort.

η) Elsaß-Lothringen siehe Bayern und Hessen.

ζ) Hessen.

Vereinbarungen über die Kosten der Rechtshilfe bestehen mit Bayern (vgl. hessisches RegBl. 1883 Nr. 26), Württemberg (vgl. hessisches RegBl. 1884 Nr. 11).

1) Die Annahme, daß diese Verträge durch § 2 FGG. aufgehoben seien, ist irrig; soweit es sich um Angelegenheiten der freiwilligen Gerichtsbarkeit handelt, welche durch Landesgesetz den Gerichten usw. übertragen sind, bestehen sie mindestens fort.

5. Elsaß-Lothringen (vgl. hessisches RegBl. 1884 Nr. 4) und Baden (vgl. hessisches RegBl. 1883 Nr. 11).

Wegen der Kosten in Angelegenheiten der freiwilligen Gerichtsbarkeit ist zwischen Hessen und Baden noch folgendes vereinbart[1]) (vgl. Bekanntmachungen vom 1. August und 3. Dezember 1902; hessisches RegBl. 1902 Nr. 27 und Nr. 85).

„Auf die Erhebung jeder Art von Gebühren oder Stempel für die Erledigung von Rechtshilfeersuchen in Angelegenheiten der freiwilligen Gerichtsbarkeit, einschließlich der Grundbuchanlegung, wird gegenseitig verzichtet. Diese Vereinbarung soll jedoch nicht ausschließen, daß die ersuchende Behörde das Recht habe, diejenigen Gebühren und Stempel, welche erwachsen sein würden, wenn das Geschäft von der ersuchenden Behörde selbst vorgenommen worden wäre, im Falle des Vorhandenseins einer zahlungspflichtigen Partei von dieser zur Staatskasse einzuziehen[2]).

Auf die Ablieferung von Auslagen, welche durch die Erledigung von Rechtshilfeersuchen der bezeichneten Art entstehen und gemäß § 165 Abs. 3 des Gerichtsverfassungsgesetzes, verglichen mit § 2 des Reichsgesetzes über die Angelegenheiten der freiwilligen Gerichtsbarkeit, Art. 3 des hessischen Gesetzes, die Ausführung des Gesetzes über die Angelegenheiten der freiwilligen Gerichtsbarkeit betreffend, und § 33 des badischen Rechtspolizeigesetzes, von dem Zahlungspflichtigen durch die ersuchende Behörde eingezogen werden, wird gegenseitig verzichtet. Die ersuchte Behörde hat den Betrag der durch die Erledigung entstandenen Auslagen der ersuchenden Behörde mitzuteilen."

II. Kosten der Rechtshilfe im Verkehr mit deutschen Konsuln und Gesandten. Vgl. § 10 Ziffer 10 oben S. 189.

Die Zustellung gemäß § 199 ZPO. durch den Konsul ist ein reines Konsulatsgeschäft, kein Akt der Rechtshilfe, auch nicht, wenn der Konsul mit Gerichtsbarkeit ausgestattet ist. Für die Bewirkung der Zustellung stehen dem Konsul Gebühren nach dem Tarife vom 7. Mai 1910 (RGBl. S. 847)

---

1) Das getroffene Übereinkommen tritt sechs Monate nach der von der einen oder der anderen Seite erfolgten Kündigung in der Art außer Wirksamkeit, daß dieselbe auf die bei Ablauf der Kündigungsfrist noch nicht erledigten Ersuchen keine Anwendung mehr findet.

2) Von diesem Vorbehalt kann von den Hessischen Behörden nur insoweit Gebrauch gemacht werden, als Urkunden rechtsgeschäftlichen Inhalts, welche im Rechtshilfeverkehr auf Ersuchen hessischer Behörden von badischen Behörden aufgenommen worden sind, auf Grund der Einreichung oder Vorlegung (Art. 1 Abs. 2 des Gesetzes über den Urkundenstempel vom 12. August 1899) verstempelt werden müssen, sofern ein zahlungspflichtiger Beteiligter vorhanden ist.

Ziffer 6 und 7 zu[1]). Dies gilt auch in dem Falle, daß das Ersuchen des inländischen Gerichts die Bekanntmachung des Termins zur mündlichen Verhandlung auf die Berufung gegen ein von dem Konsul oder dem Konsulargerichte erlassenes Urteil betrifft (RG. Vereinigte Zivilsenate vom 24. Juni 1899, E 44, 409).

IIa. Kosten im Verkehr mit den Gerichten der deutschen Schutzgebiete.

Auch hier richtet sich die Berechnung der Rechtshilfekosten und die Pflicht zur Erstattung nach den Gerichtskostengesetzen, den Gebührenordnungen bezw. nach § 165 GVG. (vgl. §§ 2 und 3 des Schutzgebietsgesetzes vom 25. Juli 1900, RGBl. S. 812).

Vgl. auch Verfügung vom 28. November 1901 betr. die Regelung des gerichtlichen Kostenwesens in den Schutzgebieten Afrikas und der Südsee vom 28. November 1901 (KolBl. S. 853) und Abänderung vom 28. August 1908 (Reichsanzeiger Nr. 218).

Eine Erstattung der von den Gerichtsbehörden der Schutzgebiete in Ansatz gebrachten Kosten hat erst dann zu erfolgen, wenn diese durch die ersuchende Behörde eingegangen sind (Reskript des preuß. Justizministers vom 27. März 1897, III 1732 bei Müller S. 1217).

II. Kosten der Rechtshilfe in und gegenüber dem Auslande.

Soweit Verträge des Deutschen Reiches mit auswärtigen Staaten nicht bestehen, sind die desfalls von einzelnen Bundesstaaten abgeschlossenen Übereinkommen noch in Geltung. Es sind die Bemerkungen in § 11 zu vergleichen. Mangels besonderer Bestimmungen gilt der Grundsatz, daß die ersuchende Behörde der ersuchten fremden Behörde Auslagen und Gebühren ersetzen muß[2]) (Meili S. 63).

In den Fällen, wo die ausländischen Behörden Ersatz der Auslagen und Gebühren beanspruchen[3]), werden dies auch die

---

1) Für Behändigung eines Schriftstückes nebst Ausstellung eines Zustellungszeugnisses werden erhoben: 4.50 Mark in Europa ausschl. Türkei, außerhalb Europas sowie in der Türkei: 7.50 Mark; für Behändigung oder Übermittelung eines Schriftstückes ohne Ausstellung eines Zustellungszeugnisses: 1.50 Mark in Europa ausschl. Türkei, 3 Mark außerhalb Europas sowie in der Türkei. Vgl. aber die Ermäßigungen oben S. 158 ff. (§§ 2 und 4 des Gesetzes vom 5. April 1909).

2) Die Gebühren und Auslagen sind dem fremden Gerichte alsbald und ohne Rücksicht darauf, ob eine ersatzpflichtige und ersatzfähige Partei vorhanden ist, zu erstatten (Reskr. vom 9. Mai 1898 III 2143).

3) Vgl. § 11 oben.

deutschen Gerichte tun müssen[1]) und zwar nach den unter Ic mitgeteilten Kostengesetzen.

Der Kostenbetrag ist jedoch nicht auf der Zustellungsurkunde oder dem Behändigungsschein selbst zu vermerken, sondern, falls der diplomatische Weg stattfindet, in dem Berichte, mit welchen der Nachweis über die erfolgte Zustellung oder Behändigung dem Juistzminister eingereicht wird[2]); bei unmittelbarem Geschäftsverkehr auf dem Rücksendungsschreiben mit dem Ersuchen um Erstattung.

Wegen des Armenrechts vgl. § 24.

Abschnitt IV.

Ermittelung und Anwendung des fremden Rechtes[3]).

§ 14.

I. Nach dem Grundsatze jura noscit curia bedürfen Rechtssätze in der Regel nicht des Beweises. Nur soweit dem Richter die Kenntnis des geltenden Rechtes nicht zugemutet werden kann, ist eine Ausnahme zu machen. In dieser Hinsicht bestimmt die deutsche ZPO. in § 293:

„Das in einem anderen Staate geltende Recht, die Gewohnheitsrechte und Statuten bedürfen des Beweises nur insofern, als sie dem Gerichte unbekannt sind. Bei Ermittelung dieser Rechtsnormen ist das Gericht auf die von den Parteien beigebrachten Nachweise nicht beschränkt; es ist befugt, auch andere Erkenntnisquellen zu benutzen und zum Zwecke einer solchen Benutzung das Erforderliche anzuordnen".

Die ZPO. geht hiernach von dem Grundsatze aus, daß das Prozeßgericht die in dem eigenen Staate[4]) geltenden mehreren Rechte, — jedoch mit Ausschluß der Gewohnheitsrechte und statutarischen Rechte[5]) — zu kennen verpflichtet ist. Ein

---

1) Die Gerichtsvollzieher erhalten die Gebühren nach dem Satze für amtliche Aufträge.

2) Zirk.-Verf. des preußischen Justizministers vom 27. März 1888 I 842.

3) Wegen Auslegung der Staatsverträge s. § 11 Anm. 1 S. 202

4) Die deutschen Schutzgebiete sind weder Ausland noch selbständige inländische Staatskörper. Ihr Recht muß das Prozeßgericht ebenfalls kennen. Vgl. Skonietzki-Gelpcke § 283 Anm. 1.

5) Ohne Rücksicht, ob das Gewohnheitsrecht oder das Statutenrecht in dem Staate des Prozeßgerichtes, oder in einem anderen Staate gelten.

Vom Statutenrecht, d. i. dem auf dem Willen eines autonomen Kreises innerhalb des Staates, einer Gemeinde oder sonstigen Korporation rc. beruhenden Rechte, ist wohl zu unterscheiden das für Teile des Staates geltende, aber vom Staatswillen ausgehende Partikularrecht. Statuten sind die für einzelne Interessentenkreise zulässigen privatautonomen Festsetzungen, nicht auch sog. statutarische Rechte (JW. 1899 S. 322, 50; vgl. RGZ. Bd. 21 S. 75.

das Gebiet mehrerer Bundesstaaten umfassendes Oberlandesgericht muß die Rechte dieser mehreren Staaten, das Reichsgericht die sämtlichen in den einzelnen Bundesstaaten geltenden Gesetze kennen.

Die Rechtsanwendung unterliegt nicht der Parteidisposition. Der Richter hat das ausländische Recht selbständig zu ermitteln. Selbst übereinstimmende Erklärungen der Parteien können ihn in dieser Hinsicht weder binden, noch auch der eigenen Prüfung überheben. Sind die Rechtsnormen dem Richter unbekannt, so muß er sie ohne Rücksicht auf eine Beweislast von Amts wegen erforschen. Den Parteien fällt hierbei nur die Aufgabe zu, den Richter auf seine Aufforderung zu unterstützen (RGZ. 21, 177; 30, 366; 39, 376. Gruchots Beiträge Bd. 43 S. 1228, JW. 1899 S. 447[47]).

Ist das auf die Rechtsnorm bezügliche Parteivorbringen unzulänglich, so darf die Rechtsnorm nicht lediglich aus diesem Grunde als nicht geltend angesehen werden. Das Gericht hat auch ausländisches Recht anzuwenden, soweit es sich aus den Vorschriften des sog. internationalen Privatrechts ergibt (RGZ. 23, 34; 39, 376). Dieser Nachforschungspflicht wird es auch nicht dadurch überhoben, daß die Parteien über die Anwendung oder Nichtanwendung ausländischen Rechts einig sind (RGZ. 12, 34, 23, 33, JW. 99, 447), es sei denn, daß es sich hierbei um eine materiell-rechtlich wirksame Unterwerfung unter fremdes Recht handelt (RGZ. 23, 34, JW. 1906 S. 452) oder nach der Beschaffenheit der konkreten Rechtsfragen Übereinstimmung des fremden und des einheimischen Rechts anzunehmen ist (RGZ. 23, 34). Hat dagegen das Gericht keinen Anlaß, die Anwendbarkeit des einheimischen Gesetzesrechtes für nicht gegeben zu erachten, so müssen die Parteien, wenn sie ihren Anspruch oder Einwand auf eine abweichende Rechtsnorm stützen wollen, diese Norm anführen und zwar erforderlichenfalls unter näherer Darlegung des Inhalts des behaupteten Rechtssatzes. Im Unterlassungsfalle kann die Nichtberücksichtigung der Norm mit der Revision nicht gerügt werden (RG. JW. 1886, 11; vgl. auch RGZ. 2, 303).

Das Gericht ist befugt, den Parteien die Herbeischaffung von Nachweisen, auch solchen, die sie nicht angeboten haben, aufzugeben (RGZ. 39, 376; Gruchot 43, 1228; JW. 1899 S. 447).

Über das Bestehen von Handelsgebräuchen kann die Kammer für Handelssachen auf Grund eigener Sachkunde und Wissenschaft entscheiden (GVG. § 118).

Bei inländischen Polizeigesetzen wie bei inländischen Gesetzen überhaupt erstreckt sich die selbsttätige Ermittelungspflicht des Richters auch auf die gehörige Publikation des Gesetzes (RGZ. 43, 418).

Zum Zwecke der Ermittelung der Rechtsnormen kann das Gericht nicht bloß neben den parteiseitig vorgebrachten Nachweisen von Amts wegen Tatsachen berücksichtigen und Beweiserhebungen anordnen, sondern ist auch befugt, statt der Erhebung des angebotenen Parteibeweises den im Satz 2 Halbsatz 2 des § 293 ZPO. vorgeschlagenen Weg einzuschlagen. Die Anordnung kann formlos oder als prozeßleitender Beschluß ergehen. Sie bedarf weder der vorgängigen mündlichen Verhandlung, noch der Bekanntmachung an die Parteien, ist daher im Falle eines Verkündungstermins selbst noch nach Verhandlungsschluß zulässig (RG. JW. 1905 S. 398, Gruchot 50, 1072). Die Berücksichtigung des von Amts wegen Ermittelten erfordert nicht, daß zuvor die Parteien gehört sind (RG. Gruchot 50, 376).

Sind die angestellten Ermittelungen ergebnislos, so ist das einheimische Gesetzesrecht den Entscheidungen zu Grunde zu legen (RG. JW. 1900 S. 589)[1]. Vgl. auch RGZ. 2, 303; 23, 33.

Das Gericht kann den von den Parteien angebotenen Beweis über den Inhalt des ausländischen Rechtes ablehnen, wenn es bereits Kenntnis davon hat (die Wissensquelle ist gleichgültig, auch Kenntnis, die auf privatem Wege erlangt ist, genügt) oder sich von dem Beweise keinen Erfolg verspricht (RGZ. 3, 150; 10, 172).

Zur Ermittelung der Rechtsnorm gehört auch der Umfang ihres räumlichen Geltungsgebietes (RGZ. 21, 175), sowie bei geschriebenem Rechte die Feststellung, daß sie vorschriftsmäßig verkündet sind (RGZ. 43, 420). Bei ausländischem Gewohnheitsrecht ist die Frage, ob es sich gültig gebildet hat, nach dem Rechte des betr. ausländischen Staates zu beurteilen. Als Erkenntnisquellen sind benutzbar: Literarische Werke, praktische Rechtssprüche oder Rechtsgutachten[2]), behördliche Akte, Auskunft amtlicher Stellen[3]), übliche Geschäftsformulare oder der amtliche Text des Gesetzes, auch in privaten Ausgaben.

Die Eideszuschiebung zum direkten Beweise der Existenz einer Rechtsnorm ist unzulässig; soweit jedoch indirekt ein Be-

---

1) Das OLG. Braunschweig (SeuffArch. 51, 129) meint, daß wenn die Rechtsnorm unerwiesen geblieben, der darauf gestützte Anspruch oder Einwand zurückzuweisen sei.

2) Das Reichsgericht hat die schriftliche Begutachtung eines amerikanischen Juristen, von dem gesagt wurde, er sei kompetent, to give evidence of the laws, für ausreichend erachtet (E. i. Strafs. Bd. 30 S. 259).

3) Vgl. § 12 und unter II.

weis für die Existenz einer Rechtsnorm durch Tatsachen geführt werden soll, welche eigene Handlungen des Gegners oder seines Rechtsvorgängers, oder welche Gegenstand der Wahrnehmung dieser Personen gewesen sind[1]), ist die Eideszuschiebung zulässig. Über die Art des Beweisantrittes für ein Gewohnheitsrecht vgl. RGZ. 30, 367; auch JW. 1899 S. 537[21]. Es ist ein Revisionsgrund, wenn zu Unrecht ausländisches Recht nicht angewendet wurde (RG. 25. Oktober 1883, Ann. 9, 65). Eine vom Richter ausgesprochene Ansicht über ausländisches Recht muß mit Gründen versehen sein (RG. 10. Mai 1882, Ann. 6, 137); anderer Ansicht Skonietzki-Gelpcke § 293 Anm. 5. Bezüglich der Revisibilität ist zu bemerken: die Revisibilität einer Rechtsnorm ist dadurch bedingt, daß sie im Inlande (im Bezirke des Berufungsgerichts) als Gesetzesrecht gilt. Übereinstimmung des zur Anwendung kommenden ausländischen (z. B. in Frankreich geltenden Code civil) mit dem deutschen Recht (z. B. im Rheinland geltenden) ergibt nicht die Revisibilität des ersteren (RGZ. 6, 413; 8, 88; 10, 115; 63, 318). Überhaupt kann die Revision niemals darauf gestützt werden, daß ausländisches Recht nicht richtig erkannt oder angewendet sei (RGZ. 63, 318)[2]). Es kann aber die Revision auf die Behauptung gestützt werden, daß die Grundsätze des sog. internationalen Privatrechts verletzt seien, also statt des inländischen Rechts das ausländische Recht zur Anwendung gebracht sei und umgekehrt (RGZ. 2, 13; 6, 395; 24, 383; JW. 00, 557). Auch Vorschriften einer internationalen Übereinkunft sind, wenn diese in Deutschland von den gesetzgebenden Körperschaften angenommen sind, revisibel (RGZ. 40, 112; 57, 142).

Für die Angelegenheiten der freiwilligen Gerichtsbarkeit gelten nicht die Vorschriften der ZPO. und es kann der Richter, wenigstens soweit er in der Lage ist, sich von dem Inhalte des ausländischen Rechts Kenntnis zu verschaffen, seine Tätigkeit nicht deshalb ablehnen, weil die Parteien ihm den Inhalt eines ausländischen Rechtssatzes nicht nachgewiesen haben (KG. vom 6. Juni 1900; R. d. OLG. 1, 412). Er muß sich die Kenntnis[3]) des ausländischen Rechts selbst verschaffen;

1) Insbesondere beim Nachweis von Gewohnheitsrecht s. Stobbe a. a. O. § 23 Nr. 3.

2) Ausländisches Recht ist überhaupt nicht revisibel, die Unterscheidung zwischen allgemeinen Rechtsgrundsätzen und anderen Normen (vgl. RG. 5, 116) ist vom Reichsgericht (Urteil vom 22. Mai 1911, JW. S. 718) fallen gelassen.

3) Über die Frage, ob der deutsche Nachlaßrichter nach deutschem Reichsrecht zur Ermittelung von fremdem Recht die Hilfe der Antragsteller in Anspruch nehmen darf vgl. Klein im Österr. Zentralbl. f. jurist. Praxis Bd. 21 S. 448.

handelt es sich um das Recht eines Kulturstaates, so ist als äußerstes Mittel der Weg der Berichterstattung an den Justizminister zwecks Herbeiführung eines Gutachtens durch Vermittlung der deutschen Vertretung im Auslande zu beschreiten (RG. vom 21. Dezember 1903, R. d. OLG. 8, 232).

II. Nach § 86 AGzGVG. (Art. 130 X PrFGG.) ist die Ausstellung von Zeugnissen über das in Preußen geltende Recht Sache der Justizverwaltung[1]). Es ist streitig, ob nur der Justizminister oder nur der Landgerichtspräsident oder auch der Amtsrichter bezw. der Oberlandesgerichtspräsident zuständig ist. Vgl. Birkenbihl und Josef, DJZ. 1901 S. 21 und S. 232. Das Richtigste ist, anzunehmen, nur den Justizminister, sofern er nicht durch besondere Verfügung seine Befugnis delegiert hat, für zuständig zu halten, weil bei Ausstellung durch die Zentralstelle die Erteilung einander widersprechender Zeugnisse vermieden wird. Gl. Ans. Verf. vom 19. März 1904, Müller S. 71. In Hessen ist das Ministerium der Justiz zuständig (Art. 63 des hessischen Gesetzes vom 18. Juli 1899). In Elsaß-Lothringen ist die Verpflichtung zu Auskunftserteilung im Wege der Dienstaufsicht geregelt (OLG. Kolmar 25. März 1902, Jur. Zeitschrift für Elsaß-Lothringen Bd. 27 S. 402).

In Preußen sollen die Gerichte, wenn sie von ausländischen Behörden eine allgemeine Auskunft, insbesondere über ausländisches Recht haben wollen, die Vermittlung des Justizministers in Anspruch nehmen. Vgl. § 12 oben.

Betreffend die Erteilung amtlicher Bescheinigungen auf dem Gebiete des belgischen Privatrechtes, hat die belgische Regierung darauf aufmerksam gemacht[2]), daß seitens der Behörden anderer Staaten bei der Vorlage von Urkunden privatrechtlichen Inhalts, welche in Belgien errichtet worden sind, den Beteiligten häufig auferlegt werde, hinsichtlich der Gültigkeit, der Beweiskraft oder der Gesetzmäßigkeit solcher Urkunden, Bescheinigungen des belgischen Justizministeriums beizubringen, sowie daß derartige Bescheinigungen auch über sonstige privatrechtliche Verhältnisse, wie über den Umfang der

---

1) Die preußischen Gerichte als solche sind auch nicht verpflichtet Gutachten über geltendes Recht abzugeben. Vgl. Wilmowski und Levy zu § 265 ZPO. Anm. 4; and. Ans. Neubauer in den Blättern f. Rechtspflege im Bezirk des Kammergerichtes Bd. 3 S. 654. Der § 84 AGzGVG. trifft nicht zu. Das Ersuchen um ein Gutachten über geltendes Recht ist auch nicht ein nach den §§ 157 ff. GVG. erzwingbares Ersuchen um Rechtshilfe, da ein solches nach den, den § 157 ergänzenden, §§ 158 und 159 nur vorzunehmende Amtshandlungen betrifft (OLG. Kolmar 25. März 1902, Recht 7, 161; and. Ans. Kleinfeller in Busch, Arch. Bd. 18 S. 425).

2) PreußJMBl. 1882 S. 28; BayJMBl. 1882 S. 35.

Befugnisse eines gesetzlichen Vertreters, die Geschäftsfähigkeit eines Minderjährigen und dergleichen verlangt werden. Die belgische Regierung hat im Anschlusse hieran darauf hingewiesen, daß durch solche Verlangen den Beteiligten ein nutzloser Aufwand an Zeit und Kosten verursacht werde, da nach der in Belgien bestehenden Gesetzgebung der Justizminister zur Erteilung besagter Bescheinigungen nicht ermächtigt sei und auch die belgischen Gerichte zu solcher Erteilung nicht befugt seien. Zugleich hat die belgische Regierung beigefügt, daß seitens des belgischen Justizministers auf Ansuchen eines Beteiligten gegebenenfalls nur dahin Bescheinigung erteilt werden könne, daß förmlich in einem Gesetze enthaltene, in dem Gesuche bestimmt zu bezeichnende Vorschriften Bestandteile des in Belgien geltenden Rechts seien.

Auskunft erteilen ferner nicht die Behörden in Griechenland, in den Niederlanden und in Schweden. Vgl. § 12.

In Österreich werden authentische Zeugnisse über das in Österreich geltende Gesetz denjenigen, welche derselben zur Verfolgung oder Verteidigung ihrer Rechte im Auslande bedürfen, von dem kaiserlichen Justizminister ausgefertigt. In Zeugnissen dieser Art wird das gegenwärtig geltende Gesetz bestimmt bezeichnet und dessen wesentlicher Inhalt mit den eigenen Worten desselben angeführt; jedoch werden alle Erläuterungen oder Anwendungen des Gesetzes auf einen bestimmten Rechtsfall vermieden[1]. Über die im Gebiete der ungarischen Länder in Kraft stehenden Gesetze gibt das ungarische Justizministerium diese Bestätigung[2].

In Großbritannien einschließlich der Kolonien erteilt die Regierung Aufschlüsse über bestehendes Recht nicht; als geeigneter Weg ist die Erholung eines Rechtsgutachtens von zwei bei den K. Gerichtshöfen beglaubigten und in Praxis stehenden Anwälten bezeichnet[3]. Dasselbe gilt von den Vereinigten Staaten von Amerika.

Nach Art. 709 der russischen Prozeßordnung vom 20. November 1864 kann das Gericht, wenn der Anwendung fremder Gesetze Schwierigkeiten entgegentreten, das Ministerium der auswärtigen Angelegenheiten ersuchen, mit der betreffenden

---

1) § 282 des Patents vom 9. August 1854 (Österr. RGBl. S. 898); Bloch S. 42; Vesque von Püttlingen S. 129; Starr S. 238; Jettel S. 11.

2) § 544 d. ung. ZPO. Vesque v. Püttlingen a. a. O.; Starr a. a. O.

3) Starr S. 239 und Bloch S. 395.

fremden Regierung behufs Einsendung eines Gutachtens über die Frage in Verkehr zu treten. Nach der Mitteilung des deutschen Generalkonsulats in Warschau in Sachen Neugebauer gegen Morhiski U. 3744/02 ist die Erteilung einer Auskunft über russisches Recht den russischen Gerichten verboten.

Zeugnisse über eine in Bayern geltende Gesetzesbestimmung werden, gleichviel, ob das Gesuch von einer Partei, einem Anwalt oder einem ausländischen Gerichte gestellt wird, vom Justizministerium erteilt.

Gesuche wegen Erteilung von Attesten über das im Hamburgischen geltende Recht sind an das dortige Oberlandesgericht zu richten[1]).

Abschnitt V.
Aktenmitteilung.
§ 15.

I. Nach § 169 GVG. kommen die in einem Bundesstaate bestehenden Vorschriften über die Mitteilung von Akten einer öffentlichen Behörde an ein Gericht dieses Bundesstaates auch dann zur Anwendung, wenn das ersuchende Gericht einem anderen Bundesstaate angehört.

Diese Bestimmung bezieht sich nur auf das Gebiet der Rechtshilfe[2]).

Auf den Inhalt der Vorschriften über Mitteilung von Akten einer öffentlichen Behörde hat die Bestimmung des § 169 GVG. keinen Einfluß. Die geltenden Vorschriften sollen den ersuchenden Gerichten eines anderen Bundesstaates gegenüber in demselben Maße zur Anwendung kommen, wie den Gerichten des Bundesstaates des ersuchten Gerichtes überhaupt. Soweit landesgesetzlich die Versendung von Grundbüchern oder von anderen Akten gestattet bezw. vorgeschrieben ist, gilt dies gleichmäßig gegenüber allen deutschen Gerichten[3])[4]).

---

1) Hamb. Ges. vom 25. Juli 1879 (GS. 1879 S. 283.

2) Die Frage, inwiefern Akten zum Urkundenbeweise sich eignen, ist nach den Vorschriften der Zivilprozeßordnung zu bemessen. Näheres hierüber s. § 29 unter „Urkundenbeweis".

3) Prot. d. Reichstags-Just.-Komm. S. 9, 17, 18, 680.

4) Nach den landesgesetzlichen Bestimmungen richtet sich auch die Frage, ob die ersuchte Behörde überall zur Auslieferung der betreffenden Urschrift verpflichtet, oder ob nicht der Richter wegen Untunlichkeit der Versendung der Akten oder Urkunden, z. B. Grundbücher, Zivilstandsregister, sich mit einem Auszuge oder sonstiger Auskunft aus solchen oder mit der Gestattung der Akteneinsicht im Amtslokal der Behörde zu begnügen hat; ebenso die Frage, ob und unter welchen Voraussetzungen

Die Vorschrift des § 169 gilt nicht nur für den Fall des Ersuchens von Gericht zu Gericht, sondern auch für das Ersuchen an eine öffentliche Behörde[1]) überhaupt.

Gegen eine Ablehnung des Ersuchens steht, wenn die ersuchte Behörde nicht selbst ein Gericht ist, zunächst der Weg der Beschwerde im Dienstaufsichtswege offen. Ist die ersuchte Behörde ein Gericht, so findet die Beschwerde nach Maßgabe des § 160 GVG. statt. Für diese Ersuchen und Beschwerden ist es nicht Voraussetzung, daß der Antragsteller eine privatrechtliche Verpflichtung der ersuchten Behörde zur Vorlegung der Akten behaupten kann[2]).

Nach § 2 FGG. gilt der § 169 GVG. auch in Angelegenheiten der freiwilligen Gerichtsbarkeit, welche durch Reichsgesetz den Gerichten übertragen sind. Vgl. oben § 2. In den landesgesetzlichen Angelegenheiten der freiwilligen Gerichtsbarkeit findet jedoch § 169 GVG. keine Anwendung. Indes dürfte in der Praxis derselbe auch hier beobachtet werden, es fehlt nur an einer Verpflichtung zur Herausgabe[3]).

Von den bei dem Deutschen Reiche oder einem Bundesstaate beglaubigten Missionen kann zufolge deren Exterritorialitätsrechte (GVG. § 18) die Mitteilung von Akten oder Urkunden aus deren Archiv, oder die Gestattung der Einsichtnahme nicht gefordert werden. Gleiches gilt nach GVG. § 21 von den Archiven der im Deutschen Reiche angestellten Konsuln, sofern in Verträgen des Deutschen Reiches mit auswärtigen Staaten in dieser Hinsicht Vereinbarungen getroffen sind. Nach den meisten dieser Verträge sind fast übereinstimmend die Konsulats-Archive für jederzeit unverletzlich erklärt und können die Landesbehörden unter keinem Vorwande die zu den Archiven gehörigen Dienstpapiere einsehen oder mit Beschlag belegen.

Behörden oder Beamte verpflichtet sind, dem Richter auf Grund ihrer Akten oder ihrer sonstigen amtlichen Kenntnis schriftliche Erklärungen (Auskunft, Zeugnisse) über Tatsachen, Einrichtungen ꝛc. zu erteilen. — Nach dem Urt. d. OLG. Augsburg vom 6. April 1904 (R. d. OLG. Bd. 9 S. 147) soll ein Ersuchen des Konkursgerichtes, Vormundschaftsakten zur Einsichtnahme zu übersenden, kein Ersuchen um Rechtshilfe und deshalb abzulehnen sein.

1) Über den Begriff „öffentliche Behörde" vgl. § 415 ZPO. Auch der Notar gehört hierher.

2) Neben diesen Rechtsmitteln hat jedoch der Beteiligte Klagerecht nach Maßgabe der ZPO. §§ 432 Abs. 3, 428 ff. auf Vorlegung der Urkunden, soweit ein solches hiernach begründet ist; v. Wilmowski und Levy S. 1348 und RG. JW. 1898 S. 159, 18. Vgl. für Preußen: V. vom 2. Januar 1849 (GS. S. 1), für Bayern: Art. 3 AGzZPO. (GVBl. S. 63) und für Sachsen: V. vom 22. September 1879 (GBl. S. 374).

3) Wegen Ausfolgung der Vormundschaftsakten in Württemberg vgl. Allg. Verf. des Württemb. Justizministers vom 14. September 1899 (Amtsbl. S. 169) § 45, oben S. 54.

II. Von den Behörden auswärtiger Staaten kann die Herausgabe von Akten und Urkunden, wenn solches nicht freiwillig geschieht, nur auf Grund von Staatsverträgen gefordert werden.

Gegenüber den Behörden und Gerichten nichtdeutscher Staaten besteht für Zivilsachen ein ausdrückliches Verbot der Aktenmitteilung nicht; für solche Fälle sind hiernach die für die Rechtshilfe gegenüber ausländischen Behörden und den Verkehr mit denselben im allgemeinen geltenden Grundsätze und Bestimmungen leitend. Hauptsächlich haben hierbei die bestehenden Verträge und der Gesichtspunkt der Gegenseitigkeit in Betracht zu kommen. In zweifelhaften Fällen wird bei Ansinnen um Aktenmitteilung seitens auswärtiger Behörden durch Anfrage bei der Justizverwaltungsstelle Aufschluß insbesondere darüber, ob im gegebenen Falle Reziprozitätsgründe bestehen oder nicht, zu erholen sein.

Abteilung II.

Rechtslage der Ausländer.

§ 16.

Zulassung der Ausländer zur Rechtsverfolgung und Rechtsverteidigung im allgemeinen[1]).

Im Zivilprozeß gilt, wie für das materielle Privatrecht[2]), als allgemeines Prinzip, daß in Ermangelung völkerrechtlicher Verträge die Ausländer in bezug auf Verfolgung und Verteidigung ihrer Rechte vor Gericht den Inländern gleichstehen, insbesondere, wenn diesen in dem auswärtigen Staate ebenfalls gleiche Befugnisse wie den dortigen Staatsbürgern eingeräumt sind.

Dieser Grundsatz ist zwar für das deutsche Zivilprozeßrecht nirgends ausdrücklich ausgesprochen. Das Gerichtsverfassungsgesetz und die Zivilprozeßordnung gewähren jedoch in dieser Beziehung in der Regel und mit wenigen im Verlauf der untenfolgenden Darstellung zu be-

1) Über die geschichtliche Entwickelung der rechtlichen Stellung der Ausländer s. Goldschmidt, Zeitschr. für das gesamte Handelsrecht Bd. 13 S. 2 ff.

2) In Preußen bedürfen juristische Personen, die in einen anderen Bundesstaate ihren Sitz haben, zum Erwerbe von Grundstücken im Werte von mehr als 5000 Mark der Genehmigung des Königs oder der durch Kgl. Verordnung bestimmten Behörde. Der gleichen Genehmigung bedürfen ausländische juristische Personen zum Erwerbe von Grundstücken ohne Rücksicht auf den Wert (vgl. Art. 6 und 7 AGzBGB.).

sprechenden Ausnahmen den Ausländern gleiche Rechte mit den Inländern[1]).

Außerdem ist in einer Reihe von internationalen Verträgen Deutschlands mit auswärtigen Staaten der Grundsatz der Gleichberechtigung der Ausländer mit den Inländern ausdrücklich anerkannt. Vgl. die einzelnen Verträge in § 11.

Nach den Bestimmungen der meisten dieser Verträge haben die Angehörigen und Bürger des einen Staates in dem Gebiete des anderen „freien und leichten" Zutritt zu den bestehenden Gerichten, um ihre Rechtsansprüche verfolgen und verteidigen zu können; auch steht ihnen das Recht zu, Sachwalter, Anwälte oder Agenten zu wählen und sich derselben vor den Gerichten zu bedienen. Sie genießen in dieser Beziehung dieselben Rechte und Vorteile, wie die eingeborenen Angehörigen und Bürger. Das ist vereinbart mit Argentinien, Chile, Mexiko, Serbien, Italien, Spanien, Griechenland, Columbien, Honduras, Guatemala, Kongostaat.

Andere Verträge enthalten lediglich die Zusicherung des vollsten Schutzes von Person und Eigentum und die Gewährung gleicher Rechte und Vorteile, wie solche den eigenen Angehörigen oder den Angehörigen der meistbegünstigten Nation zukommen, so der Vertrag mit Holland, Tonga, Rumänien, Liberia, Paraguay, Madagaskar usw.

Nähere Bestimmungen über den Zutritt zu den Gerichten enthalten die Verträge mit Honduras, Columbien, Guatemala. Hiernach sollen die Angehörigen des einen oder des anderen der vertragschließenden Teile die Befugnis haben, bei den Beschlüssen und Urteilssprüchen der Gerichtshöfe in den Sachen, bei denen sie beteiligt sind, sowie bei den aus Anlaß des Prozeßverfahrens stattfindenden Zeugenvernehmungen und Aussagen zugegen zu sein, so oft die Gesetze des betreffenden Landes die Öffentlichkeit dieser Handlungen gestatten.

Aus dem Vertrage mit Mexiko ist noch die Bestimmung des Art. 18 hervorzuheben. Hiernach ist den beiderseitigen diplo-

---

1) Das Prinzip der Gleichstellung der Ausländer mit den Inländern gilt insbesondere auch für den Arrestprozeß. Sofern die Gesetze nicht anders bestimmen, kann der Ausländer unter denselben Voraussetzungen Arrest gegen eine Person beantragen, unter denen ein Inländer dazu berechtigt ist, und was den Gegner betrifft, so ist nicht mehr die Qualität der Person als Ausländer, sondern der Grund entscheidend, daß Vermögensobjekte der inländischen Exekutionsgewalt entzogen werden sollen oder können.

Eine etwaige Entschädigungspflicht, welche sich an die Erwirkung einer nicht gerechtfertigten prozessualen Maßregel, insbesondere z. B. einer nicht gerechtfertigten Arrestanlage knüpft, ist nicht nach dem Gesetze des Wohnortes der Partei, vielmehr nach der lex fori zu beurteilen. Vgl. v. Bar a. a. O. Bd. 2 S. 396 und § 917 Abs. 2 der ZPO., ferner RG. vom 20. September 1882 (Entsch. 7, 380).

matischen Vertretern jede Einmischung aus Anlaß der Rechtsansprüche oder Beschwerden von Privatpersonen in Angelegenheiten, welche der bürgerlichen (oder Strafrechtspflege oder der administrativen Entscheidung) zugehören, untersagt, es sei denn, daß es sich um Rechtsverweigerung, um ungewöhnliche oder ungesetzliche Rechtsverzögerung, oder um Nichtvollstreckung eines rechtskräftigen Urteils handelt, oder endlich, daß nach Erschöpfung der gesetzlichen Rechtsmittel eine klare Verletzung der zwischen den beiden vertragschließenden Teilen bestehenden Verträge, oder der von den gesitteten Nationen allgemein anerkannten Normen des Völkerrechts oder des internationalen Privatrechts vorliegen sollte.

Über die den Konsuln zustehenden Rechte, für ihre Landesangehörigen bei Gericht als Vertreter oder als Dolmetscher usw. aufzutreten und über das Verhältnis in denjenigen Ländern, in welchen deutsche Konsulargerichtsbarkeit eingeführt ist, siehe unten Abt. IV.

Auch in der Gesetzgebung der auswärtigen Staaten[1]) ist das Prinzip der Gleichberechtigung der Ausländer mit den Inländern im gerichtlichen Verfahren vielfach ausdrücklich anerkannt.

In England kann der Ausländer nach der Naturalisation Akt von 1870 (33 + 45 Vict; Chapter 14) bewegliches wie unbewegliches Eigentum erwerben, besitzen und veräußern, nur Eigentum an einem britischen Schiffe nicht erwerben. Der Ausländer darf, soferne er Angehöriger einer mit England befreundeten Macht ist, jederzeit vor englischen Gerichten als Kläger auftreten[2]).

In Italien, einschließlich San Marino (vgl. Böhms Zeitschrift Bd. 14. S. 380), sind Fremde ohne irgend eine Rücksicht auf Gegenseitigkeit zur vollen Privatrechtsgleichheit mit den Einheimischen zugelassen[3]). Das Gleiche gilt für die Niederlande[4]), auch hinsichtlich juristischer Personen[5]).

1) Über die Rechtsfähigkeit und die allgemeine rechtliche Behandlung der Fremden in verschiedenen Ländern s. die Darstellungen im Journal du droit international etc. von Stoerk bezüglich Österreich in tome 7 p. 329 ff., von Esperson bezüglich Italien in tome 6 p. 329 ff., von Dareste bezüglich Schweden in tome 7 p. 434 ff., von Paulovitch bezüglich Serbien in tome 11 p. 5 ff., von Pradier-Fodéré bezüglich Peru in tome 5 p. 577 ff. Vgl. über die gleiche Rechtsfähigkeit der Fremden und der Staatsangehörigen auch v. Bar a.a.O. Bd. 1 S. 281 ff.

2) Vgl. Schirrmeister, Rechtsstellung des Ausländers im englischen Recht, in der DJZ. 1903 S. 560. England gestattet einem Fremden, einen anderen Fremden wegen einer im Auslande kontrahierten Verbindlichkeit gerichtlich zu belangen.

3) Codice civile art. 3. Vgl. auch Leske I, 602.

4) Art. 9 des „Wet, houdende algemeene bepalingen" von 1829

5) Vgl. Leske I, 505 und Böhm, Zeitschr. Bd. 3 S. 99.

In Frankreich sind Fremde, die mit Genehmigung der Regierung ihren Wohnsitz dort genommen haben, zu allen bürgerlichen Rechten zugelassen. Außerdem genießen Ausländer in Frankreich dieselben Rechte, welche den Franzosen durch Verträge seitens derjenigen Nation eingeräumt sind, der sie angehören[1]). Jedoch weigert regelmäßig die französische Praxis und Doktrin, im Falle beide Parteien Ausländer sind, die Rechtsverfolgung vor dem Gericht ihres Aufenthaltsortes. Wegen Luxemburg vgl. Leske I, 514.

Für die Rechtsverfolgung in Rußland[2]) ist zu beachten: Ausländer haben die gleichen Rechte wie Inländer (Leske II, 595). Bei Einreichung der Klageschrift müssen zugleich die Gerichtskosten eingezahlt werden. Außerhalb Rußlands lebende Personen können die Einzahlung bei einer russischen diplomatischen oder konsularischen Behörde bewirken und deren Quittung der Klageschrift beifügen. Die Gerichtssprache ist die russische. Die einzureichenden Schriftsätze müssen in dieser Sprache abgefaßt sein. Die Unterschrift auf denselben kann auch in anderer Sprache geleistet sein, jedoch mit einer Übersetzung in die russische Sprache, welche von einem vereideten Dolmetscher oder von einer anderen beamteten oder privaten, dem Gerichte bekannten und mit der Sprache, in welcher das Gesuch abgefaßt ist, vertrauten Person beglaubigt sein muß (Art. 261 ZPO.). Mit dem Klagegesuch müssen die Übersetzungen der in fremder Sprache geschriebenen Urkunden eingereicht werden (Art. 263 Ziffer 2 ZPO.). Etwaige Belege in einer anderen Sprache sind mit russischen Übersetzungen zu versehen, und Abschriften dieser Übersetzungen für die Gegenpartei beizufügen.

Es empfiehlt sich für Personen, welche in Rußland klagen wollen, die Vermittlung der deutschen Konsuln in Anspruch zu nehmen (Allg. Verf. vom 26. Mai 1897, JMBl. S. 122)[3]).

Wegen der Armenunterstützung für Ausländer vgl. § 60 des Unterstützungswohnsitzgesetzes vom 30. Mai 1908 (RGBl. S. 377) und wegen Kranken-, Unfall- und Altersversicherung für Ausländer vgl. §§ 157, 216, 615, 617, 1116, 1233, 1313 und 1488 der Reichsversicherungsordnung vom 19. Juli 1911 (RGBl. S. 509).

---

1) Code civil Art. 11 und 13 und Leske I, 535. Vgl. auch unten § 17.

2) Vgl. Klibanski, Die rechtliche Stellung der Ausländer in Rußland in Böhm, Zeitschr. Bd. 14 S. 1 ff., und Leske I, 614.

3) Die „Zusammenstellung der wesentlichsten Bestimmungen der Gerichtsverfassung und des Zivilprozeßverfahrens in Rußland“, veröffentlicht im Zentralblatt für das Deutsche Reich 1883 S. 134 ff.; BayJMBl. 1883 S. 247 ff., ist nicht überall mehr zutreffend.

§ 16 a.

Rechtsstellung der sog. Exterritorialen und Konsuln[1]).

A. Exterritoriale.

Als solche gelten:

1. die fremden Staaten selbst,

2. fremde Landesherrn sowie ihre Familien und ihr Gefolge, ebenso die Regenten, sowie die Präsidenten[2]) fremder Freistaaten, endlich auch der Papst, obwohl er nicht Landesherr ist;

3. fremde Truppenkörper im inländischen Landgebiet, sowie fremde in Inlandsgewässern (d. h. Häfen und Küstengewässern bis zu 3 Seemeilen Entfernung vom Lande) sich aufhaltende Staats- oder Kriegsschiffe (nicht auch Handelsschiffe); Luftschiffe sind nicht exterritorial.

4. die Vorstände und Mitglieder[3]) der bei dem deutschen Reiche oder einem deutschen Einzelstaate beglaubigten außerdeutschen Missionen (also Botschafter, Gesandte, Ministerresidenten Geschäftsträger, Legationssekretäre, Attachés, Militärattachés (Böhm, Zeitschr. Bd. 8 S. 52, 347), Kanzleibeamte, Kouriere usw.), ihre Familienmitglieder (Gattin, Kinder, in demselben Haushalt lebende Familienmitglieder) und ihr Geschäftspersonal, sowie ihre Bediensteten[4]), sofern diese nicht Deutsche sind (§§ 18 bis 21 GVG.). Die ausländischen Agenten, welche in amtlicher Eigenschaft das Inland betreten, sind während ihres amtlichen Aufenthaltes von der deutschen Gerichtsbarkeit befreit.

Ausländische Regierungen[5]) (Staaten) sind der deutschen Gerichtsbarkeit der Regel nach nicht unterworfen. Ansprüche an dieselben können nur im Gerichtsstande des eigenen Landes oder durch diesseitige diplomatische Vermittelung oder Schiedsgerichtsspruch geltend gemacht werden (vgl. Droop

---

1) Wegen der Rechtsstellung der fremden Staaten vgl. § 37.

2) Viele wollen dem Präsidenten nur dann Exterritorialität zuerkennen, wenn er in Staatsgeschäften das Ausland betritt. Vgl. v. Liszt, Völkerrecht § 13 S. 106.

3) Sind diese Personen Staatsangehörige der Bundesstaaten, so sind sie nur insofern von der inländischen Gerichtsbarkeit befreit, als der Staat, dem sie angehören, sich der Gerichtsbarkeit über sie begeben hat. Die Chefs und Mitglieder der bei einem Bundesstaate beglaubigten Missionen sind der Gerichtsbarkeit dieses Staates nicht unterworfen. Dasselbe gilt von den Mitgliedern des Bundesrats, welche nicht von demjenigen Staate abgeordnet sind, in dessen Gebiete der Bundesrat seinen Sitz hat (§ 18 GVG.).

4) Einschließlich der Lehrer, Haushofmeister, Erzieher, Erzieherinnen u. dgl. (Mot. 55).

5) Näheres siehe im § 37 unten. Wegen der Einheitlichkeit des deutschen Rechtsgebietes gilt dies nicht von deutschen Bundesstaaten und Landesherren; and. Ansicht bezüglich der letzteren Wittmack, ZivArch. 90, 49 und Gaupp-Stein S. 16 Anm. 147.

in Gruchots Beiträgen Bd. 26 S. 289)[1]. Mit der Berliner Juristenfakultät zu Berlin wird anzunehmen sein, daß auch fremde Staaten den Gerichtsstand der belegenen Sache (§ 25 ZPO.), der Erbschaft (§ 28 ZPO.) und der Vereinbarung (§ 38 ZPO.) unterworfen sind (vgl. Busch Zeitschr. Bd. 19 S. 514). Unrichtig ist die Annahme, daß der fremde Staat[2], soweit er nicht als solcher, sondern als Privatunternehmer (als Fabrikant, als Betreiber einer Eisenbahn usw.) auftritt, den inländischen Gerichten unter allen Umständen, auch gegen seinen Willen unterworfen sei[3]. Für den Eisenbahnfrachtverkehr sind durch das internationale Abkommen vom 14. Oktober 1890 (RGBl. 1892 S. 793) §§ 27, 53 und 55 besondere Bestimmungen über den Gerichtsstand getroffen

Ausländische Souveräne sind während ihres Aufenthaltes im Deutschen Reiche von der diesseitigen Gerichtsbarkeit befreit, auch wenn sie inkognito reisen[4]. Aber auch das in seinem eigenen Staate sich aufhaltende Staatsoberhaupt kann nicht vor die deutschen Gerichte gezogen werden, soweit es sich nicht um dingliche Klagen in bezug auf Immobilien handelt, oder das Staatsoberhaupt sich freiwillig der deutschen Gerichtsbarkeit unterwirft[5]. Unzutreffend ist die Ansicht, daß der inländische Gerichtsstand stets gegeben sei, wenn gegen das fremde Staatsoberhaupt aus seinen Handlungen als Privatmann Rechtsansprüche hergeleitet werden[6].

Die diplomatischen Personen (siehe oben Ziffer 4) sind von der Gerichtsbarkeit des Staates, in dessen Gebiet sie sich aufhalten, befreit. Es wird die Fortdauer ihres bisherigen Wohnsitzes in ihrem Heimatlande angenommen (RG. 22. Juli 1887, Gruch. 32, 1166).

Sind die Grundsätze der Exterritorialität verletzt, z. B. ein Arrest angelegt, so kann dadurch, daß der Minister der auswärtigen

1) Vgl. RGZ. 62, 165 und RG. in SeuffArch. 50, 97.

2) Kommunale und kirchliche Behörden des Auslandes sind vom inländischen Gerichtsstande nicht befreit. Vgl. Skonietzki und Gelpcke Vorbem. zu § 12 ZPO. Derselbe nimmt gleiches an für die Familienmitglieder des fremden Staatsoberhauptes oder bei einem Aufenthalt des letzteren im Inlande für dessen Gefolge und Bediensteten.

3) Vgl. RGZ. 62, 165, JW. 1906 S. 90 und v. Liszt, Völkerrecht S. 60 § 7; and. Ans. Belg. Kassationshof vom 11. Juni 1903 (vgl. RGZ. 62, 168).

4) v. Liszt, S. 107, meint, daß ein inkognito reisender fremder Souverän nicht mehr exterritorial sei. Vgl. auch Anm. 2 oben wegen der Familienmitglieder usw.

5) Vgl. Seuffert in Busch, Zeitschr. Bd. 11 S. 193. Wegen der Widerklage siehe unten.

6) Anderer Ansicht Ullmann, Völkerrecht 1898 S. 87.

Angelegenheiten den sog. Kompetenzkonflikt erhebt, in Preußen Remedur geschaffen werden. Vgl. § 37. Die Klage gegen einen ausländischen Exterritorialen ist auch dann wegen dessen Exterritorialität abzuweisen, wenn der Beklagte diese Eigenschaft erst im Laufe des Prozesses erlangt hat; and. Ans. Kleinfeller, KrVJSchr. 40, 158. Über die bis dahin entstandenen Kosten wird das Gericht aber entscheiden müssen.

Diese Exemtion erleidet folgende Ausnahmen:

a) wenn sich die Exterritorialen der Lokalgerichtsbarkeit ausdrücklich unterwerfen, was bei dem Chef einer Mission in der Regel nur mit Zustimmung seiner Regierung, bei dem Personale, den Familienmitgliedern, der Dienerschaft mit Genehmigung des Gesandten geschehen kann (RGZ. 62, 165);

b) bei einer stillschweigenden Unterwerfung[1]) durch konkludente Handlungen, so durch Auftreten als Kläger, Einlassung auf die Klage (Versäumnis steht aber der Einlassung nicht gleich), durch Übernahme einer Vormundschaft u. dgl. Falls die Eximierten als Kläger auftreten, so unterwerfen sie sich für den betreffenden Rechtsstreit der Gerichtsbarkeit des Inlandes (auch bezüglich der höheren Instanzen) und folgerecht auch dem Gerichtsstande der Widerklage[2]) (§ 33 ZPO.), desgleichen hinsichtlich der Kostenpflicht[3])[4]);

c) bei allen Rechtsstreitigkeiten, welche sich auf im betreffenden Staate belegene Immobilien beziehen (§ 20 GVG.). Demgemäß sind die Gerichte des Landes kompetent in Besitzstörungsstreitigkeiten gegen einen fremden Gesandten[5]), ferner bezüglich aller Streitigkeiten aus Bestandverträgen (vgl. Jettel S. 143), jedoch nicht zur Entscheidung über eine daraus entspringende Mietzinsklage, weil es sich dabei um eine persönliche Forderung des Gesandten handelt, ebensowenig wird ein gesetz-

---

1) Martens, Völkerrecht II 56, verlangt ausdrückliche Ermächtigung seitens des Absendestaates.

2) Natürlich nur für den Fall, daß die Widerklage dieselbe Rechtsangelegenheit betrifft, wie die Klage. v. Bar Bd. 2 S. 637.

3) Wilmowski und Levy zu § 18 GVG. Anm. 2; and. Meinung Jettel S. 143. Vgl. dagegen Löning in Busch, Zeitschr. Bd. 4 S. 71, Struckmann und Koch zu § 20 GVG. Anm. 2 und Landgericht Berlin I, Blätter für Rechtspflege im Bez. des Kammergerichtes Bd. 4 S. 29. Anderes gilt bei der Widerklage gegen auswärtige Souveräne; vgl. Wetzell § 39 Nr. 14 bei Busch, Zeitschr. f. Zivilprozeß Bd. 11 S. 192 und 193.

4) Aus der Unterwerfung unter die Widerklage kann die Unterwerfung unter die gerichtliche Zwangsvollstreckung nicht gefolgert werden, ohne daß eine hierauf gerichtete Erklärung oder Handlung vorliegt (PreußKGH. 25. Juni 1910, DJZ. S. 808).

5) Vgl. Gutachten des obersten Gerichtshofes in Wien vom 13. April 1869 bei Jettel S. 143.

liches Pfand- oder Retentionsrecht des Vermieters an den invectis et illatis einer exterritorialen Person anzuerkennen sein[1]).

Wenn auch das Hotel des Gesandten Immunität[2]) genießt, so findet angesichts des § 20 GVG. und des § 24 ZPO. eine Exemtion in Immobiliarstreitigkeiten für das Hotel des Gesandten nach deutschem Rechte nicht statt[3]);

d) wenn der auswärtige Gesandte im Lande Rechtsgeschäfte eingeht, welche mit seiner Mission oder seinem amtlichen Charakter in keinem Zusammenhange stehen, auf Grund des forum contractus (anderer Ansicht Gaupp-Stein S. 15 Anm. 137).

Die gesandtschaftliche Immunität erstreckt sich auch auf die zum amtlichen oder persönlichen Gebrauche des Gesandten usw. gehörigen Sachen (Equipage, Wohnungseinrichtung, Bibliothek), insbesondere auch auf das Hotel oder die Wohnung des Gesandten. Es darf also in der letzteren keinerlei Jurisdiktionsakt, also auch keine Zustellung[4]), selbst an eine nicht eximierte Person, vorgenommen werden, falls der Gesandte seine Zustimmung nicht gibt.

Die Exemtion von der Lokalgerichtsbarkeit hat weiter zur Folge die Befreiung von der Verpflichtung vor den Gerichten des Landes als Zeuge zu erscheinen. Sollte die Aussage einer exterritorialen Person in einem Rechtsstreite notwendig werden, so werden ihre Beurkundungen zur Sache in diplomatischem Wege eingeholt[5]).

Wegen der Zustellungen an Exterritoriale vgl. § 25 unten[6]).

---

1) Wheaton, Elements of international law London 1863 S. 404 und Slatin in Journal de droit int. Bd. 11 S. 468 ff.

2) Das Gesandtschaftshotel ist, wenn nicht Staatsverträge oder Herkommen ein anderes bestimmen, nicht exterritorial (KG. 16. Juni 1902, Böhms Zeitschr. Bd. 12 S. 464).

3) Zorn, Staatsrecht T. II S. 462; v. Liszt, Völkerrecht § 14 S. 115.

4) Vgl. unten § 25.

5) Die Exemtion des Gesandten von der Zeugnispflicht schließt nicht aus, daß derselbe als Zeuge vernommen wird, wenn er auf Ersuchen sich dazu versteht. Die Beeidigung, überhaupt die Form seiner Vernehmung hängt aber alsdann völlig von dem Ermessen des Gesandten oder seines Vorgesetzten ab. Selbstverständlich muß das Prozeßgericht oder das in dessen Auftrage vernehmende Gericht nach seinem Gesetze entscheiden, ob für den Beweis die Form genügt, unter welcher der Gesandte sich vernehmen lassen will. Vgl. v. Bar S. 642. — Der Exterritoriale kann auch angegangen werden, seine Aussage schriftlich abzugeben; auch in diesem Falle bleibt dem erkennenden Gerichte die Würdigung der Beweiskraft einer solchen Erklärung überlassen (Jettel S. 144).

6) Mit den Vertretern fremder Staaten am diesseitigen Hofe kann nur durch den Minister der auswärtigen Angelegenheiten ein Geschäftsverkehr stattfinden. Eine direkte Korrespondenz ist unzulässig (Allg. Verf. vom 8. April 1878, JMBl. 59).

Was schließlich die Exekution eines gegen eine exterritoriale Person ergangenen Erkenntnisses anbelangt, so ist die Anwendung von Zwangsmitteln gegen dieselbe oder gegen die zu ihrem Gebrauche dienenden Sachen unbedingt ausgeschlossen. Demgemäß ist auch ein Arrest auf die Wohnungseinrichtung unzulässig, ebenso die Vornahme einer Pfändung in der von einem fremden Gesandten gemieteten Wohnung auf Grund eines gegen den Hauptmieter ergangenen Bescheides, ferner der exekutive Anschlag eines zurückgewiesenen Bescheides an der Wohnung der exterritorialen Person. Jettel S. 144 meint, daß eine ausdrückliche oder stillschweigende Unterwerfung unter die Zwangsgewalt des Empfangsstaates unzulässig erscheine.

Die Zwangsvollstreckung ist übrigens nur ausgeschlossen, soweit ihr die persönliche Unantastbarkeit des Gesandten und die Unbetretbarkeit seiner Wohnung im Wege steht, während sie in die übrigen unbeweglichen Güter, die der Gesandte im Empfangsstaate besitzt und in die außerhalb seiner Wohnung befindlichen beweglichen Güter (z. B. in die Wertpapiere, welche er bei einem Bankhause niedergelegt hat), ebenso möglich ist, wie in das Vermögen, welches der Gesandte im Absendestaate besitzt[1]).

Im Gebiete eines Staates, bei dessen Regierung der Gesandte nicht beglaubigt ist, hat er die Exterritorialität nicht anzusprechen; der Gesandte ist hier Privatperson. Doch wird der befreundete dritte Staat besondere Rücksichten auf ihn und sein Gefolge nehmen, wenn er sich in seiner hervorragenden Stellung zu erkennen gibt. Die exterritorialen Rechte des Gesandten erlöschen durch das Aufhören der Mission, wenn entweder der Gesandte zurückberufen wird oder die ihm speziell anvertrauten Geschäfte zu Ende geführt sind, jedoch erst beim Austritt aus dem Gebiete des Empfangsstaates[2]).

Eine eigene Gerichtsbarkeit über ihre Familien oder ihr Personal in streitigen Sachen ist den Gesandten nach Völkerrecht zuerkannt; nach deutschem Rechte haben sie solche nicht; siehe Zorn a. a. O. S. 465.

---

1) v. Liszt, Völkerrecht S. 115 § 14.

2) Das Zuchtpolizeigericht der Seine (Urt. vom 18. Februar 1889; Böhm, Zeitschr. Bd. 9 S. 413) hält lediglich das Aufhören des Amtes für entscheidend und erklärt ein weiteres Verbleiben in Frankreich für gleichgültig.

B. Konsuln.

Die fremden Konsuln[1]) haben die diplomatischen Privilegien nicht[2]). Sie stehen unter der Gerichtsbarkeit des Staates, in welchem sie residieren. Insbesondere sind nach § 21 GVG. die im Deutschen Reiche angestellten Konsuln der inländischen Gerichtsbarkeit unterworfen, sofern nicht in Staatsverträgen über Befreiung hiervon Vereinbarungen getroffen sind. Derartige Bestimmungen in den zur Zeit bestehenden Verträgen mit auswärtigen Mächten beschränken sich jedoch meist nur darauf, daß Berufskonsuln nur wegen Verbrechen, also in bürgerlichen Rechtsstreitigkeiten überhaupt nicht, verhaftet werden können[3]). Außerdem pflegt den Konsuln Unverletzbarkeit der Person und ihrer Archive eingeräumt zu werden[4]). Die Unverletzbarkeit der Archive, wonach den Ortsbehörden die Beschlagnahme, Durchsuchung und selbst die Einsicht der konsularischen Archive teils absolut untersagt, teils eingeschränkt ist, ist anerkannt in fast allen Konsularverträgen[5]).

Die Konsularbeamten sind verbunden, vor Gericht Zeugnis abzulegen.

Nach Art. III des Konsularvertrages mit Rußland soll die Gerichtsbehörde jedoch in diesem Falle sie mittelst amtlichen Schreibens ersuchen, vor ihr zu erscheinen. Für den Fall der Behinderung der gedachten Beamten durch Dienstgeschäfte oder Krankheit soll, jedoch nur in bürgerlichen Rechtsstreitigkeiten, die Gerichtsbehörde sich in ihre Wohnung begeben, um sie mündlich zu vernehmen oder unter Beobachtung der einem jeden der beiden Staaten eigentümlichen Förmlichkeiten ihr

---

1) Die Konsuln (Generalkonsuln, Konsuln, Vizekonsuln) sind entweder Berufskonsuln (consules missi), d. h. solche, die der anstellende Souverän aus seinen eigenen Untertanen in ein fremdes Land abordnet, oder Wahl-Konsuln (consules electi), welche der vertretene Souverän vorzugsweise aus Angehörigen des fremden Staates, in welchem der Konsul fungieren soll, auswählt. Die Konsuln sind, wenn sie sowohl Angehörige des entsendenden Staates als auch des Empfangsstaates sind, bezüglich der Steuer, sofern eine ausdrückliche Bestimmung fehlt, nicht privilegiert (RG. VII. ZS. 30. September 1904, Entsch. 59, 46).

2) Den Konsuln auswärtiger Staaten im Deutschen Reiche ist die eidliche Vernehmung von Zeugen untersagt (OLG. Dresden vom 5. November 1901, Annalen desselben Bd. 23 S. 488). Vgl. aber Großbritannien in § 11.

3) Vgl. RGSt. 17, 51. Über die Frage, ob der Konsul in amtlicher Eigenschaft oder als Privatperson z. B. als Vertreter eines Kapitäns, Rheders usw. gehandelt habe, vgl. die Entscheidung des G. Poitiers in Journal de droit int. Bd. 13 S. 702. Vgl. auch v. Bar, Bd. II S. 655.

4) In England ist das Prinzip der Unverletzlichkeit der konsularischen Archive nicht anerkannt.

5) Der deutsch-amerikanische Vertrag dehnt die Unverletzlichkeit auch auf die Amtsräume und Wohnungen der Berufskonsuln, welche nicht Angehörige des Landes ihres Amtssitzes sind, aus. Gleiches gilt für die Türkei.

schriftliches Zeugnis verlangen. Die betreffenden Beamten haben dem Verlangen der Behörde in der ihnen bezeichneten Frist zu entsprechen und derselben ihre Aussage schriftlich, mit ihrer Unterschrift und ihrem amtlichen Siegel versehen, zuzustellen[1]).

Gleiche Bestimmungen über Zeugnispflicht der Konsularbeamten enthalten Art. III des Konsularvertrages mit Griechenland und mit Serbien, und Art. IV des Konsularvertrages mit Japan. Vgl. § 11.

Die Zustellung an die Konsuln und deren Personal unterliegt keinerlei Beschränkungen.

Handelsschiffe. Die Landesbehörden dürfen in den Häfen, in denen ein Konsularbeamter des betreffenden Staates seinen Amtssitz hat, an Bord fremder Handelsschiffe Untersuchungshandlungen, Verhaftungen, Beschlagnahmen, Durchsuchungen, Vernehmungen oder Zwangsakte jeder Art nicht vornehmen, ohne zuvor dem gedachten Konsularbeamten Nachricht gegeben zu haben, damit derselbe der betreffenden Amtshandlung beiwohnen kann.

Ebenso müssen die Konsularbeamten behufs ihrer Anwesenheit rechtzeitig benachrichtigt werden, wenn die Offiziere oder zur Schiffsmannschaft gehörige Personen vor den Gerichten oder Behörden des Ortes Aussagen oder Erklärungen abzugeben haben. Die bezügliche Mitteilung soll die für das Verfahren bestimmte Stunde enthalten. Beim Nichterscheinen der gedachten Beamten oder ihrer Vertreter kann in ihrer Abwesenheit in der Sache vorgegangen werden.

In Betracht kommen die Konsularverträge mit Italien, Niederlanden, Vereinigte Staaten von Amerika, Spanien, Rußland, Griechenland, Serbien, Hawai, Mexiko, Salvador, Portugal, Persien, Nicaragua, Uruguay, Honduras, Japan, Peru. Vgl. § 11.

Nach dem durch Art. 12. des Frankfurter Friedenskongresses (RGBl. 1871 S. 223) aufrecht erhaltenen Schiffahrtsvertrage vom 2. August 1862 genießen die französischen Konsuln alle Vorrechte usw., deren sich diejenigen der meistbegünstigsten Nationen erfreuen oder erfreuen werden. Dasselbe gilt von österreichisch-ungarischen Konsuln (RGBl. 1892 S. 3).

---

1) Das inländische Ladungsformular kann hier also nicht benützt werden.

Für Preußen ist noch zu beachten die Verfügung vom 22. Juli 1904 über die Zuziehung fremder Konsularbeamter zu Amtshandlungen inländischer Behörden und Beamten in preußischen Seehäfen (JMBl. S. 250)[1]:

„1. Soll in preußischen Seehäfen am Bord eines nichtdeutschen Handelsschiffes eine Untersuchungshandlung (Durchsuchung, Beschlagnahme, Verhaftung, vorläufige Festnahme, Vernehmung), eine Zwangsvollstreckung oder eine andere Handlung amtlichen Zwanges vorgenommen werden, so ist hiervon der in dem Hafenort oder in einem unweit von diesem belegenen Orte angestellte und für den Hafenort zugelassene Konsularbeamte (Generalkonsul, Konsul, Vizekonsul, Konsularagent) desjenigen Staates, welchem das Schiff angehört, unter genauer Angabe der Stunde rechtzeitig zu benachrichtigen und zur Anwesenheit einzuladen. Erscheint zu der angegebenen Stunde weder der Konsularbeamte noch ein von ihm abgeordneter Vertreter, so ist zu der Amtshandlung zu schreiten, ohne daß das Eintreffen einer dieser Personen abgewartet zu werden braucht[2]).

2. Waltet Gefahr im Verzug ob, so bedarf es der vorgängigen Benachrichtigung nicht. Dem Konsularbeamten ist jedoch nachträglich von der vorgenommenen Amtshandlung sobald als tunlich Nachricht zu geben.

3. Eine Benachrichtigung des Konsularbeamten unterbleibt, wenn es sich um solche Schiffsbesuche und Besichtigungen handelt, welche im zollamtlichen oder gesundheitspolizeilichen Interesse oder aus Anlaß der Erhebung von Schiffahrtsabgaben vorzunehmen sind.

4. Die Vorschriften unter 1 und 2 finden auch Anwendung, wenn Personen der Schiffsmannschaft, Schiffsoffiziere oder der Kapitän an Land von den Behörden oder Beamten des Hafenortes sich vernehmen lassen oder sonstige Erklärungen abzugeben haben. Hierunter fallen, unbeschadet der über die Zuziehung der fremden Konsularbeamten in Staatsverträgen getroffenen weitergehenden Verabredungen, nicht Handlungen der freiwilligen Gerichtsbarkeit, die auf Antrag einer Person der Schiffsmannschaft, eines Schiffsoffizieres oder des Kapitäns aufgenommen werden, insbesondere nicht Verklarungen.

---

1) Die Verfügung beschränkt sich auf die zum Erwerbe durch die Seefahrt bestimmten Schiffe (Kauffahrteischiffe) und bezieht sich nicht auf Flußschiffe (Min.-Erl. vom 8. Dezember 1904, MBl. f. Handel und Gewerbe S. 482).

2) Sind die Förmlichkeiten nicht beobachtet, so ist ein auf dem Schiffe geleisteter Widerstand nach § 113 StGB. nicht strafbar.

5. Durch die Zuziehung soll dem Konsularbeamten Gelegenheit geboten werden, etwaigen Mißverständnissen oder Irrtümern vorzubeugen oder sie alsbald aufzuklären.

6. Die Bestimmungen in Nr. 1, 4, 5 bleiben außer Anwendung, sobald die beteiligten Behörden von der Zentralstelle aus benachrichtigt werden, daß in dem Lande, dem das Handelsschiff angehört, die Gegenseitigkeit nicht verbürgt erscheint.

7. Die Bestimmungen in Nr. 1, 2, 4, 5 finden auch auf Amtshandlungen Anwendung, die auf Ersuchen der Behörden des fremden Staates vorgenommen werden sollen, dem das Schiff angehört. Wenn die ersuchende Behörde einem anderen Staate angehört als das Schiff, so ist zu prüfen, ob etwa mit Rücksicht auf die für die Gewährung der Rechtshilfe in Betracht kommenden Staatsverträge und die allgemeinen Grundsätze des Völkerrechts nach den bezeichneten Bestimmungen zu verfahren oder ein anderes Vorgehen geboten ist. Ergeben sich in dieser Beziehung irgendwelche Bedenken, so ist, wenn die Eilbedürftigkeit der Sache es irgend gestattet, die Amtshandlung zunächst nicht vorzunehmen, sondern die Weisung der vorgesetzten Behörde einzuholen.

8. Diese Verfügung tritt am 1. Oktober 1904 in Kraft."

Abteilung III.

Die einzelnen Verfahrensarten.

Abschnitt I.

Zivilprozeß.

a) Gerichtszuständigkeit.

1. Allgemeine Gerichtsstände.

§ 17.

a) Gerichtsstand des Wohnsitzes.

I. Wie im allgemeinen, so gelten auch in bezug auf den Gerichtsstand die Vorschriften der deutschen Zivilprozeßordnung, soweit nicht einzelne Ausnahmen bestimmt sind, nicht nur für die Inländer, d. h. die Angehörigen des Deutschen Reiches, sondern ebensowohl für Ausländer und zwar ohne Rücksicht auf die Parteistellung der betreffenden Personen im Prozesse und ohne Rücksicht darauf, ob es sich um den allgemeinen oder einen besonderen Gerichtsstand handelt.

Die Gerichte haben daher bei Beteiligung von Ausländern im Prozesse ihre Zuständigkeit nach eben denselben Regeln zu beurteilen, welche gelten, wenn die fragliche Prozeßsache zum Auslande oder zu Ausländern in keiner Beziehung steht[1]).

II. Als den prinzipiellen Entstehungsgrund des allgemeinen Gerichtsstandes bezeichnet die Zivilprozeßordnung den Wohnsitz des Beklagten. Der allgemeine Gerichtsstand einer Person wird durch den Wohnsitz bestimmt (ZPO. § 13). Der Begriff des Wohnsitzes und die Voraussetzungen, unter denen der Wohnsitz begründet wird, sind dem bürgerlichen Rechte zu entnehmen. Maßgebend ist hierbei das am Sitze des Prozeßgerichtes geltende bürgerliche Recht.

1) Dieses Prinzip entspricht auch den Grundsätzen des internationalen Rechtes. Vgl. v. Bar, Intern. Privatrecht § 118; Asser, Das internationale Privatrecht, deutsch von Cohn, Kap. II § 1; Menger, System des österr. Zivilprozeßrechtes, Bd. 1 S. 144. Es wird als allgemeine Regel angenommen, daß die örtliche Kompetenz des Richters sich nach dem Gesetze des Landes, wo der Prozeß geführt wird, bestimmt.

Eine Ausnahme hiervon besteht jedoch nach der Rechtsübung Frankreichs, wo der Grundsatz gilt, daß Streitigkeiten unter Fremden, die sich auf das Personenrecht oder das bewegliche Vermögen beziehen, an und für sich nicht zur Kompetenz der französischen Gerichte gehören. Foelix, Traité du droit intern. privé, tome I Nr. 149 und 150; s. auch: De la compétence de tribunaux français entre étrangers im Journal du droit intern. tome 8 (1881) p. 105 ff. und Böhms Zeitschr. Bd. 8 S. 346, 347 und 511. Eine Ausnahme findet statt, wenn der Kläger oder der Beklagte zum Wohnsitz in Frankreich zugelassen ist oder wenn der Beklagte nicht dartut, daß er in seinem Heimatlande einen Wohnsitz beibehalten hat, vor dessen Richter der Kläger seine Klage anbringen kann. Ein Beschluß des Kassationshofes vom 14. Mai 1895 hat in Auslegung des Art. 11 des Frankfurter Friedensvertrages entschieden, daß jeder Deutsche seine Rechte gerichtlich vor den französischen Gerichten geltend machen kann, sei es zur Durchführung einer Klage, sei es zur Verteidigung gegen eine solche; es handelte sich damals um eine Klage einer deutschen Gesellschaft ohne Firma gegen einen Franzosen. Andererseits ist entschieden, daß Art. 11 jenes Vertrages nicht die Wirkung haben könne, den französischen Gerichten für Prozesse zwischen Deutschen eine obligatorische Zuständigkeit zu geben. Vgl. Böhm, Zeitschr. Bd. 12 S. 130 und 475, Meili S. 68, Laurent, Les étrangers devant les tribunaux français 1888.

In Belgien ist der enge Standpunkt der französischen Praxis durch Art. 52 des belgischen Prozeßgesetzes vom 25. März 1876 beseitigt (Meili S. 69). Auch in den Niederlanden galt bis vor kurzem der französische Grundsatz. Jedoch hat der Kassationshof in dem Urteile vom 21. Juni 1901 (Journal de droit internat. privé XXX. p. 213 und 214) einen anderen Standpunkt eingenommen.

Weitere Abweichungen hiervon statuiert auch das österreichische Recht, insofern hiernach Bürger auswärtiger Staaten vor den inländischen Gerichten in allen Fällen verklagt werden können, in welchen auch ihr Heimatstaat gegen österreichische Untertanen einen Gerichtsstand eröffnet (§ 101 Jurisdiktionsnorm), ferner in bezug auf den Gerichtsstand des Erfüllungsortes, der nach österr. Rechte nur dann begründet ist, wenn der Erfüllungsort in einem Vertrage ausdrücklich bestimmt ist, ohne daß es hierbei auf die Anwesenheit des Beklagten zur Zeit der Klagestellung ankommt. Vgl. § 88 Jurisdiktionsnorm. Auch muß schriftlich vereinbart sein, daß durch die Begründung des Erfüllungsortes auch die Berechtigung zur Klage an diesem Orte begründet ist. Vgl. ferner den sog. Gerichtsstand der Faktura im § 88 Abs. 2 a. a. O.

Das BGB. bestimmt in § 7:

„Wer sich an einem Orte ständig niederläßt, begründet an diesem Orte seinen Wohnsitz.

Der Wohnsitz kann gleichzeitig an mehreren Orten bestehen.

Der Wohnsitz wird aufgehoben, wenn die Niederlassung mit dem Willen aufgehoben wird, sie aufzugeben."

Als Wohnsitz einer Person ist der Ort zu betrachten, welchen dieselbe zum bleibenden Aufenthalte und dadurch zum Mittelpunkte ihres bürgerlichen Lebens und ihrer Geschäfte frei gewählt hat. Hierbei ist es gleichgültig, ob der Domizilierende etwa anderwärts Indigenats- oder Heimatsrechte besitzt[1]). Es kann also auch für Ausländer eine gültige Wahl des Wohnsitzes im fremden Lande angenommen werden, in der Art, daß sie vor Lösung ihres Untertanenverhältnisses im Heimatslande imstande sind, in einem anderen Lande ein Domizil mit den gesetzlichen Wirkungen zu begründen.

Bei Ausländern ist die Begründung oder Aufhebung des Wohnsitzes, da diese Akte einen rechtsgeschäftlichen Charakter haben (RG. JW. 95, 339) gemäß Art. 7 Abs 1, 3, 29 EGzBGB. (vgl. auch § 25 Abs. 2 KonsG.) nach den Gesetzen ihres Heimatstaates, und wenn sie staatsangehörigkeitslos sind, nach den Gesetzen ihres früheren Heimatstaates mit der Maßgabe zu beurteilen, daß, soweit es sich um die Begründung oder Aufhebung eines inländischen Wohnsitzes handelt, sie als fähig dazu gelten, falls die Fähigkeit ihnen nach deutschem Rechte zustehen würde.

III. 1. Deutsche, welche das Recht der Exterritorialität genießen[2]), sowie die im Auslande ange-

---

1) Vgl. hierzu SeuffArch. Bd. 17 Nr. 116, ferner Urteile des obersten Gerichtshofes in Bayern vom 24. Januar 1874 und vom 13. März 1876 (Sammlung oberstr. Entsch. — Zivilrecht — Bd. 4 S. 727 und Bd. 6 S. 255. Die Meinung, daß ohne die Erlangung des Indigenats auf die Wahl eines bleibenden Wohnsitzes nicht geschlossen werden könne, ist irrig. Anders, wo durch die Gesetzgebung die Erwerbung des Indigenats oder sonst die Ermächtigung zur Begründung eines Wohnsitzes positiv vorgeschrieben ist. Nach Art. 13 des Cod. civ. ist z. B. zur Begründung des Wohnsitzes in Frankreich für einen Ausländer die staatliche Genehmigung notwendig.

Auch der Unterstützungswohnsitz kommt hier nicht in Betracht.

Ein Niederlassen (im Auslande) mit dem Bewußtsein, daß durch Behörden, deren Zustimmung erforderlich ist, das Verbleiben vereitelt werden könne (z. B. bei Juden in Rußland) begründet noch keinen Wohnsitz (RG. JW. 1895 S. 4).

2) Obige Bestimmung umfaßt sowohl diejenigen Deutschen, welche im Reiche oder in einem deutschen Bundesstaate das Recht der Exterritorialität genießen, als diejenigen, welche im Auslande Exterritoriale sind. Letztere Eigenschaft bestimmt sich nach den Gesetzen des Auslandes oder nach Staatsverträgen.

stellten Beamten des Reiches[1]) oder eines Bundesstaates[2]) behalten in Ansehung des Gerichtsstandes den Wohnsitz, welchen sie im Heimatstaate[3]) hatten. In Ermangelung eines solchen Wohnsitzes gilt die Hauptstadt des Heimatstaates als ihr Wohnsitz[4]). Ist die Hauptstadt in mehrere Gerichtsbezirke geteilt, so wird der als Wohnsitz geltende Bezirk von der Landes-Justizverwaltung durch allgemeine Anordnung bestimmt. Gehört ein Deutscher einem Bundesstaat nicht an, so gilt als sein Wohnsitz die Stadt Berlin; ist die Stadt Berlin in mehrere Gerichtsbezirke geteilt, so wird der als Wohnsitz geltende Bezirk von dem Reichskanzler durch allgemeine Anordnung bestimmt[5]). Auf Wahlkonsuln[6]) finden diese Bestimmungen keine Anwendung (ZPO. § 15).

Aus der Vorschrift des § 15 ZPO. und den allgemeinen völkerrechtlichen Prinzipien über die Exterritorialitätsrechte zufolge ergibt sich, daß Deutsche, welche in einem deutschen Bundesstaate das Recht der Exterritorialität genießen, den Gerichten dieses Staates auch dann nicht unterworfen sind, wenn ein besonderer Gerichtsstand dort begründet wäre, soweit nicht der ausschließlich dingliche Gerichtsstand (GVG. § 20, ZPO. § 24) in Frage steht[7]).

Im Auslande angestellte Beamte des Reiches oder eines Bundesstaates, welche nicht Exterritorialitätsrechte haben, können neben dem nach § 15 der ZPO. im Deutschen Reiche begründeten allgemeinen Gerichtsstand auch im Auslande einen zweiten allgemeinen oder besonderen Gerichtsstand haben. Solches bemißt sich nach dem Rechte des auswärtigen Staates.

2. Einen abgeleiteten (akzessorischen) Gerichtsstand haben nach §§ 10 und 11 BGB. Ehefrauen und Kinder. Die Ehefrau teilt den Wohnsitz des Ehemannes.

---

1) Z. B. die im Auslande angestellten Zollvereinsbevollmächtigten, z. B. in Luxemburg und Basel, die deutschen Berufskonsuln, die Beamten der Schutzgebiete (RG. Gruchot 41, 1109). In Ansehung der Reichsbeamten stimmt § 15 ZPO. im wesentlichen mit § 21 des Reichsbeamtengesetzes vom 18. März 1907 (RGBl. S. 245) überein. Nach § 22 des letzteren Gesetzes ist nicht ausgeschlossen, daß der Beamte, dessen dienstlicher Wohnsitz sich in einem Lande, wo Konsulargerichtsbarkeit besteht, befindet, zugleich der Reichs-Konsulargerichtsbarkeit unterliegt; Motive S. 54.

2) Z. B. die bayerischen Eisenbahnbeamten in Kufstein oder Eger.

3) D. h. in dem Staate, in welchem der Betreffende die Staatsangehörigkeit besitzt.

4) Wenn z. B. ein Bayer, bevor er zum diplomatischen Dienste im Auslande berufen wird, an einem nichtbayerischen Orte des Reiches seinen letzten Wohnsitz hatte, ist dessen Gerichtsstand in München; KPr. S. 506.

5) Bestimmt ist der Bezirk des Amtsgerichts Berlin-Mitte (RGBl. 1906 S. 463). Vgl. auch PreußJMBl. 1906 S. 128.

6) Vgl. §§ 6 und 9 des Reichskonsulatgesetzes vom 8. November 1867.

7) Dagegen ist z. B. ein bayerischer Bevollmächtigter zum Bundesrat, der in Preußen exterritorial ist, jedem Gerichtsstande bei allen nichtpreußischen Gerichten unterstellt.

Eheliche Kinder teilen den Wohnsitz des Vaters, uneheliche den Wohnsitz der Mutter; an Kindes Statt angenommene den Wohnsitz des Annehmenden (§ 11 Abs. 1 BGB.). Sie behalten diesen Wohnsitz, bis sie denselben in rechtsgültiger Weise aufgeben.

Dieser abgeleitete Gerichtsstand der Ehefrauen und Kinder wird nicht anders als durch den Wohnsitz des Ehemannes, des Vaters und bezw. der Mutter, nicht auch durch den bloßen Aufenthalt dieser Personen bestimmt; in Ermangelung eines Wohnsitzes derselben kann ein akzessorischer Gerichtsstand nicht begründet werden. Hat daher der Ehemann, Vater bezw. die Mutter den Wohnsitz im Auslande, so besteht für die Ehefrau bezw. Kinder vor deutschen Gerichten kein allgemeiner Gerichtsstand [1]).

§ 18.

b) Sonstige allgemeine Gerichtsstände.

Neben dem Gerichtsstand des Wohnsitzes kommt hier zunächst der allgemeine Gerichtsstand des Aufenthalts in Betracht. Nach § 16 ZPO. wird der allgemeine Gerichtsstand einer Person, welche keinen Wohnsitz [2]) hat [3]), durch den Aufenthaltsort im Deutschen Reiche und wenn ein solcher nicht bekannt ist, durch den letzten Wohnsitz [4]) bestimmt [5]). Zur Begründung dieses subsidiären Gerichtsstandes ist nicht ein dauernder Aufenthalt notwendig; es genügt, daß der Beklagte sich in dem Bezirke des Gerichts, bei welchem die Klage erhoben werden soll, so lange aufhält, daß ihm daselbst die Klage zugestellt werden kann [6]).

Der Kläger muß behaupten und im Widerspruchsfalle beweisen, daß der Beklagte keinen Wohnsitz hat, bezw. daß ein Aufenthaltsort im Deutschen Reiche nicht bekannt ist [7]).

---

1) Bei den ausländischen Gerichten kann in diesem Falle ein allgemeiner abgeleiteter Gerichtsstand solcher Personen begründet sein.

2) D. h. weder im In- noch im Auslande.

3) oder einen neuen Wohnsitz noch nicht erlangt hat.

4) Auch hier wird nicht zwischen In- und Ausland unterschieden. War der letzte Wohnsitz im Auslande, so fällt die Zuständigkeit der deutschen Gerichte hinweg, und zwar auch dann, wenn die Gesetze des Auslandes dem dortigen letzten Wohnsitz eine kompetenzbegründende Bedeutung nicht beilegen und infolgedessen es für die Person an einem allgemeinen Gerichtsstande überhaupt fehlt. Hat die Person zuletzt im Bereich der Konsulargerichtsbarkeit oder in den Schutzgebieten gewohnt, so besteht ein doppelter Gerichtsstand des letzten Wohnsitzes, nämlich ein solcher des letzten inländischen und des letzten konsularen oder Schutzgebietswohnsitzes.

Für die Beurteilung der Frage, ob der Beklagte, der in Deutschland einen Wohnsitz hatte, nach Aufgeben desselben im Auslande einen neuen erworben hat, ist das ausländische Zivilrecht maßgebend. Vgl. Kleiner I S. 138.

5) Die deutschen Schutzgebiete und Konsulargerichtsbezirke gelten als Ausland.

6) Motive zu § 18 (alt) ZPO. S. 55 ff.

7) Um den Gerichtsstand des letzten Wohnsitzes in Anspruch zu nehmen, hat der Kläger durch positive Darlegung der Verhältnisse des Beklagten nachzuweisen, daß der Beklagte keinen Wohnsitz im Sinne der §§ 13—19 ZPO. hat, und daß durch geeignete

Aus dem allgemeinen Gerichtsstande des Aufenthaltes kann der sog. akzessorische nicht abgeleitet werden[1]). Anderseits besteht der Gerichtsstand des Aufenthaltes für alle Klagen und ist insbesondere nicht auf vermögensrechtliche Klagen beschränkt.

Als weiteren allgemeinen Gerichtsstand kennt die deutsche Zivilprozeßordnung den der Gemeinden, der Korporationen, sowie derjenigen Gesellschaften, Genossenschaften oder anderer Vereine und derjenigen Stiftungen, Anstalten und Vermögensmassen, welche als solche verklagt werden können, an dem Sitze derselben, als welcher, wenn nicht ein anderes erhellt, der Ort, wo die Verwaltung geführt wird, gilt[2]). Ferner haben Gewerkschaften den allgemeinen Gerichtsstand bei dem Gerichte, in dessen Bezirk das Bergwerk[3]) liegt, Behörden, wenn sie als solche verklagt werden können, bei dem Gerichte ihres Amtssitzes[4]). Der allgemeine Gerichtsstand des Fiskus wird durch den Sitz der Behörde bestimmt, welche berufen ist, den Fiskus in dem Rechtsstreite zu vertreten[5]). Ist der Ort, an welchem eine Behörde ihren Sitz hat, in mehrere Gerichtsbezirke geteilt, so wird der Bezirk, welcher im Sinne der §§ 17 und 18 als Sitz der Behörde gilt, für die Reichsbehörden von dem Reichskanzler, im übrigen von der Landesjustizverwaltung durch allgemeine Anordnung bestimmt (§ 19 ZPO.). Vgl. Bekanntmachung vom 21. April 1906 (RGBl. S. 464) und Verfügung des preußischen Justizministers vom 25. April 1906 (MBl. S. 128).

Nachforschungen ein Aufenthaltsort im Deutschen Reich nicht zu ermitteln ist (RGZ. 27, 401); der Beklagte kann den Gerichtsstand des letzten Wohnsitzes durch den Nachweis beseitigen, daß er einen anderen Aufenthaltsort im Deutschen Reiche hat, bezw. zur Zeit der Klageerhebung hatte. Vgl. auch RG. JW. 1900 S. 410.

1) A. M. Endemann I, S. 256.

2) Vgl. § 22 ZPO. Ob der Sitz im Inlande oder im Auslande gelegen ist, macht für den Gerichtsstand keinen Unterschied; anderes gilt für die Beurteilung der Rechts- oder Parteifähigkeit. Vgl. auch die deutschen Kolonialgesellschaften (§§ 11 bis 13 des Schutzgebietsgesetzes, RGBl. 1900 S. 812). Über die Wirkungen der Verlegung des Sitzes einer in Deutschland bestehenden Aktiengesellschaft in das Ausland s. RG. 5. Juni 1882 (Entsch. 7, 68).

3) Liegt es in mehreren Gerichtsbezirken, so ist der allgemeine Gerichtsstand bei jedem der mehreren Gerichte begründet (RGZ. 32, 385).

4) ZPO. § 17 Abs. 1 und 2. Neben diesen Gerichtsständen ist ein durch Statut oder in anderer Weise besonders geregelter Gerichtsstand zulässig; Abs. 3 l. c. Der allgemeine Gerichtsstand des § 19 Abs. 1 und 2 kann durch Statut nicht ausgeschlossen werden (RGZ. 32, 384).

5) ZPO. § 18. Unter Fiskus ist auch der Reichsfiskus zu verstehen. Vgl. Fritze-Werner, Zusammenstellung der Behörden, welche den preuß. Landesfiskus und den Reichsfiskus im Prozeß zu vertreten befugt sind. Berlin 1910.

§ 19.
Besondere Gerichtsstände.

Ausnahmsweise richtet sich der Gerichtsstand nach den in der Person der Beklagten oder in dem betreffenden Rechtsverhältnis selbst begründeten besonderen Umständen, namentlich auch nach dem besonderen Gegenstande der Klage.

In dieser Beziehung stellt zunächst § 20 ZPO. einen Gerichtsstand des dauernden Aufenthaltsortes auf. Wenn nämlich Personen an einem Orte unter Verhältnissen, welche ihrer Natur nach auf einen Aufenthalt von längerer Dauer hinweisen, insbesondere als Dienstboten, Hand- und Fabrikarbeiter, Gewerbegehilfen, Studierende, Schüler oder Lehrlinge sich aufhalten[1]), so ist das Gericht für alle Klagen zuständig, welche gegen diese Personen wegen vermögensrechtlicher Ansprüche erhoben werden. Diese Bestimmung findet auf Militärpersonen, welche nur zur Erfüllung der Wehrpflicht dienen oder welche selbständig einen Wohnsitz nicht begründen können, in der Art Anwendung, daß an die Stelle des Gerichts des Aufenthaltsortes das Gericht des Garnisonsortes tritt. Die Vorschrift des § 14 ZPO. findet entsprechende Anwendung.

Dieser Gerichtsstand konkurriert wahlweise mit dem allgemeinen Gerichtsstande, ist auch für das Mahnverfahren (ZPO. § 689) nicht mehr ausgeschlossen. Eine vorübergehende Unterbrechung beseitigt einen solchen nicht. Zwischen In- und Ausländern besteht kein Unterschied. Der erhobene Anspruch braucht nicht erst während der Dauer des Aufenthaltes entstanden zu sein.

Der Begriff „vermögensrechtliche Ansprüche" ist hier im weitesten Sinne zu verstehen und umfaßt alle Ansprüche aus dinglichen Rechten (mit Ausnahme der dem ausschließlichen Gerichtsstande der belegenen Sache unterworfenen Immobiliarklagen), aus Obligationen, aus dem Gebiete des Erbrechts, sowie des Familienrechts, soweit letztere eine Leistung in Geld oder Geldeswert betreffen. Auch die Klage auf Feststellung der Vaterschaft, insofern damit zugleich ein Alimentenanspruch erhoben ist, kann vor diesen Gerichtsstand gebracht werden.

---

1) Ob der Aufenthalt wirklich lange gedauert hat, ist unerheblich (RG. 30, 326).

Ein weiterer besonderer Gerichtsstand ist der wahlweise mit dem allgemeinen und nach Umständen auch mit anderen besonderen konkurrierende Gerichtsstand der Niederlassung. Hat nämlich jemand zum Betriebe einer Fabrik, einer Handlung oder eines anderen Gewerbes eine Niederlassung, von welcher aus unmittelbar Geschäfte geschlossen werden, so können gegen ihn alle Klagen, welche auf den Geschäftsbetrieb der Niederlassung Bezug haben, bei dem Gerichte des Ortes erhoben werden, wo die Niederlassung sich befindet. Dieser Gerichtsstand der Niederlassung ist auch für Klagen gegen Personen begründet, welche ein mit Wohn- und Wirtschaftsgebäuden versehenes Gut als Eigentümer, Nutznießer oder Pächter bewirtschaften, soweit diese Klagen die auf Bewirtschaftung des Gutes sich beziehenden Rechtsverhältnisse betreffen (ZPO. § 21). Der Gerichtsstand dauert nicht länger als die Niederlassung. Letztere muß also noch zur Zeit der Klageerhebung bestehen (RG. JW. 89, 452).

Zur Begründung dieses Gerichtsstandes müssen die Klagen auf den Geschäftsbetrieb der Niederlassung bezw. auf die Bewirtschaftung des Gutes Bezug haben, unter welcher Voraussetzung sowohl persönliche, als dingliche Klagen gestellt werden können. Dahin gehören z. B. die auf den Geschäftsbetrieb der Niederlassung oder auf Wirtschaftszwecke des Gutes bezüglichen Anschaffungs- und Absatzgeschäfte, die zum Zwecke der Instandhaltung und der Mittel dazu eingegangenen Rechtsgeschäfte, auch Ansprüche aus dem Reichshaftpflichtgesetze vom 6. Juni 1871, sofern solche auf den Betrieb der Niederlassung sich beziehen.

Die Bestimmung des § 21 findet auch auf Ausländer Anwendung.[1])

Der Gerichtsstand des Vermögens (ZPO. § 23) ist begründet für Klagen wegen vermögensrechtlicher Ansprüche[2]) gegen eine Person[3]), welche im Deutschen Reiche keinen Wohnsitz

1) Ein Gerichtsstand der gewerblichen Niederlassung ist auch in § 238 KO. gegeben (Konkurs über das im Inlande befindliche Vermögen eines Ausländers). Neben § 21 ZPO. gilt für Niederlassungen ausländischer Versicherungsunternehmungen die Sondervorschrift des § 89 des Ges. vom 12. Mai 1901 (RGBl. S. 139). Vgl. § 12 des Patentgesetzes vom 7. April 1891 (RGBl. S. 79) über das für den ausländischen Patentinhaber am Wohnsitz seines inländischen Vertreters begründete Forum.

2) Über den Begriff „vermögensrechtliche Ansprüche" s. oben S. 343. Nur fiduziarische Abtretung einer Forderung an einen Inländer schließt deren Auffassung als Vermögen für die Zuständigkeit aus (RG. 20. Oktober 1903, JW. S. 418).

3) Gleichviel ob In- oder Ausländer. Die Gesetzesvorschrift soll insbesondere zum Schutze der Gläubiger von im Auslande wohnenden oder im Inlande ohne Domizil sich herumtreibenden Schuldnern dienen. Kläger kann sowohl Inländer als Ausländer sein (RG. 14, 408; 16, 392).

hat[1]) und zwar bei demjenigen Gericht, in dessen Bezirke sich Vermögen derselben oder der mit der Klage in Anspruch genommene Gegenstand befindet. Bei Forderungen gilt als der Ort, wo das Vermögen sich befindet, der Wohnsitz des Schuldners und wenn für die Forderung eine Sache zur Sicherheit haftet, auch der Ort, wo die Sache sich befindet[2]). Der Kläger hat das Fehlen des Wohnsitzes und die übrigen den Gerichtsstand begründenden Tatsachen zu beweisen. Insbesondere muß der deutsche Kläger, der einen Ausländer aus § 23 ZPO. vor deutschen Gerichten belangen will, noch ehe es zur eigentlichen Streitverhandlung kommen kann, beweisen, daß der Ausländer innerhalb des Gerichtssprengels Vermögen besitzt[3]).

Der Umstand, daß gegen den Beklagten im Auslande Konkurs erhoben ist, steht dem Gerichtsstande des § 23 ZPO. nicht entgegen[4]). Durch eine Forderung des Beklagten gegen den Kläger, welche nicht vorhanden sein kann, wenn die Klage-

---

Ausländer können sogar verklagt werden, wenn über sie im Auslande der Konkurs eröffnet ist (§ 237 Abs. 1 KO.). Vgl. RGZ. 16, 391; 44, 386. Ob die Person im Auslande einen Wohnsitz hat, ist unerheblich (RG. JW. 1900 S. 590).

1) Wenn auch eine Niederlassung (§ 21). Vgl. RGZ. 27, 422. Auch juristische Personen, Gesellschaften, Genossenschaften, Personen-Vereine, Stiftungen, Anstalten, Vermögensmassen, welche weder ihren Sitz, noch einen allgemeinen Gerichtsstand nach ZPO. § 17 Abs. 3 in Deutschland haben, gehören hierher. Dagegen nicht ausländische Fiski. Eine ausländische Handelsgesellschaft wird durch eine Zweigniederlassung im Inlande nicht zu einer inländischen; RGZ. 7, 325.

2) D. h. zur Zeit der Erhebung der Klage, nicht der Einreichung des Zustellungsgesuches (RG. 1, 435; 7, 325). Der Einwand, daß Kläger durch arglistiges Verhalten den Eintritt der Voraussetzungen des § 23 ZPO. herbeigeführt habe, ist zulässig (OLG. Dresden i. JurWoch. 1911 S. 637; and. Ans. RG. 16, 392).

3) Jedes geringfügige, vielleicht nur zufällig zurückgelassene Vermögensstück begründet den Gerichtsstand (Motive S. 58), z. B. ein dem ausländischen Beklagten gehöriges Handelsbuch, an dem der Kläger ein Zurückbehaltungsrecht ausübt (RGZ. Bd. 5 S. 163); ein Koffer mit Reiseeffekten; vgl. auch RG. vom 25. Januar 1881 (Annalen Bd. 2 S. 323, Entsch. d. RG. III S. 381). Es muß jedoch der betreffende Gegenstand als Vermögenswert erscheinen und um irgend eines Geldwertes willen in Betracht kommen, das ist z. B. nicht der Fall bei einer Hutschachtel, Orchestermaterial (JW. 1897 S. 457). Ob die Zwangsvollstreckung in das betr. Vermögen tunlich ist oder nicht, ist gleichgültig; RG. vom 29. April 1881 (Entsch. IV S. 115, Annalen Bd. 3 S. 624) und OLG. Hamburg vom 4. März 1903 (Böhms Zeitschr. Bd. 13 S. 410). Ebenso ist es unerheblich, ob das Vermögen so unbedeutend ist, daß ein Überschuß über die Kosten der Zwangsvollstreckung nicht zu erwarten ist. Auch der Anspruch auf Rückzahlung einer Kaution, welche eine Partei zur Abwendung eines demnächst als unbegründet aufgehobenen Arrestes hinterlegt hat, selbst wenn das Geld von einem Dritten gegeben ist, gehört hierher (RG. 34, 356); dagegen nicht ein Anspruch auf Herausgabe der Handakten eines Rechtsanwaltes (RGE. 24, 415). Hat ein Ausländer bei einem deutschen Gerichte eine Sicherheit hinterlegt, so ist gegen ihn nach § 23 ein Gerichtsstand dort begründet, wo der betreffende Staatsfiskus seinen Sitz, nicht aber bei den Gerichten, wo hinterlegt ist (OLG. Dresden vom 28. Juni 1902, Annal. dess. Bd. 24 S. 453). Nach OLG. Hamburg vom 6. Januar 1905 (SeuffArch. 61, 327) soll der Kostenvorschuß des Ausländers für dessen Anwalt den Gerichtsstand nach § 23 ZPO. nicht begründen.

4) RG. vom 1. Juni 1880 (Entsch. Bd. 1 S. 435), vom 25. Januar 1881 (Annal. Bd. 3 S. 323), vom 28. März 1882 (Bd. 5 S. 448, Entsch. Bd. 6 S. 400).

ansprüche bestehen, wird der Gerichtsstand des Vermögens nicht begründet[1]); die bloße Möglichkeit einer Kompensation der Klageforderung gegen die den Gerichtsstand begründende Forderung jedoch ist ohne Einfluß[2]). Die nachträgliche Zurdispositionsstellung seitens des Empfängers macht für sich allein die Ware nicht wieder zu einem Vermögensstück des Lieferers (RG. 27, 395).

Inhaberpapiere und Wertpapiere begründen den Gerichtsstand des Vermögens nur da, wo sie sich befinden, nicht auch am Wohnsitz des Schuldners (RG. vom 23. November 1903; JW. 1904 S. 64). Auch bedingte oder betagte Ansprüche des Schuldners begründen den Gerichtsstand des § 23 ZPO. (RG. in JW. 1897 S. 322). Nach OLG. Hamburg (Urteil vom 8. November 1902, Böhm, Zeitschr. 14, 402) kann der Gerichtsstand durch den Anspruch des Ausländers auf Erstattung der Prozeßkosten im Falle seines Obsiegens in einem noch anhängigen Prozesse nicht begründet werden.

Weitere besondere Gerichtsstände sind: der Gerichtsstand für Streitigkeiten aus gemeindlichen, gesellschaftlichen und genossenschaftlichen Verhältnissen (ZPO. § 22)[3]), der dingliche Gerichtsstand, welcher zugleich ausschließlicher ist (ZPO. §§ 24—26), der Gerichtsstand der Erbschaft (ZPO. § 27), des Vertrages (ZPO. § 29)[4]), der Gerichtsstand für Meß- und Marktsachen (ZPO. § 30), der Gerichtsstand der (aufgetragenen oder gesetzlich angeordneten) Vermögensverwaltung (ZPO. § 31), der unerlaubten Handlung (ZPO. § 32), der Gerichtsstand der Widerklage bei dem Gerichte der Klage, wenn der Gegenanspruch mit dem in der Klage geltend gemachten Anspruche oder mit den gegen denselben vorgebrachten Verteidigungsmitteln im Zusammenhang steht, welch letzterer Gerichtsstand jedoch ausgeschlossen ist, wenn die Zuständigkeit des Gerichts für eine Klage wegen des Gegenanspruches auch durch Vereinbarung nicht begründet werden könnte (ZPO.

1) RG. vom 25. Januar 1881.

2) v. Wilmowski und Levy S. 58.

3) Auch wenn der Beklagte für seine Person Exterritorialitätsrechte hat; vgl. GVG. § 20 und oben S. 329.

Das RG. (E. 32, 416) hat gegen den im Inlande wohnhaften Besitzer eines ausländischen Grundstückes die Erhebung der Klage im Gerichtsstande des Wohnsitzes zugelassen.

4) Die Anwendbarkeit des Gerichtsstandes des Vertrages auf Ausländer ist ausdrücklich ausgesprochen im Urt. d. RG. vom 28. Juni 1882, Annal. Bd. 6 S. 126.

§ 33)[1]), der Gerichtsstand des Zusammenhangs (forum connexitatis) für Klagen der Prozeßbevollmächtigten, der Beistände, der Zustellungsbevollmächtigten und der Gerichtsvollzieher wegen Gebühren und Auslagen bei dem Gerichte des Hauptprozesses (ZPO. 34).

Wechselklagen, d. h. die im Wechselprozesse angestellten Klagen können sowohl bei dem Gerichte des Zahlungsortes als bei dem Gerichte angestellt werden, bei welchem der Beklagte seinen allgemeinen Gerichtsstand hat. Wenn mehrere Wechselverpflichtete (Aussteller, Akzeptanten, Indossanten, Wechselbürgen) gemeinschaftlich verklagt werden, so ist außer dem Gerichte des Zahlungsortes jedes Gericht zuständig, bei welchem einer der Beklagten seinen allgemeinen Gerichtsstand hat (ZPO. § 603)[2]).

Für Erlassung des Zahlungsbefehls im Mahnverfahren ist das Amtsgericht zuständig, welches für die im ordentlichen Verfahren erhobene Klage zuständig sein würde, wenn die Amtsgerichte in erster Instanz sachlich unbeschränkt zuständig wären (ZPO. § 689).

Für Ehesachen, d. h. die Rechtsstreitigkeiten, welche die Scheidung, Nichtigkeit oder Anfechtung einer Ehe, oder die Feststellung des Bestehens oder Nichtbestehens einer Ehe oder die Herstellung des ehelichen Lebens zum Gegenstande haben, ist das Landgericht, bei welchem der Ehemann seinen allgemeinen Gerichtsstand hat, ausschließlich zuständig[3]).

---

1) Ob auch Exterritoriale, wenn sie in Deutschland Klage erheben, diesem Gerichtsstande unterworfen sind, ist nicht unbestritten; vgl. oben § 16 a S. 329. Die Frage ist ausführlich behandelt von Kleinfeller (in der Monographie: der Gerichtsstand der Widerklage S. 36 ff.), welcher jedoch annimmt, daß für die Exterritorialen der Gerichtsstand der Widerklage ausgeschlossen ist; ebenso Hellmann, Lehrb. S. 131. Wegen des Gerichtsstandes der Widerklage vor deutschen Konsulargerichten s. Kleinfeller a. a. O. S. 88.

2) Hierbei macht es keinen Unterschied, ob einer oder mehrere Beklagte Ausländer sind oder doch im Auslande ihren Wohnsitz haben, auch nicht ob der Zahlungsort im Auslande liegt.

3) Vgl. § 606 ZPO. Gleichviel, ob die Klage von der Ehefrau oder dem Ehemanne erhoben wird. Der allgemeine Gerichtsstand des Ehemannes bemißt sich nach den oben S. 201 (§§ 13—18 ZPO.) angeführten Grundsätzen. Prorogation ist ausgeschlossen (§ 40 ZPO.).

Der nach § 609 ZPO. bei dem Amtsgerichte, vor welchem der Ehemann seinen allgemeinen Gerichtsstand hat, vorzunehmende Sühneversuch ist u. a. auch dann nicht erforderlich, wenn der Aufenthalt des Beklagten unbekannt oder im Auslande ist (§ 611 ZPO.). Über die Zuständigkeit der Gerichte in Ehesachen der Fürsten siehe JW. Bd. 14 S. 236.

Über die Frage, ob schweizerische Ehegatten vor ausländischen Gerichten auf Ehescheidung klagen können s. v. Salis in der Zeitschr. f. schweiz. Recht v. Heusler, N. F. Bd. 8 S. 45. Die Frage wird vom OLG. Dresden (Urt. vom 18. September 1902, Annal. dess. Bd. 24 S. 547) verneint. Die deutschen Gerichte dürfen nicht auf beständige Trennung der Ehe von Tisch und Bett erkennen, wenn nach dem Rechte

Der § 606 ZPO. bestimmt ferner (Abs. 2—4):

„Ist der Ehemann ein Deutscher und hat er im Inlande keinen allgemeinen Gerichtsstand, so kann[1]) die Klage[2]) bei dem Landgericht erhoben werden, in dessen Bezirk er den letzten Wohnsitz[3]) im Inlande hatte; in Ermangelung eines solchen Wohnsitzes finden die Vorschriften des § 15 Abs. 1 Satz 2, 3 entsprechende Anwendung[4]). Das Gleiche gilt, sofern der Ehemann im Inlande keinen allgemeinen Gerichtsstand hat, in dem Falle, daß der Ehemann die Reichsangehörigkeit verloren, die Ehefrau sie aber behalten hat oder daß beide Ehegatten die Reichsangehörigkeit verloren haben, der Ehemann aber eine andere Staatsangehörigkeit nicht erworben hat[5]).

Ist eine Deutsche eine Ehe mit einem Ausländer eingegangen und hat dieser im Inlande keinen allgemeinen Gerichtsstand, so können die Nichtigkeitsklage und die Anfechtungsklage von der Ehefrau bei dem Landgerichte erhoben werden, in dessen Bezirke sie den letzten Wohnsitz im Inlande hatte; in Ermangelung eines solchen Wohnsitzes finden die Vorschriften des § 15 Abs. 1 Satz 2, 3 entsprechende Anwendung. Das Gleiche gilt, sofern nicht nach Abs. 2 Satz 2 ein Gerichtsstand begründet ist, in dem Falle, daß eine Deutsche eine Ehe mit einem Deutschen

---

des Staates, welchem der Ehemann zur Zeit der Klageerhebung angehört, nur eine solche, nach deutschem Recht aber die Scheidung vom Bande, zulässig ist (RG. Plenum vom 12. Oktober 1903, DJZ. 1904 S. 121). Da nach § 111 österr. Allg. BGB. die Scheidung vom Bande nicht zulässig ist, so muß gemäß Art. 17 Abs. 1 EGzBGB. (vgl. auch Art. 27) die Scheidungsklage österreichischer Katholiken von deutschen Gerichten überhaupt abgewiesen werden (RG. vom 17. Dezember 1903, DJZ. 1904 S. 267).

Bei der von Amts wegen erfolgenden Zustellung von Urteilen in Ehesachen ist, auch wenn der beklagte Ehemann seinen Wohnsitz im Auslande hat, die Zustellung durch Aufgabe an die Post (§ 175 ZPO.) als bewirkt anzusehen; ein Ersuchen an die zuständigen Behörden des fremden Staates oder des Konsuls oder Gesandten des Reiches (§ 199 ZPO.) braucht dann nicht zu erfolgen. Die Post gilt dann als der vom Gesetz ernannte Zustellungsbevollmächtigte. Beschluß des Kammergerichtes Berlin vom 24. Januar 1888 (Busch, Zeitschr. f. deutschen Zivilprozeß Bd. 13 S. 373).

1) Also fakultativ und wahlweise mit dem allgemeinen Gerichtsstande des Ehemannes im Auslande.

2) Auch wegen anderer Klaggründe, als böslicher Verlassung (§ 1567 BGB.).

3) Hierunter ist der letzte bekannte Wohnsitz zu verstehen (RGZ. Bd. 27 S. 400).

4) Also beim Landgerichte der Hauptstadt des Heimatstaates oder beim Landgerichte Berlin.

5) Da nach Art. 14 EGzBGB. in Ansehung der Ehe für Reichsangehörige und unter Umständen für frühere Reichsangehörige auch im Auslande das deutsche bürgerliche Recht maßgebend ist, so hat man, um die Anwendung des deutschen Rechtes zu sichern, den Beteiligten für derartige Fälle einen inländischen Gerichtsstand eröffnet (Begr. S. 126).

eingegangen ist, dieser aber die Reichsangehörigkeit verloren und im Inlande keinen allgemeinen Gerichtsstand hat[1]).

Sind beide Ehegatten Ausländer, so kann[2]) die Scheidungsklage im Inlande nur erhoben werden, wenn das inländische Gericht auch nach den Gesetzen des Staates zuständig ist, dem der Ehemann angehört[3]).

Für das Verfahren in Rechtsstreitigkeiten, welche die Feststellung des Rechtsverhältnisses zwischen Eltern und Kindern zum Gegenstande haben, treffen die §§ 640—644 ZPO. Bestimmungen; die Feststellung der unehelichen Vaterschaft gehört nicht hierher, für derartige Klagen ist das Amtsgericht zuständig.

Für die Entmündigung[4]) einer Person wegen Geisteskrankheit, Geistesschwäche, Verschwendung und Trunksucht (vgl. § 6 BGB.) ist dasjenige Amtsgericht, bei welchem der zu Entmündigende seinen allgemeinen Gerichtsstand hat, ausschließlich zuständig. Gegen einen Deutschen[5]), welcher im Inlande keinen allgemeinen Gerichtsstand hat, kann der Antrag bei dem Amtsgericht, in dessen Bezirk der zu Entmündigende den letzten Wohnsitz im Inlande hatte, in Ermangelung eines solchen Wohnsitzes finden die Vorschriften des § 15 Abs. 1 Satz 2, 3 entsprechende Anwendung (§§ 648, 680 ZPO.)[6]). Die Entmündigung eines Ausländers kommt nach Art. 8 EGzBGB. nur in Frage, wenn ein allgemeiner Gerichtsstand im deutschen Reich (§§ 13 und 18 ZPO.) begründet ist (Mot. S. 137). Für die Wiederaufhebung der Entmündigung ist das Amtsgericht

---

1) Nach Art. 13 Abs. 1 EGzBGB. wird die Eingehung der Ehe, sofern auch nur eine der Verlobten eine Deutsche ist, in Ansehung eines jeden Verlobten nach den Gesetzen des Staates beurteilt, dem er angehört. Deshalb soll namentlich für die Fälle, in denen das ausländische Recht der Anfechtbarkeit der Ehe wegen Irrtums oder arglistiger Täuschung engere Grenzen zieht, bei einer Ehe zwischen einer Deutschen und einem Ausländer ersterer die Möglichkeit gegeben werden, eine nach deutschem Recht vorliegende Nichtigkeit oder Anfechtbarkeit der Ehe vor dem inländischen Gerichte auch dann zur Geltung zu bringen, wenn der Ehemann im Inlande keinen allgemeinen Gerichtsstand hat. Begr. S. 127.

2) Siehe Anm. 1 auf S. 348.

3) Diese Einschränkung des § 606 Abs. 1 ZPO. war nötig, weil Scheidungsurteile inländischer Gerichte häufig in dem Staate, dem die Ehegatten angehören, nicht anerkannt werden. Begr. S. 127. Vgl. auch Art. 17 Abs. 1 EGzBGB.

4) Vgl. auch § 39 unten.

5) D. h. solchen, welcher zur Zeit der Anbringung des Antrages Angehöriger des Deutschen Reiches ist.

Nichtdeutsche, welche ihren Wohnsitz bezw. Aufenthalt im Deutschen Reiche haben, können nach den deutschen Gesetzen von dem Amtsgerichte des allgemeinen Gerichtsstandes derselben entmündigt werden. Gaupp III, S. 49. Vgl. Art. 8 EGzBGB.

6) Dieser Gerichtsstand ist kein ausschließlicher; er konkurriert mit dem Gerichtsstande des Wohnsitzes im Auslande.

ausschließlich zuständig, bei welchem der Entmündigte seinen allgemeinen Gerichtsstand hat. Ist der Entmündigte ein Deutscher und hat er im Inlande keinen allgemeinen Gerichtsstand, so kann der Antrag bei dem Amtsgerichte gestellt werden, welches über die Entmündigung entschieden hat. Das Gleiche gilt, wenn ein Ausländer, welcher im Inlande entmündigt worden ist, im Inlande keinen allgemeinen Gerichtsstand hat (§ 676 ZPO.). Für die Klage, mit welcher der die Entmündigung aussprechende Beschluß angefochten werden will, ist das Landgericht, in dessen Bezirk das Amtsgericht, welches über die Entmündigung entschieden hat, seinen Sitz hat, ausschließlich zuständig (ZPO. §§ 665, 684); desgleichen für die Klage gegen die vom Amtsgerichte ausgesprochene Ablehnung des Antrages auf Wiederaufhebung der Entmündigung (ZPO. §§ 679 und 686)[1].

Im Falle der Zwangsvollstreckung aus gerichtlichen oder notariellen Urkunden (ZPO. § 794 Nr. 5) ist für Klagen auf Erteilung der Vollstreckungsklausel, sowie für Klagen, durch welche die den Anspruch selbst betreffenden Einwendungen geltend gemacht werden oder der bei der Erteilung der Vollstreckungsklausel als bewiesen angenommene Eintritt der Voraussetzung für die Erteilung der Vollstreckungsklausel das Gericht, bei welchem der Schuldner im Deutschen Reiche seinen allgemeinen Gerichtsstand hat, und in Ermangelung eines solchen das Gericht zuständig, bei welchem als dem Gerichtsstande des Vermögens (s. oben S. 344) nach § 23 ZPO. gegen den Schuldner Klage erhoben werden kann (ZPO. § 797 Abs. 5)[2]. Gleiche Zuständigkeitsbestimmungen gelten bezüglich der bei Zwangsvollstreckung in Forderungen und andere Vermögensrechte durch die Amtsgerichte als Vollstreckungsgerichte zu erfolgenden gerichtlichen Handlungen (ZPO. § 828)[3].

Über den Gerichtsstand für Klagen auf Vollstreckbarkeitserklärung ausländischer Urteile 2c. siehe unten §§ 33 ff. Ebendaselbst (§ 37) siehe über Zuständigkeit der inländischen Gerichte für Rechtsstreitigkeiten zwischen

1) Die Anfechtungs- und die Wiederaufhebungsklage ist bei Geisteskrankheit und Geistesschwäche gegen den Staatsanwalt zu richten (§§ 666 und 679 ZPO.); bei Verschwendung oder Trunksucht gegen denjenigen, welcher die Entmündigung beantragt hatte, falls aber dieser verstorben, oder sein Aufenthalt unbekannt oder im Auslande ist, gegen den Staatsanwalt zu richten (ZPO. §§ 684 Abs. 3 und 636 Abs. 3).

2) Vgl. hierzu § 221 Abs. b. BayAGzZPO. und KO. bezüglich der Pfalz.

3) Diese Gerichtsstände sind ausschließlich.

Inländern und fremden Staaten. Über den Gerichtsstand vor den deutschen Konsulargerichten siehe unter Abteilung IV.

Für die Abnahme des Offenbarungseides ist das Amtsgericht, in dessen Bezirk der Schuldner im Deutschen Reiche seinen Wohnsitz oder in Ermangelung eines solchen seinen Aufenthaltsort hat, als Vollstreckungsgericht zuständig (ZPO. § 899).

Die Zuständigkeit ausländischer Gerichte kann mit der Wirkung der Unzuständigkeit der deutschen Gerichte vereinbart werden (OLG. Kolmar vom 31. März 1903, R. d. OLG. Bd. 6 S. 384). Eine Spezialbestimmung über einen Gerichtsstand enthält auch das internationale Übereinkommen über den Eisenbahnfrachtverkehr vom 14. Oktober 1890 (RGBl. 1892 S. 793) in Art. 37 und 38.

§ 20.

3. Fälle des sog. außerordentlichen Gerichtsstandes.

In einer Reihe von Fällen, in welchen gewisse konkrete Verhältnisse die Anwendbarkeit der allgemeinen Regeln über die Zuständigkeit ausschließen, erfolgt nach § 36 ZPO. in der Fassung der Novelle vom 22. Mai 1910 die Bestimmung des zuständigen Gerichts durch das im Instanzenzuge zunächst höhere Gericht. Für Preußen ist zuständig das Kammergericht (Allg. Verf. vom 18. Juni 1910, JMBl. S. 217).

Die Nr. 5 und 6 des § 36 finden nur auf Kompetenzkonflikte unter inländischen, d. h. deutschen Gerichten, nicht auch auf Differenzen über die Zuständigkeit zwischen deutschen und ausländischen Gerichtsbehörden Anwendung. Auch in letzteren Fällen bleibt zunächst den Beteiligten anheimgegeben, den gesetzlichen Instanzenzug durchzumachen. Äußerstenfalls, wenn die bestehende Kollision nicht durch Einigung zwischen den beteiligten Gerichten gelöst werden kann, wird die oberste Justizverwaltungsstelle anzugehen sein, um Einleitungen zu treffen, daß die Beilegung des Konfliktes auf diplomatischem Wege herbeigeführt werde [1]).

1) Vgl. Jettel S. 127. Der § 48 der österreichischen Jurisdiktionsnorm vom 1. August 1895 (RGBl. Nr. 111) bestimmt: „Zuständigkeitsstreitigkeiten inländischer Gerichte mit ausländischen Gerichten oder Behörden sind dem Justizminister anzuzeigen. Bis zu dessen Erklärung über das den Beziehungen zu anderen Staatsgebieten entsprechende Verhalten der inländischen Gerichte haben sich letztere darauf zu beschränken, in der Rechtssache diejenigen Verfügungen zu treffen, welche zur Wahrung öffentlicher Interessen oder zur Sicherung der Parteien oder des Zweckes des Verfahrens dringend nötig erscheinen. Die Erklärung des Justizministers ist für das inländische Gericht bindend".

Auch in Ungarn haben sich in solchen Fällen die Gerichte an den Justizminister zu wenden; in Bosnien dagegen an die Landesregierung in Serajewo (§ 48 bosnische ZPO.).

b) Verschiedenes.

§ 21.

Prozeßfähigkeit der Ausländer.

I. Unter Prozeßfähigkeit versteht die deutsche Zivilprozeßordnung die Fähigkeit einer Partei, vor Gericht zu stehen, d. h. die Fähigkeit, einen Prozeß, an welchem die Partei beteiligt ist, selbst zu führen oder durch einen von ihr bestellten Prozeßbevollmächtigten führen zu lassen — legitima persona standi in judicio.[1])

Die Fähigkeit einer Partei, vor Gericht zu stehen, bestimmt sich nach den Vorschriften des bürgerlichen Rechts über die persönliche Rechts- und Handlungsfähigkeit, soweit nicht die Zivilprozeßordnung abweichende Bestimmungen enthält. Parteifähig ist, wer rechtsfähig ist[2]).

---

1) Zu unterscheiden von der Prozeßfähigkeit ist die Parteifähigkeit, d. i. die Fähigkeit, in eigenem Namen zu klagen oder verklagt zu werden, also aktives oder passives Subjekt in einem Prozesse zu sein; s. Wach I S. 519; Barazetti, Zur Lehre von der Prozeßfähigkeit, S. 3 ff. Vgl. auch RG. 12, 399 und 32, 173.

2) ZPO. § 50. Hierzu § 52 Abs. 1: „Eine Person ist insoweit prozeßfähig, als sie sich durch Verträge verpflichten kann". Der Umfang der Rechts- und Handlungsfähigkeit einer Person ist nach den Rechtsnormen, die den persönlichen Stand betreffen, zu beurteilen. Die Frage, ob das Recht des Domizils oder das nationale Gesetz die Rechtsverhältnisse des persönlichen Standes beherrscht, wird in Theorie und Praxis, und insbesondere auch in der Gesetzgebung verschieden beurteilt.

v. Savigny (System a. a. O. § 359) und mit ihm die meisten deutschen Rechtslehrer erklären sich für das Gesetz des Wohnsitzes. Vgl. v. Roth, System des deutschen Privatr. T. I S. 283. Demselben Prinzip folgen das Allgem. Preuß. Landrecht (Einleitung § 23); das bayerische Recht (Landrecht T. I. Kap. 2 § 17, BayGO. XIV. Nr. 7); das österr. bürgerl. Gesetzbuch §§ 4 und 34 (dieses jedoch nur hinsichtlich der Rechts- und Handlungsfähigkeit der Fremden, vgl. Menger S. 101 Note 24), und mehrere andere ausländische Gesetzgebungen, so insbesondere das englische Recht (Westlake, Internationales Privatrecht, deutsch von Fr. v. Holtzendorff, S. 51), ferner das bürgerliche Gesetzbuch der Argentinischen Republik.

Das Nationalitätsprinzip, wonach die Staatsangehörigkeit das persönliche Recht bestimmen soll, gilt dagegen insbesondere in Frankreich (Cod. civ. Art. 3), Belgien und den sonstigen Rechtsgebieten des Cod. civ., in Italien (Art. 6 der disposizione sulla Pubblicazione etc.), in den Niederlanden (Art. 6 des Ges. Wet houdende algemeene bepalingen) und in der Schweiz (Art. 10 des Bundesgesetzes vom 22. Juni 1881, die Handlungsfähigkeit betr.) Auch nach § 84 der allgem. deutschen Wechselordnung ist die Fähigkeit eines Ausländers, wechselmäßige Verpflichtungen einzugehen, nach den Gesetzen desjenigen Staates zu beurteilen, welchem derselbe angehört; jedoch wird ein nach den Gesetzen seines Vaterlandes nicht wechselfähiger Ausländer durch Übernahme von Wechselverbindlichkeiten im Inlande verpflichtet, insofern er nach den Gesetzen des Inlandes wechselfähig ist. Näheres hierüber s. Asser (Cohn) S. 24 ff.; v. Bär, Intern. Privatrecht S. 423.

Das BGB. des Deutschen Reiches bestimmt im Art. 7 des EG.: „Die Geschäftsfähigkeit einer Person wird nach den Gesetzen des Staates beurteilt, dem die Person angehört". Ausgangspunkt ist hier also die lex patriae. Allein dieses Prinzip erfährt zwei Modifikationen kraft Art. 7 Abs. 2 und Art. 27 EGzBGB.

Ein Ausländer, welchem nach dem Rechte seines Landes die Prozeßfähigkeit mangelt, gilt als prozeßfähig, wenn ihm nach dem Rechte des Prozeßgerichts die Prozeßfähigkeit zusteht (ZPO. § 55).

Die Motive zu dieser Gesetzesstelle (S. 78) bemerken, § 55 erweitere im Anschluß an § 35 Einl. z. preuß. ALR. und Art. 84 WO. die Prozeßfähigkeit des Ausländers[1]) dergestalt, daß es genüge, wenn derselbe entweder nach dem Rechte seines Landes[2]) oder nach dem Rechte am Orte des Prozeßgerichts prozeßfähig ist. Nach deutschem Recht ist jede physische Person prozeßfähig, also auch Mönche und Nonnen nach abgelegtem Klostergelübde. Abweichende ausländische Gesetze kommen nicht in Betracht. Vgl. wegen der Parteifähigkeit der Mönche nach russischem Recht RGZ. 32, 173. Wenn die Motive weiter anführen, Gericht und Gegner würden durch die Vorschrift des § 55 in der Regel hinsichtlich der Prozeßfähigkeit der Nachforschung nach dem fremden Rechte überhoben sein, so kann doch das Gericht, dem ja die Prozeßfähigkeit von Amts wegen zu prüfen zukommt, die Prüfung der Prozeßfähigkeit des Ausländers nach seinem ausländischen Rechte nicht ohne weiteres umgehen. Das Gesetz will nur die Prozeßfähigkeit des Ausländers nicht einschränken und geht von dem Grundsatze aus, daß solche zunächst nach dem Gesetze seines Landes zu beurteilen sei. Ist der Ausländer nach dem Rechte seines Landes prozeßfähig, so kommt ihm die Prozeßfähigkeit vor den deutschen Gerichten zu, selbst wenn er nach dem inländischen Gesetze nicht prozeßfähig wäre. Erst wenn ihm die

---

1) Auf Angehörige deutscher Bundesstaaten findet § 55 keine Anwendung, auch nicht, wenn sie im Auslande wohnen, und selbst dann nicht, wenn nach den prozeßgerichtlichen Grundsätzen über Kollision der Statuten das Gesetz des Wohnsitzes, nicht das Gesetz der Staatsangehörigkeit die Handlungsfähigkeit der Person bestimmen sollte. Vgl. Wach I S. 547, v. Wilmowski und Levy zu § 53 (alt) ZPO., Hellmann I S. 198, a. M. Petersen, Note 5 zu § 53, Struckmann und Koch Anm. 2, wofür jedoch, da die ZPO. unter „Ausländer" überall den Nichtdeutschen bezeichnet, kein ausreichender Grund gegeben erscheint.

Ausländer im Sinne des § 55 sind alle, welche weder nach dem Reichsangehörigkeitsgesetze vom 1. Januar 1870 (vgl. auch Art. 41 EGzBGB.) noch nach § 9 Schutzgeb.-Ges. die Reichsangehörigkeit besitzen, also auch die der Konsulargerichtsbarkeit unterstellten ausländischen Schutzgenossen (§§ 2 Abs. 1 Ziff. 2, 25 Abs. 2 KonsGG.), sowie die in den Schutzgebieten sich aufhaltenden Ausländer. Die von der Gerichtsbarkeit in den Schutzgebieten ausgenommenen Eingeborenen, sowie die ihnen gleichstehenden Angehörige anderer unzivilisierter Rassen (§ 4 SchutzgebGes.) kommen für die Anwendung des § 55 nicht in Betracht. Vgl. Skonietzki-Gelpcke zu § 55 Anm. 1.

2) Die Staatsangehörigkeit entscheidet, nicht der Wohnsitz, selbst wenn das Recht des Prozeßgerichtes vorschreibt, daß die Prozeßfähigkeit nach dem Wohnsitz zu beurteilen sei; Endemann I S. 318; Wach I S. 547; Barazetti S. 12. Bei Kollision verschiedener Rechte des ausländischen Staates kommen die betreffenden Bestimmungen über die örtlichen Grenzen solcher Rechtsquellen in Betracht.

Prozeßfähigkeit nach dem Rechte seines Landes fehlt, kommt in Betracht, ob ihm solche nach dem Rechte des Prozeßgerichts[1]) zusteht.

Es macht nach § 55 ZPO. keinen Unterschied, ob die allgemein unbeschränkte Prozeßfähigkeit oder die auf einzelne Arten von Rechtsstreitigkeiten beschränkte Prozeßfähigkeit (§ 52) oder die Fähigkeit zu einem einzelnen Prozeßführungsakte z. B. zu Eidesleistung in Frage steht. Erwirbt der Ausländer erst im Laufe des Prozesses die Reichsangehörigkeit, so behält er die ihm nach seinem bisherigen Heimatsrecht zustehende Fähigkeit, auch wenn er nach deutschem Rechte nicht prozeßfähig sein würde.

Besitzt eine Person keine Staatsangehörigkeit, so wird ihre Prozeßfähigkeit nach den Gesetzen des Staates, welchem sie zuletzt angehört hat, und wenn sie niemals in einem Staatsverbande gewesen oder ihre Staatsangehörigkeit nicht zu ermitteln ist, nach den Gesetzen beurteilt, in dem sie ihren Wohnsitz und in Ermangelung eines Wohnsitzes ihren Aufenthalt hat (Art. 29 EGzBGB.; vgl. auch § 25 Abs. 1 KonsGG.).

Nicht nach § 55, sondern schlechthin nach ausländischem Recht zu entscheiden ist die Frage, wer zur gesetzlichen Vertretung eines sowohl nach dem Rechte seines Landes, wie nach deutschem Rechte prozeßunfähigen Ausländer berufen ist und inwieweit der gesetzliche Vertreter zu Prozeßführungen einer besonderen Ermächtigung bedarf. Die gesetzliche Vertretung von Personen, welche staatsangehörigkeitslos sind oder während des Prozesses staatsangehörigkeitslos werden, ist nach den oben für die Beurteilung der Prozeßfähigkeit solcher Personen geltenden Grundsätzen zu entscheiden. Darüber, ob dem Ausländer nach dem Recht seines Landes die Prozeßfähigkeit mangelt, entscheidet nicht immer der eigene Inhalt dieses Heimatsrechtes, sondern, soweit letzteres z. B. in Bezug auf außerhalb der Heimat wohnende Staatsangehörige, die Anwendung des Gesetzes zuläßt, beim Vorliegen der hierfür geltenden Voraussetzungen der Inhalt der fremden Gesetzgebung. Vgl. Art. 27 EGzBGB.

Die Vorschrift des § 55 hat insbesondere praktische Bedeutung bezüglich der Verschiedenheit der Großjährigkeitstermine[2]), sodann aber auch mit Rücksicht auf die Bestim-

1) Recht des Prozeßgerichtes im Sinne des § 55 ist nach v. Wilmowski und Levy Note 2 zu § 53 (alt) das Recht desjenigen Ortes, durch welchen der Prozeßgerichtsstand begründet wird. Vgl. hierzu Kleiner I S. 296.

2) Durch § 2 BGB. ist für den ganzen Umfang des Deutschen Reiches der Beginn des Alters der Großjährigkeit (Volljährigkeit) auf das vollendete 21. Lebensjahr festgesetzt.

mungen des § 52 ZPO., wonach die ausländische Ehefrau, welche nach dem Rechte ihrer Heimat prozeßunfähig ist oder doch der Ermächtigung des Ehemannes zur Prozeßführung bedarf[1]), ebenso das großjährige Hauskind vor den inländischen Gerichten als unbedingt prozeßfähig gelten. Endlich ist § 55 maßgebend, wenn ein Gemeinschuldner nach ausländischem Recht prozeßunfähig geworden ist, nach deutschem Recht aber nicht (RG. 6, 401; 14, 405).

Wenn Ausländer im Inlande bevormundet sind, entscheidet das inländische Recht über die Dauer der Bevormundung und deshalb auch über den Eintritt der Handlungs- bezw. Prozeßfähigkeit[2]).

Die in der Reichstags-Justiz-Kommission als zweifelhaft behandelte Frage, ob für einen Ausländer, der nach inländischem Recht prozeßfähig, nach dem Rechte seiner Heimat nicht prozeßfähig ist, und dem deshalb im Auslande ein Vormund bestellt worden, dieser Vormund im Inlande Klage erheben könne, wird von Seuffert, Petersen, Gaupp, Struckmann und Koch, Barazetti verneint, da die ZPO. eine gesetzliche Vertretung prozeßfähiger Personen nicht kenne, die Zulassung des Vormundes mit dem Grundsatze des § 55 im Widerspruch stehe und außerdem zu einer dem Gesetze widerstrebenden Doppelstellung derselben Partei führen würde, indem diese sowohl selbst, als auch durch ihren Vormund prozessieren könnte. Vgl. RGZ. Bd. 6 S. 401 und Bd. 14 S. 405 und 412. Anderer Meinung sind Hellmann I S. 199, Kleiner I S. 295, Siebenhaar S. 96, Übel S. 60, welch letztere insbesondere die Bejahung der Frage als dem Geiste des Gesetzes und der Bedeutung des nach den Mo-

---

Großjährigkeitstermine in außerdeutschen Ländern sind: In Österreich-Ungarn das zurückgelegte 24. Lebensjahr (Allg. BGB. § 21), in der Schweiz das zurückgelegte 20. Lebensjahr (Ges. vom 22. Juni 1881, betr. die persönliche Handlungsfähigkeit), in Italien das vollendete 21. Lebensjahr (Codice civile Art. 323), in Spanien das 25., ebenso in Bolivia, Chile und San Salvador, in Frankreich das 21. (Code civil Art. 406), in Belgien, Luxemburg, Griechenland, Portugal, Rumänien, Rußland, Vereinigte Staaten von Nordamerika, Brasilien und den meisten südamerikanischen Staaten desgleichen, in den Niederlanden das 23. (BGB. Art. 385), in England und Schweden das 21., in Norwegen und Dänemark das 24., in Serbien das 21., in Montenegro das 20., in Mexiko das 21., in Argentinien das 22. und in der Türkei das 16. zurückgelegte Lebensjahr. Vgl. Böhms Zeitschrift Bd. 6 S. 286.

1) Nach französischem Rechte z. B. kann die Ehefrau ohne Autorisation ihres Ehemannes sich nicht vor Gericht stellen (Cod. civ. Art. 215).

2) RKPr. S. 23.

tiven vorbildlichen Art. 84 der Deutschen Wechselordnung entsprechend bezeichnen[1]).

Selbst mit Zustimmung des zu vertretenden Ausländers ist die Prozeßführung durch den Vormund unzulässig, da ein Verzicht auf die gesetzliche Prozeßfähigkeit unzulässig ist (RGZ. 4, 162). Daher sind die Zustellungen, selbst im Auslande, an die Partei selbst zu bewirken und der Vormund ist für Zeugnis und Eid Dritter. Vgl. Gaupp-Stein S. 167.

Ob der Eintritt des gesetzlichen Vertreters in den Prozeß (als Nebenintervenient) statthaft ist, ist gleichfalls nicht unbestritten. Ein auf die Zulassung gerichteter Antrag wurde in der RJK. abgelehnt (KPr. S. 24), nachdem von einem Mitgliede der Kommission solche Zulassung als selbstverständlich bezeichnet worden. Die Frage wird auch von mehreren Schriftstellern unbedingt bejaht, so von Petersen, Struckmann und Koch, Hellmann I S. 199, Siebenhaar S. 96, Barazetti S. 14. Gaupp-Stein S. 167 beschränkt jedoch solche Zulassung nur darauf, daß der auswärtige Vormund wohl im Parteiprozeß dem Mündel mit dessen Einwilligung Beistand leisten, auch nach Umständen, jedoch nur wenn er ein eigenes selbständiges Interesse am Obsiegen des Mündels habe, als Nebenintervenient auftreten könne, in letzterem Falle aber keine weitergehenden Befugnisse habe, als welche § 67 l. c. gewähre, und daß im übrigen weder die prozeßfähige Partei noch der Gegner eine solche Assistenz einer dritten Person im Prozesse zu dulden habe.

Ein Ausländer, der in seinem Heimatstaate entmündigt ist, dessenungeachtet aber dort prozeßfähig bleibt[2]), ist auch vor deutschen Gerichten prozeßfähig[3]). Ist ein Ausländer ge-

1) Nicht haltbar scheint mir der von Übel angeführte Grund, als gewähre § 55 dem Ausländer, wenn ihm die Prozeßfähigkeit nach den Gesetzen seines Heimatstaates mangelt, ein Recht, nicht aber die Pflicht zur selbständigen Prozeßführung, wenn er nach den Gesetzen des Prozeßgerichtes prozeßfähig ist. Denn die Bestimmung des § 55 dient, wie KP. S. 23 hervorgehoben wird, auch zur Erleichterung der Inländer, wenn der Beklagte ein Ausländer ist, so daß dieser, wenn er nach inländischem Rechte prozeßfähig ist, den Mangel seiner Prozeßfähigkeit nach dem Rechte seines Landes nicht zur Abwehr der Klage geltend machen kann.

2) Nach französ. Rechte z. B. ist der Verschwender nicht absolut prozeßunfähig; Cod. civ. Art. 513.

3) Kleiner I S. 296. Im übrigen ist aber nach internationalen Rechtsgrundsätzen die im Auslande rechtsgültig ausgesprochene Entmündigung auch im Inlande anzuerkennen. Vgl. das Urteil des Kammergerichts vom 9. März 1894 in den Blättern f. Rechtspflege im Bezirke des KG. Bd. 5 S. 91 ff.

Skonietzki-Gelpcke zu § 55 Anm. 2 sagt:

Dem Mangel der Prozeßfähigkeit steht es gleich, wenn der Ausländer nach dem Rechte seines Landes zwar geschäfts- und daher prozeßfähig ist, zur Prozeßführung jedoch der Mitwirkung eines Dritten (Beistandes) bedarf, wie z. B. nach französischem Rechte der mit einem Beistande versehene Geistesschwache oder Verschwender (Art. 499, 513 Code civil). Die Anordnung der Beistandschaft in diesen Fällen wird für das Inland als Entmündigung gelten müssen. Vgl. Art. 156 Abs. 2, 211, EGzBGB., RGZ. 46, 380.

mäß Art. 8 EGzBGB. in Deutschland entmündigt und erkennt das ausländische Recht diese Entmündigung nicht an, so ist die deutsche Entmündigung maßgebend. Vgl. Gaupp-Stein S. 166.

Die durch § 55 anerkannte Prozeßfähigkeit des Ausländers äußert ihre Wirkung auch insofern, als derselbe in dem vor dem deutschen Gerichte anhängigen Rechtsstreit auch im Auslande handeln, z. B. vor einer requirierten Behörde des Auslandes einen Eid mit Rechtswirksamkeit leisten kann.

Die Legitimation des gesetzlichen Vertreters eines nach § 55 ZPO. prozeßunfähigen Ausländers richtet sich nach Art. 7 EGzBGB. und Art. 1—3, 5 des Abkommens zur Regelung der Vormundschaft über Minderjährige vom 12. Juni 1902 (RGBl. 1904 S. 240) nach dem Rechte der Staatsangehörigkeit.

Die Frage, ob ein gesetzlicher Vertreter der Ermächtigung zur Prozeßführung bedürfe, wird von der Bestimmung des § 55 nicht berührt; solche ist nach dem die Befugnisse des gesetzlichen Vertreters regelnden ausländischen Recht zu beurteilen. Es hat daher z. B. der Vormund eines Ausländers, wenn er nach dem maßgebenden ausländischen Rechte einer behördlichen Ermächtigung zur Prozeßführung bedarf, diese auch bei dem deutschen Gerichte nachzuweisen, selbst wenn ein solcher Streitkonsens nach inländischem Rechte nicht gefordert werden könnte[1]).

II. Unter die Bestimmung des § 55 fallen auch ausländische, nicht physische Rechtssubjekte (juristische Personen). Der Zulassung ausländischer juristischer Personen und privater Gesellschaften zur Rechtsverfolgung im Inlande, sofern sie nach dem für ihren status maßgebenden ausländischen Rechte handlungs- und dispositionsfähig sind, stehen die §§ 51 und 52 ZPO. nicht im Wege[2]). Daß die betreffende Rechts-

---

1) Struckmann, v. Wilmowski und Levy zu § 53 (alt) Anm. 3.

2) Vgl. Plotke, Die Rechtsfähigkeit ausländischer juristischer Personen nach dem BGB. und einzelnen Ausführungsgesetzen in Böhms Zeitschr. Bd. 10 S. 211 und 269, sowie RG. vom 14. April 1882 (Entsch. Bd. 6 S. 139; Annalen Bd. 5 S. 456 ff.). Hierbei kommt der Sitz der Verwaltung solcher juristischen Personen in Betracht, da von einer Staatsangehörigkeit nicht die Rede sein kann. Vorausgesetzt ist, daß die Verwaltung tatsächlich im Auslande geführt wird; andernfalls gibt inländisches Recht (RG. JW. 1904 S. 231). Die während des Prozesses erfolgende Verlegung des Sitzes in ein anderes Staatsgebiet zieht eine entsprechende Änderung des anzuwendenden Rechtes nach sich. Nach dem ausländischen Recht entscheidet sich die Frage, unter welchen Voraussetzungen die ausländischen juristischen Personen die Parteifähigkeit erlangen und verlieren und ob die Parteifähigkeit eine unbeschränkte ist oder etwa nur für bestimmte Rechtsangelegenheiten. Nach ausländischem Recht ist auch die Frage zu entscheiden, ob und in welcher Weise gewisse Tatsachen eine Änderung der gesetzlichen Vertretung herbeigeführt haben, z. B. ob infolge der Konkurseröffnung die Ver-

figur der juristischen Person im Inlande anerkannt oder überhaupt bekannt ist, erscheint nicht erforderlich. Man denke z. B. an die in der Schweiz unbekannte Gesellschaft mit beschränkter Haftung.

Ein einem fremden Staate angehöriger und nach dessen Gesetzen rechtsfähiger Verein, welcher die Rechtsfähigkeit im Inlande nur nach den Vorschriften der §§ 21, 22 BGB. erlangen konnte, gilt als rechtsfähig, wenn seine Rechtsfähigkeit durch Beschluß des Bundesrates anerkannt ist[1]). Es soll dadurch verhütet werden, daß ausländische Vereine besser gestellt sind, als inländische, welche den Beschränkungen der §§ 21, 22 BGB. unterliegen. Auf nicht anerkannte ausländische Vereine der bezeichneten Art finden die Vorschriften über die Gesellschaft (§§ 705 ff. BGB.), sowie die Vorschrift des § 54 Abs. 2 BGB. Anwendung (Art. 10 EGzBGB.). Ein Verein, der nicht rechtsfähig ist, kann verklagt werden, in dem Rechtsstreite hat der Verein die Stellung eines rechtsfähigen Vereins (§ 50 Abs. 2 ZPO.). Zu Zwangsvollstreckung in das Vermögen eines nicht rechtsfähigen Vereins genügt ein gegen den Verein ergangenes Urteil (§ 735 ZPO.).

Ausländische Personenvereinigungen, welche sich nach den allgemeinen Formen des ausländischen Handelsrechts gebildet haben, fallen nicht unter den Begriff des Vereins im Sinne des Art. 10 EGzBGB.; vielmehr wird regelmäßig nicht zu bezweifeln sein, daß sie nach dem Rechte ihres Sitzes rechtsfähige Handelsgesellschaften sind und das Gericht hat daher keinen Anlaß, gegen ihre Rechtsfähigkeit Bedenken zu hegen und den Besitz der Parteifähigkeit von Amts wegen zu prüfen (RG. JW. 1904 S. 231, OLG. Hamburg vom 23. März 1904 im „Recht"

---

tretung von dem bisherigen Vertreter auf den Konkursverwalter übergegangen ist (RG. 14, 417; JW. 1899 S. 227).

Durch Urteil des französischen Kassationshofes vom 14. Mai 1895 (Böhms Zeitschr. Bd. 5 S. 401) ist im Gegensatze zur bisherigen Judikatur die Prozeßfähigkeit deutscher Handelsgesellschaften in Frankreich anerkannt worden.

Eine in Frankreich domizilierte, nach französischem Gesetz gültig konstituierte Aktiengesellschaft kann vor deutschen Gerichten als Klägerin gegen einen Deutschen auftreten. Urt. des Reichsoberhandelsgerichtes vom 28. April 1877 (Entsch. Bd. 22 S. 147). Ebenso steht das Recht, vor französischen Gerichten als Partei aufzutreten, ausländischen Gesellschaften allgemein, und ohne daß dazu irgend eine gesetzliche oder in concreto zu erteilende Autorisation erforderlich wäre, zu. Vgl. v. Bar a. a. O. Bd. 1 S. 304, ferner Moutier, Du droit pour des sociétés commerciales étrangères d'ester en justice en France, Journal d. dr. internat. 1894 p. 954; Drouin De la condition juridique des sociétés commerciales étrangères en France Paris 1898 und Kauffmann im Journal de droit int. 1882 p. 129, 260 et 1883 p. 605.

1) Planck, KommzBGB. § 21 Anm. 4, will dies beschränken auf die nach deutschem Rechte sich bestimmenden Rechtsverhältnisse.

S. 336). Die Rechtspersönlichkeit ausländischer Handelsgesellschaften richtet sich nach dem am Orte ihres Sitzes geltenden Recht (OLG. Hamburg vom 20. November 1903, Böhms Zeitschr. 14, 69, 163 und 476). Vgl. auch OLG. Kiel vom 21. März 1903; Böhms Zeitschr. Bd. 12 S. 469, eine schwedische Gesellschaft betreffend.

Keinesfalls können juristische Personen des Auslandes mehr Rechte im Inlande beanspruchen, wie juristische Personen des Inlandes. Es gilt dies hinsichtlich des Umfanges der Rechtsfähigkeit und hinsichtlich der Erwerbsbeschränkungen. Vgl. oben § 16 S. 325. Deutsches Recht wird anwendbar, wenn das Recht des ausländischen Staates darauf verweist.

Die in den Konsulargerichtsbezirken und den Schutzgebieten ansässigen juristischen Personen können, falls an ihnen Ausländer beteiligt sind, mit Rücksicht hierauf, durch Anordnung des Reichskanzlers oder auf Grund einer solchen den juristischen Personen des Auslandes gleichgestellt werden. Vgl. § 2 Abs. 2, 3; § 31 KonsGG. Umgekehrt gelten juristische Personen, die ihren Sitz im Auslande haben, ausnahmsweise als inländische, wenn ihnen die Rechtsfähigkeit durch den Bundesrat verliehen ist. Vgl. § 23 BGB.; §§ 2 Abs. 3, 32 KonsGG. und § 11 SchutzgebG. Die in den Konsulargerichtsbezirken und den Schutzgebieten befindlichen offenen Handelsgesellschaften und Kommanditgesellschaften gelten ausnahmsweise dann als inländisch, wenn die persönlich haftenden Gesellschafter sämtlich Deutsche sind (§ 2 Abs. 2 Satz 2 KonsGG.) oder aus Deutschen und solchen Ausländern bestehen, welche rücksichtlich ihrer die Gesellschaft betreffenden Rechtsverhältnisse nach § 2 Abs. 1 Ziffer 2 KonsGG. dem deutschen Schutz unterstellt sind. Vgl. RGZ. 36, 172. Letzterenfalls hat mithin die Gesellschaft als solche eine von der Staatsangehörigkeit ihrer Mitglieder unabhängige selbständige Nationalität. Vgl. RGZ. 36, 177. Im übrigen kommt gegenüber einer Personenvereinigung des Auslandes, deren Mitglieder gemischter Nationalität sind, das ausländische Recht auch insoweit zur Anwendung, als der Einfluß jener Mischung auf die Bestimmung des nationalen Charakters der Vereinigung in Frage steht. Vgl. RGZ. 36, 394.

In einer Reihe von Verträgen des Deutschen Reichs mit auswärtigen Staaten sind über die rechtliche Stellung der Aktien- und sonstigen Handelsgesellschaften in bezug auf deren Prozeßfähigkeit besondere Vereinbarungen getroffen. Vgl. § 11.

Nach der Vereinbarung zwischen dem Deutschen Reich und Italien[1]) vom Jahre 1873 (RZBl. 1873 S. 280) sind deutsche Aktiengesellschaften und andere kommerzielle, industrielle oder finanzielle Gesellschaften, wenn sie nach den am Orte ihres Domizils geltenden Gesetzen errichtet und als zu Recht bestehend zugelassen sind, befugt, innerhalb des Königreiches Italien die ihnen zustehenden Rechte, insbesondere das Recht des Auftretens vor Gericht auszuüben. Hierbei haben sie sich den italienischen Gesetzen zu unterwerfen. Gleiche Bestimmung gilt gegenüber Belgien[2]) nach Vereinbarung vom Jahre 1874 (RZBl. 1874 S. 380) und gegenüber Großbritannien[3]) nach Vereinbarung vom Jahre 1874 (RZBl. 1874 S. 143). Wegen Griechenland[4]) vgl. Vertrag vom 9. Juli 1884 (RGBl. 1885 S. 23) Art. 4, auch wegen der Schweiz[5]) das Abkommen vom 24. August 1899 (RZBl. 1899 S. 306). Vgl. ferner Serbien, Bulgarien, Schweden, Portugal, Niederlande, Rumänien in § 11.

Nach Art. 19 des Handelsvertrags mit Österreich-Ungarn (RGBl. 1806 S. 144) werden die in dem Gebiete des einen vertragschließenden Teils rechtlich bestehenden Aktiengesellschaften, Kommanditgesellschaften auf Aktien und Versicherungsgesellschaften jeder Art in dem Gebiete des anderen Teiles nach Maßgabe der daselbst geltenden gesetzlichen und reglementarischen Bestimmungen zum Geschäftsbetrieb und zur Verfolgung ihrer Rechte vor Gericht zugelassen[6]).

---

1) Vgl. auch Lefèvre und Danieli im Journal de droit inter. 1884 p. 234 und 1888 p. 17 und 330.

2) Das belgische Gesetz vom 18. Mai 1873 bestimmt in Art. 128:

„Les sociétés anonymes et les autres associations commerciales, industrielles ou financières constituées et ayant leur siége en pays étranger, pourront faire leurs opérations et ester en justice en Belgique".

Vgl. auch Gullery in Journ. de droit intern. 1883 p. 225.

3) In England wird einer ausländischen Aktiengesellschaft die Parteifähigkeit und Prozeßfähigkeit zuerkannt, wenn sie nach dem Gesetze des Landes, in welchem sie ihren Hauptsitz hat, die Rechte einer juristischen Person hat: Schuster, Die bürgerliche Rechtspflege in England, 1887 S. 58. Vgl. hierzu auch Foote im Journ. de droit intern. tom. 9 p. 469 und Westlake, Lehrbuch des intern. Privatrechtes (deutsch von v. Holtzendorff) § 286, wonach kein rechtliches Hindernis dem Prozeßbetrieb durch ausländische Korporationen oder juristische Personen in England im Wege steht, dieselben klagend auftreten können, vorbehaltlich der Prüfung der Frage, ob das auf ihr Rechtsgeschäft anwendbare territoriale Gesetz die Handlungsfähigkeit in der streitigen Richtung zuläßt. Vgl. RGZ. 36, 394.

4) Vgl. Euclidès in Journ. de droit intern. 1889 p. 59 und v. Streit in Böhms Zeitschr. Bd. 6 S. 193 und 314.

5) Vgl. Meili, Das internationale Zivil- und Handelsrecht 1902 Bd. 2 S. 249 und der Niederlassungsvertrag zwischen Deutschland und der Schweiz vom 31. Mai 1890.

6) Vgl. Urteil des österr. obersten Gerichtshofes vom 2. Juli 1903 (Böhm, Zeitschr. Bd. 13 S. 463). Eine ausländische juristische Person oder Personengesamtheit, die nach dem Rechte des betreffenden Auslandes, in welchem sie ihren Sitz hat nicht Rechtssubjekt ist, ist auch in Österreich nicht Partei und hat daher auch nicht Prozeßfähigkeit.

Wegen der französischen Gesellschaften vgl. RG. 6, 134; 14, 412, OLG. Kolmar Elf.Z. 19, 421.

Laut Übereinkommens mit Rußland[1]) vom 10. Februar und 19. Januar 1894 (RZBl. S. 153), werden Aktien- und andere kommerzielle, industrielle und finanzielle Gesellschaften, welche in einem der vertragschließenden Staaten den geltenden gesetzlichen Vorschriften gemäß in gültiger Weise begründet worden sind und dort ihren Wohnsitz haben, in dem anderen Staate als zu Recht bestehend anerkannt und genießen dieselben insbesondere das Recht, als Kläger oder Beklagte vor Gericht zu stehen, wodurch jedoch die Frage, ob eine solche Gesellschaft in dem anderen Staate zum Gewerbebetriebe zuzulassen ist, nicht berührt wird. Wegen Serbiens vgl. Vertrag vom 21./9. August 1892 (RGBl. 1892 S. 296) Art. II Abs. 5 nebst Schlußprotokoll.

Vgl. wegen der Rechtslage ausländischer Gesellschaften in den Niederlanden: das Abkommen vom 11. Februar 1907 (RGBl. 1908 S. 65) und Molengraaf im Journal de droit intern. 1888 S. 619, in Dänemark: Hindenburg ebenda 1884 S. 35 und in Rumänien: ebenda 1889 S. 977.

Nach der nordamerikanischen Praxis können auswärtige Korporationen nicht nur durch Mittelspersonen in den einzelnen Staaten Geschäfte treiben, sondern auch unter denselben Bedingungen, wie inländische Korporationen der gleichen Art durch Testament und selbst Grundeigentum erwerben.

Fremde Stiftungen und Korporationen werden ausdrücklich anerkannt nach Art. 28 des spanischen Code civil, Art. 787 des Gesetzbuches für Montenegro und Art. 44 des Zivilgesetzbuches von Argentinien.

Die Zulassung mehrerer Personen in einer Parteirolle (Streitgenossenschaft), die Einmischung anderer als der ursprünglich streitenden Personen in den Prozeß (Intervention) hängt zunächst von der lex fori ab. Doch wird die Frage, ob eine die Streitgenossenschaft bedingende Rechtsgemeinschaft, ein die Intervention bedingendes rechtliches Interesse vorliegt, nicht selten nach dem materiellen auswärtigen Rechte beurteilt werden müssen. v. Bar, Bd. 2 S. 390.

---

1) Über die Grundsätze des russischen Rechtes über Vertretung und Errichtung von Handelsgesellschaften s. ROHG. vom 17. Februar 1871 (Entsch. 2, 37 ff.) und Barkowsky im Journ. de droit intern. 1891 p. 712.

III. Auch die Prozeßfähigkeit der ausländischen juristischen Personen des öffentlichen Rechts, d. h. der fremden Staaten und der fremden Gemeinden ist allgemein anerkannt (Meili S. 94). Ob die einzelnen Abteilungen (stationes) auswärtiger Staaten und Gemeinden (z. B. einer Armenpflege) oder Gerichtskassen ebenfalls prozeßfähig sind, ist von dem auswärtigen Rechte ihres Sitzes abhängig.

Auch der päpstliche Stuhl ist prozeßfähig (Meili S. 94).

Ob ein vertretungsberechtigter Beamter des Auslandes für das Inland als rechtmäßiger Inhaber seines Amtes anzusehen ist, bestimmt sich nach völkerrechtlichen Grundsätzen danach, ob derjenige, der das Amt verliehen hat, zur Zeit der Verleihung tatsächlich Inhaber der ausländischen Staatsgewalt war (RGZ. 14, 430).

IV. Die Prozeßfähigkeit der auswärtigen religiösen Korporationen (Klöster, geistlicher Orden) richtet sich nach dem Rechte ihres Sitzes (Meili S. 90).

§ 22.
Vertretung und Verbeistandung vor Gericht.

I. Nach der deutschen Zivilprozeßordnung müssen vor den Landgerichten und vor allen Gerichten höherer Instanz die Parteien sich durch einen bei dem Prozeßgerichte zugelassenen Rechtsanwalt als Bevollmächtigten vertreten lassen (Anwaltsprozeß, Anwaltszwang). Diese Vorschrift findet jedoch auf das Verfahren vor einem beauftragten oder ersuchten Richter, sowie auf Prozeßhandlungen, welche vor dem Gerichtsschreiber vorgenommen werden können, keine Anwendung[1]).

Den Gegensatz hierzu bildet das Verfahren vor den Amtsgerichten (sog. Parteiprozeß), für welches eine Verpflichtung, einen Anwalt zu bestellen, nicht besteht[2]). Insoweit eine Vertretung durch Anwälte nicht geboten ist, können die Parteien den Rechtsstreit selbst oder durch jede prozeßfähige Person als Bevollmächtigten führen. Die Partei kann auch mit jeder prozeßfähigen Person als Beistand erscheinen[3]).

---

1) ZPO. § 78 Abs. 1 und 2. Kein Anwaltszwang bei Niederlegung und Einsichtnahme von Urkunden im Anwaltsprozeß (OLG. Darmstadt vom 15. Mai 1902, DJZ. 1903 S. 552).

2) Dieser Grundsatz findet insbesondere auch Anwendung auf das Mahnverfahren, Vollstreckungsverfahren vor dem Vollstreckungsgerichte und Konkursverfahren vor dem Amtsgerichte, da hierfür amtsgerichtliche Zuständigkeit gegeben ist.

3) ZPO. §§ 79, 90 Abs. 1.

Das Gericht kann jedoch Parteien, Bevollmächtigten und Beiständen, denen die Fähigkeiten zum geeigneten Vortrage mangelt, den weiteren Vortrag untersagen. Das Gericht kann Bevollmächtigte und Beistände, welche das mündliche Verhandeln vor Gericht gewerbsmäßig betreiben, zurückweisen. Eine Anfechtung dieser Anordnung findet nicht statt (§ 157 ZPO.). Vorstehende Bestimmungen finden auf Rechtsanwälte keine Anwendung, auch dürfen Personen[1]), denen das mündliche Verhandeln vor Gericht durch eine seitens der Justizverwaltung getroffene Anordnung gestattet ist, nicht zurückgewiesen werden (§ 157 Abs. 4 ZPO.).

Ein die Rechtshilfe betreffendes Verfahren ist als am Amtsgerichte anhängiges anzusehen; für solches besteht daher kein Anwaltszwang[2]).

II. Über die Ausübung der Rechtsanwaltschaft, bezw. die Zulassung zu solcher ist zu bemerken:

Wer die Fähigkeit zum Richteramte in einem Deutschen Bundesstaate erlangt hat, kann in jedem Bundesstaate zur Rechtsanwaltschaft zugelassen werden (Rechtsanwaltsordnung vom 1. Juli 1878, RGBl. S. 177, § 2).

Bei den Gerichten desjenigen Bundesstaates, in welchem der Anwalt die zum Richteramte befähigende Prüfung bestanden hat, muß derselbe auf seinen Antrag zur Rechtsanwaltschaft zugelassen werden. Seine Zulassung in einem anderen Bundesstaate hängt vom Ermessen der Landesjustizverwaltung ab. Das Recht auf Zulassung bei einem mehreren Bundesstaaten gemeinschaftlichen Gerichte wird dadurch begründet, daß der Antragsteller in einem dieser Bundesstaaten die zum Richteramte befähigende Prüfung bestanden hat (RAO. §§ 3 und 4).

Im Parteiprozesse kann der Rechtsanwalt vor jedem deutschen Gerichte die Führung von Prozessen übernehmen (RAO. § 26).

Die Rechte und Pflichten der Rechtsanwälte bestimmen sich auch auswärtigen (ausländischen) Klienten gegenüber nach den am Sitze des Gerichtes, bei welchem sie zugelassen sind, geltenden Gesetzen; vgl. v. Bar, Internationales Privatrecht S. 425; Menger, Österr. Zivilprozeßrecht S. 143. Insbesondere kommt den auswärtigen Klienten gegenüber auch die am Sitze des Gerichtes geltende Gebührenordnung zur Anwendung.

---

1) In Preußen die sog. Prozeßagenten (vgl. Allg. Verf. vom 25. September 1899, JMBl. S. 272).

2) RG. vom 30. Dezember 1882 (Annalen VII, 185).

III. Nach § 80 der deutschen Zivilprozeßordnung hat der Bevollmächtigte die Bevollmächtigung durch eine schriftliche Vollmacht nachzuweisen und diese zu den Gerichtsakten zu übergeben[1]). Eine Privaturkunde muß auf Verlangen des Gegners gerichtlich oder notariell beglaubigt werden. Bei der Beglaubigung bedarf es weder der Zuziehung von Zeugen noch der Aufnahme eines Protokolls[2]).

Ob und wann ein Gericht oder ein Notar zur Beglaubigung berechtigt ist, entscheidet, auch in betreff der Konstatierung ausländischer Gerichte und Notare, soweit reichsgesetzlich nichts bestimmt ist, die Landesgesetzgebung[3]). Zur Annahme der Echtheit einer von einer ausländischen öffentlichen oder von einer mit öffentlichem Glauben versehenen Person des Auslandes ausgestellten oder aufgenommenen Urkunde genügt die Legalisation durch einen Konsul oder Gesandten des Reiches[4]).

Ist die Vollmacht in einer fremden Sprache abgefaßt, so kommt § 142 Abs. 3 ZPO. zur Anwendung, wonach das Gericht anordnen kann, daß hierfür eine durch einen beeidigten Dolmetscher angefertigte Übersetzung beigebracht werde[5]).

Die Prozeßvollmacht ermächtigt zu allen den Rechtsstreit betreffenden Prozeßhandlungen, einschließlich derjenigen, welche durch eine Widerklage, eine Wiederaufnahme des Verfahrens und die Zwangsvollstreckung veranlaßt werden, zur Bestellung eines Vertreters sowie eines Bevollmächtigten

---

1) In Ehesachen bedarf der Bevollmächtigte des klagenden Ehegatten einer besonderen auf den Rechtsstreit gerichteten Vollmacht (§ 613 ZPO.). Dasselbe gilt von der klagenden Partei in Rechtsstreitigkeiten, welche die Feststellung des Rechtsverhältnisses zwischen Eltern und Kindern zum Gegenstande haben (§ 640 ZPO.).

2) Die Vollmacht kann auch mündlich vor Gericht und zu Protokoll festgestellt werden (Motive zu § 76). Öffentliche Behörden oder Korporationen, welche für sich oder als Vertreter des Staates einen Rechtsstreit zu führen haben, können die Bevollmächtigung unter eigener Autorität öffentlich beurkunden (KPr. S. 659 ff.). Für Vollmachten ausländischer Behörden kommt außerdem auch ZPO. § 438 in Betracht.

Die Form der Prozeßvollmacht, insbesondere auch, ob Beglaubigung erforderlich ist, richtet sich auch nach den Grundsätzen des internationalen Rechtes ausschließlich nach dem örtlichen Rechte des Prozeßgerichtes.

3) Für Preußen soll die Befugnis der ausländischen Beglaubigungsbehörde auf gesandtschaftlichem Wege festgestellt werden. v. Wilmowski-Levy zu § 76 (alt) ZPO. Anm. 6.

Für Beglaubigungen in Österreich-Ungarn und in der Schweiz vgl. dort im § 11.

4) RG. vom 1. Mai 1878 über Beglaubigung von öffentlichen Urkunden (RGBl. 1878 S. 89) § 2 und § 438 ZPO. Näheres s. Böhm a. a. O. S. 303. Wegen der Notariatsbefugnisse der Konsuln vgl. §§ 16 und 17 des Konsularges. vom 8. November 1867.

5) RGE. Bd. 2 S. 436. Vgl. auch § 443 ZPO.

für die höheren Instanzen, zur Beseitigung des Rechtsstreites durch Vergleich, Verzichtleistung auf den Streitgegenstand oder Anerkennung des von dem Gegner geltend gemachten Anspruchs, zur Empfangnahme der von dem Gegner zu erstattenden Kosten [1]).

Der Mangel der Vollmacht kann von dem Gegner in jeder Lage des Rechtsstreites gerügt werden. Das Gericht hat den Mangel der Vollmacht von Amts wegen nur zu berücksichtigen, insoweit eine Vertretung durch Anwälte nicht geboten ist [2]), und in Ehesachen bezw. Rechtsstreitigkeiten, welche die Feststellung des Rechtsverhältnisses zwischen Eltern und Kindern zum Gegenstande haben (§§ 613 und 640 ZPO.).

IV. Nach § 44 der Gebührenordnung für Rechtsanwälte vom 7. Juli 1879 (RGBl. S. 176) steht dem Rechtsanwalte, welcher lediglich den Verkehr der Parteien mit dem Prozeßbevollmächtigten führt (Informationsanwalt, Korrespondenzanwalt) eine Gebühr in Höhe der Prozeßgebühr zu. Der Anspruch auf solche ist unter allen Umständen dem Auftraggeber gegenüber begründet. Inwieweit diese Gebühr von dem zur Tragung der Kosten verurteilten Gegner zu ersetzen ist, bemißt sich nach der Bestimmung des § 91 ZPO. Nach Abs. 2 dieser Gesetzesstelle sind die Kosten mehrerer Rechtsanwälte nur insoweit zu erstatten, als sie die Kosten eines Rechtsanwaltes nicht übersteigen oder als in der Person des Rechtsanwaltes ein Wechsel eintreten mußte. Eine Einschränkung dieser Bestimmung auf den Fall, wenn mehrere Rechtsanwälte für eine Partei vor dem erkennenden Gerichte aufgetreten sind, hat das Reichsgericht in einem Beschlusse vom 2. Juni 1883 (Entsch. Bd. IX S. 356) nicht für zutreffend bezeichnet. Mit Beschluß vom 29. Januar 1886 (Entsch. 15, 402) hat jedoch das Reichsgericht in einem bei dem K. Landgerichte München I anhängigen Falle, wo der zu Kufstein wohnhafte Kläger sich eines dortigen Informations-Anwaltes bedient hatte, die desfallsigen Kosten als notwendige im Sinne des § 91 Abs. 1 ZPO. und auf Grund dessen die Erstattungspflicht des Gegners als gegeben erachtet.

Die Unkenntnis der deutschen Sprache auf seiten der ausländischen Prozeßpartei begründet nicht unbedingt die Erstattungsfähigkeit der Korrespondenzgebühr eines ausländischen Anwalts

1) ZPO. § 81. Die Befugnis zur Empfangnahme des Streitobjekts liegt nicht schon in der allgemeinen Prozeßvollmacht.

2) ZPO. § 88. Siehe hierzu BlfRA. Bd. 45 S. 193 ff.

(KG. 4. Dezember 1902, Bl. f. Rechtspfl. i. Bezirk des KG. Bd. 14 S. 18).

Auch die Kosten eines ausländischen Korrespondenzmandators können für erstattungsfähig erklärt werden. Sind die Gebühren eines solchen höhere, als die in Deutschland, so muß die Partei gemäß § 104 Abs. 2 ZPO. das glaubhaft machen (RG. 13. Mai 1903, Böhms Zeitschr. Bd. 13 S. 414).

Ob die Bestellung eines auswärtigen Anwaltes, bezw. die Reisekosten des Prozeßbevollmächtigten behufs Wahrnehmung eines auswärtigen Beweistermines zur zweckentsprechenden Rechtsverfolgung gehören, ist nach den Umständen des einzelnen Falles zu entscheiden.

V. Über die Vertretung im Verfahren vor den Konsuln und den Konsulargerichten, desgleichen über die Vertretungsbefugnisse der Konsuln siehe unten Abteilung IV.

VI. Von der Wiedergabe der in einzelnen auswärtigen Staaten hinsichtlich der Vertretung und Verbeistandung vor Gericht geltenden Bestimmungen ist Abstand genommen. Es empfiehlt sich, bei der Berliner Handelskammer oder bei den zuständigen deutschen Konsuln über die stets wechselnden Vorschriften sich zu informieren.

VII. Nicht die Stellung eines Vertreters, sondern nur die kraft Gesetzes Bevollmächtigten haben

a) die fremdländischen Konsuln, welche nach den bestehenden Staatsverträgen zum Schutze der Angehörigen ihres Heimatstaates in deren Rechtsangelegenheiten, insbesondere bei Erbschaftsregulierungen, tätig zu werden berufen sind. Vgl. RGZ. 14, 430; OLG. München, Buschs Zeitschr. 3, 177.

b) inländische Vertreter, die als solche von außerhalb Deutschlands wohnenden Personen bestellt sind, für deren Vertretung: in Patentsachen (§ 12 Abs. 1 PatG.), vgl. RGZ. 42, 97; JW. 99, 543; in Angelegenheiten des Warenzeichenschutzes (§ 23 Abs. 2 WarenZG.), der Seeunfallversicherung (§ 17 SeeUVG.), der Auswandererbeförderung (§ 4 Ziffer a AuswandG. vom 9. Juni 1897); des Abschlusses von Versicherungsgeschäften (§§ 86 Abs. 2 Ziffer 3; § 115 Abs. 2 PrivVUntG. vom 12. Mai 1901).

§ 23.

Sicherheitsleistung der Ausländer für die Prozeßkosten und Vorschußpflicht derselben in Ansehung der Gerichtskosten.

A. I. Nach § 110 Abs. 1 der Zivilprozeßordnung haben **Ausländer**[1]), welche als **Kläger** auftreten, dem Beklagten auf dessen Verlangen wegen der Prozeßkosten Sicherheit zu leisten[2]).

---

1) Vgl. **Koppers** S. 6 ff., **Drucker** in JW. 1887 S. 184 und **Erler** in **Buschs** Zeitschr. 11, 259. **Ausländer** ist jeder Nicht-Reichsangehöriger, gleichgültig, ob er einem fremden Staatsverbande angehört oder staatsangehörigkeitslos ist. Unerheblich ist, ob der Ausländer im Inlande wohnt, oder zur Deckung der Prozeßkosten ausreichendes Vermögen besitzt. Selbst Grundbesitz des Ausländers im Inlande befreit nicht. Die Kostenvorschußpflicht des Ausländers besteht auch Ausländern gegenüber (OLG. Hamburg 8. Januar 1906, R. d. OLG. 13, 118).

Die Eingeborenen der Schutzgebiete gelten nicht als Ausländer, ebensowenig wie Reichsangehörige vor den Gerichten in den Schutzgebieten (Allg. Verf. vom 6. März 1902, JMBl. S. 61). — Ausländische Staaten, fremde Souveräne und fremde Gesandte sind regelmäßig (vgl. aber unten VIII) kautionspflichtig (**Meili** S. 103).

Auf **Deutsche**, welche im **Auslande wohnen**, bezieht sich die Bestimmung des § 110 nicht, selbst dann nicht, wenn sie vermögenslos sind (RGZ. 36, 395). — Eine ausländische Personenmehrheit unterliegt, wenn ihre Mitglieder sämtlich Deutsche sind, der Verpflichtung zur Sicherheitsleistung nicht (RG. 36, 393; JW. 1898 S. 30). Vgl. § 2 Abs. 2 KonsGG.

2) Bei juristischen Personen, sowie Gesellschaften, Genossenschaften, Stiftungen usw. kommt es für die Beurteilung der **Ausländerqualität** auf den **Sitz** derselben an. Jedoch gelten als inländisch auch diejenigen juristischen Personen des Auslandes, deren Rechtsfähigkeit auf einer Verleihung durch den Bundesrat (§ 23 BGB. und § 11 SchutzgebG.) oder (nach früherem Recht) durch einen Bundesstaat beruht, oder die ihren Sitz in den deutschen Schutzgebieten haben, oder der deutschen Konsulagerichtsbarkeit unterstehen (§ 2 Abs. 2, 3 KonsGG.).

Hat eine **ausländische** Handelsgesellschaft im **Inlande** eine **Zweigniederlassung**, so wird sie in bezug auf den Geschäftsbetrieb der letzteren nicht als Ausländerin zu betrachten sein; v. **Wilmowski** und **Levy** S. 195; and. Ans. RGZ. 38, 403 (englische Aktiengesellschaft). Nach dem Urteile des RG. vom 20. Juni 1896 B 66 bei **Pfafferoth**, Deutsches Gerichtskostengesetz S. 308 sind ausländische Gesellschaften auch dann kautionspflichtig, wenn sie im Inlande konzessioniert, einen Ort daselbst zum Sitze ihrer Geschäftsverwaltung gewählt und daselbst einen Bevollmächtigten haben, welcher auch ihre Rechte in dem vorliegenden Prozesse vertritt.

Maßgebend zur Beantwortung der Frage, ob der Kläger ein Ausländer sei, ist der Zeitpunkt, in welchem das Verlangen der Kautionsleistung gestellt wird.

Wenn ein Ausländer zugleich mit Inländern klagt, ist ersterer nicht wegen der den Inländern zukommenden Freiheit von der Kautionsleistung seinerseits hiervon entbunden. Andereseits kann einem Inländer als Kläger nicht deshalb, weil er sein Recht von einem Ausländer ableitet (Zessionar oder Erbe eines Ausländers) zur Kautionsleistung angehalten werden, auch dann nicht, wenn die Zession oder Beerbung erst nach der Klageerhebung eintritt. Eine Ausnahme gilt, wenn die Abtretung nur zu dem Zwecke geschieht, um die Kautionspflicht zu umgehen. Der ausländische Rechtsnachfolger eines Inländers ist kautionspflichtig. Vgl. auch RG. 25. Januar 1898 (**Böhms** Zeitschr. Bd. 9 S. 136).

Der Anspruch auf Prozeßkostenkaution des ausländischen Klägers ist auch nach den Grundsätzen des **internationalen Prozeßrechtes** anerkannt; solche beruht auf dem rein faktischen Umstande, daß der Ausländer der Exekution inländischer Urteile sich leichter entziehen kann und somit der Beklagte ihm gegenüber in einem besonderen Nachteile sich befindet, der durch Stellung der Kaution beseitigt wird.

Nach internationalem Prozeßrecht bemißt sich die Frage der Verpflichtung zur Leistung der Sicherheitsleistung nach dem **Rechte des Prozeßgerichtes**; v. **Bar** S. 423; **Menger** S. 142.

Als Kläger ist in dieser Hinsicht auch der Hauptintervenient[1]) (ZPO. §§ 64 und 65) zu betrachten; ebenso trifft die Verpflichtung zur Sicherheitsleistung auch den ausländischen Nebenintervenienten (ZPO. §§ 66 ff.) aufseiten des Klägers, gleichviel ob derselbe Streitgenosse im Sinne des § 69 ZPO. ist oder dem Kläger nach § 67 ZPO. im Rechtsstreite nur beisteht[2]), oder in welcher Instanz er beitritt.

Der Nichtigkeits- oder Restitutionskläger, der Widerspruchskläger bei der Exekutionsintervention (§ 771 ZPO.), der Kläger im Verfahren auf Erlaß eines Vollstreckungsurteils gemäß § 722 ZPO., unterliegt gleichfalls der Kautionspflicht, nicht aber der Widerkläger, der Berufungskläger[3]), der Revisionskläger[4]), der Einspruchskläger.

Die Stellung eines Antrages, im Gegensatz zur Erhebung der gerichtlichen Klage, z. B. des Antrags auf Beweiserhebung zur Sicherung des Beweises, im amtsgerichtlichen Entmündigungsverfahren, im Aufgebotsverfahren auf Anlegung eines Arrestes oder Erlassung einer einstweiligen Verfügung begründet die Verpflichtung nicht, desgleichen nicht der Antrag auf Erlassung des Zahlungsbefehls im Mahnverfahren (anders, wenn gegen den Zahlungsbefehl Widerspruch oder gegen den Vollstreckungsbefehl Einspruch erhoben ist).

Auf die Staatsangehörigkeit des Beklagten ob derselbe In- oder Ausländer, kommt nichts an[5]). Anderseits tritt die Kautionspflicht nur auf Verlangen des Beklagten ein. Einem Nebenintervenienten aufseiten des Beklagten steht der Kautionsanspruch nur dann zu, wenn er Streitgenosse im Sinne des § 69 ZPO. ist[6]).

Auch der Beklagte, der das Armenrecht erlangt hat, kann die Sicherheitsleistung verlangen.

---

1) Dieser ist sogar beiden Parteien kautionspflichtig.

2) Motive S. 439, woselbst für die Kautionspflicht des Nebenintervenienten angeführt ist, daß der Nebenintervenient dem Beklagten für die durch die Nebenintervention verursachten Kosten hafte (§ 101 ZPO.). Vgl. OLG. Karlsruhe (Seuff. Arch. Bd. 40 Nr. 246).

3) Auch nicht der ausländische Beklagte als Anschlußberufungskläger.

4) RG. 31, 385 und RG. JW. 1887 S. 111; and. Ans. v. Kräwel, Buschs Zeitschr. 4, 257.

5) Motive S. 439.

6) Skonietzki-Gelpcke, ZPO. § 110 Anm. 3 nehmen an, daß der Nebenintervenient Sicherheitsleistung sowohl für die Hauptpartei, wie mit Rücksicht auf § 101 ZPO. für sich selbst verlangen könne.

Der Beklagte hat das Verlangen der Sicherheitsleistung als prozeßhindernde Einrede[1]) vor seiner Einlassung zur Hauptsache geltend zu machen und ist hierdurch von der Pflicht zur Einlassung auf die Klage befreit[2]). Die Einrede ist im übrigen nach Maßgabe der ZPO. §§ 274—277, im Parteiprozesse § 504, in den höheren Instanzen §§ 528, 566 zu behandeln[3]). Der Beklagte hat für solche die Beweislast und muß erforderlichenfalls die Ausländereigenschaft des Klägers nachweisen. Der Effekt der Einrede besteht nicht in der sofortigen Abweisung der Klage, sondern in der Auflage der Sicherheitsleistung durch den Kläger. Wenn der Kläger die Verbindlichkeit zur Kautionsleistung oder die Höhe des verlangten Betrages bestreitet, so wird durch Zwischenurteil hierüber entschieden[4]).

Die Verpflichtung zur Sicherheitsleistung tritt nicht ein:

1. wenn nach den Gesetzen des Staates, welchem der Kläger angehört, ein Deutscher in gleichem Falle[5]) zur Sicherheitsleistung nicht verpflichtet ist[6]);
2. im Urkunden- oder Wechselprozesse[7]);
3. bei Widerklagen;

---

1) Das gilt auch dann, wenn, nachdem die Klage im Verfahren nach § 113 für zurückgenommen erklärt worden ist, von neuem geklagt wird. Die fehlende Einrede wird nicht dadurch ersetzt, daß das Gericht den Fortgang des neuen Prozesses von Amts wegen von der vorgängigen Erlegung der im Vorprozeß festgesetzten Sicherheit abhängig gemacht hat (RG. JW. 1896 S. 584). — Tritt ein Ausländer als Nebenintervenient dem Kläger bei, so kann ihm gegenüber das Kautionsverlangen noch jetzt geltend gemacht werden. Dagegen darf der inländische Nebenintervenient des Beklagten von dem klagenden Ausländer Kaution nicht mehr verlangen, wenn in dem nach §§ 67 und 74 ZPO. maßgebenden Zeitpunkte das Recht der Hauptpartei auf Kaution bereits erloschen war, es sei denn, daß er als Streitgenosse zu gelten hat.

2) Motive a. a. O. In dem Antrage des Beklagten auf Erlassung eines Versäumnisurteiles gegen den ausländischen Kläger liegt der Verzicht auf die Einrede der mangelnden Sicherheit.

3) In der Revisionsinstanz kann der Kautionsanspruch nur geltend gemacht werden, wenn er erst in dieser Instanz neu entstanden ist.

4) Vgl. Gaupp l a. a. O.

5) D. h. wegen seiner Eigenschaft als Ausländer. Vgl. auch RG. vom 24. Januar 1891, Böhms Zeitschr. Bd. 1 S. 691. Nach dem Plenarbeschlusse des Reichsgerichtes vom 21. Februar 1902 (Entsch. in ZS. Bd. 51 S. 1) tritt die Befreiung auch dann nicht ein, wenn nach den Gesetzen des Staates, welchen der Kläger angehört, in bezug auf die Verpflichtung zur Sicherheitsleistung für die Prozeßkosten zwar ein Unterschied zwischen Einheimischen und Fremden nicht gemacht wird, gleichwohl aber ein Deutscher, wenn er den Ausländer in dessen Heimatstaate mit einem gleichen Prozesse belangte, zu einer Sicherheitsleistung für die Prozeßkosten verpflichtet sein würde. Damit hat das Reichsgericht den § 110 Abs. 2 ZPO. im Sinne der sog. materiellen Gegenseitigkeit interpretiert. Ebenso RGZ. 38, 403; anders RGZ. 39, 406.

6) Vgl. die Einzelheiten weiter unten.

7) Auf das Nachverfahren (§§ 599, 600 ZPO.) erstreckt sich die Befreiung nicht. Sie fällt auch weg, wenn der Kläger nach § 596 ZPO. vom Urkundenprozeß Abstand nmmt.

4. bei Klagen, welche infolge einer öffentlichen Aufforderung[1]) angestellt werden;

5. bei Klagen aus Rechten, welche im Grundbuch eingetragen sind[2]).

Hierzu ist zu bemerken:

Der Kläger kann die Kautionspflicht ablehnen, wenn er einen der vorstehend aufgeführten Befreiungsgründe, welchen die Zulassung des Klägers zum Armenrechte (§ 114 Abs. 2 ZPO.) als weitere Ausnahme hinzutritt, für sich geltend machen kann[3]). Er ist beweispflichtig[4]). Regelmäßig ist der ausländischen Partei die Beschaffung des Nachweises aufzugeben.

Das Gericht hat diese Befreiungsgründe auch von Amts wegen zu berücksichtigen.

Als Gesetz im Sinne der obigen Nr. 1 gilt jede Rechtsnorm, also auch die vom Deutschen Reiche oder einzelnen Bundesstaaten mit auswärtigen Staaten abgeschlossenen Staatsverträge, Deklarationen, Staatspraxis (Gewohnheitsrecht)[5]). Der Befreiungsgrund unter Nr. 1 begreift die Fälle der Reziprozität. Es wird hierbei nicht erfordert, daß in dem Staate des ausländischen Klägers auch der den Kostenpunkt betreffenden Entscheidung des Prozeßgerichts die Vollstreckung gesichert sei[6]). Auch ist nicht notwendig, daß nach dem Gesetze des auswärtigen Staates die Befreiung von der Sicherheitsleistung sich ausdrücklich auf den Deutschen bezieht; es genügt, wenn dort im

---

1) Es ist eine öffentliche Aufforderung im Sinne des § 946 ZPO. gemeint. Dem Angriff des Aufgebotsantragstellers verhält sich der Ausländer abwehrend, wie bei der Widerklage. Auf verwandte Fälle, z. B. Erhebung einer negativen Feststellungsklage infolge öffentlichen Berühmens des Beklagten ist die Vorschrift nicht anwendbar.

2) Der Ausdruck „Recht" umfaßt auch das Eigentum. Es ist gleichgültig, ob die auf das eingetragene Recht gegründete Klage dinglich oder persönlich ist. Die Befreiungsvorschrift ist strikte auszulegen, es fallen nicht hierunter: Klagen aus nur vorgemerkten persönlichen Ansprüchen (KommBer. S. 49), aus solchen dinglichen Rechten, die zur Entstehung und Wirksamkeit der Eintragung nicht bedürfen, wie die Überbau- und Notwegrente (§§ 914 und 917 BGB.), Berichtigungsklagen auf Eintragung oder Wiedereintragung eines dinglichen Rechtes (§§ 894—896 BGB.). Das Schiffsregister steht dem Grundbuch nicht gleich. Die Befreiung für Nr. 5 hat ihren Grund in der Beschleunigung, mit der Klagen dieser Art durchgeführt werden (KommBer. S. 49).

3) Motive S. 121.

4) Das Auswärtige Amt in Berlin lehnt es ab, im Interesse der ausländischen Partei tätig zu werden und seine Vermittelung zur Beschaffung dieses Nachweises eintreten zu lassen (Allg. Verf. des preuß. Justizmin. vom 16. Juni 1885 JMBl. S. 185 und Ziff. 48 Allg. Verf. vom 20. Mai 1887 JMBl. S. 139). Auch eine Korrespondenz der inländischen Behörden mit den diplomatischen Vertretern des Reiches im Auslande ist unstatthaft.

5) EGzZPO. § 12.

6) Motive S. 121; Prot. d. JK. S. 38.

allgemeinen dem Ausländer eine Sicherheitsleistung nicht auferlegt werden kann[1]).

Die Gegenseitigkeit muß für das ganze Gebiet des fremden Staates nachgewiesen sein (RGZ. II vom 29. September 1891; JW. S. 474). Es besteht auch keine Gegenseitigkeit, wenn sie nur den Angehörigen eines oder einiger Bundesstaaten bewilligt ist.

Als Staatsverträge kommen in Betracht:

a) Das Haager Abkommen über den Zivilprozeß vom 17. Juli 1905 (RGBl. 1909 S. 409) s. oben S. 141, wo auch die Vertragsstaaten angegeben sind. Es ist aber zu berücksichtigen, daß die Angehörigen der Vertragsstaaten anders, wie beim Armenrecht, nur befreit sind, wenn sie in einem der Vertragsstaaten, auch wenn dieses nicht ihr Heimatsstaat und wenn es nicht Deutschland ist, ihren Wohnsitz haben.

b) Art. 36 der revidierten Rheinschiffahrtsakte[2]) vom 17. Oktober 1868 (PrGS. 1869 S. 798) bestimmt:

„Prozeßkautionen dürfen von Ausländern ihrer Nationalität wegen nicht erhoben werden".

c) Nach Art. 56 Abs. 2 des Internationalen Übereinkommens[3]) über den Eisenbahnfrachtverkehr vom 14. Oktober 1890 (RGBl. 1892 S. 793) kann eine Sicherstellung für die Prozeßkosten bei Klagen, welche auf Grund des internationalen Frachtvertrages erhoben werden, nicht gefordert werden. Auch hier darf ein Vorschuß gemäß § 85 DeutschGKG. nicht gefordert werden.

d) Vgl. auch die Übereinkunft zum Schutze des gewerblichen Eigentums[4]) und die sog. Berner Konvention oben S. 161 ff.

e) Das Deutsche Reich hat in einer Reihe von Staatsverträgen die Kautionspflicht ausgeschlossen und zwar teils durch die Vereinbarung freien Zutrittes[5]) (accès libre et facile) zu den Gerichten zum Zwecke der Rechtsverfolgung und Rechts-

---

1) Vgl. Plenarbeschluß des Reichsgerichtes vom 21. Juni 1902 (Entsch. in ZS. Bd. 51 S. 1).

2) Abgeschlossen zwischen Baden, Bayern, Frankreich, Hessen, den Niederlanden und Preußen. Siehe oben S. 73.

3) Abgeschlossen zu Bern zwischen dem Deutschen Reiche, Belgien, Dänemark, Frankreich, Italien, den Niederlanden, Luxemburg, Lichtenstein, Österreich-Ungarn, Rußland, Rumänien und der Schweiz s. oben S. 163.

4) Gaupp-Stein S. 333 meint, daß die Übereinkunft sich nicht auf den Prozeß erstrecke. Die Frage ist zweifelhaft; ebenso bei der Berner Konvention. Sie wird aber wohl zu bejahen sein. Vgl. Fuld in Gruchots Beiträgen 50, 301.

5) Vgl. RG. vom 10. Oktober 1902, Böhms Zeitschr. Bd. 12 S. 615 und Gerstner, Internationales Eisenbahnfrachtrecht, Erg.-Bd. zu Art. 56, 2 III S. 131.

verteidigung, teils durch die völlige Gleichstellung der beiderseitigen Staatsangehörigen im Rechtsverkehr, teils durch die Meistbegünstigungsklausel[1]).

Angehörige der Vertragsstaaten genießen also für die Dauer der betreffenden Verträge Kautionsfreiheit vor den deutschen Gerichten.

Im § 11 ist das Entsprechende bei jedem Staate angegeben.

II. Der Beklagte kann auch dann Sicherheitsleistung verlangen, wenn im Laufe des Rechtsstreites der Kläger die Eigenschaft eines Deutschen verliert oder die Voraussetzung, unter welcher der Ausländer von der Sicherheitsleistung befreit war, wegfällt und nicht ein zur Deckung ausreichender Teil des erhobenen Anspruchs unbestritten ist[2]). Die Kaution kann daher, wenn vorstehende Voraussetzungen zutreffen, auch nach der Einlassung auf die Klage (ZPO. § 274), insbesondere auch in höherer Instanz verlangt werden. Dies muß jedoch bei der nächsten mündlichen Verhandlung geschehen, sobald der Beklagte von dem Eintritte der genannten Voraussetzungen Kenntnis erlangt hat (ZPO. § 274 Abs. 2)[3]).

Der Verlust der Eigenschaft eines Deutschen[4]) auf seiten des Klägers begründet allein schon obiges Verlangen des Beklagten; die Erwerbung einer ausländischen Staatsangehörigkeit braucht nicht dargetan zu werden.

Von den oben zu Ziff. I angeführten Befreiungsgründen können der Natur der Sache nach nur in Wegfall kommen Nr. 1, wenn die Befreiung des Deutschen nach den auswärtigen Gesetzen oder infolge nunmehriger Rechtsunwirksamkeit des Staatsvertrags aufhört, Nr. 2, wenn der Urkunden- oder Wechselprozeß in das ordentliche Verfahren übergehen und der Ausnahmegrund des Armenrechts, wenn solches wieder entzogen würde (ZPO. § 121).

---

1) Diese Verträge sind auch noch maßgebend für die Vertragsstaaten des Haager Abkommens, da sie ohne Rücksicht auf den Wohnsitz Kautionsfreiheit gewähren. Vgl. § 11.

2) § 111 ZPO.

3) Das Gleiche gilt, wenn der Beklagte erst nach der Einlassung erfährt, daß der Kläger ein Ausländer ist; nicht aber, wenn der erhobene Anspruch von seiten des inländischen Klägers an einen Ausländer veräußert worden, da eine derartige Veräußerung nach § 265 ZPO. keine prozessuelle Bedeutung hat; Hellmann I S. 352, Motive zu § 103 S. 122; Endemann I S. 417. In den Rechtsmittelinstanzen ist immer nur der Kläger kautionspflichtig, auch wenn er Berufungs- oder Revisionsbeklagter ist.

4) Vgl. RG. über Erwerbung und Verlust der Reichs- und Staatsangehörigkeit vom 1. Juni 1870, §§ 13 ff.

Als unbestritten gilt der Anspruch, wenn derselbe nicht nur an sich anerkannt (liquid) ist, sondern wenn ihm auch keine Einrede, insbesondere keine Gegenforderung entgegensteht[1]).

Wenn die Voraussetzungen zur Sicherheitsleistung im Laufe des Prozesses wegfallen, hat der Kläger das Recht, die Freigebung der Kaution für die Zukunft unbeschadet der erworbenen Rechte des Beklagten zu verlangen, worüber im Falle der Bestreitung das Gericht zu entscheiden hat[2]).

III. Nach § 108 ZPO. ist die Bestellung einer prozessualischen Sicherheit, sofern nicht die Parteien ein anderes vereinbart haben oder die ZPO. eine nach freiem Ermessen des Gerichts zu bestimmende Sicherheit zuläßt, durch Hinterlegung von Geld oder solchen Wertpapieren zu bewirken, welche nach § 234 Abs. 1, 3 BGB. zur Sicherheitsleistung geeignet sind oder nach richterlichem Ermessen eine genügende Deckung gewähren. Die Vorschriften des § 234 Abs. 2 und des § 235 BGB. finden entsprechende Anwendung[3]).

Diese Bestimmung findet auch auf die Prozeßkostenkaution der Ausländer Anwendung, jedoch mit dem Abmaße, daß hierfür das Gesetz nicht bezüglich der Qualität der zu leistenden Sicherheit, sondern nur hinsichtlich der Höhe derselben dem freien Ermessen des Gerichts Spielraum läßt. Die Vereinbarung der Parteien über die zu leistende Sicherheit dagegen ist nicht ausgeschlossen; solche kann sich daher auch auf andere Sicherheiten, als durch Hinterlegung von barem Gelde oder Wertpapieren, insbesondere auch auf Bürgschaft, Pfand, Deponierung von Wertgegenständen aller Art 2c. erstrecken[4]).

---

1) Motive a. a. O.

2) Seuffert a. a. O., Hellmann I S. 352, woselbst als Beispiele angeführt sind: Der ausländische Kläger wird im Laufe des Verfahrens von einem Inländer beerbt, der ausländische Kläger wird in Deutschland naturalisiert; der Staat, welchem der ausländische Kläger angehört, führt Reziprozität ein; der ausländische Kläger erlangt das Armenrecht.

3) § 234 BGB.: „Wertpapiere sind zur Sicherheitsleistung nur geeignet, wenn sie auf den Inhaber lauten, einen Kurswert haben und einer Gattung angehören, in der Mündelgeld angelegt werden darf. Den Inhaberpapieren stehen Ordrepapiere gleich, die mit Blankoindossement versehen sind.

Mit den Wertpapieren sind die Zins-, Renten-, Gewinnanteil- und Erneuerungsscheine zu hinterlegen.

Mit Wertpapieren kann Sicherheit nur in Höhe von drei Vierteilen des Kurswertes geleistet werden".

§ 235 BGB.: „Wer durch Hinterlegung von Geld oder von Wertpapieren Sicherheit geleistet hat, ist berechtigt, das hinterlegte Geld gegen geeignete Wertpapiere, die hinterlegten Wertpapiere gegen andere geeignete Wertpapiere oder gegen Geld umzutauschen".

4) Prot. z. hannov. E. S. 4931. Abgesehen von dem Falle der Vereinbarung der Parteien ist von der Zulassung der Kaution durch Bürgen oder Unterpfand um deswillen Umgang genommen, weil die Bestellung der Kaution durch derartige Mittel

Als Bargeld ist auch ausländisches zuzulassen, wenn auch nur zum Kurswerte.

Ausländische Wertpapiere sind nicht ausgeschlossen[1]).

Die Hinterlegung hat bei Gericht oder der sonst landesgesetzlich zur Entgegennahme und Verwahrung von Depositen bestellten Behörde zu geschehen. Das hierbei einzuhaltende Verfahren, insbesondere das (nicht prozessuale) Verfahren, um die Ausantwortung der Kaution von der Depositalbehörde zu erlangen, bemißt sich nach den Landesgesetzen[2]).

IV. Die Höhe der zu leistenden Sicherheit wird von dem Gerichte nach freiem Ermessen festgesetzt[3]).

Bei der Festsetzung ist derjenige Betrag der Prozeßkosten zugrunde zu legen, welchen der Beklagte wahrscheinlich aufzuwenden haben wird. Die dem Beklagten durch eine Widerklage erwachsenden Kosten sind hierbei nicht zu berücksichtigen[4]).

Ergibt sich im Laufe des Rechtsstreites, daß die geleistete Sicherheit nicht hinreicht, so kann der Beklagte die Leistung einer weiteren Sicherheit verlangen, sofern nicht ein zur Deckung ausreichender Teil des erhobenen Anspruchs unbestritten ist[5]).

Die Festsetzung der Höhe der zu leistenden Sicherheit geschieht nach vorgängiger mündlicher Verhandlung durch Zwischenurteil, gegen welches, außer im Falle des § 275 Abs. 2 (Verwerfung der prozeßhindernden Einrede), jedoch ein selbständiges Rechtsmittel nicht stattfindet (vgl. RGZ. 24, 431;

---

zu Verzögerungen im Prozesse führen kann, indem häufig neben und nach dem Streite über die Pflicht zur Sicherheitsleistung noch ein fernerer Streit über die Hinlänglichkeit der angebotenen Kautionsmittel entsteht; Motive zu § 101, S. 120, 121 (alt).

1) Wenn später der Tageskurs der Wertpapiere sinkt, kann das Gericht nach § 112 Abs. 3 ZPO. die Ergänzung oder Bestellung weiterer Sicherheit anordnen.

2) Für Preußen: Hinterlegungsordnung v. 13. März 1879 (GS. S. 249) in der Fassung des Art. 84 AGzBGB.

3) ZPO. § 112 Abs. 1. Bei Festsetzung der Höhe der zu leistenden Sicherheit sollen auch die Kosten der höheren Instanz in Betracht kommen, damit nicht in den höheren Instanzen eine Wiederholung des Kautionsverfahrens erforderlich wird. Auf die Kosten der Vorinstanzen ist Rücksicht zu nehmen. Vgl. RG. JW. 85, 182, 87, 37, 95, 40, 99, 484. Auch die Kosten der Nebenintervention sind beachtlich.

4) ZPO. § 112 Abs. 2. Vgl. Motive S. 122. Auch die Möglichkeit einer Wiederaufnahme bleibt außer Betracht.

5) ZPO. § 112 Abs. 3. Vgl. auch RG. 11. April 1888, SeuffA. N. F. Bd. 11 S. 63. Die Unzureichendheit kann sich ergeben z. B. infolge zu niedriger Veranschlagung des Gerichtes oder durch Kursrückgang der Wertpapiere. Die desfalls zu treffende Entscheidung hat die Natur eines Zwischenurteils. Der ausländische Kläger hat nur für diejenigen Kosten der Instanz Sicherheit zu leisten, welche von ihm noch nicht gedeckt sind. Die Nachforderung einer Sicherheitsleistung für die Kosten der früheren Instanz kann in der höheren Instanz nicht erhoben werden; RG. vom 12. Januar 1884 (Annalen Bd. 9 S. 348). Das Verlangen weiterer Sicherheit ist keine neue prozeßhindernde Einrede, daher an zeitliche Beschränkung nicht gebunden.

33, 431). Ein auf eine bestimmte Summe gerichteter Antrag des Beklagten wird nicht gefordert.

V. Das Gericht hat dem Kläger bei Anordnung der Sicherheitsleistung eine Frist zu bestimmen, binnen welcher die Sicherheit zu leisten sei. Nach Ablauf der Frist ist auf Antrag des Beklagten, wenn die Sicherheit bis zur Entscheidung nicht geleistet ist, die Klage für zurückgenommen zu erklären[1]) oder, wenn über ein Rechtsmittel des Klägers zu verhandeln ist, dasselbe zu verwerfen[2]).

Die zu bestimmende Frist ist keine Notfrist (fatale), kann daher durch Übereinkunft der Parteien oder das Gericht (ZPO. § 224) verlängert und kann die Sicherheit noch so lange geleistet werden, als nicht eine Entscheidung getroffen, d. h. vom Gerichte die Klage für zurückgenommen erklärt, bezw. das Rechtsmittel verworfen ist[3]). Der Lauf derselben beginnt mit der Verkündung des Beschlusses, bezw. des Zwischenurteils, je nachdem, wenn kein Streit über Verpflichtung und Höhe der Frist durch Beschluß, andernfalls durch Zwischenurteil bestimmt wurde (RG. JW. 1902, 90).

Der Ausspruch, daß die Klage für zurückgenommen erklärt sei, hindert den Kläger nicht, wenn er nachträglich Kaution leistet, neue Klage zu stellen (ZPO. § 271).

Die Verwerfung des Rechtsmittels hat die Rechtskraft des Urteils zur Folge.

Wenn nicht der ausländische Kläger, sondern der Beklagte das Rechtsmittel eingelegt hat und der Kläger die in der Rechtsmittelinstanz angeordnete Kaution nicht geleistet hat, so muß auch diese Instanz den Ausspruch erlassen, daß die Klage für zurückgenommen erklärt werde; nur wenn der Kläger das Rechtsmittel ergriffen hat, kann Verwerfung desselben erfolgen.

Haben beide Teile das Rechtsmittel ergriffen, so kann auch nur die Klage für zurückgenommen erklärt, nicht das Rechtsmittel des Klägers verworfen und über dasjenige des Beklagten verhandelt werden[4]).

---

1) Erscheint in diesem Falle der Kläger nicht, so hat der Beklagte die Wahl zwischen dem Urteil des § 113 und dem Versäumnisurteil (§ 330 ZPO.; RGZ. 24, 435).

2) ZPO. § 113.

3) KPr. S. 520, 521.

4) Seuffert motiviert solches a. a. O. damit, daß das Kautionsverlangen Rüge des Mangels einer Prozeßvoraussetzung sei, der Beklagte aber nicht den Mangel auf einer Seite geltend machen und auf der anderen Seite Verhandlung zur Sache begehren könne. Über die Wirkungen der Anschließung (Adhäsion) siehe Näheres bei Seuffert a. a. O.

Die Erklärung der Klage als zurückgenommen und die Verwerfung des Rechtsmittels erfolgt nach mündlicher Verhandlung durch Endurteil. Gegen die ergangene Entscheidung sind Rechtsmittel nach den allgemeinen Grundsätzen zulässig[1]).

VI. Der Beklagte ist nicht berechtigt, anstatt des Verfahrens nach § 113 ZPO. (V) die Zwangsvollstreckung zur Erzwingung der Kaution zu verlangen[2]). Erst wenn der Beklagte obsiegt, kann die Zwangsvollstreckung in die hinterlegten Werte nach Maßgabe der §§ 814 Abs. 2, 821 ZPO. erfolgen, da das Gericht oder die sonstige Depositenstelle namens des ausländischen Klägers den Gewahrsam hat.

Über die Rückgabe der Kaution nach Wegfall ihrer Veranlassung bestimmt § 109 ZPO.

B. Gerichtskostenvorschuß. Zu unterscheiden von der Verpflichtung zur Leistung einer Prozeßkostenkaution im Sinne des § 110 ZPO. ist die Vorschußpflicht der Ausländer[3]) in Ansehung der Gerichtskosten nach § 85 DeutschGKG.

„Ausländer, welche als Kläger auftreten, haben das Dreifache des im § 81 bestimmten Betrages zu zahlen.

Diese Verpflichtung tritt jedoch nicht ein:

1. wenn nach den Gesetzen des Staates, welchem der Kläger angehört, ein Deutscher im gleichen Falle zu einer besonderen Vorauszahlung oder zu einer Sicherstellung der Gerichtskosten nicht verpflichtet ist[4]);

2. im Urkunden- oder Wechselprozesse;

3. bei Widerklagen;

4. bei Klagen, welche infolge einer öffentlichen Aufforderung angestellt werden;

5. bei Klagen aus Ansprüchen, welche in das Grund- oder Hypothekenbuch einer deutschen Behörde eingetragen sind;

6. wenn dem Kläger das Armenrecht bewilligt ist.

---

1) Einspruch jedoch nicht, da das Urteil kein Versäumnisurteil im Sinne des § 330 ZPO. sein kann.

2) Seuffert a. a. O.; Strucksmann u. Koch a. a. O.

3) Die Eingeborenen der Schutzgebiete gelten nicht als Ausländer (JMBl. 1902 S. 61).

4) Dieser bestimmt: „In bürgerlichen Rechtsstreitigkeiten ist ein Gebührenvorschuß für jede Leistung von dem Antragsteller zu zahlen. Der Vorschuß beträgt soviel, wie die höchste Gebühr, welche für einen Akt der Instanz zum Ansatz kommen kann."
Auch für den Auslagenvorschuß des § 80b ist Vorschuß zu erheben (Kassenordnung § 16; vgl. JMBl. 1910 S. 119).

Die Verpflichtung besteht auch dann, wenn im Laufe des Rechtsstreites der Kläger die Eigenschaft eines Deutschen verliert oder die Voraussetzung, unter welcher der Ausländer von der Verpflichtung befreit war, wegfällt.

Unter den gleichen Voraussetzungen haben Ausländer in den Fällen des § 83[1]) Abs. 1 einen Gebührenvorschuß von 30 Mark zu zahlen.

Von der Zahlung des von einem Ausländer nach den vorstehenden Bestimmungen oder den Bestimmungen des § 83 Abs. 2, 84[2]) zu zahlenden Vorschusses ist die Vornahme jeder gerichtlichen Handlung abzulehnen, sofern nicht glaubhaft gemacht wird, daß die Verzögerung dem Ausländer einen nicht zu ersetzenden Nachteil bringen würde"[3]).

Es sind zunächst wegen der Ausdrücke „Ausländer" und „Kläger" die Ausführungen unter A zu vergleichen. Die dort mitgeteilten Staatsverträge erstrecken sich auch auf den Gerichtskostenvorschuß. Vgl. auch die einzelnen Staaten in § 11.

Über die Auslegung des § 85 herrscht Streit. Nach der einen Meinung soll die Befreiung eintreten, wenn der Heimatstaat des Klägers von einem deutschen Kläger wegen seiner fremden Staatsangehörigkeit eine Sicherstellung der Gerichtskosten nicht fordert (RGZ. VI, 39, 406). Nach der anderen soll die Befreiungsvorschrift überall versagen, wo das Ausland von jedem Kläger eine vorherige Sicherstellung der Gerichtskosten fordert (RGZ. I, 38, 403). Der Plenarbeschluß des Reichsgerichtes vom 21. Juni 1902 (51, 1) entscheidet zwar die Frage nicht ausdrücklich, neigt sich aber offenbar der Ansicht des ersten Zivilsenats zu.

In Konkurssachen ist von Ausländern ein Vorschuß nicht zu erfordern.

Befindet sich unter mehreren Streitgenossen ein zur Vorschußleistung nach § 85 pflichtiger Ausländer, so werden von dem nach § 85 zu berechnenden Vorschuß die zur Leistung solchen Vorschusses nicht verpflichteten Streitgenossen

---

1) Der § 83 betrifft Privatklagesachen.

2) Der § 84 bestimmt: „Außer dem Gebührenvorschuß (§§ 81—83) ist bei jedem Antrag auf Vornahme einer Handlung, mit welcher bare Auslagen verbunden sind, ein zur Deckung derselben hinreichender Vorschuß von dem Antragsteller zu zahlen. . . . ."

3) Der Gebührenvorschuß (§ 85 GKG.) ist auch in der Berufungsinstanz von dem Berufungskläger, falls er in I. Instanz Kläger war, einzufordern. Auch wenn bereits Terminsbestimmungen ergangen sind, müssen weitere gerichtliche Handlungen vor Zahlung des Ausländervorschusses abgelehnt werden (OLG. Frankfurt vom 6. April 1903, Recht 7, 267). — Selbst Terminsbestimmung ist der Regel nach abzulehnen, wenn der Vorschuß nicht eingezahlt ist; eine Ausnahme dürfte nur stattfinden, wenn Fristen innezuhalten sind.

nach Maßgabe des § 81 GKG. ein Drittel, der Ausländer den Rest von zwei Dritteln zu zahlen haben. Nach OLG. Darmstadt vom 27. Oktober 1885 (Heinzerling, Archiv Bd. 15 S. 92) haben die ausländischen Streitgenossen des in § 81 GKG. bestimmten Vorschusses nach Kopfteilen zu zahlen.

Klagen die Streitgenossen einen Anspruch ein, welcher von ihnen nur in Gemeinschaft geltend gemacht werden kann, so wird, auch wenn der beteiligte Ausländer seiner Pflicht zur Vorschußzahlung nicht genügt, den übrigen deutschen Streitgenossen der Rechtsschutz nicht vorenthalten werden können und dem Rechtsstreit Fortgang zu geben sein. Lassen sich jedoch die Ansprüche trennen, so ist bezüglich des Ausländers die Vornahme jeder gerichtlichen Handlung, sofern nicht unersetzlicher Nachteil für den Fall der Verzögerung glaubhaft gemacht wird, abzulehnen. Vgl. Pfafferoth, Das deutsche Gerichtskostenwesen, Note 1 und 2 zu § 85 GKG. und RG. 22. Dezember 1883 (Wenglers Archiv 1884 S. 112).

In dem Falle, daß ein Ausländer als Kläger und Widerbeklagter auftritt, ist der erhöhte Vorschuß nur vom Streitwert der Klage zu berechnen (OLG. Köln vom 28. September 1897, RheinArch. 92 S. 182).

Der Abs. 5 des § 85 will nur den Nachteil der Verzögerung vermieden wissen, er gibt dem Ausländer nicht ein Recht auf Aussetzung der Verhandlung. Der Berufungsbeklagte kann Zurückweisung der Berufung beantragen, selbst wenn der ausländische Kläger nich verhandeln darf (RGZ. I. 24. Mai 1890, JW. S. 256).

Die Verpflichtung zur Zahlung der vorzuschießenden Beträge bleibt bestehen, wenn auch die Kosten des Verfahrens einem anderen auferlegt oder von einem anderen übernommen sind[1]).

Der Ausländer kann die Vorschußforderung durch Geltendmachung eines Befreiungsgrundes abwehren. Das Gericht hat aber auch von Amts wegen auf das Vorhandensein eines solchen Befreiungsgrundes zu achten. Wegen Nichtzahlung des erhöhten Vorschusses steht der anderen Partei eine Beschwerde nicht zu (RGZ. I. vom 2. Dezember 1893, Seuff Arch. 49, 193 und JW. 1894 S. 10)[2]).

Wegen der Befreiungsgründe vgl. oben unter A.

1) § 90 GKG.

2) Während die Gegenpartei gemäß § 110 ZPO. von dem ausländischen Kläger auch dann, wenn er Berufungs- oder Revisionsbeklagter ist, Sicherheitsleistung fordern kann, ist der Gerichtskostenvorschuß gemäß § 85 GKG. von dem ausländischen Kläger in gleichem Falle nicht zu fordern, weil diesfalls der Kläger nicht vorschußpflichtig, die Kasse durch den vom Beklagten als Berufungs- bezw. Revisionskläger gezahlten Vorschuß auch schon gesichert ist.

§ 24.

Armenrecht[1]).

I. Die deutsche Zivilprozeßordnung gewährt demjenigen, der außerstande ist, ohne Beeinträchtigung des für ihn und seine Familie notwendigen Unterhaltes die Kosten des Prozesses zu bestreiten, Anspruch auf Bewilligung des Armenrechtes, wenn die beabsichtigte Rechtsverfolgung oder Rechtsverteidigung nicht mutwillig oder aussichtslos erscheint (ZPO. § 114 Abs. 1)[2]). Es ist streitig, ob das Armenrecht nur physische, nicht auch juristische Personen oder Gesellschaften erlangen können.

Das Reichsgericht verneint die Frage (Entsch. 33, 366; 65, 287), versagt auch Nachlaßverwaltern (JW. 01, 248; 02, 250), Konkursverwaltern (Entsch. 33, 367), einer offenen Handelsgesellschaft (Urteil vom 5. April 1902, Seuff Arch. Bd. 57 S. 299) das Armenrecht. Auch der Armenpflegschaftsrat einer Gemeinde (BayerObLG. 23. Januar 1902 im „Recht" Bd. 6 S. 104) kann kein Armenrecht bekommen.

Dagegen soll einer Kommanditgesellschaft, weil sie keine juristische Person ist, das Armenrecht erteilt werden, wenn das Unvermögen des oder der persönlich haftenden Gesellschafter bescheinigt wird (RG. JW. 1898 S. 386), ebenso einer Leibesfrucht (§ 1912 BGB.) in der Person ihres Pflegers (RG. JW. 1894 S. 82); endlich auch den von einem Nachlaßpfleger (§ 1960 BGB.) in Ansehung des Nachlasses vertretenen, wenn auch noch unbekannten oder ungewissen Erben (RGZ. 50, 394) das Armenrecht bewilligt werden können.

Der durch diese Rechtsprechung hervorgerufene Rechtszustand ist nicht erfreulich. Ich sehe keinen Grund ein, weshalb den nicht physischen Personen die Wohltat des Armenrechts nicht zuteil werden kann. Sie würden ja sonst ganz rechtlos gestellt werden, denn daß jemand auf die einzuklagende Forderung hin einen Vorschuß zwecks Bestreitung der Kosten (Gericht

---

1) Vgl. Leske I, 773 ff.; Koppers S. 2 ff.

2) Durch die Bewilligung des Armenrechtes erlangt die Partei:
a) die einstweilige Befreiung von der Berichtigung der rückständigen und künftig erwachsenden Gerichtskosten, einschließlich der Gebühren der Beamten, der den Zeugen und den Sachverständigen zu gewährenden Vergütung und der sonstigen Auslagen, sowie der Stempelsteuer;
b) die Befreiung von der Sicherheitsleistung für die Prozeßkosten;
c) das Recht, daß ihr zur vorläufig unentgeltlichen Bewirkung von Zustellungen und von Vollstreckungshandlungen ein Gerichtsvollzieher und, insoweit eine Vertretung durch Anwälte geboten ist, zur vorläufig unentgeltlichen Wahrnehmung ihrer Rechte ein Rechtsanwalt beigeordnet werde (§ 115 ZPO.).

und Anwalt) geben wird, ist so gut wie ausgeschlossen. Vgl. auch Delius, ZPO. zu § 114 Anm.

Auch einem Nebenintervenienten kann das Armenrecht bewilligt werden.

Die Bestimmungen über Armenrecht sind enthalten in §§ 114—127 ZPO. Über die Ausstellung des sog. Armutsattestes sind ergangen: für Preußen: Verf. vom 8. Juli 1887 (JMBl. S. 187), 2. Januar 1892 (JMBl. S. 8), vom 19. Oktober 1895 (JMBl. S. 322) und vom 4. Dezember 1895 (MBl. f. d. i. V. 1896 S. 4); für Bayern: gemeinschaftliche Bekanntmachung der beiden Staatsministerien der Justiz und des Innern vom 5. Juli 1879 (GVBl. S. 693, JMBl. S. 305); für Baden: Verordn. vom 26. Juni 1879 (GVBl. S. 318).

In Preußen sind regelmäßig die Polizeibehörden zuständig, aber auch die städtischen Armenverwaltungen sind mit staatlicher Ermächtigung befugt, Armutsatteste auszustellen (Gruch. Beitr. 40, 663 und JW. 96, 281). Für Bevormundete stellt der Vormundschaftsrichter das Attest aus[1]).

Lehnt die obrigkeitliche Behörde die Erteilung des Armenattestes ab oder nimmt sie das erteilte Zeugnis zurück, so hat die Partei lediglich das Recht der Beschwerde an die vorgesetzte Instanz, sie kann aber nicht ohne Beibringung eines Attestes vom Gerichte Feststellung ihrer Armut verlangen (RG. JW. 94, 261; 97, 627). Das Gericht ist an das obrigkeitliche Zeugnis nicht gebunden, jedoch müssen besondere Gründe vorliegen, wenn es im Widerspruch damit das Unvermögen der Partei nicht für nachgewiesen ansehen will (RG. JW. 1901 S. 326).

Das Attest ist für den Antrag auf Armenrechtsbewilligung für die Berufungsinstanz nicht unbedingt nötig (RGZ. 4, 357; Gruch. 36, 1228).

II. Auch Ausländer[2]) haben auf das Armenrecht Anspruch, jedoch nur insoweit, als die Gegenseitigkeit verbürgt ist (Abs. 2 a. a. O.). Dies gilt auch für den Fall, daß beide Parteien Ausländer sind[3]).

Die Zession des einem Ausländer zustehenden Anspruches an einen Inländer, welche lediglich in der Absicht erfolgt, um

---

1) Die Armutszeugnisse bayerischer Landgemeinden bedürfen nur der Unterschrift des Pfarrers als Vorstand des Armenpflegschaftsrates, nicht des Bürgermeisters (OLG. München vom 21. November 1910, BayrZ. 7, 51).

2) Vgl. wegen des Begriffs oben S. 367. Die Eingeborenen der Schutzgebiete gelten nicht als Ausländer, ebensowenig wie Reichsangehörige vor den Gerichten der deutschen Schutzgebiete (Allg. Verf. vom 6. März 1902, JMBl. S. 61).

3) v. Wilmowski u. Levy zu § 114 (110) ZPO.

das Armenrecht zu erlangen, gewährt dem Zessionar keinen Anspruch auf Bewilligung des Armenrechtes (OLG. Breslau vom 8. Mai 1895, Busch, Zeitschr. Bd. 22 S. 151 und Seuff. Arch. Bd. 51 Nr. 137).

Ob die Gegenseitigkeit auf Staatsvertrag (Deklaration) beruht oder durch die Gesetze des Staates, dem der Ausländer angehört, verbürgt ist[1]), begründet keinen Unterschied. Auch eine ständige tatsächliche Übung genügt[2]). Hierbei kommt es nicht weiter darauf an, ob in dem fremden Staate die Gleichstellung speziell den Deutschen oder jedem Ausländer zugestanden ist. Auch die von einzelnen deutschen Bundesstaaten mit dem Auslande abgeschlossenen Staatsverträge begründen, sofern solche nicht ausdrücklich durch Staatsverträge des Reiches aufgehoben sind oder mit diesen in Widerspruch stehen, die Gegenseitigkeit, jedoch nur vor den Gerichten solcher Einzelstaaten.

Wenn das Armenrecht den Deutschen im Auslande unter härteren Bedingungen oder in beschränkterem Maße gewährt ist, als dies nach der ZPO. der Fall, so kann der Ausländer nur insoweit, als sein Heimatstaat das Armenrecht gewährt, Anspruch auf die Gewährung der Gegenseitigkeit haben.

Die Gegenseitigkeit ist nur dann verbürgt, wenn in dem fremden Staat das Institut des Armenrechts besteht, nicht schon, wo solches überhaupt nicht existiert[3]), wenn auch im übrigen Gleichstellung der Ausländer mit den Inländern gesetzliches Prinzip wäre[4]). Der Beweis, daß die Gegenseitigkeit verbürgt ist, liegt dem Ausländer ob (RGZ. 6, 372), sofern das Gericht das ausländische Recht nicht kennt. Vgl. indes § 293 ZPO.

Außer der einstweiligen Befreiung von den Gerichtskosten, der unentgeltlichen Beigabe eines Anwaltes und der Beiord-

---

1) Es genügt, wenn das ausländische Gesetz unter dem Vorbehalt der Gegenseitigkeit das Armenrecht bewilligt.

2) Vgl. Prot. S. 447, 448. Die Sache liegt hier anders, wie bei der Kaution (§ 110 Abs. 2 Nr. 1 ZPO.). — Nach Leske I, 776 genügt das Bestehen einer ausländischen Rechtsnorm nicht, sondern diese Rechtsnorm muß auch in der Praxis tatsächlich angewendet und befolgt werden. Bis zum Beweise des Gegenteiles müsse aber angenommen werden, daß jeder Staat die von ihm erlassenen Gesetze und die von ihm abgeschlossenen Verträge befolgt.

3) Z. B. in den Vereinigten Staaten von Amerika. Nach der Mitteilung im „Recht" Bd. 8 S. 246 soll Nordamerika, insbesondere der Staat Newyork, auch Ausländern das Armenrecht bewilligen. Vgl. auch Erler in Buschs Zeitschrift Bd. 21 S. 259 ff. und unten § 11.

4) „Die Gegenseitigkeit muß eine materielle sein, d. h. entscheidend ist, ob der Deutsche dort unter denselben Voraussetzungen das Armenrecht zu erlangen vermag, die hierfür nach der deutschen ZPO. gelten." Vgl. Skonietzki-Gelpcke, ZPO. zu § 114 Anm. 8b; anderer Ansicht Klein im Archiv für öffentl. Recht 15, 582, welche sich für bloß formelle Gegenseitigkeit ausspricht.

nung eines Gerichtsvollziehers gewährt das Armenrecht dem Ausländer auch die Befreiung von der Sicherheitsleistung für die Prozeßkosten.

Nach § 118 ZPO. ist dem bei dem Prozeßgericht anzubringenden Gesuche, welches dem Anwaltszwange nicht unterliegt, ein von der obrigkeitlichen Behörde der Partei ausgestelltes Zeugnis[1]) beizufügen, in welchem unter Angabe des Standes oder Gewerbes, der Vermögens- und Familienverhältnisse der Partei, sowie des Betrages der von dieser zu entrichtenden direkten Staatssteuern das Unvermögen zur Bestreitung der Prozeßkosten ausdrücklich bezeugt wird. Gegenüber Ausländern werden die hier verlangten Aufschlüsse nicht immer von der betreffenden Behörde vollständig erteilt werden können. Für solche Fälle hat das Gericht den Gesuchsteller zu anderweitiger Bescheinigung seiner Armut anzuhalten. Überhaupt unterliegt das Zeugnis der freien Beweiswürdigung des Gerichtes[2]).

Die Bestimmung des § 120 ZPO., wonach die Bewilligung des Armenrechtes für den Kläger, den Berufungskläger und den Revisionskläger zugleich für den Gegner die einstweilige Befreiung von den in § 115 Nr. 1 bezeichneten Kosten zur Folge hat, kommt auch den Ausländern als Beklagten, Berufungs- oder Revisionsbeklagten zugute, da prinzipiell die Zivilprozeßordnung, wie das Gerichtsverfassungsgesetz die Ausländer den Inländern gleichstellt.

Das Armenrecht kann zu jeder Zeit entzogen werden, wenn sich ergibt, daß eine Voraussetzung der Bewilligung nicht vorhanden war oder nicht mehr vorhanden ist (ZPO. § 121), wenn also z. B. sich nachträglich der Mangel der verbürgten Gegenseitigkeit herausstellt, oder eine Änderung in der Gesetzgebung des auswärtigen Staates solche nicht mehr zuläßt u. dgl.

---

1) Von Reichsangehörigen, welche im Auslande wohnen, braucht nicht ein Attest gemäß § 118 gefordert zu werden, vielmehr unterliegen die beigebrachten Urkunden der freien Beweiswürdigung (OLG. Dresden, SächsOLG. 26, 165). Nach § 1 der oben zit. Bekanntmachung vom 5. Juli 1879 sind in Bayern diese Zeugnisse von dem Armenpflegschaftsrate des Ortes, an welchem der Gesuchsteller seinen Wohnsitz hat, auszustellen. Hat der Gesuchsteller keinen Wohnsitz, so ist zur Ausstellung des Zeugnisses der Armenpflegschaftsrat desjenigen Ortes berufen, an welchem der erstere bereits längeren Aufenthalt genommen hat, in Ermangelung eines solchen Aufenthaltes aber der Armenpflegschaftsrat des Heimatsortes.

In Preußen ist eine Klage bei den Verwaltungsgerichten wegen Versagung des Zeugnisses nicht statthaft (OVG. Entsch. Bd. 11 S. 372).

2) Vgl. Wilmowski u. Levy zu § 118 Anm. 3.

III. An Staatsverträgen über Bewilligung des Armenrechts sind zu nennen:

a) Das Haager Abkommen über Zivilprozeß (s. oben S. 141).

Nach Art. 17 des Abkommens ist die Aufhebung der Prozeßkostenkaution auf die Angehörigen der Vertragsstaaten beschränkt, welche in einem derselben wohnen. Solche Personen, bei denen dies nicht der Fall ist, werden nun zwar nach Art. 20 a. a. O. zum Armenrecht zugelassen. Aber wenn sie nach der inneren Gesetzgebung dieser Staaten auch als Arme zur Leistung der Ausländerkaution für die Prozeßkosten verpflichtet sind, so wird diese Vergünstigung[1]) für sie zu einem guten Teil wertlos. Es bleiben deshalb die weitergehenden Bestimmungen von Staatsverträgen in Kraft.

b) Das Deutsche Reich hat ferner über gegenseitige Zulassung zum Armenrechte Verträge abgeschlossen mit Belgien am 18. Oktober 1878[2]), mit Luxemburg am 12. Juni 1879[3]), mit Frankreich am 20. Februar 1881[4]) und mit Österreich-Ungarn am 9. Mai 1886[5]). Nach diesen, im wesentlichen fast gleichlautenden, als Ergänzung des Haager Abkommens zu berücksichtigenden Verträgen werden Deutsche in den genannten und Angehörige dieser Staaten im Deutschen Reiche unter denselben Bedingungen und gesetzlichen Voraussetzungen zum Armenrechte zugelassen, wie die Angehörigen des betreffenden Landes, in welchem der Prozeß anhängig ist. Das Armutszeugnis ist dem Ausländer, welcher zum Armenrechte zugelassen werden will, in allen Fällen von der Behörde seines gewöhnlichen Aufenthaltsortes auszustellen.

---

1) Wenn auch die deutsche Gesetzgebung die Befreiung von der Prozeßkostenkaution im allgemeinen als Ausfluß des Armenrechtes behandelt, so kann sie doch unter dem Gesichtspunkte der mangelnden Gegenseitigkeit dazu gelangen, den Angehörigen jener Länder, auch wenn sie im Armenrecht streiten, die Sicherheitsleistung aufzuerlegen. Vgl. z. B. die Verfügung des preuß. Justizministers vom 15. Juli 1891 (JMBl. S. 200) für das Verhältnis zu den Niederlanden.

2) RGBl. 1879 S. 316; Staudinger, Staatsverträge usw. S. 183. Diese Übereinkunft ist hinsichtlich Preußens und Belgiens an Stelle der am 21. August 1822 im Haag unterzeichneten Deklaration und hinsichtlich des Großherzogtums Hessen und Belgiens an Stelle der am 9. März 1826 im Haag unterzeichneten Erklärung getreten.

3) RGBl. 1879 S. 318; Staudinger S. 185. Hierdurch sind auch die am 22. August 1822 zwischen Preußen und Luxemburg und am 9. März 1826 zwischen Großherzogtum Hessen und Luxemburg vereinbarten Deklarationen außer Wirksamkeit gesetzt worden.

4) RGBl. 1882 S. 81; Staudinger S. 187. Diese Übereinkunft ist hinsichtlich Bayerns an Stelle des bayerisch-französischen Vertrages vom 11. März 1870 (RegBl. S. 651) getreten.

5) RGBl. 1887 S. 120.

Hält der Ausländer sich nicht in dem Lande auf, in welchem er das Armenrecht nachsucht, so muß das Armutszeugnis von einem diplomatischen Agenten desjenigen Landes, in dessen Gebiet das Zeugnis vorgelegt werden soll, beglaubigt werden. Hält er sich dagegen in dem Lande auf, in welchem er seinen Antrag stellt, so können außerdem noch bei den Behörden seines Heimatlandes Erkundigungen über ihn eingezogen werden. Die Zulassung zum Armenrechte befreit laut der genannten Verträge zugleich von Rechts wegen auch von jeder Sicherheitsleistung oder Hinterlegung, welche unter irgend einer Benennung von Ausländern wegen ihrer Eigenschaft als solche bei Prozessen gegen Inländer nach der Gesetzgebung des Landes, in welchem der Prozeß geführt wird, gefordert werden kann.

Durch Bekanntmachung des Reichskanzlers vom 1. Oktober 1879 wurde zur öffentlichen Kenntnis gebracht, daß die für Bewilligung des Armenrechts an Italiener erforderliche Gegenseitigkeit durch die italienische Gesetzgebung verbürgt ist[1]).

c) Auf Grund der sog. Meistbegünstigungsklausel kann ebenfalls die Zulassung zum Armenrecht beansprucht werden. Es ist dies z. B. bei Serbien der Fall.

d) Leske I, 779 hält das Übereinkommen zwischen Preußen und den Niederlanden vom 21. August 1822 (v. Kamptz, Jahrb. Bd. 20 S. 39) noch für gültig (vgl. auch Allg. Verf. des preuß. Justizministers vom 15. Juli 1891; JMBl. S. 200).

In Österreich sind in Bezug auf die Erteilung des Armenrechts die Ausländer den österreichischen Staatsangehörigen, unter Voraussetzung der Beobachtung der Reziprozität auf Grund des § 33 d. allg. b. GB. gleichgestellt, es erscheint mithin auch gegenüber Österreich (Zisleithanien) die Gegenseitigkeit verbürgt. In Ungarn gehört die Bewilligung des Armenrechtes zum Wirkungskreise der Gerichte, die Ernennung der Offizialvertreter zum Wirkungskreise der Advokatenkammer.

§ 25.

Zustellungen im Auslande.

I. Zustellungen im Auslande, wozu auch die deutschen Schutzgebiete gehören, können nur gemäß §§ 199—204 ZPO. bewirkt werden. Nur die Zustellung durch Aufgabe zur Post steht unter den besonderen Voraussetzungen des § 175 ZPO.

1) RGBl. 1879 S. 312. Art. 8 des italienischen Zivilgesetzbuches stellt in zivilrechtlicher Beziehung den Ausländer dem Inländer gleich.

(nicht auch beim Arrestbefehl, BayerObLG. bei Seuff Arch. 49 Nr. 70) auch bei ausländischen Adressaten mit der Zustellung nach § 199 zur Wahl, sie ist aber eine Zustellung im Inlande. Vgl. RG. JW. 1900 S. 13; Delius, ZPO. zu § 175.

Eine im Auslande zu bewirkende Zustellung erfolgt nach § 199 ZPO. mittelst Ersuchens der zuständigen Behörde des fremden Staates oder des in diesem Staate residierenden Konsuls oder Gesandten des Reiches[1]). Das Gesetz läßt dem Gerichte (nicht dem Vorsitzenden, vgl. Gaupp-Stein S. 489) die Wahl, den einen oder anderen der vorbezeichneten Wege zur Bewirkung der Zustellung einzuschlagen[2]).

Die Vorschrift des § 199 ZPO. über Bewirkung der Zustellungen durch die Reichskonsuln entspricht dem § 19 des Reichskonsulargesetzes vom 8. November 1867. Hiernach können die Konsuln des Reiches innerhalb ihres Amtsbezirkes an die dort sich aufhaltenden Personen[3]) auf Ersuchen der Behörden eines Bundesstaates Zustellungen jeder Art bewirken. Die Zustellung ist ein reines Konsulatsgeschäft, kein Akt der Rechtshilfe (RG. 44, 409).

II. Zustellungen an Deutsche, welche das Recht der Exterritorialität genießen, erfolgen, wenn dieselben

---

1) Es ist gleichgültig, ob der Konsul Gerichtsbarkeit ausübt oder nicht (RG. vom 24. Juni 1899 Bd. 44 S. 409). Gesandte der Bundesstaaten sind nicht zuständig. Die Zustellung ist erst mit der Ausführung des Ersuchens um Zustellung im Auslande bewirkt.

2) Vgl. oben S. 186 in § 10 Ziff. 8. Der Weg des Haager Abkommens vom 1905 (Art. 6 Nr. 2, eigene Besorgung durch die Partei im Auslande) ist nach deutschen Rechten nicht zulässig; anders § 364 ZPO.

3) Und zwar nicht nur an Reichsangehörige, sondern auch an andere Personen, sofern sich nur der Adressat zur Zeit der Zustellung im Konsulatsbezirke befindet und nach dem ausländischen Rechte Zustellungen an Nichtdeutsche den Konsuln gestattet sind. Das Haager Abkommen gibt in Art. 6 Nr. 3 und Abs. 3 dem Konsul nur das Recht zur Zustellung, wenn an einen Deutschen ohne Anwendung von Zwang zugestellt werden soll. In Schweden darf der deutsche Konsul ohne Zwang an alle Personen mit Ausnahme der schwedischen Staatsangehörigen zustellen (vgl. § 11). In Großbritannien nebst Kolonien, in den Vereinigten Staaten von Amerika und in Brasilien, ebenso in den Ländern, wo Konsulargerichtsbarkeit besteht, ist die Zustellung an jeden Adressaten zulässig. In Serbien, Rumänien und Österreich-Ungarn darf nur an Personen, deren deutsche Staatsangehörigkeit feststeht, zugestellt werden. Vgl. oben § 11 und PrJMBl. 1881 S. 159. Bulgarien gestattet Zustellung an Deutsche nur durch bulgarische Behörden. Vgl. im übrigen § 11.

Zum Nachweis der Zustellung genügt das Zeugnis des Konsuls, wenn auch die Art und Weise, wie im Auslande die Zustellung erfolgt ist, den dort bestehenden Vorschriften nicht entspricht (OLG. Hamburg vom 10. Juni 1899, Böhms Zeitschrift Bd. 14 S. 92). Außerhalb des Konsulatsbezirkes eine Zustellung zu bewirken, ist der Konsul nicht ermächtigt. Vgl. allgemeine Dienstesinstruktion für die Konsuln des Deutschen Reiches vom 6. Juni 1871 zu § 19 des Konsulatsgesetzes. Selbstverständlich hat ein Konsul, welcher um eine Zustellung ersucht wird, die er nach obigem vorzunehmen nicht ermächtigt ist, die Requisition an denjenigen Konsul oder diejenige Behörde weiter zu geben, welche zur Bewirkung der Zustellung kompetent ist.

zur Mission des Reiches gehören, mittels Ersuchens des Reichskanzlers; wenn dieselben zur Mission eines Bundesstaates gehören, mittelst Ersuchens des Ministers der auswärtigen Angelegenheiten dieses Bundesstaates (ZPO. § 200 Abs. 1)[1].

II a. Zustellungen an Ausländer, welche im Deutschen Reiche oder in einem Bundesstaate Exterritorialität genießen, erfolgen nach Vorschrift der §§ 199 und 202 ZPO.[2]).

Es bestimmt über die Zustellung in den Wohnungen exterritorialer Personen die Allg. Verfügung des preuß. Justizministers vom 20. Januar 1893 (JMBl. S. 37)[3]).

1. Die Wohnungen des Chefs und Mitglieder der bei dem Deutschen Reiche beglaubigten Missionen, welche von der inländischen Gerichtsbarkeit befreit sind, der Chefs und Mitglieder der bei dem Preußischen Staate beglaubigten Missionen von dem Preußischen Staate abgeordnet sind, desgleichen die Wohnungen des von der inländischen Gerichtsbarkeit befreiten Geschäftspersonals der vorerwähnten Personen und solcher Bediensteten derselben, welche nicht Deutsche sind, dürfen zum Zwecke einer Zustellung in Rechtsangelegenheiten irgendwelcher Art nur dann betreten werden, wenn der Inhaber der Wohnung seine Zustimmung dazu erteilt hat.

2. Die Einholung der Zustimmung ist bei dem Justizminister, in eiligen Fällen unmittelbar bei dem Minister der auswärtigen Angelegenheiten zu beantragen. Geht der Antrag von einem Amtsgericht oder von dem Untersuchungsrichter bei einem Landgericht aus, so ist derselbe vor dem Abgange dem Präsidenten des Landgerichtes[4]) vorzulegen. Letzterer hat zu prüfen, ob der Antrag zur Weiterbeförderung geeignet erscheint; eventuell ist von ihm auf die schleunige Beseitigung etwaiger Mängel hinzuwirken.

---

1) Für die Anwendung dieser Vorschrift ist gleichgültig, ob der Exterritoriale im Inlande oder im Auslande beglaubigt ist, bezw. sich aufhält. Auch erstreckt sich solche auf die Familienglieder, das Geschäftspersonal, die Bediensteten, soweit solche Exterritorialität genießen. Hierüber s. oben S. 329. Bezüglich der gegen einen Exterritorialen am forum rei sitae (GVG. § 20) im Inlande zulässigen Prozesse haben Zustellungen gleichfalls in obiger Weise zu erfolgen, da auch in diesem Falle die persönlichen Rechte der Exterritorialität zu rekspektieren sind. Beispiele von Zustellungen an Exterritoriale s. Seuffert S. 214.

2) Das inländische Formular für Ladungen darf bei Exterritorialen nicht benützt werden. Wegen der Form der Ladungen s. § 16 a.

3) Für Bayern, Württemberg, Sachsen und Baden sind gleichlautende Verfügungen ergangen (JMBl. S. 627). Vgl. auch § 1 Ziff. 3 der Geschäftsanweisung für Gerichtsvollzieher vom 1. Dezember 1899.

4) Bei den von dem Amtsgericht I in Berlin ausgehenden Schreiben tritt der Amtsgerichtspräsident an die Stelle des Landgerichtspräsidenten (Nr. 26 der Allg. Verf. vom 4. September 1900 JMBl. S. 559).

Auf den Antrag hat der Präsident zum Zeichen, daß derselbe ihm vorgelegen hat und zur Beförderung für geeignet befunden worden ist, den Vermerk zu setzen: „Gesehen (Datum). Der Landesgerichtspräsident." Der Unterschrift ist in diesem Falle das Amtssiegel nicht beizufügen.

3. Der Gerichtsvollzieher darf die Wohnung einer der in Ziffer 1 erwähnten Personen zum Zwecke der Zustellung in der Wohnung einer dieser Personen durch Aufgabe zur Post nur dann bewirken, wenn ihm die Zustimmung des Inhabers der Wohnung schriftlich vorgelegt wird.

4. Die Post darf von dem Gerichtsvollzieher und, insoweit eine Zustellung unter Vermittelung des Gerichtsschreibers zulässig ist, von dem Gerichtsschreiber um Bewirkung einer Zustellung in der Wohnung einer der in Ziffer 1 erwähnten Personen nur dann ersucht werden, wenn die Zustimmung des Inhabers der Wohnung schriftlich vorliegt.

5. Wird dem Gerichtsvollzieher oder dem Gerichtsschreiber die erforderliche Zustimmung nicht vorgelegt, so hat derselbe, sobald ihm bei dem Empfang oder bei Ausführung des Auftrages erkennbar wird, daß die Zustellung nicht vorgenommen werden darf, von der Zustellung Abstand zu nehmen und den Auftrag oder das Ersuchen dem Amtsgerichte, bei welchem er angestellt ist, vorzulegen. Das Amtsgericht hat alsdann die Einholung der Zustimmung von Amts wegen zu beantragen.

II b. Zustellungen an die Vorsteher[1]) der Reichskonsulate (Generalkonsuln, Konsuln, Vizekonsuln) erfolgen mittelst Ersuchens des Reichskanzlers (ZPO. § 200 Abs. 2)[2]).

II c. An Personen, welche zu einem im Auslande befindlichen oder zu einem mobilen Truppenteil oder zur Besatzung eines in Dienst gestellten Kriegsfahrzeuges gehören, können Zustellungen mittelst Ersuchens der vorgesetzten Kommandobehörde erfolgen (ZPO. § 201)[3]).

---

1) Gleichgültig, ob Berufs- oder Wahlkonsul.

2) Um Zustellungen an Mitglieder der Konsulate oder an die Familienangehörigen von solchen sind die Vorsteher der Konsulate nach Maßgabe des § 199 ZPO. zu ersuchen.

Zustellungen an die Konsuln auswärtiger Staaten erfolgen, da die Konsuln in der Regel und sofern Staatsverträge ein anderes nicht bestimmen, der inländischen Gerichtsbarkeit unterworfen sind, in der gewöhnlichen Weise nach Vorschrift der ZPO. §§ 180 ff. Im Konsularvertrag mit Rußland vom 8. Dezember und 26. November 1874 Art. 3 ist für die Vorladung von Konsuln als Zeugen amtliches Ersuchen der Gerichtsbehörde erfordert. Vgl. auch § 16a.

3) Über den Begriff eines „mobilen Truppenteiles" vgl. § 9 Nr. 1, § 10 Nr. 1 des Militärstrafgesetzbuches vom 20. Juni 1872 (RGBl. S. 174), in Bezug auf die Marine §§ 163 und 164 daselbst.

III. Die erforderlichen Ersuchungsschreiben werden von dem Vorsitzenden des Prozeßgerichtes erlassen (ZPO. § 202 Abs. 1)[1]). Die Zustellung wird durch das schriftliche Zeugnis der ersuchten Behörden oder Beamten, daß die Zustellung erfolgt sei, nachgewiesen (ZPO. § 202 Abs. 2).

Bei Zustellungen durch die Reichskonsuln hat in der Regel der Konsul seinem Antwortschreiben ein förmliches Zustellungszeugnis[2]) beizufügen; außerdem genügt die gerichtliche Konstatierung, indem der Konsul von der erfolgten Zustellung die requirierende Behörde mit Angabe der näheren Umstände, unter welchen die Zustellung stattgefunden hat, also z. B. ob und wann die Zustellungsverfügung dem Adressaten persönlich behändigt, ob und wann sie zur Post gegeben ist usw., benachrichtigt. Für das Schreiben, durch welches die requirierende Behörde von der erfolgten Zustellung benachrichtigt wird, sind besondere Gebühren nicht zu liquidieren, vielmehr haben die Konsuln nur auf den Ersatz der mit der Zustellung verbundenen baren Auslagen Anspruch. Wird dagegen ein besonderes Zustellungszeugnis ausgefertigt, so kommt der Gebührenansatz für Ausstellung von Bescheinigungen in Anwendung[3]).

IV. Wenn bei einer im Auslande zu bewirkenden Zustellung die Befolgung der hierfür nach obigem bestehenden Vorschriften unausführbar ist, z. B. in dem fremden Staate weder geordnete Staatseinrichtungen bestehen, noch Konsuln oder Gesandte des Reiches residieren, oder wenn solche keinen

---

1) Bei den Amtsgerichten durch den Amtsrichter. Erachten die Schiedsrichter (§ 1036 ZPO.) eine Zustellung im Auslande für erforderlich, so hat das zuständige Gericht das Ersuchungsschreiben zu erlassen (OLG. Hamburg vom 1. Mai 1902, SeuffA. Bd. 58 S. 247). Über die Form und sonstige Behandlung s. oben S. 186. Im Zustellungsverkehr mit dem Auslande ist auf eine möglichst genaue Bezeichnung des Bestellungsortes zu achten, insbesondere bei Ortschaften, von welchen mehrere gleichen Namens bestehen, tunlichst die Provinz, in welcher sie liegen, anzugeben und sind dieselben auch nach der betreffenden ausländischen Schreibart zu bezeichnen; JME. vom 20. Dezember 1881 (BayerJMBl. S. 494). Für den Fall der Zustellung eines Arrestbefehles ist nach einer reichsgerichtlichen Entscheidung vom 5. Juli 1884 (PrJMBl. S. 231 und Entsch. in ZS. Bd. 14 S. 335) sowohl das Ersuchungsschreiben an den Konsul, als das Zustellungszeugnis desselben auf dem Wege des Telegrammes für zulässig erklärt, sofern nur die Sicherheit der Übereinstimmung des Inhaltes mit dem Original gewahrt bleibt.

Nach § 28 des Konsulargerichtsbarkeitsgesetzes vom 7. April 1900 (RGBl. S. 213) erfolgen Zustellungen in gerichtlichen Angelegenheiten, also auch in solchen der freiwilligen Gerichtsbarkeit, nur auf Ersuchen von Behörden, dagegen in nicht gerichtlichen Angelegenheiten auf einen von den Beteiligten an den deutschen Konsul zu richtenden Antrag.

2) Die Instruktion für die Reichskonsuln vom 6. Juni 1871 enthält den Entwurf eines solchen Zustellungszeugnisses im allgemeinen und für den Fall, daß die requirierende Behörde ein Duplikat des zuzustellenden Schriftstückes behufs Bescheinigung der Zustellung auf demselben beigegeben hat.

3) Instruktion zu § 19 KonsGes.

Erfolg verspricht, z. B. wegen Verweigerung der Rechtshilfe, so kann die Zustellung durch öffentliche Bekanntmachung erfolgen[1][2][3].

V. Die deutsche Zivilprozeßordnung statuiert gewisse Ausnahmen von den allgemeinen Prozeßregeln für den Fall, daß eine Zustellung im Auslande oder eine öffentliche Zustellung erforderlich wird. So findet in solchem Falle das Mahnverfahren nicht statt (ZPO. § 688 Abs. 2). Bei Einklagung gepfändeter Forderungen (ZPO. § 841) kann die Streitverkündung an den Schuldner unterlassen werden. Im Verteilungsverfahren ist im gegebenen Falle die Ladung des Schuldners zum Termine nicht erforderlich (ZPO. § 875). Vgl. auch ZPO. §§ 844 und 763. Besondere Vorschriften über die Bestimmung der Einlassungsfrist und der Einspruchsfrist für die Fälle, wo eine Zustellung im Auslande erforderlich ist, enthalten die §§ 262, 339, 499 ZPO.

VI. Eine Prozeßpartei, welche nicht im Deutschen Reiche wohnt (gleichviel, ob Kläger, Beklagter oder Intervenient, ob Inländer oder Ausländer), ist zur Benennung eines Zustellungsbevollmächtigten verpflichtet, falls sie nicht einen am Orte des Prozeßgerichtes oder innerhalb des Amtsgerichtsbezirkes, in welchem das Prozeßgericht seinen Sitz hat, wohnhaften Prozeßbevollmächtigten bestellt hat (ZPO. § 174 Abs. 2)[4].

VII. Die Frage, ob eine Zustellung, eine Behändigung an eine Partei gültig erfolgt sei, ist zunächst lediglich nach dem Gesetze des Prozeßgerichtes zu beurteilen, einerlei ob die Person, der behändigt, die geladen werden soll, sich im Inlande oder im Auslande befindet, ob sie staatsangehörig ist oder nicht.

---

1) ZPO. § 203 Abs. 2. Dasselbe gilt, wenn die Zustellung aus dem Grunde nicht bewirkt werden kann, weil die Wohnung einer nach §§ 18 und 19 GVG. der Gerichtsbarkeit nicht unterworfenen Personen der Ort der Zustellung ist (§ 203 Abs. 3 ZPO.). Diese Bestimmung ist durch die Novelle von 1898 hinzugefügt, weil bei verweigerter Zustimmung des Exterritorialen das Betreten der Wohnung desselben und somit die Zustellung nicht möglich ist. Durch § 203 Abs. 3 a. a. O. werden übrigens die oben mitgeteilten Bestimmungen über Zustellung an Exterritoriale nicht berührt. Nach Abs. 1 a. a. O. kann die Zustellung durch öffentliche Bekanntmachung erfolgen, sobald der Aufenthalt einer Partei unbekannt ist. Gaupp hält eine voraussichtliche Erfolglosigkeit schon dann gegeben, wenn die Zustellung schon einmal vergeblich versucht wurde.

2) Die Entscheidung über das Gesuch kann ohne vorgängige mündliche Verhandlung erlassen werden.

3) Näheres hierüber s. ZPO. §§ 204—213.

4) Zum Begriff des „Wohnens" und „wohnhaft sein" im Sinne des § 174 ZPO. gehört nicht das Innehaben des Wohnsitzes; es ist hier lediglich die Wohnung im Sinne der §§ 180 ff. ZPO. in Frage.

Die Fragen, ob der Hilfsakt der auswärtigen Behörde wirklich ein verpflichtender obrigkeitlicher Akt war und ob der darüber aufgenommenen Urkunde wirklich die Eigenschaft eines authentischen, d. i. mit öffentlichem Glauben versehenen Aktes beizulegen ist, können allein nach dem Rechte des die Behändigung faktisch im Auslande ausführenden Beamten beurteilt werden. Auch die Frage wird nach eben diesem Gesetze zu beurteilen sein, welchen Personen das Schriftstück etwa, wenn die Partei nicht zu Hause anzutreffen ist, in die Hand gegeben werden dürfe, damit sie es der Partei überliefere oder an welchen Orten (z. B. in der Wohnung der zu ladenden Partei) es angeheftet werden könne. Auch die Frage, ob Festtag war, ist nach diesem Rechte zu entscheiden[1]).

Alle anderen die Zustellung an die Partei betreffenden Fragen sind nach dem Gesetze des Prozeßgerichtes zu beurteilen, z. B. die Frage, ob an einem Festtage ausnahmsweise mit prozessualer Wirksamkeit behändigt werden konnte, d. h. ob eine sog. eilige Sache vorliegt, wie die Frage, ob der Partei die genügende Zeit blieb, um die Verhandlung vor dem Prozeßgerichte vorzubereiten.

Der Inhalt des zu behändigenden Schriftstückes ist lediglich nach dem Rechte des Prozeßgerichtes zu beurteilen.

Die Ladung eines Zeugen oder Sachverständigen ist nach Form und Inhalt lediglich nach den Gesetzen des Ortes, an welchem sie erfolgt, zu beurteilen[2]).

Über Zustellung des Arrestbeschlusses an den im Auslande wohnenden Arrestbeklagten s. RG. vom 6. Juli 1884 (JW. 13, 290).

Für die Zustellung des Pfändungsbeschlusses an den ausländischen Drittschuldner bei der Forderungspfändung ist § 203 Abs. 2 ZPO. (öffentliche Zustellung) nicht anwendbar. Urteil des Reichsgerichtes vom 24. Oktober 1888 (Entsch. in Zivils. Bd. 22 S. 404).

§ 26.
Gerichtssprache. — Dolmetscher.

Gerichtssprache im Deutschen Reiche ist die deutsche (GVG. § 186 und §§ 8 und 9 FGG.). Dies gilt nicht nur für den inneren Verkehr der Gerichte und die Korrespondenz der Behörden untereinander, sondern für den ganzen Geschäftsverkehr im Bereiche der durch das Gerichtsverfassungsgesetz

1) Vgl. § 328 Nr. 2 ZPO.
2) Vgl. Meili, Internationales Zivilprozeßrecht S. 193.

geordneten Rechtspflege. Insbesondere dürfen, von den noch zu besprechenden Ausnahmen abgesehen, die Parteien nur in deutscher Sprache verhandeln. Auch der schriftliche Verkehr mit den Gerichten findet nur in deutscher Sprache statt[1]). Vom Gericht kann bezüglich der in fremder Sprache abgefaßten Urkunden eine durch einen beeidigten Dolmetscher angefertigte Übersetzung verlangt werden[2]).

Wird unter Beteiligung von Personen[3]) verhandelt, welche der deutschen Sprache nicht mächtig sind[4]), so ist ein Dolmetscher beizuziehen. Die Führung eines Nebenprotokolls in fremder Sprache findet nicht statt; jedoch sollen Aussagen und Erklärungen in fremder Sprache, wenn und soweit der Richter dies mit Rücksicht auf die Wichtigkeit der Sache für erforderlich erachtet, auch in der fremden Sprache in das Protokoll oder in eine Anlage niedergeschrieben werden. In den dazu geeigneten Fällen soll dem Protokolle eine durch den Dolmetscher zu beglaubigende Übersetzung beigefügt werden (GVG. § 187 Abs. 1).

Die Zuziehung eines Dolmetschers kann unterbleiben, wenn die beteiligten Personen sämtlich der fremden Sprache mächtig sind (GVG. § 187 Abs. 2).

Für die Verhandlungen der freiwilligen Gerichtsbarkeit bedarf es eines Dolmetschers schon dann nicht, wenn

1) Eine Zurückstellung der in fremder Sprache abgefaßten Anträge, Gesuche usw. behufs Einreichung in deutscher Sprache ist nicht ausgeschlossen. Klagen, Schriftsätze, durch welche der Einspruch oder ein Rechtsmittel eingelegt wird, Ladungen usw. sind unwirksam, wenn sie nicht in deutscher Sprache abgefaßt sind. Vgl. Struckmann-Koch zu § 186 GVG. Anm.

Die §§ 186 ff. GVG. gelten auch für das Verfahren vor den Konsuln und Konsulargerichten, sowie vor den Gerichten der Schutzgebiete (§ 19 des Konsulargerichtsbarkeitsgesetzes vom 7. April 1900, RGBl. S. 213). Vgl. auch RGZ. Bd. 31 Seite 428.

2) § 142 Abs. 3 ZPO. Es ist jedoch dem freien Ermessen des Gerichtes überlassen, ob es die Beibringung einer Übersetzung für notwendig erachtet, und zwar auch im Urkundenprozeß; s. RGE. Bd. 9, 436. In diesem Urteile wurde das Verlangen der Beibringung einer deutschen Übersetzung hauptsächlich aus dem Grunde verworfen, weil der Urkundenprozeß nicht bloß aus deutschen oder doch mit einer deutschen Übersetzung begleiteten Urkunde zulässig ist, besondere Umstände, welche die vorgängige Beibringung einer deutschen Übersetzung erforderlich machten, nicht vorhanden waren, im Gegenteil Beklagter den von ihm als echt anerkannten Wechsel selbst in London in englischer Sprache ausgestellt, auch in London zahlbar gemacht, sich mithin selbst unter die Herrschaft der englischen Sprache und des englischen Rechtes begeben hatte, wobei als unerheblich erachtet wurde, ob der Anwalt des Beklagten der englischen Sprache mächtig war oder nicht, und wobei noch angenommen wurde, daß es vielmehr Sache des Beklagten gewesen wäre, dem Anwalt eine deutsche Übersetzung zugängig zu machen oder bei der Verhandlung mitzuerscheinen.

3) Gleichviel ob als Parteien, Anwälte, Zeugen usw.

4) Der deutschen Sprache ist nicht mächtig, wer nicht darin ausdrücken kann, was er auszudrücken beabsichtigt, oder das darin Gesagte nicht unbedingt versteht. Ob dies der Fall, unterliegt der freien Beurteilung des Gerichtes, auch wenn es sich um einen Ausländer handelt (RGSt. Bd. 1 S. 137; Rechtspr. RGSt. Bd. 1 S. 208).

der Richter der Sprache, in der sich die beteiligten Personen erklären, mächtig ist (§ 9 FGG.)[1]).

Der Inhalt des § 187 GVG. gilt nicht bloß für die mündliche Verhandlung im Sinne des § 119 ZPO., sondern ist allgemein zu verstehen und findet insbesondere auch Anwendung auf Termine vor dem beauftragten oder ersuchten Richter.

Die Zuziehung des Dolmetschers ist unbedingt vorgeschrieben, sofern nicht die Ausnahme des Abs. 2 des § 187 vorliegt[2]). Die Zuziehung ist im Protokolle zu konstatieren[3]).

Der Dolmetscher ist ein Sachverständiger, welchen das Gericht von Amts wegen zuzieht[4]). Es kommen daher im Falle eines Streites über richtige Verdolmetschung auch die Regeln über den Sachverständigenbeweis beziehungsweise der Grundsatz der freien Beweiswürdigung zur Anwendung.

Das Gericht kann zwar mehrere Dolmetscher zuziehen; die Beteiligten jedoch haben nicht das Recht, die Zuziehung mehrerer Dolmetscher zu verlangen[5]).

Das Protokoll ist stets in der deutschen Sprache aufzunehmen. Dem richterlichen Ermessen unterliegt es, inwiefern mit Rücksicht auf die Wichtigkeit der Sache (z. B. bei Geständnissen, Anerkenntnissen, Verzichtleistungen usw.) die Niederschreibung von Aussagen und Erklärungen auch in der fremden Sprache stattfinden soll[6]). Auch wenn nach Abs. 2 des § 187 die Zuziehung des Dolmetschers unterbleiben kann, was allgemein für Anwalts- und andere Prozesse gilt, ist das Protokoll in deutscher Sprache aufzunehmen.

In betreff von Eidesleistungen bestimmt § 190 GVG., daß Personen, welche der deutschen Sprache nicht mächtig sind, den Eid in der ihnen geläufigen Sprache leisten. Hierbei ist stets ein Dolmetscher beizuziehen, sofern nicht der Ausnahmsfall des § 187 Abs. 2 GVG. vorliegt. Die Leistung des Eides erfolgt entweder mittelst Nachsprechens der von dem Dolmetscher einzeln vorgesprochenen Worte oder mittelst Ablesung der dem Eidespflichtigen in der fremden Sprache vorgelegten Eidesformel[7]).

---

1) Vgl. PrFGG. Art. 1 und 144 Nr. 18.

2) Ein Verzicht der Parteien ist wirkungslos.

3) § 159 Nr. 2 ZPO. Es ist nicht notwendig festzustellen, daß der Dolmetscher der fremden Sprache mächtig sei (RGSt. Bd. 1 S. 397; Rechtspr. RGSt. Bd. 1 S. 678).

4) Mot. zu § 187 S. 201, 202 und RGSt. Bd. 9 S. 53. Frauenspersonen, soweit sie überhaupt Sachverständige sein können, sind nicht ausgeschlossen.

5) Mot. a. a. O.

6) Solche Niederschrift in der fremden Sprache wird durch den Dolmetscher bewirkt.

7) Vgl. hierzu § 482 ZPO. Eine Übersetzung der Eidesformel in das Deutsche ist nicht erforderlich.

Die Aufnahme von Urkunden, die zum Gebrauch in fremden Ländern z. B. England, Nordamerika, bestimmt sind, in fremder Sprache dürfte nur im Notfalle (wenn das ausländische Gesetz es ausdrücklich verlangt) zulässig sein. Der badische Justizminister (Verf. v. 4. Juni 1907, A. 17342) verlangt, daß badische Gerichte und Notare seine Zustimmung einholen.

c) Beweisverfahren.

§ 27.

Allgemeine Bestimmungen über Beweisaufnahme.

Regel ist nach der Bestimmung der deutschen Zivilprozeßordnung, daß die Beweisaufnahme vor dem Prozeßgerichte zu erfolgen habe. Nur in den durch die Prozeßordnung selbst bestimmten Fällen ist die Beweisaufnahme einem Mitgliede des Prozeßgerichtes oder einem anderen Gerichte zu übertragen[1]).

Kann die Beweisaufnahme nicht durch das Prozeßgericht selbst oder durch ein beauftragtes Mitglied desselben erfolgen, so gilt folgendes (vgl. oben § 1):

I. Soll die Beweisaufnahme durch ein anderes Gericht erfolgen, so hat der Vorsitzende der mit der Sache befaßten Kammer, bezw. der Einzelrichter das Ersuchungsschreiben an den für den Akt der Beweisaufnahme örtlich zuständigen Amtsrichter (§ 159 GVG.) zu erlassen (ZPO. § 362 Abs. 1). Hierbei können die Gerichtsakten dem ersuchten Gerichte übersandt werden, wenn solches für die Beweisaufnahme nötig erscheint oder wenn besondere Zweckmäßigkeitsgründe hierfür sprechen und die Akten bei dem Prozeßgerichte entbehrlich sind[2]).

An dieser Stelle mögen folgende allgemeine Bemerkungen ihren Platz finden, mit welchen einer Beschleunigung des Prozeßverfahrens das Wort geredet werden soll:

---

1) § 355 Abs. 1 ZPO. Unter dem „anderen Gericht" ist ein deutsches Gericht zu verstehen (RGE. Bd. 2 S. 371).

2) § 362 Abs. 2 ZPO. Bei der Frage der Aktensendung ist auch auf Ersparung der Portokosten Bedacht zu nehmen. In Preußen bildet die Mitübersendung der Akten die Regel. Werden mehrere Amtsgerichte ersucht, so empfiehlt sich im Interesse der Beschleunigung, an dasjenige, welches die wichtigste Beweisaufnahme zu erledigen hat, die Akten, an die übrigen besondere Ersuchungsschreiben zu senden, in welchen der Sachverhalt zur Erläuterung des Beweisthemas kurz anzugeben ist. Das letztere Verfahren läßt sich allerdings nur dann ermöglichen, wenn den Zeugen keine Urkunden aus den Akten usw. vorgelegt werden brauchen.

Es ist notwendig, daß bei Erlaß eines Beweisbeschlusses gleich der nächste Verhandlungstermin anberaumt wird, wobei auf den Umfang der Beweisaufnahme gebührende Rücksicht zu nehmen ist. Die Sache bleibt auf diese Weise im Zuge, dem ersuchten Richter, dem Sachverständigen usw. wird der Termin stets ein Anlaß sein, die Beweisaufnahme zu beschleunigen. Es ist kein Unglück, wenn der Verhandlungstermin einmal aufgehoben wird, falls die Beweisaufnahme ausnahmsweise nicht rechtzeitig erledigt wird. Soll die Anberaumung des Termins nach Erledigung der Beweisaufnahme erfolgen, dann sind die Sitzungstage mittlerweile besetzt und der Termin muß weit hinausgerückt werden. Außerdem verursacht die Ladung von Amts wegen unnötig Schreibarbeit und Kosten.

Um eine schnelle Erledigung der Beweisaufnahme durch den ersuchten Richter herbeizuführen, kann seitens der Prozeßgerichte mancherlei geschehen. Nur ganz kurze Beweisbeschlüsse sind gleich in das Sitzungsprotokoll aufzunehmen. Alle anderen sind mündlich kurz zu verkünden und nach der Sitzung durch den Berichterstatter abzusetzen, da das Diktieren längerer Beschlüsse die Sitzung des Prozeßgerichtes verlängert, auch die Anwälte zum Warten nötigt. Die Absetzung des Beweisbeschlusses ist besonders zu beschleunigen.

Der Beschluß, dessen wesentlicher Inhalt ja mündlich bei der Verkündung mitgeteilt ist, braucht nur vom Vorsitzenden und dem Berichterstatter unterschrieben zu werden (vgl. RG. 3, 400). Wenn der Beschluß, womöglich mit den Akten, erst bei allen Richtern zur Unterschrift zirkuliert, wird eine Menge Zeit verloren. Ist er bei den Akten, so muß den Anwälten zunächst eine Abschrift des Protokolls nebst Anlagen zugesandt werden. Die Sache kommt also erst zur Kanzlei[1]). Vielleicht ließe sich eine Beschleunigung herbeiführen, wenn das Protokoll mit einer Schreibmaschine fertiggestellt würde. Dann wären die Abschriften gleich vorhanden. Hat eine Partei die Adresse eines Zeugen noch anzugeben oder wird die Beweisaufnahme von der Einzahlung eines Vorschusses abhängig gemacht, so muß das Gericht gleich eine Frist bestimmen. Wird diese nicht eingehalten, so liegt ein Verschulden der Partei vor, für welches das Gericht nicht verantwortlich ist.

---

1) Die Gerichtsschreiberei muß angewiesen werden, diejenigen Sachen, in welchen die Akten an auswärtige Amtsgerichte geschickt werden müssen, in erster Linie zu beschleunigen. Bei Beweisaufnahmen durch den beauftragten Richter braucht die Abschrift des Beweisbeschlusses nicht so schnell angefertigt zu werden.

Der zu erlassende Beweisbeschluß muß allen Vorschriften des § 359 ZPO. entsprechen, welcher bestimmt:

„Der Beweisbeschluß enthält:

1. die Bezeichnung der streitigen Tatsachen, über welche der Beweis zu erheben ist;

2. die Bezeichnung der Beweismittel unter Benennung der zu vernehmenden Zeugen und Sachverständigen;

3. die Bezeichnung der Partei, welche sich zum Nachweise oder zur Widerlegung tatsächlicher Behauptungen auf das Beweismittel berufen hat;

4. die Eidesnorm, wenn die Abnahme eines zugeschobenen oder zurückgeschobenen Eides angeordnet wird.“

Die Tätigkeit der ersuchten Richter wird erleichtert durch einen ausführlichen Beweisbeschluß. Allein alles läßt sich in denselben nicht hineinschreiben. Zur Verbesserung der Beweisaufnahme würde es erheblich beitragen, wenn das Votum des Prozeßgerichtes verschlossen den Prozeßakten beigefügt würde. Der Richter wäre dann über die Rechtsfragen ausreichend orientiert. Er brauchte sich nicht erst durch ein umfangreiches Aktenstudium zu informieren.

Damit sie nicht auf die Beweisfragen ein einfaches Ja oder Nein in dem Protokoll finden, sind manche Gerichte dazu übergegangen, die Beweisfrage allgemein zu halten und dem ersuchten Richter die Berücksichtigung des Inhalts der Schriftsätze aufzugeben, um diesen zu veranlassen, in die Sache tiefer hineinzusteigen.

Ein Übelstand ist, daß sich viele Richter streng an das Beweisthema halten und alle darüber hinausgehenden Fragen ablehnen. Dies verursacht häufig eine Wiederholung der Beweisaufnahme, während mit ein paar Worten dem Antrage der Partei Genüge geschehen wäre. Man wird doch kaum behaupten können, daß der Zeuge, welcher eine über den Rahmen des Beweisbeschlusses hinausgehende Frage falsch beantwortet, nicht wegen Meineids bestraft werden könne. Die formalistische Behandlung entspricht wenig dem praktischen Bedürfnis[1][2].

1) Die Frage, ob der beauftragte oder ersuchte Richter berechtigt, bezw. verpflichtet ist, einen in dem Beweisbeschlusse des Prozeßgerichtes nicht aufgeführten, von einer Partei aber zum Termin sistierten Zeugen über die in dem Beweisbeschlusse bezeichneten Tatsachen zu vernehmen, wird bejaht für den Fall, daß beide Parteien hierüber einig sind, als dem Sinne des § 489 ZPO. entsprechend, dagegen verneint für den Fall, daß die Gegenpartei nicht erschienen, oder daß sie anwesend ist und widerspricht, in der Abhandlung von Blankmeister im Magazin für das deutsche Recht der Gegenwart Bd. 8 S. 182 ff.

2) Das Prozeßgericht ist berechtigt, eine etwaige Überschreitung seines Auftrages durch den ersuchten Richter zu genehmigen (OLG. Kolmar vom 16. November 1902, Busch, Zeitschrift Bd. 32 S. 363).

Das Dezernat des Requisitionsrichters gehört nicht zu den gesuchten. Man kann sich auch des Eindruckes nicht erwehren, daß seitens der Präsidien der preußischen Landgerichte diese so wichtige Tätigkeit den tüchtigsten richterlichen Beamten nicht übertragen wird. Gewöhnlich wird ein Assessor damit beglückt. Die Amtsrichter übertragen die Beweisaufnahme vielfach einem Referendar. Die Zeugenvernehmung ist eine Kunst, welche erst gelernt werden will; sie ist für die Entscheidung des Prozesses von erheblicher Bedeutung. Der ersuchte Richter steht an Stelle des Prozeßrichters, welcher eigentlich die Beweisaufnahme vor sich stattfinden lassen sollte. Man sollte daher, wie dies im Königreich Sachsen bereits jetzt schon geschieht, besonders tüchtige Richter zu ersuchten Richtern bestellen. Dann würde eine nochmalige Vernehmung der Zeugen usw. wohl vermieden, auch der Sachverhalt ausreichend aufgeklärt werden. Wer Beweisprotokolle aus Sachsen gelesen hat, wird zugeben, daß dieselben ausführlicher und besser sind, als durchschnittlich in Preußen.

Rechtshilfeersuchen müssen grundsätzlich als Eilsachen behandelt werden. In 2—3 Wochen muß Termin anstehen. Vgl. auch § 229 ZPO. Häufig nehmen die ersuchten Richter gar keine Rücksicht auf den aus den Akten ersichtlichen Verhandlungstermin, sondern beraumen den Beweistermin, wenn nicht auf denselben Tag oder gar später, doch so kurz vor demselben an, daß in dem Termin vor dem Prozeßgericht gar nicht verhandelt werden kann. Der Regel nach empfiehlt sich gleichzeitige Ladung der Zeugen, Sachverständigen usw. und der Anwälte. Letztere haben dann noch ausreichende Zeit, ihre Parteien vor dem Termin zu benachrichtigen, so daß diese denselben nötigenfalls wahrnehmen können. Nur in großen Städten, Industriebezirken mit fluktuierender Bevölkerung, überhaupt in allen Fällen, wo es zweifelhaft erscheint, ob die Ladung eines Zeugen gelingen wird, ist es zweckmäßig, die Ladung des Zeugen zunächst anzuordnen und, wenn diese erfolgt ist, den Anwälten Kenntnis zu geben (Ministerialverfügung vom 31. Oktober 1895; PrJMBl. S. 327). Denn wenn die Ladung des Zeugen nicht gelingt, müssen die Anwälte, die gleichzeitig geladen sind, wieder abbestellt werden, und letztere weiterhin ihre Parteien benachrichtigen. Da den Anwälten die Zeit bis zum Termin manchmal zu knapp war, ist in einem Oberlandesgerichtsbezirk angeordnet, den Beweistermin weiter hinauszuschieben. Dieses Verfahren kann nicht gebilligt werden. Das Zurückkommen der Zustellungsurkunde für die Ladung der Zeugen dauert kaum eine Woche, ist also der Termin in 2—3 Wochen anberaumt, so verbleibt den Anwälten noch eine Woche, um ihre Partei zu benachrichtigen. Das ist doch wohl Zeit genug.

Der ersuchte Richter, welcher die Zeugenladung nicht von einem Kostenvorschuß des Beweisführers abhängig machen darf (OLG. Nürnberg vom 4. Januar 1882, Seuff Arch. N. F. Bd. 9 Nr. 152), veranlaßt die Ladung der Zeugen oder Sachverständigen usw. In der Verfügung vom 29. Juli 1895 I 1420 bezeichnet der preußische Justizminister es für empfehlenswert, daß die Ladung des Zeugen oder Sachverständigen zum ersten Termin durch einfaches Schreiben erfolgt und erst beim Ausbleiben des Zeugen durch ordnungsmäßige Zustellung[1]. Sehr praktisch ist es, wenn der ersuchte Richter in die Zeugenladung nicht das ganze Beweisthema, sondern nur den Gegenstand der Vernehmung (§ 377 Ziff. 2 ZPO.) aufnehmen läßt. Auf diese Weise wird erreicht, daß die Erinnerung des Zeugen nicht von vornherein in eine bestimmte Richtung gedrängt wird, er nur die formulierten Fragen beantwortet und er sein gesamtes Wissen über den gesamten Sachverhalt zu bekunden unterläßt (KB. S. 104 und 105). Auch wird dem Zeugen die Möglichkeit genommen, sich bestimmte Antworten vorher einzupauken.

Ersuchte Richter pflegen vielfach die Akten, wenn die Ladung des Zeugen als unbestellbar zurückgekommen ist, sofort an das Prozeßgericht zurückzusenden. Das Prozeßgericht fordert nun den Anwalt der beweisführenden Partei auf, die richtige Adresse schleunigst anzuzeigen. Dieser schreibt an die Partei, welche nun ihrerseits Erkundigungen einzieht. Schließlich stellt sich heraus, daß der gesuchte Zeuge doch in der betreffenden Stadt wohnt, aber in einer anderen Straße. Die Akten müssen nun wieder an dasselbe Amtsgericht zurück. Die vielen Schreibereien wären vermieden worden, wenn der ersuchte Richter einfach beim Einwohner-Meldeamt angefragt hätte. Hierzu müßte der Richter im Dienstaufsichtswege angehalten werden.

Nach erhobenem Beweise hat der ersuchte Richter die auf die Beweisaufnahme sich beziehenden Verhandlungen (Protokoll nebst etwaigen weiteren bei dem ersuchten Richter erwachsenen

---

1) Nach der Min.-Verf. vom 17. November 1899 I 6374 soll für dies Verfahren kein Bedürfnis bestehen, da durch §§ 208 ff. ZPO. für Zustellungen von Amts wegen ein vereinfachtes Verfahren vorgeschrieben ist. — Bei Erledigung ausländischer Ersuchen ist stets ordnungsmäßig zu laden.

Aktenstücken, überreichten Schriftsätzen, Urkunden ꝛc.)[1]) dem Gerichtsschreiber des Prozeßgerichtes zu übersenden, welcher die Parteien von dem Eingange benachrichtigt (§ 362 Abs. 2 ZPO.) und die Akten nunmehr dem eigenen Gerichte vorlegt. Diese Benachrichtigung bedarf nicht der Form der Zustellung, sondern kann durch jede andere Mitteilung, insbesondere durch ein zur Post gegebenes Schreiben, durch Vorzeigedekret ꝛc. geschehen.

Der ersuchte (auch der beauftragte) Richter ist ermächtigt, falls sich später Gründe ergeben, welche die Beweisaufnahme durch ein anderes Gericht sachgemäß erscheinen lassen, dieses Gericht[2]) um die Aufnahme des Beweises zu ersuchen. Die Parteien sind von solcher Verfügung in Kenntnis zu setzen[3]). Eine Genehmigung seitens des Prozeßgerichtes zur Übertragung der Beweisaufnahme auf ein anderes Gericht ist nicht notwendig, der requirierte oder beauftragte Richter hat in eigenem Ermessen zu beurteilen, ob Gründe zu solcher Übertragung (z. B. Entfernung der Zeugen aus dem Gerichtsbezirke, eine mit dem zu besichtigenden Gegenstande vorgekommene Ortsveränderung oder dergl.) gegeben sind[4]). Die Gründe müssen nach Erlassung der Requisition hervorgetreten, d. h. zur Kenntnis des Richters gelangt sein, sie können dabei schon vor Erlassung des Ersuchschreibens bestanden haben, z. B. wenn das Prozeßgericht infolge unrichtiger Bezeichnung des Wohnorts des Zeugen den unzuständigen Richter requiriert hat[5]).

---

1) Müssen die Akten an verschiedene Amtsgerichte hintereinander gesandt werden, so nimmt dies eine lange Zeit in Anspruch. Kommen sie dann zurück, so müssen erst Abschriften der sämtlichen Protokolle in der Kanzlei des Prozeßgerichtes angefertigt werden, wodurch ein erheblicher Zeitverlust entsteht und häufig Vertragungen notwendig werden, da der Anwalt über das Ergebnis der Beweisaufnahme vor dem nächsten Verhandlungstermin mit seiner Partei noch Rücksprache nehmen will.

Man könnte nun daran denken, daß das ersuchte Amtsgericht gleich selbst die Abschriften des Beweisprotokolles anfertigen läßt und sie den Anwälten direkt zusendet. Allein auch hier erscheint uns der Vorschlag sehr beachtenswert, die Beweisprotokolle mit der Schreibmaschine herzustellen.

2) Dieses Gericht darf das Ersuchen nur gemäß § 159 GVG. ablehnen.

3) § 365 ZPO. Die Benachrichtigung der Parteien braucht nicht gemäß § 329 Abs. 3 ZPO. durch Zustellung zu geschehen. Viele Amtsrichter scheinen den § 365 ZPO. gar nicht zu kennen; sie schicken, wenn der Wohnort des Zeugen nicht zu ihrem Bezirk gehört oder die Ladung mit dem Vermerk, daß der Zeuge nach einer anderen Stadt verzogen ist, zurückkommt, die Akten an das Prozeßgericht, statt sie einfach an das zuständige Amtsgericht weiterzugeben.

4) Doch steht nichts im Wege, daß der beauftragte oder ersuchte Richter dem Prozeßgerichte die veränderte Sachlage darstellt, daß dieses die frühere Anordnung zurücknimmt und ein anderes Gericht ersucht oder jetzt die Beweisaufnahme vor dem Prozeßgericht anordnet.

5) Gaupp a. a. O. zu § 365.

Eine Weitergabe der Requisition an ausländische Behörden oder Reichskonsuln ist nicht zulässig, da das Ersuchen dorthin nur vom Prozeßgericht ausgehen kann[1]). Näheres hierüber s. unten Nr. II.

Für das Verfahren vor dem ersuchten Richter gelten die Vorschriften des amtsgerichtlichen Prozesses.

Erhebt sich bei der Beweisaufnahme vor einem beauftragten oder ersuchten Richter[2]) ein Streit, von dessen Erledigung die Fortsetzung der Beweisaufnahme abhängig und zu dessen Entscheidung der Richter nicht berechtigt ist, so erfolgt die Erledigung durch das Prozeßgericht (§ 366 Abs. 1 ZPO.). Fälle, in welchen dem beauftragten oder ersuchten Richter gesetzlich die Entscheidung zugewiesen ist, enthalten die §§ 400 und 406 Abs. 4 ZPO. Nach ersterer Gesetzesstelle ist der mit der Beweisaufnahme betraute Richter ermächtigt, im Falle des Nichterscheinens oder der Zeugnisverweigerung die gesetzlichen Verfügungen zu treffen, auch dieselben, soweit dieses überhaupt zulässig ist, selbst nach Erledigung des Auftrages wieder aufzuheben, über die Zulässigkeit einer dem Zeugen vorgelegten Frage vorläufig zu entscheiden und die nochmalige Vernehmung eines Zeugen vorzunehmen; § 406 Abs. 4 betrifft die Entscheidung über das Ablehnungsgesuch eines Sachverständigen. Außer diesen im Gesetze speziell bezeichneten Fällen stehen dem beauftragten oder ersuchten Richter auch alle solche Entscheidungen zu, welche sich nur auf die Art und Weise der Ausführung des erteilten Auftrages oder des Ersuchens beziehen und ohne jedes Präjudiz für die dem Prozeßgericht zustehende Sachentscheidung erlassen werden können[3]).

Hat der ersuchte Richter den Streit zur eigenen Entscheidung gezogen, so ist das Verfahren unwirksam, insbesondere gilt ein hierbei abgenommener Parteieid als nicht geleistet (RG. 13, 400).

---

1) Ist ein Konsul oder ein Gericht in einem deutschen Schutzgebiet ersucht, so ist Weitergeben gemäß § 365 ZPO. an einen andern Konsul oder an ein anderes Gericht zulässig.

2) Nur den Parteien steht das Recht zu, einen ersuchten Richter gemäß §§ 42 ff. ZPO. abzulehnen, nicht auch Zeugen und Sachverständigen (OLG. Rostock vom 10. Januar 1898, Böhm, Zeitschrift Bd. 9 S. 144; das RG. hat diesen Beschluß bestätigt).

3) Entscheidungen, welche sich auf die Vornahme eines Augenscheines, die Beseitigung der einer solchen entgegenstehenden tatsächlichen Hindernisse beziehen, die Entscheidung darüber, ob im Falle des § 479 ZPO. wegen mangelhafter Offizialladung des Schwurpflichtigen eine Vertagung des Schwurtermines eintreten soll. Überhaupt werden alle Fälle, in welchen über Verlegung eines Termines oder über die Anberaumung eines neuen Termines zur Fortsetzung der Beweisaufnahme Streit entsteht, hierher zu rechnen sein; s. Hellmann, Kommentar zu § 366.

Dem Prozeßgerichte ist ausdrücklich die Entscheidung zugewiesen über die Rechtmäßigkeit der Zeugnisverweigerung (ZPO. §§ 387 und 389 mit 402)[1]).

Der Prozeßrichter oder ein beauftragtes Mitglied des Prozeßgerichtes darf Beweisaufnahmen außerhalb seines Bezirkes ohne Zustimmung des Amtsgerichtes des Ortes nur vornehmen, wenn Gefahr im Verzuge obwaltet. In diesem Falle ist dem Amtsgerichte des Ortes Anzeige zu machen (GVG. § 167). Näheres hierüber s. oben S. 29.

Über die Vollstreckung von Freiheitsstrafen gegen ungehorsame Zeugen s. oben S. 31.

Wird die Änderung einer Entscheidung des beauftragten oder ersuchten Richters oder des Gerichtsschreibers verlangt, so ist die Entscheidung des Prozeßgerichtes nachzusuchen (§ 576 Abs. 1 ZPO.). Diese Bestimmung gilt auch für das Reichsgericht. Die Beschwerde findet gegen die Entscheidung des Prozeßgerichtes statt (§ 576 Abs. 2 ZPO.). Die Beschwerde unterliegt dem Anwaltszwange (JW. 1897 S. 324) und ist nicht bedingt durch das Vorhandensein eines neuen selbständigen Beschwerdegrundes (RGZ. Bd. 9 S. 385). Wegen der Beschwerde bezüglich Gebühren von Zeugen usw. s. § 28 IV.

II. Soll die Beweisaufnahme im Auslande[2]) erfolgen, so hat der Vorsitzende die zuständige Behörde um Aufnahme des Beweises zu ersuchen[3]). Kann solche durch einen Reichskonsul erfolgen, so ist das Ersuchen an diesen zu richten (§ 363 ZPO.)[4]); es genügt, wenn die Partei den

---

1) Das zu erlassende Urteil ist stets ein kontradiktorisches Zwischenurteil, gegen welches die sofortige Beschwerde zulässig ist.

2) Die Ablehnung der Vernehmung eines Zeugen darf nicht deshalb erfolgen, weil er zu weit entfernt sei, z. B. in China wohne. Die Prozeßpartei hat ein Recht darauf, daß der Prozeßrichter alle zulässigen Mittel anwendet, um in den Besitz des Zeugnisses zu gelangen.

Dem Prozeßgericht ist nicht die Befugnis gegeben, dem Beschwerdeführer bei Verlust des Beweismittels aufzuerlegen, daß er den ausländischen Zeugen zwecks seiner Vernehmung im Inlande gestelle. Vielmehr ist, wenn die Beweisaufnahme im Inlande nicht erfolgen kann, die ausländische Behörde oder der deutsche Konsul gemäß §§ 363, 364 ZPO. zu ersuchen (RGZ. VI 1. November 1904, JW. 1905 S. 28).

3) Erachten die Schiedsrichter (§ 1036 ZPO.) eine Beweisaufnahme im Auslande für erforderlich, so hat das zuständige Gericht (§ 1045 ZPO.) das erforderliche Ersuchungsschreiben zu erlassen (OLG. Hamburg 1. März 1902, SeuffA. Bd. 58 S. 247).

4) Die Entschließung darüber, ob ein Konsul oder eine ausländische Behörde zu ersuchen ist, wird mit Rücksicht auf den Inhalt des § 363 von Skonietzki-Gelpcke zu § 363 Anm. 5, Struckmann-Koch zu § 363 und Kleiner II, S. 266 dem Vorsitzenden zugewiesen. Nach v. Wilmowski u. Levy I S. 567 fällt solche dem Gerichtsbeschlusse zu, der nach §§ 355 Abs. 2 und 364 auf die Art der Ausführung sich zu erstrecken habe; über die Form des Ersuchens, Korrespondenzweg usw. s. oben S. 193.

Zeugen als Angehörigen oder Schutzbefohlenen des Deutschen Reiches bezeichnet (RG. JW. 1887 S. 67).

Regel ist also, daß die Beweisaufnahme im Auslande durch den dort residierenden Reichskonsul[1]) erfolgen soll, soweit eine solche Beweisaufnahme nach Maßgabe des Reichsgesetzes vom 8. November 1867 über die Organisation der Reichskonsulate und des Reichsgesetzes vom 7. April 1900 über die Konsulargerichtsbarkeit erfolgen kann. Nach § 20 RG. vom 8. November 1867 sind zur Abhörung von Zeugen und zur Abnahme von Eiden nur diejenigen Reichskonsuln befugt, welche vom Reichskanzler hierzu besonders ermächtigt sind. Sofern der betreffende Konsul nicht im allgemeinen zur Vornahme dieser Amtshandlungen autorisiert ist[2]), ist die spezielle Ermächtigung durch einen hierauf gerichteten Antrag[3]) an das Auswärtige Amt in Berlin zu erwirken[4]).

Der mit der betreffenden Ermächtigung versehene Konsul kann, wenn die Gesetze des Ortes seines Amtssitzes es gestatten, nicht bloß Reichsangehörige, sondern auch die Angehörigen anderer Staaten vernehmen, bezw. vereidigen[5]).

Die von den Konsuln aufgenommenen Verhandlungen stehen den Verhandlungen der inländischen Behörden gleich[6]).

In den Ländern, wo die deutsche Konsulargerichtsbarkeit ausgeübt wird[7]), erstreckt sich solche selbstverständlich auch auf die Befugnis zur Beweisaufnahme. Die Konsulargerichtsbarkeit umfaßt jedoch nur die in den Konsular-

---

1) Die Reichsgesandtschaften sind zur Aufnahme von Beweisen nicht befugt, soweit ihnen nicht die Ausübung der Konsulargerichtsbarkeit übertragen ist.

2) In dem alljährlich vom Auswärtigen Amt des Deutschen Reiches veröffentlichten Verzeichnis der kais. deutschen Konsulate (Berlin, Hofbuchhandlung von Mitler u. Sohn) sind die generell zur Abhör von Zeugen und zur Abnahme von Eiden ermächtigten Konsuln namentlich bezeichnet. Vgl. unter § 40 a. E.

3) Wegen Preußen vgl. § 10. In Bayern sind solche Anträge an das Justizministerium einzureichen; mit der Einreichung ist zugleich die Vorlage des bezüglichen, nach Form und Inhalt vorschriftsmäßig auszufertigenden Ersuchschreibens an den betreffenden Reichskonsul nebst etwaigen Beilagen zu verbinden (Bek. vom 9. April 1911, BayrJMBl. S. 125, § 17).

4) Vgl. oben S. 194. Die erteilte Ermächtigung gilt für die Person; die Stellvertreter der Konsuln haben ihrerseits zur Vornahme der bezeichneten Akte gleichfalls eigene Ermächtigung notwendig.

5) Auf Antrag einer Partei sind die Konsuln zur Abhör von Zeugen und Abnahme von Eiden nicht befugt.

6) Über die bei der Beweisaufnahme von den Konsuln zu beobachtenden formellen Vorschriften s. die Dienstesinstruktion vom 6. Juni 1871 für die Konsuln des Deutschen Reiches.

Zur Aufnahme des Protokolles bedarf es weder der Zuziehung eines Protokollführers, noch ist es notwendig, daß in deutscher Sprache verhandelt und das Protokoll deutsch abgefaßt wird; Urteil des RG. vom 29. August 1882 (Rechtspr. in Straff. Bd. 4 S. 697).

7) Siehe unten § 40.

gerichtsbezirken sich aufhaltenden Reichsangehörigen oder Schutzgenossen[1]). Auch ist nach § 6 des Ges. vom 7. April 1900 (RGBl. S. 213) der Konsul zur Ausübung der Gerichtsbarkeit nur befugt, wenn er dazu vom Reichskanzler ermächtigt ist[2]).

Kann die Beweisaufnahme durch einen Reichskonsul nicht erfolgen, so ist die zuständige ausländische Behörde um die Aufnahme des Beweises zu ersuchen. Unter der zuständigen Behörde ist nach den Motiven zu § 363 (328) ZPO. diejenige zu verstehen, welche nach der Gerichtsverfassung des fremden Staates Ersuchungsschreiben dieser Art entweder selbst zu erledigen oder die Erledigung zu veranlassen hat[3]).

Die Bestimmung des § 365 ZPO. über Abgabe der Requisition um Beweisaufnahme an ein anderes Gericht gilt auch für die Beweisaufnahmen im Auslande. Vgl. auch oben das Haager Abkommen S. 147. Jedoch besteht für ausländische Behörden eine Verpflichtung, die Parteien hiervon in Kenntnis zu setzen, nicht.

Bei Anordnung von Beweisaufnahmen im Auslande ist zur Vermeidung von Verzögerungen von Amts wegen darauf hinzuwirken, daß die Parteien, welche der Beweiserhebung weder persönlich noch durch Bevollmächtigte beizuwohnen beabsichtigen, den Verzicht auf Bekanntgabe des Ortes und der Zeit der Beweisaufnahme erklären, wovon in dem Ersuchungsschreiben Erwähnung zu geschehen hat. Siehe oben S. 182 ff.

Von dem Eingange der auf die Beweiserhebungen sich beziehenden Verhandlungen hat das Gericht bezw. der Gerichtsschreiber die Parteien in analoger Anwendung des § 362 Abs. 2 ZPO. zu benachrichtigen. Das Gericht hat eine Übersetzung der in fremder Sprache aufgenommenen Verhandlungen zu veranlassen, falls nicht beide Parteien hierauf verzichten.

---

1) Über Schutzgenossen siehe RG. vom 27. Oktober 1900 (RGBl. S. 574), Dienstanweisung zur Ausführung dieses Gesetzes von demselben Tage (RZBl. S. 577) und Instruktion, betr. die Erteilung des von den kais. deutschen Konsularbehörden zu gewährenden Schutzes usw. vom 1. Mai 1872, siehe unten Abt. IV.

2) Die mit Jurisdiktion bekleideten Konsuln haben gemäß §§ 19 ff. des obigen Gesetzes vom 7. April 1900 für die Beweisaufnahme die Vorschriften der deutschen Zivilprozeßordnung in Anwendung zu bringen. Dies gilt auch nach § 73 a. a. O. hinsichtlich des Gerichtskostengesetzes und der Gebührenordnungen für Gerichtsvollzieher, für Zeugen und Sachverständige, sowie für Rechtsanwälte.

3) Die ausländische Behörde muß daher nicht notwendig ein Gericht sein; vgl. RG. vom 8. Mai 1880, Annalen Bd. 2 S. 204. Das Züricher Obergericht hat im Jahre 1901 der Abordnung eines deutschen Landgerichtes die Vornahme von Beweiserhebungen im Gebiete des Kantons Zürich gestattet, das entsprechende Ersuchen eines Züricher Gerichtes wurde aber in Bayern abgelehnt (Meili S. 435).

Es ist nicht erwünscht, einen deutschen Konsul von einer ausländischen Behörde vernehmen zu lassen. Handelt es sich um die Feststellung von Tatsachen, die von dem Konsul bei Ausübung seines Amtes wahrgenommen sind, so empfiehlt es sich, ihn um Erteilung eines nach § 15 des Ges. vom 8. November 1867 (BGBl. S. 137) auszustellenden Zeugnisses zu ersuchen (Reskr. des preuß. Justizministers vom 29. Juli 1896, IV 12811). Dasselbe wird von der Vernehmung eines deutschen Exterritorialen im Auslande zu gelten haben.

III. Findet das Prozeßgericht, daß dem Ersuchen an eine ausländische Behörde Bedenken entgegenstehen, z. B. wenn es zweifelhaft oder ungewiß ist, ob und wo eine solche Behörde vorhanden, und wie dieselbe zu bezeichnen ist, so kann dem Beweisführer die Erledigung der Beweisaufnahme überlassen werden. In dieser Hinsicht bestimmt § 364 ZPO.:

„Wird eine ausländische Behörde ersucht, den Beweis aufzunehmen, so kann das Gericht anordnen, daß der Beweisführer das Ersuchungsschreiben zu besorgen und die Erledigung des Ersuchens zu betreiben habe.

Das Gericht kann sich auf die Anordnung beschränken, daß der Beweisführer eine den Gesetzen des fremden Staates entsprechende öffentliche Urkunde über die Beweisaufnahme beizubringen habe[1]).

In beiden Fällen ist in dem Beweisbeschluß eine Frist zu bestimmen, binnen welcher von dem Beweisführer die Urkunde auf der Gerichtsschreiberei niederzulegen ist. Nach fruchtlosem Ablaufe dieser Frist kann die Urkunde nur benützt werden, wenn dadurch das Verfahren nicht verzögert wird.

Der Beweisführer hat den Gegner, wenn möglich, von dem Orte und der Zeit der Beweisaufnahme so zeitig in Kenntnis zu setzen, daß derselbe seine Rechte in geeigneter Weise wahrzunehmen vermag. Ist die Benachrichtigung unterblieben, so hat das Gericht zu ermessen, ob und inwieweit der Beweisführer zur Benutzung der Beweisverhandlung berechtig sei.“

Das Gesetz hat hierbei insbesondere solche Fälle im Auge, in denen es sich um eine Beweisaufnahme in sehr entfernten

---

1) Zu einer diplomatischen Vermittelung behufs Herbeiführung einer Beweisaufnahme, deren Betreibung gerichtsseitig der Privattätigkeit einer Partei überlassen ist, liegt ein Anlaß in der Regel nicht vor. Der preußische Minister der auswärtigen Angelegenheiten pflegt deshalb seine amtliche Mitwirkung zu versagen.

unkultivierten Ländern handelt, und gestattet alsdann der Partei, um sie vor dem völligen Verluste des Beweismittels zu schützen, selbst den Versuch zu machen, etwa durch Vermittelung von kaufmännischen Geschäftsfreunden oder auf sonst zugänglichen Wegen die Beweisaufnahme zu erwirken. Das Verfahren des § 364 wird auch dann in Anwendung kommen können, wenn nach den ausländischen Gesetzen bei den dortigen Behörden die Beweisaufnahme von dem Beweisführer selbst betrieben werden muß[1]).

Wegen Belgien, Frankreich, Niederlanden und Rußland vgl. § 10 Ziff. 23 S. 196.

Die Bestimmung in Abs. 1 des § 364 ist fakultativ; eine Verpflichtung des Gerichtes, solche Anordnung zu treffen, besteht nicht; anderseits setzt aber § 364 nicht voraus, daß die Anwendung des § 363 unmöglich ist.

Die nach Abs. 3 des § 364 zu bestimmende Frist ist nur in beschränktem Sinne präklusiv; die nach Abs. 1 und 2 bewirkte Beweisaufnahme kann nach Versäumung der Frist jedenfalls in der Berufungsinstanz noch benützt werden.

Die in Abs. 4 des § 364 vorgeschriebene Benachrichtigung ist an keine bestimmte Form gebunden. Das Prozeßgericht hat nach freiem Ermessen zu entscheiden, ob die Benachrichtigung eine rechtzeitige war. War die Benachrichtigung unterblieben, so kann nach dem Ermessen des Gerichtes die Benützung der Beweisverhandlung, überhaupt der Vortrag in der mündlichen Verhandlung untersagt werden[2]).

§ 28.

Beweis durch Zeugen und Sachverständige[3]).

I. In Gemäßheit des Grundsatzes der Mündlichkeit bildet die Zeugenvernehmung vor dem Prozeßgericht die Regel.

1) Motive zu § 364 (329).

2) Gaupp zu § 364; Hellmann a. a. O. hält für das Ermessen des Gerichtes den Gesichtspunkt der Gleichheit der Parteien maßgebend und bemerkt desfalls, wenn der Gegner des Beweisführers durch die Verspätung oder Unterlassung der Benachrichtigung keinerlei Nachteil erlitten habe, wäre eine Zurückweisung des Beweisführers jedenfalls eine mit dem Geiste des Gesetzes nicht vereinbarliche Unbilligkeit, anderseits werde jedoch die tatsächliche Unmöglichkeit der Benachrichtigung oder der rechtzeitigen Benachrichtigung allein das Gericht nicht zur Zulassung des Beweisführers schlechthin nötigen können. Auf eine nicht dem Beweisführer zur Besorgung überlassene, sondern von Amts wegen betriebene Beweisführung (§ 363) findet die Vorschrift des § 364 Abs. 4 nicht direkt Anwendung; RG. vom 8. Mai 1880 (Entsch. Bd. 2 S. 374).

3) Vgl. Staudinger, Die Zeugnispflicht im internationalen Rechtsverkehr in der Zeitschrift für internat. Privat- und Strafrecht Bd. 4 S. 10 und 212, sowie Meili, Internat. Zivilprozeßrecht S. 405.

Nach § 375 Abs. 1 ZPO. kann jedoch die Aufnahme des Zeugenbeweises[1]) einem Mitgliede des Prozeßgerichtes oder einem anderen Gerichte übertragen werden:

1. wenn zur Ausmittelung der Wahrheit die Vernehmung des Zeugen an Ort und Stelle dienlich erscheint;
2. wenn die Beweisaufnahme vor dem Prozeßgerichte erheblichen Schwierigkeiten unterliegen würde;
3. wenn der Zeuge verhindert ist, vor dem Prozeßgerichte zu erscheinen;
4. wenn der Zeuge in großer Entfernung von dem Sitze des Prozeßgerichtes sich aufhält.

Der desfallsige Beschluß ist nicht anfechtbar.

Im Falle der Nr. 1 soll nur die Dienlichkeit zur Ausmittelung der Wahrheit der Maßstab sein, nicht die Rücksicht auf Kostenersparnis oder andere Gründe[2]).

Im Falle der Nr. 2 müssen die erheblichen Schwierigkeiten in der Sache selbst, nicht in der jeweiligen Geschäftslage des Gerichtes begründet sein. Daß das Gericht eine Zeugenvernehmung lediglich aus dem Grunde übertrage, weil es mit Geschäften überhäuft ist, liegt nicht in der Absicht des Gesetzes[3]).

Eine nur momentane Verhinderung des Zeugen (Nr. 3) darf in der Regel die Übertragung des Zeugenverhörs nicht rechtfertigen. Die Hinderungsursachen müssen von einiger Dauer sein. Als solche gelten insbesondere Krankheit, Gebrechlichkeit, hohes Alter u. dergl.

---

1) Wird statt der förmlichen Zeugenvernehmung nur die Einholung einer dienstlichen Äußerung eines Beamten beschlossen, so kann derselbe direkt oder seine Dienstbehörde ersucht werden; der Angehung des zuständigen Amtsgerichtes bedarf es nicht.

2) Als Beispiele führt Seuffert zu § 375 an, wenn die Zeugen über einen streitigen Grenzzug, über die frühere Beschaffenheit eines Bauwerkes und dergl. zu vernehmen sind, wenn es darauf ankommt, die Schilderung eines Vorganges an gewissen Örtlichkeiten von den Zeugen zu erhalten, oder auch, wenn ein Zeuge einem anderen, welcher verhindert ist, vor dem Prozeßgericht zu erscheinen, gegenüber zu stellen ist.

3) KPr. S. 126, 668—675. Unter obiger Voraussetzung ist jedoch die Übertragung für den Fall, daß die Vernehmung vor dem Prozeßgericht wegen der großen Zahl der Zeugen eine sehr zeitraubende sein würde, zulässig. Nur an sich darf eine große Menge von Zeugen als eine erhebliche Schwierigkeit im Sinne des Gesetzes nicht erachtet werden.

Außerdem sind als erhebliche Schwierigkeiten zu bezeichnen, wenn eine Information der Zeugen durch Vorlegung umständlicher Pläne, Rechnungen oder Akten nötig ist, wenn der Zeuge zwar nicht geradezu verhindert ist, vor dem Prozeßgerichte zu erscheinen, wohl aber nur mit erheblichen Schwierigkeiten vor demselben erscheinen könnte, oder wenn der Zeuge im Auslande sich aufhält und dessen Sistierung vor dem inländischen Gerichte nicht zu erzwingen ist.

Welche Entfernung als eine große (Nr. 4) anzusehen sei, hat das Gericht nach den Besonderheiten des konkreten Falles zu entscheiden. Es ist auf die Schwierigkeiten der Vernehmung, die Wichtigkeit des Streitgegenstandes, sowie auf die Höhe der Kosten, welche durch die Vernehmung bei dem Prozeßgerichte erwachsen würden, im Verhältnis zum Streitgegenstande Rücksicht zu nehmen. Auch die Belästigung, welche für den Zeugen mit der Reise verbunden ist, kann in Betracht kommen. Daß der Zeuge in einem anderen Bundesstaate sich aufhält, ist zunächst gleichgültig.

II. Über den Fall der Zeugschaftsverweigerung vor einem mit der Beweisaufnahme betrauten Richter s. oben S. 399.

III. Über den Beweis durch Sachverständige, soweit solcher durch einen ersuchten oder beauftragten Richter zu erheben ist, finden im allgemeinen auch die obigen für den Zeugenbeweis geltenden Vorschriften entsprechende Anwendung. Das Prozeßgericht kann den mit der Beweisaufnahme betrauten Richter zur Ernennung der Sachverständigen ermächtigen, in welchem Falle derselbe die dem Prozeßgerichte beigelegten Befugnisse auszuüben hat[1]).

Soll ein in einem anderen Bundesstaate wohnender Sachverständiger ein Gutachten abgeben, so wird amtlich[2]) empfohlen

---

1) ZPO. §§ 402, 405 mit 401.

Eine Vereinbarung über die zu vernehmenden Sachverständigen kann vor dem mit der Beweisaufnahme betrauten Richter, wie sich aus § 404 Abs. 4 mit Recht folgern läßt, nicht mehr abgeschlossen werden; gegenteiliger Ansicht sind Struckmann und Koch.

Wenn das Gericht selbst die Sachverständigen ernannt und nur die Beweisaufnahme einem anderen Richter übertragen hat, so darf dieser im Falle der Verhinderung eines Sachverständigen nicht etwa einen anderen ernennen, sondern der Auftrag bezw. das Ersuchen gilt in dieser Beziehung als erledigt.

2) Ministerialverf. vom 10. Juli 1884 und 16. Juli 1900 (JMBl. 1884 S. 161 und 1900 S. 525). Entsprechende Verfügungen sind in den übrigen Bundesstaaten erfolgt. Die Verfügungen beziehen sich auch auf Angelegenheiten der freiwilligen Gerichtsbarkeit. Da nach der Abmachung der Regierungen sämtlicher Bundesstaaten von 1907 (s. § 13) eine Erstattung der durch die Vernehmung von Sachverständigen entstandenen Auslagen nicht mehr stattfindet, so ist die Verf. vom 10. Juli 1884 in Zivilprozeßsachen und in Angelegenheiten der freiwilligen Gerichtsbarkeit, welche durch Reichsgesetz den Gerichten übertragen sind, auch dann anzuwenden, wenn der Kostenbetrag durch Vorschuß gedeckt ist oder die Annahme zweifelsfrei erscheint, daß demnächst die Einziehung der Kosten von dem Zahlungspflichtigen erfolgen werde (Allg. Verf. vom 27. September 1904, JMBl. S. 255). Die Nichtbeachtung der Verfügung berechtigt nicht zur Ablehnung der Rechtshilfe (RGZ. 69, 373). Das ersuchte Gericht soll in Fällen, in denen es nach seiner Ansicht ohne zureichenden Grund um die Vernehmung von Sachverständigen angegangen wird, die ersuchende Behörde sofort auf das Abkommen der Bundesstaaten hinweisen und wenn dies nicht den gewünschten Erfolg hat, an den Justizminister berichten (Verf. vom 14. Mai 1908 Ia 656, bei Müller S. 1193).

mit Rücksicht auf § 165 Abs. 2 GVG., daß das ersuchende Gericht sich mit dem Sachverständigen zwecks Abgabe eines schriftlichen Gutachtens direkt in Verbindung setzt und nur dann das Amtsgericht am Wohnorte um Vernehmung ersucht, wenn besondere Umstände die mündliche Abgabe oder eine mündliche Erläuterung des Gutachtens erheischen. Sind dem Sachverständigen Schriftstücke oder sonstige Gegenstände auszuantworten, deren er zur Abgabe seines Gutachtens bedarf, und erscheint es aus einem besonderen Grunde angemessen, die Aushändigung derselben an ihn, statt durch unmittelbare Übersendung, durch Vermittelung des Amtsgerichtes seines Wohnortes zu bewirken, so ist das an dieses zu erlassende Ersuchen nur auf die Aushändigung und eventuell auf die Zurücknahme der Gegenstände, nicht aber auf Vernehmung des Sachverständigen zu richten. In einem solchen Falle hat die ersuchende Behörde die Gebühren des Sachverständigen zu berichtigen, da die Aushändigung usw. der Gegenstände nicht denjenigen Akt des Verfahrens darstellt, aus welchem die Gebührenforderung erwächst.

IV. Bezüglich der den Zeugen und Sachverständigen nach Maßgabe der Reichs-Gebührenordnung vom 17. Mai 1898 (RGBl. S. 689) zustehenden Ansprüche auf Entschädigung für Zeitversäumnis, Erstattung der Kosten für Reise und Aufenthalt am Orte der Vernehmung, bezw. Vergütung für Mühewaltung (§§ 404 und 413 ZPO.) ist die Bestimmung des § 166 GVG. hier zu beachten. Hiernach sind für die Höhe der den geladenen Zeugen und Sachverständigen gebührenden Beträge die Bestimmungen maßgebend, welche bei dem Gerichte gelten, vor welches die Ladung erfolgt. Sind die Beträge nach dem Rechte des Aufenthaltsortes der geladenen Personen höher, so können die höheren Beträge gefordert werden[1]). Bei weiterer Entfernung des Aufenthaltsortes der geladenen Personen ist denselben auf Antrag ein Vorschuß zu bewilligen[2]).

Die Verfügungen der Justizminister erschweren den Rechtshilfeverkehr ungemein. Mit dem in einem andern Bundesstaate wohnenden Sachverständigen muß sich also das Prozeßgericht auch wegen eventueller Rückfragen bezüglich des Gutachtens direkt in Verbindung setzen, jede Bemängelung seines Gutachtens seitens der Parteien ihm mitteilen; das Prozeßgericht entbehrt also ganz der Mitwirkung des ersuchten Richters. Die Beeidigung des Gutachtens wird übrigens der ersuchte Richter bewirken müssen. Die durch diesen Termin verursachten Kosten werden vom ersuchten Gericht getragen werden müssen, falls nicht das ersuchende zugleich mit den übrigen auch diese Kosten übernimmt.

1) Ob auch ein Zeuge oder Sachverständiger, welcher sich im Auslande aufhält und vor einem inländischen Gerichte vernommen werden soll, Anspruch auf die nach dem Rechte seines Aufenthaltes usw. höheren Gebühren Anspruch hat, wird von Gaupp auf Grund obigen § 166 GVG. bejaht.

2) Bei der Frage, ob eine weitere Entfernung vorliege, können auch die Vermögensverhältnisse des Zeugen oder Sachverständigen in Berücksichtigung gezogen werden; eine Entfernung kann für den Unbemittelten eine weite sein, für eine wohl-

Die Gebühren hat der ersuchte Richter festzusetzen. Beschwerden über den Ansatz gehen nicht an das Prozeßgericht, sondern an das dem ersuchten Richter übergeordnete Landgericht usw. (RG. 17, 352, Gruch. Beitr. 38, 174, JW. 1888 S. 167).

Sind Zeugen im Auslande im Wege der Rechtshilfe vernommen, so sind die inländischen Gerichte nicht befugt, die Notwendigkeit und Höhe der von dem ausländischen Gerichte bewilligten Gebühren nachzuprüfen. Die Partei hat auch dieserhalb kein Beschwerderecht (RG. 13. Juni 1899; 44, 389).

§ 29.
Urkundenbeweis.

I. Ein nicht selten in der Praxis hervortretendes Bedürfnis ist die Vorlegung einer Beweisurkunde vor einem ersuchten oder beauftragten Richter.

Wenn die Vorlegung einer Urkunde bei der mündlichen Verhandlung wegen erheblicher Hindernisse nicht erfolgen kann oder wegen der Wichtigkeit der Urkunde und der Besorgnis des Verlustes oder der Beschädigung bedenklich erscheint, kann nach § 434 ZPO. das Prozeßgericht anordnen, daß die Vorlegung vor einem seiner Mitglieder oder vor einem anderen Gerichte erfolge. Wie in solchem Falle vor dem beauftragten oder ersuchten Richter zu verfahren, bestimmt das Gesetz selbst nicht. Die Vorlegung besteht in der Regel nur in einem Vorweisen derselben, nicht in einer Übergabe an das Gericht. Der ersuchte oder beauftragte Richter hat deshalb, um dem Prozeßgerichte von dem Inhalte der Urkunde zuverlässige Kenntnis zu verschaffen, den Inhalt in das Protokoll auf- oder von der Urkunde beglaubigte Abschrift zu solchem zu nehmen[1]), worauf auch schon der Auftrag bezw. das Ersuchen des Prozeßgerichtes zu richten sein wird.

---

habendere Person nicht. Die Pflicht, der Ladung Folge zu leisten, ist von der Bewilligung des Vorschusses nicht abhängig. Dies gilt jedoch nicht für Zeugen usw., welche sich im Auslande aufhalten, da bezüglich solcher das Recht des auswärtigen Staates bezw. die etwa bestehenden Staatsverträge maßgebend sind. Soll ein Inländer vor ein ausländisches Gericht geladen werden, so kann auch das inländische Gericht, welches um die Ladung ersucht ist, die Vollziehung der letzteren, soweit nicht Staatsverträge anderes bestimmen, von der Leistung des Vorschusses an den Zeugen abhängig machen; vgl. Gaupp a. a. O.

1) Auch werden außerdem im Protokolle alle Umstände und Merkmale festzustellen sein, welche sich bei der Vorlegung als für die Würdigung der Echtheit oder des materiellen Beweiswertes der Urkunde wesentlich ergeben haben. Diese Pflicht hat nach dem Haager Abkommen von 1905 (s. oben S. 147) auch die ausländische Behörde (Journal de droit internat. 1902 p. 795).

Die erheblichen Hindernisse bezw. Bedenken der im Gesetze bezeichneten Art können tatsächlicher oder rechtlicher Natur sein; über deren Vorhandensein entscheidet das Gericht nach freiem Ermessen. Zu Urkunden der fraglichen Art sind insbesondere zu rechnen Grundbücher, Standesregister, Handelsregister u. dgl. [1]).

II. In Bezug auf die Mitteilung von Beweisurkunden, welche sich in den Händen einer öffentlichen Behörde oder eines öffentlichen Beamten befinden, ist folgendes zu bemerken:

Nach § 432 ZPO. erfolgt die Antretung des Beweises durch den Antrag des Beweisführers, die Behörde oder den Beamten um die Mitteilung der Urkunde zu ersuchen [2]). Diese Vorschrift findet jedoch auf Urkunden, welche die Parteien nach den gesetzlichen Vorschriften ohne Mitwirkung des Gerichtes zu beschaffen imstande sind, wie z. B. Ausfertigungen, Abschriften, Auszüge aus öffentlichen Büchern, wie Hypothekenbüchern, Standesregistern, Handelsregistern und dergleichen, keine Anwendung.

Erachtet das Gericht die mittelst der Urkunde zu erweisende Tatsache für erheblich, so ordnet es durch Beweisbeschluß die Erlassung eines Ersuchungsschreibens an. Die requirierte Behörde oder der Beamte hat zunächst nach den maßgebenden Gesetzen zu prüfen, ob dem Ersuchen zu entsprechen ist oder nicht. Hierbei ist die Bestimmung des § 169 GVG. zu beachten, wonach die in einem Bundesstaate bestehenden Vorschriften über die Mitteilung von Akten einer öffentlichen Behörde an ein Gericht dieses Bundesstaates auch dann zur Anwendung zu kommen haben, wenn das ersuchende Gericht einem anderen Bundesstaate angehört [3]).

---

1) Auch bei Handelsbüchern und Tagebüchern eines Handelsmäklers werden, da deren Vorlegung bei dem Prozeßgerichte für den Inhaber sehr belästigend sein kann, nach Umständen die Voraussetzungen der angeführten Gesetzesstelle als vorhanden anzunehmen sein. Das ROHG. (Entsch. 15 S. 434) hat das Verlangen einer Berliner Partei, der in Peru wohnende Gegner solle dem deutschen Gericht sein einziges nicht verbranntes Handelsbuch vorlegen, abgelehnt.

2) Ohne Antrag kann das Gericht die Erholung von Akten, die sich in den Händen einer Behörde oder eines öffentlichen Beamten befinden, nicht anordnen.

Vor der mündlichen Verhandlung, zum Zwecke der Benützung der Urkunden bei solchen, kann ein solcher Antrag nicht gestellt und ein Ersuchungsschreiben nicht erlassen werden; der Vorsitzende wird jedoch, etwa auf Grund der hinterlegten Schriftsätze, berechtigt sein, Akten, welche bei dem Prozeßgerichte sich befinden, von Amts wegen einstweilen herbeizuschaffen. Vgl. auch § 501 ZPO. (amtsgerichtlicher Prozeß).

3) Diese Bestimmung bezieht sich also nicht bloß auf die Rechtshilfe zwischen verschiedenen Gerichten, sondern verpflichtet alle Behörden jeder Art des einen Bundesstaates zur Leistung der Rechtshilfe in Bezug auf Mitteilung der Akten gegenüber den Gerichten des anderen Bundesstaates, insoweit diese Verpflichtung den Gerichten des eigenen Bundesstaates gegenüber besteht. S. oben S. 323 ff.

Verweigert die Behörde oder der Beamte die Mitteilung der Urkunde, so kann der Antragsteller den Weg der Beschwerde an die vorgesetzte Behörde beschreiten, wenn dieser Weg nach der Reichs- oder Landesgesetzgebung offen steht (§ 432 Abs. 3 ZPO.). Wird aber eine Verpflichtung zur Vorlegung der Urkunde auf § 422 ZPO. gestützt, so finden die Bestimmungen der §§ 428—431 l. c. Anwendung.

III. Hinsichtlich der Beweiskraft ausländischer öffentlicher Urkunden gilt folgendes:

Während inländische öffentliche Urkunden, d. h. solche Urkunden, welche von einer öffentlichen Behörde innerhalb der Grenzen ihrer Amtsbefugnisse oder von einer mit öffentlichem Glauben versehenen Person innerhalb des ihr zugewiesenen Geschäftskreises in der vorgeschriebenen Form aufgenommen sind (§ 415 ZPO.), die Vermutung der Echtheit für sich haben, fällt bei ausländischen öffentlichen Urkunden diese Präsumtion weg, weil die äußeren Merkmale der Echtheit und die hierauf sich beziehenden Einrichtungen des Auslandes dem inländischen Richter nicht immer bekannt sein werden. Wird die Echtheit einer ausländischen Urkunde bestritten, so tritt freie Beweiswürdigung ein. § 438 ZPO.[1]) bestimmt desfalls:

„Ob eine Urkunde, welche als von einer ausländischen Behörde oder von einer mit öffentlichem Glauben versehenen Person des Auslandes errichtet sich darstellt, ohne näheren Nachweis als echt anzusehen sei, hat das Gericht nach den Umständen des Falles zu ermessen.

Zum Beweise der Echtheit einer solchen Urkunde genügt die Legalisation durch einen Konsul[2]) oder Gesandten des Reiches[3])".

1) Mit § 438 ZPO. ist konform § 2 des RG. vom 1. Mai 1878 über Beglaubigung von öffentlichen Urkunden (RGBl. S. 89).

2) Nach § 14 des RG. vom 8. November 1867, die Organisation der Reichskonsulate usw. betr., sind die Konsuln des Reiches zur Legalisation derjenigen Urkunden befugt, welche in ihren Amtsbezirken ausgestellt oder beglaubigt sind. Näheres hierüber siehe unten Abt. IV. Die deutschen Konsuln dürfen den Beglaubigungsvermerk eines ausländischen Notars auch bezüglich solcher Urkunden legalisieren, welche sich auf ihre eigenen Rechtsangelegenheiten beziehen (KG. vom 23. September 1895 J. 15, 88). Der § 2 des RG. vom 1. Mai 1878 hat den Zeugnissen, welche die Konsuln kraft ihrer Legalisierungsbefugnis abgeben, auch für alle sonstigen Rechtsangelegenheiten, insbesondere den Grundbuchverkehr, volle Beweiskraft gesichert (KG. vom 6. Dezember 1897, JMBl. S. 263). Die Konsuln sind zuständig, über die Befugnisse einer ausländischen Behörde oder Urkundsperson zur Ausstellung öffentlicher Urkunden Bescheinigungen zu erteilen (KG. vom 6. Dezember 1897, JMBl. 1898 Seite 263).

3) Die Legalisation durch den Gesandten eines Bundesstaates, welche an sich nicht ausgeschlossen ist, erzeugt die Echtheitsvermutung im Sinne des § 438 ZPO. und § 2 des RG. vom 1. Mai 1878 nicht.

Abs. 2 dieser Gesetzesstelle ist jedoch nicht so zu verstehen, als ob der Gegenbeweis der Unechtheit ausgeschlossen sein sollte. Die ausländische Urkunde soll vielmehr durch die Beglaubigung nur bezüglich der Echtheitsannahme gleichgesetzt sein, so daß die Echtheit seitens des Richters einer weiteren Prüfung nicht bedarf[1]). In der Regel liegt die Beweislast nicht dem Produzenten, sondern seinem Gegner ob, wenn dieser behauptet, daß die legalisierte amtliche Urkunde unecht sei. Steht die Echtheit der ausländischen öffentlichen Urkunde fest, so kommt ihr gleiche Beweiskraft wie der inländischen zu, vorausgesetzt, daß sie auch sonst den Erfordernissen öffentlicher Urkunden nach den Gesetzen des auswärtigen Staates entspricht. Nach den Motiven zu § 438 (403) soll durch die diplomatische Beglaubigung auch die Zuständigkeit der ausländischen Behörde oder Urkundsperson zur Gewißheit gebracht werden.

Ob eine Urkunde öffentlichen Charakter hat, richtet sich nach dem Rechte des Entstehungsortes (RGSt. 8, 374).

IV. Öffentliche Urkunden, welche im Inlande errichtet[2]) und zur Vorlegung bei Behörden des Auslandes bestimmt sind, können diesem Zwecke oft nur dienen, wenn nicht bloß die Unterschrift des instrumentierenden Beamten (Richters bezw. Notars)[3]) legalisiert, sondern die Urkunde überdies mit der Bescheinigung versehen ist, daß dieselbe den am Orte ihrer Errichtung geltenden Gesetzen entspricht, und dadurch die Zuständigkeit jenes Beamten zur Aufnahme der Urkunde, sowie die Statthaftigkeit des Inhaltes der letzteren bezeugt wird. Durch Verfügung des Justizministers vom 17. Oktober 1891 (JMBl. S. 264) ist für Preußen angeordnet, daß die erwähnte Bescheinigung ebenso wie die gerichtliche Beglaubigung amtlicher Unterschriften zum Zwecke der Legalisation im diplo-

---

1) Nach v. Wilmowski und Levy S. 657 wäre der Beweis der Unrichtigkeit ausgeschlossen, weil die Legalisation zum Beweise genüge und hierdurch die Anwendung des sonst für die Echtheit (inländischer) Urkunden maßgebenden § 437 als Ausnahme davon hinsichtlich der ausländischen fortfalle.

2) Die nachstehenden Ministerialverfügungen beziehen sich nur auf öffentlich aufgenommene Urkunden und sind auf die nur der Unterschrift nach beglaubigten Privaturkunden nicht zu beziehen (Reskr. des preuß. Justizmin. vom 11. November 1891, IIIa 3713, Müller S. 1274).

3) Es empfiehlt sich folgendes Attest: „Zu vorstehender Beglaubigung der Unterschrift des Notars X bescheinigen wir noch, daß der Notar X zur Aufnahme und Ausfertigung des Aktes in Kraft öffentlichen Glaubens befugt und der Akt von ihm den Landesgesetzen konform unterschriftlich vollzogen ist" (Reskr. vom 1. Dezember 1880 I 5435 bei Müller S. 1275). Vgl. auch Art. 81 Abs. 2 und 99 PrFGG. (Notare).

matischen Wege (§ 43 AGzGVG.)[1]) durch den Präsidenten des Landgerichtes[2]) zu erfolgen hat[3]).

Über den Geschäftsgang bei Legalisation von Urkunden trifft nähere Bestimmungen die Verf. des Justizministers vom 20. April 1895 (JMBl. S. 131):

1. Die zum Gebrauche im Auslande bestimmten, der Legalisation im diplomatischen Wege bedürfenden Urkunden sind nach der Beglaubigung durch den Landgerichtspräsidenten (§ 43 AGzGVG.) (oder den Präsidenten des Amtsgerichts Berlin-Mitte) den Antragstellern zurückzugeben.

2. Den Antragstellern bleibt überlassen, die Urkunden behufs Beschaffung der Beglaubigungen, für welche die Mitwirkung des Justizministeriums erforderlich ist, an die Geheime Kanzlei des Justizministeriums frankiert einzusenden. Dabei ist anzugeben, wo von der Urkunde demnächst im Auslande Gebrauch gemacht werden soll.

3. In besonders dringlichen Fällen darf die Einsendung auch durch die Gerichtsschreiberei des Landgerichts als portopflichtige Dienstsache unfrankiert unter Briefumschlag erfolgen. Dabei ist der Name und die Wohnung des Antragstellers, soweit sie nicht aus der Urkunde oder dem mit eingereichten Antrage erhellen, genau anzugeben.

4. Bestehen hinsichtlich der Beglaubigung besondere Bedenken oder bedarf der Beglaubigungsantrag einer besonderen Begründung, so erfolgt die Einsendung der Urkunden, wie seither, durch den Landgerichtspräsidenten an den Justizminister mittels besonderen Berichts, und zwar ebenfalls als portopflichtige Dienstsache unfrankiert.

5. Die Geheime Kanzlei des Justizministeriums sendet die Urkunden in allen Fällen, sofern sie nicht vom Antragsteller persönlich in Empfang genommen werden, unmittelbar an diesen unter Briefumschlag als portopflichtige Dienstsache unfrankiert zurück, und zwar unter Nachnahme der etwa entstandenen Legalisationsgebühren, sowie der erwachsenen

---

1) Dieser bestimmt: „Die gerichtliche Beglaubigung amtlicher Unterschriften zum Zwecke der Legalisation im diplomatischen Wege erfolgt durch den Präsidenten des Landgerichts; sie kann von dem Justizminister auf den zur Führung der Aufsicht bei einem Amtsgerichte berufenen Richter übertragen werden".

2) Beim Amtsgericht I Berlin durch den Amtsgerichtspräsidenten (Nr. 8 Allg. Verf. vom 4. September 1900, JMBl. S. 559).

3) Auch die Unterschriften der allgemein vereidigten Übersetzer werden vom Landgerichtspräsidenten beglaubigt (Reskr. vom 22. Januar 1895 I, 101 bei Müller Seite 1276).

Postgebühren, soweit diese Beträge nicht etwa schon vorher bei der Geheimen Kanzlei eingezahlt worden sind.

6. Die besonderen Anordnungen, welche für Legalisationen ergangen sind, die einer Zwischenbeglaubigung durch den Justizminister nicht bedürfen, bleiben unberührt[1]).

Die Gebühren, welche die fremden Konsulate usw. berechnen, sind im nichtamtlichen Teile des PrJMBl. von 1907 S. 350 und oben § 11 angegeben.

Die Legalisation der Unterschriften der Behörden und Beamten ist gebührenfrei (§ 7 PrGKG. vom 25. Juni 1895). Legalisation von Urkunden, sofern sie nicht auf der Urkunde selbst stattfindet, unterliegt einem Stempel von 3 Mark, sonst ist sie stempelfrei (Tarifpos. „Legalisation" zum PrStempG.).

Wegen der Förmlichkeiten, welche gegenüber einzelnen Staaten zu beobachten sind, vgl. unten § 32.

V. Über Auslegung fremdländischer Urkunden vgl. RG. 22. Mai 1897, Böhms Zeitschr. 8, 47.

§ 30.

Beweis durch Eid.

Regel ist, daß der Eid vor dem Prozeßgerichte zu leisten ist.

Das Prozeßgericht kann jedoch anordnen, daß die Eidesleistung vor einem seiner Mitglieder oder vor einem anderen Gerichte erfolge, wenn der Schwurpflichtige am Erscheinen vor dem Prozeßgerichte verhindert ist oder in großer Entfernung von dem Sitze desselben sich aufhält[2]).

Über die Voraussetzungen des Verhindertseins des Schwurpflichtigen und der großen Entfernung seines Aufenthaltsortes gilt das Gleiche wie oben beim Beweis durch Zeugen (§ 28).

Für das Verfahren bei der Eidesabnahme durch den ersuchten Richter, insbesondere auch für Eidesabnahmen im Auslande gelten die allgemeinen Bestimmungen über Beweisaufnahme (§§ 361—367 ZPO.); insbesondere kommen auch bezüglich der Beurkundung des Eidesaktes zu Protokoll jene Vorschriften zur Anwendung. Gleiches gilt, wenn vor dem ersuchten Richter über die Eidesabnahme Streit entsteht. Der Gegner des Schwurpflichtigen ist berechtigt, der Eides-

1) Vgl. § 11 (Österreich, Schweiz).

2) ZPO. § 479 Abs. 1. Das „andere Gericht" kann nach § 158 GVG. im Inlande nur ein Amtsgericht sein.

leistung vor dem ersuchten oder beauftragten Richter beizuwohnen (§ 357 ZPO.). Nach Maßgabe des § 91 ZPO. sind demselben alsdann auch die auf die Reise verwendeten Kosten zu erstatten. Einen Vorschuß hierfür zu verlangen ist er nicht berechtigt[1]). Selbstverständlich ist, daß in dem Termin vor dem ersuchten Richter die Eidesabnahme auch in Abwesenheit des Gegners zu betätigen ist.

Ausländer leisten, wenn sie der deutschen Sprache nicht mächtig sind, den Eid in der ihnen geläufigen Sprache (§ 190 GVG.)[2]).

Bei der Eidesleistung vor einer ausländischen Behörde[3]) richtet sich im allgemeinen das Verfahren in der Regel nach dem ausländischen Rechte, insbesondere kann die Beiwohnung des Gegners nur stattfinden, wenn das ausländische Recht solches gestattet oder die ersuchte Behörde solches aus Reziprozitätsgründen 2c. zuläßt. Vgl. auch Art. 11 des Haager Abkommens oben S. 148. Es genügt aber auch, daß entweder die am Orte der Abnahme des Eides geltenden Förmlichkeiten beobachtet werden, oder daß die Abnahme den inländischen Vorschriften entspricht[4]).

Eine Ausnahme von der Regel, daß die Eidesleistung vor einer ausländischen Behörde sich im allgemeinen nach dem ausländischen Rechte richtet, wird insofern angenommen, als die Form des Eides um dessen Abnahme ein ausländisches Gericht von einem inländischen ersucht ist, insoweit nach den inländischen Gesetzen zu beurteilen ist, daß die nach diesen erforderliche Anrufung Gottes nicht fehlen dürfe (OAG. zu Kassel vom 22. Dezember 1841 und 28. September 1855, Heuser, Annalen der Justizpflege im Kurfürstentum Hessen Bd. 4 S. 235, 236; SeuffArch. Bd. 12 Nr. 80)[5]). von Bar (Bd. 2 S. 372) gesteht jedoch diese Ausnahme nicht zu mit Bezugnahme

---

1) Anders Siebenhaar, Kommentar zur ZPO. zu § 441, woselbst angenommen ist, die ZPO. habe an einer früher bestandenen Praxis, den Vorschuß zu gewähren, nichts geändert.

2) Vgl. oben § 27.

3) Meili S. 422 bejaht die Frage, ob über den Abschluß und Inhalt einer Vertragsberedung ein Eid geleistet oder zugeschoben werden könne, falls das Gesetz, dem das Rechtsverhältnis untersteht, den Eid gestattet, und ebenso, wenn das Gesetz des Ortes, wo das Rechtsgeschäft abgeschlossen ist, ihn zuläßt. Vgl. auch unten § 32 (Vernehmung von Parteien als Zeugen).

4) RG. vom 8. Mai 1880 (Entsch. Bd. 2 S. 371).

5) In dem vor einem kurhessischen Gerichte anhängigen Rechtsstreite war dem in Frankreich wohnenden Kläger die Ausschwörung des Schiedeides auferlegt; aus dem mitgeteilten Protokoll ging nicht hervor, daß der Eid „zu Gott" ausgeschworen wurde, dasselbe enthielt nur die Beteuerung „je le jure", weshalb der Eid unberücksichtigt gelassen und auf nochmalige Eidesleistung des Klägers erkannt wurde.

auf Wharton § 676, Laurent 8 Nr. 57 und ein Urteil des OAG. Dresden vom 1. Oktober 1858 (Seuff Arch. 13, Nr. 66), welches besagt:

„Der Gegner des juraturus muß die auf dem Gesetze und der religiösen Anschauung des auswärtigen Staates beruhende abweichende Form anerkennen, wenn nur die Eidesleistung auch nach dieser dieselbe religiöse, sittliche und politische Bedeutung hat".

Steht in Frage, ob die ausländische Behörde den Eid überhaupt im kritischen Falle zu erheben hatte oder nicht (§ 366 ZPO.), so sind die Vorschriften der deutschen ZPO., nicht diejenigen der ausländischen Gesetze maßgebend (RG. 13, 400).

Ist dem Rechte des ersuchten Richters der Parteieid (zugeschobener oder richterlicher) unbekannt (vgl. z. B. Zürich), so kann eine Eidesabnahme nur mit Zustimmung der eidespflichtigen Partei erfolgen.

Zur Abnahme von Eiden im Auslande sind die vom Reichskanzler hierzu besonders ermächtigten Reichskonsuln befugt (RKG. vom 8. November 1867 § 20). Bezüglich des Verfahrens hierbei finden die Bestimmungen des RG. über die Konsulargerichtsbarkeit Anwendung[1]).

§ 31.

Örtliche Herrschaft der Gesetze in Bezug auf Beweisfragen.

Als Regel gilt, daß das Beweisverfahren sich nach dem Rechte des Prozeßgerichtes, also, soweit innerhalb des Gebietes des Deutschen Reiches ein Zivilprozeß in Frage steht, nach den Bestimmungen der deutschen Zivilprozeßordnung sich richtet.

Es entsteht aber die Frage, ob dieser allgemeine Grundsatz auf den Beweis auch dann Anwendung zu finden hat, wenn die zu erweisenden Tatsachen sich im Auslande zugetragen haben. Diese Frage ist im allgemeinen zu bejahen, und zwar nicht nur in Ansehung der Formen der Beweisaufnahme, sondern insbesondere auch, was die Zulässigkeit der Beweismittel sowohl als deren Beweiskraft betrifft[2]).

In Bezug auf die formelle Gültigkeit der Beweisaufnahme durch eine zuständige ausländische

---

1) Näheres hierüber siehe unten § 39 und in Abt. IV.
2) Vgl. Meili, Internationales Zivilprozeßrecht S. 395.

Behörde[1]) gilt zunächst der Grundsatz: locus regit actum. Sofern daher solche Beweisaufnahme nach den am Orte der Beweisaufnahme geltenden Vorschriften erfolgt ist, kommt derselben formelle Gültigkeit zu. Die deutsche ZPO. enthält desfalls eine ausdrückliche Bestimmung nicht, es entspricht solches den Grundsätzen des internationalen Rechtes. Eine Modifikation dieser allgemeinen Rechtsregel enthält aber § 369 ZPO., welcher bestimmt, daß, wenn die von einer ausländischen Behörde vorgenommene Beweisaufnahme den für das Prozeßgericht geltenden Gesetzen entspricht, daraus, daß sie nach den ausländischen Gesetzen mangelhaft ist, kein Einwand entnommen werden kann[2]). Das Reichsgericht (Entsch. 2, 373 und JW. 1903 S. 25) nimmt an, daß sich aus § 369 auch der umgekehrte Satz ergebe, daß eine im Auslande vorgenommene Beweisaufnahme auch dann als rechtswirksam anzuerkennen sei, wenn sie zwar nach den für das Prozeßgericht geltenden Gesetzen mangelhaft sei, aber den entsprechenden ausländischen Gesetzen entspreche. Entspricht die Beweisaufnahme weder den Vorschriften des inländischen, noch des ausländischen Rechtes, so hat der Richter, soweit es sich nicht um eine Eidesleistung handelt, das Ergebnis derselben nach § 286 ZPO. frei zu würdigen[3]). Die Mangelhaftigkeit der ausländischen Beweisaufnahme unterliegt der Heilung durch Rügeverzicht gemäß § 295 ZPO. (RG. JW. 1893 S. 135).

Was die Zulässigkeit der Beweismittel und deren Wirkungen d. h. die Beweiskraft derselben anbelangt, so sind diese Verhältnisse nach der herrschenden Ansicht der lex fori unterworfen (vgl. aber Meili S. 396 ff.).

Wenn aber eine Regel nur scheinbar der Rechtsverfolgung, in der Tat aber dem Rechtsverhältnis selbst angehörig ist, wie z. B.

---

1) Bezüglich der Akte der Reichskonsuln siehe oben S. 401 ff. Auf ein Beweisaufnahme vor einem deutschen Konsul oder einem Schutzgebietsgericht bezieht sich § 369 ZPO. nicht; hier ist deutsches Recht anwendbar.

2) Die Vorschrift des § 369 ZPO. ist allgemeinen Rechtsgrundsätzen und dem Art. 85 der deutschen Wechselordnung entsprechend. Der Rüge ist z. B. entzogen: die schriftliche Zeugenvernehmung (RG. JW. 1893 S. 135), die Eidesabnahme in einer von § 481 ZPO. abweichenden Form (RG. 2, 374), die Nichtvereidigung eines Sachverständigen in Fällen eines ihm nach dem ausländischen Recht zustehenden Eidesverweigerungsrechts (RG. JW. 1903 S. 25), die Nichtbeachtung des § 357 ZPO.; soweit nicht das ausländische Gesetz entgegensteht, ist § 364 Abs. 4 analog anzuwenden (RG. 2, 372). Ein Verstoß gegen § 366 ZPO. fällt nicht unter § 369 (RG. 13, 400).

3) Skonietzki-Gelpcke S. 998 meinen, daß die Beweisaufnahme dann überhaupt nicht berücksichtigt werden dürfe. Die vorgängige Bekanntgabe des Beweistermines ist keine prozeßrechtliche Formalität, von deren Erfüllung die Rechtswirksamkeit der Beweisaufnahme abhängig sein soll (OLG. Hamburg vom 14. Dezember 1895, Böhms Zeitschrift Bd. 6 S. 179).

nach französischem Rechte gewisse Rechtsverhältnisse nur durch Urkunden und Eid bewiesen werden können, würde ein Beweismittel nur unter den im materiellen Rechte begründeten Voraussetzungen zulässig sein[1]).

Auch in Bezug auf die Statthaftigkeit des Gegenbeweises wird obige Regel als geltend angenommen[2]).

Dagegen verhält sich die Sache anders bezüglich der Beweislast[3]). Die Bestimmungen hierüber gehören, abgesehen von ganz allgemeinen prozessualen Grundsätzen, wie z. B. daß der Kläger den Grund seiner Klage beweisen muß, dem materiellen Rechte an. Aus diesem Grunde ist auch die Frage, wem die Beweislast obliegt, bei Kollision der Gesetze nicht von der lex fori abhängig, sondern nach den Bestimmungen desjenigen Rechtes zu beurteilen, von welchem das materielle Rechtsverhältnis der Parteien beherrscht wird[4]). Solches gilt auch von

1) v. Bar im Internat. Privatrecht S. 453 und im usw. Rechtslexikon S. 713; vgl. auch Savigny, System usw. Bd. 8 S. 131.

2) Menger a. a. O. S. 134; Hellmann, Lehrb. S. 31, woselbst beispielsweise angeführt ist: Wenn ein Rechtsverhältnis im Gebiete des französischen Rechtes entstanden ist und ein Beteiligter in der Lage wäre, seine Behauptungen durch vollbeweisende (öffentliche oder private) Urkunden zu beweisen, so wäre, falls es im Gebiete des Deutschen Reiches zum Prozesse über jenes Rechtsverhältnis käme, dem Gegner der Gegenbeweis mittelst Zeugen gegenüber den Urkunden nicht verschlossen (ZPO. §§ 415—418), obwohl nach französischem Rechte (Code civil Art. 1341) ein solcher Gegenbeweis durchaus unzulässig wäre. Vgl. hierzu auch Meili S. 406.

3) Auch v. Bulmerincq (im Handb. des öffentl. Rechtes der Gegenwart von Marquardsen 1. Bd. Allg. Teil. 2. Halbband S. 231) sieht die Fragen der Beweislast und der Präsumtion als solche des materiellen Rechtes und daher nach dem Rechte für das materielle Rechtsverhältnis zu beurteilende an, während die Frage der Zulässigkeit der Beweismittel als prozessuale lediglich nach der lex fori beurteilt werden soll, da ein Gericht in solchen Fragen nur nach seinem Recht und nicht nach einem auswärtigen sich richten müsse. Das Völkerrechtsinstitut (Institut de droit international) will in der Züricher Resolution, jedoch mit Unrecht, die Zulässigkeit der Beweismittel nach dem Gesetze des Ortes beurteilt wissen, wo sich das Faktum oder der Akt, welche zu beweisen sind, sich zugetragen haben.

Für die Beweiskraft der Beweismittel läßt v. Bulmerincq in Übereinstimmung mit der Resolution des Völkerrechtsinstitutes das Gesetz des letztbezeichneten Ortes gelten. Ebenso auch v. Bar a. a. O. Bd. 2 S. 372 ff. Vgl. auch Urteil des ROHG. vom 23. April 1872 (Entsch. Bd. 6 S. 72), welches besagt, die Form der Zeugenvernehmung sei nach dem Gesetze des auswärtigen requirierten Gerichtes, die Glaubwürdigkeit der Zeugenvernehmung nach dem Gesetze des Prozeßgerichtes zu beurteilen.

4) Diese Ansicht vertritt v. Bar in v. Holtzendorffs Rechtslexikon, syst. Teil, 4. Aufl. S. 713, und führt zur Begründung an, daß z. B. die Entscheidung darüber, was im Zweifel als Wille der Kontrahenten anzunehmen ist, von der Feststellung der Natur des fraglichen Kontraktes abhänge, daß also diese Entscheidung auch für die Verteilung der Beweislast maßgebend sei, wenn eine Partei im konkreten Falle eine abweichende Bedeutung der Willensäußerung behauptet; ebenso Asser-Cohn, Internationales Privatrecht S. 89; Savigny, System des heutigen römischen Rechtes Bd. 8 S. 131; Menger, System des österr. Zivilprozeßrechts in rechtsvergleichender Darstellung, T. I S. 154, letzterer jedoch mit der daselbst Note 6 gegebenen Motivierung, daß die Beweislast nichts anderes sei, als die Verpflichtung zur Vollziehung jener prozessualischen Handlungen, welche eine Partei zur Durchführung des Beweises vornehmen müsse; Hellmann, Lehrb. S. 32. Vgl. auch RGZ. Bd. 6 S. 413 und anderseits SeuffA. XIV N. 148.

Präsumtionen, welche das Recht für spezielle Rechtsverhältnisse aufstellt[1]). Nach § 16 Nr. 1 EGzZPO. bleiben die Vorschriften des bürgerlichen Rechts, nach welchen unter bestimmten Voraussetzungen eine Tatsache unter Ausschließung des Gegenbeweises oder bis zum Beweise des Gegenteils als gewiß angesehen ist, unberührt.

Was insbesondere den Zeugenbeweis betrifft, so besteht in der Regel auch hier das Prinzip der Geltung der inländischen Prozeßgesetze. Dies gilt namentlich auch bezüglich der Frage der Zulässigkeit von Beweiszeugen[2]). Desgleichen sind für die Vorladung der Zeugen, wie überhaupt für die rein formelle Behandlung der Beweisaufnahme, namentlich auch für die Form der Abhör der Zeugen, sowie für die Frage, ob eine Partei der Zeugenvernehmung beiwohnen könne, und ob sie oder ihr Anwalt das Recht habe, direkt Fragen zu stellen, ob die Gegenpartei von dem Beweistermine benachrichtigt werden muß, die Normen der lex fori maßgebend[3]). Bei Requisitionen um Zeugenvernehmung greifen indes gewisse Ausnahmen statt, weil der ausländische Richter zunächst die Gesetze seines Landes zu beobachten hat[4]). Daß bei der Vorladung der Zeugen die inländischen Bestimmungen beobachtet werden, wird man dann nicht verlangen können, wenn die Bestimmungen des ausländischen Prozeßrechtes einen Zwang zum Erscheinen bezw. zur Eidesleistung auch in inländischen Prozessen nicht vorschreiben. Der ausländische Richter ladet daher den Zeugen vor nach Maßgabe seines Rechts. Liegt die Ladung der Zeugen nicht dem Gerichte ob, so muß die deutsche Prozeßpartei durch Bevollmächtigung eines Anwaltes u. dergl. die Gestellung des Zeugen vor die ausländische Behörde bewirken. Bricht über die Bedeutung

1) v. Bar a. a. O. Bd. 2 S. 384 ff. läßt solches nur von den gesetzlichen Präsumtionen gelten, für die sog. praesumtiones hominis, aber die lex fori entscheiden; Endemann II S. 685; Hellmann, Lehrb. S. 32; Menger S. 155. Vgl. auch Meili S. 429.

2) Anderer Meinung Asser-Cohn a. a. O. S. 92 und Foelix a. a. O. Nr. 232 und 233, woselbst insbesondere auch eine Zusammenstellung der über die Zulässigkeit des Zeugenbeweises nach den Rechten der verschiedenen Staaten geltenden Bestimmungen enthalten ist.

Meili S. 407 meint, der Zeugenbeweis müsse als zulässig anerkannt werden, wenn er gestattet ist, entweder nach der lex loci oder nach dem Gesetze, welches materiell zur Anwendung kommt.

3) v. Bar, Internationales Privatrecht 457; Asser-Cohn S. 91 und Böhms Zeitschrift Bd. 13 S. 452.

4) Die Zulässigkeit einer Rechtshilfehandlung ist nach dem Rechte des ersuchten Gerichtes zu entscheiden (Oberster Gerichtshof in Wien vom 16. April 1887, Böhms Zeitschrift Bd. 1 S. 83).

der Beweissätze, namentlich über die Zulässigkeit von Fragen an Zeugen und Sachverständige, sowie über die Vernehmung von Zeugen ein Streit unter den Parteien aus, so kann er nur von dem Prozeßgericht, nicht von dem ausländischen Richter entschieden werden[1]). Vgl. § 366 ZPO. und RG. 13, 400.

Der ersuchte ausländische Richter wird, soweit die Frage nicht zweifellos im Rahmen des Beweisthemas liegt, die beanstandete Frage unterlassen, ja den für unfähig bezw. ablehnbar erklärten Zeugen vorläufig nicht vernehmen, sondern das Ersuchen zurücksenden und eventuell eine neue Requisition des Prozeßgerichtes abwarten.

Dagegen setzt der ersuchte Richter, ohne erst das Prozeßgericht zu befragen, die Strafen für das Nichterscheinen bezw. die Aussage- oder Eidesverweigerung des Zeugen fest, und zwar von Amts wegen, wenn sein Prozeßrecht dies zuläßt, sonst auf Antrag der Partei.

Ob der Zeuge aussagen bezw. seine Aussagen beeiden muß, richtet sich nach dem Gesetze des ersuchten Richters. Vgl. oben S. 172. Über die Beschwerde entscheiden die dem ersuchten Richter vorgesetzten Gerichte[2]).

Die Form der Abnahme des **Eides der Zeugen** (und Sachverständigen) richtet sich nach den Gesetzen des Aufenthaltsortes der Zeugen; denn die Zeugen werden durch die Gesetze, welche am Orte des Prozeßgerichtes gelten, in dieser Beziehung nicht verpflichtet[3]). Jedenfalls genügt, wenn es sich um eine Beweisaufnahme im Auslande in einem Staate handelt, nach dessen Gesetzen ein Unterschied zwischen Zeugen- und Sachverständigeneid nicht besteht, wie z. B. in Schweden, die Vereidigung nach diesen Gesetzen.

Wollte sich nun aber der ausländische Richter streng an die Beobachtung der Vorschriften seines Rechtes halten, so würde

---

1) Geschieht die Beweisaufnahme auf Veranlassung eines Schiedsgerichtes durch Vermittelung des Staatsgerichtes, so liegt die Entscheidung dem Schiedsgericht ob. Nach § 589 der österr. ZPO. entscheidet diesfalls der ersuchte Richter.

2) Das Landgericht Dresden hat in seinem Urteile vom 1. Februar 1901 (Recht 5, 146) angenommen, daß, wenn ein im Auslande zu vernehmender Zeuge die Ablegung des Zeugnisses vor der ersuchten zuständigen Behörde des Auslandes verweigert, dies den Ausfall des angestrebten Beweises ohne weiteres zur Folge habe. Diesem Rechtsgrundsatze kann nicht uneingeschränkt, sondern nur insoweit, als die Weigerung nach ausländischem Recht begründet ist, beigestimmt werden. Die Partei hat ein Recht darauf, daß gegen den Zeugen im Auslande die dort zulässigen Mittel zur Anwendung gebracht werden, um denselben zur Aussage und eventuell zur Beeidigung derselben zu zwingen. Der ersuchte ausländische Richter hat diese Zwangsmittel anzuwenden. Auch das inländische Prozeßgericht hat seinerseits den ersuchten Richter hierzu anzuhalten, eventuell durch Beschwerde.

3) v. **Bar** S. 461.

die Rechtshilfe in vielen Fällen wertlos sein. Handelt es sich z. B. um eine Maßnahme, deren Beobachtung, z. B. Benachrichtigung der Gegenpartei von dem Beweistermine, das inländische Recht bei Strafe der Nichtigkeit vorschreibt, so würde der ersuchte Richter töricht handeln, wenn er dieselbe nicht vornähme.

Es läßt sich deshalb ex comitate gentium[1]) rechtfertigen, daß hier gegenseitig Konzessionen gemacht werden.

Das requirierte Gericht kann Formen, die ohne Verletzung absolut gebietender Gesetze oder der herrschenden Begriffe des Anstandes und ohne Zwang gegen eine Person, z. B. gegen den zu vernehmenden Zeugen[2]), sowie ohne besondere Belästigung des Gerichtes selbst beobachtet werden können, unter Einhaltung der nach seinen Gesetzen zur Gültigkeit erforderlichen Formen, auf besonderes Ansinnen des ersuchenden Gerichtes anwenden.

Die Frage wird namentlich praktisch in folgenden Fällen:

a) Zeugen und Sachverständige werden beeidigt, wenn der requirierende Staat es wünscht auch dann, wenn das Inland (z. B. der Kanton Zürich) solche Formalitäten nicht kennt, oder die Beeidigung wird nicht vorgenommen, obschon das interne Recht es verlangt, weil der requirierende Richter unter anderen Gesetzen steht.

b) Die Parteien werden zur Zeugenvernehmung zugelassen, auch zur Befragung der Zeugen, obwohl das interne Prozeßrecht (z. B. Graubünden, Unterwalden nid dem Wald) dies verbietet.

c) Parteien werden, wie in Österreich, als Zeugen vernommen obwohl dies nach deutschem Recht nicht zulässig ist.

d) In Frankreich und Italien ist bei Objekten von über 150 Frs. bezw. 500 Lire (Art. 1341 Code civil) Zeugenbeweis ausgeschlossen. Gleichwohl vernimmt der französische oder italienische Richter auf Ersuchen ausländischer Gerichte in Prozessen mit geringen Streitobjekten Personen als Zeugen und vereidet sie sogar.

e) In Frankreich ist die recherche de la paternité (Art. 340 Code civile) verboten. Die Vernehmung von Zeugen zu diesem Zwecke wird der französische Richter nicht ablehnen dürfen, da

1) Für die Vertragsstaaten des Haager Abkommens von 1905 (s. oben S. 141) ist im Art. 11 eine diesbezügliche Vorschrift gegeben.

2) Zum Eide kann niemand gezwungen werden, wenn das inländische Prozeßgesetz den Eid nicht kennt. Zustimmung des Zeugen ist also stets Voraussetzung.

die Vorschrift nur für die in Frankreich geführten Prozesse bindend ist. Jedenfalls dürfen Beweiserhebungen, welche die Bekämpfung der auf Feststellung der unehelichen Vaterschaft gerichteten Klage betreffen, nicht abgelehnt werden. Übrigens gilt dasselbe, wenn Alimente auf Grund vertraglicher Verpflichtung gefordert werden. Vgl. OLG. Kolmar vom 21. Juli 1898 (Böhms Zeitschr. Bd. 9 S. 326).

Eine besondere Bemerkung bedarf noch die Frage der Beeidigung von Zeugen. Für eine Partei in Deutschland kann es für die Frage der Glaubwürdigkeit von besonderer Bedeutung sein, daß der Zeuge vereidigt wird. In manchen Kantonen der Schweiz kennt man den Eid überhaupt nicht, in anderen gestattet man dem Richter von der Vereidigung Abstand zu nehmen, wenn er den Zeugen auch ohne Eid für glaubwürdig hält. Eine Erklärung der letzteren Art ist für den deutschen Prozeßrichter nicht stets in dem Umfange maßgebend, daß er ihr ohne weiteres folgt, zumal er den Zeugen nicht gesehen hat und die Gründe, aus denen der schweizerische Richter zu seiner Überzeugung gekommen ist, sich schwer nachprüfen lassen.

Während nun die Züricher Gerichte die Vereidigung, wenn der Zeuge einverstanden ist, ohne weiteres vornehmen, weigern sich die Gerichte des Kantons Schaffhausen und zwar unter Billigung ihres Obergerichtes, wenn nach ihrer Auffassung ein berechtigter Zweifel an der Glaubwürdigkeit der Zeugen nicht besteht. Es wird ausgeführt, daß der Gesetzgeber, in dem er die Zeugenbeeidigung nur nach schon abgegebener Aussage und nur aus ganz besonders gewichtigen Gründen zulasse, ein wichtiges Prinzip aufgestellt und den Bürgern den öffentlich-rechtlichen Anspruch erteilt habe, ihr Zeugnis ohne vorherige Beeidigung abzugeben. Von diesem Prinzip könne nicht abgegangen, nur in untergeordneten Nebendingen dem requirierenden Gerichte entgegengekommen werden[1]).

Die Fähigkeit oder Unfähigkeit der Zeugen beurteilt sich ebenso wie die Frage der Ablehnbarkeit derselben nach dem Gesetze des Prozeßgerichtes[2]).

Der ersuchte Richter wird jedoch die Vernehmung von Personen, welche nach seinem Rechte ausdrücklich verboten ist,

1) Vgl. Meili S. 423. In dem betreffenden Falle war hervorgehoben, daß der deutsche Richter von sich aus die Beeidigung gewünscht habe, weil die deutsche ZPO. grundsätzlich die Vereidigung verlange. Es wäre also wahrscheinlich anders entschieden, wenn die Partei die Beeidigung beantragt oder die Glaubwürdigkeit des Zeugen bemängelt würde. Siehe auch oben S. 148 (Baselland) und § 11 des Haager Abkommens von 1905.

2) Asser-Cohn S. 91.

ablehnen dürfen. Dasselbe gilt von der Vereidigung eidesunwürdiger Personen.

Das Weigerungsrecht der Zeugen bemißt sich jedoch nach den Gesetzen ihres Aufenthaltsortes[1]). Insbesondere kann, abgesehen von entgegenstehenden Bestimmungen eines Staatsvertrages, der Zeuge nicht gezwungen werden, behufs seiner Vernehmung vor einem auswärtigen Gerichte sich zu stellen[2]). Eine Ausnahme hiervon wird bei Requisitionen der Gerichte an der Landesgrenze, selbstverständlich gegen völlige Schadloshaltung der Zeugen, statuiert.

Die Entscheidung über die Zulässigkeit des Urkundenbeweises ist nach den Grundsätzen des internationalen Prozeßrechtes dem Gesetze des Prozeßgerichtes unterworfen. Auch für die Beweiskraft der Urkunden ist im allgemeinen die lex fori entscheidend. Soweit es sich jedoch nicht um eigentliche Beweis- und Solennitätsförmlichkeiten, z. B. Förmlichkeiten schriftlicher Testamente handelt, gehört die Frage dem materiellen Zivilrechte an und steht solche demgemäß nach dem Grundsatze locus regit actum unter der Herrschaft der Gesetze des Ortes[3]).

Die Beweiskraft der Handelsbücher bestimmt sich im allgemeinen nach der lex fori[4]).

---

1) Anderer Meinung Meili S. 409, welcher die lex fori für maßgebend hält. Vgl. oben im § 11 die bei den verschiedenen Staaten mitgeteilten Bestimmungen der Zivilprozeßgesetze. Über die Kollision von Prozeßgesetzen bei der Ablehnung einer gerichtlichen Zeugenschaft siehe v. Schrutka in der Österr. Gerichtszeitung 1889 Nr. 1.

2) v. Bar a. a. O. S. 458. Das Gesetz des Aufenthaltsortes, nicht das des Domizils bezw. der Staatsangehörigkeit entscheidet, da Fremde als solche hier auf ein Privilegium keinen Anspruch haben. Vgl. Asser-Cohn (S. 92), welcher jedoch nur die lex fori als anwendbar bezeichnet.

3) Asser-Cohn S. 92; Wächter a. a. O. S. 405 ff.; Savigny S. 348; Stobbe Bd. 1 § 31; Menger a. a. O. S. 162 läßt nur für die eigentlichen Solennitätsformen die Anwendung der lex loci zu. Nach v. Bar a. a. O. S. 381 sind die Eigenschaften von Solennitätszeugen wie die Anzahl derselben beim Urkundenbeweise nach der lex loci actus zu bestimmen, sofern nicht neben den nach den Gesetzen des Ortes der Handlung erforderlichen Formen fakultativ die Formen einer anderen Gesetzgebung, unter welcher das Rechtsgeschäft an sich steht, beobachtet werden können oder statt jener beobachtet werden müssen.

4) SeuffA. XI Nr. 194 und 308; v. Bar a. a. O. S. 382. Nach der Meinung anderer wäre hier die lex loci contractus maßgebend. v. Bar will die Kontroverse durch die Annahme lösen, daß, wenn das Gesetz, unter dem der fragliche durch die Handelsbücher zu erweisende Vertrag an sich steht, den Handelsbüchern eine größere Glaubwürdigkeit verleiht, die Parteien diese auch vor den Gerichten eines anderen Staates gelten lassen müßten, und daß, wenn es für den Vertrag kein gemeinsames Gesetz (z. B. bei einem brieflich abgeschlossenen Vertrage) gebe, an die Stelle der lex loci contractus das Gesetz des Domizils des Klägers oder des Beklagten trete, je nachdem das eine oder das andere dem Beklagten das günstigere ist.

Die Verpflichtung der Parteien zur Edition von Urkunden ist nach den Gesetzen des Prozeßgerichtes zu beurteilen[1]).

Die im Auslande errichteten öffentlichen Urkunden genießen, sofern solche von einem Beamten innerhalb seiner Befugnisse und unter Beobachtung der nach den Gesetzen seines Staates erforderlichen Formen aufgenommen sind, überall öffentlichen Glauben[2]).

Über Eidesleistung vor einer ausländischen Behörde s. oben S. 414.

Das Geständnis ist kein Beweismittel, sondern ein Dispositionsakt. Es kommt deswegen darauf dasjenige Gesetz zur Anwendung, welchem der Rechtsakt materiell unterliegt. Die Bedeutung und der Wert gerichtlicher Geständnisse untersteht der lex fori.

§ 32.

Besondere Bestimmungen über Beweis für den Verkehr mit einzelnen auswärtigen Staaten.

Vgl. jetzt die Bemerkungen in § 11 bei den einzelnen Staaten.

d) Zwangsvollstreckung.

1. Vollstreckung der Urteile ausländischer Gerichte.

§ 33.

Die gesetzlichen Erfordernisse der §§ 722 und 723 der ZPO. Anerkennung ausländischer Urteile. Die Einrede der Rechtshängigkeit auf Grund eines im Auslande anhängigen Prozesses.

I. Die deutschen Gerichte sind im Verhältnisse zueinander inländische; ihre Urteile sind im ganzen Reiche vollstreckbar.

Nach § 161 GVG. erfolgt die Herbeiführung der zum Zwecke der Vollstreckung von Urteilen deutscher Gerichte erforderlichen Handlungen nach Vorschrift der Prozeßordnung, ohne Rücksicht darauf, ob die Handlungen in dem Bundesstaate, welchem das Prozeßgericht angehört, oder in einem anderen Bundesstaate vorzunehmen sind. Es bedarf also zur Voll-

---

1) v. Bar S. 459 motiviert solches damit, daß es sich hier um gegenseitige, durch den Prozeß selbst entstehende (und regelmäßig auch nur mit prozessualischen Nachteilen z. B. Annahme des Eingeständnisses verbundene) Pflichten der Parteien handle.

2) v. Bar S. 420; Menger S. 156. Über die Beweiskraft ausländischer öffentlicher Urkunden nach den Bestimmungen der deutschen Zivilprozeßordnung siehe oben S. 410 ff.

streckung der innerhalb des deutschen Reichsgebietes erlassenen Urteile eines Ersuchens um Rechtshilfe nicht. Die Vollstreckung geschieht durch die Gerichtsvollzieher, welche lediglich das Vorhandensein der in der Prozeßordnung vorgeschriebenen Voraussetzungen ihrer Tätigkeit zu prüfen haben und wobei ein Unterschied, ob der Gerichtsvollzieher oder das in Betracht kommende Prozeßgericht, dessen Entscheidung zu vollstrecken ist, demselben oder anderen Bundesstaaten angehören, nicht gemacht ist[1]).

Auch die Vollstreckung der Urteile der deutschen Konsulargerichte und der Gerichte in den deutschen Schutzgebieten erfolgt im Deutschen Reiche ohne Ersuchen um Rechtshilfe auf Betreiben des Gläubigers nach Maßgabe der ZPO.

Soll das Urteil eines deutschen Gerichtes im Gebiete eines Schutzgebietsgerichtes oder eines Konsulargerichtes erfolgen, so bedarf es eines Ersuchens um Rechtshilfe (s. oben S. 9 und 194).

Den Urteilen ausländischer Gerichte dagegen kommt eine unmittelbar exekutorische Kraft nicht zu[2]). Dieselben bedürfen der Vollstreckbarkeitserklärung durch ein inländisches Gericht[3]). In dieser Beziehung kommen die §§ 722 und 723 ZPO. zur Anwendung. Solche lauten:

§ 722. „Aus dem Urteile eines ausländischen Gerichtes findet die Zwangsvollstreckung nur statt, wenn ihre Zulässigkeit durch ein Vollstreckungsurteil ausgesprochen ist.

Für die Klage auf Erlassung desselben ist das Amtsgericht oder Landgericht, bei welchem der Schuldner seinen allgemeinen Gerichtsstand hat, und in Ermangelung eines solchen das Amtsgericht oder Landgericht zuständig, bei welchem

---

1) Dies gilt jedoch gemäß § 3 EGzZPO. nur von den Urteilen in bürgerlichen Rechtsstreitigkeiten, welche vor die ordentlichen Gerichte (§§ 12 und 13 GVG.) gehören. Nicht hierher gehören Urteile in solchen bürgerlichen Rechtsstreitigkeiten, für welche entweder die Zuständigkeit von Verwaltungsbehörden und Verwaltungsgerichten begründet ist, oder reichsgesetzlich besondere Gerichte bestellt oder zugelassen sind, da auf solche gemäß § 2 EGzGVG. die Bestimmungen des § 161 GVG. keine Anwendung finden. Vgl. auch oben § 3.

2) Ersatz der Kosten eines im Auslande gefällten, in Deutschland aber nicht vollstreckbaren Urteiles kann nicht verlangt werden (OLG. Stuttgart vom 21. Februar 1902, Böhm, Zeitschrift 14, 169).

3) Ist eine solche erfolgt, dann können auch in deutschen Standesregistern Vermerke, z. B. Ehescheidung betreffend, gemacht werden (OLG. Dresden vom 25. November 1902 in Böhms Zeitschrift Bd. 13 S. 419). Vgl. auch die Bekanntmachung des bad. Justizministers vom 23. April 1901 in Böhms Zeitschrift Bd. 12 Seite 148.

in Gemäßheit des § 23 ZPO. gegen den Schuldner Klage erhoben werden kann."

§ 723. „Das Vollstreckungsurteil ist ohne Prüfung der Gesetzmäßigkeit der Entscheidung zu erlassen.

Das Vollstreckungsurteil ist erst zu erlassen, wenn das Urteil des ausländischen Gerichtes nach dem für dieses Gericht geltenden Rechte die Rechtskraft erlangt hat. Es ist nicht zu erlassen, wenn die Anerkennung des Urteiles nach § 328 der Zivilprozeßordnung ausgeschlossen ist."

Der § 328 ZPO. lautet:

„Die Anerkennung[1]) des Urteiles[2]) eines ausländischen Gerichtes ist ausgeschlossen:

1. Wenn die Gerichte des Staates, dem das ausländische Gericht angehört, nach den deutschen Gesetzen nicht zuständig sind;

2. wenn der unterlegene Beklagte ein Deutscher ist und sich auf den Prozeß nicht eingelassen hat, sofern die den Prozeß einleitende Ladung oder Verfügung ihm weder in dem Staate

---

1) Vgl. Fuld, Ausländische Urteile und die deutsche ZPO., in Böhms Zeitschrift 8, 369. Die Vorschriften des § 328 ZPO. haben als Prozeß- und öffentliche Rechtsnormen vom 1. Januar 1900 ab auf ausländische Urteile Anwendung zu finden, ohne Unterschied, ob das ausländische Urteil vor oder nach diesem Zeitpunkt ergangen ist (RG. 20. Okt. 1903, R. d. OLG. 7, 411).

Soweit die Ausschließungsgründe des § 328 ZPO. vorliegen, bleibt das ausländische Urteil ohne Rechtskraftwirkung für das Inland (RG. 26, 130; 36, 384), unbeschadet jedoch der nach sonstigen Vorschriften des internationalen Rechts (Art. 7 bis 31 EGzBGB.) eintretenden Wirkungen seines Erlasses (Unterbrechung der Verjährung; RG. JW. 1891 S. 223) oder seiner im Auslande erfolgten Vollstreckung. Der auf Zahlung belangte inländische Schuldner kann diesem Anspruche gegenüber mit Erfolg darauf sich berufen, daß die eingeklagte Forderung auf Betreiben eines ausländischen Gläubigers des Klägers durch eine hierzu zuständige ausländische Vollstreckungsbehörde mit Arrest belegt sei (RG. 18. Juni 07, Recht 11, Nr. 2130).

Der Kostenausspruch in einem ausländischen, der Anerkennung nicht fähigen Urteile bildet auch keinen materiellen Ersatzgrund für eine Leistungsklage vor den deutschen Gerichten (BayrObLG. vom 27. November 1908 Recht 13 Nr. 118).

Die in einem ausländischen Rechtsstreite erfolgte Streitverkündung hat für den inländischen Regreßprozeß keine Bedeutung, da die Vorschriften der §§ 72 ff. nur für die inländischen Prozesse bestimmt sind (RG. 3. Juli 1903 Entsch. 55, 237, Böhms Zeitschrift 13, 440). Wenn eine Partei eines im Auslande geführten Prozesses für den Fall des ihr ungünstigen Ausganges Anspruch auf Schadloshaltung gegen einen Deutschen erheben will, und nach dem Rechte des ausländischen Prozeßgerichtes in solchem Falle nicht Streitverkündung im Sinne der ZPO. zu erfolgen hat, sondern Garantieklage zu erheben ist, so findet für das auf die Garantieklage gegen den Deutschen ergangene Urteil des § 328 ZPO. Anwendung (RG. 15. November 1900, Sächs. Arch. 11, 89).

Über Anerkennung eines ausländischen Urteiles als Grundlage für eine Ersatzforderung gegen einen inländischen Dritten vgl. OLG. Zweibrücken vom 12. Dezember 1900, Böhms Zeitschrift 11, 297. Über Rechtswirksamkeit einer ausländischen Arrestverfügung vgl. RG. 6. November 1896, Böhms Zeitschrift 6, 58. Über Anerkennung der Wirkung eines in Ekuador verhängten Forderungsarrestes (Embargo) vgl. OLG. Hamburg vom 10. Oktober 1900, Böhms Zeitschrift 11, 271.

2) Wegen der Ehescheidungsurteile vgl. unten das Abkommen vom 12. Juni 1902.

des Prozeßgerichtes in Person noch durch Gewährung deutscher Rechtshilfe zugestellt ist;

3. wenn in dem Urteile zum Nachteil einer deutschen Partei von den Vorschriften des Art. 13 Abs. 1, 3 oder der Art. 17, 18, 22 des Einführungsgesetzes zum Bürgerlichen Gesetzbuch oder von der Vorschrift des auf den Art. 13 Abs. 1 bezüglichen Teiles des Art. 27 desselben Gesetzes oder im Falle des Art. 9 Abs. 3 zum Nachteile der Ehefrau eines für tot erklärten Ausländers von der Vorschrift des Art. 13 Abs. 2 abgewichen ist;

4. wenn die Anerkennung des Urteiles gegen die guten Sitten oder gegen den Zweck eines deutschen Gesetzes verstoßen würde;

5. wenn die Gegenseitigkeit nicht verbürgt ist.

Die Vorschrift der Nr. 5 steht der Anerkennung des Urteiles nicht entgegen, wenn das Urteil einen nicht vermögensrechtlichen Anspruch[1]) betrifft und nach den deutschen Gesetzen ein Gerichtsstand im Inlande nicht begründet war[2]).

Der alte § 661 ZPO. lautete im Abs. 1, ebenso wie jetzt § 723 Abs. 1. Dagegen ist Abs. 2 durch die Novelle vom 17. Mai 1898 geändert. Der Abs. 2 § 661 ZPO. lautete:

„Dasselbe (nämlich das Vollstreckungsurteil) ist nicht zu erlassen:

1. wenn das Urteil des ausländischen Gerichtes nach dem für dieses Gericht geltenden Rechte die Rechtskraft noch nicht erlangt hat;

2. wenn durch die Vollstreckung eine Handlung erzwungen werden würde, welche nach dem Rechte des über die Zulässigkeit der Zwangsvollstreckung urteilenden deutschen Richters nicht erzwungen werden darf;

3. wenn nach dem Rechte des über die Zulässigkeit der Zwangsvollstreckung urteilenden deutschen Richters die Gerichte desjenigen Staates nicht zuständig waren, welchem das ausländische Gericht angehört;

---

1) Betrifft das Urteil vermögensrechtliche Ansprüche und nicht vermögensrechtliche, z. B. ein Scheidungsurteil entscheidet auch über Unterhaltsansprüche, so unterliegt es nur hinsichtlich ersterer dem Abs. 2.

2) Hier ist von dem Erfordernis der Verbürgung der Gegenseitigkeit Abstand genommen, weil sog. Familienstandssachen im wesentlichen in Frage stehen. Vgl. die Einzelheiten bei Skonietzki S. 924. Nach § 24 EGzZPO. ist ein Vergeltungsrecht zulässig. Soweit durch Staatsvertrag die Frage der Anerkennung der Urteile anderweit geregelt ist, behält es hierbei sein Bewenden (Begr. S. 112). Wegen Nichtanerkennung eines rumänischen Scheidungsurteiles vgl. OLG. Karlsruhe vom 20. Oktober 1903, Böhms Zeitschrift 14, 74. Eine im Staate New-York formlos geschlossene Ehe ist in Deutschland anzuerkennen (RG. 1. Mai 1903, JW. 1902 S. 361).

4. wenn der verurteilte Schuldner ein Deutscher ist und sich auf den Prozeß nicht eingelassen hat, sofern die den Prozeß einleitende Ladung oder Verfügung ihm weder in dem Staate des Prozeßgerichtes in Person, noch durch Gewährung der Rechtshilfe im Deutschen Reiche zugestellt ist;

5. wenn die Gegenseitigkeit nicht verbürgt ist."

Art. 7 des internationalen Abkommens[1]) zur Regelung der Gesetze und der Gerichtsbarkeit auf dem Gebiete der Ehescheidung und der Trennung von Tisch und Bett vom 12. Juni 1902 (RGBl. 1904 S. 221 ff.)[2]) bestimmt:

„Die Scheidung und die Trennung von Tisch und Bett, die durch ein nach Art. 5 zuständiges Gericht ausgesprochen wird, sind überall anzuerkennen, vorausgesetzt, daß die Bestimmungen dieses Abkommens beobachtet worden sind, und daß im Falle eines Versäumnisurteiles die Ladung des Beklagten entsprechend der besonderen Vorschriften erfolgt ist, die das Gesetz seines Heimatstaates für die Anerkennung ausländischer Urteile erfordert.

In gleicher Weise sind überall anzuerkennen die Scheidung und die Trennung von Tisch und Bett, die von einer Verwaltungsgerichtsbarkeit ausgesprochen werden, vorausgesetzt, daß das Gesetz eines jeden der Ehegatten eine solche Scheidung oder Trennung anerkennt."

Nach Art. 7 sind die im § 328 ZPO. für die Anerkennung ausländischer Urteile aufgestellten Erfordernisse im wesentlichen bestehen geblieben. Die im § 328 Nr. 1 vorgesehene Zuständigkeit ist allerdings nicht mehr nach den deutschen Gesetzen, sondern nach den Bestimmungen des Abkommens zu beurteilen, welche indes mit den deutschen Zuständigkeitsvorschriften im allgemeinen übereinstimmen. Es kann wohlweise die Gerichtsbarkeit im Heimatstaate oder die am Wohnsitze der Ehegatten angerufen werden, letztere jedoch nur insoweit, als die des Heimatstaates es gestattet (vgl. Art. 5). Die Vorschrift der Nr. 2 für Versäumnisurteile ist aufrechterhalten. Die Bestimmung der Nr. 3 über die Anwendung der deutschen Kollisionsnormen entspricht dem Art. 1 und 2 des Abkommens und wird nur für einzelne Fälle durch Art. 8 abgeändert. Der in Nr. 4 aufgestellte Vorbehalt der öffentlichen Ordnung ist deshalb bedeutungslos, weil nach

---

1) Abgeschlossen zwischen Deutschland, Belgien, Frankreich, Italien, Luxemburg, den Niederlanden, Portugal, Rumänien, Schweden, Schweiz. Das Abkommen gilt nur für die europäischen Gebietsteile der Vertragsstaaten. Vgl. S. 496.

2) Vgl. die amtliche Denkschrift in Böhms Zeitschrift 14, 533 ff. und unten § 39.

Art. 1 und 2 die Vorschriften des Heimats- und des Ortsrechtes gleichmäßig beachtet werden müssen. Die Scheidung ist nämlich nur zulässig, wenn sie beiden Rechten entspricht, die Scheidungsgründe brauchen aber nicht dieselben zu sein. Ausnahmen sind in den Art. 3 und 4 zugelassen. Gehören die Ehegatten verschiedenen Staaten an, so ist als Heimatsgesetz das Gesetz ihres letzten gemeinsamen Heimatstaates anzusehen (Art. 8). Insoweit ist Art. 17 EGzBGB. und § 606 ZPO. abgeändert. Endlich ist die in Nr. 5 erforderte Gegenseitigkeit in dem Abkommen verbürgt.

Die Anerkennung der Scheidung deutscher Ehegatten durch eine Verwaltungsbehörde bleibt ausgeschlossen, da das deutsche Recht nur die Anerkennung gerichtlicher Urteile vorsieht, und in Art. 7 Abs. 2 ein entsprechender Vorbehalt zugunsten des Heimatsrechtes gemacht ist. Die Trennung von Tisch und Bett ist durch das Abkommen weder für Ausländer in Deutschland noch für Deutsche im Ausland eingeführt worden, da dieses Rechtsinstitut der neuen Reichsgesetzgebung fremd, mithin seine Anwendung für Deutschland nach Art. 1 ausgeschlossen ist.

Ia. Anerkennung des ausländischen Urteils, insbes. die Einrede der Rechtshängigkeit (vgl. Francke in Buschs Zeitschr. 27, 125.) Der § 328 ZPO. schließt sich an die das internationale Privatrecht betreffenden Bestimmungen der Art. 7 ff. EGzBGB. an. Er enthält Vorschriften über die Anerkennung[1]) der von ausländischen Gerichten erlassenen Urteile allgemeinhin, nicht bloß, wie der dadurch in der Hauptsache ersetzte frühere § 661 ZPO. für die Zwangsvollstreckung (Begr. S. 111). Grundsätzlich ist jetzt den ausländischen Urteilen, sofern sie formell rechtskräftig geworden sind und den Erfordernissen des § 328 ZPO. Nr. 1, 2, 4 und 5 genügen, die materielle Rechtskraft (§§ 322 ff. ZPO.) für das Gebiet des Deutschen Reiches zuzuerkennen[2]). Unter Urteilen im Sinne des § 328 ZPO. sind nur solche richterliche Entscheidungen zu verstehen, welche

1) Vgl. Fuld, Ausländische Urteile und die deutsche ZPO. in Böhms Zeitschrift 8, 369, und Klein in Böhms Zeitschrift 9, 223.

2) Da eine Bevorzugung des ausländischen Urteils als nicht gewollt anzunehmen ist, so bestimmen sich der objektive und subjektive Umfang der Rechtskraft, sowie die Voraussetzungen und der Inhalt der Rechtskraftwirkung (§§ 322—327 ZPO.) ausschließlich nach deutschem Recht (RG. 3, 290). Vorschriften des ausländischen Rechts, wonach dem Urteil eine weiterreichende Rechtskraftwirkung, z. B. auch bezüglich der sog. Urteilselemente, zukommt, bleiben außer Anwendung. Nur soweit das Prozeßrecht des Auslandes die Grenzen der Rechtskraft enger zieht, als das deutsche Recht, z. B. im Falle des § 322 Abs. 2 ZPO. der Entscheidung die Rechtskraftfähigkeit abspricht, ist es auch für das Inland maßgebend. Vgl. Skonietzki S. 911.

der materiellen Rechtskraft fähig sind; vollstreckbare Urkunden der in § 794 ZPO. bezeichneten Art gehören nicht hierher. Ein Vollstreckungsurteil ist nicht Voraussetzung für den Eintritt der materiellen Rechtskraft des ausländischen Urteiles[1]).

Einer im Inlande erhobenen Klage kann auf Grund eines im Auslande anhängigen Rechtsstreites die Einrede der Rechtshängigkeit nur dann entgegengesetzt werden, wenn das in diesem Rechtsstreit ergehende Urteil im Inlande als Urteil anzuerkennen ist bezw. darin zur Vollstreckung gelangen kann. Die Anerkennung des ausländischen Prozesses und seine Wirkung auf andere Prozesse kann nicht weiter reichen als die Anerkennung des ausländischen Urteiles (RG. 49, 344)[2]).

In dem Urteile des Reichsgerichtes (SeuffArch. 47, Nr. 296; vgl. auch JW. 1893 S. 350 war die Frage offen gelassen, ob sich dies dann anders verhalte, wenn mit der Klage im Auslande ein Arrestschlag verbunden sei oder überhaupt der Beklagte im Auslande Vermögen habe, das dem Kläger die Befriedigung aus dem ausländischen Urteile sichere. Diesen Zweifel erklärt das Reichsgericht (Urteil vom 13. April 1901, Entsch. 49, 345) für unbegründet, weil es ja ungewiß sei, ob Kläger in dem ausländischen Prozeß ein obsiegliches Urteil erlangen und nicht vielmehr mit seiner Klage abgewiesen werden wird, hierauf aber der Kläger dann sich zu berufen befugt ist, wenn das ausländische Urteil für das Inland nicht bindend und

---

1) Vgl. Struckmann zu § 328 Anm. 1 und Skonietzki S. 911; anderer Ansicht anscheinend RG. 16, 421.

2) Vgl. OLG. Hamburg in R. D. OLG. 2, 6; Wach S. 226, 227 u. 246, Kohler, Ges. Beiträge zum Zivilprozeß S. 554.

Ein Teil der französischen Jurisprudenz versagt der auswärtigen Litispendenz durchweg die Anerkennung, auch in Italien ist die Jurisprudenz in dieser Hinsicht noch eine schwankende. In der englisch-amerikanischen Jurisprudenz wird solche anerkannt.

Nach dem Urteil des Appellhofes in Mailand vom 23. Februar 1898 (Böhms Zeitschrift 12, 478) und nach demjenigen des Handelsgerichts zu Lüttich vom 31. Oktober 1896 (Böhms Zeitschrift 8, 53) begründen in Italien bezw. Belgien ausländische Prozesse die Einrede der Litispendenz nicht. Dagegen hat der Appellhof in Antwerpen (Böhms Zeitschrift 11, 310) die Einrede unter dem Gesichtspunkte des durch die Streiteinlassung begründeten Quasikontraktverhältnisses zugelassen. Die von ausländischen Gerichten in dinglichen Rechtsstreitigkeiten ergangenen Entscheidungen haben vor englischen Gerichten Rechtskraft. Zu dieser Art von Urteilen gehört auch eine Entscheidung, wonach die Beschlagnahme und der Verkauf eines Schiffes angeordnet wird, sowie daß der Erlös dem pfändenden Gläubiger gebührt (Oberster Gerichtshof in London vom 24. Februar 1897, Böhms Zeitschrift 9, 252). — Bezüglich der Einrede der Rechtshängigkeit im Verkehr zwischen Frankreich, Elsaß-Lothringen und Baden auf Grund des Vertrages vom 16. April 1846 (siehe oben § 11 unter Frankreich) vgl. OLG. Kolmar vom 14. Dezember 1896, Böhms Zeitschrift 9, 476. — Nicht vollstreckbare ausländische Urteile begründen in Österreich keine Judikatsobligation (Oberster österreich. Gerichtshof vom 23. April 1901, Böhms Zeitschrift 12, 497).

deshalb, falls es die Klage als unbegründet abweist, nicht geeignet sein wird, den Beklagten die Einrede der rechtskräftig entschiedenen Sache zu verschaffen. Das OLG. Darmstadt (Recht 1904 S. 532) verwirft bei nicht verbürgter Gegenseitigkeit die Einrede der Litispendenz selbst dann, wenn wegen eines im Auslande angelegten Arrestes der Beklagte sich auf die ausländische Klage einlassen muß.

Auch für abweisende Urteile gilt derselbe Grundsatz (RG. 8, 385). Ist die Anerkennung eines ausländischen Urteiles nach § 328 ZPO. ausgeschlossen, so kann über dasselbe Rechtsverhältnis, über welches im Auslande bereits entschieden ist, von inländischen Gerichten (deren Zuständigkeit vorausgesetzt) entschieden werden, ohne daß die exceptio rei judicatae zulässig ist[1]). Der Umfang der Rechtskraft eines in Deutschland der Anerkennung fähigen ausländischen Urteiles bestimmt sich grundsätzlich nach ausländischem Recht[2]), kann aber nie größer werden als der eines entsprechenden deutschen Urteiles[3]).

Über die nicht unbestrittene Frage der Zulässigkeit der Einrede der Rechtshängigkeit stellt v. Bar (2, 346 ff.) unter Bezugnahme auf Wach 1, 246 folgende Sätze auf:

„Die Anerkennung des auswärtigen Prozesses wird bestimmt durch die Anerkennung des auswärtigen Urteiles, bezw. durch die Vollstreckung des auswärtigen Urteiles in unserem Staate. Da wo der Kläger mit dem auswärts erwirkten Urteile doch einen reellen Erfolg d. h. die Exekution nicht erreichen könnte, vielmehr angewiesen würde auf eine neue Klage, oder wo er auch nur eine arbiträre Revision des Urteils sich müßte gefallen lassen, kann es ihm billigerweise nicht verwehrt sein, um bald befriedigt zu werden, jene neue Klage sofort anhängig zu machen, da die nochmalige Prüfung der Sache doch nicht erspart werden würde.

Da die Vollstreckung des auswärtigen Urteiles voraussetzt, daß das auswärtige Gericht zuständig sei, die Zuständigkeit aber in denjenigen Angelegenheiten, welche der freien Disposition der Parteien unterstellt sind, auch durch stillschweigende Prorogation begründet sein kann, so steht dem Kläger unter jener Voraussetzung die exceptio litis pendentis alle Mal entgegen, wenn er im Auslande geklagt, der Beklagte die Einrede der

---

1) OLG. Köln im Rhein. Arch. 89 I S. 22; anderer Ansicht Richard in Böhms Zeitschrift 3, 10 ff., 36.
2) Vgl. v. Bar S. 459; anderer Ansicht Francke S. 119.
3) Wegen der Wirkung gegen Dritte vgl. Prot. zum BGB. VI, 86 ff.

Inkompetenz vorzubringen unterlassen hat und das Gericht auf die materialia causae eingegangen ist. Hätte der Beklagte die Einrede der Unzuständigkeit vorgeschützt, das auswärtige Gericht aber dieselbe verworfen, so würde das bei uns nicht genügen, dem Beklagten die Einrede der Litispendenz zu gewähren, da das ausländische Kompetenzurteil der inländischen Zuständigkeit in keiner Weise präjudiziert; der Beklagte könnte die Einrede aber erwerben, wenn er rechtsverbindlich die Zuständigkeit des ausländischen Gerichtes anerkennt. Die Einrede der Litispendenz kann nicht von der Reziprozität, d. h. davon abhängig gemacht werden, daß die Gesetze desjenigen Staates, in welchem der auswärtige Prozeß schwebt, diese Einrede gleichfalls anerkennen.

Die Einrede, daß der Streit über den Anspruch bei einem Gerichte unseres Staates anhängig sei, muß gegenüber der Vollstreckungsklage aus einem auswärtigen Urteile für unwirksam erachtet werden, wenn das auswärtige Gericht im internationalen Sinne zuständig ist. Denn die Entscheidung eines international zuständigen Gerichtes ist wirksam überall, bildet also die Basis der Exekution in jedem anderen Lande, welches nicht prinzipiell sich gegen die Anerkennung auswärtiger Urteile erklärt, und gibt der Partei ein Recht, sich der Wiederholung oder Fortsetzung des Rechtsstreites anderwärts zu widersetzen".

Ib. Parallel mit der materiellen Rechtskraft geht die Vollstreckungsfähigkeit eines ausländischen Urteiles.

Zu den §§ 722 und 723 ZPO. ist zunächst im allgemeinen zu bemerken:

Völkerrechtlich besteht kein Anspruch auf Vollstreckung richterlicher Urteile über die Grenzen des Staates hinaus, dessen Gerichte die Urteile erlassen haben. Das Gesetz kommt den internationalen Beziehungen entgegen, indem es bei Zulassung der Vollstreckung davon ausgeht, daß auch ausländische Urteile die ausschließliche Grundlage einer im Inlande auszuführenden Zwangsvollstreckung sind, und daneben nur gewisse Ausnahmen von dieser Regel festsetzt.

Die Klage auf Vollstreckbarkeitserklärung hat zur Grundlage die Existenz des ausländischen Urteiles und die Bestimmungen der §§ 722 und 723 ZPO.

Die Klage kann nur auf eine im Auslande ergangene Entscheidung eines Gerichtes gestützt werden, nicht auch auf solche Entscheidungen, welchen die Kraft eines richterlichen Urteiles nicht innewohnt[1]).

Urteile sind alle Entscheidungen[2]) ausländischer Gerichte, welche einen anhängigen Rechtsstreit auf Grund eines beiden Teilen Gehör gewährenden, vielleicht nur summarischen Verfahrens ganz oder teilweise (Teilurteil) endgültig erledigen. (RG. 16, 428 und OLG. Dresden vom 2. Mai 1901, DJZ. 1902 S. 155). Als Urteil ist auch ein Zahlungsbefehl, welcher nach Ablauf der gesetzlichen Zahlungsfrist von selbst in Rechtskraft übergeht[3]), anzusehen, ebenso ein Kostenfestsetzungsbeschluß (RG. Recht 12 Nr. 3306).

Urteile, welche unter Vorbehalt von Rechten oder Verteidigungsmitteln ergangen sind (§§ 302, 145 Abs. 3); 540 (529

---

1) Zu letzteren gehören z. B. sog. einverständliche Scheidungen nach § 103 des österr. bürg. Gesetzbuches, ausländische Schiedssprüche. Vgl. RG. 9, 98 u. 3, 27; ROHG. 10, 361; Francke, Zeitschr. für deutsch. Zivilpr. von Busch Bd. 8, 1885 S. 1—127.

Ob auch solche ausländische Entscheidungen zur Grundlage des Verfahrens nach §§ 722 und 723 dienen können, welche die Urteilsform der ZPO. nicht haben oder nach der ZPO. nicht als Urteile angesehen werden können, nämlich Entscheidungen in Form von Beschlüssen, wird von Francke S. 30 und Kleiner (zu § 660) bejaht. Hierzu wären insbesondere zu rechnen: ausländische Kostenfestsetzungsbeschlüsse, Entscheidungen, durch welche einer Partei die Zahlung bestimmter Gebühren oder Auslagen an einen Zeugen, Sachverständigen oder Anwalt aufgegeben wird, Auszüge aus der Konkurstabelle über eine im Konkursverfahren festgestellte Forderung (Leske III, 327 u. RG. 16, 428), vorausgesetzt, daß solche die Rechtskraft nachgewiesenermaßen erlangt haben. Vgl. RG. 16, 428, JW. 91, 223; 96, 321. Arrestbeschlüsse und einstweilige Verfügungen gehören nicht hierher: v. Wilmowski zu § 661 (alt) unter Berufung auf den Wortlaut des § 660 (alt) und aus der weiteren Erwägung, daß dergleichen Entscheidungen im Sinne der ZPO. nicht rechtskräftig würden und daß selbst de lege ferenda kein innerer Grund vorhanden wäre, das Gesetz auf solche — oft nicht einmal mit Entscheidungsgründen versehene — vollstreckbare Titel des Auslandes auszudehnen; ebenso Wach S. 228, mit der Motivierung, daß die deutsche Vollstreckungsmaßregel allein die Folge der Anerkennung der definitiven Feststellung vollstreckungsbedürftigen Rechtes sei und daß deshalb nur die richterliche prozeßbeendigende Entscheidung, nicht schon eine in den Lauf des Rechtsstreites fallende, wenn auch unanfechtbare prozessuale Anordnung die Vollstreckungsklage begründe, sowie Leske I, 796; and. Ans. Francke S. 33. Vgl. RG. SeuffA. 63, 41. Struckmann u. Koch zu § 722 Anm. 1 rechnen richterliche Zwangsvollstreckungsmaßregeln nicht hierher, z. B. Anordnung der Haft zur Erzwingung einer Handlung, Sequestrationsmaßregeln; desgleichen nicht rein prozessualische Anordnungen, z. B. des Erscheinens einer Partei, der Vorführung eines Zeugen usw.

2) Ausländische Vollstreckungsurteile sind nicht zur Vollstreckung zuzulassen, denn der deutsche Richter hat die Zulässigkeit der Vollstreckung lediglich nach inländischem Recht zu beurteilen (Wach S. 228 und Leske I, 797). Nicht unter § 328 fallen Aufgebotsurteile. Vgl. Skonietzki-Gelpcke S. 912.

3) Das Reichsgericht (Urt. vom 30. Juni 1886, E. 16, 427) hat einen vom Handelsgericht zu Wien erlassenen rechtskräftigen Zahlungsauftrag einem Urteil gleichgestellt. Vgl. dagegen OLG. Dresden vom 17. Juni 1886 in SeuffA. Bd. 42 S. 112. Auch österr. Wechselzahlungsaufträge gehören hierher, sie gehen in Rechtskraft über, sobald nicht binnen dreitägiger Frist Einwendungen vorgebracht sind (OLG. Dresden vom 2. Mai 1901, DJZ. 1902 S. 155 und SächsJMB. vom 26. Mai 1900; JMBl. S. 33). Dagegen ist ein Vollstreckungsurteil aus einem schweizerischen sog. Glücks-(Verlust-) Schein unzulässig (OLG. Karlsruhe vom 21. Januar 1903 in Böhms Zeitschr. 13, 597).

Abs. 3 und 599, sind der inländischen Vollstreckung fähig[1]), dasselbe gilt von einem Kostenurteil[2]). Durch Eid bedingte Endurteile gehören nicht hierher.

Ob in dem beiden Parteien Gehör gewährenden Verfahren tatsächlich beide verhandelt haben, ist gleichgültig, es sind deshalb auch ausländische Versäumnisurteile vollstreckbar[3]).

Aus ausländischen gerichtlichen Vergleichen und vollstreckbaren Urkunden (Notariatsurkunden) findet keine Vollstreckung statt, da die Vorschrift ausdrücklich auf Urteile beschränkt ist[4]).

Die bezüglichen Entscheidungen (Urteile) müssen ihrer Natur nach vollstreckbar sein. Erkenntnisse auf Feststellung, Bestand oder Nichtbestand von Rechtsverhältnissen sind ausgeschlossen[5]).

Die ausländische Entscheidung darf sich nur auf Ansprüche, welche eine Leistung des bürgerlichen Rechtes, nicht auch eine solche des öffentlichen Rechtes betreffen, erstrecken[6]). Anderseits ist es gleichgültig, ob über den zuerkannten Anspruch in Deutschland, wenn hier die Klage erhoben worden wäre, das Urteil im Verfahren der Zivilprozeßordnung oder in einem anderen Verfahren ergangen sein würde. Jedoch muß ein ausländisches Gericht, d. h. eine von dem Inhaber der Gerichtsgewalt zur regelmäßigen Entscheidung von bürgerlichen Rechtsstreitigkeiten berufene und unter staatlicher Autorität unabhängig vom Parteiwillen richtende Behörde, die der Vollstreckungsklage zugrunde liegende Entscheidung getroffen haben[7]).

---

1) Francke S. 33 und Leske I, 797; and. Mein. Wach S. 230, Seuffert, Gaupp a. a. O.

2) RG. 7. April 1883, E. 9, 368 und 374.

3) RG. 30. Juni 1886, E. 16, 427, 428. Vgl. RG. 72, 124.

4) RG. 9, 98.

5) RG. vom 7. April 1883 (E. 2, 372); OLG. Dresden, SächsOLG. 29, 148; Francke a. a. O. S. 20; das Gleiche gilt von Zwischenurteilen, ausgenommen, wenn dieselben eine bestimmte zur Exekution geeignete Leistung auferlegen. Struckmann und Koch zu § 722 Anm. 1 halten es für gleichgültig, ob das Urteil zu Vollstreckungsmaßregeln Anlaß gibt oder nicht. Vgl. aber RG. 9, 372.

6) Ob ein bürgerlicher Rechtsstreit vorhanden ist, dafür ist lediglich das ausländische Recht maßgebend.

7) Näheres hierüber s. Francke S. 24 ff. Insbesondere ist ein Verwaltungsgericht kein Gericht im Sinne der Reichsjustizgesetze (vgl. Oberst. österr. Gerichtshof vom 15. Oktober 1902, Böhms Zeitschr. 13, 187); auch Schiedsgerichte fallen nicht unter diesen Begriff. Gaupp-Stein erklärt die Urteile der Gewerbegerichte und Börsenschiedsgerichte für vollstreckbar. Nach dem Urteil des Obersten Landesgerichtes für Bayern (SeuffA. Bd. 46 Nr. 75) ist das Börsenschiedsgericht zu Triest ein Staatsgericht.

Aus ausländischen Schiedssprüchen (vgl. § 34) ist, wenn sie den Vorschriften der §§ 1027 ff. ZPO. nicht entsprechen, nicht die Klage auf Erlassung des Vollstreckungsurteiles (§ 1042 ZPO.), sondern eine Erfüllungsklage zu erheben. Letz-

Ob die Parteien Inländer oder Ausländer sind, ist gleichgültig, ebenso ob die Berufung auf das ausländische Urteil der inländischen oder der ausländischen Partei zum Vorteil gereicht. Vgl. aber § 328 Ziffer 2 und 3.

Die Klage ist je nach der sachlichen Zuständigkeit (§§ 23 und 70 GVG.) bei dem Amtsgerichte oder Landgerichte anzubringen. Die Zuständigkeit der Handelskammer ist ausgeschlossen, weil die Sache selbst, deren Natur diese Zuständigkeit begründen konnte, nicht mehr zur Erörterung kommt. Aus demselben Grunde bleiben die in der Zivilprozeßordnung vorgesehenen ausschließlichen Gerichtsstände außer Betracht[1]). Der Prozeß ist nicht ein Teil des Zwangsvollstreckungsverfahrens im Sinne des § 204 GVG., also nicht Feriensache (RG. in Buschs Zeitschr. Bd. 13 S. 350).

Als Wert des Streitgegenstandes kommt nicht der Gegenstand der im Ausland erhobenen Klage, sondern der Gegenstand der zu vollstreckenden ausländischen Verurteilung in Betracht. Für die sachliche Zuständigkeit ist daher der Wert, auf den das ausländische Urteil lautet, auch dann entscheidend, wenn die im Auslande entschiedene Streitigkeit im Deutschen Reiche nach § 23 Abs. 2 und bezw. § 70 Abs. 2 GVG. ohne Rücksicht auf den Wert des Streitgegenstandes den Amtsgerichten, bezw. den Landgerichten zugewiesen wäre. Für die Wertberechnung sind der Zeitpunkt der Erhebung der Vollstreckungsklage und außerdem die Bestimmungen der §§ 3—9 ZPO. maßgebend.

Zunächst kommt der allgemeine Gerichtsstand des Schuldners (ZPO. §§ 13—19) in Betracht. In Ermangelung eines allgemeinen Gerichtsstandes kann bei dem nach § 23 ZPO. zuständigen Gerichte Klage erhoben werden. Eine Vereinbarung über den nach Maßgabe des § 772 Abs. 2 ZPO.

---

tere setzt voraus, daß die Schiedsrichter sich in den von den Parteien gezogenen Grenzen ihrer Zuständigkeit gehalten und nach den ihnen durch das maßgebende Recht gegebenen Formen verfahren haben. Vgl. v. Bar, Internat. Privatrecht (2. Aufl.) Bd. 2 S. 538; RG. 5, 399; 30, 370; JW. 1889 S. 169 12, OLG. Hamburg vom 19. Mai 1896, Böhms Zeitschr. 8, S. 492; OLG. Karlsruhe vom 12. Dezember 1900, Böhms Zeitschr. Bd. 12, S. 118 und Francke S. 29. Dagegen sind die §§ 722 und 723 anwendbar auf ausländische, einen Schiedsspruch sanktionierende gerichtliche Urteile.

Ein Strafurteil, welches im Wege des sog. Adhäsionsprozesses über rein zivilrechtliche Ansprüche (Schadensersatz) entscheidet, ist insoweit ein Zivilurteil. Vgl. Skonietzki S. 913.

1) Es bedarf kaum der Bemerkung, daß das mit der Vollstreckungsklage befaßte inländische Gericht nicht Vollstreckungsgericht im Sinne des 8. Buches der ZPO., sondern selbst Prozeßgericht ist.

jeweilig begründeten Gerichtsstand findet bei der Ausschließlichkeit desselben nicht statt (§§ 802 und 40 Abs. 2 ZPO.).

Die Klage ist eine actio ex judicato, aber keine eigentliche actio judicati. Eine direkte Klage auf Erfüllung (Zahlung) aus dem ausländischen Urteile findet überhaupt nicht statt. Der Urkundenprozeß ist ausgeschlossen[1]).

Gegenstand der Klage ist lediglich die Zulässigkeit der Zwangsvollstreckung, Klagegrund ist das Dasein eines ausländischen Urteiles[2]). Es ist unzulässig, ein ausländisches Urteil in Deutschland entgegen den Vorschriften der §§ 722 und 723 ZPO. auf Grund einer Vereinbarung der Parteien für vollläufig vollstreckbar zu erklären[3]).

Auch von dem Rechtsnachfolger des Gläubigers und bezw. gegen den Rechtsnachfolger des Schuldners kann die Klage auf Vollstreckbarkeitserklärung, vorbehaltlich des Nachweises der Aktiv- und Passivlegitimation im Bestreitungsfalle, gestellt werden[4]).

Unzulässig ist eine Widerklage; Leske I, 809 und v. Bar II, 523; anderer Ansicht Wach S. 485, Francke S. 99 ff., Klein, Böhms Zeitschr. 6 S. 332.

II. Anlangend die gesetzlichen Erfordernisse[5]) zur Erlassung des Vollstreckungsurteiles, so räumt Abs. 1 des § 723 dem inländischen Richter eine Kognition über die Gesetzmäßigkeit der ausländischen Entscheidung nicht ein,

---

1) RG. vom 2. Juni 1885, JW. 1885 S. 250[4].

2) Leske I, 804. Gegenüber einer Klage aus dem ursprünglichen Schuldgrunde steht dem durch das ausländische Urteil bereits verurteilten Beklagten die exceptio rei judicatae zur Seite (RG. 30. Juni 1886, E. 16, 427 ff.). Vgl. auch RG. 26, 131; aber auch 8, 387; 9, 374.

3) RG. 36, 381. Ein solches Urteil kann nicht einmal materielle Rechtskraft erlangen, auch nicht als Grundlage einer actio judicati benutzt werden. Das Urteil des RG. 30, 370 steht nicht entgegen. Über die Rechtswirksamkeit eines ausländischen Schiedsspruches ist in der ZPO. nichts bestimmt und die in jenem Urteil bejahte Frage, ob ein solcher Schiedsspruch, wenn er auch nicht nach den Vorschriften der deutschen ZPO. für vorläufig vollstreckbar erklärt werden könne, doch für die materielle Entscheidung auf Grund des Vertrages der Parteien seine Bedeutung auch im Inlande behalte, ist wesentlich verschieden von der Frage, welche materielle Bedeutung ein Urteil eines auswärtigen Staatsgerichtes habe. Darüber hat die deutsche ZPO. ihre bestimmten Grundsätze aufgestellt und diese Grundsätze sind der vertraglichen Abänderung durch die Parteien entzogen. Vgl. auch Urteil des Appellhofes zu Brüssel vom 26. Juni 1894, Böhms Zeitschr. 7, 272.

4) RG. 9, 368. Vgl. auch Entsch. 13, 349; ferner Kleiner III S. 36; Francke S. 12 ff. und 93.

5) Es besteht keine Beweislast für das Vorhandensein eines Ausschließungsgrundes, es hat diejenige Partei, welche sich auf die Wirksamkeit des ausländischen Urteils beruft, die Voraussetzungen hierfür nachzuweisen. Vgl. RG. 6, 373.

also auch nicht darüber, ob bei Abfassung des Urteiles die materiellen Gesetze seines Staates berücksichtigt sind oder nicht. Auf die Frage, ob etwa gebietende oder verbietende Gesetze seines Staates bei Findung des Urteiles verletzt worden sind, darf der inländische Richter nicht eingehen[1]). Es findet eine Prüfung der Richtigkeit des Urteiles auch nicht auf Grund neuen Vorbringens vor dem inländischen Richter statt; insbesondere können Verstöße gegen das ausländische Prozeßgesetz, selbst wenn sie die Nichtigkeit des Urteils begründen würden, in dem Verfahren nicht geltend gemacht werden[2]). Das inländische Gericht hat demnach zunächst seine eigene Zuständigkeit (§ 722)[3]) und sodann weiter zu prüfen, ob einer der in § 328 Nr. 1—5 aufgeführten Ausnahmsgründe vorliegt[4]).

Nur solche Urteile, welche nach dem *Rechte des ausländischen Gerichtes die Rechtskraft* erlangt haben, können für vollstreckbar erklärt werden. Die Zulässigkeit der Vollstreckung eines Urteiles *vor* eingetretener Rechtskraft, wie dies z. B. nach französischem Prozeßrechte der Fall ist[5]), genügt ebensowenig, wie die dem ausländischen Urteile beigefügte vorläufige Vollstreckbarkeit[6]). Den Eintritt der Rechtskraft, der nach ausländischem Recht zu beurteilen ist, hat der Kläger zu beweisen[7]).

---

1) Motive zu § 661 (alt). Vgl. aber § 328 Nr. 4 ZPO.

2) Eine Prüfung der Gesetzmäßigkeit der Entscheidung ist es jedoch nicht, wenn geprüft wird, ob etwa das ausländische Urteil durch einen Vorgang *nach* beschrittener Rechtskraft wieder entkräftet ist, und ob etwa der festgestellte Anspruch selbst durch einen Vorgang nach beschrittener Rechtskraft aufgehoben ist. Näheres hierüber siehe *Francke* S. 6 und 15. S. auch RG. 13, 347.

3) Selbstverständlich auch nur auf Grund mündlicher Verhandlung; im Falle örtlicher oder sachlicher Unzuständigkeit ist die Vollstreckungsklage abzuweisen.

4) Die in Nr. 1—5 aufgezählten Hindernisse sind öffentlich-rechtlicher Natur und insoweit deren Vorhandensein bekannt ist, von Amts wegen, also auch im Versäumnisverfahren zu berücksichtigen (RG. JW. 1896 S. 4, Entsch. 36, 381; Recht 1911 Nr. 1348 und OLG. Köln im Rhein. Arch. 86 I S. 52; anderer Ansicht *Seuffert* und v. *Bar* Bd. 2 S. 535). Sie finden auch auf *vor* dem 1. Januar 1900 erlassene Urteile Anwendung.

Ob der Beklagte ein Deutscher oder ein Ausländer ist, begründet keinen Unterschied.

Die Ablehnung des Antrages auf Erlassung des Vollstreckungsurteiles kann auch aus *anderen*, als den in § 723 ZPO. aufgeführten Gründen erfolgen; RG. vom 5. Februar 1885 (SeuffA. Bd. 40 Nr. 326).

5) Nach Art. 158 der *französischen* ZPO. kann gegen Versäumnisurteile bis zur Vollstreckung Einspruch erhoben werden, solche sind also nur dann rechtskräftig, wenn sie wenigstens schon teilweise in Frankreich zur Vollstreckung gelangten oder vom Beklagten anerkannt wurden. Für *New-Yorker* Recht vgl. ROHG. Entsch. 21, 11. Über den Fall der Wiederaufhebung der Rechtskraft s. *Francke* S. 34

6) RG. in JW. 1886 S. 270.

7) Am geeignetsten durch ein Attest des ausländischen Prozeßgerichtes. Hinsichtlich der Kenntnis des ausländischen Rechtes kommt übrigens auch ZPO. § 293 in Betracht.

Zu § 328 Nr. 1. Der deutsche Richter hat zuerst zu prüfen, ob bei dem ausländischen Gerichte, dessen Urteil vollstreckt werden soll, ein Gerichtsstand begründet ist[1]). Diese Prüfung hat sich nicht allein auf den Gesichtspunkt zu erstrecken, ob der auswärtige Richter die richtigen dem deutschen Rechte entsprechenden Grundsätze über Zuständigkeit angewendet habe, sondern ob auch die Tatsachen, auf welche diese Grundsätze angewendet worden, die Zuständigkeit zu begründen geeignet und erwiesen seien[2]). Ergibt sich hierbei, daß zwar nicht das konkrete ausländische Gericht, jedoch ein anderes Gericht desselben Staates für zuständig erachtet werden müßte, daß z. B. der Ort der Erfüllung nicht im Sprengel des ausländischen Prozeßgerichtes, wohl aber sonst im betreffenden Staate gelegen wäre, oder daß der Beklagte sein Domizil an einem zu einem anderen Gerichte desselben Staates gehörigen Orte hatte, so darf deshalb der inländische Richter das Vollstreckungsurteil nicht versagen[3]). Dies folgt aus dem Wortlaute des § 661 (alt) ZPO. Nr. 3; auch ist aus den einleitenden Worten der Motive zu dieser Gesetzesstelle (S. 407) zu entnehmen, daß bezüglich der Prüfung der Zuständigkeit der Schwerpunkt auf der Anerkennung der ausländischen Gerichtsbarkeit, nicht aber ausschließlich auf dem

1) Die Frage, ob das ausländische Gericht zuständig war, ist nach deutschem Recht zu beurteilen und zwar auch hinsichtlich materiell rechtlicher Vorfragen (OLG. Celle vom 17. Mai 1902, Böhms Zeitschr. 12, 614). Vgl. auch RGZ. 37, 371.

Wenn die klagebegründenden mit den die Zuständigkeit begründenden Behauptungen zusammenfallen, sollen diese des Beweises nicht bedürfen (RG. 61, 68 und Recht 1911 Nr. 1330). Es kommt deshalb, wenn gemäß dieser Behauptungen das ausländische Gericht nach deutschen Gesetzen zuständig war, nicht weiter darauf an, ob demnächst bei der sachlichen Entscheidung des ausländischen Gerichts diese Behauptungen als richtig festgestellt sind (RG. 61, 69).

2) Just.-Komm.-Prot. S. 469. Die Motive (S. 402) bemerken: „Bei der Prüfung der Zuständigkeit des ausländischen Gerichtes ist insoweit ein Eingehen auf die Sache selbst erforderlich, als die Zuständigkeit durch die dem Rechtsstreite selbst angehörigen Tatsachen bestimmt wird, z. B. zur Begründung des forum contractus der Ort der Erfüllung des Vertrages festzustellen ist; die Festsetzungen des zu vollstreckenden Urteiles sind hierfür ebensowenig wie für andere die Zuständigkeit begründende Tatsachen maßgebend". Vgl. OLG. Dresden vom 5. Januar 1900 (Sächs. Arch. 10, 60). Über Zulässigkeit neuer Tatsachen und Beweise zur Begründung der Zuständigkeit des ausländischen Gerichtes siehe OLG. Hamburg vom 13. Oktober 1884 (SeuffA. N. F. Bd. 11 Nr. 154) und OLG. Dresden vom 14. Juni 1902 (Rechtspr. des OLG. 5, 120).

3) Vgl. RG. vom 21. März 1902 in Böhms Zeitschr. 12, 461 und Entsch. 51, 135. Der § 661 Ziff. 3 bestimmte: „zuständig waren", jetzt sagt § 328 Ziff. 1: „zuständig sind". Es kommt deshalb nur darauf an, ob zur Zeit der geltend gemachten Anerkennung in dem ausländischen Staate ein Gerichtsstand nach deutschem Rechte gegeben wäre, wenn dieses dort gälte. Seit 1896 kennt z. B. das österreichische Recht auch den Gerichtsstand des Vermögens (Böhms Zeitschr. 11, 470). Die Zuständigkeit des ausländischen Gerichtes ist auch als gegeben anzusehen, wenn der beklagte Deutsche zwar im Deutschen Reiche, aber nicht im Gebiete des betreffenden fremden Staates ansässig ist, dort vielmehr nur Vermögen besitzt (RG. 12. Juni 1900, Gruch. 45, 1123).

Erfordernisse der Zuständigkeit eines konkreten auswärtigen Gerichtes liegt[1]).

Aus demselben Grunde ist auch die sachliche Zuständigkeit des auswärtigen Richters von dem inländischen Gerichte nicht weiter zu prüfen. Die Vollstreckungsklage kann demnach nicht deswegen zurückgewiesen werden, weil das ausländische Gericht entgegen den ausländischen Gesetzen über sachliche Zuständigkeit sich kompetent erachtet, ebensowenig, weil die Kompetenz des ausländischen Richters mit den desfallsigen Vorschriften des deutschen Rechtes nicht harmoniert. In letzterer Hinsicht würde es in vielen Fällen wegen der Verschiedenartigkeit der Gerichtsorganisation an einem zur richtigen Beurteilung erforderlichen Maßstabe fehlen. Unvollstreckbar dagegen wären nach Maßgabe der Nr. 1 und bezw. § 24 ZPO., sofern es sich um unbewegliche Sachen im Gebiete des Deutschen Reiches handelt, Entscheidungen über Eigentum, dingliche Belastungen, Grenzscheidungs-, Teilungs- und Besitzklagen[2]).

Die Prorogation ist, soweit solche überhaupt nach der ZPO. zulässig ist, auch in Beziehung auf das ausländische Gericht als gültig anzuerkennen[3]). Auch der nur auf Grund prozeßrechtlicher Fiktion im Versäumnisverfahren als geführt anzusehende Nachweis der Zuständigkeit ist ausreichend, wenn von Amts wegen festzustellen ist, ob das ausländische Gericht nach den deutschen Gesetzen zuständig war (RG. im Recht 1911

---

1) Vgl. RG. im Reichsanz. 1885, bes. Beil. 4 S. 185. Anderer Meinung Struckmann und Koch, Endemann III S. 482, v. Wilmowski u. Levy zu § 661 Anm. 5, welche im strengen Anschluß an die Protokollerklärung der RJK. über den Sinn der Nr. 3 für entscheidend halten, ob das konkrete ausländische Gericht, welches erkannt hat, nach den diesseitigen Zuständigkeitsgrundsätzen und bezw. den nötigen tatsächlichen Voraussetzungen kompetent war. Vgl. auch RG. 27, 409.

2) Wegen Anwendbarkeit des § 23 ZPO. vgl. RG. JW. 1900 S. 590.

3) Vgl. RG. 7, 408 u. 37, 371. In dem Erscheinen des Beklagten vor dem Richter des Auslandes unter Geltendmachung der Inkompetenz liegt keine Prorogation, insbesondere auch nicht dahin, daß der Beklagte es dem Richter überlasse, in betreff der Kompetenz zu entscheiden, so daß der die Kompetenz bejahende Spruch das demnächst in der Sache selbst abgegebene Erkenntnis für den Beklagten verbindlich mache Selbst die eventuelle sachliche Verteidigung des vor den ausländischen inkompetenten Richter geladenen Beklagten läßt keinen Schluß auf Unterwerfung unter dessen Kompetenz zu. Urteil des ROHG. vom 4. Mai 1875 (Entsch. 17, 241). Aus Fakturenvermerken über den Erfüllungsort folgt nicht ohne weiteres eine Prorogation, sollte dies auch nach dem ausländischen Rechte der Fall sein (RG. 65, 331). — Eine Prorogation ist dann nicht anzunehmen, wenn nach dem am Sitze des ausländischen Gerichtes geltenden Rechte dieses ausländische Gericht zuständig ist, denn nur von dem Standpunkte der Unzuständigkeit des angegangenen ausländischen Gerichtes und zwar nach dessen Rechten kann die Einlassung des Beklagten bei demselben ohne eine Einwendung der Unzuständigkeit sich als stillschweigende Vereinbarung über die Zuständigkeit dieses Gerichtes darstellen (RG. vom 12. März 1896, Entsch. i. ZS. 37, 371).

Nr. 1349). Wenn jedoch für den im Auslande verfolgten Anspruch ein ausschließlicher Gerichtsstand im Inlande begründet war, ist die Prorogation (§ 40 Abs. 2 ZPO.) ausgeschlossen und das Vollstreckungsverfahren hiernach zu versagen[1]).

Der inländische Richter hat auch nicht zu prüfen, ob nach ausländischem Recht für die Streitsache, in welcher das ausländische Urteil ergangen ist, der Rechtsweg zulässig ist[2]). Unzuständig ist das ausländische Gericht stets dann, wenn nach deutschem Recht (wie z. B. für Ehesachen nach § 606 ZPO.) ein ausschließlicher Gerichtsstand in Deutschland begründet war (RG. JW. 1906 S. 167).

Zu § 328 Nr. 2. Diese Bestimmung bezieht sich hauptsächlich auf Versäumnisurteile (auf kontradiktorische nur etwa dann, wenn der verurteilte Schuldner durch einen ihm ohne sein Wissen und Willen bestellten Offizialvertreter oder einen falsus procurator vertreten war). Sie beruht auf der Erwägung, daß eine Gerichtsbarkeit des ausländischen Gerichts über den Inländer bei mangelnder Einlassung desselben auf den Prozeß nicht anerkannt werden könne, wenn weder die Person des Schuldners für das Gericht oder den Gegner unmittelbar erreichbar war, noch die Rechtshilfe für dessen Erreichung rechtzeitig in Anspruch genommen ist[3]). Es soll der deutsche Schuldner gegen die im Fall einer Ediktalladung liegende Gefahr der Überrumpelung geschützt werden[4]).

Zur Anwendung der Nr. 2 ist erforderlich, daß der Schuldner ein Deutscher war, als die den Prozeß vor dem ausländischen Gerichte einleitende Ladung oder Verfügung ergangen war, und zur Zeit der Klageerhebung nach § 722 ein Deutscher ist, da der Schutz des § 328 Nr. 2 nur Inländern zugedacht ist, daher bei einem allenfallsigen Wechsel der Nationalität (etwa durch Erbgang) Inländern, welche Rechtsnachfolger eines Ausländers geworden sind, oder umgekehrt Ausländern nicht zu gewähren sein wird[5]). Wo der Wohnsitz des Schuldners war, ist gleichgültig (RG. 16, 429).

---

1) Motive S. 401, 402 und RG. JW. 1906 S. 147.

2) S. Seuffert zu § 328 Anm. 5b; anderer Meinung Rintelen in Buschs Zeitschr. 9, 462 ff.

3) Motive S. 402 zu § 661 Nr. 4 (alt).

4) Das gegen Ziff. 2 verstoßende Urteil ist daher als solches nicht bloß ohne Rechtskraftwirkung, sondern überhaupt ohne jede materiellrechtliche Wirkung, es unterbricht daher z. B. nicht die Verjährung des abgeurteilten Anspruchs (RG. JW. 91, 223).

5) Francke a. a. O. S. 39 und RG. 16, 430.

Wenn der Schuldner zur Hauptverhandlung sich eingelassen hat und später kontumaziert wurde, oder wenn derselbe nur prozeßhindernde Einreden vorgebracht hatte, findet die Vorschrift der Nr. 2 keine Anwendung[1]); es muß gegen denselben ein Urteil auf Grund totaler Versäumnis vorliegen[2]).

Die den Prozeß einleitende Ladung oder Verfügung[3]) muß bei Zustellung im Staate[4]) des Prozeßgerichtes dem Schuldner (oder seinen ihm gleichgestellten Vertretern; §§ 171—173 ZPO.) in Person zugestellt sein; hierbei sind Ersatzzustellungen, z. B. solche im Sinne der §§ 181 ff. ZPO., öffentliche Ladungen u. dgl. ausgeschlossen, selbst wenn der Schuldner auf diese Weise von der Ladung oder Verfügung Kenntnis erhalten hat. Auch eine Zustellung an Bevollmächtigte (abgesehen vom Generalbevollmächtigten, Prokuristen; § 173 ZPO.) kann aus obigen Erwägungen nicht genügen[5]), auch nicht an einen vom Prozeßrichter bestellten Vertreter (R. d. OLG. 17, 324. Breslau).

Soweit die Gewährung der Rechtshilfe an ausländische Gerichte oder Zustellungsorgane reichsgesetzlich nicht geregelt ist, hat es bei den etwa bestehenden Staatsverträgen der Einzelstaaten sein Bewenden[6]). Bei Gewährung deutscher Rechtshilfe fällt das Erfordernis der persönlichen Zustellung weg[7]).

---

1) Dasselbe gilt, wenn der Beklagte den ihm bestellten Offizialvertreter Information oder Auftrag zur Vertretung erteilt hat (BayObLG. 14. Februar 1890, SeuffA. 46, 118).

2) RG. in JW. 1891 S. 272 Nr. 8; Struckmann u. Koch zu § 328 Anm. 3; anderer Meinung Fuld S. 373, welcher eine Verhandlung zur Hauptsache verlangt.

3) Je nach den Grundsätzen des Rechtes des ausländischen Prozeßgerichtes. Auf spätere Zustellungen kommt es nicht an.

4) Unter „Staat" im Sinne des § 328 Nr. 2 ZPO. ist das völkerrechtlich als Staat geltende Gemeinwesen zu verstehen, mithin bei der Schweizer Eidgenossenschaft diese selbst, nicht der betreffende Kanton, in dem das Prozeßgericht sich befindet (KG. XI ZS. 30. Oktober 1908, ROLG. 17, 327).

5) Vgl. Kolmar Recht 12 Nr. 3869. Selbstverständlich muß jedoch die Zustellung an den Vertreter einer nicht prozeßfähigen Person, z. B. eines Bevormundeten wirksam sein. Die Ladung oder Verfügung muß dem Verurteilten selbst (nicht etwa dem Rechtsvorgänger) zugestellt sein (RG. im SächsArch. 11, 93).

6) Prot. d. JK. S. 564.

7) Für die Zustellung durch Gewährung deutscher Rechtshilfe macht es keinen Unterschied, wenn die Gewährung der Rechtshilfe im Inlande oder Auslande, namentlich in deutschen Konsulargerichtsbezirken oder Schutzgebieten erfolgt ist. Vgl. oben §§ 1 und 10. Die Klage auf Vollstreckbarkeitserklärung ist nicht deshalb unzulässig, weil die Zustellung im Deutschen Reich nicht nach Maßgabe der §§ 166, 193 usw. ZPO. durch den Gerichtsvollzieher oder Postboten, sondern durch den Gerichtsboten bewerkstelligt wurde, wenn nur Gewißheit gegeben ist, daß der im Auslande verklagte Inländer von der Klage Kenntnis und hierdurch die Möglichkeit, sich zu verteidigen, erlangt habe; vgl. das Urteil des Obersten bayer. Gerichtshofes vom 9. April 1836 (Samml. der Entsch. 11, 394). Die Zustellung im Deutschen Reich durch einen fremden Konsul genügt nicht (Landgericht Nürnberg in Buschs Zeitschr. 15, 520).

Ein ausländisches Versäumnisurteil beweist an sich nicht den Mangel der richtigen Zustellung im Sinne der Vorschrift von Nr. 2; die Klage ist durch den Nachweis der richtigen Zustellung zu begründen[1]).

Zu § 328 Nr. 3. Diese in dem früheren § 661 nicht enthaltene neue Bestimmung bezieht sich auf Ehesachen, Streitigkeiten über die eheliche Abstammung eines Kindes, Legitimation eines außerehelichen Kindes und die Annahme an Kindes Statt usw., sie geht von dem Gedanken aus, daß ausländische Urteile in solchen Sachen, wenn sie zum Nachteile einer deutschen Partei von den durch die deutsche Gesetzgebung für maßgebend erklärten Grundsätzen des internationalen Privatrechtes abweichen[2]), nicht anerkannt werden dürfen. In den Fällen des EGzBGB. Art. 13 Abs. 1 und 3, 17, 18, 22, 27[3]), wird diejenige Partei, welche zur Zeit der Erlassung des ausländischen Urteiles die deutsche Reichsangehörigkeit besitzt, gegen das ausländische Urteil geschützt, sofern dieses zu ihrem Nachteile von den vorgenannten Bestimmungen des sog. internationalen Privatrechtes über Eingehung der Ehe (Art. 13), Ehescheidung (Art. 17), eheliche Abstammung (Art. 18), Legitimation und Annahme an Kindes Statt (Art. 22), oder im Punkte der sog. Rückverweisung (Art. 27) abweicht. Daß sie die Reichsangehörigkeit schon im Zeitpunkt der Klageerhebung besaß, ist nicht erforderlich. Im Falle des EGzBGB. Art. 9 Abs. 3 wird die Ehefrau eines für tot erklärten Ausländers gegen das ausländische Urteil geschützt, obschon sie die Reichsangehörigkeit durch ihre Verheiratung verloren hat.

„In dem Urteile" d. h. es ist gleichgültig, ob in der Entscheidung selbst oder in den Urteilsgründen.

Zu § 328 Nr. 4. Gegen ein formell rechtskräftiges Versäumnisurteil kann der Einwand nicht erhoben werden. Maßgebend für die Beurteilung ist der dem ausländischen Urteile zu Grunde liegende Tatbestand. Dem Schuldner kann nicht gestattet werden, nunmehr die im Hauptprozesse unterlassene Verteidigung vorzubringen (RG. 25. Oktober 1909, JW. 38, 730 und Entsch. 72, 126). Der Deutsche Richter hat selbständig zu prüfen, ob das Ergebnis, zu welchem das aus-

---

1) Prot. d. JK. S. 446.

2) D. h. das betr. Recht überhaupt nicht oder unrichtig angewendet ist.

3) Kein Ausschließungsgrund nach Ziff. 3 liegt vor bei Abweichung von anderen internationalrechtlichen Vorschriften des EGzBGB., wie z. B. Art. 15, 19, 24 Abs. 1.

ländische Gericht gelangt ist, gegen die guten Sitten[1]) oder gegen den Zweck eines deutschen Gesetzes verstößt. Vgl. §§ 134, 138, 817, 819 Abs. 2, 826 BGB.[2]). **Maßgebend ist die einheimische Auffassung.**

Ein Verstoß liegt in der Anerkennung eines ausländischen Urteils, wenn letzteres zum Gegenstande ein Tun, Dulden und Unterlassen hat, dessen Vornahme oder Erzwingung nach deutschem Volksbewußtsein der Sittlichkeit widerspricht, sei es, daß das Urteil den Beklagten unmittelbar dazu verurteilt, oder als bloßes Feststellungsurteil das Bestehen eines dahin gehenden rechtlich erzwingbaren Verpflichtung des Beklagten feststellt. Es ist dabei gleichgültig, ob der sittenwidrige Charakter sich schon aus dem Urteilsinhalt ergibt oder durch den dem Urteil zugrunde liegenden Tatbestand begründet wird (RG. 72, 126). Vgl. auch Skonietzki S. 918. Jedoch sind letzterenfalls die in dem ausländischen Urteil getroffenen tatsächlichen Feststellungen für den deutschen Richter maßgebend[3]), selbst wenn das Urteil ein Versäumnisurteil ist. Neue Tatsachen dürfen nicht berücksichtigt werden (R. d. OLG. 17, 323). Unsittlich ist eine Handlung als solche, gleichviel ob sie erzwungen vorgenommen wird oder nicht: Begebung in Sklaverei, Wucher, Zahlung eines Hurenlohnes, Bestechung, freigebige Zuwendung aus verbrecherisch erlangten Geldmitteln (RG. 48, 293) oder zum Zwecke der Förderung verbrecherischer oder auf politische Umwälzung (Sozialdemokratie, Anarchie) gerichteter Tätigkeit, Eingehung einer polygamischen Ehe. Unsittlich ist die Erzwingung einer an sich nicht unsittlichen Handlung: Religionswechsel, Berufswahl, Eingehung einer Ehe, Herstellung der häuslichen Gemeinschaft zwischen Ehegatten, Leistung von Diensten aus einem Dienstvertrage (§ 888 Abs. 2 ZPO.). Zutreffend bemerkt Skonietzki S. 919, daß ein Urteil, welches sich auf ein die Fremden gegenüber den Einheimischen zurücksetzendes Gesetz des Auslandes stützt, nicht unter Ziffer 4 falle, sondern nur Retorsion begründe.

Bei Beurteilung der Frage, ob eine öffentliche Zustellung bei einem ausländischen Gericht arglistig erschlichen ist, sind die

---

1) Dies ist auch dann der Fall, wenn die Grundlage oder die Art und Weise der Herbeiführung der Entscheidung den guten Sitten zuwiderläuft (RG. 25. Oktober 1909, JW. 38, 730 u. Entsch. 72, 126; OLG. Posen 6. Juni 1902, R. d. OLG. 5, 61).

2) Vgl. auch RG. 9, 3; 21, 136; 25, 53; 29, 25. Über ausländische Urteile, welche einem inländischen Souveränitätsakt widersprechen, vgl. Kohler in Buschs Zeitschr. 10, 456 ff.

3) Vgl. aber RG. I. Zivilsen. 25. Juli 1908, Recht 18 Nr. 3052.

Vorschriften des ausländischen Rechtes über die Erfordernisse einer solchen Zustellung und die Rechtsbehelfe gegen deren Erwirkung in erster Linie in Betracht zu ziehen (RG. 4. November 1909, Recht 13 Nr. 3817).

Ob das ausländische Urteil gegen den Zweck eines deutschen Gesetzes verstößt, ist danach zu bemessen, ob der entgegenstehende, einheimische Rechtssatz seinem Zwecke nach ausschließliche Geltung beansprucht, insbesondere ob die Anwendung des ausländischen Rechtes die Grundlagen des deutschen staatlichen oder gesellschaftlichen Lebens angreifen würde (RG. 73, 366). Hierher gehört ein Urteil über Staatsverwaltungsakte oder militärische Maßnahmen des Inlandes. Von privatrechtlichen Gesetzen ist zu nennen: die Unklagbarkeit von Spiel und Wette (§ 162 BGB.), die beschränkte Klagbarkeit der Differenzgeschäfte (§ 764 BGB. und §§ 52—61 BörsenG.), das Verbot des Spielens in ausländischen Lotterien (RG. 5, 128; 17, 304), das Verbot des Anatozismus (§ 248 Abs. 1 BGB.), die Begrenzung des Umfangs der Haftung aus unerlaubten Handlungen (Art. 12 EGzBGB. und RG. 19, 8; 21, 136; 29, 90). Auch die Unanfechtbarkeit rechtskräftiger Urteile ist ein deutscher Rechtsgrundsatz im Sinne der Ziffer 4. Vgl. RG. 42, 375 und Skonietzki S. 919. Nicht hierher gehören jedoch die Formvorschriften des deutschen Rechts für die Eheschließung und den Ehevertrag (§§ 1317, 1334 BGB.). Vgl. Skonietzki S. 919. Unwirksam ist endlich ein Urteil, welches nicht-deutsches Recht zur Anwendung bringt, auf Schuldverhältnisse, welche im Inlande zu erfüllen sind (RG. 20, 56; 34, 56).

Der Vollstreckbarkeitserklärung steht nicht im Wege, daß zur Rechtswirksamkeit eines Kaufvertrages über Immobilien, zu dessen Erfüllung das ausländische Gericht verurteilte, nach inländischen Gesetzen gerichtliche oder notarielle Beurkundung erforderlich wäre (BayerObLG. vom 9. April 1886, Sammlung 11, 394).

Auch Handlungen im Sinne der §§ 887 ff., sowie die Pflicht zu einer Unterlassung oder Duldung können mit der Beschränkung des § 328 Ziffer 4 Gegenstand der Vollstreckungsklage sein[1]).

Zu § 328 Nr. 5. Die Gegenseitigkeit[2]) ist nicht bloß dann verbürgt, wenn solche durch Staatsvertrag

1) Vgl. Francke S. 23 und Klein in Böhms Zeitschr. 9, 228.

2) Vgl. Klein, Das Erfordernis der verbürgten Gegenseitigkeit usw., Leipzig 1899. Die Gegenseitigkeit muß verbürgt sein zur Zeit der Erlassung des Vollstreckungsurteils (RG. 41, 424). Hört sie im Laufe des Prozesses auf, so ist dies zu berücksichtigen. Ist die Vollstreckungsklage wegen mangelnder Gegenseitigkeit abgewiesen, so kann gleichwohl von neuem geklagt werden, wenn Gegenseitigkeit nunmehr verbürgt ist.

zugesichert oder durch Gesetz des ausländischen Staates außer Zweifel gestellt ist[1]), sondern auch, wenn in der minder feierlichen Form von Deklarationen die gegenseitige Vollstreckung der Urteile zugesagt ist, oder wenn die auswärtigen Gerichte tatsächlich die deutschen Urteile vollstrecken, in letzterem Falle jedoch nur, wenn die tatsächliche Übung als eine aus allgemein anerkannten Rechtsgrundsätzen rechtlich begründete feststeht[2])[3]).

Die Gegenseitigkeit für die Vollstreckung der Urteile begreift die Gegenseitigkeit in Bezug auf Anerkennung der Rechtskraftwirkung als des Geringeren in sich.

Zur Zeit sind vom Reiche mit auswärtigen Staaten Verträge über gegenseitige Vollstreckung von Urteilen nicht abgeschlossen; die von den Einzelstaaten (vgl. in den §§ 11, 34 und 35 unten die Verträge Badens mit Frankreich und dem Kanton Aargau, sowie den Vertrag Frankreichs mit Elsaß-Lothringen) vereinbarten sind, solange sie bestehen, unbedingt zu respektieren; selbstverständlich haben solche nur Wirksamkeit für die betreffenden Bundesstaaten, so daß ein auswärtiges Urteil in einem Bundesstaate vollstreckbar sein kann, in einem anderen nicht[4]).

Die Verbürgung der Gegenseitigkeit ist nicht vorhanden, wenn die Gerichte des fremden Staates zum Nachweise der Gegenseitigkeit verlangen, daß die letztere, sei es in einem Staats-

---

1) Da in jedem geordneten Staatswesen die Beobachtung der Gesetze als etwas selbstverständliches anzusehen ist, so bedarf es dafür, daß die Gerichte des auswärtigen Staates dessen Recht zur Richtschnur nehmen, der Regel nach keines Beweises. Erhebt jedoch der Beklagte den Einwand, daß Gesetze oder Staatsverträge bei den Gerichten des ausländischen Staates keine Berücksichtigung finden, so ist in dieser Hinsicht demselben der Beweis freizustellen. Vgl. RG. 70, 438. — Mit Unrecht verlangt Leske 1, 776 außer der Verbürgung durch Vertrag noch den Nachweis tatsächlicher Gewährung der Gegenseitigkeit. Siehe dagegen Klein in Böhms Zeitschr. 9, 233 Anm.

2) Prot. d. JK. S. 448, Wach S. 238, Meves S. 406, Keyßner im Journal du droit internat. 1882 p. 25. Vgl. auch RG. 7, 406, wonach unter „Gesetz" jede Rechtsnorm ohne Unterschied zwischen dem geschriebenen oder ungeschriebenen Rechte des fremden Staates zu verstehen ist, jedoch die Existenz der betreffenden Gesetze außer Zweifel stehen muß. Der Gerichtsgebrauch muß ein allgemeiner, sicher befestigter dauernder sein (OLG. Karlsruhe vom 12. Dezember 1902, Böhms Zeitschrift 13, 416). Klein in Böhms Zeitschr. 9, 234 hält schon die ständige gleichmäßige Übung der Gerichte für sich allein für ausreichend.

3) Versagung der Vollstreckung in einzelnen Fällen (z. B. in den sog. Kouponprozessen betreffend Österreich) ist nicht entscheidend (RG. in Blums Annalen Bd. 1 S. 203).

Es ist auch gleichgültig, ob die Verbürgung sich als eine minder gesicherte, als im Inlande darstellt. Vgl. RG. JW. 1906 S. 599.

4) Prot. d. JK. S. 448.

vertrage, sei es in diesbezüglichen von den Regierungen der beteiligten Staaten ausgetauschten Erklärungen, anerkannt sei[1]).

Wenn der Urteilsvollzug von dem freien Belieben des Regenten, wie z. B. in Monako, oder einzelner Gerichts- bezw. Verwaltungsbehörden, wie z. B. in den Kantonen Appenzell a. Rh., Thurgau und Zug, abhängig erscheint, so kann gleichfalls eine solche Verbürgung nicht als bestehend angesehen werden.

Der Begriff der Gegenseitigkeit ist nicht gegeben, wenn im auswärtigen Staate ungeachtet des Vorhandenseins eines rechtskräftigen deutschen Urteiles eine neue Klage auf Grund des ursprünglichen Sachverhaltes notwendig ist oder wenn der Beklagte gegen die Vollstreckungsklage Einreden in der Sache selbst vorbringen darf, oder wenn überhaupt oder doch im Falle der Beteiligung von Angehörigen des eigenen Landes die Bewilligung der Vollstreckung dadurch bedingt ist, daß das vom fremden Richter erlassene Urteil seinem vollen Umfange nach hinsichtlich der Gesetzmäßigkeit (examen, révision au fond)[2]) geprüft wird, wie z. B. in Frankreich, Belgien, Luxemburg. Aber auch sonst müssen die Voraussetzungen, unter welchen der auswärtige Staat die deutschen Urteile vollstreckt, wesentlich gleiche sein[3]).

Die Gegenseitigkeit ist insbesondere auch dann nicht gegeben, wenn die Vollstreckung des deutschen Urteiles im Auslande an strengere Voraussetzungen geknüpft wäre, als dies in Deutschland ausländischen Urteilen gegenüber der Fall ist, z. B. wenn der auswärtige Staat den nach seinem Rechte geltenden Gerichtsstand des Vertrages, oder der Erbschaft, oder der unerlaubten Handlung in bezug auf deutsche Urteile nicht anerkenen würde. Vgl. RG. 7, 413 ff., JW. 1896 S. 321 und E. 41, 425 und OLG. Kolmar vom 5. März 1904 im „Recht" S. 170[4]).

---

1) Dies ist z. B. in Österreich der Fall. Zwischen letzterem und Deutschland besteht vertragsmäßige Gegenseitigkeit (vgl. unten § 34). Anders verhält es sich mit Ungarn.

2) Verschieden von diesem System des sog. exequatur ist das in Italien übliche System des sog. pareatis, nach welchem die Prüfung in einem sog. Delibationsverfahren erfolgt und wonach dieselbe ebenso, wie dies bezüglich der zulässigen Einwendungen der Fall, auf gesetzlich bestimmte Punkte beschränkt ist.

3) Prot. d. Just.-Komm. S. 447. Skonietzki S. 923 hält Gegenseitigkeit nicht für verbürgt, wenn das ausländische Recht verlangt, daß Deutschland mit der Anerkennung fremder Urteile vorausgegangen sein müsse; dagegen mit Recht Klein in Böhms Zeitschr. 7, 17.

4) Werden in einem fremden Staate deutsche Urteile nur insoweit anerkannt, daß dort aus ihnen mit Erfolg die Einrede der rechtskräftig entschiedenen Sache erhoben werden kann, so werden dort die deutschen Urteile in erheblich geringerem Umfange anerkannt, als es in Deutschland bei Urteilen fremder Staaten, mit denen Gegenseitigkeit besteht, der Fall ist. Das hat zur Folge, daß die Urteile jenes Staates in Deutschland überhaupt nicht, auch nicht etwa in demselben beschränkten Umfange, anerkannt werden. Hamburg 4. April 1908, Recht 12 Nr. 2210.

Da eine vollständige Übereinstimmung der in den verschiedenen Staaten in bezug auf die Urteilsvollstreckungen geltenden Gesetze vernünftigerweise nicht gefordert werden kann, so kann die Annahme der Gegenseitigkeit nicht davon abhängig gemacht werden, daß der auswärtige Staat die Prüfungsbefugnis seiner Gerichte auf eben dieselben für den Urteilsvollzug maßgebenden Voraussetzungen, wie die deutsche Zivilprozeßordnung beschränke.

Auch das Reichsgericht[1]) (Urteil vom 15. Februar 1901, Entsch. 48, 378) erachtet es für ausreichend, daß die Bedingungen für die Erlassung des Vollstreckungsurteiles im wesentlichen dieselben, insbesondere nicht erheblich schwerer sind. Eine derartige wesentliche Übereinstimmung ist nicht bloß dann gegeben, wenn nur dem Wortlaut nach ein Unterschied, dem Inhalte der Vorschriften nach aber Gleichheit vorhanden ist, sondern kann auch bei einer jenen Inhalt betreffenden Verschiedenheit der einzelnen Gesetzgebungen vorliegen. Klein in Böhms Zeitschr. 9, 226 meint, daß man nicht Gewicht darauf legen dürfe, ob bei einer dem § 328 Nr. 2 ZPO. entsprechenden Bestimmung der ausländischen Prozeßordnung ebenso wie in jenem Paragraph die Staatsangehörigkeit des Schuldners in Betracht gezogen ist, sowie daß man — zumal über die Auslegung des deutschen Rechtes in dieser Beziehung selbst Zweifel bestehen — die fremde Gesetzgebung bei sonst vorliegender Übereinstimmung als mit § 328 Nr. 1 ZPO. im Einklange stehend ansehen müsse, gleichviel ob im Auslande auf die abstrakte oder konkrete Zuständigkeit Betonung gelegt worden.

Ist das ausländische Recht von dem gleichen Grundgedanken beherrscht, wie die deutsche Zivilprozeßordnung, dann ist der Begriff der Gegenseitigkeit für gegeben zu erachten, selbst wenn jenes zum Schutze gegen Übergriffe anderer Staaten es für nötig befunden haben sollte, nicht bloß den den deutschen Gesetzen entsprechenden Bestimmungen durch eine weitere Fassung eine bessere Wirkung zu verleihen, sondern auch einige Voraussetzungen mehr aufzustellen, als die deutsche ZPO. getan hat. Ist indes die Zahl der Voraussetzungen im aus-

1) Es hält die Vorschrift des § 80 Ziff. 2 der österr. Exekutionsordnung (vgl. unten § 34) für eine bedeutend schwerere Voraussetzung, als sie die deutsche ZPO. aufstelle, weil der Mangel der Zustellung der den Prozeß einleitenden Ladung an den Beklagten in Person auch nicht dadurch geheilt werde, daß der Beklagte sich auf den Prozeß eingelassen hat. Nach der Verfügung des österr. Justizministers vom 19. Oktober 1904 (DJZ. S. 1177) findet § 80 Ziff. 2 der österr. Exekutionsordnung auf deutsche Urteile und Vergleiche keine Anwendung mehr. Vgl. unten § 34 (Österreich).

ländischen Recht eine erheblich größere, so muß das Bestehen der Gegenseitigkeit verneint werden[1]).

Es ist streitig, ob das Vorhandensein der Gegenseitigkeit für den einzelnen gleichartigen Fall oder für das ausländische Recht als Ganzes zu ermitteln ist, mit anderen Worten, ob es hinreichend erscheint, ob unsere Urteile für den einzigen gleichartigen Fall im Auslande vollstreckt werden, oder ob erlangt werden muß, daß sie daselbst ohne Ausnahme zum Vollzuge gelangen. Der ersteren Meinung ist Struckmann und Koch[2]), auf der anderen Seite stehen Wach S. 236, Leske I, 818 und Francke S. 51 und 63.

Bei einer bloß den einzelnen Fall in Rechnung ziehenden Prüfung läßt sich, wie Klein S. 216 zutreffend bemerkt, der Schluß nicht abweisen, daß einem Staate, welcher, wie z. B. die Niederlande (nach Art. 431 ZPO. von 1838), fremdrichterliche Entscheidungen grundsätzlich nicht vollstreckt, sondern ausnahmsweise nur dann, wenn sie sich auf Havarie oder Bergelohn beziehen, die Gegenseitigkeit zugestanden werden müßte[3]). Im Verhältnis zu einem Lande, in welchem der Vollzug fremdrichterlicher Urteile nicht die Regel, sondern nur die Ausnahme bildet, kann aber Gegenseitigkeit in keiner Weise angenommen werden. Aber auch wenn man das ausländische Recht als Ganzes würdigt, kommt man zu einem unbefriedigenden Ergebnis. Es muß dann die Vollstreckung versagt werden, wenn der fremde Staat z. B. nur Versäumnisurteile[4]), oder nur Ehescheidungs-[5]) bezw. dingliche[6]) Klagesachen nicht vollstreckt. Der Absicht des deutschen Gesetzgebers „im Interesse der deutschen Staatsangehörigen den Grundsatz der Gegenseitigkeit der Rechtshilfe allen ausländischen Staaten gegenüber gesetzlich festzustellen und dadurch zu bewirken, daß solche Staaten sich zur Gewährung der Rechtshilfe gegenüber deutschen Urteilen und zum Abschlusse desfallsiger Staatsverträge veranlaßt finden"[7]), würde eine solche Auslegung des Gesetzes wenig gerecht.

---

1) Vgl. Klein a. a. O. 231.

2) Ebenso das Reichsgericht (Entsch. 7, 406) und das Kammergericht in Berlin (in Böhms Zeitschr. 3, 530 ff.).

3) Ebenso vollstrecken Argentinien und Mexiko nur in Ausnahmefällen, nämlich nur die auf persönliche Klage bezüglichen fremdrichterlichen Entscheidungen.

4) Dies ist der Fall in Argentinien, Mexiko und im Kanton Tessin (vgl. Böhms Zeitschr. 9, 217).

5) Z. B. Italien (Böhms Zeitschr. 1, 275).

6) Z. B. in Rußland und Bulgarien (Böhms Zeitschr. 4, 195 u. 9, 216).

7) Vgl. Struckmann u. Koch zu § 661 (alt) ZPO. Anm. 9.

Man wird deshalb mit Klein S. 217 sich dafür entscheiden müssen, daß, wenn fremde Staaten grundsätzlich vollstrecken, und nur ausnahmsweise nicht, z. B. Versäumnis-Ehescheidungsurteile usw., der deutsche Richter auch nur in diesen Ausnahmefällen die Gegenseitigkeit als nicht gegeben anzusehen hat.

Klein bemerkt S. 209 noch, daß die Gegenseitigkeit mit der Art und Weise, in welcher Urteile im auswärtigen Staate ergehen, sowie mit den Formen, in denen deutsche Urteile im Auslande vollstreckt werden, nicht im Zusammenhange steht.

Von grundsätzlicher Bedeutung ist das Urteil des Reichsgerichts vom 26. März 1909, Entsch. 70, 434). Es handelte sich um das Recht in Kalifornien. Das Reichsgericht sagt: „Die Gegenseitigkeit ist nicht verbürgt, wenn der ausländische Richter nach dem Rechte seines Staates auch die sachliche Zuständigkeit des Gerichts, von dem das Urteil erlassen ist, einer Erörterung unterziehen darf, was nur unter Zugrundelegung der Normen des ausländischen Staates geschehen kann. Ist der ausländische Richter nach dem Rechte seines Staates in der Lage, gegen rechtskräftige Urteile und damit auch gegen rechtskräftige deutsche Urteile über den Rahmen eines außerordentlichen, im besonderen Verfahren zu erledigenden und den Bestand des rechtskräftigen Urteils zunächst unberührt lassenden Rechtsbehelfs (§§ 578 ff. ZPO.) hinaus Anfechtungsgründe in der Sache selbst, und zwar auch ohne Rücksicht auf die Zeit ihrer Entstehung zu berücksichtigen, so ist die Gegenseitigkeit nicht verbürgt. Nicht das entscheidet, daß das ausländische Gericht in- und ausländische Richtersprüche nicht wesentlich verschieden behandelt und also auch zu einer sachlichen Nachprüfung seiner eigenen Urteile Anlaß haben kann. Vielmehr fordert die Zivilprozeßordnung, daß die deutschen Urteile im Auslande in wesentlich demselben Umfange als bindend anerkannt werden, wie dies bezüglich der ausländischen Urteile im Deutschen Reich der Fall ist.

Die Verbürgung der Gegenseitigkeit bedingt nicht eine völlige Gleichheit der beiderseitigen Gesetzgebungen. Eine solche ist der Natur der Sache nach regelmäßig ausgeschlossen. Die Gegenseitigkeit ist aber nicht verbürgt, wenn eine grundsätzliche Verschiedenheit in den Anschauungen über die Rechtskraftwirkung von Urteilen nach dem deutschen und dem ausländischen Rechte besteht.

Grundsätzlich kann gegenüber einem ausländischen Gesetze, das die Vollstreckung deutscher Urteile zu sichern bestimmt ist, die Verbürgung der Gegenseitigkeit geleugnet werden, wenn triftige Gründe dafür vorliegen, daß das Gesetz nicht in die Praxis der ausländischen Gerichte übergeführt werden wird. Denn gesichert ist die Gegenseitigkeit auch dann nicht, wenn die Anwendung des sie scheinbar aussprechenden Gesetzes derart zweifelhaft ist, daß immer noch mit der Möglichkeit einer Erörterung des durch das Urteil erledigten Rechtsstreits über den Rahmen des § 723 Abs. 1 ZPO. hinaus gerechnet werden muß."

Ob die Gegenseitigkeit verbürgt ist, hat das mit der Vollstreckungsklage befaßte Gericht selbständig zu prüfen[1]). Die Einholung von Aufschlüssen bei der Justizverwaltungsstelle kann von Amts wegen geschehen[2]); dagegen kommt landesgesetzlichen Bestimmungen, welche bisher die Entscheidung über die Gegenseitigkeit ausschließend der Justizverwaltung zuwiesen, eine Wirksamkeit nicht mehr zu[3]).

In bezug auf Anwendung der Vorschrift der Nr. 5 kommt nicht in Betracht, ob die eine oder andere Partei Ausländer oder Inländer ist. Weder der Text des Gesetzes, noch die Gesetzgebungsverhandlungen ergeben einen Anhaltspunkt für einen derartigen Unterschied. Die Gegenseitigkeit ist demnach auch dann festzustellen, wenn der Vollstreckungsbeklagte und selbst wenn beide Parteien dem Inlande angehören[4]).

Sofern die Gegenseitigkeit verbürgt ist, wird solche nicht schon durch Versagung der Zwangsvollstreckung in einzelnen Fällen (z. B. wegen Unzuständigkeit des Gerichtes, welches die zu vollstreckende Entscheidung erließ, nach dem Rechte des anderen Staates) erschüttert[5]). Ob die Anerkennung seitens der auswärtigen Gerichte mit Rücksicht auf die Gegenseitigkeit geschieht, ist gleichgültig. Ist die Rechtskraftwirkung ausländischer Urteile derartig wesentlich abgeschwächt, daß sie nicht lediglich durch Restitutionsgründe im Sinne der deutschen ZPO. (§ 580) beseitigt werden können, sind die Urteile vielmehr Angriffen ausgesetzt, die ihrer Natur nach viel weitergehen und von jenen Restitutionsgründen verschieden sind, so ist die Gegenseitigkeit nicht verbürgt (RGZ. 70, 437).

1) Die betr. Entscheidung unterliegt in der Regel nicht der Nachprüfung des Revisionsrichters (RG. 6, 374; 41, 425; 48, 379; 70, 435).

2) Vgl. jedoch § 12 oben S. 302. Über einen Versuch internationaler Regelung der Vollstreckbarkeit vgl. Neubauer in der Zeitschr. für Handelsrecht 36, 397.

3) Endemann III S. 136.

4) OLG. München vom 20. Januar 1882, welches insbesondere die Anwendung der Nr. 5 auch dann für gegeben erachtet, wenn beide Parteien dem Inlande angehören.

5) Vgl. RG. vom 18. November 1884 (Ann. 1, 203).

III. Soweit die für das Verfahren der §§ 722 und 723 ZPO. vorgeschriebenen Voraussetzungen nicht klar vorliegen, hat Kläger den Beweis hierfür zu erbringen. Insbesondere liegt dem Kläger auch der Beweis der behaupteten verbürgten Gegenseitigkeit ob[1]).

Das inländische Gericht hat auch über die Legitimation des Klägers und über das Vorhandensein einer behaupteten Rechtsnachfolge zu entscheiden (RG. 9, 374). Gegen eine inzwischen aufgelöste offene Handelsgesellschaft kann ein Vollstreckungsurteil nicht erlassen werden, ebensowenig gegen die Gesellschafter der aufgelösten Gesellschaft (RG. JW. 1908 S. 686).

Was die Zulässigkeit von Einreden des Beklagten anlangt, so steht fest, daß Tatsachen, welche der Zeit vor Erlaß des ausländischen Urteils, genauer vor Schluß der letzten mündlichen Verhandlung angehören, vom Beklagten im Verfahren der §§ 722 und 723 nicht geltend gemacht werden können; ob aber solche, welche späterer Zeit angehören, in diesem Verfahren zugelassen oder vor den ausländischen Gerichten geltend zu machen sind, ist nicht unbestritten. Francke S. 82 ist mit RG. 13, 347 und OLG Dresden vom 2. Mai 1901, DJZ. 1902, 155 mit Recht der ersteren Ansicht; die andere Meinung ist vertreten von Struckmann und Koch und OLG. Dresden vom 17. März 1884, Ann. 6, 419 u. a.[2]). Die Berücksichtigung der Einreden der Tilgung, des Vergleiches, der Stundung usw. enthält keine Prüfung der Gesetzmäßigkeit des ausländischen Urteiles, sondern nur eine Prüfung dahin, ob die rechtliche Existenz dieses Urteiles nicht durch Vorgänge erschüttert ist, welche nach Erlaß desselben angetreten sind. Über diese Einrede entscheidet das inländische Gericht als Prozeßgericht (RG. 347). Die Erhebung einer Widerklage ist unzulässig.

Das Vollstreckungsurteil selbst ist zweckmäßig so zu fassen, daß aus dem Tenor desselben der Gegenstand der Vollstreckung klar zu ersehen ist. Der inländische Richter darf eine dem Deutschen Recht nicht entsprechende ausländische Vollstreckungsnorm nicht ausführen.

Das Urteil unterliegt den Rechtsmitteln und dem Einspruche, wie jedes andere Urteil, ist nur nach eingetretener

---

1) Unbeschadet der selbständigen Erforschung des Gerichtes (§ 293 ZPO.). RG. 6, 373; Francke S. 79.

2) Über die Frage, ob und wieweit die Einrede der rechtskräftig entschiedenen Sache und die Einrede der Verjährung im Verfahren des § 722 zulässig, s. Francke S. 88 ff.

Rechtskraft vollstreckbar, kann aber auch nach Maßgabe der §§ 708 ff. ZPO. für vorläufig vollstreckbar erklärt werden[1]).

Jedenfalls ist zur Zwangsvollstreckung die Erteilung der Vollstreckbarkeitsklausel (durch den Gerichtsschreiber nach Maßgabe §§ 724 ff. ZPO.) erforderlich, welche sich selbstverständlich nicht auf das ausländische Urteil, sondern auf das Vollstreckungsurteil bezieht.

Das vollstreckbar erklärte Vollstreckungsurteil ist ohne Ersuchen um Rechtshilfe im ganzen Deutschen Reiche vollstreckbar[2]).

Die Art der Vollstreckung bemißt sich nach den Bestimmungen der Zivilprozeßordnung, bezw. der inländischen Gesetze, d. h. die Vollstreckung erfolgt ganz wie jede andere, denn sie ist trotz ausländischer Grundlage eine deutsche, insbesondere kann auch die Vollstreckung unter denselben Voraussetzungen eingestellt oder beschränkt werden, unter welchen solches nach der Zivilprozeßordnung bei der auf deutschen Urteilen beruhenden Zwangsvollstreckung stattfindet[3]).

Die §§ 722 und 723 finden auch auf die Vollstreckung ausländischer Urteile durch die deutschen Konsulargerichte[4]) (s. unten §§ 40 und 41) entsprechende Anwendung, und zwar kann die Zuständigkeit des Konsuls nicht nur durch den allgemeinen Gerichtsstand des Wohnsitzes, Aufenthaltes oder letzten Wohnsitzes (§§ 13 und 16 ZPO.), sondern auch nach Maßgabe des § 23 ZPO. gegen nicht dort wohnhafte oder sich aufhaltende Angehörige oder Schutzgenossen des Reiches begründet sein, wenn ein im Konsulargerichtsbezirk wohnhafter oder sich aufhaltender Angehöriger oder Schutzgenosse des Reiches dort namens jenes Schuldners die herauszugebende Sache besitzt oder sonst irgendwelches Vermögen unter sich hat, bezw. selbst dessen Schuldner ist.

Auch über die materielle Rechtskraft ausländischer Zivilurteile gilt für die Konsulargerichte und die Gerichte in den Schutzgebieten dasselbe, wie für sonstige deutsche Gerichtsbarkeit[5]).

---

1) Ein Vollstreckungsurteil kann jedoch niemals deswegen für vorläufig vollstreckbar erklärt werden, weil die ausländische Entscheidung etwa im Urkunden- oder Wechselprozeß ergangen ist.

2) GVG. § 161; § 2 EGzGVG. und § 3 EGzZPO.

3) Für Einwendungen gegen ein Vollstreckungsurteil gemäß § 767 ZPO. auf Grund eines ausländischen Urteiles ist nicht das ausländische Gericht, sondern das inländische Gericht, welches mit der Klage auf Zulassung der Zwangsvollstreckung in 1. Instanz befaßt gewesen ist, das Prozeßgericht (RG. 23. November 1903, JW. 1904, 42). Vgl. auch RG. 24. Mai 1886, JW. 1886, 195 [13].

4) Gleiches gilt für die Gerichte der Schutzgebiete.

5) Francke S. 121 ff.

Zivilurteile, welche in einem Gebietsteile des Deutschen Reiches ergangen sind, e h e derselbe zum Deutschen Reiche, oder auch ehe derselbe zum Norddeutschen oder Deutschen Bunde g e h ö r t e, stehen den deutschen Urteilen aus der Zeit des Deutschen Reiches und insbesondere auch aus der Zeit der deutschen Zivilprozeßordnung hinsichtlich der Vollstreckbarkeit in Deutschland sowohl, wie auch in bezug auf die sog. materielle Rechtskraft gleich[1]).

§ 34.

Die Gegenseitigkeit des § 328 Nr. 5 ZPO. im Verhältnis zu den einzelnen auswärtigen Staaten[2]).

Eine staatsvertragsmäßige Anerkennung ausländischer Urteile folgt nicht daraus, daß das materielle Recht, auf Grund dessen das ausländische Urteil ergangen ist, durch Staatsvertrag geregelt ist (RG. JW. 1894 S. 25); wohl aber aus der bei Handels- und Zollverträgen üblichen sog. Meistbegünstigungsklausel (and. Ans. S k o n i e t z k i S. 914). Vgl. z. B. Serbien in § 11.

I. Art. 56 Abs. 1 des internationalen Abkommens über den E i s e n b a h n f r a c h t v e r k e h r vom 14. Oktober 1890 (RGBl. 1892 S. 793) — die Vertragsstaaten sind oben § 23 S. 163 angegeben — bestimmt folgendes:

„Urteile, welche auf Grund der Bestimmungen dieses Übereinkommens von dem zuständigen Richter infolge eines kontradiktorischen oder eines Versäumnisurteiles erlassen und nach den für den urteilenden Richter maßgebenden Gesetzen vollstreckbar geworden sind, erlangen im Gebiete sämtlicher Vertragsstaaten Vollstreckbarkeit, unter Erfüllung der von den Gesetzen des Landes vorgeschriebenen Bedingungen und Formalitäten, aber ohne daß eine materielle Prüfung des Inhaltes zulässig wäre. Auf nur vorläufig vollstreckbare Urteile findet die Vorschrift keine Anwendung, ebensowenig

1) Näheres bei F r a n c k e S. 124 ff.

2) Über Vollstreckung der Urteile auswärtiger Gerichte in den einzelnen Ländern enthalten Ausführliches: T a t s u o O g o s e, Beiträge zur Lehre von der Vollstreckung ausländischer Urteile in Deutschland, 1901 (Diss.); C o n s t a n t, De l'exécution des jugements étrangers dans les divers Pays (Paris 1883); Journal du droit intern. priv. v. C l u n e t (Paris) tom. IV u. ff.; M o r e a u, Effets internationaux des jugements étrangers en matière civile. Paris 1884; F u s i n a t o, L'execuzione delle sentenze straniere in materia civile e commerciale. Roma 1885; D a g u i n, De l'autorité et de l'exécution des jugements étrangers en matière civile et commerciale. Paris 1887; F r a n c k e a. a. O. und besonders auch P i g g o t t, Foreign Judgments etc. (London 1884) mit Nachtrag (London 1886); ferner K o p p e r s a. a. O., L e s k e l, 792 ff., B r ü c k n e r, Thür. Bl. 32, 291, H ä g e r, Vollstreckung von Urteilen und Schiedssprüchen im internationalen Rechtsverkehr, Berlin 1910 und R o g u i n in Journ. du droit internat. priv. Bd. 10 (1883) S. 116 ff.

auf diejenigen Bestimmungen eines Urteiles, durch welche der Kläger, weil derselbe im Prozeß unterliegt, außer den Prozeßkosten zu einer weiteren Entschädigung verurteilt wird[1]).“

II. Wegen Vollstreckung der Entscheidungen außerdeutscher Rheinschiffahrtsgerichte und der Elbzollgerichte vgl. oben § 3 S. 73 und 75.

III. Vgl. ferner Art. 18 und 19 des Haager Abkommens (s. oben S. 149) wegen der Vollstreckbarkeit der Kostenurteile, und oben § 33 (Anerkennung ausländischer Scheidungsurteile) S. 427.

IV. Übersicht der Staaten mit verbürgter und nicht verbürgter Gegenseitigkeit[2]).

a) Die Gegenseitigkeit ist verbürgt: in Dänemark, Bosnien, Egypten, Herzegowina, Italien, Kroatien, Lichtenstein, Österreich (Zisleithanien), Serbien, Slavonien, Spanien und folgenden schweizerischen Kantonen: Appenzell a. Rh., Aargau, Baselland, Baselstadt, St. Gallen, Graubünden, Schaffhausen, Tessin, Waadt und Zürich.

b) Die Gegenseitigkeit ist nicht verbürgt: in Europa: in Andorra, Belgien, Bulgarien, Finnland, Frankreich, Griechenland, Großbritannien mit Kolonien Luxemburg, Marino, Monako, Montenegro, Niederlande, Norwegen, Portugal, Rumänien, Rußland, Schweden, Türkei, Ungarn und folgenden schweizerischen Kantonen: Appenzell a. Rh., Bern, Freiburg, Genf, Glarus, Luzern, Neuenburg, Schwyz, Solothurn, Thurgau, Unterwalden ob und nid dem Wald, Uri, Wallis und Zug; in Amerika: Argentinien, Brasilien, Bolivia, Costarika, Chile, Columbien, Ekuador, Guatemala, Haiti, Louisiana, Mexiko, Paraguay, Peru, Venezuela, Uruguay und den Vereinigten Staaten von Nordamerika; in Afrika: Liberia; in Asien: Japan.

---

1) Es finden die §§ 722 und 723 ZPO. Anwendung mit folgenden Modifikationen: Die Zuständigkeit des ausländischen Gerichtes wird lediglich nach dem Inhalt des internationalen Übereinkommens und den darin bezogenen Gesetzen beurteilt. Voraussetzung für das Vollstreckungsurteil ist nicht die Rechtskraft, sondern nur die (definitive) Vollstreckbarkeit des Urteiles. § 328 Nr. 2—5 kommen nicht in Betracht.

2) Vgl. auch Klein in Böhms Zeitschr. 9, 236 und die Bemerkungen in § 11 bei den einzelnen Staaten.

V. Die einzelnen Staaten insbesondere:

A. Österreich-Ungarn[1]).

a) In Österreich[2]) (Zisleithanien) ist die Gegenseitigkeit im Sinne des § 328 Nr. 5 verbürgt (RG. 19. Januar 1911, Recht Nr. 1350). Vgl. auch S. 266. Es galt solches schon auf Grund der Wiener Hofdekrete vom 18. Mai 1792, 18. Juni 1799 und 15. Februar 1805, ferner § 33 des österr. bürgerl. Gesetzbuches, woraus sich ergibt, daß in Österreich ausländische Urteile ohne materielle Prüfung vollzogen werden, sofern nur die Zuständigkeit des ausländischen Prozeßrichters keinem Bedenken unterliegt und die Gegenseitigkeit außer Zweifel gestellt ist[3]).

Die österreichische Exekutionsordnung vom 27. Mai 1896[4]) bestimmt:

§ 79. Auf Grund von Akten und Urkunden, die nicht zu den im § 2[5]) bezeichneten Exekutionstiteln gehören, aber außerhalb des Geltungsbereiches dieses Gesetzes errichtet und nach den daselbst geltenden gesetzlichen Bestimmungen exekutionsfähig sind, darf die Exekution oder die Vornahme einzelner Exekutionshandlungen im Geltungsgebiete dieses Gesetzes nur dann und in dem Maße stattfinden, als die Gegenseitigkeit durch Staatsverträge oder durch darüber erlassene, im Reichsgesetzblatte kundgemachte Regierungserklärungen verbürgt ist[6]).

---

1) Vgl. oben § 10 Ziff. 25 und RGZ. 41, 424; 48, 374.

2) Die Vereinbarung zwischen Baden und Österreich-Ungarn betreffend die gegenseitige Vollstreckung von Zivilurteilen vom 28. Mai 1838 ist aufgehoben (Bek. des bad. Justizministers vom 24. August 1898 im StA. Nr. 26, 419). Vgl. auch Bek. vom 11. April 1903 (Bad. Rechtspraxis S. 174). Bezüglich Bayerns siehe die Verf. des österr. Justizministers vom 20. Dezember 1870, SeuffA. 37, 119, und bezüglich Sachsens die Ministerialverfügung vom 14. November 1856 (österr. RGBl. Nr. 215).

3) Ein auf die österreichische sog. Exszindierungsklage ergangenes Urteil (welches nur besagt, daß einer in Österreich vollstreckten Pfändung keine weitere Folge zu geben sei oder daß einer Partei ein Pfandrecht an bestimmten Effekten nicht zustehe) ist jedoch in Deutschland nicht vollstreckbar, da solche Entscheidungen nur Präjudizialurteile sind, welche ihrem Wesen nach in Österreich sowenig wie innerhalb des Deutschen Reiches exequierbar sind. Vgl. RG. vom 7. April 1883 (Ann. 7, 57 ff.). Über Vollstreckung des Urteiles eines deutschen Gerichtes in Österreich trotz des Einwandes, daß der eingeklagten Wechselforderung ein verbotenes Rechtsgeschäft zugrunde liege, siehe Urt. des Obersten Gerichtshofes in Wien vom 16. Juli 1885 (SeuffA. N. F. 11, 153).

4) Österr. RGBl. 1896 Stück 30 S. 269 ff.; abgedruckt bei Böhm, Zeitschr. 6, 360. Auf Grund der Urteile der Gerichte des Deutschen Reiches ist die Exekution ohne ein vorausgegangenes Vollstreckungsurteil in Österreich zu bewilligen (Oberster österr. Gerichtshof vom 8. März 1899, Böhms Zeitschr. 9, 491).

5) Die §§ 1 und 2 der Exekutionsordnung sind abgedruckt in Böhms Zeitschrift 6, 361.

6) Die Frage, inwieweit die Gegenseitigkeit Deutschland gegenüber verbürgt ist, wird weiter unten erörtert.

§ 80. Einem Exekutionsantrage, der sich auf ein Erkenntnis einer auswärtigen Gerichts- oder sonstigen Behörde oder auf einen vor dieser abgeschlossenen Vergleich gründet, ist überdies nur dann stattzugeben:

1. Wenn die Rechtssache nach Maßgabe der im Inlande über die Zuständigkeit geltenden Bestimmungen im auswärtigen Staate anhängig gemacht werden konnte[1]),

2. wenn die Ladung oder Verfügung, durch die das Verfahren vor dem auswärtigen Gerichte oder der auswärtigen Behörde eingeleitet wurde, der Person, wider welche Exekution geführt werden soll, entweder in dem betreffenden auswärtigen Gebiete oder mittelst Gewährung der Rechtshilfe in einem anderen Staatsgebiete oder im Inlande zu eigenen Händen[2]) zugestellt wurde;

3. wenn das Erkenntnis gemäß dem darüber vorliegenden Zeugnisse der ausländischen Gerichts- oder sonstigen Behörde nach dem für letztere geltenden Rechte einem die Vollstreckbarkeit hemmenden Rechtszuge nicht mehr unterliegt.

§ 81. Die Bewilligung der Exekution oder der begehrten Exekutionshandlung ist ungeachtet des Vorhandenseins der in §§ 79 und 80 angeführten Bedingungen zu versagen:

1. wenn der Person, wider welche die Exekution geführt werden soll, die Möglichkeit sich an dem vor dem auswärtigen Gerichte oder der auswärtigen Behörde stattfindenden Ver-

---

1) Vgl. OLG. Krakau 19. Februar 1902, DJZ. S. 311 und Oberster österr. Gerichtshof vom 15. März 1899, Böhms Zeitschr. 9, 492.

2) Der § 80 Ziff. 2 gab früher Veranlassung zur Versagung der Vollstreckbarkeit eines österr. Urteiles im Deutschen Reich und umgekehrt. Vgl. RG. 48, 378 u. 41, 424. Jetzt bestimmt die seit dem 1. November 1904 in Kraft befindliche Verordnung des österr. Justizministers vom 19. Oktober 1904 (PrJMBl. S. 331 und DJZ. 1904 S. 1177), daß bei der Entscheidung über Exekutionsanträge, die sich auf deutsche Urteile oder Vergleiche stützen, der § 80 Ziff. 2 a. a. O. keine Anwendung zu finden habe; wegen Mangelhaftigkeit des Vorganges bei der Zustellung der den Prozeß einleitenden Verfügung die Exekution nur unter solchen Voraussetzungen abgelehnt werden könne, unter denen gemäß § 328 Ziff. 2 der deutschen ZPO. die Anerkennung eines österreichischen Urteiles im Deutschen Reiche ausgeschlossen ist. — Die österreichischen Gerichte werden somit den Ausweis der Zustellung einer ersten Ladung oder Verfügung an den Beklagten zu eigenen Händen nicht verlangen können, wenn der auf den Prozeß sich nicht einlassende Beklagte ein Ausländer ist, dagegen bei österreichischen Beklagten den Ausweis darüber begehren, daß die oben genannte Ladung demselben im Deutschen Reich in Person oder außerhalb des Deutschen Reiches durch Gewährung österreichischer Rechtshilfe zugestellt worden ist. Vgl. Allg. Verf. vom 23. Dezember 1904, JMBl. S. 331. Es ist gleichgültig, ob die deutschen Urteile usw. vor oder nach dem 1. November 1904 und ob sie gegen Österreicher oder Ausländer ergangen sind (Samml. d. ob. österreich. Gerichtshofes 44 S. 227, 842).

fahren zu beteiligen, infolge einer Unregelmäßigkeit dieses Verfahrens entzogen war[1]),

2. wenn durch die Exekution eine Handlung erzwungen werden soll, welche nach dem Rechte des Inlandes überhaupt unerlaubt oder doch nicht erzwingbar ist,

3. wenn der Exekutionstitel den Personenstand eines österreichischen Staatsangehörigen betrifft und gegen letzteren vollzogen werden soll,

4. wenn vermittelst der Exekution oder der begehrten Exekutionshandlung ein Rechtsverhältnis zur Anerkennung oder ein Anspruch zur Verwirklichung gelangen soll, welchem das inländische Gesetz im Inlande aus Rücksichten der öffentlichen Ordnung oder der Sittlichkeit die Gültigkeit oder Klagbarkeit versagt ist[2]).

§ 82. Zur Bewilligung der beantragten Exekution oder Exekutionshandlung ist der Gerichtshof erster Instanz zuständig, in dessen Bezirk das in § 4 Ziffer 6 bezeichnete Bezirksgericht gelegen ist[3]).

Der Antrag kann von dem betreibenden Gläubiger, von dem ausländischen Gerichte oder von einem anderen hierzu berufenen, ausländischen öffentlichen Organe gestellt werden.

Das Gericht kann im Bedarfsfalle vor der Entscheidung über den Antrag die auswärtige Behörde, von welcher der Exekutionstitel herrührt oder welche die Bewilligung der Exekution beantragt hat, um Aufklärung ersuchen[4]).

---

1) Dies kann der Fall sein:

a) wenn dem Verurteilten die mit der Ladung zum gerichtlichen Termin versehenen Schriftstücke (Klageschrift oder sonstiger Schriftsatz) nicht zugestellt wurden, b) wenn die Zustellung der unter a bezeichneten Schriftstücke — im Widerspruch mit den prozeßrechtlichen Vorschriften — so spät erfolgte, daß der Verurteilte zum Termin vor dem Einzelrichter sich nicht begeben oder für anwaltschaftliche Vertretung vor dem Kollegialgerichte oder auch vor dem Einzelrichter nicht mehr Sorge tragen konnte (auf keiner Unregelmäßigkeit beruht der Fall, daß eine Partei durch Drohungen oder Vorspiegelungen sich abhalten ließ, einen Anwalt zu bestellen oder vor dem Einzelrichter zu erscheinen) und c) wenn in den dem Verurteilten zugestellten Schriftstücken die auf deren Urschriften (Originalien) bezw. in den Rubriken des österreichischen Rechtes befindlichen Terminbestimmungen (Tagsatzungsanberaumungen) entweder gar nicht oder doch in unrichtiger Weise wiedergegeben sind.

2) Klein in Böhms Zeitschr. 9, 230 hält diese Bestimmung für im wesentlichen gleichwertig mit § 328 Nr. 4 deutsche ZPO.

3) D. i. das Gericht, wo der Schuldner seinen allgemeinen Gerichtsstand hat, eventuell dasjenige, in dem das Vermögen oder die Liegenschaft sich befindet, in welche die Zwangsvollstreckung erfolgen soll. Vgl. im übrigen § 4 Ziff. 6 a. a. O.

4) Dieser Abs. 3 schließt nicht aus, daß das Gericht allfällige, zur Aufklärung dienliche Behelfe, in deren Besitz die Partei offenbar ist, von dieser direkt einfordert Oberster österr. Gerichtshof 21. Aug. 1900, Böhms Zeitschr. 10, 490).

Nach den Erklärungen der deutschen und österreichischen Regierung[1]) ist die Gegenseitigkeit verbürgt:

für die in § 1 der österreichischen Exekutionsordnung vom 27. Mai 1896 (RGBl. Nr. 79) unter Ziffer 1, 2 und 3[2]) angeführten Exekutionstitel[3]) einschließlich der Entscheidungen über die Kosten des Verfahrens,

für die mit der Wirkung der Vollstreckbarkeit ausgestatteten amtlichen Auszüge aus dem während des Konkursverfahrens aufgenommenen Liquidationsprotokolle (§ 1 Ziffer 7 der Exekutionsordnung),

für die Urteile der Gewerbegerichte (§ 1 Ziffer 11 der Exekutionsordnung)[4]),

für die unter den im 10. Buch der deutschen Zivilprozeßordnung, insbesondere in den §§ 1025, 1026, 1039, 1041, 1042, 1045—1048 erwähnten Voraussetzungen erlassenen, auch einer Anfechtung vor einer höheren schiedsgerichtlichen Instanz nicht mehr unterliegenden Sprüche von Schiedsrichtern und Schiedsgerichten (§ 1 Ziffer 16 der Exekutionsordnung).

Die Verordnung des österreichischen Justizministers vom 21. Dezember 1899 (RGBl. Nr. 105) bestimmt ferner:

„In diesem Maße ist auch die Gegenseitigkeit für verbürgt anzusehen, wenn es sich gemäß § 79 der Exekutionsordnung um Exekutionen auf Grund von Akten und Urkunden handelt, die im Deutschen Reiche errichtet wurden. Die Bewilligung der Exekution oder der nachgesuchten Exekutionshandlung ist, gleichwie in den Fällen des § 81 Ziffer 2—4 der Exekutionsordnung dann zu versagen, wenn die Anerkennung des deutschen Urteiles gegen den Zweck eines hier zu Lande geltenden Gesetzes verstoßen würde.

---

1) Allg. Verf. des preuß. Justizministers vom 9. März 1900 (JMBl. S. 79).

2) § 1 a. a. O. lautet: Exekutionstitel usw. sind:

Ziff. 1. Endurteile und andere in Streitsachen ergangene Urteile, Beschlüsse und Bescheide der Zivilgerichte, wenn ein weiterer Rechtszug dawider ausgeschlossen oder doch ein die Exekution hemmendes Rechtsmittel nicht gewährt ist.

Ziff. 2. Zahlungsaufträge (Zahlungsbefehle), welche im Mandats- und Wechselverfahren oder in Gemäßheit des § 19 des Ges. vom 12. Juli 1872 (RGBl. Nr. 112) erlassen wurden, wenn wider dieselben nicht rechtzeitig Einwendungen erhoben sind.

Ziff. 3. Die im Mahnverfahren (Ges. vom 27. April 1873, RGBl. Nr. 67) erlassenen bedingten Zahlungsbefehle, welche einem Widerspruche nicht mehr unterliegen und auch nicht durch Ablauf der Zeit außer Kraft gesetzt sind.

3) Auch Versäumnisurteile und Kostenfestsetzungsbeschlüsse gehören hierher (Urteil des österr. Obersten Gerichtshofes vom 18. Februar 1903; Böhms Zeitschr. 13, 188), dagegen nicht Entscheidungen der Verwaltungsbehörden (Österr. Oberst. Gerichtshof vom 15. Oktober 1902, Böhms Zeitschr. 12, 187). Das OLG. Dresden vom 5. Juli 1900 (Böhms Zeitschr. 11, 289) meint, daß aus österr. Kostenfestsetzungsbeschlüssen (Honorarforderung eines Anwaltes betr.) weder ein Vollstreckungsurteil erlassen, noch im Urkundenprozesse geklagt werden könne.

4) Vergleiche stehen nicht gleich (OLG. Dresden SächsOLG. 29, 148).

Die Kaiserlich deutsche Regierung hat erklärt, daß bei der Anwendung der §§ 722 und 723 ZPO. im Deutschen Reiche, soweit die bisherige Praxis der Gerichte einen Schluß gestattet, alle jene Beschlüsse und Bescheide österreichischer Gerichte die Zwangsvollstreckung begründen können, welche einen Rechtsstreit zwischen Parteien auf Grund eines beiden Teilen Gehör gewährenden, ordentlichen oder summarisch prozessualen Verfahrens erledigen, wobei es nicht darauf ankomme, ob die Beschlüsse oder Bescheide auch in den äußeren Formen eines Urteiles ergangen sind und ob auch tatsächlich beide Parteien verhandelt haben[1].

Betreffs der Sprüche von Schiedsrichtern und Schiedsgerichten erklärte die deutsche Regierung, daß auf sie zwar nicht die §§ 722 und 723 ZPO., wohl aber die Vorschriften des 10. Buches der deutschen Zivilprozeßordnung Anwendung finden. Nach der Rechtsprechung des Reichsgerichtes könne als Grundsatz gelten, daß aus einem ausländischen Schiedsspruche bei den deutschen Gerichten ein Vollstreckungsurteil beantragt werden kann, sofern der Schiedsspruch gemäß den bezeichneten Vorschriften der Deutschen Zivilprozeßordnung ergangen und nicht etwa nach dem für das fragliche Rechtsverhältnis maßgebenden ausländischen Rechte als unwirksam anzusehen ist."

Wegen des § 80 Ziffer 2 der österreichischen Exekutionsordnung vgl. oben S. 455.

b) In Bosnien und der Herzegowina werden Urteile unter der Voraussetzung der Gegenseitigkeit vollstreckt (§§ 464 ff. ZPO vom 14. April 1883)[2]), desgleichen in Kroatien und Slavonien[3]). Überall ist die Gegenseitigkeit mit dem Deutschen Reiche verbürgt, weil die betreffenden Zivilprozeßordnungen gleichwertige oder leichtere Voraussetzungen für die Vollstreckung aufstellen als die deutsche Zivilprozeßordnung.

Die Verfügung der Landesregierung zu Serajewo vom 20. März 1904 (vgl. Böhm, Zeitschr. 14, 580), bestimmt:

---

1) Dazu gehören aber nicht einstweilige Verfügungen (R. d. OLG. 17, 347 u. KG. 16. Juni 1909, 5 W. 1769/09). Nach § 80 Ziff. 1 ExOrd. ist zu untersuchen, ob die Zuständigkeit des deutschen Gerichts nach irgend einer Bestimmung des österreichischen Gesetzes gegeben ist (Samml. des ob. österr. Gerichtshofes 37, 306). Das Rechtskraftzeugnis des deutschen Gerichtsschreibers genügt in Österreich (a. a. O. S. 147).

2) Abgedruckt in Böhms Zeitschr. 8, 86.

3) Leske I, 101, 102. Vgl. § 550 der in Kroatien und Slavonien geltenden ZPO. vom 16. September 1852 (abgedruckt in Böhms Zeitschr. 8, 85) und Bloch S. 259.

„Die Kaiserlich deutsche Regierung hat erklärt, es sei ohne weiteres zu erwarten, daß die deutschen Gerichte die Gegenseitigkeit als verbürgt ansehen und auch ihrerseits die entsprechenden bosnisch-herzegowinischen Vollstreckungstitel für vollstreckbar erklären werden, wenn und insolange die Gerichte in Bosnien und der Herzegowina nachstehenden deutschen Vollstreckungstiteln die Vollstreckungsklausel beisetzen, und zwar:

1. Urteilen, Bescheiden und Beschlüssen der Zivilgerichte des Deutschen Reiches, durch welche die Streitsache erledigt wird, wenn ein weiterer Rechtszug dawider ausgeschlossen, oder doch ein die Exekution hemmendes Rechtsmittel nicht gewährt ist;

2. Beschlüssen und Bescheiden derselben Zivilgerichte, welche zwar nicht die Streitsache erledigen, aber einen Anspruch über den Kostenersatz enthalten, wenn gegen letzteren Ausspruch ein weiteres Rechtsmittel ausgeschlossen, oder doch ein die Exekution hemmendes Rechtsmittel nicht gewährt ist und lediglich die Entscheidung über die Kosten vollstreckt werden soll; endlich

3. die nicht oder nicht mehr anfechtbaren Urteile der Gewerbegerichte.

Für die Zwangsvollstreckung im Deutschen Reiche kommen, insolange in Bosnien und der Herzegowina Gewerbegerichte nicht bestehen, nur die im § 465 Z. 1, der hierländigen Zivilprozeßordnung angeführten Exekutionstitel einschließlich der Entscheidungen über die Kosten des Verfahrens in Betracht.

In diesem Maße ist auch die Gegenseitigkeit als verbürgt anzusehen, wenn es sich gemäß § 466, alinea 1, der hierländigen Zivilprozeßordnung um Exekutionen auf Grund von Akten und Urkunden handelt, die im Deutschen Reiche errichtet wurden."

Die Allgemeine Verfügung des preußischen Justizministers vom 3. März 1905 (JMBl. S. 85) bestimmt:

In Ansehung folgender von den bosnisch-herzegowinischen Gerichten erlassenen Entscheidungen, nämlich der in Wandels- und Wechselverfahren erlassenen Zahlungsbefehle, der amtlichen Auszüge aus den Liquidationsprotokollen im Konkursverfahren, der Erkenntnisse der Schiedsgerichte, ist die Gegenseitigkeit nicht als verbürgt anzusehen. In Bosnien und der Herzegowina findet die Zwangsvollstreckung auswärtiger Gerichte nur statt, wenn die Ladung, durch welche das Verfahren vor dem ausländischen Gerichte eingeleitet war, der Person, gegen welche die Zwangsvollstreckung bewirkt werden soll, zu eigenen Händen zugestellt worden ist. Die Möglichkeit der Vollstreckung eines deutschen Urteils in den genannten Ländern ist regelmäßig dann gegeben, wenn der Beklagte daselbst seinen Wohnsitz oder Aufenthalt hat. Wenn nun auch in Bosnien und der Herzegowina das Zustellungsverfahren in der Weise geregelt ist, daß die prozeßeinleitenden Schriftsätze ohne besonderes Ersuchen des auswärtigen Gerichts dem Beklagten zu eigenen Händen zugestellt werden, so empfiehlt es sich doch, in dem Ersuchen um Zustellung der den Prozeß einleitenden Ladung zu bemerken, daß die Zustellung nur zu eigenen Händen zu erfolgen habe, und daß sich aus dem Zustellungsscheine die so erfolgte Zustellung ergeben müsse. Vgl. auch Allgemeine Verfügung vom 8. Oktober 1904, JMBl. S. 282.

c) In Ungarn ist die Gegenseitigkeit nicht verbürgt[1]). Mit Deutschland besteht kein Staatsvertrag. Vgl. auch S. 267 und Alexi in Böhms Zeitschr. 3, 364 ff.

Nach § 3 Abs. 3 und § 18 des Gesetzes vom 1. Juni 1881 entscheidet in Ungarn über die Anordnung der Exekution aus ausländischen Urteilen und Prozeßvergleichen dasjenige Bezirks-, bezw. Grundbuchgericht, auf dessen Gebiete die Exekution zu vollziehen ist; nach § 3 Abs. 4 desselben Gesetzes hat, wenn mehrere Gerichte um die Vollziehung der Exekution ersucht wurden, das „an erster Stelle genannte" Gericht zu entscheiden und von seiner Entscheidung die anderen für den Vollzug zuständigen Behörden zu verständigen[2]).

---

1) Francke S. 59; RG. vom 7. April 1888; SeuffA. 44 Nr. 67; Gruch. Beitr. 33, 1201 vom 20. Mai 1891, JW. 20, 335; anderer Meinung Wach S. 246. Der § 3 Abs. 2 des ung. Ges. vom 1. Juni 1881 über das Exekutionswesen lautet in deutscher Übersetzung: „Wenn kein Staatsvertrag besteht, ist die Anordnung der Exekution nur im Falle der vom Exekutionssucher zu erweisenden Reziprozität und auch dann nur unter folgenden Vorbedingungen zulässig:

a) wenn zur Grundlage der Exekution ein in Rechtskraft erwachsenes gerichtliches Erkenntnis oder ein vor dem Prozeßgericht geschlossener Vergleich dient;

b) wenn die vorladenden Prozeßschriften dem wegen Nichterscheinens verurteilten ungarischen Heimatsberechtigten in dem Staate des Prozeßgerichtes zu eigenen Handen oder zufolge einer Requisition von einem vaterländischen Gerichte vorschriftsmäßig zugestellt worden waren;

c) wenn irgend ein Gericht des Staates, auf dessen Gebiete das zu vollstreckende Erkenntnis gefällt oder der zu vollstreckende Vergleich geschlossen wurde, nach den auf die Zuständigkeit bezüglichen Bestimmungen des vorliegenden Gesetzes zuständig war; endlich

d) wenn die Leistung, welche im Wege der Exekution zu belangen beabsichtigt wird, mit einem inländischen verbietenden Gesetze nicht kollidiert."

Nach lit. c der vorstehenden Gesetzesstelle ist also in Ungarn außer rechtskräftigen Erkenntnissen ausländischer Gerichte auch ein im Auslande vor dem Prozeßgericht abgeschlossener Vergleich der Vollstreckung für fähig erklärt.

2) Francke S. 17.

Für die Vollstreckung ungarischer Urteile genügt aber nicht allein die Berufung auf das ungarische Gesetz vom 1. Juni 1881; es muß vielmehr die tatsächliche Handhabung der Gegenseitigkeit, also nachgewiesen werden, daß das Gesetz in der Regel von den ungarischen Gerichten angewendet werde. Auf Grund der in einem Schreiben vom 20. September 1887 enthaltenen Äußerung des ungarischen Justizministeriums in Verbindung mit der von dem Reichsjustizamte am 15. März 1887 erteilten Auskunft stellt es sich als höchst wahrscheinlich dar, daß deutsche Urteile in Ungarn selbst dann, wenn die Erfordernisse des Gesetzes vom 1. Juni 1881 erfüllt sind, nicht vollstreckt werden, daß also trotz Bestehens dieses Gesetzes die Gegenseitigkeit in der Tat nicht verbürgt ist[1]).

B. In der Schweiz wird in einer größeren Anzahl von Kantonen die Gegenseitigkeit ohne Prüfung der Gesetzmäßigkeit gewährt. Die Bekanntmachung des bayerischen Justizministers vom 10. Januar 1905 (BayerJMBl. 1905 S. 6) lautet:

„Die Vollstreckung ausländischer Urteile in den schweizerischen Kantonen ist erheblich beschränkt. Das Bundesgericht geht davon aus, daß die Vorschrift, nach welcher „der aufrechtstehende Schuldner, sofern er in der Schweiz einen festen Wohnsitz hat, für persönliche Ansprachen vor dem Richter seines Wohnortes gesucht werden muß", auch dem in der Schweiz wohnenden Ausländer zu gute kommt und die Ausschließlichkeit des Gerichtsstandes des Wohnsitzes, nicht nur im Verhältnisse der Kantone zueinander, sondern auch der ausländischen Gerichtsbarkeit gegenüber feststellt. Hiernach würde ein Urteil, welches gegen einen in der Schweiz wohnenden Schuldner von einem deutschen Gericht im Gerichtsstande des Vermögens (§ 23 ZPO.) erlassen ist, in der Schweiz nicht vollstreckt werden dürfen."

Zwischen der Schweiz als solcher und dem Deutschen Reich ist die Gegenseitigkeit nicht verbürgt, sondern nur zwischen letzterem und den einzelnen Kantonen (RG. 30. Oktober 1908, R. d. OLG. 17, 327). Handelt es sich um die Vollstreckbarkeitserklärung eines Urteiles des schweizerischen Bundesgerichtes, eines Aktes der Zentralgewalt und Rechtshoheit der Eidgenossenschaft, so ist dieselbe abzulehnen, sollte auch in den Kantonen, dessen Urteil der Nachprüfung des Bundesgerichtes unterbreitet war, die Gegenseitigkeit verbürgt sein (Kolmar vom 5. März 1904 im „Recht" S. 170 und Böhms Zeitschr. 14, 491).

---

1) Vgl. über die Wirksamkeit ausländischer ehegerichtlicher Urteile in Ungarn Böhms Zeitschr. 14, 341.

Wo unten die Verbürgung der Gegenseitigkeit in einzelnen Kantonen mitgeteilt wird, gilt dieselbe gegenüber den Urteilen aller deutschen Bundesstaaten.

Im Kanton Zürich ist die Gegenseitigkeit durch die dortige Gesetzgebung sowohl, wie durch die Judikatur hergestellt, und zwar gewährt der zürcherische Richter Vollstreckung, sofern die Rechtskraft nachgewiesen und seine Kompetenz nach auswärtigem und zürcherischem Rechte gewiß ist[1]).

§ 752 Abs. 2 des zürcherischen Gesetzes über die Rechtspflege vom 2. Dezember 1874/13. Juni 1880 lautet:

„Urteilen aus Staaten, mit welchen keine Staatsverträge bestehen, kann zwar der hierseitige Richter nach freier Würdigung aller Verhältnisse Vollziehung gewähren, unter allen Umständen aber nur dann, wenn das Urteil unzweifelhaft rechtskräftig und von einem Richter ausgefällt ist, welcher an sich kompetent war und dessen Kompetenz auch nicht durch die hierseitige Gesetzgebung ausgeschlossen wird".

Auch in Baselland ist die Gegenseitigkeit verbürgt[2]). Dasselbe gilt von Baselstadt[3]) (vgl. § 258 der Baseler ZPO. vom 8. Februar 1875), in St. Gallen[4]) (vgl. Art. 246 ZPO. vom 6. März 1850), Graubünden[5]) (vgl. Art. 305 ZPO. vom 1. Juni 1871), Aargau[6]), Appenzell[7])-Inner-Rhoden, Schaffhausen[8]) und Tessin[9]). Skonietzki

1) Vgl. § 10 Ziff. 25 oben, Grübler, Die Vollstreckung ausländischer Urteile in der Schweiz, 1906; Schlatter, Rechtskalender der Schweizerischen Eidgenossenschaft, 2. Aufl. 1883 S. 136; Zeitschr. für schweizerisches Recht von Prof. Heusler in Basel, N. F. Bd. 4 S. 123; Francke S. 76; RG. JW. 1906 S. 599, R. d. OLG. 7, 288; 17, 327; OLG. Hamburg vom 6. Juli 1903, Böhms Zeitschr. 13, 595 u. OLG. Karlsruhe vom 22. Dezember 1902; Böhms Zeitschr. 13, 410 u. DJZ. 1903 S. 408; and. Mein. Leske I, 833, Koppers S. 60 und Klein in Böhms Zeitschr. 9, 239 mit Rücksicht auf den Ausdruck des Gesetzes „nach freier Würdigung aller Verhältnisse". Vgl. auch Zeitschr. für deutsch. Zivilprozeß 10, 489.

2) Koppers S. 52 u. Klein S. 236; and. Ans. Skonietzki S. 922.

3) Vgl. Leske I, 828; Koppers S. 52; Klein S. 236; Koller in der Zeitschr. für deutsch. Zivilprozeß 10, 493 ff. und RG. vom 10. Januar 1899, Böhms Zeitschr. 10, 64.

4) Vgl. Leske I, 829; Klein S. 236; Koppers S. 54; Skonietzki S. 921; Ogose 52.

5) Vgl. Leske I, 829; Koppers S. 55; Skonietzki S. 921.

6) Vgl. Koppers S. 51; Roguin im Journal du droit internat. 1883 Bd. 10 S. 113 ff. u. Böhms Zeitschr. 10, 41 (Entw. einer neuen ZPO.). Zwischen Baden und Aargau ist die Gegenseitigkeit auch vertragsmäßig durch das Abkommen vom 23. August u. 28. September 1867 (Bad. RBl. 1867 S. 426) verbürgt.

7) Koppers S. 51 u. Roguin S. 125.

8) Koppers S. 57 u. Roguin S. 123. Seitens Schaffhausen ist die Gegenseitigkeit durch das dortige Obergericht (Zirkular an die Untergerichte vom 3. Oktober 1882 bezüglich der Ersuchen badischer Gerichte) als vorhanden ausdrücklich anerkannt.

9) Koppers S. 58 u. Leske I, 832.

hält bei den letzten vier Staaten die Gegenseitigkeit nicht für verbürgt (S. 922).

Francke S. 76 meint, gestützt auf Roguin a. a. O. S. 118 ff., daß Baselland, Schwyz, Uri, Solothurn und Appenzell-Inner-Rhoden gleichfalls ohne Prüfung der Gesetzmäßigkeit vollstrecken, vorausgesetzt, daß Zuständigkeit des auswärtigen Gerichtes und Rechtskraft des Urteiles gegeben ist.

Nach Schlatter a. a. O. S. 234 ist die Vollstreckung nur den Urteilen außerkantonaler schweizerischer Gerichte gesichert, während diejenige ausländischer Zivilurteile vom Bestehen von Staatsverträgen abhängig sei.

In Bern entscheidet der Appellhof über die Zulässigkeit der Vollstreckung nach Anhörung des Beklagten. Dort ist die Gegenseitigkeit nicht verbürgt[1]). Der Berner Appellationsgerichtshof bewilligt nach seiner eigenen Erklärung die Vollstreckbarkeit fremder Urteile nur „regelmäßig", bringt damit also zum Ausdruck, daß er sich vorbehält, Ausnahmen von der Regel zuzulassen. Eine beständige Übung der Gerichte liegt also nicht vor.

Es besagt dagegen die Verfügung des badischen Justizministers vom 30. Mai 1910 (A. 19161), daß nach der langjährigen konstanten Praxis des Appellationshofes in Bern die Vollstreckung ausländischer, also auch deutscher Zivilurteile im Kanton Bern regelmäßig gewährt wird, wenn folgende Voraussetzungen nachgewiesen werden:

1. daß die Zuständigkeit des urteilenden Gerichtes außer Zweifel steht;
2. die Rechtskraft des Urteils von der kompetenten Behörde bescheinigt ist;
3. keine Verstöße gegen Fundamentalsätze des Prozeßrechts, wie z. B. die Gestattung des richterlichen Gehörs, zutage liegen;
4. die Entscheidung, deren Vollstreckung anbegehrt wird, mit keiner im schweizerischen Staatsgebiete geltenden zwingenden Rechtsnorm im Widerspruche steht;
5. wenn nicht bekannt ist, daß Gegenrecht nicht gehalten wird,

---

1) Vgl. RG. JW. 1905 S. 87; 1906 S. 599; R. d. OLG. 9, 108. Anderer Ansicht die amtl. Auskunft des Kassationshofes in Bern vom 16. Februar 1889 in Böhms Zeitschr. 1, 60 u. 61, sowie in der Zeitschr. für deutschen Zivilprozeß 15, 20; ferner Brückner S. 294, 302, 303.

und daß vom Appellationshof in Bern schon seit längerer Zeit mit Bezug auf deutsche Urteile die Gegenseitigkeit als verbürgt angesehen, sonach auf Grund von Ziff. 5 eine Beanstandung der Vollstreckung deutscher Urteile in der Schweiz nicht erhoben wird.

In Tessin werden Urteile der Gerichte anderer Kantone und solcher fremder Staaten, mit denen Verträge bestehen, als vollstreckbar erklärt, auf dem Wege des Art. 81 des eidgenössischen Schuldbetreibungs- und Konkursgesetzes. Wo dieser Artikel nicht anwendbar ist, gibt das Appellationsgericht (tribunale di appello) den Urteilen die Exekutionskraft nach vorgängiger Untersuchung darüber, ob das Gericht, das die bezügliche Sentenz erlassen hat, kompetent war, die Parteien regelrecht zitiert, gesetzmäßig vertreten waren, das Urteil nicht der öffentlichen Ordnung oder dem eidgenössischen oder kantonalen öffentlichen Recht widerspricht, oder Zivilurteile nicht exekutionsfähig sind wegen ihrer Abhängigkeit von politischen oder Preßprozessen und Strafurteilen. Diese Untersuchung erfolgt in der Camara di Consiglio[1]).

Nach Leske I, 827, fehlen besondere gesetzliche Bestimmungen über die Vollstreckung ausländischer Urteile in den Kantonen: Appenzell-Außer-Rhoden und -Inner-Rhoden, Baselland, Glarus, Solothurn und Wallis und soll hier die Vollstreckung auf Grund des Schuldbeitreibungsverfahrens erfolgen[2]).

Dagegen ist die Gegenseitigkeit nicht gegeben im Verhältnis zu den Kantonen Zug[3]), Thurgau[3]), Appenzell-Außer-Rhoden, Unterwalden ob dem Wald[4]) und Glarus[5]); denn in Zug, Thurgau und Glarus liegt es in dem freien Ermessen des Obergerichtes, bei Appenzell-Außer-Rhoden und Unterwalden ob dem Wald in dem der Regierung, ob einem auswärtigen Urteile die Vollstreckung gewährt werden soll oder nicht[6]).

---

1) Böhms Zeitschr. 10, 341 u. Heusler in der Zeitschr. für schweiz. Recht 41, 443 ff. Tessin vollstreckt keine ausländischen Versäumnisurteile (Böhms Zeitschr. 9, 217). Für Fehlen der Gegenseitigkeit überhaupt Francke in Busch Zeitschr. 27, 145.

2) Leske I, 483 u. 491.

3) Anderer Ansicht Ogose S. 52 u. 53.

4) Leske I, 827 hält die Verbürgung der Gegenseitigkeit für zweifelhaft.

5) Anderer Ansicht Ogose S. 53.

6) Francke S. 62; Roguin S. 124 ff.; Schlatter S. 336, 606, 472, 317.

Auch für Solothurn[1]), Luzern[2]), Uri[3]), Unterwalden nid dem Wald[4]), Schwyz[5]) und Wallis[6]) wird dasselbe gelten müssen.

In Neuenburg ist zwar gesetzlich bestimmt, in welchen Fällen der um die Zulassung der Vollstreckung anzugehende Appellhof solche verweigern darf; dagegen hat der Appellhof bei Urteilen von nichtschweizerischen Gerichten nur dann die Vollstreckung zu verfügen, wenn die Schweiz mit den betreffenden Staaten einen Vollstreckungsvertrag abgeschlossen hat. Unter dieser Voraussetzung darf die Vollstreckung von rechtskräftigen Urteilen und endgültigen Beschlüssen auswärtiger Gerichte und Schiedsgerichte nur verweigert werden:

a) wenn die Entscheidung von einem unzuständigen Gerichte erging,
b) wenn sie erfolgte, ohne daß die Parteien gehörig geladen und gesetzmäßig vertreten oder „entblieben" waren,
c) wenn die Vollstreckung des ausländischen Rechtsspruches in Widerspruch treten würde zu Grundsätzen des öffentlichen Rechtes des Kantons oder zur öffentlichen Wohlfahrt desselben[7]).

Nicht gewährt wird ferner die Gegenseitigkeit in den Kantonen Genf und Freiburg, welche dem Gebiete des französischen Rechtes angehören und woselbst wie in Frankreich nach der herrschenden Praxis die Vollstreckung erst nach vollständiger Prüfung der Gesetzmäßigkeit zugelassen wird[8]).

Der Kanton Waadt vollstreckt jetzt Urteile (RG. 30. Oktober 1908, R. d. OLG. 17, 327).

Über den Vollzug ausländischer Ehescheidungsurteile nach schweizerischem Rechte siehe den Aufsatz von Dr. Morel in der Zeitschrift für schweizerisches Recht von Heusler N. F. Bd. 8 (1889) S. 381. Vgl. auch § 39 (Internationales Ehescheidungsabkommen vom 12. Juni 1902). In der Schweiz ist das Eherecht der Kompetenzsphäre der Kantone

1) Anderer Ansicht Ogose S. 53; v. Wilmowski-Levy S. 954.
2) Anderer Ansicht Ogose S. 52, 53 u. v. Wilmowski-Levy S. 954. Vgl. auch Böhms Zeitschr. 6, 368.
3) Anderer Ansicht v. Wilmowski-Levy S. 954.
4) Das OLG. Köln (Urteil vom 12. November 1904; Recht S. 605) hält die Gegenseitigkeit mit Unterwalden nid dem Wald nicht für verbürgt.
5) Anderer Ansicht Ogose S. 53 u. v. Wilmowski S. 954.
6) Anderer Ansicht v. Wilmowski-Levy S. 954.
7) Cod. proc. v. 1882 Art. 864—871; s. auch Schlatter S. 706; Zeitschrift v. Heusler a.a.O. S. 466; Francke S. 76 u. Roguin S. 121 ff.
8) Francke S. 54; Roguin a.a.O. S. 118 ff.

entrückt (vgl. Art. 43 des eidgenössischen Zivilstandesgesetzes von 1874). Darum kann auch nur vom Bunde, nicht von den einzelnen Kantonen eine Gegenseitigkeitserklärung ausgstellt werden. Hierzu kommt noch, daß für schweizerische Eheleute in Ehescheidungssachen der Gerichtsstand in der Schweiz ein ausschließlicher ist. Als notwendige Voraussetzung des zuzusichernden Vollzugs dürfte angesehen werden, daß das Urteil von einem bürgerlichen Richter gefällt wurde und beiderseitige Gesetzgebungen die gänzliche Scheidung (mit Ausschluß der Trennung zu Tisch und Bett auf Lebenszeit) gestatten, ferner daß das Urteil vom Wohnsitzrichter des Ehemannes gefällt wurde, gestützt auf Gründe der Ehescheidung, welche nach beiderseitigen Gesetzen des Richters des Wohnsitzes, wie des Staates, dem die Eheleute angehören, anerkannt sind, ohne daß der Vollziehungsrichter im weiteren auf eine materielle Prüfung des Urteiles eingehen dürfte. Nach den Aussprüchen des schweizerischen Bundesgerichtes und Bundesrates (vgl. Böhms Zeitschr. Bd. 1, S. 93, 94, 246, 247, Bd. 2 S. 428 und 429 sowie Bd. 9 S. 216) scheint es, daß von ausländischen Gerichten erlassene Ehescheidungsurteile in der Schweiz nicht vollzogen werden können. Vgl. Gutachten des Kammergerichts in Berlin von 1891 in Böhms Zeitschr. 3, 530.

§ 35.

Die Gegenseitigkeit des § 328 Nr. 5 der ZPO. im Verhältnis zu den einzelnen auswärtigen Staaten (Forts.).

I. Eine Mehrzahl von Staaten gewährt die Vollstreckung nur nach vorheriger Prüfung der Gesetzmäßigkeit der Entscheidung, wobei dem Verurteilten für sachliche, wie prozessuale Einreden Gehör gegeben wird, andere lassen die Vollstreckbarkeitserklärung nicht gegen eigene Angehörige als Verurteilte zu.

In Frankreich ist die Vollstreckung ausländischer Urteile, soweit nicht in Verträgen anderes bedungen[1]), nur nach vollständiger Prüfung der Gesetzmäßigkeit der Entscheidung zugelassen. Nach der Praxis der französischen Gerichte ist solches feststehend und zwar ohne Unterscheidung, ob die auswärtigen

1) Zwischen Deutschland und Frankreich besteht ein Abkommen über die Gegenseitigkeit nicht; letztere ist auch nicht verbürgt. Vgl. RG. 23. Juni 1893, JW. S. 350. Urteile Badens und Elsaß-Lothringens werden vollstreckt nach Maßgabe des Vertrages zwischen Baden und Frankreich vom 16. April 1846 (Bad. RBl. Nr. 24). — Ausgedehnt auf Elsaß-Lothringen durch Art. 18 Abs. 4 der Zusatzkonvention zum Frankfurter Friedensvertrage. — Vgl. oben § 11.

Urteile gegen Franzosen oder gegen Ausländer erkennen. Insbesondere hat der französische Richter auch zu prüfen, ob die ausländische Entscheidung keine dem öffentlichen Rechte und den französischen Gesetzen zuwiderlaufenden Dispositionen enthält (vgl. Appellhof zu Paris vom 28. Januar 1898; Böhms Zeitschr. 8, 416), ob dieselbe den Charakter eines Urteiles hat, ob die Kompetenz des auswärtigen Gerichtes gegeben und ob solche unter Beobachtung des ausländischen Gesetzes erlassen wurde[1]).

Hierher gehören auch die vom französischen Rechte beherrschten schweizerischen Kantone Genf und Freiburg. S. oben S. 465.

Die Gegenseitigkeit ist also überall nicht verbürgt.

Für Belgien[2]) bestimmt Art. 10 der belgischen Zivilprozeßordnung vom 25. März 1876 folgendes:

Die (belgischen) Gerichte befassen sich auch mit den von auswärtigen Richtern auf dem Gebiete des Zivil- und des Handelsrechtes erlassenen Entscheidungen.

Wenn zwischen Belgien und dem Lande, in welchem die Entscheidung gefällt worden ist, ein auf Basis der Gegenseitigkeit geschlossener Vertrag besteht[3]), erstreckt sich die Prüfung des ausländischen Urteiles nur auf folgende fünf Punkte:

---

1) Cod. de proc. Art. 546 mit Cod. civ. Art. 2123 u. 2128; Constant S. 6 ff.; Francke a. a. O. S. 53; Foelix a. a. O. Bd. 2 S. 70 ff.; Westlake a. a. O. § 308; Asser S. 99. Vgl. auch Journ. du droit internat. etc. tom. IX (1882) p. 166 ff. u. tom. X (1883) p. 515 ff.; ferner Thevenet, de l'autorité et de la force exécutore des jugements étrangers en France et des jugements français à l'étranger (Paris 1880) p. 156; Foelix-Moreau, Effets internationaux des jugements en matiére civile (1884); Piggott S. 451 ff.; Leske I, 563; Koppers S. 70; RG. vom 29. Januar 1883 E. 8, 388 u. Böhms Zeitschr. 4, 407; 7, 326. Wegen der Einrede der Rechtshängigkeit in Frankreich vgl. Böhms Zeitschr. 9, 476.

Der Appellhof zu Douai hat am 10. Oktober 1901 die Vollstreckbarkeitserklärung eines ausländischen (englischen) Schiedsspruches gemäß Art. 1020 ZPO. bewilligt, während andere Appellhöfe z. B. der zu Paris, ausländische Schiedssprüche den für ausländische Urteile geltenden Grundsätzen unterwerfen (Böhms Zeitschr. 13, 603).

Das französische Recht gewährt den im Auslande von Ausländern erlassenen Schiedsurteilen im allgemeinen in Frankreich dieselbe Vollstreckbarkeit, die es inländischen Schiedssprüchen beilegt, vorbehaltlich der Prüfung der Kompetenz und freien Erwählung der auswärtigen Schiedsrichter, sowie der Konkordanz des Inhaltes ihres Spruches mit dem öffentlichen Rechte Frankreichs. Urteil des ROHG. vom 1. September 1873 (Entsch. Bd. 10 S. 392).

Über Vollstreckung in Frankreich siehe auch Daguin, de l'exécution des jugements étrangers en France im Journal du droit internat. etc. 1889 p. 39 und über Vollstreckung französischer Urteile in Elsaß-Lothringen, Journal du droit internat. etc. 1888 p. 466.

2) Vgl. Leske I, 585.

3) Zurzeit hat Belgien solche Verträge nicht abgeschlossen. Die Gegenseitigkeit mit Deutschland ist nicht verbürgt. Vgl. auch Böhms Zeitschr. 4, 120 u. 6, 252 u. 272. Ein Verzicht der Parteien auf die Prüfung des Grundes des ausländischen Urteiles ist unwirksam, weil die Frage der Prüfung einen Gegenstand öffentlicher Ordnung bildet.

1. ob die Entscheidung nicht gegen die öffentliche Ordnung, insbesondere die in Belgien in dieser Hinsicht geltenden Grundsätze verstößt;

2. ob nach den Gesetzen des auswärtigen Staates das Urteil die Rechtskraft beschritten hat;

3. ob die vorgelegte Ausfertigung des Urteiles den Anforderungen des auswärtigen Gesetzes in bezug auf Authentizität entspricht;

4. ob das Verteidigungsrecht gewahrt ist[3]);

5. ob das ausländische Gericht nicht etwa ausschließlich in Anbetracht der Nationalität des Klägers zuständig war[4]).

Sind diese Voraussetzungen gegeben, so ist die Vollstreckung ohne weitere materielle Prüfung des Urteiles zu gewähren.

Zuständig zur Vollstreckbarkeitserklärung ist in Belgien in jedem Falle das Gericht erster Instanz (tribunal civil), gleichviel von welchen Gerichten die auswärtige Entscheidung herrührt, ob von einem Gerichte erster Instanz, oder einem Appellhofe, Handelsgerichte, Friedensrichter oder auch von einem mit außerordentlicher Gerichtsbarkeit bekleideten Gerichte[1]).

II. In Rußland[2]) können nur Urteile solcher auswärtiger Staaten vollstreckt werden, mit denen Verträge über die Vollstreckbarkeit abgeschlossen sind. Ein derartiges Abkommen besteht zwischen dem Deutschen Reiche und Rußland nicht[5]).

---

1) D. h. ob die Parteien richtig geladen und vertreten waren, bezw. ob ein Versäumnisurteil gesetzmäßig erlassen wurde.

2) Dieser Punkt soll bezwecken, daß ein Ausländer, der sich, um ein Urteil über eine in Belgien entstandene Forderung gegen einen Belgier zu erwirken, nicht der belgischen Gerichtsbarkeit unterwarf, nicht behufs Vollstreckung sich an die belgischen Gerichte wenden könne.

3) Constant S. 19 ff., woselbst auch mehrere in obigem Sinne erlassene Entscheidungen belgischer Gerichtshöfe angeführt sind; Francke a. a. O. S. 55; Journal du droit internat. p. tom. 4 p. 336 ff.; Splingard, sur l'exécution en Belgique des decisions judiciaires étrangers en Belgique judiciaire 1881 p. 114; Koppers S. 70; Leske I, 563.

4) Vgl. Klibanski, Die rechtliche Stellung der Ausländer in Rußland in Böhms Zeitschr. 14, 1.

5) S. Zentralblatt für das Deutsche Reich 1883 S. 136; PrJMBl. 1883 S. 49; BayerJMBl. 1883 S. 252 u. OLG. Dresden vom 17. März 1884 (Annalen Bd. 6 S. 174). Die früher aufgetretene gegenteilige Ansicht ist widerlegt durch eine Kassationsentscheidung von 1882. Näheres hierüber bei Engelmann, Die Zwangsvollstreckung auswärtiger richterlicher Urteile in Rußland (Leipzig 1884); vgl. auch Constant S. 34 ff.; Francke S. 47 und Beschorner im Journal du droit internat. priv. tom. XI (1884) p. 43 ff. Die über die Vollstreckung von Erkenntnissen der Justizbehörden fremder Staaten geltenden Artikel der russischen Prozeßordnung von 1864 lauten in der deutschen Übersetzung von Constantin Hackel (Heidelberg 1867):

Art. 1273. Erkenntnisse der Justizbehörden fremder Staaten werden auf Grund der über diesen Gegenstand geschlossenen Traktate und Verträge vollstreckt. In den Fällen, wo in denselben Bestimmungen über das Vollstreckungsverfahren fehlen, ist die in den nächstfolgenden Artikeln dargelegte Ordnung zu beobachten.

In Finnland können nach der derzeitigen Lage der dortigen Gesetzgebung Urteile ausländischer und selbst russischer Gerichte überhaupt nicht zur Vollstreckung gebracht werden. In den Ostseeprovinzen findet die Vollstreckung ausländischer Urteile nur auf Grund besonderer völkerrechtlicher Verträge — wie solche zwischen dem Deutschen Reich und Rußland nicht bestehen — oder im Falle vollständiger tatsächlicher Gegenseitigkeit statt, welche Voraussetzung auf das Verhältnis zwischen Deutschland und Rußland gleichfalls nicht zutrifft[1]).

Für Russisch Polen kommen wohl die für das eigentliche Rußland geltenden Grundsätze zur Anwendung, da dort die Justizgesetze von 1864 am 1./13. Juli 1876 eingeführt worden sind[2]). Hiernach ist die Gegenseitigkeit in Rußland überhaupt nicht verbürgt[3]).

Art. 1274. Erkenntnisse der Justizbehörden fremder Staaten werden im Reiche nur dann vollstreckt, wenn solches durch Verfügungen der Gerichte des Reiches bewilligt wird.

Art. 1275. Bittschriften um Vollstreckung von Erkenntnissen der Justizbehörden fremder Staaten werden bei demjenigen Bezirksgerichte eingereicht, in dessen Geschäftskreise die Vollstreckung geschehen soll.

Art. 1276. Der Bittschrift müssen beigefügt sein:

1. eine Abschrift des Erkenntnisses; diese muß von demjenigen Gerichte beglaubigt sein, welches das Erkenntnis gefällt hat, und mit einem Vollstreckungsdekrete oder einer gerichtlichen Bescheinigung darüber versehen sein, daß das Erkenntnis vollstreckbar ist. Die gerichtliche Bescheinigung muß von einer russischen Gesandtschaft oder von einem Konsulate legalisiert und die Unterschrift der Gesandtschaft oder des Konsulates muß vom Ministerium der auswärtigen Angelegenheiten bestätigt sein;
2. die Übersetzung des Erkenntnisses ins Russische;
3. Abschriften dieser Dokumente.

Art. 1277. Die Ladung des Beklagten vor Gericht geschieht auf Grundlage der allgemeinen Bestimmungen.

Art. 1278. Bittschriften wegen Vollstreckung von Erkenntnissen der Justizbehörden fremder Staaten werden im abgekürzten Verfahren entschieden.

Art. 1279. Bei der Verhandlung dieser Sachen haben die Justizbehörden auf eine Beurteilung des Wesens der Streitfrage, welche von den fremden Gerichten entschieden worden, nicht einzugehen, sondern nur zu bestimmen, ob das vorliegende Erkenntnis keine der öffentlichen Ordnung zuwiderlaufenden oder den Reichsgesetzen nach unstatthaften Anordnungen enthalte.

Art. 1281. Erkenntnisse von Justizbehörden fremder Staaten werden nicht vollstreckt und haben gar keine Kraft im Reiche, wenn sie Streitsachen über das Eigentumsrecht von in Rußland belegenen Immobilien entscheiden.

1) RZBl. 1883 S. 181; PrJMBl. 1883 S. 192; BayerJMBl. 1883 S. 252. Vgl. auch Francke S. 46 ff. und bezüglich der Ostseeprovinzen insbesondere S. 72; ferner Engelmann a. a. O., welch letzterer die Gegenseitigkeit des § 328 Nr. 5 in den Ostseeprovinzen verbürgt erachtet; dagegen Urteil des OLG. Karlsruhe vom 24. März 1882 (SeuffA. Bd. 37 S. 739), welches das Gegenteil annimmt.

2) RZBl. 1883 S. 135; PrJMBl. 1883 S. 47; BayerJMBl. 1883 S. 248; Francke S. 54.

3) RG. vom 30. Oktober 1884, Gruch. Beitr. Bd. 29 S. 888, und vom 23. Juni 1890, Entsch. in Zivils. Bd. 26 S. 117 u. 130.

§ 36.

2. Vollstreckung deutscher Urteile in ausländischen Staaten[1]).

Soll die Zwangsvollstreckung in einem ausländischen Staate erfolgen, dessen Behörden im Wege der Rechtshilfe die Urteile deutscher Gerichte vollstrecken, so hat auf Antrag des Gläubigers das Prozeßgericht erster Instanz die zuständige Behörde des Auslandes um die Zwangsvollstreckung zu ersuchen[2]).

Diese Vorschrift bezieht sich auf die Fälle, in welchen ausländische Behörden kraft der dortigen Gesetze, kraft Staatsvertrags oder selbst der im auswärtigen Staate bestehenden Übung im Wege der Rechtshilfe vollstrecken. Staatsverträge mit dem Deutschen Reiche bestehen zurzeit nicht. Die von einzelnen Bundesstaaten abgeschlossenen Verträge kommen zur Anwendung[3]). Der § 791 Abs. 1 ZPO. hat also zurzeit nur geringe praktische Bedeutung.

Über den Antrag auf Ersuchen der ausländischen Behörde um Zwangsvollstreckung hat das Prozeßgericht, nicht der Vorsitzende, zu befinden; das Ersuchschreiben selbst ist jedoch von letzterem zu erlassen (vgl. ZPO. §§ 202, 363 mit 358).

Der Antrag darf nicht deshalb abgewiesen werden, weil etwa in dem auswärtigen Staate die Vornahme der Vollstreckung zum ausschließlichen Geschäftskreise besonderer Vollstreckungsbeamter (Gerichtsvollzieher) gehört. Es ergibt sich dies aus der Begründung des Entwurfs zu vorwürfiger Gesetzesstelle (Mot. S. 417), wonach die Verweisung der Zwangsvollstreckung an selbständige Vollstreckungsorgane nicht durchgeführt werden sollte, wo die Rechte der Parteien durch Festhaltung der Form ernstlich gefährdet werden würden und nur die unmittelbare Anwendung der Autorität des Gerichtes helfen kann. Aus dem Wortlaute des Gesetzes „dessen Behörden . . . . . voll-

---

1) Die Zustellung des Pfändungsbeschlusses (§ 829 ZPO.) an einen Drittschuldner im Auslande bewirkt die Entstehung des Pfändungspfandrechtes für den Gläubiger ohne Rücksicht auf Anerkennung seitens des ausländischen Richters. Sie ist nicht schon deshalb unzulässig, weil etwa bei der im Auslande demnächst anzustellenden Klage der ausländischen Richter die Pfändung und Überweisung nicht als bindend ansehen würde; die Klage wird ja nicht immer im Auslande zu erheben sein, z. B. wenn im Gerichtsstande des Erfüllungsortes oder Vermögens geklagt wird oder wenn der ausgewanderte Drittschuldner zurückkehrt (RG. vom 2. Mai 1885, JW. S. 261 und OLG. Breslau in SeuffA. Bd. 50 S. 119). Vgl. § 10 Ziff. 8.

2) ZPO. § 791 Abs. 1.

3) Vgl. die Verträge Badens mit dem Kanton Aargau und Frankreich, Elsaß-Lothringens mit Frankreich, Bayerns mit Österreich (oben § 11 u. § 34). Die Vollstreckung von Entscheidungen der Rheinschiffahrtsgerichte und der Elbzollgerichte ist jedoch durch Art. 40 der rev. Rheinschiffahrtsakte vom 17. Oktober 1868 bezw. durch § 50 der Additionalakte zur Elbschiffahrtsakte vom 13. April 1844 gewährleistet. Siehe oben S. 73 und 75.

strecken" und daraus, daß der Gerichtsvollzieher keine Behörde ist[1]), läßt sich das Gegenteil nicht rechtfertigen, da mit der fraglichen Gesetzesbestimmung offenbar nur die Voraussetzung, daß im Wege der Rechtshilfe die Vollstreckung gewährt wird, bezeichnet erscheint.

Wenn das inländische Urteil erst noch durch das Urteil eines ausländischen Gerichtes im Wege der Klage für vollstreckbar erklärt werden muß, was in den meisten Fällen der Gewährung der Vollstreckung mit Rücksicht auf die Gegenseitigkeit und die Bestimmung des § 722 ZPO. die Regel sein wird (s. oben §§ 33 und 34), hat der Gläubiger das Verfahren im Auslande ohne weitere Inanspruchnahme des inländischen Prozeßgerichtes zu betreiben.

Kann die Vollstreckung durch einen Reichskonsul erfolgen, so ist das Ersuchen an diesen zu richten[2]). Die Vollstreckung durch einen Reichskonsul kann nur auf Grund des Gesetzes vom 7. April 1900 über die Konsulargerichtsbarkeit[3]) erfolgen. Den nicht mit Jurisdiktion bekleideten Konsuln (vgl. §§ 40 und 41 unten) kommt eine Vollstreckungsbefugnis nicht zu. Auch das Ersuchschreiben an den Reichskonsul ist vom Vorsitzenden zu erlassen (vgl. ZPO. § 363).

Wegen der Urteilsvollstreckung in den Schutzgebieten siehe oben S. 10.

§ 37.

3. Zwangsvollstreckung oder Arrest gegen fremde Staaten und Eisenbahnen.

I. Vgl. zunächst § 16 (Exterritoriale).

Die Frage, ob und inwieweit ausländische Staaten der inländischen Gerichtsbarkeit unterstehen, entscheidet sich nicht nach inländischem Rechte, sondern lediglich nach Völkerrecht. Aus der mit den Grundgedanken des Völkerrechts gegebenen gegenseitigen Unabhängigkeit der Staaten voneinander folgt, daß kein Staat

---

1) Letzterer Grund wird für die gegenteilige Ansicht von Petersen II S. 621 angeführt.

2) ZPO. § 791 Abs. 2. Dem Ersuchen ist die vollstreckbare Ausfertigung beizufügen.

3) RGBl. S. 213. Auch bei den Konsulargerichten sind die von den Konsuln zu ernennenden Gerichtsvollzieher die Vollstreckungsbeamten; § 16 des Gesetzes. Vgl. auch die Instruktion vom 10. September 1879.

vor die Gerichte eines anderen Staates gestellt werden kann[1])[2]). Unrichtig ist die Behauptung, daß der Staat, soweit er nicht als solcher, sondern als Privatunternehmer (als Fabrikant, als Betreiber einer Eisenbahn usw.) auftritt, soweit also nicht die Ausübung seiner Staatsgewalt in Frage steht, also der fremde Staat als Fiskus den inländischen Gerichten auch gegen seinen Willen unterworfen sei[3]). Gegen dieselbe spricht, daß jeder Versuch, das gegen den Fiskus gefällte Erkenntnis zu vollstrecken, zu einem Eingriff in die fremde Staatsgewalt führen würde.

Sogar die Ansetzung eines Verhandlungstermines und die Zustellung der Klage an den in Anspruch genommenen fremden Staat ist unzulässig (RG. 8. Dezember 1883, SeuffArch. 50, 97). Vgl. auch OLG. Hamburg bei Loening S. 207.

Der preußische Gerichtshof zur Entscheidung der Kompetenzkonflikte hat in seinen Urteilen vom 14. Januar 1882 (JMBl. 1905 S. 202), 14. Juni 1902 (Böhms Zeitschr. 13, 397) und 25. Juni 1910 (DJZ. 1910 S. 808) angenommen, daß namentlich eine Zwangsvollstreckung in das im Inlande befindliche Vermögen[4]) eines fremden Staates und ein der Sicherung der

---

1) Vgl. über die Frage der Zulässigkeit einer gerichtlichen Zwangsvollstreckung oder der Anordnung von Arresten gegen fremde Staaten, bezw. über die Zuständigkeit der inländischen Gerichte für Rechtsstreitigkeiten zwischen Inländern und fremden Staaten Droop in Gruch. Beitr. 26, 289 und die dort abgedruckten Urteile des Gerichtshofes für Kompetenzkonflikte in Berlin vom 14. Januar 1882, des Appellhofes in Brüssel vom 31. Dezember 1840, des Kassationshofes in Paris vom 22. Januar 1849, des Ziviltribunals in Antwerpen vom 11. November 1876, des Obersten Gerichtshofes in Wien vom 4. September 1877; ferner das Erkenntnis des bayer. Gerichtshofes für Kompetenzkonflikte vom 5. März 1885. Vgl. ferner Heffter, Europ. Völkerrecht, 7. Aufl. S. 79; Westlake, Lehrbuch des internat. Privatrechtes, deutsch von v. Holtzendorff 1884 S. 219; Foelix, Droit international prive, 4 édit. tom. I p. 418; Liszt, Völkerrecht S. 60; Loening, Die Gerichtsbarkeit über fremde Staaten oder Souveräne 1903; Gutachten der Berliner Juristenfakultät zum Zappaischen Erbfalle in Böhms Zeitschr. 3, 284; Hartmann, De la competence des tribunaux dans les procès contre les états et souverains étrangers, in der Revue de droit international Bd. 22 (1890) S. 425; Streit, L'affaire Zappa, Paris 1894; Audinet, L'incompetence des tribunaux français à l'égard des états étrangers in der Revue générale de droit intern. public Bd. 2 (1895) S. 385. — Auch der englische hohe Gerichtshof (vgl. Urteil vom 24. November 1897 in Böhms Zeitschr. 10, 68) steht auf dem hier vertretenen Standpunkt. Vgl. auch Anzilotti, Die Zuständigkeit italienischer Gerichte gegenüber fremden Staaten in Böhms Zeitschr. Bd. 5 Heft 1.

2) Gaupp-Stein, Leske I, 737, v. Bar II, 673, Wittmaak Ziv. Arch. 80, 54 unterwerfen den ausländischen Staat schlechthin der inländischen Gerichtsbarkeit.

3) Ebenso RG. 22, 29; 62, 65. Dort wird die Ansicht verschiedener Gerichtshöfe in Belgien (z. B. des Kassationshofes, Urteil vom 11. Juni 1906, Böhms Zeitschr. 16, 243) und Italien, daß der Staat wegen privatrechtlicher Ansprüche der ausländischen Gerichtsbarkeit unterstellt sei, als im Völkerrecht noch nicht herrschend bezeichnet.

4) Hierzu gehören auch abgetakelte Kriegsschiffe in fremden Häfen (Böhms Zeitschr. 13, 397).

Zwangsvollstreckung dienendes Arrestverfahren unzulässig sind, sowie daß, falls die Gerichte gleichwohl Arreste verfügen, in Preußen der Minister der auswärtigen Angelegenheiten[1]) zur Erhebung des Kompetenzkonfliktes als Zentralbehörde im Sinne des § 5 der Verordnung vom 1. August 1879 (GS. S. 573) befugt ist.

Die Erhebung des Konflikts ist nicht nur in dem Prozeßverfahren, sondern in allen bei den Gerichten anhängigen bürgerlichen Rechtsstreitigkeiten, also auch noch im Zwangsvollstreckungsverfahren, sofern dasselbe noch nicht rechtskräftig beendet ist, gestattet. Vgl. KompGH. in DJZ. 1910 S. 808 und OVG. Entsch. 30, 441.

Der Grundsatz, daß ein souveräner Staat der Gerichtsbarkeit eines anderen Staates nicht unterworfen ist, erleidet für das Gebiet privatrechtlicher Verhältnisse bestimmte Ausnahmen, insbesondere in solchen Fällen, in denen sich die Privatrechtsbeziehungen des ausländischen Staates direkt in den territorialen Hoheitsbereich des inländischen Staates erstrecken. Als derartige Ausnahmen sind zu bezeichnen die beiden Fälle der Realgerichtsbarkeit des inländischen Staates in bezug auf Grundbesitzungen des fremden Staates im Inlande, dann der Gerichtsbarkeit über den ausländischen Staat in seiner Stellung als Kläger und Widerbeklagter im Zivilprozesse vor inländischen Gerichten, welch letztere Ausnahme auf die Anschauung zurückzuführen ist, daß sich der ausländische Staat auf seine völkerrechtliche Exemtion überall da nicht mehr berufen könne, wo eine freiwillige Unterwerfung unter die inländische Gerichtsbarkeit vorliegt[2]).

Ob jene Unterwerfung ausdrücklich oder mittelst konkludenter Handlungen erfolgt, ist gleichgültig. Eine solche Unterwerfung wird bezüglich der vom Gegner erhobenen Widerklage anzunehmen sein, wenn der fremde Staat die Klage bei einem deutschen Gerichte erhoben hat (RG. 62, 165). Aus der Unterwerfung unter die Widerklage kann aber eine Unterwerfung unter die gerichtliche Zwangsvollstreckung nicht gefolgert werden, ohne daß eine hierauf gerichtete Erklärung oder Handlung des fremden Staates vorliegt (KompGH. in DJZ. 1910 S. 810).

1) Es genügt, wenn der Staatssekretär des auswärtigen Amtes die Erklärung des Kompetenzkonflikts „in Vertretung" zeichnet (KompGH. 25. Juni 1910, DJZ. 1910 S. 808). Vgl. auch Triepel, Völkerrecht und Landesrecht 1899 S. 438.

2) Es ist gleichgültig, ob der fremde Staat bei Eingehung des streitigen Rechtsverhältnisses in Ausübung der Staatsgewalt oder als privatrechtliche Persönlichkeit gehandelt hat (KompGH. u. DJZ. 1910 S. 810).

II. Die Frage der Pfändbarkeit von Eisenbahn-Waggons ꝛc. ist durch das Reichsgesetz vom 3. Mai 1886, betreffend die Unzulässigkeit der Pfändung von Eisenbahnfahrbetriebsmitteln (RGBl. S. 131) geregelt worden. Dasselbe lautet:

„Die Fahrbetriebsmittel der Eisenbahnen, welche Personen oder Güter im öffentlichen Verkehre befördern[1]), sind von der ersten Einstellung in den Betrieb bis zur endgültigen Ausscheidung aus den Beständen der Pfändung nicht unterworfen.

Durch diese Bestimmung werden dieselben im Falle des Konkursverfahrens von der Konkursmasse nicht ausgeschlossen.

Auf die Fahrbetriebsmittel ausländischer Eisenbahnen findet die Bestimmung des ersten Absatzes nur insoweit Anwendung, als die Gegenseitigkeit verbürgt ist[2])."

Abschnitt II.

Konkursverfahren.

§ 38.

Verfahren in Konkurssachen im und gegenüber dem Auslande[3]).

I. Auch für das Konkursverfahren[4]) kommen in bezug auf das Verhältnis zum Auslande zunächst die vom

1) Die in den Straßen angelegten Tram- und sonstigen Bahnen von ausschließlich lokaler Bedeutung sind hierunter nicht begriffen.

2) Die Gegenseitigkeit mit Österreich-Ungarn ist verbürgt laut Erklärung des Reichskanzlers vom 17. März 1887 (RGBl. S. 153). Vgl. hierzu Österr. Ges. vom 19. September 1886, die Unzulässigkeit der Pfändung von Fahrbetriebsmitteln fremder Eisenbahnen (ÖsterrRGBl. S. 399) und Verordn. des Justizministers vom 31. März 1887, die gegenseitigen Erklärungen betr. (ÖsterrRGBl. S. 181).

Die Ansicht von Gaupp-Stein zu § 811 ZPO., daß Abs. 3 des Gesetzes vom 3. Mai 1886 durch Art. 23 des Internat. Eisenbahnfrachtabkommens vom 14. Oktober 1890 (s. oben S. 163) gegenstandslos geworden sei, ist nicht zutreffend. Art. 23 Abs. 5 schützt, wie der Zusammenhang mit Abs. 4 ergibt, nur gegen Pfändungen auf Grund von Forderungen, welche aus dem internationalen Transporte herrühren. Vgl. auch Fleischmann, Völkerrechtsquellen S. 258 Anm.

3) Die vom Institut für internationales Recht aufgestellten Grundsätze über internationales Konkursrecht sind abegdruckt bei Böhm, Zeitschr. 4, 347. Über Kollision internationaler Rechtssätze im Konkurse s. Goldschmidt, Zeitschr. für Handelsrecht Bd. 20 (1875) S. 312 ff. und Bd. 60 S. 293, sowie über den Einfluß der Konkurseröffnung auf die Personalhaft mit Rücksicht auf Art. 24 des Haager Abkommens von 1905, s. Böhms Zeitschr. 13, 1. Vgl. endlich Meili, Lehrbuch des internationalen Konkursrechts Zürich 1909 und die Grundlagen einer internationalen Regelung des Konkursrechts Basel 1911.

4) Auch für die Rechtshilfepflicht in Konkurssachen gelten die Ausführungen in §§ 9—11. Maßgebend sind also die §§ 157 ff. GVG. Durch § 3 EGzKO. ist § 19 des Rechtshilfegesetzes vom 21. Juni 1869 (s. oben S. 67) aufgehoben; dieser hat jetzt nur noch Bedeutung für die Sondergerichte. Das Haager Abkommen von 1905 (s. oben S. 141) bezieht sich auch auf Konkurssachen. Vgl. Meili, Grundlagen S. 34. Die unmittelbare Postzustellung von der Schweiz nach dem Deutschen Reich ist, obwohl das schweizerische Schuldbetreibungs- und Konkursrecht die Möglichkeit von

Deutschen Reiche oder einzelnen Bundesstaaten mit auswärtigen Staaten abgeschlossenen Verträge in Betracht. Durch die Vorschriften der deutschen Konkursordnung vom 10. Februar 1877 bezw. 17. Mai 1898 (RGBl. S. 612)[1]) wurde in die bestehenden oder zukünftigen Staatsverträge mit ausländischen Staaten nicht einbegriffen[2]). Im übrigen gilt das Prinzip der Gleichstellung der Ausländer mit den Inländern[3]).

Nach internationalen Rechtsgrundsätzen ist der Konkurs da zu eröffnen, wo der Gemeinschuldner sein Domizil hat und zwar reicht hierzu das rein faktische zur Begründung des gewöhnlichen Forum domicilii genügende Domizil aus, ohne daß es, wenn etwa (wie in Frankreich) ein autorisiertes und nicht autorisiertes Domizil unterschieden wird, des ersteren bedarf. Auf die Staatsangehörigkeit des Gemeinschuldners kommt nichts an.

Wenn jemand ein mehrfaches Domizil hat, kann an jedem der Domizile ein Konkurs eröffnet werden.

Der Konkurs über eine Aktiengesellschaft ist nicht da zu eröffnen, wo dieselbe formell konstituiert ist, sondern da, wo sie reell den Mittelpunkt ihrer Geschäfte gehabt hat. v. Bar a. a. O. Bd. 2 S. 750 ff.

Es gilt weiter im allgemeinen der Grundsatz, daß das in einem Staate eröffnete Verfahren seine Wirkung auch auf das dem Gemeinschuldner gehörige Vermögen in einem anderen Staate äußere (RG. 6. Juli 1886, Entsch. 16, 61)[4]).

In letzterer Beziehung kommen insbesondere folgende internationalrechtliche Gesichtspunkte in Betracht: Die Handlungs-

---

Postzustellungen im Auslande vorsieht, nach Art. 1 und 4 Abs. 2 des Haager Übereinkommens unzulässig, weil die deutsche Gesetzgebung die Postzustellung nur für das Inland als zulässig erachtet (Verf. des bad. Justizministers vom 7. Juli 1903, Böhms Zeitschr. 13, 405).

1) S. hierzu EG. vom 10. Februar 1877 bezw. 17. Mai 1898 (RGBl. S. 612). Kleinfeller in Böhms Zeitschr. 13, 560 meint, der auf Grund der deutschen Konsulargerichtsbarkeit (vgl. § 19 des Konsulargerichtsbarkeitsgesetzes vom 7. April 1900 und § 3 des Schutzgebietsgesetzes) außerhalb der Reichsgrenzen ergehende Konkurseröffnungsbeschluß äußere im Reichsgebiete sowie in jedem deutschen Konsulargerichtsbezirk und Schutzgebiet dieselben Wirkungen, wie ein von einem deutschen Amtsgericht erlassener Eröffnungsbeschluß. Dies ist nur richtig, falls durch Kaiserl. Verordnung gemäß § 26 des Konsulargerichtsbarkeitsgesetzes das betreffende Gebiet als „Inland" erklärt ist.

2) Motive zur KO. S. 32 und RGZ. 24, 12. Vgl. auch Art. 56 EGzBGB. Näheres über einzelne Staatsverträge s. unten. Selbstverständlich sind die Verträge, welche einzelne Bundesstaaten untereinander geschlossen haben, durch die Reichsjustizgesetze bezw. die KO. aufgehoben und ersetzt.

3) Motive S. 31.

4) Vgl. Kleinfeller, Universalität der Wirkungen des Konkurseröffnungsbeschlusses, in Böhms Zeitschr. 13, 549 und Gramming, die Wirkungen des ausländischen Konkurses auf das Inland nach deutschem Reichsrecht, ebenda Bd. 5 Seite 344.

fähigkeit des Gemeinschuldners, die Fähigkeit, sein Vermögen zu verwalten, vor Gericht aufzutreten, die Legitimation des Konkursverwalters, der Umfang seiner Funktionen, die Fragen unter welchen materiellen Voraussetzungen und Formen das Verfahren zu eröffnen und zu beendigen, wann und wie zu liquidieren, zu präkludieren, zu klassifizieren, zu akkordieren[1]) ist, welchen Einfluß die Eröffnung des Verfahrens auf die Rechtsverhältnisse des Gemeinschuldners ausübt, richten sich nach dem Rechte des Konkursgerichtes. Nur bei dinglichen Rechten an den im Inlande befindlichen Vermögensstücken bestimmt sich die Verfolgung nach dem Rechte des Ortes der belegenen Sache. Wegen persönlicher Forderungen haben die inländischen Gläubiger des Ausländers ihre Befriedigung bei dem Konkursgericht des Auslandes nach dortigem Rechte zu suchen; inländisches Vermögen muß, falls der ausländische Konkurs das gesamte Vermögen des Gemeinschuldners umfaßt, zur ausländischen Konkursmasse gezogen werden. Das Gleiche ist von den ausländischen Gläubigern und dem ausländischen Vermögen eines Inländers zu behaupten. Doch bleibt immer das Vergeltungsrecht vorbehalten, wenn diese Grundsätze im Auslande nicht anerkannt werden, welches Vergeltungsrecht jedoch nur politischer Natur und nicht geeignet ist, den allgemeinen Rechtsgrundsatz zu beseitigen[2]).

Indem die deutsche Konkursordnung von den vorstehenden Gesichtspunkten[3]) und der darin ausgesprochenen Anerkennung ausländischer Konkurs- und Gläubigerrechte ausgeht, hat sie zugleich durch besondere Bestimmungen auf die inländischen Konkurse und Gläubiger Rücksicht genommen, in welcher Hinsicht folgendes gilt:

---

2) Die Frage, ob und unter welchen Voraussetzungen ein Zwangsvergleich angefochten werden könne, bemißt sich nach dem Gesetze des Konkursgerichtes, v. Bar S. 592. Über Rechtshilfe in Zwangsvergleichsfällen siehe Burian, Jur. Blätter 1887 S. 261.

1) Motive S. 457; vgl. auch v. Bar, Internat. Privatrecht 492 ff. Weitere Literatur für obige Prinzipien: v. Savigny, System usw. Bd. 8 S. 286; Foelix, Traité du droit internat. tom. I Nr. 119, tom. II Nr. 308, 468, 538; Story, commentaries of the conflicts of laws etc. §§ 335, 338 ff., 408; Entsch. des ROHG. 2, 67; 3, 68; 7, 24; 9, 7.

2) Diesem Prinzipe entsprechend hat das Reichsgericht in einem Urteil vom 6. Juli 1886 (Entsch. 16, 61) ausgesprochen, daß die im Auslande erfolgte Konkurserklärung zur Folge habe, daß der Gemeinschuldner auch in Deutschland als im Konkurszustande befindlich zu erachten ist, und daß demnach die Frage, welche Rechtshandlungen desselben als zur Benachteiligung der Gläubiger erfolgt zu betrachten sind, nach Konkursrecht zu beurteilen sei. Hierbei wurde zugleich hinsichtlich der Frage, ob ausländisches oder deutsches Konkursrecht maßgebend sei, oder aber ob die Anfechtung nach beiden Rechtssystemen begründet sein müsse, die Anwendung des deutschen Konkursrechtes als nicht rechtsirrtümlich bezeichnet. Für die Rangordnung der

1. In Bezug auf die Rechtsverhältnisse der Gläubiger bestimmt zunächst § 5 KO.:

„Ausländische Gläubiger stehen den inländischen gleich. Unter Zustimmung des Bundesrates kann durch Anordnung des Reichskanzlers bestimmt werden, daß gegen einen ausländischen Staat sowie dessen Angehörige und ihre Rechtsnachfolger ein Vergeltungsrecht zur Anwendung gebracht werde.“

Abs. 1 des § 5 KO. spricht aus, daß der Ausländer wegen seiner Nationalität nicht ungünstigeren oder anderen Regeln unterworfen sein soll, als der Inländer, und zwar sowohl in Bezug auf das materielle Konkursrecht, als auch hinsichtlich des formellen Verfahrens. Die Grundsätze über die Anwendbarkeit und Kollision örtlicher Rechte (Statutenkollision) werden jedoch hiervon nicht berührt[1]).

Abs. 2 enthält eine Ausnahme von dem Prinzip des Abs. 1 für den Fall, daß deutsche Staatsbürger im ausländischen Staate schlechter gestellt sind als die dortigen. Die Anordnung des Vergeltungsrechtes (Retorsion) soll nach der Begründung des Gesetzentwurfes eine allgemeine sein, wird in der Regel alle Angehörigen eines fremden Staates treffen müssen, kann aber auch, sei es unbedingt, sei es mit gewissen Voraussetzungen, auf die Rechtsnachfolger sich erstrecken[2]).

2. Wird im Auslande[3]) über das Vermögen einer Person der Konkurs eröffnet, so ist nach obigem der Konkursordnung

---

im Konkurse angemeldeten Forderungen sind bei Kollision der Gesetze die am Orte des Konkursgerichtes geltenden Rechtsnormen maßgebend; hierbei wird jedoch vorausgesetzt, daß ein in Anspruch genommenes Vorzugsrecht bereits vor Ausbruch des Konkurses nach dem Rechte der belegenen Sache oder — unter Umständen — nach dem Rechte des Domizils bestand; Urteil des RG. vom 20. Oktober 1882 (Entsch. 8, 110).

Auf dem Standpunkte der Territorialität stehen die Urteile des Reichsgerichtes (Entsch. 14, 409; 52, 156).

1) „Gläubiger“ sind nicht bloß „Konkursgläubiger“.

2) Motive S. 32. Die Anwendung der Retorsion unterliegt also nicht der Entscheidung des Richters, sondern ist ein Akt der Staatsgewalt. Zurzeit sind dergleichen spezielle Retorsionsanordnungen noch nicht veröffentlicht.

Unter Rechtsnachfolgern sind nicht nur Singularsukzessoren, sondern auch Universalsukzessoren zu verstehen; and. Mein. v. Völderndorff S. 120. Der wechselrechtliche Erwerb eines Gläubigerrechtes ist auch im Falle des normalen Indossaments als Rechtsnachfolge anzusehen (Jäger, KO. 2. Aufl. S. 58). Maßgebend ist der Zeitpunkt der Konkurseröffnung. Auch die Forderung eines Inländers wird betroffen, wenn sie zur Umgehung des Gesetzes von einem Ausländer erworben ist.

3) Der durch Zwangsvollstreckung im Auslande erlangte Betrag ist nicht zur inländischen Konkursmasse abzuliefern und auch nicht auf die Zwangsvergleichsdividende im inländischen Konkurse anzurechnen sofern das Beigetreiben den ungetilgten Rest der Forderung nicht übersteigt (BayerObLG. 17. Februar 1908, Recht 12, Nr. 1260, SeuffA. 63, 302). Vgl. auch RGZ. 54, 198.

zugrunde liegenden internationalen Rechtsprinzipe[1]) der ausländische Konkursverwalter an sich befugt, zur dortigen Konkursmasse das im Inlande befindliche Vermögen des Gemeinschuldners, soweit es noch nicht von der inländischen Zwangsvollstreckung ergriffen oder durch eine inländische Konkurseröffnung beschlagnahmt ist, bezw. den nach Durchführung der inländischen Vollstreckung verbleibenden Überrest zu ziehen[2]), ohne daß eine Auslieferung desselben in das Ausland seitens der inländischen Behörden beschränkt werden darf (vgl. RG. 28. Februar 1899, Böhms Zeitschr. Bd. 10 S. 60)[3]). Eine Beschränkung dieses Grundsatzes enthält jedoch § 237 KO.[4]), der die Zwangsvollstreckung in solches inländische Vermögen für zulässig erklärt[5]), zugleich aber auch anordnet, daß Ausnahmen von dieser Bestimmung unter Zustimmung des Bundesrats vom Reichskanzler getroffen werden können.

Ob der Schuldner ein Inländer oder ein Ausländer ist, begründet für die Anwendung des § 237 keinen Unterschied. Ebenso ist das Recht der Zwangsvollstreckung sowohl Ausländern als Inländern gewährt und zwar wegen aller Forderungen an den Schuldner, mögen dieselben schon zur Zeit der Konkurseröffnung vorhanden gewesen oder erst später erstanden sein[6]). Zu dem im Inlande befindlichen Vermögen des Schuldners ist jedoch dasjenige, welches die ausländische Konkursverwaltung während des Konkurses an Vermögen erwirbt, nicht zu rechnen[7]).

---

1) Umgekehrt gehört, soweit nicht ein Partikularkonkurs nach § 238 KO. vorliegt, auch das im Auslande befindliche Vermögen des Gemeinschuldners nach §§ 1, 50, 56 u. 238 KO. zur Soll-Masse des deutschen Konkurses (RG. 28. März 1903, JW. S. 182). — Nach OLG. Dresden (Urteil vom 16. Mai 1900, Böhms Zeitschr. 12, 451) ist der in einem ausländischen (österreichischen) Konkurse bestellte Verwalter befugt, gegen den von einem deutschen Gerichte erlassenen Arrestbefehl Widerspruch zu erheben. And. Ans. OLG. Karlsruhe 2. Juli 1909, Böhms Zeitschr. 1909 S. 523.

2) Den ausländischen Konkursgerichten ist also insoweit Rechtshilfe zu leisten.

3) Es genügt aber nicht der ausländische Eröffnungsbeschluß, vielmehr wird diese Entscheidung erst in Deutschland für vollstreckbar erklärt werden müssen. Der Verwalter eines ausländischen Konkurses kann über inländische Forderungen des Gemeinschuldners verfügen (RG. 6. April 1910, SeuffA. 65 Nr. 228).

4) Der Staatsvertrag zwischen Baden und der schweizerischen Eidgenossenschaft betr. die Gleichstellung der beiderseitigen Staatsbürger in Konkursfällen vom 7. Juli 1808 ist aufgehoben (Bek. vom 29. Juli 1902, bad. Ges.- u. VBl. Nr. 24 S. 198). Vgl. auch Böhms Zeitschr. 13, 489.

5) Diese auf dem gegen Ausländer nach § 23 ZPO. zugelassenen allgemeinen Gerichtsstande des Vermögens beruhende und zum Schutze der inländischen Gläubiger erlassene Bestimmung enthält eine Ausnahme von der Regel des § 14 KO., wonach während der Dauer des Konkurses Zwangsvollstreckungen zugunsten einzelner Gläubiger in das Vermögen des Schuldners nicht stattfinden sollen. Vgl. auch ROHG. Entschl. Bd. 2 S. 67 und Bd. 12 S. 145.

6) RGZ. Bd. 14 S. 405, 412 ff. u. 425.

7) RG. vom 28. März 1882 (Bd. 6 S. 400, Annalen Bd. 5 S. 448), vom 13. Jan. 1885 (Bd. 13 S. 54) u. RGZ. Bd. 14 S. 424; v. Wilmowski S. 612.

Auch Klagen (OLG. Hamburg, R. d. OLG. 19, 53) und Arreste gegen Schuldner, über welche bereits im Auslande Konkurs eröffnet ist, sind behufs demnächstiger Zwangsvollstreckung nach § 237 zulässig, da § 14 KO. sich nur auf inländische Arreste bezieht. Das gilt sogar, wenn die Forderung in dem ausländischen Konkurse angemeldet ist (OLG. Hamburg vom 14. Juli 1906, HansGZ. 1907 S. 136). In solchen Prozessen kann der Gemeinschuldner sich selbst vertreten, doch ist es auch zulässig, Anträge bezw. Klagen gegen den ausländischen Konkursverwalter (z. B. den englischen trustee of the property) als Vertreter des Schuldners zu richten[1]). (Vgl. RG. 11. Dezember 1884, Seuff Arch. N.F. Bd. 11 Nr. 164.)

Für die Fortsetzung eines Prozesses ist der im Auslande eröffnete Konkurs einer Prozeßpartei auch bedeutungslos (RG. 28. September 1885 und 5. März 1903, Entsch. Bd. 16 S. 337 und JW. 1903 S. 182). Der im ausländischen Konkursverfahren abgeschlossene Zwangsvergleich, welcher nach dem ausländischen Rechte den Untergang der Forderung zur Folge hat, hat diese Folge nicht für das Inland, und zwar auch dann nicht, wenn der inländische Gläubiger bei Abschluß des Zwangsvergleiches mitgewirkt und ihm zugestimmt hat (RG. 11. Juli 1902, Entsch. i. ZS. 52, 155; a. M. v. Bar II, 488). Der Akkord ist überhaupt für die aus dem inländischen Vermögen ihres Schuldners Befriedigung suchenden Gläubiger ohne Wirkung (RGZ. Bd. 21 S. 9). Die Klage gegen im Inlande Wohnhafte, über deren Vermögen im Auslande Konkurs eröffnet ist, hat nicht zur Voraussetzung, daß der Beklagte im Inlande pfändbares Vermögen besitzt (OLG. Hamburg vom 4. März 1903, R. d. OLGR. Bd. 6 S. 240). Vgl. auch zit. RG. vom 11. Dezember 1884.

Auf ein im Auslande eröffnetes Konkursverfahren kann eine Anfechtung aus §§ 29 ff. KO. nur insoweit gegründet werden, als eine derartige Anfechtung durch das ausländische Recht zugelassen wird (OLG. Kolmar vom 28. September 1904, Rechte S. 556).

Die Anordnung von Retorsionsmaßregeln anlangend, so sollen, wie im Falle des § 5 KO. (s. oben), solche nicht für einzelne konkrete Fälle, sondern allgemein bestimmten Staaten gegen-

---

1) Näheres hierüber s. v. Wilmowski S. 612; RGE. Bd. 6 S. 612; vgl. aber RGZ. Bd. 14 S. 412, wo ausgeführt wird, daß nur gegen den Gemeinschuldner die Klage zu richten sei. Bei Aktiengesellschaften usw. ist der Verwalter allein legitimiert (RG. 14, 418).

über geltende sein. Der Weg, durch gegenseitige Verträge Rechtshilfe zu schaffen, ist auch hier nicht ausgeschlossen und sind die desfallsigen Staatsverträge zunächst maßgebend.

3. Eine Ausnahme von dem internationalen Rechtsprinzipe, wonach über einen Schuldner, der seinen allgemeinen Gerichtsstand in Deutschland nicht hat, im Inlande ein selbständiger Konkurs nicht eröffnet werden kann, enthält § 238 KO., welcher gegen einen Schuldner (Inländer oder Ausländer) ein Konkursverfahren im Inlande zuläßt, wenn derselbe hier eine gewerbliche Niederlassung hat oder ein landwirtschaftliches Gut selbständig bewirtschaftet.

§ 238 KO. [1]) lautet:

„Das Konkursverfahren umfaßt nur das im Inlande befindliche Vermögen, wenn der Schuldner im Deutschen Reiche eine gewerbliche Niederlassung, aber keinen allgemeinen Gerichtsstand hat.

Hat ein Schuldner im Deutschen Reiche weder eine gewerbliche Niederlassung noch einen allgemeinen Gerichtsstand, so findet ein Konkursverfahren über das im Inlande befindliche Vermögen des Schuldners statt, wenn er im Inlande ein mit Wohn- und Wirtschaftsgebäuden versehenes Gut als Eigentümer, Nutznießer oder Pächter bewirtschaftet.

Für das Verfahren ist das Amtsgericht ausschließlich zuständig, in dessen Bezirke das Gut sich befindet[2]).

Ist im Auslande ein Konkursverfahren eröffnet, so bedarf es nicht des Nachweises der Zahlungsunfähigkeit zur Eröffnung des inländischen Verfahrens.“

Auch für die Anwendung dieses Paragraphen ist es gleichgültig, ob der Schuldner Ausländer oder Inländer ist[3]). Die

---

1) Der § 238 KO. setzt nicht voraus, daß im Auslande Konkurs eröffnet ist. — Ist auch ein ausländischer Konkurs eröffnet (ob dies der Fall, ist nach ausländischem Rechte zu beurteilen), so bestehen beide selbständig nebeneinander. Jeder Konkurs ergreift das in dem betreffenden Lande befindliche Vermögen. Der Gläubiger des Auslandskonkurses ist auch im Inlande anmeldeberechtigt, muß sich aber die Dividende des Auslandskonkurses abziehen lassen. Vgl. Meyer, Komm. zur KO. S. 341.

2) Im allgemeinen ist für das Konkursverfahren dasjenige Amtsgericht ausschließlich zuständig, bei welchem der Gemeinschuldner seinen allgemeinen Gerichtsstand hat. Sind mehrere Gerichte zuständig, so schließt dasjenige, bei welchem zuerst die Eröffnung des Verfahrens beantragt worden ist, die übrigen aus (§ 71 KO.).

Für das Konkursverfahren über einen Nachlaß ist das Amtsgericht ausschließlich zuständig, bei welchem der Erblasser zur Zeit seines Todes den allgemeinen Gerichtsstand gehabt hat (§ 214 KO.).

3) Von der Ausnahmsbestimmung des § 238 sind, falls nicht eine Kaiserliche Verordnung auf Grund des § 26 des Konsulargerichtsbarkeitsgesetzes das betreffende Gebiet für „Inland“ erklärt, auch die Reichsangehörigen und Schutzgenossen getroffen, welche in einem deutschen Konsulargerichtsbezirke wohnen oder sich aufhalten und

Anwendbarkeit des § 238 KO. kann durch Staatsverträge ausgeschlossen werden.

Der nach § 238 Abs. 1 und 2 KO. eröffnete Konkurs umfaßt alles im Inlande befindliche Vermögen des Schuldners, ohne Rücksicht darauf, ob es in Beziehung zur Niederlassung oder zum Gute steht (RG. 14. Oktober 1887; Bolze V, Nr. 1413). Das Verfahren ist auch nicht auf die Forderungen beschränkt, welche den Geschäftsbetrieb der Niederlassung oder die Bewirtschaftung des Gutes betreffen, sondern erstreckt sich auf alle Forderungen inländischer und ausländischer Gläubiger[1]).

Als Ort, wo sich das Vermögen befindet, gilt bei Forderungen der Wohnsitz des Schuldners, und wenn für die Forderung eine Sache zur Sicherheit haftet, auch der Ort, wo sich die Sache befindet[2]).

Eine gewerbliche Niederlassung hat der Schuldner da, wo sich Einrichtungen zum Betriebe seiner Fabrik, seines Handelsgeschäftes oder eines anderen Gewerbes befinden.

Da § 238 nur Niederlassungen im Auge hat, von welchen aus unmittelbar Geschäfte geschlossen werden[3]), erscheinen solche ausgenommen, welche nur zur Ausführung (Fabrikation, Absendung) dienen, oder welche nur die Vermittelung von Geschäftsabschlüssen für die ausländische Hauptniederlassung (Agenturen) zum Gegenstande haben[4]).

Das landwirtschaftlichen Zwecken dienende Gut muß mit Wohn- und Wirtschaftsgebäuden (also nicht bloß mit Wohngebäuden oder mit Wirtschaftsgebäuden) versehen sein und vom Schuldner als Eigentümer, Pächter, Afterpächter oder Nutznießer entweder persönlich oder durch einen Vertreter auf eigene

---

über welche daher der Konsul den Konkurs eröffnen kann, da durch die Unterwerfung unter die Konsulargerichtsbarkeit der Schuldner noch keinen Gerichtsstand im Deutschen Reiche hat und die praktischen Verkehrsrücksichten bei der Entfernung des Konsuls von dem Orte der Niederlassung, bezw. des Gutes eine Abweichung von der aus dem Wortlaute sich ergebenden Anwendung des § 238 nicht wünschenswert erscheinen lassen; v. Wilmowski S. 614. Dasselbe gilt gemäß § 3 des Schutzgebietsgesetzes von den deutschen Schutzgebieten. Vgl. Busch, Zeitschr. 14, 207.

1) Motive S. 458 ff. Der ausländische Konkursverwalter kann das im Inlande befindliche Vermögen nicht zu dem ausländischen Konkurse ziehen.

2) § 23 ZPO.

3) Eine Geschäftsverbindung zwischen ihr und dem inländischen Gläubiger braucht aber nicht zu bestehen.

4) RGZ. Bd. 30 S. 372, JW. 1894 S. 421. Für die Anwendung des § 238 ist jedoch gleichgültig, ob der Schuldner die Niederlassung als Eigentümer, Nutznießer oder Pächter hat, ob er den Betrieb selbst ausübt oder durch Vertreter ausüben läßt; er muß jedoch die Niederlassung zum Betriebe für sich haben und nicht bloß als Verwalter für einen anderen Fabrik, Handlung oder Gewerbe betreiben.

Rechnung bewirtschaftet werden. Deshalb fällt die Verpachtung des eigenen Gutes oder die Gutsverwaltung für einen anderen nicht darunter.

Befinden sich mehrere derartige Niederlassungen oder Wirtschaftsbetriebe desselben Inhabers im Inlande, so kann nur ein Konkurs eröffnet werden.

Es entscheidet die Priorität nach § 71 Abs. 2 KO.

4. In Bezug auf das Verhältnis zum Auslande enthält die deutsche Konkursordnung hinsichtlich der Absonderung (Separation) von Gegenständen aus der Konkursmasse und der Aufrechnung (Kompensation) von Forderungen folgende spezielle Bestimmungen:

Wer nach der Eröffnung des Konkursverfahrens oder mit Kenntnis des Eröffnungsantrages oder der Zahlungseinstellung eine Konkursforderung dem im Auslande wohnenden Inhaber eines zur Konkursmasse gehörigen Gegenstandes oder in der Absicht, daß dieser die Forderung erwerbe, einer Mittelsperson abtritt[1]), ist verpflichtet, zur Konkursmasse den Betrag zu ersetzen, welcher derselben dadurch entgeht, daß der Inhaber für die Forderung nach dem Rechte des Auslandes entgegen den Bestimmungen der KO. ein Absonderungsrecht an dem Gegenstande ausübt. Die Vorschrift des § 33 KO.[2]) findet entsprechende Anwendung (KO. § 50).

Vorstehende Bestimmung findet gleichmäßig Anwendung auf den Fall, daß ein im Auslande wohnender Schuldner nach dem Rechte des Auslandes eine nach § 55 KO. unzulässige Aufrechnung[3]) mit der ihm abgetretenen Konkursforderung vornimmt (KO. § 56).

---

1) Der Begriff „Abtretung" umfaßt auch die Indossierung und die Übertragung eines Inhaberpapieres.

2) Nach § 33 KO. können Rechtshandlungen, welche früher als sechs Monate vor der Eröffnung des Verfahrens erfolgt sind, aus dem Grunde einer Kenntnis der Zahlungseinstellung nicht angefochten werden. Ist also die Abtretung früher als sechs Monate vor der Eröffnung des Konkursverfahrens erfolgt, so ist der Ersatzanspruch nicht gegeben.

3) Unzulässig ist nach § 55 KO. eine Aufrechnung im Konkursverfahren:

1. wenn jemand vor oder nach der Eröffnung des Verfahrens eine Forderung an den Gemeinschuldner erworben hat und nach der Eröffnung etwas zur Masse schuldig geworden ist;
2. wenn jemand dem Gemeinschuldner vor der Eröffnung des Verfahrens etwas schuldig war und nach derselben eine Forderung an den Gemeinschuldner erworben hat, auch wenn diese Forderung vor der Eröffnung für einen anderen Gläubiger entstanden war;
3. wenn jemand vor der Eröffnung des Verfahrens dem Gemeinschuldner etwas schuldig war und eine Forderung an den Gemeinschuldner durch ein Rechtsgeschäft mit demselben oder durch Rechtsabtretung oder Befriedigung eines

Die Bestimmung des § 50 legt die Verpflichtung zum Schadensersatz demjenigen Konkursgläubiger auf, welcher trotz Kenntnis der Zahlungseinstellung oder des Antrages auf Konkurseröffnung, oder welcher nach der Eröffnung des Konkursverfahrens die Konkursforderung dem im Auslande wohnenden Inhaber abgetreten und dadurch die Ausübung eines nach der Konkursordnung unzulässigen Absonderungsanspruches herbeigeführt hat, und zwar nicht bloß demjenigen, welcher die Forderung unmittelbar auf den Ausländer übertrug, sondern auch dem, welcher in der Absicht, daß sie dieser erwarb, die Forderung einer Mittelsperson übertrug. Sind bei solchen Zwischenoperationen mehrere ersatzpflichtig, so haftet jeder solidarisch[1]).

Die Ansprüche auf Schadensersatz können nur vom Konkursverwalter (nicht etwa auch von dem Gemeinschuldner), nicht auch von den Mitgläubigern geltend gemacht werden[2]).

Die Vorschrift des § 56 KO. richtet sich gegen mögliche Umgehung des § 55 durch Aufkauf einer Konkursforderung seitens eines im Auslande wohnenden oder dort zu verfolgenden Schuldners.

5. Wie für ähnliche Fälle in der ZPO. bestimmt ist, kann auch im Konkursverfahren die Ladung und bezw. Anhörung des Gemeinschuldners unterbleiben, wenn solche eine öffentliche Zustellung oder eine Zustellung im Auslande erfordert; in diesem Falle ist jedoch, soweit tunlich, ein Vertreter oder Angehöriger des Schuldners zu hören (§ 105 Abs. 3 KO.)[3]).

Gläubigers erworben hat, falls ihm zur Zeit des Erwerbes bekannt war, daß der Gemeinschuldner seine Zahlungen eingestellt hatte, oder daß die Eröffnung des Verfahrens beantragt war. Die Vorschrift des § 33 KO. findet entsprechende Anwendung.

Die Aufrechnung ist zulässig, wenn der Erwerber zur Übernahme der Forderung oder zur Befriedigung des Gläubigers verpflichtet war und zu der Zeit, als er die Verpflichtung einging, weder von der Zahlungseinstellung noch von dem Eröffnungsantrage Kenntnis hatte.

1) Motive S. 220 ff.

2) Der Schadensersatzanspruch bildet die Differenz zwischen der Summe, welche der Zessionar im Auslande aus dem Absonderungsobjekte löst, und der Dividende, welche im Inlande auf die Forderung des Zedenten gefallen wäre. Diese Differenz läßt sich erst am Ende der Verteilung finden. Deshalb wird in der Weise zu verfahren sein, daß zunächst der ganze Wert des durch die Ausübung des Absonderungsrechtes der Masse entzogenen Gegenstandes zurückerstattet, verlangt wird, während der Zedent mit seiner ursprünglichen, als Konkursforderung geltend zu machenden Forderung an den Verteilungen partizipiert.

3) Die Bezeichnung „Endurteil" in § 146 Abs. 6 KO. ist auf Endurteile ausländischer Gerichte nicht mitzubeziehen. Vgl. hierzu den Aufsatz von Dr. Borchardt, die ausländische Judikatforderung im deutschen Konkurse in Gruch. Beitr. 33, 612 ff.

II. Von besonderen Bestimmungen aus Staatsverträgen des Deutschen Reiches bezw. der Bundesstaaten[1]) mit auswärtigen Staaten sind anzuführen:

a) Vertrag[2]) Preußens mit Österreich vom 12. Mai und 16. Juni 1844 (GS. S. 165): Im Falle der Konkurseröffnung in dem einen Staate über das Vermögen eines dem anderen Staate angehörigen Schuldners ist das in diesen letzteren befindliche bewegliche Vermögen an das Konkursgericht auszuantworten, falls der Gemeinschuldner nicht daselbst Immobiliarbesitz hatte. Die Ausantwortung erfolgt auch, wenn auf das Vermögen oder einen Teil desselben bereits Verbot (Arrest) gelegt ist. Pfand- und Retentionsrechte bleiben aufrecht. Der Gläubiger ist vor vollständiger Befriedigung zur Herausgabe nicht verpflichtet. Besitzt der Kridar im Inlande unbewegliches Vermögen, so erfolgt keine Auslieferung des Vermögens, vielmehr ist über sein gesamtes im Inlande befindliches bewegliches und unbewegliches Vermögen ein abgesonderter Konkurs zu eröffnen. Die den anderen Staaten angehörigen Gläubiger werden den inländischen vollkommen gleichgehalten. Das Abkommen erstreckt sich nicht auf Ungarn[3]) und Siebenbürgen sowie auf die preußische Rheinprovinz.

Nach der Verfügung des ungarischen Justizministers vom 22. Juli 1890 (s. Jettel S. 204) hat die Hinausgabe von beweglichen Konkursvermögen auf Requisition deutscher Gerichte nicht zu erfolgen, da Gegenseitigkeit nicht verbürgt sei. In einer früheren Verfügung vom 1. Mai 1875 Nr. 3824 RT. 34 war bezüglich der preußischen Gerichte das Gegenteil angeordnet. Vgl. Böhm, Zeitschr. 3, 359.

b) Für den Verkehr zwischen Sachsen und Österreich gilt nach dem Übereinkommen[4]) vom 6. Januar 1854 folgendes:

---

1) Vgl. Bloch S. 462. Kleinfeller in Böhms Zeitschr. 13, 556 hält die Verträge der Gliedstaaten für aufgehoben, weil ein solcher Staatsvertrag staatsrechtlich keine stärkere Wirkung als ein Landesgesetz haben könne und folglich dem Grundsatz in Art. 2 der Reichsverfassung mit dem EGzKO. § 4 unterliege. Vgl. dagegen RGZ. Bd. 3 S. 327 und Bd. 24 S. 12 ff.

2) Vgl. Note des auswärtigen Amtes vom 8. Dezember 1890 (Böhms Zeitschr. 13, 555). Nach dem Urteile des Obersten Gerichtshofes zu Wien vom 30. Oktober 1901 (Böhms Zeitschr. 11, 473) steht das Ansuchen eines preußischen Gerichtes (Amtsgericht Kassel) um Anordnung vorläufiger Sicherungsmaßregeln und die verfügte Sicherung und Inventierung des Vermögens einem Begehren um Ausfolgerung des Vermögens im Sinne des Vertrages nicht gleich. Vgl. ferner auch Urteil des Obersten österreich. Gerichtshofes vom 29. April 1903, Böhms Zeitschr. 13, 457.

3) Vgl. das ungarische Konkursgesetz von 1881 § 71 bei Meili, Grundlagen S. 18. Die Konkursordnung für Leuchtenstein von 1909 (Meili, ebenda S. 18) gewährt Ausländern gleiches Recht.

4) Dasselbe ist noch gültig (RG. 1. Juli 1889, Entsch. in Zivils. Bd. 24 S. 12). Vgl. auch Böhms Zeitschr. Bd. 1 S. 56, 215, 520, 703 u. Bd. 2 S. 218.

Zur Konkurseröffnung ist der Gerichtsstand des Vermögens zuständig; im Falle eines mehrfachen Wohnsitzes entscheidet die Prävention. Das im anderen Staate gelegene Vermögen ist dem Konkursgerichte auszufolgen, ein Nachlaß erst nach Befriedigung der Erbschaftsgläubiger. Eigentums-, Pfand- und Retentionsrechte bleiben unberührt; nach Befriedigung dieser Gläubiger wird der Überrest des Erlöses abgeliefert. Über unbewegliches Vermögen wird ein abgesonderter Konkurs eröffnet, der etwaige Überschuß an die Konkursmasse abgegeben. Dasselbe gilt von Bergwerken und Schiffen (Erlaß des österr. Justizministers vom 2. März 1854, RGBl. Nr. 54). Das mit diesem Erlasse kundgemachte Übereinkommen besteht auch jetzt noch in Kraft (Urteil des obersten österreich. Gerichtshofes vom 26. Mai 1891 bei Jettel S. 205). Rücksichtlich der Konkurseröffnung über das Vermögen der exponierten Eisenbahnbeamten durch die heimatlichen Gerichte siehe die Eisenbahnanschlußkonvention bei Jettel S. 205.

c) Für das Verhältnis Württembergs zu Österreich ist die gegenseitige Beobachtung des Grundsatzes der Universalität des Konkurses mit Ausnahme des unbeweglichen Vermögens und mit Vorbehalt bestehender Pfand- oder Retentionsrechte festgestellt (Erlaß des österreich. Justizministers vom 21. März 1867 bei Jettel S. 205).

d) Vertrag Württembergs mit der Schweiz (mit Ausnahme der Kantone Neuenburg und Schwyz) vom 13. Mai 1826 (WürttRegBl. 1826 S. 250 und 1860 S. 3). Über die Auslegung desselben vgl. OLG. Stuttgart vom 30. Dezember 1897 (Jahrb. der Württ. Rechtspfl. 12, 232 und Böhms Zeitschr. 10, 375)[1]).

e) Der Vertrag zwischen Baden und der Schweiz vom 20. Juni 1808 über gegenseitiges Konkursrecht ist aufgehoben (Ministerielle Bekanntmachung vom 29. Juli 1902, BadGVBl. 1902 S. 198).

f) Art. 14 des Freundschafts-, Handels- und Schiffahrtsvertrages mit Persien vom 11. Juni 1873 (RGBl. S. 351 ff.).

---

1) Meili, Grundlagen 1911 S. 3 hält die Verträge Bayerns von 1834 und Sachsens von 1834 noch für gültig. — Die schweizerischen Behörden stehen entsprechend der Entscheidung des Bundesrates vom 6. Dezember 1892 auf dem Standpunkt, daß eine Konkurseröffnung das außerhalb des betreffenden Landes befindliche Vermögen nur dann umfaßt, falls Staatsverträge dies bestimmen. Vgl. Bloch Seite 865.

g) Nach Art. 11 Abs. 3 Nr. 5 des Konsularvertrages mit Italien (s. § 11 oben) sind in Sterbefällen die Konsuln des Teiles, welchem der Erblasser angehört, befugt, in den öffentlichen Blättern des Ortes, erforderlichenfalls auch der Heimat des Erblassers den Todesfall bekannt zu machen und die etwaigen Nachlaßgläubiger aufzufordern, innerhalb der in den Landesgesetzen vorgeschriebenen Frist ihre Forderungen anzumelden und zu bescheinigen.

Wenn sich Erbschaftsgläubiger melden, so sind sie, wenn genügende Mittel vorhanden sind, innerhalb 14 Tagen nach Vollendung des Inventars zu befriedigen. Sind keine Mittel vorhanden, so findet die Befriedigung nach dem in geeignetster Weise herbeizuführenden Eingange derselben statt.

Wenn die beiderseitigen Konsuln die Bezahlung der Nachlaßschulden wegen angeblicher Insuffizienz des Nachlasses ganz oder teilweise verweigern[1]), so können die Gläubiger, wenn sie es für vorteilhaft halten, bei dem kompetenten Lokalgerichte auf Befriedigung klagen, bezw. bei der zuständigen Behörde den Antrag stellen, den Konkurs zu eröffnen.

Sobald die Konkurseröffnung in der in beiden Ländern gesetzlich vorgeschriebenen Weise erfolgt ist, müssen die Konsuln oder Vizekonsuln dem Gericht, bezw. den Syndizis (Verwaltern) alle zum Nachlaß gehörigen Dokumente, Effekten und Werte sofort ausfolgen, wobei den gedachten Konsularbeamten obliegt, das Interesse der abwesenden, minderjährigen oder handlungsunfähigen Erben wahrzunehmen.

h) Ähnliche Bestimmungen enthält die Konsularkonvention mit Spanien (s. § 11) in Art. 11 Abs. 2 Nr. 5.

i) Laut Art. 7 der Hinterlassenschafts-Konvention mit Rußland (s. § 11) sind für den Fall, daß der Bestand des Nachlasses zur unverkürzten Bezahlung der Schulden nicht ausreicht, auf Antrag der Gläubiger alle zum Nachlaß gehörigen Dokumente, Effekten oder Wertgegenstände der zuständigen Lokalbehörde auszuliefern[2]), wobei es die Aufgabe der Kon-

1) Wenn der Konsul die Insuffizienz des Nachlasses selbst anerkennt, hat zweckmäßig dessen Tätigkeit aufzuhören und die Regulierung an die Gerichte zu gehen, so zwar, daß dieser Übergang nicht erst von einem Antrage der Gläubiger oder einem Beschlusse des Gerichtes auf Konkurseröffnung abhängig zu machen ist; Verhandl. des Reichst. des Nordd. Bundes 1869 I S. 38.

2) Hiermit ist die Zuständigkeit der Landesgerichte zur Eröffnung des Konkurses über den zur unverkürzten Bezahlung der Schulden nicht ausreichenden Mobiliarnachlaß ausgesprochen. Es folgt indes aus allgemeinen Grundsätzen, daß der eventuelle Angriff auf Immobilien nach Art. 10 der Konvention vor dem judex rei sitae und nach den desfallsigen Landesgesetzen nicht ausgeschlossen ist.

Über den Gläubigereid nach der finnischen Konkursordnung vom 9. November 1868 siehe BayerJMBl. 1885 S. 95 ff. und oben S. 111.

sularbehörde bleibt, die Interessen ihrer Landesangehörigen wahrzunehmen.

k) Gleiche Bestimmung findet sich in den Konsularverträgen mit Griechenland Art. XX Abs. 2, mit Serbien Art. XVI Abs. 2 und mit Japan Art. XIV f. Vgl. oben § 11. In diesen Verträgen ist auch ausdrücklich festgesetzt, daß im Falle der Unzureichendheit des Nachlasses die Gläubiger, sofern die Gesetze des Landes dieses gestatten, bei der zuständigen Ortsbehörde die Eröffnung des Konkurses beantragen können.

III. In Holland[1]) wird die Konkurseröffnung im deutschen Reiche nicht anerkannt. Der deutsche Konkursverwalter ist also dort zu Prozessen nicht legitimiert (Rechtsbank Amsterdam vom 1. März 1901, Böhms Zeitschr. Bd. 13 S. 603). Vgl. auch Leske III, 424 und Böhms Zeitschr. 7 S. 14.

Ein in Luxemburg zustande gekommener Zwangsvergleich äußert keine Wirkung auf das in Deutschland befindliche Vermögen des Gemeinschuldners (OLG. Kolmar vom 31. März 1908, LeipzZ. 2, 475).

In Frankreich gilt dasselbe (Pariser Appellhof 14. November 1901, Böhms Zeitschr. 12, 622). Vgl. auch Böhms, Zeitschr. 10, 299. Desgleichen in Italien (Böhms, Zeitschr. 2, 445). Der Art. 685 des italienischen Handelsgesetzbuches hat nur Wirksamkeit für die im Königreiche befindlichen Gesellschaften. Ein ausländisches Konkursurteil erlangt in Italien erst nach Durchführung des sog. Delibationsverfahrens Vollstreckungskraft. Vgl. auch Böhms, Zeitschr. 2, 441.

In Schweden wird ein ausländischer Konkurs, insbesondere ein Zwangsvergleich, nicht anerkannt (Urteil des obersten Gerichtshofes zu Stockholm vom 30. März 1900 in Böhms Zeitschr. 12, 631).

Desgl. in Frankreich (Urteil des Kassationshofes vom 21. Juli 1903, Böhms Zeitschr. 14, 497), wo ausgeführt wird, daß die Praxis zu verwerfen sei, wonach der Akkord die ihm zustimmenden Gläubiger wegen des hierin liegenden Vertrages auch international wirksam binde.

In Belgien wird nach der Entscheidung des belgischen Kassationshofes vom 23. Januar 1889 die sog. Universalität des Konkurses anerkannt (vgl. Clunet 1900 S. 1012 Note). Der Verwalter eines ausländischen Konkurses ist deshalb in Belgien zur Verfolgung der Rechte der Konkursgläubiger allein

1) RGZ. 54, 193. Vgl. Levy, Die internationalrechtl. Bestimmungen des niederländischen Konkursgesetzes vom 6. September 1895 in Böhms Zeitschr. 7, 13.

legitimiert. Ausländische Konkursprivilegien, welche dem belgischen Recht unbekannt sind, finden dort keine Anerkennung. Die Vorschriften der Art. 444, 452, 453 des belgischen Konkursgesetzes (wonach auch das nach der Konkurseröffnung vom Gemeinschuldner erworbene Vermögen zur Konkursmasse gehört und gegen den Gemeinschuldner während des Konkursverfahrens keine vermögensrechtlichen Klagen angestellt werden können) sind von den belgischen Gerichten absolut anzuwenden (Appellhof Antwerpen 27. Mai 1896 und 10. Mai 1899 in Böhms Zeitschr. 11, 310). Vgl. auch Böhm, Zeitschr. 7, 135.

In Portugal können ausländische Konkursverwalter in dieser ihrer Eigenschaft gerichtlich handeln, ohne sich dem Einwande des Mangels des Exequatur des Konkursurteiles ausgesetzt zu sehen, wenn sie gegen Gläubiger auftraten, welche in Portugal gelegene, vom ausländischen Konkursverwalter durch im Auslande errichteten Rechtsakt veräußerte Konkursgüter mit Beschlag belegt haben (Oberstes Gericht in Lissabon vom 15. Januar 1892, Böhm, Zeitschr. Bd. 2 S. 501).

Wegen Dänemark vgl. Böhms, Zeitschr. 1, 106. Es gilt im wesentlichen dasselbe, wie im deutschen Recht. In Norwegen ist der ausländische Konkursverwalter ermächtigt, von dem in Norwegen befindlichen Konkursvermögen Besitz zu ergreifen, um dasselbe im Interesse der Konkurslgäubiger zu verwerten. Die gleiche Sicherung, welche gegen die im Inlande Exekution suchenden Gläubiger geltend gemacht werden könnte, ist aber erst vorhanden, wenn wirkliche Besitzergreifung, bei Immobilien Inregistrierung erfolgt ist (Böhms, Zeitschr. 1, 256).

In Lichtenstein sind nach § 17 KO. von 1809 die ausländischen Gläubiger den inländischen gleichgestellt. Vgl. Meili, Grundl. S. 18.

Wegen Griechenland vgl. Urteil des Appellhofes in Athen von 1892, Böhms, Zeitschr. 3, 187.

Frankreich. Die französischen Gerichte leisten auch behufs Inventierung des dort gelegenen beweglichen Vermögens eines inländischen Gemeinschuldners nur unter jenen Voraussetzungen Rechtshilfe, unter welchen sie ausländische Urteile vollstrecken, nämlich, daß dem betreffenden Erkenntnisse das Exequatur beigefügt worden ist (vgl. Jettel S. 205 und Böhms Zeitschr. 10, 416).

Vgl. über das Konkursrecht des Auslandes Kohler, Leitfaden des deutschen Konkursrechtes 1903 (2. Aufl.) S. 40 ff.

Abschnitt III.

Freiwillige Gerichtsbarkeit.

§ 39.

Rechtshilfe in Sachen der freiwilligen Gerichtsbarkeit[1]) im und gegenüber dem Auslande[2]).

I. Im allgemeinen gelten für das Gebiet der freiwilligen Gerichtsbarkeit dieselben Grundsätze, wie sie oben in den §§ 9, 10 und 11 für die streitige Gerichtsbarkeit angegeben sind. Dort sind auch regelmäßig Verweisungen gemacht. Das Haager Abkommen über den Zivilprozeß vom 17. Juli 1905 (s. oben S. 141) bezieht sich auch auf die freiwillige Gerichtsbarkeit. Man hat die in Abt. III (§§ 17—32) gemachten Ausführungen über Zeugen-Sachverständigen Beweis usw. ebenfalls entsprechend zur Anwendung zu bringen[3]).

Wegen des Armenrechtes vgl. oben § 24 und § 14 FGG. sowie Art. 1 PrFGG.

Eine gute Anweisung gibt die Verordnung des badischen Justizministers vom 6. Februar 1907 (GVBl. S. 119). Es mögen jedoch noch folgende Bemerkungen hier ihren Platz finden:

Form der Mitteilungen.

Für amtliche Mitteilungen, welche an im Auslande befindliche Beteiligte zu erlassen sind, ist in der Regel die Form einer an jene Personen selbst gerichteten Verfügung zu wählen.

Verfügungen an Ehefrauen sind zugleich an deren Ehemänner zu richten. Wohnen mehrere Adressaten am gleichen Orte, so ist gleichwohl (abgesehen von Eheleuten) an jede in Betracht kommende Person eine besondere Verfügung zu richten. Zustellungen an Minderjährige erfolgen an den gesetzlichen Vertreter. Ist ein solcher nicht bestellt oder besteht Ungewißheit darüber, ob dies der Fall ist oder ist Name und Adresse des Vertreters nicht sicher bekannt, so ist die Verfügung an den Vertreter im allgemeinen zu richten und, falls unmittelbarer Geschäftsverkehr mit der betreffenden ausländischen Behörde zulässig ist[4]), an diese, andernfalls in den die diplomatische

---

1) Vgl. § 2 S. 26 ff.

2) Vgl. Jettel, Rechtshilfe im Familienrecht in Böhms Zeitschr. 2, 21 und Verfügung des württ. Justizministers vom 11. Juni 1901 (Amtsbl. S. 43), der die Ausführungen im § 39 im wesentlichen entnommen sind. Vgl. auch Böhms Zeitschr. 11, 490.

3) Vgl. § 15 FGG. u. Art. 1 PreußFGG.

4) Vgl. oben § 10.

Verwendung erbittenden Vorlagebericht das Gesuch zu stellen, es möchte behufs Aufstellung eines Vertreters, falls eine solche nicht etwa schon erfolgt sein sollte, Einleitung getroffen und die Zustellung der Verfügung an den Vertreter unter Mitteilung des Zustellungsnachweises und einer Legitimationsurkunde des Vertreters herbeigeführt werden. Wenn zweifelhaft ist, ob die Beteiligten nach dem in Betracht kommenden Recht[1]) (vgl. Art. 7 EGzBGB.) noch minderjährig sind, so ist das Gesuch um Aufstellung eines Vertreters als eventuelles jedenfalls dann zu stellen, wenn die Betreffenden nach deutschem Recht noch minderjährig wären. An den Vater minderjähriger Kinder ist die Verfügung nur dann zu richten, wenn bekannt ist, daß er als Vertreter seiner Kinder bestellt ist oder als solcher kraft Gesetzes gilt und seine Interessen mit denjenigen der Kinder nicht im Widerstreit stehen[2]).

Erklärungen des Adressaten. Fristen. Legalisation von Urkunden:

Soll eine Erklärung des Adressaten beigebracht werden, so ist hierzu eine angemessene Frist — bei überseeischeu Ländern in der Regel nicht unter 2 Monaten — anzuberaumen und die Folge der Versäumnis diese Frist ausdrücklich hervorzuheben, auch ist stets der Anfangsgrund der erteilten Frist (in der Regel der Tag der Eröffnung oder Zustellung der betreffenden Mitteilung) ausdrücklich zu bezeichnen. Werden in einer Verfügung mehrere Fristen erteilt, so ist für jede derselben der Anfangsgrund ersichtlich zu machen. Auch empfiehlt es sich, bei Erteilung mehrerer Fristen in der gleichen Verfügung die Dauer der Fristen gleich zu bemessen[3]).

Hinsichtlich der in einem Auseinandersetzungsverfahren erfolgenden Mitteilung der vorbereitenden Maßregeln oder des Auseinandersetzungsplanes sind die Vorschriften der §§ 91 Abs. 3 und 93 Abs. 2 FGG. zu beachten.

In allen Fällen, in welchen Urkunden (Erklärungen, Vollmachten, Empfangsbescheinigungen usw.) von dem im Auslande befindlichen Beteiligten zu dem diesseitigen Akte beizubringen sind, ist den Beteiligten zu eröffnen, daß die Urkunden auch von

---

1) Siehe oben S. 353 ff.

2) Die vorstehenden Bestimmungen finden entsprechende Anwendung auf im Auslande befindliche Volljährige, bei welchen eine Vormundschaft oder Pflegschaft in Frage kommt.

3) Soweit indes über die Dauer der Fristen gesetzliche Vorschriften bestehen, sind diese einzuhalten.

dem betreffenden diplomatischen Vertreter oder Konsul beglaubigt werden müssen[1]).

Wegen der Legalisationsbefugnis usw. der deutschen Konsuln vgl. §§ 14 und 15 des Konsulatsgesetzes vom 8. November 1867[2]) und das Reichsgesetz betr. die Beglaubigung öffentlicher Urkunden vom 1. Mai 1878 (RGBl. S. 89) oben S. 410.

Zustellungen. Nach § 16 FGG. kann durch die Landesjustizverwaltung für Zustellungen im Ausland (auch für einzelne ausländische Gebiete, z. B. für den Grenzverkehr) eine einfachere Art der Zustellung angeordnet worden. In Preußen ist dies bisher nicht geschehen.

Für die Zustellung gelten die Bemerkungen in §§ 11 und 25. Die Verfügung des württemb. Justizministers vom 11. Juni 1901 (Amtsblatt S. 43) bestimmt im § 5: „Sind später weitere Zustellungen an die gleiche Person in Aussicht zu nehmen, so kann der Adressat in der ersten ihm zuzustellenden Verfügung zur Benennung eines im Amtsgerichtsbezirke der die Zustellung veranlassenden Behörde wohnhaften Zustellungsbevollmächtigten unter Erteilung einer angemessenen Frist und mit dem Hinweis aufgefordert werden, daß sonst alle späteren Zustellungen durch die Post erfolgen werden.

Ist in einem Auseinandersetzungsverfahren bereits seitens des Nachlaßgerichtes eine Zustellung auf dem im § 33 Abs. 2 der Verfügung vom 10. Oktober 1899 (Amtsblatt S. 343) bezeichneten Wege bewirkt worden, so können etwaige späteren auf die nachherige pflegschaftliche Vermögensverwaltung sich beziehenden Zustellungen seitens des Vormundschaftsgerichtes durch die Post mittelst Einschreibsendung gegen Rückschein erfolgen".

Verwendungsgesuche der Beteiligten. § 8 der erwähnten württembergischen Justizministerialverfügung lautet:

„Den Beteiligten selbst steht es frei, Verwendungsgesuche in Erbschafts- und sonstigen Rechtsangelegenheiten entweder den im Ausland bestehenden Kaiserlichen deutschen Konsulaten unmittelbar zu übersenden oder dieselben den Amtsgerichten schriftlich oder durch Erklärung zu Protokoll und gewöhnlich

---

1) Eine Ausnahme macht nur Österreich-Ungarn einschließlich Bosnien und Herzegowina und die Schweiz (s. oben S. 258 u. S. 285).

2) Das Gebühren- und Kostenwesen bei den Reichskonsulaten ist durch das Konsulatsgebührengesetz vom 17. Mai 1910 (RGBl. S. 817) geregelt. Die Gebühren der fremden Konsuln für Beglaubigung usw. sind in Preuß. JMBl. 1907 S. 350 angegeben. Vgl. auch die einzelnen Staaten in § 11.

unter gleichzeitiger Erlegung eines Kostenvorschusses mit dem Antrag auf Vorlage an das Justizministerium behufs der auf diplomatischem Wege zu bewirkenden Beförderung an das zuständige Konsulat zu übergeben (vgl. auch Bekanntmachung vom 18. September 1855, Amtsblatt S. 42).

Hierzu wird übrigens bemerkt, daß die Mitteilung einer Vollmacht an einen Konsul behufs Eintreibung einer Forderung keine Verwendungsangelegenheit ist, welche sich zur Beförderung auf diplomatischem Wege eignet, da die Beitreibung von Forderungen für Privatpersonen nicht in den Geschäftskreis der Konsulate fällt."

Ermittelung Abwesender. Öffentlicher Aufruf. Beibringung von Totenscheinen. Wenn es sich um die auf diplomatischem Weg zu bewirkende Ermittelung des Lebens oder Aufenthaltsortes eines im Auslande befindlichen Beteiligten handelt, so ist von den Amtsgerichten auf Grund vorgängiger genauer Nachforschung unter Anschluß sachdienlicher Belege über den letzten Aufenthaltsort des Abwesenden vor Antritt seiner Reise und über das Ziel seiner Reise an den Justizminister zu berichten. Je nach der Sachlage ist der Entwurf einer Bekanntmachung in den öffentlichen Blättern des betr. Landes, welche diesfalls an die Stelle der häufig ganz zwecklosen Aufforderung in ausländischen Blättern treten kann, mit vorzulegen. Die Auswahl der betreffenden ausländischen Zeitungen kann dem zuständigen deutschen Konsul überlassen werden. In besonderen Fällen, in welchen ausnahmsweise die Formulierung eines geeigneten öffentlichen Aufrufs seitens der deutschen Konsulate als das zweckmäßigere erscheint, kann an Stelle der Vorlage des Entwurfes einer Bekanntmachung die Herbeiführung einer derartigen Maßregel auf diplomatischem Wege unter genauer Anführung der erforderlichen tatsächlichen Grundlagen in Anregung gebracht werden[1]).

Wenn über den Tod und die erbberechtigten Hinterbliebenen eines angeblich verstorbenen auswärtigen Beteiligten noch keine zuverlässigen Nachrichten vorliegen, so wird es sich gewöhnlich empfehlen, nicht sofort eine Verfügung an die mutmaßlich Berechtigten zu richten, sondern zunächst auf diplomatischem Wege die Beibringung beglaubigter Urkunden über den eingetretenen Tod, sowie eventuell eines Nachweises über

1) Für den Erbenaufruf bei Ausstellung eines Erbscheines ist § 2358 BGB. maßgebend.

Namen, Alter und Aufenthaltsort der erbberechtigten Hinterbliebenen zu beantragen.

Androhung von Rechtsnachteilen. Andere als die gesetzlich ausdrücklich vorgesehenen Folgen der Handlung oder Unterlassung einer Partei (z. B. der Versäumung eines Termins, einer Frist) sind nicht anzudrohen.

Geldsendungen. Zu Geldsendungen ist in der Regel, besonders im Verkehr mit Nordamerika, die Beförderung auf Privatwegen derjenigen auf diplomatischem Weg vorzuziehen.

Wegen der Abnahme von Eiden und eidesstattlichen Versicherungen vgl. oben S. 167.

Vorlagebericht. Die obenerwähnte Verfügung des württemb. Justizministers bestimmt in § 9 Abs. 2 und 3:

„In dem Vorlagebericht[1]) (an das Justizministerium) sind die wesentlichen tatsächlichen Verhältnisse kurz anzuführen; eine bloße Verweisung auf den Inhalt des dem Vorlagebericht angeschlossenen (zu Weiterbeförderung oder zur Rückgabe an das Amtsgericht bestimmten) Aktenstücke ist nicht zulässig. Sodann ist die Bitte um Beförderung auf diplomatischem Wege und um Mitteilung von Zustellungszeugnissen usw. auszudrücken und zutreffendenfalls die Beibringung amtlicher Beglaubigungen oder solcher Notizen, welche von den Beteiligten selbst nicht zu erwarten sind, nachzusuchen.

Auch empfiehlt es sich, die Schriftstücke, aus welchen die Adressen entnommen sind (Briefe, Briefumschläge usw.), zugleich mit den zu befördernden Schreiben vorzulegen".

Besondere Vorschriften in Nachlaß- und Vormundschaftssachen. Bei Mitteilungen von Erbschaften an im Auslande befindliche Beteiligte muß aus der Verfügung und dem Vorlagebericht die Art der Beteiligung an dem Nachlaß (gesetzlicher Erbe, Testamentserbe usw.) hervorgehen, auch zu ersehen sein, von welcher Behörde die Testamentseröffnung vorgenommen ist. Den Abwesenden ist ferner von dem mutmaßlichen oder bereits feststehenden Betrag des Nachlasses und des ihnen angefallenen oder eventuell zukommenden Erbteiles usw. Mitteilung zu machen. Zutreffendenfalls ist beizufügen, daß das Testament mit äußeren Mängeln nicht behaftet sei.

---

1) Mehrere in derselben Sache gleichzeitig vorzulegende Verfügungen können in einem Vorlagebericht zusammengefaßt werden.

Wird eine nach § 1911 BGB. eingeleitete Abwesenheitspflegschaft nach § 1921 a. a. O. von dem Vormundschaftsgericht aufgehoben und ist hiernach gemäß §§ 1892 und 1915 die Abnahme der Schlußrechnung zu vermitteln, so ist dem Abwesenden, wenn dessen Ladung zu einem Abnahmetermin in Frage kommt, mit der Ladung zugleich ein Auszug aus der Schlußrechnung zuzustellen.

Vollstreckung von Entscheidungen in Angelegenheit der freiwilligen Gerichtsbarkeit. Sofern dieselben als „Urteile" im Sinn der Ausführungen in § 33 oben S. 432 anzusehen sind, werden die dort angegebenen Bemerkungen Platz greifen.

Für gewöhnlich pflegen derartige Entscheidungen aber nicht im kontradiktorischen Verfahren erlassen zu werden; auch ist in manchen Ländern z. B. in Ungarn, die Vormundschaftspflege Verwaltungsbehörden (Waisenstühlen) anvertraut. Auf der anderen Seite ist gerade auf dem Gebiet der freiwilligen Gerichtsbarkeit die ausschließliche Kompetenz der heimatlichen Gerichte ziemlich allgemein anerkannt, und wäre es sonach nur konsequent, wenn man zur Vollstreckung von Verfügungen der heimatlichen Gerichte in Sachen des außerstreitigen Verfahrens die Hand bieten würde, vorausgesetzt, daß sie nach dem dort geltenden Rechte vollstreckbar sind[1]).

In Österreich kann gemäß § 1 Ziff. 6 der Exekutionsordnung vom 27. März 1896[2]) auf Grund der im Verfahren außer Streitsachen ergangenen rechtskräftigen Entscheidungen Exekution vollführt werden (§ 12 des kaiserl. Patents vom 9. August 1854) und ist ein Unterschied zwischen inländischen und ausländischen Gerichten nicht ausdrücklich gemacht.

Deutschland gegenüber ist die Gegenseitigkeit insoweit nicht verbürgt[3]). In dem Rechtshilfevertrage Serbiens mit Österreich, welcher wegen der Meistbegünstigungsklausel für Deutschland Bedeutung hat, ist die Zwangsvollstreckung nur zugunsten vermögensrechtlicher Ansprüche zugestanden[4]). Ansprüche auf Herausgabe eines minderjährigen Kindes an seinen Vater bezw. Vormund sind also nicht vollstreckbar.

1) Vgl. Jettel S. 180 und v. Bar Bd. 2 S. 542.
2) Vgl. Böhms Zeitschr. 6, 361.
3) Vgl. die Rechtsprechung österr. Gerichte bei Jettel S. 181.
4) Die gleiche Bestimmung enthielt auch der Entwurf des Rechtshilfevertrages Österreichs mit dem Deutschen Reiche.

II. Internationale Nachlaßbehandlung[1]). Für die Sicherung des Nachlasses eines Ausländers haben die Nachlaßgerichte, in deren Bezirk das Bedürfnis der Fürsorge hervortritt (vgl. §§ 73 und 74 FGG.)[2]), durch Ergreifung der in §§ 1960 und 1961 BGB. vorgesehenen Maßregeln zu sorgen. Hierbei ist jedoch zu beachten, daß vielfach in den Staatsverträgen[3]) die ausländischen Konsuln zur Sicherung des Nachlasses oder zur Mitwirkung bei der Sicherstellung berufen sind (vgl. insbesondere die Verträge mit Griechenland, Japan, Rußland, Serbien und Spanien). In solchen Fällen haben die Nachlaßgerichte für die rechtzeitige in den Verträgen vorgesehene Benachrichtigung der fremden Konsuln Sorge zu tragen.

Die Konsularverträge sind in § 11 bei den einzelnen Ländern angegeben. Für Preußen[4]) sind ferner maßgebend die Verfügungen vom 14. Juni 1876 (JMBl. S. 123), 11. Juli 1885 (JMBl. S. 259), 9. Mai 1894 (JMBl. S. 129) und vom 20. Februar 1895 (JMBl. S. 58) betr. die infolge Ablebens von Ausländern im Inlande zu machenden Mitteilungen; sodann die Verfügungen betr. Ausfertigung der Totenscheine von Ausländern, vom 30. April 1847 (JMBl. S. 147) und vom 8. Februar 1848 (JMBl. S. 66) betr. die Ausfertigung der Totenscheine der in den preuß. Staaten verstorbenen dänischen bezw. schwedischen und norwegischen Untertanen. Vgl. Müller S. 1278.

Die Gerichte sind von Einsendung der Sterbeurkunden von Ausländern entbunden, wenn die Standesbeamten dieselben bereits ausgestellt und an die Regierung eingesandt haben (Verf. vom 17. Januar 1838, Jahrb. Bd. 51 S. 256).

III. Internationale Vormundschafts-[5]) und Pflegschaftsbehandlung, Ehescheidung, Eheschliessung, Entmündigung. Drei Abkommen[6]) über

1) Vgl. auch Niemeyer, Sind deutsche Nachlaßgerichte unzuständig, wenn materiell für den Erbfall ausländisches Recht maßgebend ist?, in Böhms Zeitschr. Bd. 13 S. 20.

2) In Preußen kommen ferner die Art. 19, 20, 104—108, 111, 118 und 128 PreußFGG. in Betracht.

3) Ein Verzeichnis der Verträge, welche Bestimmungen über die internationale Nachlaßbehandlung enthalten, ist im PrJMBl. 1894 S. 129 abgedruckt. Man vgl. aber die Bemerkungen in § 11.

4) Wegen Württembergs vgl. Böhms Zeitschr. 9, 501 ff.

5) Das deutsche Vormundschaftsgericht kann an sich auch einen Ausländer zum Vormund bestellen, nur besteht für diesen keine Verpflichtung zur Übernahme (vgl. § 1785 BGB.).

6) Die vormundschaftsgerichtlichen Vorschriften aus den Gesetzgebungen der dem Haager Abkommen beigetretenen Staaten sind zusammengestellt in PrJMBl. 1906 S. 225). Die sich mit dem Haager Privatrechts-Abkommen befassenden Entscheidungen der Oberlandesgerichte sind abschriftlich dem Reichsjustizamt unter Bezugnahme auf die RVerf. vom 9. März 1907 I, 4326 (Müller S. 1171) mitzuteilen.

das internationale Privatrecht vom 12. Juni 1902 zur Regelung des Geltungsbereichs der Gesetze, a) auf dem Gebiete der Eheschließung[1]) (RGBl. 1904 S. 221), b) auf dem Gebiete der Ehescheidung[2]) und der Trennung von Tisch und Bett (RGBl. 1904 S. 231) und c) zur Regelung der Vormundschaft über Minderjährige (RGBl. 1904 S. 240)[3]).

Diese Abkommen sind ratifiziert von Deutschland, Belgien, Frankreich, Luxemburg, den Niederlanden[4]), Rumänien, Schweden (RGBl. 1904 S. 249), Italien, Schweiz (RGBl. 1905 S. 716) u. Portugal (RGBl. 1907 S. 84). Spanien hat nur das unter c bezeichnete Abkommen ratifiziert (RGBl. 1904 S. 307).

Außerdem sind am 17. Juli 1905 im Haag unterzeichnet:

a) Das Abkommen über den Geltungsbereich der Gesetze in Ansehung der Wirkungen der Ehe, auch der Rechte und Pflichten der Ehegatten in ihren persönlichen Beziehungen und auf das Vermögen der Ehegatten, und

b) das Abkommen über die Entmündigung und gleichartige Fürsorgemaßregeln.

Beide Abkommen sind vom deutschen Reichstage genehmigt; Ratifikation ist aber noch nicht erfolgt. Sie sind inhaltlich mitgeteilt in der DJZ. 1908 S. 1077. Vertragsstaaten sind Deutschland, Frankreich, Italien, Niederlande, Portugal, Rumänien und Schweden. Vgl. auch Schwartz in Böhms Zeitschrift 19, 427.

a) Rechtsprechung zum Ehescheidungsabkommen.

Zu Art. 1. Das Abkommen findet keine Anwendung auf eine nach italienischem Recht rechtswirksam gerichtlich bestätigte Vereinbarung der Trennung der Ehe von Tisch und Bett (OLG. Köln 28. März 1907, RheinArch. 104 I 132).

Zu Art. 2. Vgl. LG. München (BayerZ. 4, 285) betr. Unwirksamkeit eines schweizerischen Scheidungsurteils auf Grund gegenseitiger Übereinstimmung.

---

1) Die Vorschriften über die Eheschließung der Ausländer sind zusammengestellt bei Müller S. 1211 und Böhms Zeitschr. 13, 470.

2) Vgl. die Verf. vom 25. November 1904 I 7940 bei Müller S. 1210, Beer in Böhms Zeitschr. 19, 1 und Schwarz in Böhms Zeitschr. 18, S. 84, 364.

3) Dungs, Sechs Haager Abkommen über internationales Privatrecht, Berlin 1910. Vgl. auch Fleischmann S. 330.

4) Wegen Benachrichtigung in Vormundschaftssachen siehe Allg. Verf. vom 12. Oktober 1906 (JMBl. S. 301).

Zu Art. 5. Zur Scheidung von Ehen schweizerischer Staatsangehöriger sind die deutschen Gerichte nicht zuständig (OLG. Dresden 28. November 1905, SächsOLG. 27, 298). Ebenso OLG. Köln 23. März 1907, RheinArch. 104 I, 132 für den Fall, daß eine Deutsche mit einem Schweizer verheiratet ist. Vgl. auch LG. München vom 30. Oktober 1909, SeuffBl. 73, 381 betr. Klage einer Belgierin.

Zu Art. 6. Zu den für die Aufhebung der ehelichen Lebensgemeinschaft vorgesehenen Maßnahmen gehört eine vom Züricher Bezirksgericht in einem Ehescheidungsprozeß erwirkte Entscheidung, in welcher der Ehemann zur Zahlung von Unterhaltsbeiträgen verpflichtet wird. Diese Entscheidung ist gemäß § 722 ZPO. durch Vollstreckungsurteil für das Inland für vollstreckbar zu erklären (OLG. Hamburg 20. Dezember 1907, HansGZ. 08 BO. 77).

b) Das Vormundschaftsabkommen[1]) vom 12. Juni 1902 lautet:

Art. 1. Die Vormundschaft über einen Minderjährigen bestimmt sich nach dem Gesetze des Staates, dem er angehört (Gesetz des Heimatstaates).

Art. 2. Sieht das Gesetz des Heimatstaats für den Fall, daß der Minderjährige seinen gewöhnlichen Aufenthalt im Auslande hat, die Anordnung einer Vormundschaft im Heimatlande nicht vor, so kann der von dem Heimatstaat des Minderjährigen ermächtigte, diplomatische oder konsularische Vertreter gemäß dem Gesetz dieses Staates die Fürsorge übernehmen, sofern der Staat in dessen Gebiet der Minderjährige seinen gewöhnlichen, Aufenthalt hat, dem nicht widerspricht.

Art. 3. Falls eine Vormundschaft gemäß den Bestimmungen des Art. 1 oder des Art. 2 nicht angeordnet ist oder nicht angeordnet werden kann, so ist für die Anordnung und die Führung der Vormundschaft über einen Minderjährigen, der seinen gewöhnlichen Aufenthalt im Auslande hat, das Gesetz des Aufenthaltsorts maßgebend.

Art. 4. Ist die Vormundschaft gemäß der Bestimmung des Art. 3 angeordnet, so kann gleichwohl eine neue Vormundschaft auf Grund des Art. 1 oder des Art. 2 angeordnet werden.

Hiervon ist der Regierung des Staats, in welchem die Vormundschaft zuerst angeordnet wurde, sobald wie möglich Nach-

1) Eine Mitteilungspflicht an die Behörde des fremden Staates bestimmen die Art. 4 und 8.

richt zu geben. Diese Regierung hat davon entweder der Behörde, welche die Vormundschaft angeordnet hat, oder in Ermangelung einer solchen Behörde den Vormund selbst zu benachrichtigen.

In dem Falle, den dieser Artikel vorsieht, bestimmt sich der Zeitpunkt, in welchem die ältere Vormundschaft endigt, nach der Gesetzgebung des Staats, in dessen Gebiete diese Vormundschaft angeordnet war.

Art. 5. In allen Fällen bestimmen sich der Zeitpunkt und die Gründe für den Beginn sowie für die Beendigung der Vormundschaft nach dem Gesetze des Heimatstaates des Minderjährigen.

Art. 6. Die vormundschaftliche Verwaltung erstreckt sich auf die Person sowie auf das gesamte Vermögen des Minderjährigen, gleichviel an welchem Orte sich die Vermögensgegenstände befinden.

Von dieser Regel sind Ausnahmen zulässig in Ansehung solcher Grundstücke, welche nach dem Gesetze der belegenen Sache einer besonderen Güterordnung unterliegen.

Art. 7. Solange die Vormundschaft nicht angeordnet ist, sowie in allen dringenden Fällen können die zuständigen Ortsbehörden die Maßregeln treffen, die zum Schutze der Person und der Interessen eines minderjährigen Ausländers erforderlich sind.

Art. 8. Liegt Anlaß vor, für einen minderjährigen Ausländer die Vormundschaft anzuordnen, so haben die Behörden des Staats, in dessen Gebiet er sich befindet, von dem Sachverhalt, sobald dieser ihnen bekannt wird, die Behörden des Staats zu benachrichtigen, dem der Minderjährige angehört.

Die in solcher Art benachrichtigten Behörden sollen den Behörden, die ihnen die Mitteilung gemacht haben, sobald wie möglich Kenntnis geben, ob die Vormundschaft angeordnet ist oder angeordnet wird.

Art. 9. Dieses Abkommen findet nur Anwendung auf die Vormundschaft über Minderjährige, die Angehörige eines der Vertragsstaaten sind und ihren gewöhnlichen Aufenthalt im Gebiet eines dieser Staaten haben.

Die Art. 7 und 8 dieses Abkommens finden jedoch auf alle Minderjährigen Anwendung, die Angehörige eines Vertragsstaats sind.

Art. 10. Dieses Abkommen, welches nur auf die europäischen Gebiete der Vertragsstaaten Anwendung findet, ...

Zu Art. 1. Die Vormundschaft über einen Minderjährigen, der Ausländer, aber Angehöriger eines der Vertragsstaaten ist, richtet sich lediglich nach dem Rechte des Heimatstaates.

Die einzelne Vormundschaft soll tunlichst in jeder Richtung durch ein einheitliches Recht beherrscht sein. Soweit durch das Abkommen die Anwendung eines ausländischen Gesetzes vorgeschrieben ist, darf sie nicht deshalb abgelehnt werden, weil sie vermeintlich gegen die öffentliche Ordnung (public ordre), gegen die guten Sitten oder den Zweck eines inländischen Gesetzes (Art. 30 EGzBGB.) verstoßen würde. — Nach dem Heimatsrechte des Mündels bestimmen sich die Zuständigkeit der Behörden, die ihnen obliegende Aufsicht und die Formen des Verfahrens, ferner die Führung der Vormundschaft, die Verpflichtungen des Vormundes und alle sonstigen Fragen, für deren gesetzliche Regelung wesentlich das Interesse des Mündels entscheidend ist. Nach Heimatsrecht bestimmt sich also auch, ob jemand als gesetzlicher Vormund berufen ist, ob der Vater des Mündels und andere Personen einen Vormund zu benennen befugt sind, ob jemand zum Vormund bestellt werden darf und ob der Vormund als ungeeignet zu entlassen ist. Dagegen kann die Frage, ob ein zum Vormund Ausgewählter die Übernahme des Amtes ablehnen oder ob ein Vormund seine Entlassung verlangen darf, da hier die Interessen anderer Personen als des Mündels in Betracht kommen, nicht ausschließlich nach dem Heimatsrecht des Mündels beurteilt werden (Denkschr.). Über die Frage, welches Recht zur Anwendung kommt, wenn das Mündel mehreren Staaten angehört oder seine Staatsangehörigkeit streitig oder ungewiß ist, gibt das Abkommen keinen Aufschluß. Hier entscheidet das einschlägige Gesetz bezw. das Völkerrecht. Tritt ein Wechsel der Staatsangehörigkeit des Mündels ein, so ist das neue Heimatsrecht maßgebend. Dieses tritt aber nicht ohne weiteres ein, vielmehr bedarf es zunächst der Anordnung der Vormundschaft auf Grund des neuen Gesetzes. Die Vormundschaft in Deutschland wird also solange fortgesetzt, bis der neue Heimatsstaat die Fürsorge übernommen hat.

Dem Verlangen des niederländischen Vormundes auf Herausgabe des Mündels kann nicht die Vorschrift des deutschen Vormundschaftsrechts entgegengesetzt werden, daß die Herausgabe den Interessen des Mündels zuwiderlaufe (RGZ. IV. 12. Dezember 1907, BayerZ. 4, 144, Recht 12 Nr. 2742).

Ein deutsches Vormundschaftsgericht darf eine den §§ 1635, 1636 BGB. (Regelung des persönlichen Verkehrs) entsprechende

Regelung nicht treffen, auch nicht nach maßgebenden englischem Rechte, selbst wenn England dem Abkommen beigetreten wäre (KG. 15. Oktober 1908, Böhms Zeitschr. 19, 226, Johow 37 A. 32). Die Schweizer Vormundschaftsbehörde ist zur Führung der Vormundschaft über einen in der Schweiz ansässigen badischen Minderjährigen zuständig, wenn das badische Amtsgericht die Übernahme ablehnt (OLG. Kolmar 20. November 1908, ElsLothrZ. 34, 345).

Zu Art. 2. Die auswärtigen Beamten des Deutschen Reiches sind abgesehen von den Konsulargerichtsbezirken mit den Obliegenheiten der Vormundschaftsbehörde durch kein Gesetz betraut (Denkschr.).

Zu Art. 3. Die Vormundschaft, welche im Lande des Aufenthalts angeordnet wird, steht in jeder Richtung unter der Herrschaft des dort geltenden Gesetzes, nur für den Beginn und die Beendigung der Fürsorge bleibt nach Art. 5 das Heimatsrecht entscheidend (Denkschr.).

Es ist auch zulässig, daß sich Vormundschaftsbehörde des Aufenthalts und der Heimat über die Übernahme der Vormundschaft verständigen und sie der ausländischen überlassen. Vgl. §§ 46 ff. FGG.

Auch die Anordnung einer Vormundschaft ist erst nach Benachrichtigung der ausländischen Behörden von dem Sachverhalte, zulässig (KG. 19. Dezember 1907, RheinNotZ. 53, 80); die vormundschaftsgerichtliche Genehmigung ist ohne Bestellung eines Pflegers oder Vormundes durch das deutsche Vormundschaftsgericht wirkungslos (RG. 19. November 1907, ElsLothrZ. 08, 165).

Zu Art. 4. Wann in Deutschland eine Vormundschaft endigt, bestimmt sich nach den allgemeinen Grundsätzen. Für die Beziehungen zu dritten Personen kommt der § 1893 Abs. 1 BGB. in Betracht (Denkschr.).

Zu Art. 5. Auf die Gründe, aus denen nur das Amt des Vormundes, nicht aber die Vormundschaft selbst endigt (§§ 1885 ff. BGB.) erstreckt sich Art. 5 nicht. Auch bleiben die im Art. 7 Abs. 3 EGzBGB. enthaltenen Vorschriften über die Geschäftsfähigkeit der Ausländer unberührt (Denkschr.).

Zu Art. 6. Im Abs. 2 ist an Familienfideikommisse und Lehen gedacht.

Zu Art. 7 u. 8. Ein dringender Fall liegt z. B. vor, wenn der ausländische Vormund aus rechtlichen oder tatsächlichen Gründen, z. B. wegen weiter Entfernung seines Aufenthaltsortes, am rechtzeitigen Eingreifen verhindert ist. Zu den zulässigen Maßregeln kann auch die Bestellung eines Pflegers (§ 1909 BGB.) gehören. Die Art. 7 u. 8 gehen über Art. 23 EGzBGB. insofern hinaus, als sie zu vorläufigen Maßregeln auch dann ermächtigen, wenn eine Vormundschaft im Auslande angeordnet ist. Die Zuständigkeit des deutschen Gerichts bestimmt sich nach §§ 37, 44 FGG.

Die Mitteilung im Art. 8 ist auf diplomatischem Wege zu bewirken. Sie ist in Form einer Denkschrift dem Justizminister, in eiligen Fällen dem Minister der auswärtigen Angelegenheiten einzureichen. Vgl. Allg. Verf. vom 12. Oktober 1906, betr. Mitteilung nach den Niederlanden (JMBl. 1906 S. 301). Auch die Verfügung des badischen Justizministers vom 11. September 1909 (Bad. Rechtspraxis S. 189) schreibt für die Benachrichtigung den diplomatischen Weg vor, will aber sonst den unmittelbaren Geschäftsverkehr, soweit er zulässig, nicht einschränken, z. B. mit der Schweiz usw.

Zu Art. 9. Das Abkommen findet nur Anwendung, wenn der Minderjährige Angehöriger eines Vertragstaates ist und, soweit es sich nicht um die Beobachtung der Art. 7 und 8 handelt, seinen gewöhnlichen Aufenthalt in einem Vertragsstaate hat. Andernfalls ist Art. 23 EGzBGB. maßgebend.

c) Die in Deutschland geltenden Grundsätze des internationalen Privatrechtes über Geschäftsfähigkeit, beschränkte Geschäftsfähigkeit und Geschäftsunfähigkeit sind in Art. 7 (vgl. mit Art. 27 und 29) EGzBGB. enthalten. Die Entmündigung eines Ausländers ist in Art. 8 a. a. O. geregelt.

Art. 23 EGzBGB. lautet[1]):

„Eine Vormundschaft oder eine Pflegschaft kann im Inland auch über einen Ausländer, sofern der Staat, dem er angehört, die Fürsorge nicht übernimmt, angeordnet werden, wenn der Ausländer nach den Gesetzen dieses Staates der Fürsorge bedarf oder im Inlande entmündigt ist.

---

1) Das Haager Vormundschafts-Abkommen vom 12. Juni 1902 geht dem Art. 23 vor. Letzterer ist nur insoweit anwendbar, als er nicht durch ersteres eine Abänderung erfahren hat. Das Haager Abkommen bezieht sich auf jede Art der vormundschaftsgerichtlichen Fürsorgetätigkeit, also auch auf die Pflegschaft des BGB. Auch letztere kann im Inland nur eingeleitet werden, wenn den Vorschriften des Haager Abkommens genügt ist (KG. 17. Juni 1910, Recht 14 Nr. 2583).

Das deutsche Vormundschaftsgericht kann vorläufige Maßregeln treffen, solange eine Vormundschaft oder Pflegschaft nicht angeordnet ist"[1]).

Durch Art. 23 Abs. 2 EGzBGB. ist nur die Zuständigkeit des deutschen Vormundschaftsgerichts für die eigentliche vormundschaftliche Fürsorge begründet, nicht aber auch für sonstige familienrechtliche Angelegenheiten, die nach dem BGB. zu den Vormundschaftssachen im weiteren Sinne gerechnet werden, wie Regelung des Verkehrs geschiedener Ehegatten (Engländer) mit ihren Kindern (KG. 15. Oktober 1908, Böhms Zeitschr. 1909 S. 226).

Liegt aber ein Schutzbedürfnis vor, so ist das Vormundschaftsgericht zum Eingreifen befugt, z. B. zu Maßregeln auf Grund des § 1606 BGB. (Joh. 32 A. 23), über religiöse Erziehung (Joh. 31 A. 49) und für vorläufige Unterbringung zur Fürsorgeerhebung gemäß § 5 des preuß. Ges. vom 2. Juli 1900 (Joh. 23 A. 43).

Erforderlich ist im Falle des Abs. 2 noch, daß Gefahr im Verzuge ist, also wenn die ordentliche endgültige Maßregel der an sich zuständigen ausländischen Behörde zu spät kommen würde (KG. Joh. 31 A. 49).

Das deutsche Vormundschaftsgericht muß zuständig sein. Eine zu Unrecht eingeleitete Vormundschaft gilt überhaupt als nicht existierend (KG. 11. Januar 1906 Joh. 31 A. 48; and. M. KG. Fr. S. 26 Juli 1904, Böhms Zeitschr. 1905 S. 328, welcher die Vormundschaft anerkennt, solange sie nicht formell aufgehoben ist.)

Zu den in Abs. 2 bezeichneten „vorläufigen Maßregeln" ist gemäß § 44 FGG. auch das Vormundschaftsgericht zuständig, in dessen Bezirk das Bedürfnis der Fürsorge hervortritt. Im übrigen richtet sich beim Vorliegen der Voraussetzungen des angeführten Art. 23 Abs. 1 die örtliche Zuständigkeit des Vormundschaftsgerichtes für die Vormundschaft über Ausländer (wie über Inländer) gemäß § 36 Abs. 1 FGG. nach dem inländischen Wohnsitz oder in Ermangelung eines solchen nach dem inländischen Aufenthaltsort.

---

1) Der Art. 23 bezieht sich auch auf die Fürsorgeerziehung gemäß dem preuß. Gesetze vom 2. Juli 1900. Handelt es sich um die Fürsorgeerziehung eines nicht preuß. Deutschen, so ist die Zuständigkeit usw. des Vormundschaftsgerichts nicht nach Art. 23 zu beurteilen. Das Vormundschaftsgericht hat gegen jeden Reichsangehörigen ohne Rücksicht auf bundesstaatliche Verschiedenheit dasjenige Fürsorgeerziehungsrecht anzuwenden, welches an seinem Sitze Geltung hat (GK. 25. Februar 1910, Recht 14 Nr. 176).

Hat der Ausländer im Inland weder Wohnsitz noch Aufenthalt, so fehlt hiernach ein örtlich zuständiges inländisches Gericht. Dagegen ist nach § 37 Abs. 2 FGG. für die Pflegschaft (§ 1909 BGB.) über einen Ausländer, für den bei einem inländischen Gericht eine Vormundschaft nicht anhängig ist und der im Inlande weder Wohnsitz noch Aufenthalt hat, das Gericht zuständig, in dessen Bezirke das Bedürfnis der Fürsorge hervortritt. Dies wird insbesondere dann vorkommen, wenn, wie beispielsweise in Nordamerika, nach dem Rechte des Auslandes eine dortige Vormundschaft oder Pflegschaft sich nicht auf das in Deutschland befindliche Vermögen erstreckt und daher hinsichtlich eines solchen Vermögens auf die Bestellung einer ausländischen Vormundschaft oder Pflegschaft überhaupt nicht zu rechnen ist. Die Anordnung einer Vormundschaft oder Pflegschaft über einen Ausländer, der nicht im Inland entmündigt ist (Art. 23 Abs. 1 erster Fall des EGzBGB.) ist nach Art. 52 Ziff. 17 des württembergischen AGzBGB. dem Amtsgericht vorbehalten.

Die Zuständigkeitsnorm des § 37 Abs. 2 FGG. zur Bestellung einer Pflegschaft über einen Ausländer greift auch Platz bei der Pflegschaft über Gebrechliche (§ 38 FGG. und § 1910 BGB.) und bei der Pflegschaft über Abwesende (§ 39 FGG. und § 1911 BGB.). Über die Bestellung eines Abwesenheitspflegers im Auseinandersetzungsverfahren vor dem Nachlaßgericht trifft Bestimmung der § 88 FGG., wobei das Gesetz nicht unterscheidet, ob der Abwesende Inländer oder Ausländer ist.

Für die Verrichtungen des Vormundschaftsgerichtes, die nicht eine Vormundschaft oder eine Pflegschaft betreffen, bestimmt sich gemäß § 43 FGG. die Zuständigkeit nach § 36 Abs. 1 und 2 daselbst. Hiernach fehlt, wenn die beteiligte Person Ausländer ist und im Inland weder Wohnsitz noch Aufenthalt hat — von vorläufigen Maßregeln nach Art. 23 Abs. 2 EGzBGB. und § 44 FGG. abgesehen — ein örtlich zuständiges inländisches Gericht.

Für die Führung einer im Inland bestellten Vormundschaft oder Pflegschaft ist, auch wenn die Voraussetzungen der Bestellung einer solchen sich nach ausländischem Recht bestimmen, stets in formeller und materieller Beziehung das deutsche Recht maßgebend.

Die Zuständigkeit für Vormundschaften über Deutsche, welche im Inland weder Wohnsitz noch Aufenthalt haben, ist in § 36 Abs. 2 FGG. geregelt. Für das etwaige Bedürfnis der Bestellung einer Vormundschaft durch das inländische

Gericht kommt übrigens auch in Betracht, daß unter Umständen dem deutschen Konsul die Befugnis zur Bestellung der Vormundschaft eingeräumt ist (so in den Ländern, in welchen Konsulargerichtsbarkeit gilt und nach manchen Staatsverträgen, z. B. mit Italien Art. 11 Ziff. 7 und mit Spanien Art. 11 Ziff. 8), daß in den deutschen Schutzgebieten der von dem Reichskanzler ermächtigte Beamte die Verrichtungen des Vormundschaftsgerichtes ausübt (§ 2 des Schutzgebietsgesetzes in der Fassung vom 25. Juli 1900, RGBl. S. 813), endlich daß, falls dies im Interesse des Mündels liegt, die Anordnung der Vormundschaft im Inland bei bereits im Ausland bestehender Vormundschaft unterbleiben oder die bei dem inländischen Gericht anhängige Vormundschaft an den ausländischen, zur Übernahme bereiten Staat abgegeben werden kann[1]) (§ 47 FGG.). — Für die Pflegschaft über Deutsche, welche im Inland weder Wohnsitz noch Aufenthalt haben, finden gemäß §§ 37, 38 und 39 FGG. die Zuständigkeitsvorschriften des § 36 Abs. 2 gleichfalls Anwendung.

Im Falle der Pflegschaftsbestellung für einen Abwesenden (BGB. § 1911, FGG. §§ 39, 88) erfordert die Rücksicht auf die Interessen des Abwesenden, daß er, falls sein Aufenthalt bekannt ist, alsbald von der erfolgten Pflegerbestellung in Kenntnis gesetzt wird; dies hat mittelst Einschreibesendung gegen Rückschein zu geschehen.

Das materielle Vormundschaftsrecht bestimmt sich grundsätzlich nach dem Rechte des Staates, dem die Vormundschaftsbehörde angehört (RGZ. IV. 11. Februar 1909, JW. S. 193).

Für die religiöse Erziehung ist maßgebend das Recht der Staatsangehörigkeit (OLG. Hamburg 10. November 1908, Böhms Zeitschr. 1909 S. 255 und KG. 11. Januar 1906, Joh. 31 A. 45).

In Österreich entscheidet bei Streitigkeit über die religiöse Erziehung die politische Behörde, nicht die Gerichte (KG. Joh. 31 A. 50).

---

1) Verliert ein im Inlande bevormundeter Deutscher die inländische Staats- und Reichsangehörigkeit und erlangt er die ausländische Staatsangehörigkeit z. B. durch Verheiratung, so hat das deutsche Vormundschaftsgericht die Vormundschaft über den nunmehrigen Ausländer an den neuen Heimatstaat auf Verlangen desselben abzugeben. Das ausländische Vormundschaftsgericht ist zwar nicht gemäß § 46 FGG., wohl aber auf Grund der §§ 19 ff. a. a. O. zur Beschwerde befugt (GK. 11. Februar 1901, Johow Bd. 21 S. 203 A). In Österreich bedarf nach § 111 der Jurisdiktionsnorm vom 1. August 1895 die Übertragung der Vormundschaft an ein ausländisches Gericht der Genehmigung des Obersten Gerichtshofes in Wien (vgl. Böhms Zeitschrift 6, 492).

Abteilung IV.

Konsulatwesen.

§ 40.

Amtsrechte und Amtspflichten der deutschen Konsuln[1]) in Bezug auf den Rechtshilfeverkehr.

I. Die deutsche Konsulargesetzgebung überweist den deutschen Konsuln im Auslande eine Reihe von justiziellen Funktionen für einzelne Zweige des gerichtlichen Verfahrens, von welchen für den Rechtshilfeverkehr mit dem Auslande insbesondere nachstehende Bestimmungen in Betracht kommen:

1. Nach § 20 des Reichskonsulatgesetzes vom 8. November 1867[2]) sind zur Abhörung von Zeugen und zur Abnahme von Eiden diejenigen Reichskonsuln befugt, welche dazu vom Reichskanzler besonders ermächtigt sind. Die von diesen Konsuln aufgenommenen Verhandlungen stehen den Verhandlungen der zuständigen Behörden gleich (RGSt. 38, 325; 39, 318).

Der eidlichen Abhörung von Zeugen und der Abnahme von Eiden dürfen sich also nur diejenigen Konsuln unterziehen, welche dazu vom Reichskanzler besonders ermächtigt sind[3]), und auch diese nur auf Ersuchen inländischer Behörden[4]). Vgl. die Übersicht unter III.

Die Ermächtigung zu den bezeichneten Amtshandlungen ist entweder eine allgemeine, welche durch die amtlichen Blätter veröffentlicht wird[5]), oder sie wird für jeden konkreten Fall besonders erteilt. In jedem Falle gilt

---

1) Deutsche Berufskonsuln sind öffentliche Behörden im Sinne des § 255 StPO. (RG. 12. Februar 1909, GoltdA. 56, 222).

2) Ges.-Bl. des Nordd. Bundes 1867 S. 137 ff.; Beil. z. BayerGBl. 1870/71 Seite 45.

3) Das Erfordernis der Ermächtigung fällt jedoch weg bezüglich derjenigen Konsuln, welche volle Gerichtsbarkeit haben, da letztere die Befugnisse des § 20 von selbst in sich schließt; siehe unten „Konsulargerichtsbarkeit" § 41.

4) § 363 ZPO. (s. oben S. 400).

Auf Antrag einer Partei sind die Konsuln zur Abhör von Zeugen und Abnahme von Eiden nicht befugt. Dagegen kann der mit der betreffenden Ermächtigung versehene Konsul, wenn es die Gesetze des Ortes seines Amtssitzes gestatten, nicht bloß Reichsangehörige, sondern auch die Angehörigen anderer Staaten zeugschaftlich vernehmen, bezw. vereidigen; v. König, Handbuch des deutschen Konsularwesens § 54 S. 337. Vgl. auch RGSt. 39, 318.

5) In dem vom Auswärtigen Amte des Deutschen Reiches alljährlich im Januar zur Veröffentlichung kommenden „Verzeichnis der kaiserl. deutschen Konsulate" sind die mit genereller Ermächtigung versehenen Konsuln als solche besonders verzeichnet. Das neueste Verzeichnis ist am Schlusse des Paragraphen abgedruckt.

jedoch die Ermächtigung als für die Person erteilt; die Stellvertreter der Konsuln haben ihrerseits zur Vornahme der bezeichneten Akte gleichfalls eigene Ermächtigung notwendig.

Für Erwirkung der speziellen Ermächtigung ist erforderlich, daß ein hierauf gerichteter Antrag der mit der Behandlung der betreffenden Rechtssache befaßten Behörde auf diplomatischem Wege (in Preußen durch Vermittelung des Justizministers, in eiligen Fällen des Ministers der auswärtigen Angelegenheiten) an das Auswärtige Amt in Berlin gelangt[1]).

Bei Erledigung von Requisitionen um Zeugenverhör oder Eidesabnahme haben die Konsuln nach Maßgabe des Ersuchungsschreibens bezw. der einschlägigen Prozeßgesetze zu verfahren. Die durch den Konsul erfolgten Zeugenvernehmungen und Eidesabnahmen stehen den Akten inländischer Gerichte gleich. Zur Aufnahme des Protokolls bedarf es nicht notwendig der Zuziehung eines Protokollführers[2]). Die Gebühren der von den Konsuln vernommenen Sachverständigen bestimmen sich nach der deutschen Gebührenordnung für Zeugen und Sachverständige (RG. Gruch. 44, 1170, JW. 29, 529).

2. Nach § 19 RKG. können die Reichskonsuln innerhalb ihres Amtsbezirkes an die dort sich aufhaltenden Personen auf Ersuchen der Behörden eines Bundesstaates Zustellungen jeder Art bewirken. Durch das schriftliche Zeugnis des Konsuls über die erfolgte Zustellung wird diese nachgewiesen. Dieser Bestimmung entspricht § 199 der deutschen ZPO., sofern hiernach eine im Auslande zu bewirkende Zustellung außer mittels Ersuchens der zuständigen Behörde des fremden Staates oder des dort residierenden Gesandten auch durch Ersuchen an den Konsul erfolgen kann. Näheres hierüber s. oben § 25 S. 388. Vgl. auch § 28 des Konsulargerichtsbarkeitsgesetzes vom 7. April 1900.

3. Die Reichskonsuln sind auch berechtigt, über ihre amtlichen Handlungen und die bei Ausübung ihres Amtes wahrgenommenen Tatsachen unter ihrem Siegel und ihrer Unterschrift Zeugnisse auszustellen, welchen die Beweiskraft öffentlicher Urkunden zukommt. In gleicher Weise sind die Konsuln

---

1) Vgl. oben S. 194.

2) RG. IV. ZS. 25. Januar 1907, Recht 11, 323. Es ist auch nicht gerade notwendig, daß in deutscher Sprache verhandelt und das Protokoll deutsch abgefaßt werde; RG. vom 29. August 1882 (Annalen Bd. 6 S. 459). Über die sonstigen Förmlichkeiten gibt die vom Reichskanzler am 6. Juni 1871 für die Reichskonsuln erlassene Dienstesinstruktion nähere Vorschriften. Vgl. v. König S. 7.

zur Legalisation derjenigen Urkunden befugt, welche in ihrem Amtsbezirke ausgestellt oder beglaubigt sind (§§ 15 und 14 RKG.)[1]).

4. Ein deutsches Konsulat ist als Nachlaßgericht zuständig (RG. 8. Juni 1905, BayerZ. 1, 429). Den Reichskonsuln kommt ferner innerhalb ihres Amtsbezirkes in Ansehung der Rechtsgeschäfte, welche Angehörige des Reiches errichten, insbesondere auch derjenigen, welche dieselben mit Fremden schließen, das Recht der Notare zu, dergestalt, daß die von ihnen aufgenommenen und mit ihrer Unterschrift und ihrem Siegel versehenen Urkunden den innerhalb der Staaten des Reiches aufgenommenen Notariatsurkunden gleich zu achten sind (RKG. § 16)[2]). Einem Wahlkonsul steht in Ansehung einer Verfügung von Todes wegen das vorbezeichnete Recht der Notare nur dann zu, wenn das Recht ihm vom Reichskanzler besonders beigelegt ist (Art. 38 Abs. 2 EGzBGB.).

5. Bei Rechtsstreitigkeiten von Reichsangehörigen unter sich und mit Fremden sind die Konsuln berufen, nicht allein auf Antrag der Parteien den Abschluß von Vergleichen zu vermitteln, sondern auch das Schiedsrichteramt zu übernehmen, wenn sie in der durch die Ortsgesetze vorgeschriebenen Form von den Parteien zum Schiedsrichter ernannt werden (RKG. § 21)[3]).

6. Wegen der Rechtshilfe in Seeunfallssachen vgl. §§ 1763 und 1754 Reichsversicherungsordnung.

II. Außer obigen durch das Konsulargesetz den Konsuln zugewiesenen Funktionen sind in einer Mehrzahl von Verträgen des Deutschen Reiches mit auswärtigen Staaten noch anderweitige Befugnisse der Konsuln, insbesondere

---

1) Vgl. hierzu auch die Dienstesinstruktion zu diesen Paragraphen, ferner das Reichsgesetz vom 1. Mai 1878 über Beglaubigung von öffentlichen Urkunden (RGBl. 1878 S. 89).

2) Über die dabei zu beobachtenden Förmlichkeiten erteilt §§ 17 und 17a (Art. 38 EGzBGB.) des RKG. und die Instruktion hierzu nähere Vorschriften. Vgl. auch Böhm a. a. O. S. 292 und Ergänzungsband hierzu (1885) S. 225.

Die vom Deutschen Reiche mit ausländischen Staaten abgeschlossenen Konsularverträge enthalten selbst mehrfach die Konstituierung des Notariatsrechtes der Konsuln, teilweise auch Spezialvorschriften hierzu und insbesondere Bestimmungen darüber, ob die Notariatsakte deutscher Konsuln in den betreffenden auswärtigen Staaten und umgekehrt Geltung haben. Vgl. ferner Zorn, Staatsrecht des Deutschen Reiches Bd. 2 S. 497 ff.

3) Vgl. hierzu §§ 1025 ff. d. d. ZPO.

in Bezug auf Vertretung und Verbeistandung ihrer Landsleute vor Gericht[1]) vorbehalten.

Nach Art. 22 des Konsularvertrages mit Griechenland, ebenso nach Art. 18 des Konsularvertrages mit Serbien und Art. 14 ff. des Vertrages mit Japan vertreten die betr. Generalkonsuln, Konsuln und Vizekonsuln in allen Fragen, zu denen die Eröffnung, die Verwaltung und die Liquidierung der Nachlässe von Angehörigen eines der beiden Länder in dem anderen Lande Anlaß geben, die Erben von Rechts wegen und sind amtlich als Bevollmächtigte derselben anzuerkennen, ohne daß sie verpflichtet wären, ihren Auftrag durch eine besondere Urkunde nachzuweisen. Sie können demgemäß in Person oder durch Vertreter, welche sie aus den landesgesetzlich dazu befugten Personen erwählt haben, vor den zuständigen Behörden auftreten, um in jeder auf den Nachlaß sich beziehenden Angelegenheit die Interessen der Erben wahrzunehmen, indem sie deren Rechte geltend machen oder sich auf die gegen dieselben erhobenen Ansprüche einlassen.

Vgl. die Vereinbarung über die Mitwirkung der beiderseitigen konsularischen Vertreter bei der Regelung von Nachlässen ihrer Staatsangehörigen zwischen Brasilien und dem Deutschen Reiche vom 24. September 1899 (RGBl. S. 550). Der Konsularvertrag mit Brasilien vom 10. Januar 1882 (RGBl. S. 69 ff.) ist außer Kraft getreten.

In den Konsularverträgen mit Spanien, mit Italien, mit Rußland[2]) und mit Japan ist die Befugnis der Konsuln hervorgehoben, bei Angelegenheiten der Schiffsmannschaften von Nationalschiffen, bezw. bei Anträgen, die dieselben vor den Gerichts- oder Verwaltungsbehörden des Landes zu stellen haben, als Dolmetscher und Agenten zu dienen, nach Art. 10 des letzterwähnten Vertrages mit Rußland jedoch mit Ausnahme der in den Handelsgesetzen beider Länder vorgesehenen Fälle, bezüglich welcher durch den Vertrag nichts geändert wurde.

1) Der deutsche Konsul, welcher in einem ausländischen Hafenplatze wegen Notstandes auf einem deutschen Schiffe einen Schiffer einsetzt, handelt hierbei als gesetzlicher Vertreter des Rheders. ROHG. vom 27. Januar 1877 (Entsch. Bd. 22 S. 47). Über die Legitimation des Konsuls eines auswärtigen Staates, bei einer Nothilfe (Arrest) zum Schutze des Vermögens seines Staates im Deutschen Reiche als Vollmachtgeber aufzutreten, siehe RG. vom 30. April 1884 (Annalen Bd. 10 S. 260 ff.).

2) Vgl. auch Handels-Schiffahrtsvertrag vom 29. Januar und 10. Februar 1894, (RGBl. S. 153) und die Konvention vom 31. Oktober und 12. November 1874 (RGBl. 1875 S. 136).

In Art. 18 des Freundschafts-, Handels- und Schiffahrtsvertrages mit Mexiko ist den diplomatischen Vertretern Interventionsrecht aus Anlaß der Rechtsansprüche oder Beschwerden von Privatpersonen zugesprochen, jedoch nur soweit es sich um Rechtsverweigerung, um ungewöhnliche oder ungesetzliche Rechtsverzögerung oder um Nichtvollstreckung eines rechtskräftigen Urteiles handelt, oder wenn nach Erschöpfung der gesetzlichen Rechtsmittel eine Verletzung der bestehenden Verträge oder der allgemein anerkannten Normen des Völkerrechtes oder des internationalen Privatrechtes klar vorliegen sollte.

Das im Konsulargesetz § 21 im allgemeinen vorgesehene Schiedsrichteramt ist in einzelnen Verträgen den Konsularbeamten ausdrücklich auch für Streitigkeiten zwischen Kapitän, Schiffsoffizieren und Matrosen der nationalen Handelsschiffe, und insbesondere für solche Streitsachen, welche sich auf die Heuer und die Erfüllung sonstiger Vertragsbestimmungen beziehen, übertragen, so in den Verträgen mit den Niederlanden, mit Italien, Rußland, China, Siam und Japan.

III. Übersicht der Orte, an denen sich Kaiserliche Konsularbeamte befinden, welchen die Befugnis zur Abhörung von Zeugen und zur Abnahme von Eiden besonders erteilt ist[1]).

1. In Abessinien: Adis-Abeba.
2. in der Argentinischen Republik: Buenos Aires;
3. in Belgien: Antwerpen und Brüssel;
4. in Brasilien: Amazonasgebiet (Postadresse Para [Belem]), Bahia, Curitiba, Desterro, Porto Alegre, Rio Grande do Sul, Rio de Janeiro und Sao Paulo;
5. in Bulgarien: Sofia und Varna;
6. in Chile: Valparaiso;
7. in China: Amoy, Canton, Charbin, Futschau, Hankau, Itschang, Mukden, Nanking, Pakhoi-Hoihan, Schanghai, Swatau, Tientsin, Tschengtu-Tschungking, Tschifu und Tsinanfu;
8. in Columbien: Bogota;
9. in der Republik Kuba: Havana;
10. in Dänemark: Kopenhagen;

1) Die mit Gerichtsbarkeit ausgestatteten und deshalb ohne weiteres zu Beweisaufnahme der fraglichen Art ermächtigten Konsuln sind im § 41 angegeben. Vgl. auch PrJMBl. 1910 S. 176.

11. in Ecuador: Quito.

12. in Frankreich und den französischen Besitzungen: Algier, Havre, Marseille, Nizza, Paris und Saigon;

13. in Großbritannien und dessen Kolonien: Bombay, Kalkutta, Kapstadt, Durban (Port-Natal), Hongkong, Johannesburg, London, Melbourne, Montreal (Kanada), Pretoria, Singapore und Sydney;

14. in Italien: Florenz, Genua, Mailand, Messina, Neapel, Palermo und Rom;

15. in Japan: Kobe, Nagasaki, Schimonoseck, Söul und Yokohama;

16. in Liberia: Monrovia;

17. in Marokko: Casablanca, Fes und Tanger;

18. in Mexiko: Mexiko;

19. in den Niederlanden und den niederländischen Besitzungen: Amsterdam, Batavia und Rotterdam;

20. in Norwegen: Christiania;

21. in Österreich-Ungarn: Serajevo;

22. in Paraguay: Asuncion;

23. in Persien: Buschär und Teheran;

24. in den portugiesischen Besitzungen: Lourenço, Marques;

25. in Rumänien: Bukarest, Galatz und Jassy;

26. in Rußland: Charkow, Helsingfors, Kiew, Kowno, Moskau, Odessa, St. Petersburg, Saratow, Riga, Tiflis und Warschau;

27. in Schweden: Stockholm;

28. in Serbien: Belgrad;

29. in Siam: Bangkok;

30. in Spanien: Barcelona und Madrid;

31. auf den Inseln in der Südsee: Apia (Samoa);

32. auf der Balkanhalbinsel und in der Levante: Adaua, Aleppo, Alexandrien, Bagdad, Beirut, Cairo, Haiffa, Jaffa, Jerusalem, Konstantinopel, Saloniki und Smyrna;

33. in Tunis: Tunis;

34. in Uruguay: Montevideo;

35. in den Vereinigten Staaten von Amerika und deren Besitzungen: Atlanta (Georgia), Chicago, Cincinnati, Denwer (Colorado), Manila, New-Orleans, New York, Philadelphia, San Francisko, St. Louis, St. Paul (Minnesota) und Suettla;

36. in Zanzibar: Zanzibar und Mombassa;

37. in Zentralamerika: San José de Costarika.

§ 41.

Die deutsche Konsulargerichtsbarkeit[1]) und die Gerichtsbarkeit in den Schutzgebieten.

A. I. Das Reichsgesetz vom 7. April 1900 über die Konsulargerichtsbarkeit[2]), durch welches das Gesetz vom 10. Juli 1879 (RGBl. S. 197) aufgehoben ist, regelt die Gerichtsbarkeitsverhältnisse der deutschen Konsuln im Auslande[3]).

Hiernach wird die Konsulargerichtsbarkeit in den Ländern ausgeübt, in welchen ihre Ausübung durch Herkommen oder durch Staatsvertrag gestattet ist (§ 1 Abs. 1 Ges. über Konsulargerichtsbarkeit). Zur Zeit ist die deutsche Konsulargerichtsbarkeit zugelassen in Abessinien, der Türkei[4]), Bulgarien[5]), Egypten[6]) (in letzterem Lande jedoch in sehr modifizierter Weise), in Rumänien (hier ist die Konsulargerichtsbarkeit tatsächlich außer Übung gesetzt), Serbien[7]), China, Marokko, Siam, Persien, auf den Inseln der Südsee und in Korea. In allen diesen Staaten beruht die Gerichtsbarkeit auf Staatsverträgen. In Tunis[8]), Bosnien, der Herzegowina[9]), Zanzibar[10]) und in Japan hat das Deutsche Reich auf die Konsulargerichtsbarkeit verzichtet.

An folgenden Orten befinden sich Kaiserliche, zur Ausübung der Gerichtsbarkeit befugte Konsularbeamte: in Abessinien: Adis-Abeba; in Bulgarien[5]): Sofia und Varna;

---

1) Vgl. Vorwerk, Reichsgesetz über die Konsulargerichtsbarkeit 1908.

2) RGBl. 1900 S. 213 ff. Hierzu Dienstanweisung vom 27. Oktober 1900 (RZBl. S. 577) und Instruktion zur Ausführung des Gesetzes vom 10. Juli 1879 (RGBl. S. 197) vom 10. September 1879 (RZBl. S. 575).

3) Die Militärgerichtsbarkeit wird durch dieses Gesetz nicht berührt; siehe § 3 des Gesetzes vom 7. April 1900.

4) Vgl. Lippmann, Die Konsularjurisdiktion im Orient 1898 und Staude, Die völkerrechtliche Sonderstellung der Jurisdiktionskonsuln in der Türkei 1900 (Dissertation).

5) Vgl. aber oben im § 11 Verord. vom 27. Februar 1908 unter „Bulgarien".

6) Vgl. die Gesetze vom 30. März 1874 (RGBl. S. 23) und vom 5. Juni 1880 (RGBl. S. 145), sowie die Verordnungen vom 23. Dezember 1875 (RGBl. S. 381), vom 23. Dezember 1880 (RGBl. S. 192), vom 15. Februar 1897 (RGBl. S. 17), vom 6. Januar 1901 (RGBl. S. 3), vom 4. Februar 1904 (RGBl. S. 49) u. 29. Juni 1908 (RGBl. S. 469).

7) Vgl. Art. 25 des Konsularvertrages mit Serbien vom 6. Januar 1883 (RGBl. S. 62). Der dort gemachte Vorbehalt ist aber ohne Bedeutung, da die andern Staaten schon vorher auf die Rechte aus den Verträgen mit der Türkei verzichtet hatten. Tatsächlich findet also Konsulargerichtsbarkeit nicht mehr statt. Vgl. v. König S. 363.

8) Vgl. RGBl. 1897 S. 7.

9) Vgl. RGBl. 1880 S. 191.

10) RGBl. 1907 S. 367.

in China: Amoy, Canton, Charbin, Hankau, Itschang, Mukden, Nanking, Pakhoi-Hoihan, Schanghai, Swatau, Tientsin, Tscheng-tu-Tschungking, Tschifu und Tsinanfu; in Japan (Korea): Söul; in Marokko: Casablanca und Tanger; in Persien: Buschär und Teheran; in Rumänien: Bukarest, Galatz, Jassy; in Serbien[1]): Belgrad; in Siam: Bangkok; auf der Balkanhalbinsel und in der Levante: Adaua, Aleppo, Alexandrien[2]), Bagdad, Beirut, Cairo[2]), Haiffa, Jaffa, Jerusalem, Konstantinopel, Salonik, Smyrna und Trapezunt; auf den Inseln der Südsee, sofern sie nicht zu einem deutschen Schutzgebiete gehören und sofern sie nicht einer vom Reiche anerkannten anderweiten Jurisdiktion unterworfen sind: Apia (Samoa). Vgl. PrJMBl. 1911 S. 229.

Der Konsulargerichtsbarkeit sind die in den vom Reichskanzler bestimmten Konsulargerichtsbezirken wohnenden oder sich aufhaltenden Reichsangehörigen sowie sie nicht exterritorial (vgl. § 16a) sind und Schutzgenossen[3]) unterworfen (§ 2 a. a. O.). Dieser Grundsatz modifiziert sich jedoch wesentlich nach den Bestimmungen der einzelnen Staatsverträge[4]). Vgl. auch das Gesetz betr. Bildung deutscher Kommunalverbände in den Konsulargerichtsbezirken vom 3. Juni 1905 (RGBl. S. 541).

---

1) Vgl. Anm. 5 S. 512.

2) Vgl. Anm. 6 S. 512.

3) Den Reichsangehörigen werden gleich gerechnet bestimmte Handelsgesellschaften, Gesellschaften m. b. H. Vgl. oben S. 359.

4) Die Instruktion, betr. die Erteilung des von den deutschen Konsularbehörden zu gewährenden Schutzes vom 1. Mai 1872 bestimmt in § 1:

Die Schutzgenossen zerfallen in:

1. Reichsangehörige;
2. Angehörige solcher Staaten, welchen durch Staatsverträge oder sonstige Verabredungen mit dem Deutschen Reiche oder einem der zu demselben gehörigen Staaten der Schutz der deutschen Konsularbehörden für ihre Nationalen zugesagt ist;
3. Personen, welche, ohne ein bestimmtes Anrecht auf den deutschen Schutz zu haben, denselben vergünstigungsweise erhalten (de facto Untertanen).

Vgl. die auf Grund des § 2 des Konsulargerichtsbarkeitsgesetzes erlassene Anordnung des Reichskanzlers betr. die Konsulargerichtsbarkeit über Schutzgenossen vom 27. Oktober 1900 (RZBl. S. 574).

Im Verhältnisse des § 1 Nr. 2 stehen zum Deutschen Reiche Österreich-Ungarn, die Schweiz und Luxemburg.

Nach § 2 der Instruktion sind die Reichsangehörigen, welche in dem Konsularbezirke wohnen, verpflichtet, unter dem deutschen Schutze zu stehen, wogegen die in § 1 Nr. 2 und 3 bezeichneten Personen nur auf ihren Antrag in den Schutz aufgenommen werden.

Als de facto Untertanen können durch § 3 den deutschen Schutz erhalten:

1. Personen, welche einem der zu dem Reiche gehörigen Staaten angehört haben, desgleichen Abkömmlinge von solchen Personen;
2. Deutsche, welche den Schutz nicht auf Grund von Staatsverträgen in Anspruch nehmen können;

II. Die Konsulargerichtsbarkeit wird durch den Konsul (§ 2 des Konsulargesetzes vom 8. November 1867), durch das Konsulargericht und durch das Reichsgericht (als Beschwerde- und Berufungsgericht) ausgeübt. Der Konsul ist zur Ausübung der Gerichtsbarkeit befugt, wenn er dazu von dem Reichskanzler ermächtigt ist. Der Reichskanzler kann neben dem Konsul, sowie an Stelle desselben einem anderen Beamten die Befugnisse des Konsuls bei Ausübung der Gerichtsbarkeit übertragen [1]).

Für die durch das Gerichtsverfassungsgesetz, die Prozeßordnungen und die Konkursordnung den Amtsgerichten zugewiesenen Sachen sowie für die durch Reichsgesetze oder in Preußen geltende allgemeine Landesgesetze den Amtsgerichten übertragenen Angelegenheiten der freiwilligen Gerichtsbarkeit ist der Konsul, für die den Schöffengerichten, sowie für die den Landgerichten in erster Instanz zugewiesenen Sachen ist das Konsulargericht zuständig (§§ 7 und 10 Abs. 1 KGG.) [2]).

Wegen der Rechtshilfe vgl. oben S. 7 ff.

III. In Bezug auf das in den Konsulargerichtsbezirken anzuwendende Recht enthält das Gesetz über die Konsulargerichtsbarkeit nachfolgende Bestimmungen:

„In den Konsulargerichtsbezirken gelten für die der Konsulargerichtsbarkeit unterworfenen Personen, soweit nicht in diesem Gesetz ein anderes vorgeschrieben ist, die dem bürgerlichen Rechte angehörenden Vorschriften der Reichsgesetze und der daneben innerhalb Preußens im bisherigen Geltungsbereiche des allgemeinen Landrechtes in Kraft stehenden allgemeinen Gesetze, sowie die Vorschriften des bezeichneten Gesetzes über das Verfahren und die Kosten in bürgerlichen Rechtsstreitigkeiten, in Konkurssachen und in den Angelegenheiten der freiwilligen Gerichtsbarkeit (§ 19 Ziff. 1).

---

3. die Dragomans, Kawassen, Jassakdschis und sonstigen Untergebenen der Gesandtschaften und der Konsularbehörden;

4. Familien der unter Nr. 3 bezeichneten Personen, desgleichen Individuen, welche früher ein solches Amt bekleidet haben.

Vgl. ferner die Konvention über die Ausübung des Schutzrechts in Marokko vom 3. Juli 1880 (RGBl. 1881 S. 103). Die Einzelheiten sind bei v. König S. 369 mitgeteilt.

1) Über Konsularjurisdiktion und die desfallsigen Befugnisse der Konsuln der einzelnen Staaten siehe Revue de droit internat. etc. tom. X (1878) p. 285 ff. und tom. XI (1879) p. 45 ff.

2) § 6 des KGG.; über die Organisation der Konsulargerichte (Konsuln und zwei bis vier beeidigte Beisitzer, letztere mit vollem Stimmrecht) siehe §§ 8 ff. und Dienstanweisung vom 27. Oktober 1900 zum § 6.

Neue Gesetze erlangen in den Konsulargerichtsbezirken, die in Europa, in Egypten oder an der asiatischen Küste des Schwarzen oder Mittelländischen Meeres liegen, mit dem Ablaufe von 2 Monaten, in den übrigen Konsulargerichtsbezirken nach Ablauf von 4 Monaten, von dem Tage gerechnet, an welchem das betreffende Stück des Reichs-Gesetzblattes oder der preußischen Gesetzsammlung in Berlin ausgegeben worden ist, verbindliche Kraft, soweit nicht für das Inkrafttreten ein späterer Zeitpunkt festgesetzt ist oder für die Konsulargerichtsbezirke reichsgesetzlich ein anderes vorgeschrieben ist (§ 30 a. a. O.).

In bürgerlichen Rechtsstreitigkeiten richtet sich das Verfahren vor dem Konsul sowie vor dem Konsulargerichte nach den Vorschriften über das Verfahren vor den Amtsgerichten mit der Maßgabe, daß auch die Vorschriften der §§ 348—354 ZPO. Anwendung finden (§ 41 a. a. O.).

Die Zwangsvollstreckung im Konsulargerichtsbezirk aus den bei der Ausübung der Konsulargerichtsbarkeit für diesen Bezirk entstandenen Schuldtiteln erfolgt gegen die der Konsulargerichtsbarkeit unterworfenen Personen nach den Vorschriften über die Zwangsvollstreckung im Inlande. Im übrigen wird die Vollstreckung im Konsulargerichtsbezirke gegen solche Personen durch den Konsul auf ein an ihn gemäß § 791 ZPO. gerichtetes Ersuchen veranlaßt (§ 46 a. a. O.)[1]).

Wegen des Konkursverfahrens ist § 47 und der Angelegenheiten der freiwilligen Gerichtsbarkeit § 48 des Konsulargerichtsbarkeitsgesetzes vom 7. April 1900 zu vergleichen.

IV. Zur Mitteilung der Bestimmungen der einzelnen Konsularverträge mit fremden Staaten fehlt hier der Raum.

Es sind hier die oben in §§ 11 bezw. 16a mitgeteilten Konsularverträge[2]) zu vergleichen.

Es können auch Vertragsbestimmungen von Bedeutung sein, worin das Meistbegünstigungsrecht für die Befugnisse der Konsuln zugesichert ist, vgl. z. B. Art. 12 des Vertrages des deutschen Zollvereins mit Frankreich vom 2. August 1862 (aufrechterhalten im Frankfurter Friedensvertrage) und Art. 20 des

1) Vgl. auch die Anordnung des Reichskanzlers betr. das Zwangsverfahren wegen Beitreibung der Gerichtskosten in den Konsulargerichtsbezirken vom 27. Oktober 1900 (RZBl. S. 576).

2) Durch den Vertrag mit der Türkei vom 28. August 1890 (RGBl. 1891 S. 117) ist der Vertrag zwischen Preußen und der Türkei vom 22. März 1761 (alten Stils) — abgedruckt bei Zorn, die Konsulargesetzgebung des Deutschen Reiches (1884) S. 501 ff. — aufrecht erhalten und auf das Deutsche Reich ausgedehnt. Der Vertrag von 1761 gilt auch gegenüber Bulgarien und Rumänien.

Handels- und Zollvertrags mit Österreich-Ungarn vom 6. Dezember 1891 (RGBl. 1892 S. 3).

V. Folgende Bestimmungen über Konsularjurisdiktion in den einzelnen Staaten verdienen besondere Erwähnung:

1. Egypten[1]).

Die Konsulargerichtsbarkeit ist geblieben hinsichtlich der Berufskonsuln, ihrer Familienangehörigen, der ihnen unterstellten Berufsbeamten und deren Familienangehörigen[2]), sowie hinsichtlich der Wohnungen dieser Personen, ferner hinsichtlich der deutschen evangelischen Kirche in Alexandrien, der deutschen evangelischen Kirche in Kairo, der deutschen Schule in Alexandrien, der deutschen Schule in Kairo und des deutschen evangelischen Hospitals in Alexandrien, sowie einer Reihe katholischer Anstalten (vgl. Verordnung vom 29. Juni 1908, RGBl. S. 469), soweit diese Kirchen und Anstalten als Körperschaften in Betracht kommen[3]).

In allen der Konsulargerichtsbarkeit entzogenen Angelegenheiten sind die deutschen Reichsangehörigen und Schutzgenossen der Gerichtsbarkeit der neuen Landesgerichte unterworfen. Als solche fungieren seit 1. Januar 1876 in Egypten die sog. internationalen Gerichte: drei Gerichte I. Instanz in Alexandrien, Kairo und Mansurah, und ein Gerichtshof II. und letzter Instanz in Alexandrien. Die Zuständigkeit dieser Gerichte erstreckt sich nach obigem demnach auf alle Zivil- und Handelsstreitigkeiten zwischen Fremden und Eingeborenen (den Vizekönig, seine Familie und Regierung inbegriffen) und zwischen Fremden verschiedener Nationalität, mit Ausnahme der Statusfragen, dann auf alle Streitigkeiten über Liegenschaften, auch solche zwischen Angehörigen derselben fremden Nationalität. Rechtsquellen sind die egyptischen, dem französischen Rechte nachgebildeten Gesetzbücher[4]).

---

1) Siehe oben S. 511 die verschiedenen Bestimmungen über die Konsulargerichtsbarkeit in Egypten.

2) Insofern jedoch diese Personen Handel oder Gewerbe treiben oder Liegenschaften in Egypten besitzen oder ausnützen und dabei nicht ihre amtliche Eigenschaft in Frage kommt, sind sie für alle Rechtsstreitigkeiten aus dem Handels- oder Gewerbebetriebe, sowie für alle das Grundstück betreffenden dinglichen Klagen der Gerichtsbarkeit der Landesgerichte unterworfen. — Die konsularischen Beamten, die nicht Berufsbeamte sind, sowie die Kawassen unterstehen der Gerichtsbarkeit der Landesgerichte überhaupt, soweit nicht ihre amtliche Tätigkeit in Frage kommt.

3) Art. I der Verordnung vom 29. Juni 1908 (RGBl. S. 469).

4) Die Organisation dieser Gerichte beruht auf dem Réglement d'organisation judiciaire pour le procès mixte en Egypte. Näheres hierüber siehe Zorn a. a. O. Teil II S. 526; Martens, S. 530 ff. Siehe auch Kritische Vierteljahrsschrift von Brinz u. Seydel Bd. 23 S. 119. Über die Strafgerichtsbarkeit siehe §§ 3 und 6 der Verordnung vom 23. Dezember 1875.

Eine Assistenz durch den Konsul oder dessen Vertreter findet bei den Verhandlungen vor den Landesgerichten nicht statt[1]).

Wegen des Umfangs der Kolonialgerichtsbarkeit vgl. RG. 23. Juni 1908, Recht 12 Nr. 3348 und 30. August 1907, Recht 11 Nr. 2386.

2. Der Handelsvertrag mit China vom 2. September 1861[2]) bestimmt in Art. 35, daß Beschwerden von Deutschen über Chinesen und umgekehrt zunächst bei dem deutschen Konsularbeamten anzubringen und von diesem womöglich auf gütlichem Wege beizulegen seien, daß im Falle Mißlingens des Ausgleichversuches der deutsche Konsul die Mitwirkung des betreffenden chinesischen Beamten in Anspruch zu nehmen habe und beide die Angelegenheit nach den Grundsätzen der Billigkeit entscheiden sollen. Wenn ein chinesischer Untertan, welcher Schuldner eines Deutschen ist, es unterläßt, seine Schuld zu bezahlen oder in betrügerischer Absicht sich entfernt, so soll die chinesische Behörde auf Anrufen des Gläubigers jedes ihr zu Gebot stehende Mittel anwenden, um den Flüchtigen zu verhaften und den Schuldner zur Bezahlung seiner Schuld zu zwingen. Ebenso sollen die deutschen Behörden ihr Möglichstes tun, um deutsche Schuldner im gleichen Fall vor Gericht zu ziehen. Auf keinen Fall sollen jedoch weder die eine noch die andere der beiden Regierungen für die Schulden ihrer Untertanen aufzukommen verpflichtet sein (Art. 37 l. c.).

3. Art. 9 des Handelsvertrages mit dem Königreich Siam vom 7. Februar 1862[3]) enthält ganz konforme Bestimmung mit Art. 35 des Handelsvertrages mit China über Beseitigung und bezw. Entscheidung der gegenseitigen Klagen und Ansprüche.

4. In Japan ist die Konsulargerichtsbarkeit aufgehoben (RGBl. 1896 S. 115). Dagegen besteht sie noch in Korea. Vgl. Art. III des Vertrages mit Korea vom 26. November 1883 (RGBl. 1884 S. 221 ff.).

5. Vgl. Art. 13 des Freundschafts-, Handels- und Schiffahrtsvertrages zwischen dem Deutschen Reich und Persien vom 11. Juni 1873[4]).

---

1) § 4 Abs. 3 a. a. O.

2) Preuß. Ges.-Sammlg. 1863 S. 265; BayerRBl. 1863 S. 1057; Staudinger, Deutsche Staatsverträge S. 416. Vgl. Zusatzkonvention vom 31. März 1880 (RGBl. S. 261; Staudinger, Ergänzungsband 1884 S. 137).

3) Preuß. Ges.-Sammlg. 1864 S. 717; BayRBl. 1864 S. 1625; Staudinger S. 441.

4) RGBl. 1873 S. 351.

6. Marokko. Vgl. Art. 17 der Madrider Konvention vom 3. Juli 1880 (RGBl. 1881 S. 103). Streitigkeiten über Grundeigentum in Marokko gehören nicht vor das Konsulargericht (RG. 17. November 1905, JW. 06, 41).

7. Inseln der Südsee s. oben S. 192. Wegen Aufhebung der Konsulargerichtsbarkeit in Samoa und Tonga s. RGBl. 1900 S. 849 und 1902 S. 261.

B. Die Gerichtsbarkeit in den Schutzgebieten[1]). Die Gerichtsverfassung ist bereits oben § 1 S. 8 ff. mitgeteilt. Nach dem Schutzgebietsgesetz vom 25. Juli 1900 und der Ausf.-Verordnung vom 9. November 1900 finden die Vorschriften des Konsulargerichtsbarkeitsgesetzes auf die Gerichtsbarkeit in den Schutzgebieten entsprechende Anwendung. Eingeborene und Angehörige fremder farbiger Stämme (zu welchen jedoch die Japaner nicht gehören) unterstehen den Schutzgebietsgerichten jedoch nur insoweit, als dies durch Kaiserl. Verordnung bestimmt ist. Die Befugnis zum Erlaß solcher Verordnung ist für die afrikanischen und die Südseeschutzgebiete durch die Verordnung vom 3. Juni 1908 dem Reichskolonialamt übertragen worden mit der Befugnis, sie den Gouverneuren zu delegieren.

Ob heidnische Eingeborene zu vereidigen sind, hängt vom Ermessen des Gerichtes ab (RG. I. Strafs. 20. Juni 1907, Goltd. Arch. 54, 473).

1) Vgl. Gerstmeyer, Schutzgebietsgesetz 1910.

Nachträge.

Zu S. 7. Es ist die Errichtung eines Reichskonsular- und -Kolonialgerichtshofes geplant.

Zu S. 38. (Beurkundung von Rechtsgeschäften.) Die Streitfrage wird vom RG. (Entsch. 58, 97) verneint.

Zu S. 97. In § 1574 Abs. 3 muß es statt Gericht „Gesetz" heißen.

Zu S. 102. Reichsjustizamt. Auch Entscheidungen betr. die Haager Privatrechtsabkommen von 1902 sind von den Gerichten dem Reichsjustizamt mitzuteilen. Vgl. S. 495.

Zu S. 150. Art. 19. Die über den Betrag der Gerichtskosten ergangene Entscheidung bildet nicht für sich allein, sondern nur zusammen mit der die Kostenpflicht aussprechenden Entscheidung die Grundlage für eine Vollstreckung. Der Gerichtsschreiber muß also die Rechtskraft beider Entscheidungen im Rechtskraftattest feststellen.

Zu S. 162. Das Abkommen betr. Schutz des gewerblichen Eigentums mit Österreich-Ungarn ist abgedruckt im RGBl. 1908 (nicht 1892) S. 655, dasjenige mit den Vereinigten Staaten in Amerika im RGBl. 1909 S. 895.

Zu S. 203. Belgien. Prozeßkaution. Es kann zweifelhaft sein, ob nicht nach dem Handelsvertrag mit Belgien unbeschränkt (ohne Rücksicht auf den Wohnsitz) Kautionsfreiheit besteht. Die Frage wird jedesmal auch bei anderen Staaten an der Hand des betreffenden Handelsvertrages zu prüfen sein.

Zu S. 205. Brasilien. Prozeßkaution. Skonietzki S. 284 meint, daß in Brasilien nur beim Mangel einheimischen Wohnsitzes und auch des einheimischen Vermögensbesitzes Kaution verlangt werde.

Zu S. 210. China. Skonietzki S. 284 nimmt an, daß Chinesen kautionspflichtig seien.

Zu S. 216. Ekuador. Nach Skonietzki S. 284 besteht Kautionspflicht.

Zu S. 238. Italien. Hinsichtlich der Leistung der Rechtshilfe ist für den Papst und im Bereich des Vatikans wohnende Personen keine Ausnahme gemacht. Es dürfte sich aber für die Gerichte empfehlen, den diplomatischen Weg in diesem Falle zu wählen.

Soll ein deutsches Urteil in Italien vollstreckt werden, so hat der Gläubiger einen Vertreter dort zu bestellen (Erl. des österreich. Justizministeriums vom 29. September 1879 bei Bloch S. 644).

Zu S. 241. Japan. Nach der Bekanntmachung vom 31. Juli 1911 (RGBl. S. 867) ist mit Japan eine Vereinbarung zu vorläufiger Regelung des Konsulatwesens vom 7. Juli 1911 getroffen, nach welcher das Prinzip der Meistbegünstigung besteht.

Zu S. 242. Korea. Skonietzki S. 284 nimmt Kautionspflicht an. Es dürfte aber Kautionsfreiheit, ebenso wie für Japan, gelten.

Zu S. 246. Marokko. Nach Skonietzki S. 284 besteht Kautionspflicht.

Zu S. 282. Schweiz. Ein Verzeichnis der schweizerischen Gerichte ist auch abgedruckt im RZBl. 1906 S. 514. Der neueste Niederlassungsvertrag mit dem Deutschen Reiche datiert vom 13. Mai 1909 (RGBl. 1911 S. 887). Vgl. ferner den Vertrag betr. die Regelung von Rechtsverhältnissen der beiderseitigen Staatsangehörigen in dem Gebiete des andern Teils vom 31. Oktober 1910 (RGBl. 1911 S. 892).

Zu S. 286. Das Verzeichnis ist geändert (RGBl. 1911 S. 907).

Zu S. 294. Uruguay. Nach Skonietzki S. 284 besteht Kautionspflicht.

Zu S. 302. Zanzibar. Der Freundschafts-, Handels- und Schiffahrtsvertrag zwischen Lübeck, Bremen und Hamburg und dem Sultan von Zanzibar ist seit dem 5. Juli 1911 wieder in Kraft (RZBl. 1911 S. 449).

Zu S. 436. Zu Unrecht beanstanden schweizerische Gerichte deutsche Anerkenntnis- und Versäumnisurteile, welche in der abgekürzten Form des §§ 313 Abs. 3 und 317 ZPO. hergestellt sind, weil eine ordnungsmäßige Begründung fehle.

Zu S. 496. Die drei Abkommen vom 12. Juni 1902 beziehen sich nur auf die europäischen Gebietsteile der Vertragsstaaten.

Sachregister.

(Die Zahlen verweisen auf die Seiten.)

A.

B.

H.

N.

MIX

Papier | Fördert gute Waldnutzung

FSC® C083411

Kolibri 360 GmbH
Ferdinand-Jühlke-Straße 7
99095 Erfurt, Deutschland
produktsicherheit@kolibri360.de